D1691191

Schernikau · Tiefensee – ein Schulmodell aus dem Geist
der deutschen Klassik

*Imme
meiner lieben Frau
gewidmet*

Heinz Schernikau

# Tiefensee – ein Schulmodell aus dem Geist der deutschen Klassik

Reformpädagogik am Beispiel Adolf Reichweins im geistes- und gesellschaftsgeschichtlichen Grundriss

Beltz Verlag · Weinheim und Basel

Dr. *Heinz Schernikau* war Volksschullehrer, Seminarleiter und Professor am Fachbereich Erziehungswissenschaft der Universität Hamburg.

Das Werk und seine Teile sind urheberrechtlich geschützt.
Jede Nutzung in anderen als den gesetzlich zugelassenen Fällen
bedarf der vorherigen schriftlichen Einwilligung des Verlages.
Hinweis zu § 52a UrhG: Weder das Werk noch seine Teile dürfen
ohne eine solche Einwilligung eingescannt und in ein Netzwerk
eingestellt werden. Dies gilt auch für Intranets von Schulen
und sonstigen Bildungseinrichtungen.

© 2009 Beltz Verlag · Weinheim und Basel
www.beltz.de
Satz: Druckhaus »Thomas Müntzer«, Bad Langensalza
Druck: Druck Partner Rübelmann, Hemsbach
Umschlaggestaltung: glas ag, Seeheim-Jugenheim
Umschlagabbildung: Adolf Reichwein, »Schaffendes Schulvolk«
Printed in Germany

ISBN 978-3-407-25510-5

# Inhaltsverzeichnis

I.  Einleitung ............................................................................................... 11

1. Zur Vorgeschichte in biographischer Perspektive ............................... 11
2. Zur Literatur- und Forschungslage ...................................................... 15
3. Zur Aufgabenstellung und Gestalt der Untersuchung ......................... 21
4. Zur Methode der Untersuchung ........................................................... 23
5. Zur Paradigmaskizze H. Nohls vom „neuen wissenschaftlichen Weltbild"
   der „Deutschen Bewegung" ................................................................. 27

II. Das „Weltbild" ...................................................................................... 32
1. Das „Weltbild" im Werk Herders ........................................................ 32
1.1 Die Bildungs- und Schulreform des „Journals" ................................... 32
1.2 Die Bildungs- und Geschichtsphilosophie der „Ideen" ....................... 37
1.3 „Volksstaat" statt „Staats-Maschine" ................................................... 43
1.4 Zur Polarität von kosmologischem Weltverständnis und reformatorischer
    Wirksamkeit in der Welt ...................................................................... 48
2. Das „Weltbild" im Werk Goethes ........................................................ 50
2.1 Goethes „Gesamtansicht der Natur" (W. Flitner) ................................ 51
2.2 Die Italienische Reise und die Entdeckung der Metamorphose als
    allgemeines Lebens- und Bildungsprinzip ........................................... 55
2.3 Ausblick in der Goethe- und Reichweinperspektive ........................... 60
3. Das „Weltbild" im Werk Alexander von Humboldts .......................... 66
3.1 Das „Naturgemälde der Tropen" .......................................................... 68
3.2 Das „allgemeine Naturgemälde" des „Kosmos" (1845–1858) ............ 71
3.3 Die geisteswissenschaftlichen Komplementärtexte ............................. 73
3.4 Einordnung des „Erdlebensbildes" aus Reichweins „Schule des Sehens" ...... 74
3.5 Das politische und soziale Engagement Humboldts ............................ 76
3.6 Resümee ............................................................................................... 77
4. Herder, Goethe, Humboldt – Reichwein: ein Vergleich des Unvergleichbaren
   unter den Aspekten: „Reise", „Erdleben", „Kosmos", „Weltbürgerliches
   Bewusstsein" ........................................................................................ 78

III. Bildungsarbeit im „Weltbild"-Horizont der „heimatkundlichen" Fächer  86
1. Der biologische (naturkundliche) Aspekt: Landschaftstypische Pflanzen,
   Tiere und Lebensgemeinschaften, Grundphänomene des Lebens; der
   „Kampf ums Dasein" ............................................................................ 87

| | | |
|---|---|---|
| 1.1 | Grundzüge der epochalgeschichtlichen Entwicklung | 87 |
| 1.1.1 | Der Wechsel des Paradigmas (Linné – Goethe, A. von Humboldt) | 87 |
| 1.1.2 | Zur weiteren Entwicklung | 89 |
| 1.1.2.1 | Die biologisch-geographische Kontinuitätslinie | 89 |
| 1.1.2.2 | Friedrich Junge: „Der Dorfteich als Lebensgemeinschaft" (1891) | 91 |
| 1.1.2.3 | Die „Dorfteichbewegung" und das heimatbiologische Konzept | 95 |
| 1.1.2.4 | Politisierungstendenzen in der Weimarer Republik und NS-Zeit | 97 |
| 1.2 | Einordnung der Reformarbeit Reichweins | 100 |
| 1.2.1 | Zur didaktischen Gestalt und Begründung des Unterrichts | 100 |
| 1.2.2 | Das Vorhaben „Bienenbeobachtung" (Bau des Bienenbeobachtungsstandes) | 102 |
| 1.2.2.1 | Das Gestaltungsmuster und der Verlauf des Unterrichts | 102 |
| 1.2.2.2 | Zum Tier/Mensch-Vergleich bei Reichwein | 106 |
| 1.2.2.3 | Zum Tier/Mensch-Vergleich bei Brohmer (NS-Biologie) | 107 |
| 1.2.2.4 | Vergleich: Reichwein – Brohmer | 112 |
| 1.2.2.5 | Vergleich: Junge – Reichwein | 114 |
| 1.2.3 | Der Film: „Entwicklung und Vermehrung der Erbse"(F4/1935)) | 115 |
| 2. | Der geographische (erdkundliche) Aspekt: Länder und Landschaften, allgemeine Erdlebens-Phänomene; der „Kampf um Raum" | 118 |
| 2.1 | Grundzüge der epochalgeschichtlichen Entwicklung | 118 |
| 2.1.1 | Der Wechsel des Paradigmas (Büsching – A. von Humboldt, Ritter) | 118 |
| 2.1.2 | Zur weiteren Entwicklung in der chorologischen Kontinuitätslinie | 122 |
| 2.1.2.1 | Zur Ausdifferenzierung unterschiedlicher Zweige bzw. Richtungen geographischer Forschung und Lehre | 122 |
| 2.1.2.2 | Zur Verbindung mit praktischen und politischen Interessen (Ratzel, Haushofer) | 124 |
| 2.1.2.3 | Die Hinwendung zur Landschaftskunde, der „Länderkunde des kleinen Raumes" | 130 |
| 2.1.2.3.1 | Reformbestrebungen im Schulbereich (Harms) | 130 |
| 2.1.2.3.2 | Reformbestrebungen im Wissenschaftsbereich (Passarge, Banse) | 132 |
| 2.1.2.4 | Zum Stand des fachdidaktischen Denkens während der Reformarbeit Reichweins | 137 |
| 2.1.2.5 | Länder- und Landschaftskunde nach 1945 | 140 |
| 2.2 | Einordnung der Reformarbeit Reichweins | 142 |
| 2.2.1 | Die „große Fahrt" in die „Grenzmarken" Ostpreußen und Schleswig-Holstein | 145 |
| 2.2.2 | Das Vorhaben: „Die Erde aus der Vogel- und Fliegerschau" | 151 |
| 2.2.2.1 | Der „Einstieg" | 152 |
| 2.2.2.2 | Zum weiteren Verlauf des Unterrichts | 153 |
| 2.2.2.3 | Das Netzwerk der Zweig- und Parallelthemen | 155 |
| 2.2.3 | Landkarten lesen aus der „Vogel- und Fliegerschau" | 155 |
| 2.2.4 | Zum innovativen Ansatz des Unterrichts | 156 |

| | | |
|---|---|---|
| 3. | Der volkskundliche Aspekt: Landschafts- und stammestypische Lebensformen und Artefakte; die „Gesetze des Volkslebens" | 158 |
| 3.1 | Grundzüge der epochalgeschichtlichen Entwicklung | 158 |
| 3.1.1 | Der Wechsel des Paradigmas im Bereich der Völkerkunde (Herder, W. von Humboldt) und der Volkskunde (Riehl) | 158 |
| 3.1.2 | Die Volkskunde Riehls | 159 |
| 3.1.3 | Zur weiteren Entwicklung | 163 |
| 3.1.3.1 | Volkskunde als Prinzip im deutschkundlichen Unterricht (Bach) | 165 |
| 3.1.3.2 | Die volkskundliche Thematik des Deutschen Lesebuchs | 168 |
| 3.2 | Einordnung der Reformarbeit Reichweins | 172 |
| 3.2.1 | Das Vorhaben: „Holzspielzeug und Krippenspiel" | 175 |
| 3.2.2 | Zur „gegenständlichen" Volkskunde-Arbeit des Museumspädagogen Reichwein | 176 |
| 4. | Der volks- und kulturgeschichtliche Aspekt: „Gesellschaftliche Kulturarbeit" als Motor des Fortschritts bzw. der Entwicklung im Bereich der materiellen und geistigen Kultur sowie der sozialen Verhältnisse | 181 |
| 4.1 | Grundzüge der epochalgeschichtlichen Situation und Entwicklung | 181 |
| 4.1.1 | Die „Umwandlung" des Paradigmas (Vico, Herder – W. von Humboldt, Ranke u.a.) | 181 |
| 4.2 | Das Spektrum der kultur- bzw. volksgeschichtlichen Ansätze | 185 |
| 4.2.1 | Der universalhistorische Ansatz | 185 |
| 4.2.2 | Der national-liberale Ansatz | 189 |
| 4.2.3 | Der sozial-konservative Ansatz | 195 |
| 4.2.4 | Der sozialistische Ansatz | 196 |
| 4.2.5 | Der Ansatz der „Volksgeschichte" | 199 |
| 4.3 | Einordnung der Reformarbeit Reichweins | 202 |
| 4.3.1 | Das Vorhaben: „Bäuerliche Kultur" (Bau der landschaftstypischen Hausmodelle) | 204 |
| 4.3.2 | Vergleich mit dem national-liberalen, sozial-konservativen und sozialistischen Ansatz | 208 |
| 4.3.3 | Das kultur- und sozialgeschichtliche Datum „1830" | 210 |
| **IV.** | **Bildungsarbeit im „Weltbild"-Horizont der Heimat- und Lebenskunde** | **213** |
| 1. | Zur Geschichte der Heimatkunde | 214 |
| 1.1 | Der Wechsel des Paradigmas und die „Weltkunde" (1816) von Harnisch | 214 |
| 1.2 | Die „Anweisung zum Unterrichte in der Heimatkunde" (1844) von Finger | 217 |
| 1.3 | Zu den Heimatkunden am Ausgang des 19. Jahrhunderts | 221 |
| 1.4 | Zu den Heimatkunden der Weimarer Zeit | 223 |
| 1.5 | Der wissenschaftsgeschichtliche Legitimationsversuch Sprangers | 225 |
| 1.6 | Zur Heimatkunde der NS- und Nachkriegszeit | 226 |
| 2. | Einordnung der Reformarbeit Reichweins | 228 |

| | | |
|---|---|---|
| V. | **Zusammenfassung und Vertiefung: Der „Jahresplan" und die „Formenkunde"** | 231 |
| 1. | Interpretation des „Jahresplans" | 232 |
| 1.1 | Die Teilthemen in ihrer begrifflichen Markierung | 233 |
| 1.2 | Die Untergliederung des „Jahresplans": „Sommer: Die Natur", „Winter: Der gemeinschaftsbildende Mensch" | 234 |
| 1.3 | Die übergreifende lebenskundliche Thematik | 236 |
| 1.4 | Der Grund-Satz und die Grund-Form | 238 |
| 2. | Interpretation der „Formenkunde" | 239 |
| 2.1 | Das Ensemble der „einfachen Formen" | 239 |
| 2.2 | Der goethische Aspekt | 244 |
| 3. | Zusammenfassung | 244 |
| 4. | Von der Gruppe als „Wuchsform alles Lebendigen" zur „Arbeitsteilung und Arbeitsgemeinschaft der Völkerwirtschaften" (von Koerber) | 245 |
| VI. | **Einordnung des Schulmodells in die „Didaktik der ‚pädagogischen Bewegung'"** (Hausmann) | 250 |
| 1. | Zur „kopernikanischen Wende" von der „katechetischen Didaktik" zur „Didaktik der ‚pädagogischen Bewegung'" (Hausmann) | 250 |
| 2. | Zur Lehrkunst Reichweins in den Lenkungs- und Gestaltungsformen des Unterrichts | 252 |
| 2.1 | Interaktion nach dem didaktischen Parallelogramm der Kräfte | 252 |
| 2.2 | Lernen durch Werktätigkeit (praktisches Tun) | 257 |
| 2.2.1 | Das klassische Beispiel: Der Bau des Gewächshauses | 257 |
| 2.2.2 | Die Grund-Sätze | 260 |
| 3. | Formen „organisch-genetischer" Unterrichtsgestaltung | 263 |
| 3.1 | Zur „kristallinen" Struktur der Werkaufgabe „Faltarbeiten aus Papier" | 263 |
| 3.2 | Interpretation des Vorhabens „Die Erde aus der Vogel- und Fliegerschau" als „metamorphische" Gestaltung | 266 |
| 3.2.1 | Zur Bauform des Unterrichts | 266 |
| 3.2.2 | Zur Methode des Unterrichts | 269 |
| 4. | Zum Weltbild-Bezug der Gestaltungsformen | 270 |
| 5. | Abschließende Stellungnahme zur Interaktion nach dem didaktischen Parallelogramm der Kräfte | 272 |
| 6. | Vergleich mit dem Lehrkunstprojekt Berg/Schulze | 274 |
| 6.1 | Zur „dramaturgischen" Lehrkunst-Variante | 274 |
| 6.2 | Zur reformpädagogischen Lehrkunst-Variante | 275 |
| VII. | **Einordnung des Schulmodells in die Geschichte des nationalen Sozialismus in Deutschland** | 282 |
| 1. | Grundzüge der geschichtlichen Entwicklung | 283 |
| 1.1 | Nationaler Sozialismus im Zeichen des sozialdemokratischen Reformismus bzw. Revisionismus (Vollmar, Bernstein) | 283 |

| 1.2 | Nationaler Sozialismus im Zeichen der bildungsbürgerlichen Volksgemeinschafts-Ideologie | 288 |
| --- | --- | --- |
| 1.2.1 | Kulturkritik und Jugendbewegung | 288 |
| 1.2.2 | Das „August-Erlebnis" und die „Ideen von 1914" | 290 |
| 1.2.3 | Natorps genossenschaftlich-rätedemokratischer Sozialismus (1918) | 297 |
| 2. | Der bildungsbürgerliche nationale Sozialismus im Verständnis der Konservativen Revolution und der „Jungen Rechten" in der SPD | 302 |
| 2.1 | Zum ideologischen Panorama der Zeit | 302 |
| 2.2 | Der Katalog der ideologischen Grundkomponenten | 305 |
| 3. | Einordnung der sozialistischen Reformarbeit Reichweins | 306 |
| 3.1 | Die Praxisspur des „gelebten Sozialismus" bis zum Ende der Weimarer Republik | 306 |
| 3.1.1 | Das Gemeinschaftserlebnis der Jugendbewegung (1911–1914) | 307 |
| 3.1.2 | Die „Arbeitsgemeinschaft im Taunus" (1921) | 309 |
| 3.1.3 | „Volksbildung als Wirklichkeit" (1923) und „Die Gilde" (1924) | 310 |
| 3.1.4 | Jungarbeiterbildung im Volkshochschulheim Am Beutenberg (1926–1928) | 311 |
| 3.1.5 | Die „Wander- und Lagererziehung" mit den Studenten der Pädagogischen Akademie in Halle (1930–1933) | 313 |
| 4. | Reichweins Beitrag zur politischen Diskussion als Mitglied der „Jungen Rechten" in der SPD angesichts der Not- und Krisensituation der Weimarer Republik (1929–1933) | 314 |
| 4.1 | Zum Diskussionsbeitrag „II. Republik" (1932) | 315 |
| 4.2 | Zum Diskussionsbeitrag „Mit oder gegen Marx zur deutschen Nation" (1932) | 321 |
| 5. | Die Praxisspur des „gelebten Sozialismus" während der NS-Zeit in Tiefensee (1933–1939) | 324 |
| 5.1 | Das Ensemble der Werkvorhaben und Werkaufgaben | 324 |
| 5.2 | Die Formen der sozialistischen Gemeinschaftserziehung | 326 |
| 5.2.1 | Zum „Gestaltwandel des Gehorsams" | 330 |
| 5.2.2 | Zum mechanistischen und vitalistischen Lebensbegriff | 332 |
| **VIII.** | **Rückblick und Ausblick** | 335 |
| Danksagung | | 340 |
| Literaturverzeichnis | | 341 |
| Abbildungsverzeichnis | | 376 |

# I. Einleitung

## 1. Zur Vorgeschichte in biographischer Perspektive

Wenn ich auf die vielen Jahrzehnte meiner beruflichen Tätigkeit als Volksschullehrer, Seminarleiter und Hochschullehrer zurückblicke, wird mir deutlich, dass mein Bemühen, mit den mir anvertrauten Kindern, Jugendlichen und jungen Erwachsenen im Geiste der Reformpädagogik zu leben und zu lernen und daher den Unterricht durch Zeltlager, Projekte, Praktika und viele andere Formen des praktischen Lernens lebensnah zu gestalten, zu einem wesentlichen Teil auf die Begegnung mit dem schulpädagogischen Werk Adolf Reichweins zurückgeht. Das »Schaffende Schulvolk« (1938), das in mehrfachen Exemplaren im Regal der Bibliothek stand, hinterließ beim Studenten nachhaltige Eindrücke, die bis in die späteren Praxisjahre fortwirkten. Heinrich Heise vermittelte mit seiner „Entscholastisierten Schule" (1960) die kompatible Theorie einer gegen die „Wort- und Stillsitzschule" Front machenden reformpädagogischen Institution, die er unter wiederkehrendem Bezug u. a. auf Pestalozzi, Fröbel und Goethe, auf Dewey/Kilpatrik, Kerschensteiner, Blonsky, Makarenko und Reichwein in politisch-pädagogischer Perspektive als Ort des primären und gemeinschaftlichen Lernens im „arbeitsteiligen Projekt" entwirft und versteht.

Einige Jahre später ging für den jungen Volksschullehrer von Karl Stiegers „Unterricht auf werktätiger Grundlage" (1951) ein zusätzlicher Impuls aus, den Unterricht für die Jungen und Mädchen seiner Hamburger Stadtrandschule im Sinne einer recht verstandenen volkstümlichen Bildung nach den Prinzipien „praktisch, konkret, situationsbezogen" zu gestalten.[1]

In der 7. Klasse legten wir einen Schulgarten an. Die praktischen Arbeiten zwischen Aussaat und Ernte und die Gewächse unseres Gartens waren Anlass und Gegenstand unterrichtlicher Behandlung in geometrischer, gartenkundlich/biologischer und bildnerisch-gestaltender Sinnrichtung. Im nächsten Schuljahr wurde der Bau eines Brennofens auf dem Werkhof der Schule und das Brennen von Tongefäßen zu einem Zentrum intensiven Arbeitens und Lernens in den Bereichen des Sprach- und Rechenunterrichts, der Physik bzw. Chemie, der Erdkunde und Erdgeschichte.[2] (War es eine Reichwein-Reminiszenz oder doch mehr die Handlungslogik der Situation, dass wir – dem „Fest der Arbeit" beim legendären Bau des Gewächshauses in Tiefensee entsprechend – den ersten Brenngang unseres Brennofens „Smokey", der mit sei-

---
1 Vgl. Schernikau: Erfahrungsbericht über das Arbeitsvorhaben „Wir backen Brot".
2 Vgl. Ders.: Praktisches Tun als Fundament der Bildungsarbeit auf der Volksschuloberstufe.

ner aus dem Schornstein steigenden Rauchwolke das Schulgelände vernebelte, mit Lied und Gedicht feierten?). Im Mittelpunkt des 9. Schuljahres stand sodann die Einführung in die Arbeitswelt durch Werk- und Verkaufsvorhaben, Betriebserkundungen und Betriebspraktika.[3]

Die Spuren Reichweinscher Didaktik erkenne ich rückblickend auch, wenn ich an den Drachenbau des Grundschullehrers mit seinem 2. Schuljahr denke und an die im Wechsel von allen Kindern der Klasse betreute Blumenfensterbank. Unser Zirkus „Kinderland" lud die anderen Grundschulklassen zur Vorführung ein, für die wir lange Zeit in verschiedenen Bereichen (Bewegung, Musik, bildnerisches und sprachliches Gestalten) geprobt hatten. Einige Jahre später war es der neue Arbeitsschwerpunkt „Dritte Welt in der Grundschule"/Friedenspädagogik, der mich nicht nur in methodischer Hinsicht, sondern auch inhaltlich mit Reichwein verband: Ein Puppenspiel und die sich anschließende Inszenierung einer dramatischen Konfliktlösung standen im Mittelpunkt des Themas „Krieg und Frieden".[4] Und der Sandkasten der Klasse diente zwar nicht der erdkundlichen Reliefarbeit, aber doch einer plastischen Rekonstruktion, bei der – wie oftmals in den didaktischen Arrangements des Tiefenseer Werkpädagogen – der Lerngegenstand in der Form enaktiver, ikonischer und symbolischer Repräsentation vermittelt wurde: Wir bauten als Handlungs- und Sinn-Mittelpunkt des durch Gespräch und Rollenspiel erschlossenen Unterrichts nach der Vorlage eines Kinderbuches die Szenerie eines Dorfes in Ghana nach.[5]

Die hier aufgenommene Spur des praktischen Lernens führte mit Blick auf die gesellschaftskritischen 60er Jahre zur Anfertigung von Supermarktmodellen in den Klassen meiner Referendare als Versinnlichung des in Rollenspielen erschlossenen Lerngegenstandes „Einkaufsfalle" und letztlich, einige Jahre später, zur Gestaltung meiner Reichwein-Seminare. Es war mir jeweils ein Anliegen, diese im Geiste ihres Forschungs- bzw. Lerngegenstandes nicht in der Normalform von Referat und Diskussion zu veranstalten, sondern nach den Prinzipien einer seminardidaktisch vermittelten „originalen Begegnung" mit der Erziehungs- und Unterrichtspraxis des Vorhabenpädagogen. Daher wurde die Arbeit eines Seminars um die Vorbereitung, Durchführung und Auswertung der Reichwein-Ausstellung gruppiert. Was Projektunterricht bedeutet, konnte somit am eigenen Leibe in der gemeinsamen Interaktion aller Beteiligten erfahren werden, angefangen von der Verbindlichkeit des Besprochenen und Geplanten über die Erfahrung des gemeinsamen Schaffens in der Zucht der selbst gewählten Aufgabe bis zum immer stärker werdenden „Wir"- Bewusstsein des Seminars. In den selbst erstellten Exponaten wurden einige der Reichwein-Vorhaben in großen Text-Bild-Collagen dargestellt und gedanklich bis in die Gegenwart weitergeführt, so zum Beispiel „Die Erde aus der Vogel- und Fliegerschau" bis zur Entdeckung des „Heimatplaneten" und der Reformulierung dieses Herderschen Begriffs

---
3   Vgl. Ders./Friedrich: Vorbereitung auf die Welt der Arbeit. Ders.: Produktion und Verkauf. Ders.: Die Arbeitswelt als Gegenstand des Grundschulunterrichts.
4   Vgl. Puppenspiele zum Themenbereich „Krieg und Frieden".
5   Vgl. Bei den Kakaobauern in Ghana./Ein Tag aus Quadjos Leben.

durch die Astronauten unserer Tage.⁶ Seminardidaktisch vermittelte „originale Begegnungen" kleineren Maßstabs führten in einem der folgenden Semester dazu, dass wir einige Beispiele praktischen Lernens aus der Vorhaben- und Werkaufgaben-Szenerie des Schaffenden Schulvolkes – die Serienproduktion der Laternen, den Bau der Blockflöten und die praktische Geometrie der Faltarbeiten – im Seminar selbst realisierten. Dabei erfuhren wir am eigenen Leibe nicht nur den Anspruch an Handgeschicklichkeit, Sorgfalt und gedanklicher Konzentration, den der Arbeitsschulpädagoge an die Schüler seiner „Einklassigen" stellte, sondern auch konkrete Möglichkeiten für die Verbindung des praktischen Tuns mit dem theoretischen Unterricht.

Als wir die didaktische Figur der Faltarbeiten in Form eines Grundrisses auf dem Fußboden rekonstruierten – das ist mir besonders in Erinnerung geblieben – kam Zug um Zug die Symmetrie einer Naturform zum Vorschein – eines Baumes oder eines Schneekristalls. Wir waren überrascht und fasziniert zugleich. Wie war das Phänomen zu verstehen? War der Zufall im Spiel oder Regelhaftigkeit? Waren wir einer Gestaltungsform auf der Spur, die zur Spezifik der Reichweinschen Didaktik gehört? Und: Wohin gehört diese Didaktik, die sich uns in ihrer Bündigkeit und zugleich Vielschichtigkeit, (Einzigartigkeit?) aufzuschließen begann: in die Arbeitsschule, Erlebnispädagogik, Waldorfpädagogik, Kunsterziehungsbewegung?

Dass selbst die Experten sich das „Konzept Reichwein" nicht ohne Rest aufzuschließen vermochten, wurde uns bei genauerem Lesen an den Formulierungen Ullrich Amlungs und Wolfgang Klafkis deutlich:

Der Biograph bezeichnet das „Schulmodell Tiefensee" als „eine Sammlung, kritische Sichtung, Erprobung und bündige Zusammenfassung fast aller reformpädagogischen Leitmotive und Teilergebnisse". Er spricht aber gleichzeitig von dem „unverwechselbaren pädagogischen Profil" desselben.⁷

Klafki würdigt es in entsprechender Weise: „War Reichwein der pädagogischen Reformbewegung schon seit seiner Tätigkeit im Volkshochschulbereich und in der Arbeiterbildung verbunden gewesen, so intensivierte und erweiterte er in seiner Hallenser Phase seine Kenntnis schulorientierter Reformpädagogik in der Vielfalt ihrer Varianten. All das ist in seine Tiefenseer Pädagogik eingegangen; sie stellt eine konstruktive Synthese wesentlicher Teilrichtungen der Reformpädagogik dar". Er merkt aber zugleich an, dass Reichwein die Ansätze der reformpädagogischen Bewegung in „origineller Weise" fortgeführt habe.⁸

In zeitlicher und inhaltlicher Parallele zu meinen Aktivitäten im Bereich des praktischen Lernens in Schule und Hochschule habe ich mich in mehrfachen Ansätzen mit unterrichtsgeschichtlichen Studien befasst. Neben Schulgarten, Werkhof und der Seminar-Werkstatt wurde die Bibliothek zu einer wiederkehrend besuchten Arbeitsstätte. Meinen Recherchen lag die Absicht zugrunde, den Ansatz des werktätigen Lernens, dem ich nach den Anregungen und Wegweisungen vor allem Reichweins und

---

6  Vgl. Heimat- und Weltkunde im Horizont der Einen Welt.
7  Amlung: Adolf Reichwein ..., S. 327 f.
8  Klafki: Geleitwort, S. 11.

Stiegers zu folgen versuchte, in historisch-systematischer Perspektive aufzuarbeiten. Die Studien im Bereich der „praktischen" Richtung der Arbeitsschule führten mich über den Kerschensteiner der Züricher Rede (1908) hinaus zu den literarischen Konzepten und praktischen Bemühungen der Philanthropen und zur Entdeckung des Kindes als eines im Handeln und Mittun lernenden Menschen bei Fröbel („Menschenerziehung"), Pestalozzi („Buch der Mütter") und Roussau („Emil").[9]

Zwischenzeitlich wollte sodann ein Kapitel Politischer Ökonomie mit den von der Universität kommenden kritischen Referendaren meines Seminars (in langen abendlichen Sitzungen) erarbeitet werden. Das Thema „Reformpädagogik und Gesellschaftskritik – Was bleibt vom freiheitlichen Sozialismus?", zu dem ich im Wintersemester 1981/82 eine Ringveranstaltung organisierte und einen Reichwein-Vortrag hielt[10], kam damals schon am Rande zur Sprache.

Die unterrichtsgeschichtlichen Recherchen fortsetzend gelangte ich daraufhin an die geistes- und gesellschaftsgeschichtliche Wendemarke 18./19. Jahrhundert. Es eröffnete sich mir Schritt für Schritt und mit zunehmender inhaltlicher Differenzierung – wie aus heutiger Sicht zu konstatieren ist – der Dreh- und Angelpunkt meiner weiteren historischen Studien: Mit diesem „Punkt", so wurde mir klar, stand der Wechsel vom katechetischen Unterricht des Aufklärungszeitalters zu dem auf Anschauung und Werktätigkeit gegründeten reformpädagogischen Lehren und Lernen der neuen Epoche in Verbindung. Dieser Ansatz, so begann ich mit Blick zunächst auf den Übergangsbereich Botanik/Biologie und Statistische Landesbeschreibung/Geographie zu verstehen, hing mit dem damaligen Wechsel des Paradigmas bzw. Curriculums zusammen. Zu diesem Kristallisationskern meiner Forschungen gehören, das wurde mir ebenfalls deutlich, Herman Nohls Ausführungen zum „neuen wissenschaftlichen Weltbild" der Deutschen Bewegung.[11] Eine aufschlussreiche geistesgeschichtliche Position mit dem Zentralbegriff des „Lebens" und der Leitformulierung „Der Primat des Lebens vor dem Begriff" war gefunden. Es bestand nunmehr nicht nur die Möglichkeit, die bisher erarbeiteten methodischen und fachdidaktischen Perspektiven in das Übergreifend-Allgemeine einer Paradigmaskizze einzuordnen, sondern zugleich auch – bis hin zum Begriff des „gelebten Sozialismus" von Adolf Reichwein – vom Allgemeinen aus nach dem Besonderen zu fragen.

Ihren literarischen Niederschlag fanden diese Studien zunächst in meiner Abhandlung: „Die Lehrplanepoche der Deutschen Bewegung und die Wende der Curriculum-Revision. Standortbestimmung der Heimatkunde und des Sachunterrichts im Kontext der wissenschaftlichen und der fachdidaktischen Entwicklung" (1981).

Mein Anliegen war es damals, die vergleichsweise Einheit des wissenschaftlichen, fach- und stufendidaktischen Denkens im Zeitraum zwischen dem Wendepunkt 18./19. Jahrhundert und dem Wechsel des Paradigmas bzw. des Curriculums in den 60er Jahren des vorigen Jahrhunderts herauszuarbeiten. Es konnte aufgewiesen wer-

---

9 Vgl. Schernikau: Historische Vorläufer des Offenen Unterrichts, Teil 2.
10 Vgl. Ders.: Adolf Reichwein – Der Deutsche Sozialismus und der Vorhabenunterricht.
11 Die Deutsche Bewegung, S. 138–146.

den, dass das vom „neuen Denken" der Epoche konstituierte „Weltbild" in der Mehrzahl seiner fach- und stufendidaktischen Differenzierungen darauf angelegt war, die „Natur- und Menschenwelt" unter ganzheitlichen Kategorien (Kosmos, Organismus, Epoche, Lebensgemeinschaft, Arbeitsgemeinschaft) und in der grundlegenden Perspektive der „Naturfundierung" der Lebenserscheinungen zu erfassen. Als ein zentraler Befund wurde in vergleichender Analyse ermittelt, dass Anfang und Ende der Epoche zum einen durch den Wechsel von den „Aufklärungswissenschaften" zu den neuen „Lebenswissenschaften"[12] und ihren Didaktiken markiert sind, zum anderen durch die sozialwissenschaftliche Revision des tradierten Paradigmas bzw. Curriculums.

Es waren zwei Wendemarken gefunden, die es mir später ermöglichten, die Schulpädagogik Reichweins von zwei Grenzlinien aus historisch zu vermessen.

Ich hatte damals bereits vor, das „Schulmodell Tiefensee" in das Heimatkunde-Kapitel meiner lehrplangeschichtlichen Untersuchung einzubauen. Dieser Absicht stand jedoch nicht nur die Komplexität des Untersuchungsgegenstandes entgegen, die keinen Raum für eine Behandlung in monographischer Konturierung ließ, sondern auch die Konzentration auf die lehrplangeschichtlich bedeutsame *inhaltliche* Seite des Unterrichts. Dies hätte zur weitgehenden Ausblendung der methodischen Arbeit und der Gemeinschaftserziehung geführt. Vor allem aber wäre es mir nicht möglich gewesen, die NS-Zeit als Kulminationspunkt der Verfallsgeschichte des deutschen Denkens mit dem „humanistischen" Kontrapunkt „Tiefensee" in angemessener Weise zu berücksichtigen.

Es bedurfte daher eines neuen Anlaufs, um dem besonderen Stellenwert und dem Eigensinn des Interpretationsgegenstandes, des Schulmodells „Tiefensee", gerecht werden zu können.

## 2. Zur Literatur- und Forschungslage

Zum Eigensinn der hier behandelten Schriften gehört es, dass der Autor diese zwar zu einem anregenden Sinn-Bild reflektierter Schulpraxis verdichtet hat, dass er sich aber

---

12 Dieser Begriff wird in der einschlägigen Literatur als Synonym für die Wissenschaft „Biologie" verwendet, von Freudenthal („Die Wissenschaftstheorie der deutschen Volkskunde") aber auch im Rahmen der Reihung: „Naturwissenschaft-Geisteswissenschaft–Lebenswissenschaft" zur Bezeichnung einer geisteswissenschaftlich orientierten „Volkslebenskunde". Seiffert („Einführung in die Wissenschaftstheorie") gebraucht den Begriff, um von dem positivistisch orientierten Ansatz analytischer Wissenschaften den „lebenswissenschaftlichen" (nicht-analytischen, phänomenologischen, hermeneutischen) abzuheben. Der Verfasser führt den Begriff der „Lebenswissenschaft" hier zur Bezeichnung von Disziplinen ein, die hinsichtlich Fragestellung und Deskriptstionsschema an den „Lebenskategorien" orientiert sind. Vgl. auch Scheibe: Die Krisis der Aufklärung. Abschnitt: Die Kritik an der Wissenschaft, S. 67–75. Scheibes kritische Auseinandersetzung mit der Wissenschaft der Aufklärung endet mit dem Hinweis auf den „Neubau der Wissenschaft" durch den Sturm und Drang, einer Wissenschaft, „die jetzt den Charakter der Geisteswissenschaft und der Lebensphilosophie trägt".

jeglicher Kommentierung in theoretischer oder historischer Perspektive enthält. Ein ausdrücklicher Hinweis auf Bezüge zur deutschen Klassik ist daher nicht zu finden.

Als ein punktueller Beleg für die Präsenz Goethes bei der Abfassung der Texte könnte aber immerhin die bekannte Formulierung gelten, mit der Reichwein seine Ausführungen zu den Naturbeobachtungen der Landschulkinder beendet: „Rätsel bleibt zwar Rätsel, aber doch ahnt das Kind etwas von der Wahrheit des großen goethischen Leitmotivs, das Erforschliche erforscht zu haben, und das Unerforschliche ruhig zu verehren."[13] Einen goethischen Akzent setzt der Tiefenseer Landschullehrer überdies auch in seinem Bericht über den Bau des Gewächshauses, indem er das abschließende „Fest der Arbeit" mit den bekannten Schatzgräber-Zeilen kommentiert: „Tages Arbeit! Abends Gäste! Saure Wochen! Frohe Feste! Sei dein künftig Zauberwort." Und der Abschnitt „Vom Erwerben" ist mit dem meta-didaktischen Sinnspruch überschrieben: „Was du ererbt von Deinen Vätern, e r w i r b es, um es zu besitzen". Es wird insoweit auf jeden Fall ansatzweise deutlich, dass der hier Schreibende sich im bildungsbürgerlichen Repertoire goethischer Sinn- und Leitsprüche auskannte.

Tiefere Bezüge werden aber schon in dem Hinweis erkennbar, dass auf Reichweins Arbeitstisch 1934, im ersten Jahr seines Tiefenseer Schulprojektes und des totalitären Regimes also, der Spruch zu lesen war: „Wer in schwankender Zeit sich schwankend verhält, vermehrt das Übel der Welt. Wer auf dem Sinne beharrt, bildet die Welt sich."[14]

Ergiebiger wird die Recherche mit Blick auf das Gesamtwerk: In „Märchen und Film" (1936) kommen an zentraler Stelle die „Dichtkunst des jungen Goethe" und die Märchen-Deutung Herders zur Sprache. Und den pädagogischen Schriften der 20er und 30er Jahre – „Volksbildung als Wirklichkeit", „Gewalt" oder „Gewaltlosigkeit", „Die Gilde", „Grundtvig" – liegt ausnahmslos und explizit das Bildungsverständnis Goethes zugrunde. Dies gilt auch für die Einleitung von Reichweins Dissertation „China und Europa" (1923).

„China und Europa" bedarf im vorliegenden Zusammenhang aber gesonderter Erwähnung. Richtet man den Blick nicht auf die Reihe der vom Autor erfassten Chinabezüge, sondern auf die Grundstruktur der Studie, so wird ein bemerkenswertes Goethe-Verständnis des jungen Doktoranden transparent, der nicht nur die biographisch bedeutsamen Stationen im Leben und Werk Goethes in seiner Interpretation berücksichtigt – die Straßburger Jahre der Begegnung mit Herder, die Italienische Reise, die Weimarer Goethe-Schiller-Epoche und die Zeit des Alterswerkes, der überdies diese Stationen in die goethische „Wendung vom ‚Subjektiven' zum ‚Objektiven'" (Cassirer) einzubeziehen vermag:

---

13 Vgl. Schaffendes Schulvolk (=SSV), S. 34 sowie Goethes Werke. Band 12 (Maximen und Reflexionen), S. 467: „Das schönste Glück des denkenden Menschen ist, das Erforschliche erforscht zu haben und das Unerforschliche ruhig zu verehren."

14 Vgl. Amlung: Adolf Reichwein …, S. 337 sowie Goethes Werke. Band 2 (Hermann und Dorothea), S. 514: „Denn der Mensch, der zur schwankenden Zeit auch schwankend gesinnt ist, der vermehret das Übel und breitet es weiter und weiter; aber wer fest auf dem Sinne beharrt, der bildet die Welt sich."

*„Er sieht im Osten das Symbol einer ruhigen Entwicklung. In dieser Betrachtungsweise äußert sich die große Wandlung des ganzen Menschen Goethe: das Subjektive versinkt immer mehr, wie sein Blick auch die Erscheinungen nach anderen Gesichtspunkten mißt; er faßt zusammen, schaut den Typus, um noch später in dem Gesetz, dem Ruhenden in der Wandlung des Seins, die letzte Möglichkeit der Erkenntnis zu finden."*[15]

Auf Seite 140 findet auch Herder mit Blick auf die Straßburger Zeit mit folgenden Sätzen noch einmal Erwähnung: „Herder trat in Goethes Bereich und schob seine geistige Entwicklung in eine andere Richtung. (Herder selbst hat in seine „Stimmen der Völker" nichts Chinesisches aufgenommen.)"

Zu den Befunden aus dem Bereich der Primärliteratur gehören auch drei Briefe,[16] die ein Schlaglicht werfen auf die Vielschichtigkeit und Lebendigkeit des Reichwein-Goethe-Bezuges: Der Brief vom 3.11.1920 enthält eine Mitteilung des Mitglieds der Akademischen Vereinigung an den Vater, die für die vorliegende Untersuchung, deren Reichweininterpretation sich vor allem den naturwissenschaftlichen Schriften Goethes zuwendet, von besonderem Interesse ist:

*„Auf meine Veranlassung lasen wir in diesem Semester (...) ‚Bausteine zu einer biologischen Weltanschauung' von Baron Üxküll. Du kennst das Buch ja. Ich war der Meinung, daß wir seither die Welt viel zu sehr von der (eng gefaßt) geistig-philosophischen Seite gesehen hätten und deshalb einmal gemeinsam versuchen müßten, sie vom Standpunkt der Naturwissenshaften aus zu packen. So haben wir bereits gestern sehr interessant begonnen. Es wird sich im Wesentlichen um eine Auseinandersetzung zwischen Darwinismus und der modernen biologischen Ansicht (etwa im Sinne prinzipiell Lamarcks oder Goethes) handeln."*[17]

Am 15.9.1922 meldet sich der Freund goethischer Lyrik aus dem hektischen Berlin mit dem Wunsch zu Worte, „in einer stillen Stunde wieder mal ein Gedicht von Goethe (zu) lesen oder etwas in der Bibel oder bei Ekkehard oder sonst irgendwo bei großen Offenbarern"[18] und am 1.5.1943, im Vorblick auf die Begegnung mit dem Straßburger Münster, zitiert der Liebhaber formstrenger Sprach- und Baukunstwerke eine mehrzeilige Passage aus Goethes Abhandlung „Von deutscher Baukunst".[19]

Die Recherche im Bereich der Sekundärliteratur beginnt mit den Aussagen derer, die als Weggefährten oder Biographen Reichwein besonders nahe standen. Das Verhältnis Reichwein-Goethe wird daher in seiner Tiefendimension transparent.

---
15 S. 149.
16 Die Briefe entstammen dem von Pallat/Reichwein/Kunz herausgegebenen Band: Adolf Reichwein: Pädagoge und Widerstandskämpfer. Ein Lebensbild in Briefen und Dokumenten.
17 S. 39.
18 S. 46.
19 S. 179.

Hans Bohnenkamp, der mit Reichwein befreundete Pädagoge, schrieb in seiner biographischen Skizze „Gedanken an Adolf Reichwein" (1949) mit Blick auf die Jenaer Zeit:

> „*Was er in den jungen Arbeitern vorfand, mit denen er sich dann in dem spartanischen Hause am Beuteberg zusammenlebte, war glühende Hingabe an ihr sozialistisches Zukunftsbild. Die hat er nicht gemindert, sondern durch gründliche Studien zu dauernder Einsicht erhoben. Was er aber zufügte, das war – nach dem eigenen Zeugnis seiner Schüler – nichts Geringeres als eine erfüllte Gegenwart. Wer so innig an eine gute Zukunftsordnung glaubt und das Vorhandene für so verwerflich ungeordnet hält wie seine jungen Sozialisten dort, der ist leicht geneigt, die Gegenwart unverbindlich zu nehmen. Dem hielt Reichwein sein ‚Hier und Jetzt' entgegen, lehrte und lebte die Verpflichtung und den kostbaren Gehalt des Tages und der Stunde. Er nahm dazu die Deutungshilfen auf, die ihm die deutsche Klassik bot (Hervorhebung v. Sch.). Von ihr, namentlich von Goethe und Hölderlin, war er schon früh und wesentlich erfüllt, – so wesentlich, dass seine Handschrift sowohl im Rückgreifen auf gewisse Einzelformen als vor allem in ihrem hingebend temperamentvollen Fluß davon mitgestaltet wurde. ‚Wir sind erst durch Goethe einer ungeheuren, dem Menschen eingeborenen Kraft voll innegeworden: die göttliche Wirklichkeit in der Erscheinung zu fassen', so schrieb er später."*[20]

Henderson spricht von der „Liebe zu Goethe"[21], Amlung vom „Lieblingsautor Goethe" und dessen Bedeutung für die pädagogisch-politische Arbeit Reichweins:

> „*Sein tief im humanistischen Denken christlich-abendländischer Tradition verwurzeltes, vor allem durch die intensive Lektüre seines Lieblingsautors Goethe angeregtes und durch die fürchterlichen Kriegserlebnisse vertieftes Menschenbild wird zum Fundament seiner gesamten pädagogisch-politischen Arbeit. Der Gedanke der Hochachtung des menschlichen Lebens im politischen, wirtschaftlichen und pädagogischen Bereich wird für ihn zur festen Überzeugung; er schließt auch das tierische und pflanzliche Leben, sogar die ganze dingliche Welt mit ein."*[22]

Über diese mehr kursorischen Aussagen biographischer Art gehen nachstehend Veröffentlichungen hinaus, in denen Reichweins Beziehung zur deutschen Klassik (Goethe, A. von Humboldt) Gegenstand systematischer Erörterung unter speziellen Aspekten ist.

Von Körber leitet seinen Essay „Die Wirtschaft als Aufgabe im Sinne Adolf Reichweins"(1981) mit einigen Zeilen zum „Welt- und Gesellschaftsverständnis" Reichweins ein, indem er den zentralen Satz „Für ihn ist die Welt im Sinne Goethes eine Einheit" in kosmologisch-systemischer Perspektive entfaltet (vgl. S. 246).

---

20 S. 11 f.
21 Vgl. Henderson: Adolf Reichwein, S. 185.
22 Amlung: Adolf Reichwein …, S. 95 f.

Wittenbruch gelangt in seinem Beitrag „Unterrichtsmethode als ‚Weg der Erziehung'. Erfahrungen und Überlegungen zur Unterrichtsmethode in den Schriften Adolf Reichweins" (1981) mehrfach an die Peripherie goethischer Sichtweisen und Begriffe, ohne aber in vorwiegend textimmanenter Interpretation bis ins Zentrum der gesuchten Verortung vorstoßen zu können (S. 271 f.). Er konstatiert dabei zu Recht das Fehlen einer „umfassenderen Interpretation des pädagogischen Denkens Reichweins"[23] sowie einer auf „historische Erhellung, Aufarbeitung und Einordnung" angelegten „integrierenden Untersuchung".[24]

Mattenklott weist in ihrem Beitrag: „Aspekte ästhetischer Erziehung im Werk Adolf Reichweins" (1997) auf die goethische Methapher „Geprägte Form, die lebend sich entwickelt" als Grundlage für Reichweins entwicklungspsychologischen Vorstellungen hin (S. 252).

Eine monographische Behandlung von Bezügen, die Reichwein mit dem Geist der deutschen Klassik verbinden, liegt in der von uns recherchierten Literatur lediglich in Stegers Abhandlung „Adolf Reichweins politische Landeskunde ‚Mexiko erwacht'" (1930) vor. Diese wird im Zuge einer systematischen Analyse hinsichtlich ihres strukturellen Aufbaus mit den Mexiko- und Kuba-Analysen Alexander von Humboldts parallelisiert. Aufgrund der speziellen Themenstellung jedoch, die weder Humboldts Hauptwerke berücksichtigt noch darauf abgestellt ist, Reichweins Schulpädagogik einzubeziehen, kann diese Studie hier nur am Rande erwähnt werden.

Ein anderer Stellenwert ist der von Mitzlaff verfassten Untersuchung: „Heimatkunde und Sachunterricht: Historische und systematische Studien zur Entwicklung des Sachunterrichts – zugleich eine kritische Entwicklungsgeschichte des Heimatideals im deutschen Sprachraum" (1985) beizumessen. Hier liegt im Rahmen des historisch dimensionierten Gesamtwerkes eine monographische Behandlung der Schulpädagogik Reichweins unter dem Titel: „Heimatkundliche Vorhaben in einer lebensfrohen und kinderfreundlichen Arbeitsschule – Adolf Reichwein"[25] vor. Der Autor unterbreitet eine aspektreiche und kompetente Verarbeitung des Themas. Dessen historische Verortung bleibt allerdings vergleichsweise rudimentär: Sie erfolgt lediglich durch Einordnung in die Zeitschiene 1930-1933 und der ihr zugeordneten, aber nicht eingehender definierten „Reformpädagogischen Heimatkunde". Dabei bleibt die Frage nach den übergreifenden inhaltlichen Zusammenhängen mit den heimatkundlichen Grundkonzeptionen der Epoche sowie mit den „heimatkundlichen" Fächern und mit den Klassikern des „neuen" Denkens – jene Frage also, deren Beantwortung Gegenstand der vorliegenden Interpretation ist – weitgehend außer Betracht.

Zur Literaturlage im weiteren Verständnis des Begriffs gehört auch die gegenwärtige Diskussion über die politische Integrität des nationalen Sozialisten Adolf Reichwein. Anstoß für die Auseinandersetzung zwischen der etablierten Reichweinforschung und dem Versuch, deren Ergebnisse einer kritischen Revision zu unterziehen,

---
23 Vgl. S. 144.
24 Ebd., S. 170.
25 S. 946–961.

ist die Veröffentlichung von Christine Hohmann: Dienstbares Begleiten und später Widerstand. Der nationale Sozialist Adolf Reichwein im Nationalsozialismus (2006).

Die Autorin ordnet den Reformpädagogen und Sozialisten in Übereinstimmung mit den sozialgeschichtlichen Forschungen Stefan Vogts[26] dem rechten Spektrum der Weimarer Sozialdemokratie zu und nicht, wie bisher im Anschluß an Hans Mommsen[27] üblich, dem linken Rand der Partei. Hinsichtlich dieser Positionsverschiebung, die einen Schritt in Richtung des ideologischen Interferenzfeldes zwischen den „linken Leuten von rechts" und den „rechten Leuten von links" (Klönne) beinhaltet, stimme ich mit der Verfasserin überein. Im Übrigen aber scheint mir Hohmanns Abhandlung zumindest insofern fragwürdig zu sein, als sie den sozialisationstheoretischen Aspekt überzeichnet und meint, dem Sohn des Volks- und Realschullehrers übermäßigen Wirkungs-und Geltungsdrang („sich ins rechte Licht setzen", „wahrgenommen werden", „Zustimmung und Anerkennung" erhalten, „Größeres" erreichen wollen) und NS-Opportunismus nachweisen zu können. Die Frage nach der geistigen Orientierung Reichweins aber, die im Mittelpunkt der vorliegenden Untersuchung steht, findet nur vergleichsweise geringe Beachtung.

Allerdings: Eine eingehendere Auseinandersetzung mit der Hohmann-Studie ist im Rahmen der vorliegenden Untersuchung, die einer gänzlich anderen Fragestellung und Interpretationsperspektive folgt, nicht beabsichtigt. Diese Feststellmg schließt aber eine punktuelle kritische Einlassung (S. 301) nicht aus.

Darüber hinaus mag es an dieser Stelle hinreichend sein, mit Blick auf das Wagnis Reichweins, seinen Schulversuch unter den Bedingungen der NS-Zeit realisieren zu wollen und seine Utopie und Perspektive einer humanen sozialistischen Gesellschaft gegen alle äußeren und inneren Widerstände durchzuhalten, Goethes Metaphysik und „Tatphilosophie" das letzte Wort zu lassen:

*„Sie erschließt die Dimension des Handelns für die Bildungstheorie, sie macht den Weg frei zur Begründung sozialer Verantwortung, erkennt hellsichtig Dissonanzen, Konflikte, Abgründe als Implikationen allen Handelns und bewahrt sich doch jenen grundsätzlichen Optimismus, ohne den pädagogisches Handeln nicht möglich ist."*[28]

Ein weiterer aktueller Bezug zur vorliegenden Themenstellung sei an dieser Stelle mit dem Hinweis auf die durch „Pisa" angeregte Diskussion über reformpädagogische Konzepte der „Schulentwicklung" lediglich angemerkt. Wir werden im abschließenden Teil der Untersuchung auf diesen Aspekt zurückkommen (S. 336 f.).

---

26 Vogt: Nationaler Sozialismus ... (2006).
27 Vgl. H. Mommsen: Adolf Reichweins Weg in den Widerstand u. Amlung/Piening/Schittko: Reichwein-Rezeption und- Forschung ..., S. 2–8.
28 Günzler: Bildung und Erziehung im Denken Goethes, S. 142.

## 3. Zur Aufgabenstellung und Gestalt der Untersuchung

Der vorliegenden Untersuchung ist die Aufgabe gestellt, die Schulpädagogik Adolf Reichweins, die Gestalt geworden ist im „Schulmodell Tiefensee", in der Perspektive der vorliegenden Themenstellung und daher unter geistes- und gesellschaftsgeschichtlicher Fragestellung aufzuarbeiten hinsichtlich 1. des grundlegenden bildungstheoretischen Ansatzes, 2. der Inhalte des Lehrens und Lernens, 3. der methodischen Vermittlungsformen und 4. der Ziele und Aspekte der Gemeinschaftserziehung.

Die Untersuchung beginnt daher nach der Einleitung (I) mit einem Kapitel (II), in dem das „neue wissenschaftliche Weltbild" der Deutschen Bewegung (Nohl) in seinen originären Ansätzen bei Herder und Goethe Gegenstand der Darstellung ist. Alexander von Humboldt gilt uns in Ergänzung der Nohlschen Paradigma-Skizze mit Blick auf Reichwein als der dritte Repräsentant der hier behandelten deutschen Klassik[29] und ihres auf Welt- und Selbstverständnis zielenden ganzheitlich-systemischen Bildes[30] von der Natur- und Menschenwelt.

Der weitere Interpretationsgang (III) führt sodann dazu – erstmals in der bisherigen Reichweinforschung – den oftmals auch in fachkategorialer Akzentuierung und Gliederung erteilten Unterricht der Tiefenseer Landschule unter fachlichen Aspekten zu profilieren. Gegenstand sind jene aus dem „Weltbild" sich herleitenden und miteinander vernetzten Fächer, deren schulische Grundlegung in der Heimatkunde erfolgt: die Biologie, Geographie, Volkskunde und Geschichte. Jeweils werden zunächst der Wechsel des Paradigmas[31] und die didaktisch bedeutsamen wissenschaftsgeschichtlichen Entwicklungslinien aufgewiesen, bevor die Parallelvorgänge im Bereich des schulischen Curriculums Gegenstand unserer Ausführungen sind.

In vergleichbarer wissenschafts- und unterrichtsgeschichtlicher Rekonstruktionsweise steht sodann der Bereich des fachlich aspektierenden bzw. vorfachlichen Lernens heimatkundlicher bzw. lebenskundlicher Struktur (IV) im Mittelpunkt der Interpretation. Hinter der historischen Herleitung und Darstellung der konzentrisch gegliederten Normalform der schulischen Heimatkunde der Weimarer Zeit steht dabei die Frage, ob bzw. inwieweit Reichweins Unterricht dieser entspricht. Zugleich trägt das Heimatkunde-Kapitel dazu bei, den Blick auf das inhaltliche Gefüge des Unterrichts und dessen wiederkehrende methodische Gestaltungsformen, der in den miteinander vernetzten monographischen Texten (III, 1, 2, 3, 4 und IV) ermöglicht

---

29 Vgl. Burger, H. O. (Hrsg.): Begriffsbestimmung der Klassik und des Klassischen (1972) mit den Beiträgen von Halbach: Zu Begriff und Wesen der Klassik (1954); Unger: Klassizismus und Klassik in Deutschland (1932); Strich: Grundbegriffe (1922/49); Korff: Das Wesen der klassischen Form. Überdies Borchmeyer: Zur Typologie des Klassischen und Romantischen (2002).
30 Zum Begriff „systemisch" vgl. Capra: Wendezeit (1982) mit Ausführungen vor allem zu Goethes Naturbetrachtung; Gaier: Herders Systemtheorie (1998) u. Ette: Alexander von Humboldt, die Humboldtsche Wissenschaft und ihre Relevanz im Netzzeitalter (2006) sowie die diesbezüglichen Ausführungen bzw. Anmerkungen im weiteren Text (S. 29, Anm. 49 und 50; S. 37, Anm. 72; S. 51, Anm. 98; S. 66, Anm. 135).
31 Vgl. Kuhn: Die Struktur wissenschaftlicher Revolutionen (1967).

wird, zu einem ersten Gesamtbild reformpädagogischer Lehrkunst und Lernkultur zu arrondieren.

Das Kapitel V (1.Teil) wendet sich daraufhin dem jahreszeitlich und thematisch gegliederten „Arbeitsplan" Reichweins zu. Es ermöglicht einen zusammenfassenden und vertiefenden Rückbezug auf die fach- und lernbereichsdidaktischen Ausführungen der voranstehenden Kapitel (II und III) und auf den originären „Weltbild-Horizont des Kapitels II.

Im Kapitel V (2. Teil) werden sodann die von Reichwein beschriebenen „einfachen Formen" nicht mehr vorrangig, wie bisher, unter dem Aspekt der Geschmacksbildung, der Sinnesschulung oder der Mediendidaktik interpretiert, sondern in der übergreifenden Perspektive einer auf Welt- und Selbstverständnis gerichteten Kategorialen Bildung.

In den zuletzt genannten Kapiteln kommt bereits die reformpädagogische Lehrkunst und Lernkultur der dynamischen Führung und indirekten Lenkung, des werktätigen bzw, praktischen Lernens, der organisch-genetischen Gestaltung und des exemplarischen Lehrens und Lernens zur Sprache. Das spezifische Gestaltungsmuster des vom Vohabenpädagogen und Mediendidaktiker realisierten Unterrichts, d. h. die Kombination von werktätigem bzw. praktischem Lernen mit multimedialen Vermittlungsformen (Sachprosa, Bild, Film) gewinnt bereits Profil. Zugleich kommen Beispiele der Gemeinschaftserziehung im Sinne eines „gelebten Sozialismus" zur Sprache. Während die einschlägigen Ausführungen der Kapitel III, IV und V jedoch durchweg nur in kursorischer Art erfolgen, sind nunmehr aber in den Kapiteln VI und VII die methodische Arbeit Reichweins und die Formen seiner Gemeinschaftserziehung Gegenstand systematischer Aufarbeitung in historischer Perspektive.

Das Methoden-Kapitel (VI) wendet sich daher der „Didaktik der ‚pädagogischen Bewegung'" zu, deren Ansatz Gottfried Hausmann in seiner bildungs- und kunsttheoretisch fundierten „Didaktik als Dramaturgie des Unterrichts" (1959) entwickelt hat. Daher wird der „Gestaltwandel" des Unterrichts, von dem der Methodiker Reichwein spricht, auf den Wechsel von der katechetischen Didaktik des 18. Jahrhunderts zur Möglichkeit des lebensnahen Lernens durch Anschauung und Werktätigkeit in der neue Epoche der am Lebensbegriff orientierten Wissenschaften und Didaktiken zurückgeführt.

Dem Kapitel zur Gemeinschaftserziehung (VII) liegt die Aufgabe zugrunde, die sozialistische Reformarbeit Reichweins während der Weimarer Jahre und der NS-Zeit in die Geschichte des nationalen Sozialismus einzuordnen. Im Schwerpunkt geht es darum, seine Ausführungen zur Gemeinschaftserziehung systematisch zu erfassen und in schulpädagogisch-sozialistischer Perspektive zu kommentieren.

Ein Hinweis auf drei übergreifende strukturelle Grundzüge des hier vorliegenden Textes möge die vorliegenden Ausführungen beschließen:

*Erstens*: Ein durchgehendes Gestaltungsprinzip bestand für mich darin, die Schulpädagogik Reichweins in ihren fach- und lernbereichdidaktischen Ansätzen und Formen der Gemeinschaftserziehung zu vergleichbaren Ansätzen der NS-Pädagogik in Beziehung zu setzen. Es war auf diese Weise möglich, sowohl gelegentlich partielle

Überschneidungen als auch in der Regel das eigenständige pädagogisch-politische Profil des nationalen Sozialisten und Reformpädagogen herauszuarbeiten.

*Zweitens:* Die Jahrzehnte des auslaufenden 18. und des beginnenden 19. Jahrhunderts sind, das sei hier noch einmal hervorgehoben, wiederkehrender Ausgangspunkt der vorliegenden Untersuchung – jener Zeitraum also, in dem zum einen mit der englischen und französischen Revolution die Wende von der altständisch-vormodernen Lebensordnung zur industriekapitalistischen Gesellschaft einsetzte, in dem zugleich die Konstituierung des „neuen wissenschaftlichen Weltbildes" der Deutschen Bewegung erfolgte und überdies der Wechsel von der katechetischen Didaktik zur „Didaktik der ‚pädagogischen Bewegung'".

Die dreifache Bedeutung dieser Wendezeit für die Schulpädagogik Reichweins und für die schulpädagogische Rekonstruktion von Reformpädagogik schlechthin blieb in der einschlägigen Forschung bisher weitgehend unbeachtet.

*Drittens:* Das Ganze des vorliegenden Textes umfasst, wie angedeutet, mehrere Kapitel, die als integrierte Teilganze zwar mit der Wendezeit 18./19. Jahrhundert durch den Wechsel des Paradigmas bzw. durch revolutionäre Umbrüche „verknotet" sind, die aber zugleich eine eigenständige monographische Struktur aufweisen. Der „Biologie" oder der „Didaktik der ‚pädagogischen Bewegung'" bzw. der „Geschichte des nationalen Sozialismus in Deutschland", um hier an drei Beispielen das durchgehende Baumuster zu konkretisieren, liegt ein in sich folgerichtiger und verständlicher Aufbau zugrunde. Sie sind mit anderen Kapiteln durch Querverweise (die im Text durch Seitenzahlen kenntlich gemacht sind) netzwerkartig verknüpft. Für den Autor bedingte die Erarbeitung dieser Struktur einen vorher kaum abschätzbaren Aufwand an eingehender und vergleichender Interpretationsarbeit in der Art des ganzheitlich-systemischen Denkens, von dem wir sprachen, für den Leser unter Umständen die Möglichkeit, nach *seinem* Interesse in die Lektüre des sich weiter vermittelnden Textes einzusteigen.

Die bedeutsame Gestalt des *Ganzen* aber, in das die monographischen Paralleltexte integriert und Anfang und Ende als bündiger hermeneutischer Sinnzusammenhang vermittelt sind, dieses Ergebnis analytischer Arbeit und kreativer Komposition erschließt sich *nur* oder *erst* dem systematischen Lesedurchgang.

## 4. Zur Methode der Untersuchung

Für die Methode der vorliegenden hermeneutischen Untersuchung ist der auf Verstehen angelegte Vergleich von grundlegender Bedeutung.[32] Verglichen werden mit Blick

---

32 Vgl. Herbst: Komplexität und Chaos, S. 80: „Der Vergleich ist eine Methode und bezieht sich immer auf wenigstens zwei Gegenstände, die ‚Vergleichsgegenstände', die unter Zuhilfenahme einer ihnen gemeinsamen Bezugsgröße, die als Maßstab dient, verglichen werden. Diese gemeinsame Bezugsgröße, der Maßstab oder die ‚Hinsicht', auf die hin der Vergleich erfolgt, wird Tertium comparationis genannt. Die Auswahl des Tertium comparationis und der Vergleichsgegenstände erfolgt auf der Basis einer Fragestellung. Der Vergleich ist immer wenigstens ein

auf die maßgeblichen geistesgeschichtlichen Wendepunkte, Kontinuitätslinien und Bruchstellen vornehmlich mentale Strukturen, denen als strukturbestimmende Merkmale Erkenntnisinteressen, Fragestellungen, aspektspezifische Phänomene und gegenstandsadäquate Methoden zugrundeliegen. Diese werden unter der Frage nach den inhaltlichen Entsprechungen – nach dem „vergleichsweise Gleichartigen" (Faber) – und nach den Unterschieden zueinander in Beziehung gesetzt.[33] Desgleichen sind auch menschliche Handlungen und Verhaltensweisen wie zum Beispiel die lebensgeschichtlich bedeutsamen Reisen Herders, Goethes, Alexander von Humboldts und Reichweins Gegenstand vergleichender Betrachtung unter der Frage, ob diese hinsichtlich des situativen Kontextes, der biographischen Bedeutung und der Realisationsform Gemeinsamkeiten aufweisen, die den je individuellen Kontext und Beweggrund übergreifen.

Über das Verstehen von Zusammenhängen und Unterschieden in der vergleichenden Betrachtung mentaler Strukturen und Handlungsmuster ging gelegentlich die Möglichkeit des mehr unmittelbaren Nacherlebens hinaus, wenn sich die Unterrichtserfahrungen des Hamburger Volksschullehrers, von denen wir einleitend sprachen, mit denen des Tiefenseer Landschullehrers trafen. In beiden Fällen – sowohl der kognitiven Arbeit des strukturellen Vergleichens als auch der mehr situativen Verstehensweise – erweist sich mir im Rückblick auf die Genese dieser Untersuchung, dass der hermeneutische Prozess bedingt ist durch die Lebensgeschichte des Interpreten und deren geistes- und gesellschaftsgeschichtliche Historizität.

In der Perspektive des Geschichtswissenschaftlers W. J. Mommsen und unter ergänzendem Bezug auf die „Horizonttheorie" Gadamers[34] gesagt:

*„Verstehen bezieht immer schon die Person der Interpreten mit ein und wird durch das jeweils eingebrachte ‚Vorverständnis' desselben wesentlich mitgepägt; es ist ein Teil des geschichtlichen Prozesses selbst. Deswegen gelangen Interpretationen, die zu verschiedenen historischen Zeitpunkten vorgenommen werden, notwendigerweise auch zu unterschiedlichen Deutungen ein und desselben Textes. Eben deshalb aber*

---

Dreischritt. Er zielt darauf, mit Hilfe eines Tertium comparationis Gemeinsamkeiten und Unterschiede zwischen wenigstens zwei Vergleichsgegenständen festzustellen".

33 Vgl. Faber: Theorie der Geschichtswissenschaft. Kapitel: Typus und Struktur in der Geschichte, S. 89–108, speziell S. 92: „Das Typisieren in der Historie zielt also auf das relativ Allgemeine und ist insofern eine Spielart des Spezifizierens: Durch die Ermittlung des vergleichsweise Gleichartigen an der geschichtlichen Wirklichkeit, an Personen, Institutionen, Abläufen, wird die Geschichte in der Vielfalt ihrer Erscheinungsformen klassifiziert."

34 Zur Adaption und Modifikation der philosophischen Hermeneutik Gadamers und ihrer „Horizonttheorie" vonseiten der Geschichtswissenschaft vgl. Mommsen: Wandlungen im Bedeutungsgehalt der Kategorie des ‚Verstehens' S. 200–226 u. Faber: Theorie der Geschichtswissenschaft. Kapitel: Das Verstehen in der Geschichtswissenschaft 1. Kritik der normativen Hermeneutik, S. 109–127 u. Das Verstehen in der Geschichtswissenschaft 2. Grundzüge einer historischen Hermeneutik, S. 128–146. Zur Adaption und Modifikation vonseiten der Literaturdidaktik vgl. Geißler: Prolegomena zu einer Theorie der Literaturdidaktik. Kapitel IV: Die philosophische Hermeneutik als Rahmen und Modell für eine literarische Theorie, S. 57–70.

*begründet Verstehen einen geistigen Zusammenhang zwischen dem Vergangenen und dem je Gegenwärtigen. Nach Gadamer ist ‚das Verstehen ... selber nicht so sehr als eine Handlung der Subjektivität zu denken ... als ein Einrücken in ein Überlieferungsgeschehen, in dem sich Vergangenheit und Gegenwart beständig vermitteln'. Alles ‚Verstehen' ist determiniert durch die historische Situation des jeweiligen Interpreten und demgemäß selbst dem historischen Wandel unterworfen; als solches dient es sowohl zur Bewahrung wie zur Neubegründung von Tradition."*[35]

Diesen hermeneutischen Grundgedanken auf die Auslegung „großer Werke der Literatur" anwendend, gelangt der Literaturdidaktiker Rolf Geißler in seinem Gadamer-Kapitel zur Ausformulierung eines Gedankens, der mir in spezifischer Weise auch der Interpretation des schulpädagogischen Textes angemessen zu sein scheint, an dessen „Unausschöpfbarkeit" sich der hier schreibende Autor über einige Jahre abgearbeitet hat:

*„Ein Text wächst durch seine geschichtlichen Interpretationen. Er gibt im neuen Horizont andere Einsichten frei. Ihn auf seinen eigenen zeitgenössischen Entstehungshorizont einengen zu wollen, ihn nur philologisch zu verstehen, wie er in seiner Zeit verstanden wurde – wenn das überhaupt ginge –, entbindet nicht die im Text liegenden Möglichkeiten. Gerade die Unausschöpfbarkeit eines Textes – und das heißt eben seine immer neue Entfaltung – macht die Qualität eines Werkes aus. Nur literarische Werke von minderem Rang scheinen auf einen Nenner gebracht werden zu können. So könnte eine Geschichte der Interpretation großer Werke der Literatur zeigen, wie abhängig die jeweilige Interpretation von ihrem geschichtlichen Standort ist, ohne daß sie die Vorraussetzung jeglicher Interpretation, die Überprüfung am Text, zu scheuen brauchte."*[36]

Die beiden Schulschriften, insbesondere das „Schaffende Schulvolk", gehören für mich ohne Zweifel der Spannweite und der Tiefendimension ihres Gehaltes nach sowie hinsichtlich ihrer formalen Gestaltung, in der das Ganze und seine Teile eine aspektreiche und zugleich bündige Form gefunden hat, zu den „großen Werken" der pädagogischen Literatur. Der Autor intendiert nicht – im Sinne goethischer Kunsttheorie[37] – die „einfache Nachahmung" seiner schöpferischen und reflektierten Praxis, sondern eine durch Bild und Wort vermittelte[38] Darlegung der „inneren Form"

---

35 Mommsen, S. 223 f.
36 Geißler: Prolegomena ..., S. 62 f.
37 Vgl. Goethe: Einfache Nachahmung der Natur, Manier, Stil.
38 Es wäre eine eigene Studie wert, die Präsentations- und Repräsentationsformen von Sachverhalten, für die vor allem bei Goethe und Humboldt in Übereinstimmung mit einer auf Anschaung fundierten Wissenschaftskonzeption das „Ineinandergreifen von Bild-Text und Schrift-Bild" (Ette) spezifisch ist, mit denen Reichweins im Schaffenden Schulvolk zu vergleichen. Überdies lässt mich meine Feststellung, dass Reichwein in seinem nicht-linearen, sondern ganzheitlich-gestalthaften Text wiederkehrend „Alles in Einem" sagt, die Frage stellen, ob diesem jene „frak-

des Schulversuchs im stilisierenden und verdichtenden Nachvollzug des Getanen und Erreichten. Die Gestaltung hat „Stil" in dem Sinne, dass am exemplarischen Beispiel und dessen Einbindung in übergreifende Leitlinien und begleitende Kommentierungen das „Wesen der Dinge" (Goethe) zur Sprache kommt. Der Text kann daher, mit Geißler gesagt, nicht „auf einen Nenner" gebracht werden.

Für den „geschichtlichen Standort", von dem aus die vorliegende Untersuchung entworfen und in produktiver Einlassung auf den Reichweintext Zug um Zug erarbeitet wurde, ist neben der aufgezeigten biographischen Linie und in kaum unterscheidbarer Wechselwirkung mit derselben das wissenschaftstheoretische Selbstverständnis des Autors von Bedeutung. Er weiß sich dem Diskurs verpflichtet, der in den Jahren seines Studiums, seiner praktischen Reformarbeit in der Haupt- und Grundschule und seiner Tätigkeit als Erziehungswissenschaftler von der geisteswissenschaftlichen Pädagogik zur kritisch-konstruktiven Erziehungswissenschaft führte. Dieser Standpunkt in seiner lebens- und berufsgeschichtlichen Fundierung impliziert, das sei hier auf dem Hintergrund des biographischen Teils der Einleitung noch einmal in untersuchungsmethodischer Perspektive herausgestellt, den „neuen Horizont" der vorliegenden Reichwein-Interpretation. Aus diesem heraus wurde der Versuch unternommen, das Thema „Reichweins Schulpädagogik", das bisher vorwiegend Gegenstand werkimmanenter Interpretation[39] oder zeitgeschichtlicher Aufarbeitung war[40], in übergreifender historischer Perspektive neu „zu entfalten". Als Ergebnis dieses spezifischen Ansatzes wurde ein bisher kaum beachtetes thematisches Profil erarbeitet, das neue Ansichten eröffnet und etablierte Sichtweisen relativiert, indem zum Beispiel die deutsche Klassik in den Vordergrund rückt und damit zugleich die (Politische) Romantik vergleichsweise geringe Beachtung findet, insofern auch, um ein zweites Exempel für den erforderlichen Wechsel der Sehgewohnheiten zu nennen, als der Begriff der „Bildung" gegenüber dem der „Erziehung" (des „erziehenden Unterrichts"),[41] der durchgehenden geistigen Grundposition des Reformpädagogen, des Sozialisten und Widerstandskämpfers Reichwein entsprechend, im vorliegenden Interpretationsgang dominiert.

---

tale Konstruktion" zugrundeliegt, von der Ette hinsichtlich des Humboldtschen Gesamtwerkes spricht, „dessen Einheit nicht durch zentrierende oder totalisierende Strukturen, sondern durch die Relationalität sich wiederholender Muster und Verfahren hergestellt wird ... " (Teil 2, S. 4).

39 Dies ist der Fall z.B. bei Fricke: Die Pädagogik Adolf Reichweins (1974) u. Wittenbruch: Unterrichtsmethode als Weg der Erziehung (1981).

40 Vgl. Amlung/Lingelbach: Adolf Reichwein (2003).

41 Eine in sich bündige Interpretation der Tiefenseer Schulpädagogik in der Perspektive des „Erziehenden Unterrichts" (Herbart), die sich auf den eigenen Sprachgebrauch Reichweins während der Not- und Krisensituation am Ende der Weimarer Republik und während der NS- Zeit zu beziehen vermag, hat Karl Lingelbach vorgelegt. Meine eigene Untersuchung versteht sich aber nicht als eine Widerlegung derselben, sondern als deren relativierende Ergänzung. Vgl. Lingelbach: Adolf Reichweins Schulpädagogik, speziell den Exkurs: „Erziehender Unterricht" als schulpädagogischer Schlüsselbegriff des modernen Volksschulwesens in Deutschland, S. 59–61 u. den Abschnitt: Subjektentwicklung im Prozess der Gemeinschaftsarbeit, S. 66 f.

Für die strukturelle Plastik des Textes ist überdies die Betonung jener Aspekte kennzeichnend, die in der Reichweinforschung bisher weitgehend übersehen wurden wie insbesondere das der Fröbel-Pädagogik entstammende Prinzip der organisch-genetischen Gestaltung und die bildungstheoretische Dimension der „einfachen Formen".

## 5. Zur Paradigmaskizze H. Nohls vom „neuen wissenschaftlichen Weltbild" der „Deutschen Bewegung"

Abschließend noch ein Wort zur Paradigmaskizze Herman Nohls: Der an Dilthey anschließende Nestor der geisteswissenschaftlichen Pädagogik verfasste den hier referierten und kommentierten Text im Zusammenhang mit seinen Göttinger Vorlesungen zum Thema „Die Deutsche Bewegung unter besonderer Berücksichtigung ihres Bildungsgehaltes" mit dem Untertitel „Deutsche Geistesgeschichte von 1770–1830".[42] Er sprach in prinzipieller Abgrenzung von der „alten großen Naturwissenschaft von Galilei und Newton", die auf der „Zerlegung der Erscheinungen und ihrer gedanklichen Konstruktion aus rationalen Begriffen" beruhe, von einer „neuen Wissenschaft" und ihrem „neuen wissenschaftlichen Weltbild". Der experimentellen Methode des „analytischen Zeitalters" (Cassirer) wird der Ansatz einer geisteswissenschaftlich-phänomenologischen Erkenntnisweise gegenübergestellt, für die der unmittelbare ganzheitliche Bezug zu den Phänomenen des Lebens und deren Erschließung in genetischer und vergleichender Betrachtung von konstitutiver Bedeutung sei. An die Stelle des analytisch-induktiven Verfahrens trete der dem künstlerischen Schaffen verwandte intuitive Erkenntnisakt und die ganzheitliche Wesensschau.

Es gelte „der Primat des Lebens vor dem Begriff". Dieser Sentenz und dem lebensphilosophischen Standpunkt damaliger Hermeneutik Ausdruck gebend heißt es:

---

42 Vgl. Nohl: Die Deutsche Bewegung. Vorlesungen und Aufsätze zur Geistesgeschichte 1770–1830; ebenfalls Finkh: Der Begriff der „Deutschen Bewegung" und seine Bedeutung für die Pädagogik Herman Nohls (1971). Von besonderem Interesse hinsichtlich der Verwendung des Begriffs in der geisteswissenschaftlichen Literatur der Nachkriegszeit ist aus dem Kapitel: Der historische Verlauf und die pädagogischen Tendenzen der „Deutschen Bewegung" (S. 17–69) der Abschnitt: Das Problem der Periodisierung der „Deutschen Bewegung" in ihren Haupttendenzen (S. 18–26). Bedeutsam in der Reichwein-Perspektive ist vor allem auch das Kapitel: Zur Funktion des Begriffs der „Deutschen Bewegung" als geistesgeschichtlicher Terminus in Nohls pädagogischen Schriften (S. 71–104) mit den Abschnitten: Nohls politische Haltung und ihre Beziehung zum Begriff der „Deutschen Bewegung", S. 73–86 u. Nohls Stellungnahme zur Aufklärung und ihre Beziehung zum Begriff der Deutschen Bewegung, S. 87–104. Dort werden die ideologiekritischen Passagen referiert und kommentiert u.a. aus Abendroth: Das Unpolitische als Wesensmerkmal der deutschen Universität (1966); A. Flitner: Deutsches Geistesleben und Nationalsozialismus (1965); Hackewitz: Das Gesellschaftskonzept in der Theorie der Deutschen Bewegung (1966). Vgl. überdies Huschke-Rhein: Das Wissenschaftsverständnis in der geisteswissenschaftlichen Pädagogik (1979). Kapitel: Das Wissenschaftsverständnis Nohls, S. 265–354, speziell den Abschnitt: Die Wissenschaftsauffassung der ‚Deutschen Bewegung' als Ausgangspunkt der Nohlschen Wissenschaftsauffassung, S. 276–290.

> *„Die neue Epoche gegenüber dem Zeitalter der Aufklärung beginnt überall da, wo der Reflexion des Verstandes, der Abstraktion und Demonstration des Rationalismus einerseits, der psychologischen und naturwissenschaftlichen Analyse andererseits das ‚Leben' als ein von Grund auf individuelles, irrationales und als Totalität, die nur in der Totalität des Lebens zugänglich ist, entgegengehalten wird."*[43]

Festgemacht wird das „neue Denken" am klassischen Fall der morphologischen Studien Goethes und Herders im Bereich der Metamorphosen- und Farbenlehre bzw. der Universalgeschichte. Herders Hauptwerk, den „Ideen zur Philosophie der Geschichte der Menschheit"(1774–1791) spricht Nohl fundamentale Bedeutung als strukturellem Grundriss des „neuen wissenschaftlichen Weltbildes" zu:

> *„Seine Ideen gaben das neue wissenschaftliche Weltbild. Auf der Grundlage von der Einheit der Natur in allen Organisationen wird die Verschiedenheit der Erscheinungen abgeleitet aus den verschiedenen Umständen. Auch der Mensch wird in die Reihe der Organisationen eingeordnet, die erdbedingt ist und in ihm gipfelt. Darauf erhebt sich dann das Reich der Geschichte, wieder eine unendliche Mannigfaltigkeit und Stufenreihe zu einem Ziel hin, das als Humanität bestimmt wird. Der entwicklungsgeschichtliche Pantheismus hatte damit seine erste große wissenschaftliche Darstellung gegeben.*[44]

Hilfreich für meine weitere Interpretationsarbeit im differenzierten und zugleich vernetzten Feld der hier behandelten Fachdisziplinen, Schulfächer und Lernbereiche war vor allem die von Dilthey und Nohl unterbreitete formal-kategoriale Charakterisierung des „neuen" Ansatzes wissenschaftlichen Weltverstehens:

Dilthey unterscheidet: „das Ganze und seine Teile, Zusammenhang, Struktur im Zusammenhang, Bestimmtheit der Einzelexistenz, Einzelexistenz als Kraft in der Wechselwirkung der Kräfte, Wesen und Entwicklung."[45]

Nohl unterbreitet folgendes Kategorienschema:

> *„das Ganze und die Teile, richtiger die Einheit des Ganzen in den Teilen und darin gelegen dann Begriffe wie Gestalt, Struktur, Form, Organismus, kurz die Begriffe einer Phänomenologie und Morphologie, der Lehre von den Strukturen in Natur und Geschichte."*[46]

Es sind, wie bereits angedeutet, die „Kategorien des Lebens", die diese Wissenschaft hinsichtlich Fragestellung, Phänomenbereich und Deskriptionsschema begründen.[47]

---

43 Nohl: Die Deutsche Bewegung, S. 78.
44 Ebd., S. 145.
45 Der Aufbau der geschichtlichen Welt in den Geisteswissenschaften, S. 362.
46 Ebd., S. 138.
47 Vgl. auch Bollnow: Die Lebensphilosophie. Abschnitt: Die Kategorien des Lebens, S. 56–58 u. Hennig: Lebensbegriff und Lebenskategorie, speziell das 1. Kapitel: Lebensphilosophie, Lebens-

Wie bewerte ich rückblickend vom Standpunkt und vom Ergebnis meiner eigenen Untersuchung aus den Nohlschen Basistext?
*Erstens*: Es ist dem Theoretiker der Deutschen Bewegung gelungen, im Rahmen eines umfassenden geistesgeschichtlichen Interpretationsansatzes[48] vom Standpunkt seiner Zeit aus ein Schlaglicht auf die formalbegriffliche Matrix der von ihm charakterisierten „neuen Wissenschaft" zu werfen. Die vorliegende Untersuchung vermag auch insofern seine Paradigma-Skizze zu bestätigen, als der Einsatz und die Konjunkturphasen der hier behandelten Disziplinen mit der Nohlschen Periodisierung der deutschen Geistesgeschichte – mit der Einteilung in die vom ganzheitlichen Denken bestimmten Phasen der Klassik und Romantik, der kulturkritischen Jahrzehnte der Jahrhundertwende und der Nachkriegszeit – weitgehend übereinstimmt. Die Frage des Erkenntnisinteresses hingegen, das sich im Zuge der Verfallsgeschichte des neuhumanistisch-weltbürgerlichen Denkens vom *Weltbild*-Interesse der Klassiker zum *Weltmacht*-Interesse ihrer weltanschaulichen Falschmünzer wandelte, blieb bei Nohl durchweg außer Betracht.
*Zweitens*: Eine gewisse Bestätigung der Paradigma-Skizze hinsichtlich der Entgegensetzung von analytisch-reduktionistischer Naturwissenschaft und ganzheitlich-phänomenologischer „Lebenswissenschaft" ist überdies dem Ansatz des ökologisch-gesellschaftkritischen Denkens aus der Zeit der Öko- und Friedensbewegung der 70er und 80er Jahre des vorigen Jahrhunderts immanent – allerdings wiederum in der Zielrichtung und Perspektive eines unterschiedlichen Erkenntnisinteresses: Ging es Nohl um die Abgrenzung des deutschen Geistes vom westeuropäischen Denken ist es hingegen das Anliegen der damaligen ökologischen Systemtheorie (Capra[49]), namentlich auch von Georg Picht,[50] dem mit Carl Friedrich von Weizsäcker im Gespräch stehenden Altphilologen und Philosophen, in kritischer Auseinandersetzung mit der von Machtkonkurrenz entfesselten ökonomisch-technischen Dynamik des industriell-kapitalistischen Systems eine Wissenschaftskonzeption und Geisteshaltung unter Rückbezug auf die hier behandelten Vertreter der deutschen Klassik (Herder, Goethe, Alexander von Humboldt) und der romantischen Naturphilosophie (Schelling) zu aktualisieren, in deren Mittelpunkt wiederum der Begriff des „Lebens" und dessen Ausformulierung in den Kategorien zum Beispiel der „Selbstorganisation", der „wech-

---

  begriff und Lebenskategorie, S. 19–29 sowie das Dilthey-Kapitel 4, S. 73–91. Insgesamt ist diese Abhandlung hier von besonderem Interesse, weil, unbeschadet der aufgewiesenen Differenzierungen, der gemeinsame lebensphilosophische Ansatz Herders, Wilhelm von Humboldts und Diltheys herausgearbeitet wird.
48 Der Interpretationsansatz umfasst die Abwendung vom Aufklärungsdenken zugunsten einer ganzheitlich-lebensphilosophischen Auffassung und Gestaltung der „Kultursysteme" Gesellschaft, Kunst, Ästhetik, Ethik, Pädagogik, Religion und Wissenschaft (Vgl. Nohl: Die Deutsche Bewegung, S. 112–146).
49 Vgl. Capra: Wendezeit (1988). Abschnitt: Einführung: Das ganzheitlich ökologische Denken in der deutschen Geistesgeschichte, S. 1–11 und Lebensnetz (1996).
50 Vgl. Der Begriff der Natur und seine Geschichte. Abschnitt: Die Gegenbewegung: Goethe, Schelling, Marx, S. 37–46.

selseitigen Abhängigkeit", des „Netzwerkmusters", der „geschichteten Ordnung" und des „integrierten Ganzen" (Capra) steht.[51]
*Drittens*: Überdies gilt es anzumerken, dass ich den vielfach mit Nohl identifizierten Begriff der „Deutschen Bewegung" nicht ohne dessen Problematisierung weiterverwenden möchte: In diesem kommt das Selbstverständnis des deutschen Bildungsbürgertums zum Ausdruck, dessen Ziel es war, die politische Einheit auf der Grundlage der Kultur- und Sprachnation zu schaffen.[52] Im Mittelpunkt stand das Anliegen, die geistige Einheit des „deutschen Lebens" herauszuarbeiten. Aus heutiger Sicht aber und als Befund meiner eigenen Untersuchung gilt es den (west)europäischen Horizont des Geisteslebens in Deutschland hervorzuheben, der in den Werken der hier behandelten Klassiker zur Geltung kommt.[53] Vor allem aber: Die fokussierende Ausrichtung auf das für Nohl vor allem von Fichte proklamierte[54] „Deutsche" in vorwiegend

---

51 Vgl. Capra: Wendezeit (1988), speziell die Kapitel: Das ganzheitlich-ökologische Denken in der deutschen Geisteswissenschaft, S. 1–11; Krise und Wandlung, S. 15–48; Die beiden Paradigmen, S. 51–103 u. Abschnitt: Das Systembild des Lebens, S. 293–339 sowie Capras ergänzende Ausführungen in: Lebensnetz. Ein neues Verständnis der lebendigen Welt (1996).
52 Vgl. Wehler: Deutsche Gesellschaftsgeschichte. Band 1. Kapitel: Die Anfänge des modernen deutschen Nationalismus als Reaktion auf Modernisierungskrisen, Revolution und Fremdherrschaft, S. 506–530.
53 Vgl. Wisbert: Das Bildungsdenken des jungen Herder, S. 29–32: „Nohl grenzt in seiner Vorlesung Herder zusammen mit der ganzen ‚Deutschen Bewegung' scharf von den Positionen der vornehmlich an der Aufklärung orientierten Engländer und Franzosen ab. Nun zeigt aber gerade ein Blick auf Herders Studien in Riga, daß er sich schon früh intensiv mit Locke, Hume, Bacon, Shaftesbury, Rousseau, Linné, Buffon und Condillac auseinandergesetzt und von ihnen wie auch von den englischen Homerforschern Blackwell und Wood, die den Einfluß von Klima, Milieu und Kultur auf den Dichter hervorheben, bedeutende Anregungen erhalten hat. Das wird besonders in seiner späteren Lehre vom Menschen deutlich, denn Herders Anthropologie ist nur aus diesem Zusammenfluß des westeuropäischen Denkens mit der stark von der geistlichen Erfahrungsphsychologie des Spencer-Franckeschen Pietismus geprägten deutschen Gedankenwelt auf der Grundlage der Individualitäts- und Kraftmetaphysik Leibniz' zu verstehen. Wenn man also bedenkt, daß wesentliche Anstöße des, nach Nohl, entscheidenden Vorbereiters der ‚Deutschen Bewegung' aus Westeuropa kommen, so ist Nohls These von der scharfen Trennung zwischen dem deutschen und dem westeuropäischen Geist in dieser Einseitigkeit zurückzuweisen. Vielmehr ist auch hier eine differenzierte, vorurteilsfreie, keine extremen Thesen vertretende Forschung notwendig, um das vielfältige Geflecht der wechselseitigen Abhängigkeiten aufzudecken, ohne dabei einer neuen Einseitigkeit zu verfallen". Vgl. zum europäischen bzw. globalen Horizont des goethischen Werkes die Untersuchung von Strich: Goethe und die Weltliteratur. Die Verflechtung des goethischen Werkes mit dem europäischen und außereuropäischen Geistesleben ist zum einen Gegenstand des 2. Kapitels: Empfangener Segen (S. 107–189) mit der Untergliederung: Die weckende Macht der englischen Literatur; Die bildende Macht Italiens; Die formende Macht der französischen Literatur; Die theatralische Sendung Spaniens; Die öffnende Macht des Fernen Ostens; Die sozialisierende Macht Amerikas, zum anderen des 3. Kapitels: Goethes Europäische Sendung (S. 193–365) mit der Untergliederung: Die Leiden des jungen Werther; Der Norden; Frankreich; Italien; England; Rußland und Polen; Weltpoesie.
54 Vgl. Nohl: Die Deutsche Bewegung, S. 211. Am nachstehenden Text wird sowohl der besondere Stellenwert deutlich, den Fichte für den unkritischen Rezipienten Nohl in der Genealogie der Deutschen Bewegung einnimmt, als auch die damals schon vorliegende (und in der Gemein-

geistesgeschichtlicher Interpretation und irrationalistisch-lebensphilosophischer Sinndeutung entspricht nicht dem Denken und Handeln des politischen Pädagogen Reichwein. Zwar setzte auch der Landschullehrer und nationale Sozialist in Tiefensee, den bildungsbürgerlichen Tendenzen und Richtlinien seiner Zeit entsprechend, nationale Akzente. Diese sind jedoch zumeist eingebunden in den übergreifenden Horizont seines weltbürgerlich-globalen Denkens.

*Viertens:* Mit dem Gedanken der „Erdbedingtheit" des Menschen war es Nohl möglich, einen inhaltlichen Akzent zu setzen, der sowohl für die auf Herder zurückgehende Volksgeistlehre als auch für die Wissenschafts- und Lehrplanepoche schlechthin von grundlegender Bedeutung war. Im übrigen aber ist nicht zu übersehen, dass die für Nohl typische Tendenz zur harmonisierenden Überzeichnung, die Ausdruck einer Verstehensweise und Interpretationsarbeit mehr künstlerisch-produktiver als wissenschaftlich-analytischer Art ist, die vorliegende Stilisierung des Herderschen Hauptwerkes bestimmt. Sie verfehlt daher die Unterscheidung und Kennzeichnung der unterschiedlichen Aspekte, die das mehrdimensionale und spannungsreiche gedankliche Gefüge konstituieren. Der strukturelle Bruch zwischen der vorherrschenden ganzheitlichen Weltschau im Geiste der „neuen Wissenschaft" und dem universalgeschichtlichen Fortschrittsdenken der Aufklärung wird in verbal harmonisierender Diktion überdeckt. Der Aufklärer und Reformator Herder, der sich in den „Ideen" seine Empörung über die Machtpolitik der europäischen Staaten von der Seele schrieb, fand (auch in dem großen Herder-Kapitel seiner „Deutschen Bewegung"[55]) keine Erwähnung.

---

schaftsideologie und Staatsmetaphysik der NS-Zeit radikalisierte; Sch.) Abgrenzung gegen den (für Menschenrechte und Gewaltenteilung grundlegenden; Sch.) westeuropäischen „Positivismus und Utilitarismus": „In Fichtes Reden war die Deutsche Bewegung unter dem Schicksalsdruck der Zeit zum Bewußtsein ihrer selbst gekommen. Was Kant, Goethe, Schiller und Humboldt noch meinten als ein absolut Allgemeines heraufzuholen, das wurde jetzt als eine spezifische Schöpfung der Deutschen erkannt. Diese ganze Bewegung auf ein höheres Leben, auf Ursprünglichkeit, Totalität, Leben in der geistigen Welt und Zusammenhang mit dem Unsichtbaren ist eine deutsche Bewegung und diese Bewegung sieht sich jetzt im weiteren Zusammenhang auch mit der Reformation. Luther, Kant und Pestalozzi sind Repräsentanten dieser Bewegung, die vom Ewigen begeistert ist. Wir sahen, daß der Gegensatz zunächst die Aufklärung war. Jetzt erscheinen als Vertreter dieser Aufklärung die Franzosen und die Engländer mit ihrem Positivismus und Utilitarismus, also was man heute die westliche Zivilisation nennt."
In vergleichbarer Weise heißt es in Mohlers: Konservativer Revolution ...: „Für große Teile der deutschen ‚Konservativen Revolution' ist der Kampf gegen die Ideen der Französischen Revolution und damit der europäischen Aufklärung ein Kampf gegen eine von außen kommende ‚Überfremdung', der so zum Versuch der Wiedergewinnung einer über Jahrzehnte oder gar Jahrhunderte verschütteten Deutschheit wird. Die Selbstbegreifung ist eines der Hauptziele der ‚Deutschen Bewegung', und zwar nicht nur im Sinne der Frage, was deutsch im Gegensatz zu undeutsch sei, sondern auch in größerem Rahmen etwa, was mitteleuropäisch oder was nordisch, germanisch sei" (S. 15).
55 Vgl. Nohl: Die Deutsche Bewegung, S. 14–77.

## II. Das „Weltbild"

### 1. Das „Weltbild" im Werk Herders

*1.1 Die Bildungs- und Schulreform des „Journals"*

Grundlegende Aspekte des Herderschen Weltbildes fanden im „Journal meiner Reise im Jahr 1769" ihre vorläufige Skizzierung. Dieses Journal ist das literarische Dokument einer Lebenskrise, die im übergreifenden Zusammenhang mit der damals einsetzenden geistesgeschichtlichen Wende zu sehen ist.[56] Wir werden dieser in einzelwissenschaftlicher Perspektive als Wechsel des Paradigmas begegnen. Im „Journal" wird der wissenschaftsgeschichtliche Vorgang greifbar in der Auseinandersetzung eines jungen Menschen nicht nur mit den Einengungen und Belastungen seines bisherigen bürgerlichen Lebens als Lehrer und Prediger in Riga, sondern vor allem auch mit seinem bisherigen Bildungsgang. Sich selbst auf dem Hintergrund einer Wortschule des katechetischen Lernens und des Buchstudiums als „Tintenfass von gelehrter Schriftstellerei" und „Wörterbuch von Künsten und Wissenschaften" in kritischer Distanzierung stigmatisierend, war seine Reise dem ursprünglichen Plan nach darauf

---

56  Mit einer schönen Charakteristik der äußeren und inneren Situation, in der sich der junge Herder auf seiner Seereise befand, leitet Blochmann die von ihr herausgegebene Ausgabe des „Journals" vom Standpunkt der lebensphilosophisch-geisteswissenschaftlichen Herder-Rezeption ihrer Zeit ein: „Herders Reisejournal ist nicht eine ruhig fortlaufende Darstellung von Reiseeindrücken und -erfahrungen wie etwa Goethes Italienische Reise, sondern diese höchst bewegten Aufzeichnungen sind wie Akte eines leidenschaftlichen inneren Dramas – der seelisch-geistigen Umwandlung, die ein junger Mensch in den kurzen Wochen einer Seefahrt, plötzlich losgelöst von dem Gleichmaß eines früh verantwortungsbeladenen Lebens, erfährt. Was hier im Sommer 1769 in dem jungen Herder vorgeht, ist symptomatisch für den Wandel der Zeit. Es gibt kein Dokument, das uns unmittelbarer die Renaissance jener Tage, das Lebensgefühl und die Lebensstellung der Generation des Sturm und Drang enthüllte. Die Unmittelbarkeit ist deswegen so groß, weil der junge Herder sich noch nicht als Glied einer neuen Generation fühlt, weil nichts noch von den neuen Klarheiten, die er sucht, Theorie und Besitz einer Gruppe geworden ist. Ganz einsam ist er, ein Mensch auf dem schwankenden Segelschiff mitten im weiten Meer, dem mit seinem alten Leben, dem er entflieht, das Leben überhaupt, aller feste innere Besitz zu entgleiten scheint. Und so auf sich selbst verwiesen, erringt er den großen Zusammenhang des Lebens und der Geschichte, sich selbst, den Menschen und den Sinn seines Seins von neuem und ergreift ihn mit einer visionären Leidenschaft, die durch das Ineinander von Philosophie, Meer, Wind und Schiff auch heute noch den eigenen Zauber jugendlichen Empfindens ausströmt" (S. 3).

angelegt, die Völker des europäischen Kontinents, die wilden und die hochzivilisierten, aus eigener Erfahrung kennenzulernen[57]:

*„Wann werde ich so weit sein, um alles, was ich gelernt, in mir zu zerstören, und nur selbst zu erfinden, was ich denke und lerne und glaube!."*[58]

Die radikale Revision des Curriculums, die Herder hier für seine Selbstbildung einklagt, war zugleich Gegenstand seines großen Schulreformprogramms, das er für die von ihm projektierte livländische Vaterlandsschule im Bewusstsein einer epochalen Aufgabe entwarf.[59]

Mit Blick auf den fachlichen Teil der vorliegenden Untersuchung sind die neuen Inhalte des von ihm geplanten Geographieunterrichts und Geschichtsunterrichts von besonderem Interesse. Jenem war für die zweite Realklasse die Aufgabe gestellt, anstelle der bis dahin üblichen historisch-statistischen Stoffgestaltung und katechetischen Vermittlungsform (S. 118 f.) durch Erzählung und Bild eine anschauliche Vorstellung vom Ganzen des Planeten und vom Leben auf der Erdoberfläche im Sinne der physischen Geographie und des länderkundlichen Ansatzes (S. 119 ff.) zu vermitteln[60]:

*„Wie ich von meiner sichtlichen Situation ausgehe? wie Naturansicht einer Insel, Halbinsel, festes Land u.s.w. auf die Karte komme? wie ich diese in der Natur finde?*

---

57  Das Aufgabenverständnis und Sendungsbewußtsein Herders kennzeichnet K. Mommsen in ihrem Nachwort zum „Journal" folgendermaßen: „Er möchte für Livland, die ‚Provinz der Barbarei' ein geistiger und politischer Reformator, der ‚Genius' des Landes werden. Mit den genannten Vorbildern Lykurg und Solon erscheint, nach Vorstellungen des 18. Jahrhunderts, das politische Wirken an höchstem Maßstab gemessen. Ausgangspunkte der Reformatortätigkeit sollen wie früher Kanzel und Katheder sein. Als Prediger, als Pädagoge gedenkt Herder revolutionierenden Einfluß auszuüben. Die Reise soll den Zweck haben, für diese Aufgabe vorzubereiten. Fast ausschließlich im Hinblick hierauf wird weiterhin von der Reise gesprochen. Künftig benötigt Herder das Zutrauen der Regierung, des russischen Hofes: in diesem Betracht will er andere Länder durchreisen und Kenntnisse aller Art sammeln. Er möchte die Menschen kennenlernen, um sie bilden zu können, innerhalb der livländischen Geistlichkeit ‚der erste Menschenkenner in seiner Provinz' werden: ‚Dazu reise ich jetzt; dazu will ich mein Tagebuch schreiben'. In Frankreich sollen Kunst, Wissenschaften, Menschen, die ‚rechten Quellen von Büchern' studiert werden: ‚hier muß mir meine Reise zur Hilfe kommen'. In England, Frankreich, Italien hofft Herder gründliche Sprachkenntnisse zu erwerben. Insbesondere das Französische in Frankreich beherrschen zu lernen, ist sein ‚Hauptzweck'. ‚Welche Schande', wenn er im Umgang mit Rigaer Behörden kein Französisch sprechen könne! ‚Ich gehe durch die Welt, was hab, ich in ihr, wenn ich mich nicht unsterblich mache!' In diesem Satz drückt sich der gespannte Ehrgeiz Herders aus. Zugrundeliegt das Vorgefühl einer politischen Sendung" (S. 204).
58  Werke, Band 9, 2., S. 15.
59  Eine ausführliche Darstellung und bildungstheoretische Kommentierung dieses Entwurfs vermittelt Wisbert: Das Bildungsdenken des jungen Herder. Abschnitt: Kulturreform und Schule. Plan einer Realschule, S. 255–377.
60  Vgl. die „Schulrede" vom Juli 1784 zum Thema: Von der Annehmlichkeit, Nützlichkeit und Notwendigkeit der Geographie.

> *wie eine Karte der Welt werde? wie sich Meer und festes Land im Ganzen verhalte? wie Flüsse und Gebürge werden u.s.w.? wie die Erde rund sein könne? wie sie sich umschiffen lasse? wie sie in der Luft schwebe? wie Tag und Nacht werde? – siehe da! so wird der Anfang der Geographie natürlich Physische Geographie."*[61]

Und weiter heißt es:

> *„Hier versammelt sich Naturlehre, Naturhistorie, etwas Mathematik und viel Data, viel Erscheinungen, viel Geschichten. Es ist nicht zu sagen, wie schwer manches den Kindern zu erklären sei, wovon sie immer schwatzen; aber eben auch ists nicht zu sagen, wie nutzbar ein solcher Cursus seyn müsse. Hier wird die vorige Naturgeschichte ausgebreitet: ich finde, daß jedes Land seine Menschen, und Geschöpfe habe; ich lerne sie überall kennen, jedes an seine Stelle setzen, und den ganzen Umfang einsehen, in den Alles gehört, den ganzen Körper der Erde. Man läßt sich also in jedes Landes einzelnes und am wenigsten Politisches Detail noch nicht ein: von allem die Hauptbegriffe, und wie Alles insonderheit zum Ganzen gehört. Natur bleibt also Natur und die Erste: Menschengattungen, politische und wilde und halbwilde Welt, in ihrer Gestalt, Kleidung, Lebensart; also nur Hauptstädte, aber viel Data von Sitten, Haupteinrichtungen und Zuständen: was sie haben und liefern, sind und nicht sind: wiefern alles ein Ganzes ist, oder nicht ist. Bei allem kommt Erzählung und Bild zu Hülfe; die ganze Geographie wird eine Bildersammlung. Wenig und keine erzwungene Reflexion, keine Charakteristik, noch keine einseitige Ideen; aber Data, Erzählungen."*[62]

Ziel des Geographieunterrichts ist nun nicht mehr die Einübung von Faktenwissen, sondern die Erschließung einer Grundeinsicht, die dem Humanitätsgedanken Herders und der „Ideen" Ausdruck verleiht:

> *„Da lernt der Jüngling aus seinem Winkel hinaus sehen, er lernt Humanität, nichts blind verachten und verspotten, alles sehr kennen, und seinen Zustand genießen, oder sich einen bessern suchen. Grosses Studium! wer wird dabei ermüden?"*[63]

In entsprechender Weise soll der Geschichtsunterricht „keine Reihe von Königen, Schlachten, Kriegen, Gesetzen oder elenden Charakteren" behandeln, sondern die Frage:

> *„wie der Geist der Kultur, der Bekanntheit, der Religion, der Wissenschaften, der Sitten, der Künste, der Erfindungen von Welt in Welt ging: wie vieles dahinsank und sich verlor; andres neues herauf kam und sich fortpflanzte: wie dieser mit jenem Geschmack abwechselte, und weiter fortging, und der Strom der Zeiten sich immer fortsenkte, bis er unsre Zeit gab, den Punkt, auf dem wir stehen."*[64]

---

61 Ebd., S. 43.
62 Ebd., S. 43 f.
63 Ebd.
64 Ebd., S. 44.

Neben den neuen Inhalten des Unterrichts, den Realien und der „Sprachenschule", war auch deren Vermittlung nach dem Didaktisierungsprinzip, „die Wissenschaft in allen Begriffen und jede Sprache in allen Wörtern auf die Sinne zurückzuführen, in denen und für die sie entstanden sind" Gegenstand seines programmatischen Entwurfes. Daher die Absicht des Schulreformers, auf seiner Reise „Sachen des Anschauens" (Bilder, Naturalien und Instrumente) für einen Unterricht zu sammeln, der in seiner methodischen Grundform vornehmlich auf „Erzählung und Bild" als symbolische Vermittler abstellt. Damit ging der Schulreformer einen entscheidenden Schritt über den katechetischen Wortunterricht seiner Zeit hinaus. Das Lob der Sinnlichkeit, das die Schriften der Empiristen (Locke, Hume) und Sensualisten (Rousseau, Condillac, Diderot) seiner Zeit durchzog, das sich in der emphatischen Stimme des Sturm und Drang (Hamann) zu Worte meldete, schlug bis in die methodischen Überlegungen des Reformdidaktikers durch. Letztlich aber blieb der Autor einer von Winkelmann und Baumgarten inspirierten Ästhetik[65], die der leiblichen Wahrnehmung der Welt – dem Tastsinn der Hand – den Vorrang einräumte gegenüber dem Auge und dem Ohr, hinter seinem eigenen Erkenntnisstand zurück. Dies gilt auch hinsichtlich der Vorschläge zur methodischen Reform des Unterrichts in Richtung des praktischen Lernens, die im gleichen Zeitraum Rousseau und die an ihn anschließenden Philanthropen in literarischer Form vorlegten.[66] Ungeachtet dieser Einschränkungen gehö-

---

65 Vgl. Irmschers Ausführungen zur Erkenntnislehre und Ästhetik Herders in: Johann Gottfried Herder, S. 34–40 u. S. 75–101. Dort heißt es u.a.: „In seinen Studien zur Plastik (1769–78) hat Herder, anknüpfend vor allem an den Begriff der Monade in der Metaphysik von Leibniz, diesen von ihm konkret erkannten Zusammenhang von Gefühl (Tastsinn), Körperlichkeit und Individualität philosophisch zu begründen versucht. Im Gefühl erfährt der Mensch die Wirklichkeit als Kraft, als Widerstand, in dem sich ein unendlicher Horizont möglicher Zusammenhänge meldet. Die ‚Wirk'-lichkeit, die sich so dem Gefühl aufdrängt und in ihm die Vorstellung von unbekannten Kräften wachruft (...), weckt im Menschen eine Gegenkraft, die der Wirklichkeit zu widerstehen und einen Zustand des Gleichgewichts im Bild, etwa in der mythischen Vorstellung von Göttergestalten, zu erreichen versucht. So bildet sich – nach Herders Meinung – jene prekäre Grenze der leiblichen Existenz des Menschen zwischen Ich und Welt: Der Körper gehört dem Ich, er ist von seiner Kraft durchdrungen. Zugleich aber ist er ein Phänomen der physischen Welt und unterliegt ihren Gesetzen. Das Gefühl, der Tastsinn, lokalisiert nicht nur in der tastenden Hand, sondern in der Haut, die den Menschen umschließt, wird von Herder aber auch zum Organ der Erfassung von Wirklichkeit schlechthin erhoben. Überzeugt von der Wahrheit der alten Vorstellung, daß der Mensch ein Mikrokosmos ist, (...) trägt Herder keine Bedenken, die Erfahrungen des Gefühls, die Phänomene von Kraft, Widerstand und deren Ausgleich als Mittel zur Erfassung von Wirklichkeit schlechthin, die Erfahrung der eigenen Leiblichkeit als Zugang zur Erkenntnis der Welt überhaupt zu verstehen: ‚Er empfindet nur im beständigen Horizont seines Körpers.'" (S. 36 f.). Vgl. auch Cassirer: Freiheit und Form. Kapitel: Die Entdeckung der ästhetischen Formenwelt, S. 99–218 überdies Heinz: Sensualistischer Idealismus. Abschnitt: Kategoriale Bestimmung der Sinnlichkeit durch Raum, Zeit und Kraft, S. 56–65.

66 Die folgende Passage aus dem allgemeinen Teil der „Plastik"-Studie könnte auch dem zweiten Buch des „Emil" entnommen sein: „Kommt in die Spielkammer des Kindes, und sehet, wie der kleine Erfahrungsmensch fasset, greift, nimmt, wägt, tastet, mißt mit Händen und Füßen, um sich überall die schweren, ersten und notwendigsten Begriffe von Körpern, Gestalten, Größe, Raum, Entfernung u.dgl. treu und sicher zu verschaffen. Worte und Lehren können sie ihm

ren aber Herders Reformpläne hinsichtlich ihrer inhaltlichen und methodischen Seite bereits jener von Gottfried Hausmann bearbeiteten „Didaktik der ‚pädagogischen Bewegung'"[67] an, deren epochalgeschichtlichen Ansatz wir einschließlich der Lehrkunst Reichweins noch näher darstellen werden.

Zum Bildungsprogramm, das Herder im „Journal" entwirft, gehört nicht nur die Welterfahrung vermittelnde Reise, von der er schreibt und der Livländische Schulreform-Plan, den er skizziert, sondern nicht zuletzt auch ein bedeutsames literarisches Element: Er möchte begleitend zur Reise und der Führung eines Tagebuches Texte lesen und auch selber abfassen, die er hinsichtlich ihres grundlegenden Gehaltes – „was für die Menschheit unmittelbar ist, sie aufklären hilft; sie zu einer neuen Höhe erhebt; sie zu einer gewissen neuen Seite verlenkt; sie in einem neuen Licht zeigt"[68] – als „Menschheitsschriften" bezeichnet. Er projektierte ein „Jahrbuch der Schriften für die Menschheit" und das umfassende Programm eines „Buches zur menschlichen und christlichen Bildung". Beide Pläne – Herders Art gemäß ins „gotisch Große" gehend – gelangten aber über das Stadium des Entwurfes nicht hinaus. Mit seinem späteren Hauptwerk jedoch, den „Ideen zur Philosophie der Geschichte der Menschheit" (1784–1791) scheint es mir dem Prediger, Philosophen und Reformator letztlich gelungen zu sein, eine „Menschheitsschrift" in der fundamentalen Bedeutung des Wortes zu schreiben. Diese wurde in den Weimarer Jahren des engen geistigen Austausches mit Goethe auf der Grundlage eines umfassenden literarischen Studiums verfasst.[69] Die Spuren ihrer Genese reichen aber bis auf das „Journal" zurück. Sie werden dort sichtbar, wenn Herder nach der „vagina hominum" fragt, nach dem „Ursprung des Menschengeschlechts, der Erfindungen und Künste und Religionen" und eine erste gedankliche Skizze von den vorgeschichtlichen Wanderungen der Völker über den Planeten entwirft:

*„Ist Norden oder Süden, Morgen, oder Abend die Vagina hominum gewesen? Welches der Ursprung des Menschengeschlechts, der Erfindungen und Künste und Religionen?*

---

nicht geben; aber Erfahrung, Versuch, Proben. In wenigen Augenblicken lernt er dann mehr und alles lebendiger, wahrer, stärker, als ihn in zehntausend Jahren Angaffen und Worterklären beibringen würde. Hier, indem er Gesicht und Gefühl unaufhörlich verbindet, eins durchs andre untersucht, erweitert, hebt, stärket – formt er sein erstes Urteil. Durch Fehlgriffe und Fehlschlüsse kommt er zur Wahrheit, und je solider er hier dachte und denken lernte, desto bessere Grundlage legt er vielleicht auf die komplexesten Urteile seines Lebens. Wahrlich das erste Museum der mathematisch-physischen Lehrart." (S. 249). – Im Unterschied zu Rousseau zieht Herder aber weder hier noch an anderer Stelle (auch in seinen „Schulreden" nicht) die Konsequenz, Formen des handelnden Lernens in den Schulunterricht einzubeziehen. Unterricht im Sinne seines Reformkonzeptes ist – mit Herbart gesprochen – „Ergänzung von Erfahrung und Umgang" durch Begegnung mit einer der Altersstufe und der Sache entsprechenden Auswahl von Dingen oder Repräsentationsformen. Die Tradition und Realität des katechetischen Lernens stand vermutlich weiterführenden Überlegungen entgegen. Vgl. auch Wisbert: Das Bildungsdenken des jungen Herder, S. 360.

67 Vgl. Hausmann: Didaktik als Dramaturgie des Unterrichts (1959), S. 25–30.
68 S. 34 f. der Historisch-kritischen Ausgabe.
69 Vgl. Grundmann: Die geographischen und völkerkundlichen Quellen und Anschauungen.

*Ists, daß sich jenes von Morgen nach Norden gestürzt, sich da in den Gebürgen der Kälte, wie die Fischungeheuer unter Eisschollen erhalten, in seiner Riesenstärke fortgepflanzt, die Religion der Grausamkeit, seinem Clima nach, erfunden, und sich mit seinem Schwert und seinem Recht und seinen Sitten über Europa fortgestürzt hat? Ist dies, so sehe ich zwei Ströme, von denen der Eine aus Orient, über Griechenland und Italien sich ins südliche Europa sanft senkt, und auch eine sanfte, südliche Religion, eine Poesie der Einbildungskraft, eine Musik, Kunst, Sittsamkeit, Wissenschaft des östlichen Südens erfunden hat. Der zweite Strom geht über Norden von Asien nach Europa; von da überströmt er jenen. Deutschland gehörte zu ihm, und sollte recht in seinem Vaterlande sein, diese Geschichte Nordens zu studiren: denn es ist Gottlob! nur in Wissenschaft ein Trupp südlicher Kolonien geworden. Ist dies, wird der dritte Strom nicht aus Amerika hinüberrauschen, und der letzte vielleicht vom Vorgebürge der Hoffnung her, und von der Welt, die hinter ihm liegt! Welche große Geschichte, um die Litteratur zu studiren, in ihren Ursprüngen, in ihrer Fortpflanzung, in ihrer Revolution, bis jetzt! Alsdenn aus den Sitten Amerika's, Africa's und einer neuen südlichen Welt, besser als Ihre, den Zustand der künftigen Literatur und Weltgeschichte zu weissagen! Welch ein Newton gehört zu diesem Werke? Wo ist der erste Punkt? Eden, oder Arabien? China oder Egypten? Abyßinien oder Phönicien?."*[70]

Am Ende steht mit Blick auf die „gebildeten Völker" der Ökumene der Abriss des wahrhaft universalen Programms:

*„Welch ein Werk über das Menschliche Geschlecht! den Menschlichen Geist! die Kultur der Erde! aller Räume! Zeiten! Völker! Kräfte! Mischungen! Gestalten! Asiatische Religion! und Chronologie und Polizei und Philosophie! Aegyptische Kunst und Philosophie und Polizei! Phönicische Arithmetik und Sprache und Luxus! Griechisches Alles! Römisches Alles! Nordische Religion, Recht, Sitten, Krieg, Ehre! Papistische Zeit, Mönche, Gelehrsamkeit! Nordisch asiatische Kreuzzieher, Wallfahrter, Ritter! Christliche Heidnische Aufweckung der Gelehrsamkeit! Jahrhundert Frankreichs! Englische, Holländische, Deutsche Gestalt! – Chinesische, Japonische Politik! Naturlehre einer neuen Welt! Amerikanische Sitten u.s.w. – Großes Thema: das Menschengeschlecht wird nicht vergehen, bis daß es alles geschehe! Bis der Genius der Erleuchtung die Erde durchzogen! Universalgeschichte der Bildung der Welt!."*[71]

## 1.2 Die Bildungs- und Geschichtsphilosophie der „Ideen"

Herders Geschichtsphilosophie beginnt nicht unmittelbar mit dem Menschen, sondern im Sinne seines universalen systemtheoretischen Denkansatzes[72] mit der Stel-

---
70 S. 17 f. der Historisch-kritischen Ausgabe.
71 Ebd., S. 19.
72 Gaier leitet seinen Aufsatz „Herders Systemtheorie" mit einer Definition ein, die auch auf die kosmologisch-systemischen Ansätze Goethes (S. 51) und Humboldts (S. 66) anwendbar ist: „Es

lung der Erde im kosmologisch-planetarischen System:[73] „Vom Himmel muss unsere Philosophie der Geschichte des menschlichen Geschlechts anfangen, wenn sie einigermaßen diesen Satz verdienen soll" – so der einleitende Satz des ersten Kapitels „Unsere Erde ist ein Stern unter Sternen." – Der Mensch ist für Herder von Anfang an und im Grunde seines Daseins, das er im Licht der christlichen Schöpfungsordnung und der neuplatonischen Philosophie (Leibniz, Spinoza) sieht, eingebunden in die kosmologische Einheit des Lebens. Dieser Grundgedanke, der den Gang des Philosophen über die Oberfläche des Planeten und durch die Zeiträume der Menschheitsgeschichte begleitet, kommt gleich auf den ersten Seiten zur Ausformulierung:

> *„Es war nur Eine Kraft, die die glänzende Sonne schuf und mein Staubkorn an ihr erhält; nur Eine Kraft, die eine Milchstraße von Sonnen sich vielleicht um den Sirius bewegen läßt, und die in Gesetzen der Schwere auf meinem Erdkörper wirket. Da ich nun sehe, daß der Raum, den diese Erde in unserm Sonnentempel einnimmt, die Stelle, die sie mit ihrem Umlauf bezeichnet, ihre Größe, ihre Masse, nebst allem was davon abhängt, durch Gesetze bestimmt ist, die im Unermesslichen wirken: so werde*

---

ist kein modischer Modernismus, von Herders Systemtheorie zu reden, wenn man darunter eine allgemeine, d.h. auf verschiedene Wissenschaften anwendbare Theorie der Beziehungen von Elementen in einem sich gegenüber seiner Umgebung abgrenzenden und selbst erhaltenden Zusammenhang versteht, der wieder in Zusammenhang mit anderen Systemen bis zum Kosmos steht" (S. 3). Der Sprachwissenschaflter konkretisiert das Allgemeine dann u.a. in erkenntnistheoretischer Perspektive mit dem Hinweis darauf, daß es Herder um die „Aufhebung der divergenten Diskurse seiner Zeit in einem System ging" (S. 6). „Diese hochkomplexen Systeme konnte man nicht einfach durcheinandermischen, sondern mußte sie als Systeme in einen Systemzusammenhang bringen. Gelang dies, dann hatte man eine Totalerkenntnis erreicht (…). Dies ist Herders Lebensprojekt; noch ein Titel wie Ideen zur Philosophie der Geschichte der Menschheit weist darauf hin: Philosophie und Geschichte sollen durch Ideen, dem Wortsinn nach ursprungshafte Bilder, in einen Zusammenhang gebracht werden so, daß Menschheit, Humanität in diesen philosophisch-historischen Bildern erscheint. Es geht ja in diesem Werk keinesfalls nur um Geschichte von Menschen, sondern um Kosmologie, Geologie, Botanik, Zoologie und dann erst um Menschengeschichte; aber Herders Idee, daß der Mensch sich als Maßstab und Modell der Erkenntnis all dieser Zusammenhänge nimmt, macht den Kosmos zum ausgebreiteten Bild der Menschheit, das wir aus seiner Pluralität als Historiker einsammeln, in seiner Gesetzhaftigkeit als Philosophen erkennen und in seinem Zusammenhang als Makroanthropos poetisch uns vorstellen. Herders Lebensprojekt ist also das System der Systeme der Welterklärung mit dem Ziel, sie sich gegenseitig zur Humanität, zum ganzen Menschen ergänzen und vervollständigen zu lassen (S. 6).

[73] Vgl. auch Irmscher: Johann Gottfried Herder, S. 129 f.: „Schon die Überschrift (‚Unsere Erde ist ein Stern unter Sternen') und der erste Satz (‚Vom Himmel muß unsre Philosophie der Geschichte des menschlichen Geschlechts anfangen, wenn sie einigermaßen diesen Namen verdienen soll') des ersten Kapitels des ersten Buches der *Ideen* charakterisiert Herders Perspektive der Analogie von Natur und Geschichte. (…) Keine Philosophie der Geschichte nach Herder hat einen solchen Ansatz gewagt. Allenfalls Alexander von Humboldts Werk Kosmos. Entwurf einer physischen Weltbeschreibung (1845–62) kommt der Intention Herders nahe. Dieser selbst zeigt sich in dem Ansatz der *Ideen* als Schüler Kants, dessen von ihm hochgeschätzte Frühschrift Allgemeine Naturgeschichte und Theorie des Himmels (1755) er schon auf der ersten Seite der *Ideen* zitiert."

*ich, wenn ich nicht gegen das Unendliche rasen will, nicht nur auf dieser Stelle zufrieden sein und mich freuen, daß ich auf ihr ins Harmonie-reiche Chor zahlloser Wesen getreten, sondern es wird auch mein erhabenstes Geschäft sein, zu fragen, was ich auf dieser Stelle sein soll und vermutlich nur auf ihr sein kann? Fände ich auch in dem was mir das Eingeschränkteste und Widrigste scheint, nicht nur Spuren jener großen bildenden Kraft sondern auch offenbaren Zusammenhang des Kleinsten mit dem Entwurf des Schöpfers ins Ungemessene hinaus: so wird es die schönste Eigenschaft meiner Gott nachahmenden Vernunft sein, diesem Plan nachzugehen und mich der himmlischen Vernunft zu fügen. Auf der Erde werde ich also keine Engel des Himmels suchen, deren keinen mein Auge je gesehen hat; aber Erdbewohner, Menschen, werde ich auf ihr finden wollen und mit allem vorlieb nehmen, was die große Mutter hervorbringt, trägt, nährt, duldet und zuletzt liebreich in ihren Schoß aufnimmt. Ihre Schwestern, andre Erden mögen sich andrer, auch vielleicht herrlicherer Geschöpfe rühmen und freuen können; genug, auf ihr lebt, was auf ihr leben kann. Mein Auge ist für den Sonnenstrahl in dieser und keiner andern Sonnenentfernung, mein Ohr für diese Luft, mein Körper für diese Erdmasse, alle meine Sinnen aus dieser und für diese Erdorganisation gebildet: demgemäß wirken auch meine Seelenkräfte; der ganze Raum und Wirkungskreis meines Geschlechts ist also so fest bestimmt und umschrieben, als die Masse und Bahn der Erde, auf der ich mich ausleben soll: daher auch in vielen Sprachen der Mensch von seiner Mutter Erde den Namen führet."*[74]

Auch in den folgenden Abschnitten des die Grundgedanken entfaltenden ersten Buches der „Ideen" wird der Schauplatz des Erdlebens aus der planetarisch-kosmologischen Perspektive heraus betrachtet:

- „Unsre Erde Ist Einer Der Mittleren Planeten".
- „Unsre Erde Ist Vielerlei Revolutionen Durchgegangen, Bis Sie Das, Was Sie Jetzt Ist, Worden."
- „Unsre Erde Ist Eine Kugel, Die Sich Um Sich Selbst, Und Gegen Die Sonne In Schiefer Richtung Beweget."
- „Unsre Erde Ist Mit Einem Dunstkreise Umhüllet Und Ist Im Konflikt Mehrerer Himmlischen Sterne."
- „Der Planet, Den Wir Bewohnen, Ist Ein Erdgebürge, Das Über Die Wasserfläche Hervorragt."
- „Durch Die Strecken Der Gebirge Wurden Unsre Beiden Hemisphäre Ein Schauplatz der Sonderbarsten Verschiedenheit Und Abwechslung."

Der „Philosoph der Erde" kann nunmehr in diesem thematischen Rahmen unter geographisch-historischem Aspekt mit Blick auf die physische Weltkarte seiner Frage nach der vagina hominum, nach dem Ursprung des Menschengeschlechts, nachgehen. Er findet ihn in den „Hochebenen Asiens", diesen als ersten „Erziehungs- und

---

74 Werke. Band 6, S. 22 f.

Bildungsplatz der Völker" erkennend. Von dort aus verfolgt er die Wanderung und Ausbreitung der Völker über die Erde:

> *„Meere, Bergketten und Ströme sind die natürlichsten Abscheidungen so der Länder, so auch der Völker, Lebensarten, Sprachen und Reiche; ja auch in den größten Revolutionen menschlicher Dinge sind sie die Direktionslinien oder die Grenzen der Weltgeschichte gewesen."*[75]

Herder eröffnet damit das Thema Geographie und Geschichte, das ihn mit dem länder- und landschaftskundlichen Ansatz Humboldts und Ritters (S. 119 f.) sowie mit Ratzel (S. 124 f.) und dem Bereich Politische Geographie/Geopolitik verbindet. Der Geopolitiker Reichwein ist in diese Linie einzuordnen (S. 125).

Er vergleicht daraufhin unter geographisch-völkerkundlichem Aspekt die erdräumliche Variation der Phänomene des vegetativen, animalischen und menschlichen Lebens. Dabei finden die Lebensformen der Naturvölker in extremen klimatischen Zonen (Eskimo, Lappe, Samojede; Neger, Beduine) und der naturnahen Berufe (Jäger, Fischer, Nomaden, Hirten) in der Perspektive der Volksgeistlehre hinsichtlich ihrer vom Erdleben geprägten Lebensäußerungen in den Bereichen Nahrung, Kleidung, Wohnung, Sprache, Mythologie, Sitte und Religion besondere Beachtung: „Wie sich die Kugel dreht, drehen sich auch auf ihr die Köpfe, wie die Klimaten; Sitten und Religionen, wie die Herzen und Kleider."[76]

Hier wurde im originären Ansatz das Deutungsmuster der „Erdbedingheit" (Nohl) geprägt. Es war für die Lehrplanepoche, in die Reichweins Unterricht einzuordnen ist, von grundlegender Bedeutung.

Angesichts des vor ihm ausgebreiteten Erdenlebens unternimmt der „Philosoph der Erde" es sodann, den Menschen nach Maßgabe der von ihm historisierten „scala naturae" in die „Reihe des Lebendigen" einzuordnen. Es wird ein progressionistisches Verständnis der Naturformen und -kräfte erkennbar, das Herder mit seinem Dialogpartner Goethe teilte (S. 52 ff.). In der Reichwein-Perspektive ist hier vor allem auf die analoge Stufung der „einfachen Formen" seiner „Formenkunde" hinzuweisen (S. 240 f.).

> *„Vom Stein zum Krystall, vom Krystall zu den Metallen, von diesen zur Pflanzenschöpfung, von den Pflanzen zum Tier von diesen zum Menschen sahen wir die Form der Organisation steigen, mit ihr auch die Kräfte und Triebe des Geschöpfs vielartiger werden und sich endlich alle, in der Gestalt des Menschen, sofern diese sie fassen konnte, vereinen. Bei dem Menschen stand die Reihe still; wir kennen kein Geschöpf über ihm, das vielartiger und künstlicher organisiert sei: er scheint das höchste, wozu eine Erdorganisation gebildet werden konnte."*[77]

---

[75] Ebd., S. 45.
[76] Ebd., S. 33 f.
[77] Ebd., S. 166.

Unter diesem Leitgedanken werden die Geschöpfe und Formen des Pflanzen- und Tierreichs ins Auge gefasst, beschrieben und zum Menschen in Beziehung gesetzt. Dieser erscheint hinsichtlich seiner stofflichen Beschaffenheit als ein „Compendium der Welt". Worin aber ist die ihn unterscheidende anthropologische Differenz zu sehen? Unter dieser Fragestellung finden vor allem die Kunsttriebe der Tiere besondere Beachtung und schließlich – als Gegenstand aufmerksamer morphologischer Blickzuwendung, die jeweils das Ganze des Körpers zu seinen Teilen in Beziehung setzt, um vom Äußeren auf das Innere schließen zu können – die Primaten. Am Phänomen des aufrechten Ganges und vor allem der Sprache kann schließlich die durch Verstand, Vernunft und Selbstbestimmung ausgezeichnete Sonderstellung des Menschen ermittelt werden:

*„Der Mensch ist der erste Freigelassene der Schöpfung; er stehet aufrecht. Die Waage des Guten und Bösen, des Falschen und Wahren hängt in ihm: er kann forschen, er soll wählen. Wie die Natur ihm zwo freie Hände zu Werkzeugen gab, und ein überblickendes Auge, seinen Gang zu leiten: so hat er auch in sich die Macht, nicht nur die Gewichte zu stellen, sondern auch, wenn ich so sagen darf, selbst Gewicht zu sein auf der Waage."*[78]

Der Mensch kann in der Sinnperspektive dieser Definition aus der Naturordnung heraustreten und sich geistig und moralisch selbst konstituieren. Dies gilt sowohl hinsichtlich der durch Tradition und Sprache vermittelten Erziehung als auch des „labyrinthischen" Ganges der Geschichte, letztlich der von ihm gemachten „künstlichen Kultur" schlechthin.

Auf dem Hintergrund seiner grundsätzlichen Ausführungen zu den geographischen Bedingungen der Geschichte (Vorgeschichte) und ihrer anthropologischen Voraussetzungen unterbreitet der Kulturhistoriker Herder sodann unter universalgeschichtlichem Aspekt mit vergleichendem Blick auf die Hochkulturen Asiens, des Vorderen Orients, des Mittelmeer-Raumes und des übrigen Europas die Ausführung seines im „Journal" entworfenen Programms der „Universalgeschichte der Bildung der Welt".

Der Aufstieg und Verfall der Kulturen, gedeutet nach dem Entwicklungsgedanken des mit Goethe kommunizierenden Morphologen, steht ebenso im Mittelpunkt seiner Betrachtungen wie deren wirkungsgeschichtlicher Zusammenhang. Der „Fortgang der Künste und Wissenschaften" von den Erfindungen Chinas bis zu denen des europäischen Kunstfleißes wird zugleich unter dem Fortschrittsgedanken der Aufklärung herausgearbeitet – ohne dass die Divergenz der Ausrichtung am „alten" und „neuen" Paradigma zur Sprache kommt.[79]

---

78 Ebd., S. 145 f.
79 Der Aufweis dieser Divergenz durchzieht die gesamte Interpretation des „Ideenwerks der achtziger Jahre", die Meinecke im Rahmen der Herder-Interpretation seiner großen „Historismus"-Studie unterbreitet. Der „Riss" wird z. B. mit folgenden Worten zur Geschichtsauffassung Herders kommentiert: „Während das neuplatonische Element in ihr, zum Individualitäts- und Ent-

*„Was ist das Hauptgesetz, das wir bei allen großen Erscheinungen der Geschichte bemerkten? Mich dünkt dieses: daß allenthalben auf unserer Erde werde, was auf ihr werden kann, Teils nach Lage und Bedürfnis des Orts, Teils nach Umständen und Gelegenheiten der Zeit, Teils nach dem angebornen und sich erzeugenden Charakter der Völker. Setzet lebendige Menschenkräfte in bestimmte Verhältnisse ihres Orts und Zeitmaßes auf der Erde und es ereignen sich alle Veränderungen der Menschengeschichte. Hier krystallisieren sich Reiche und Staaten, dort lösen sie sich auf und gewinnen andre Gestalten: hier wird aus einer Nomadenhorde ein Babylon, dort aus einem bedrängten Ufervolk ein Tyrus, hier bildet in Afrika sich ein Aegypten, dort in der Wüste Arabiens ein Judenstaat; und das alles in Einer Weltgegend, in nachbarlicher Nähe gegen einander. Nur Zeiten, nur Örter und National-Charaktere, kurz das ganze Zusammenwirken lebendiger Kräfte in ihrer bestimmtesten Individualität entscheidet wie über alle Erzeugungen der Natur, so über alle Ereignisse im Menschenreiche."*[80]

Aber ist nicht „Entstehen, Sein und Verschwinden" die Bestimmung des menschlichen Lebens und damit auch der Geschichte? Hat deren labyrinthischer „Irrweg" wirklich „Entwurf und Ausgang?" Welches „ungeheure Negative wird man zusammenziehen", wenn man die „Zeitalter des Glücks und des Unglücks der Völker, der guten und bösen Regenten, ja auch bei den besten derselben die Summe ihrer Weisheit und Thorheit, ihrer Vernunft und Leidenschaft" zusammenzählt? – Sind diese reflexionsartigen Einschübe in die Darstellung des Geschichtsganges als bloße Rhetorik im Dienste der Absicht zu verstehen, nach der „großen Analogie der Natur" noch einmal die gesetzmäßige Ordnung des Geschichtsprozesses herauszuarbeiten, das unbeugsame „Indessen ist ein Gott in der Natur … !"? Oder kommen in ihnen die Irritationen des Mannes zur Sprache, der einerseits meint, Geist und Gesetz der Geschichte als Philosoph erkannt zu haben, der andererseits (wie Goethe und Humboldt in ihrem Bereich) von der Absicht geleitet ist, „rein zu sehen, was da ist", sich an den „Thaterscheinungen" der Geschichte zu orientieren.

Herder gelangt letztlich mit Blick auf einen von der Dialektik antagonistischer Kräfte bewegten Geschichtsprozess zu einem positiven Resümee. Wenn er in diese Bilanz aber auch die angebliche Zivilisierung des Krieges und der Kriegstechnik einbezieht, dann wird deutlich, dass er in die Abgründe unserer Zeit noch nicht zu schauen vermochte: Auschwitz und Hiroshima lagen noch jenseits seines Vorstellungsvermögens.

---

wicklungsgedanken gesteigert, sich das erhabenste und denkbare Ziel steckte, das geschichtliche Gesamterlebnis der Menschheit einzuschmelzen in den gottbewegten Kosmos der Natur, ließ das aufklärerisch-humanitäre Element in ihr einen wichtigen Teil dieses Erlebnisses wieder gerinnen und starr werden, bevor es in den Gußtiegel kam" (Die Entstehung des Historismus. Band 2, S. 446).

80 Ebd., S. 507 f.

## 1.3 „Volksstaat" statt „Staats-Maschine"

Wie widersprüchlich muss es für den „Philosophen der Erde" gewesen sein, der die Menschenwelt aus der planetarischen Perspektive betrachtete und weitgehend von ihren Naturgrundlagen her verstand, wenn er den Blick nicht auf die *physische*, sondern auf die *politische* Landkarte Mitteleuropas richtete. Dort trat ihm nicht ein nach Landschaften und Naturgrenzen gegliedertes Gebilde entgegen, sondern das vorwiegend durch Erbfolge, Diplomatie, Händel und Krieg entstandene politisch-topographische Konglomerat des Heiligen Römischen Reiches Deutscher Nation. Es bestand aus über 300 mehr oder minder selbstständigen „Staaten", bevor deren Zahl durch die von Napoleon herbeigeführte „territoriale Revolution" des Jahres 1803 gemäß den Beschlüssen des deutschen Reichstages in Regensburg um mehr als die Hälfte reduziert wurde.

Die hinter diesen Zahlen sich verbergende soziale bzw. politische Problematik geht aus der zwischenbilanzierenden Zusammenfassung Hans-Ullrich Wehlers hervor:

*„Zur physischen Enge Krähwinkels gehörte die verknöcherte Orthodoxie der Theologen, die paternalistische Bevormundung durch schlechthin alle Vorgesetzten, der Gesinnungsdruck der Mächtigen. Je kleiner der Duodezhof, um so arroganter entfaltete sich der Herrschaftsstil, bis hin zum Verkauf von Untertanen an militärische Unternehmer. Weltliche ‚Obrigkeit' wurde als gottgewollt verklärt. Das ‚Gottesgnadentum', das für fürstliche Herrschaft beansprucht wurde, vergrößerte die Distanz zum Untertanen, von dem nur Folgsamkeit erwartet wurde. Das politische Widerstandsrecht verkümmerte. Unter der Kuratel des landesherrlich-landesbischöflichen Kirchenregiments litten die freien Geister. Eine schwer erträgliche Kluft tat sich auf zwischen der eilfertigen Imitation des französischen Hoflebens zu Versailles und der Serenissimus-Realität in deutschen Kleinstädten. Hofschranzen nahmen unerhörte Vorrechte für sich in Anspruch. Wo die alte Adelsherrlichkeit besonders überlebt wirkte, beuteten die Blaublütigen das Landvolk um so ungehemmter aus, während der Adel in den größeren Staaten auch die zügelnde Wirkung neuer Aufgaben erfuhr. In den Städten erstarrte das Regiment der Honoratioren. Vorbei war die politische Glanzzeit der oberdeutschen Reichsstädte, als alle Handelswege über sie zu führen schienen, vorbei schon sehr lange die Blütezeit der Hanse. Das deutsche Großbürgertum des 15. und 16. Jahrhunderts verfiel. Abertausende von Grenzlinien zerstörten einen weiten Wirtschaftsraum. Eine Zollschranke löste die andere ab, dazwischen gab es noch Weggebühren, Mauthäuser, Akzisepächter. Isolierte Lokalmärkte beengten vielerorts die ökonomische Aktivität, während sich in England und Frankreich schon Regionalmärkte ausbildeten, nach der Mitte des 18. Jahrhunderts der gesamtstaatliche, nationale Binnenmarkt der Zukunft auftauchte. Nur über die norddeutschen Seestädte entfaltete sich seit dem 16. Jahrhundert ein lukrativer Fernhandel aus den ostdeutschen Agrargebieten. Der politischen Vielherrschaft korrespondierte die Zersplitterung des Rechts, der Währungen und Münzsorten, der Gewichte und Maße, nicht zuletzt auch die Zersplitterung der Energien, seien sie nun politischer oder wirtschaftli-*

*cher Natur. Dazu kamen die aufreibenden Konflikte mit Rivalen, die endlosen Fehden mit Nachbarn, die kleinlichen Schikanen im Innern ..."*[81]

Mit dieser kritischen Bestandsaufnahme des Gesellschaftswissenschaftlers der Gegenwart, der sich einem auf Demokratisierung angelegten Paradigma verpflichtet weiß, stimmt die empörte Distanzierung des Humanisten und Aufklärers Herder[82] von allen Bezügen und Strukturen im Grundsatz überein, in denen der Mensch zum folgsamen Untertanen degradiert wird: „Der Mensch, der einen Herrn nöthig hat ist ein Thier; sobald er Mensch wird, hat er keines eigentlichen Herrn mehr nöthig."[83]

In Übereinstimmung mit diesem antifeudalistischen Diktum im „Staatskapitel" der „Ideen", in dem sich Herder als ein Exponent der sich damals formierenden deutschen Aufklärungsgesellschaft und ihres frühliberalen Nationalismus artikuliert[84], ist zum einen die „Staats-Maschine" des absoluten Staates Gegenstand leidenschaftlicher Anklage, ist zum anderen der „natürliche Staat" (der Volksstaat) Inbegriff seines Plädoyers für ein organisch gewachsenes Gemeinwesen als Glied einer globalen Friedensordnung.

---

81 Deutsche Gesellschaftsgeschichte. Band 1, S. 52.
82 Dieser Akzent meiner Reichwein-Studie stimmt mit der neueren Herder-Interpretation überein, die anstelle des vorangehenden lebensphilosophischen Ansatzes z.B. von Nohl und Meinecke den Bezug des Herderschen Denkens zur Aufklärung (Kant) hervorhebt. Vgl. Schierenberg: Der politische Herder (1932); Adler: Herder und die deutsche Aufklärung (1968); Gulyga: Johann Gottfried Herder (1978); Zaremba: Johann Gottfried Herders Nations- und Volksverständnis (1985); Becker: Herder-Rezeption in Deutschland (1987).
83 Werke. Band 6, S. 369.
84 Zum frühliberalen Nationalismus und seiner bis auf Herder zurückreichenden „Emanzipationsideologie" vgl. Wehler, Band 1, S. 511: „Sie wandte sich gegen die Vormacht des Adels, der auch als ‚Träger der partikularstaatlichen Zersplitterung' galt, sie bekämpfte die altständische Versteinerung sozialer Ungleichheit, sie forderte die Befreiung von allen erstickenden Traditionen des Ancien Régime. Die Repräsentanten des Nationalismus gehörten daher durchweg zu den Reformern der defensiven Modernisierung. Der Nationalismus bildete für sie einen Freiheitsrechte versprechenden Bestandteil der Reformbewegung. Der genuine Protest gegen die überlieferte soziale und politische Ordnung gehörte ebenso zu den – häufig übersehenen – freiheitlichen Ingredienzien des frühliberalen Nationalismus wie das – diese Kritik ins Positive wendende – Fernziel, alle fortschrittlich denkenden Staatsbürger, die durch Eigentum und Besitz, gemeinsame Sprache und Geschichte sich auszeichneten, in einem Nationalstaat mit denjenigen Verfassungseinrichtungen zu vereinen, die dem Entwicklungsniveau moderner Staaten, aber auch dem vielfach beschworenen ‚Nationalcharakter' entsprachen." In Fortsetzung dieses Gedankens heißt es sodann: „Bildungsbürger, denen der Umgang mit Geschichte, Kultur und Sprache vertraut war, Vertreter also der akademischen Intelligenz der Gelehrten, höheren Beamten und Theologen, Schriftsteller und Journalisten, dazu einige Politiker und Militärs – sie traten als die ersten Verfechter des Nationalismus auf. Zu den Voraussetzungen dieses Phänomens gehörte der soziokulturelle Mobilisierungsprozeß in der zweiten Hälfte des 18. Jahrhunderts, der die ‚Gebildeten' in ihrer kleinen Aufklärungsgesellschaft mit den zahlreichen eigenen Vereinen, den neuen rasch expandierenden Medien erfaßt und bereits zu ersten Ansätzen einer grenzübergreifenden ‚nationaldeutschen Indentitätsbildung' geführt hatte" (Band 1, S. 512).

Dem „Gottesgnadentum" hielt der staatskritische Historiker die „Thaterscheinungen der Geschichte" entgegen:

> „Wer hat Deutschland, wer hat dem kultivierten Europa seine Regierungen gegeben? Der Krieg. Horden von Barbaren überfielen den Welttheil: ihre Anführer und Edeln teilten unter sich Länder und Menschen. Daher entsprangen Fürstenthümer und Lehne: daher entsprang die Leibeigenschaft unterjochter Völker; die Eroberer waren im Besitz und was seit der Zeit in diesem Besitz verändert worden, hat abermals Revolution, Krieg, Einverständnis der Mächtigen, immer also das Recht des Stärkeren entschieden. Auf diesem königlichen Wege geht die Geschichte fort, und facta der Geschichte sind nicht zu leugnen. Was brachte die Welt unter Rom? Griechenland und den Orient unter Alexander? was hat alle großen Monarchien bis zu Sesostris und der fabelhaften Semiramis hinauf gestiftet und wieder zertrümmert? Der Krieg. Gewaltsame Eroberungen vertraten also die Stelle des Rechts, das nachher nur durch Verjährung oder wie unsre Staatslehrer sagen, durch den schweigenden Kontrakt Recht ward; der schweigende Kontrakt aber ist in diesem Fall nichts anders, als daß der Stärkere nimmt, was er will, und der Schwächere gibt oder leidet, was er nicht ändern kann."[85]

In Ergänzung dieser (unverjährten) Lektion über den Ursprung von Herrschaft und Macht heißt es an anderer Stelle:

> „Die berühmtesten Namen der Welt sind Würger des Menschengeschlechts, gekrönte oder nach Kronen ringende Henker gewesen, und was noch trauriger ist, so standen oft die edelsten Menschen Nothgedrungen auf diesem schwarzen Schaugerüst der Unterjochung ihrer Brüder. Woher kommts, daß die Geschichte der Weltreiche mit so wenig vernünftigen End-Resultaten geschrieben worden? Weil ihren größten und meisten Begebenheiten nach, sie mit wenig vernünftigen End-Resultaten geführt ist: denn nicht Humanität, sondern Leidenschaften haben sich der Erde bemächtigt und ihre Völker wie wilde Tiere zusammen und gegen einander getrieben. Hätte es der Vorsehung gefallen, uns durch höhere Wesen regieren zu lassen: wie anders wäre die Menschengeschichte! nun aber waren es meistens Helden, d. i. ehrsüchtige, mit Gewalt begabte, oder listige und unternehmende Menschen, die den Faden der Begebenheiten nach Leidenschaften anspannen und wie es das Schicksal wollte, ihn fortweben. Wenn kein Punkt der Weltgeschichte uns die Niedrigkeit unsres Geschlechts zeigte, so wiese es uns die Geschichte der Regierungen desselben, nach welcher unsre Erde ihrem größten Teil nach nicht Erde, sondern Mars oder der Kinderfressende Saturn heißen sollte."[86]

Und wie unverständlich oder aufrührerisch mögen auf den Leser des Kaiserreiches oder der NS-Diktatur folgende libertär-anarchistischen Zeilen gewirkt haben, in de-

---
85  Ebd., S. 364 f.
86  Ebd., S. 366.

nen sich Herder mit jenen „künstlichen" Gebilden auseinandersetzt, „die man Staats-Maschinen nennt: ohne inneres Leben und Sympathie der Theile gegen einander".

> *„Noch weniger ists begreiflich, wie der Mensch also für den Staat gemacht sein soll, daß aus dessen Einrichtung notwendig seine erste wahre Glückseligkeit keime: denn wie viele Völker auf der Erde wissen von keinem Staat, die dennoch glücklicher sind, als mancher gekreuzigte Staatswohltäter. Ich will mich auf keinen Teil des Nutzens oder des Schadens einlassen, den diese künstliche Anstalten der Gesellschaft mit sich führen; da jede Kunst aber nur Werkzeug ist, und das künstlichste Werkzeug notwendig den vorsichtigsten, feinsten Gebrauch erfordert: so ist offenbar, daß mit der Größe der Staaten und mit der feinern Kunst ihrer Zusammensetzung notwendig auch die Gefahr, einzelne Unglückliche zu schaffen, unermeßlich zunimmt. In großen Staaten müssen Hunderte hungern, damit Einer prasse und schwelge: Zehntausende werden gedrückt und in den Tod gejaget, damit Ein gekrönter Tor oder Weiser seine Phantasie ausführe. Ja endlich, da, wie alle Staatslehrer sagen, jeder wohleingerichtete Staat eine Maschine sein muß, die nur der Gedanke Eines regieret; welche größere Glückseligkeit könnte es gewähren, in dieser Maschine als ein Gedankenloses Glied mitzudienen? Oder vielleicht gar wider besser Wissen und Gefühl, Lebenslang in ihr auf ein Rad Ixions geflochten zu sein, das dem traurig-verdammten keinen Trost läßt, als etwa die letzte Tätigkeit seiner selbstbestimmenden, freien Seele wie ein geliebtes Kind zu ersticken und in der Unempfindlichkeit einer Maschine sein Glück zu finden – o wenn wir Menschen sind, so laßt uns der Vorsehung danken, daß sie das allgemeine Ziel der Menschheit nicht dahin setzte."*

Die Fortsetzung des Gedankengangs kann im Vorblick auf unsere Ausführungen zur NS-Biologie Brohmerscher Provenienz (S. 109 ff.) und ihres Slogans „Du bist nichts, dein Volk ist alles" als ein ideologiekritischer Kommentar zum Dienst- und Opfergedanken gelesen werden:

> *„Millionen des Erdballs leben ohne Staaten und muß nicht ein jeder von uns auch im künstlichsten Staat, wenn er glücklich sein will, es eben da anfangen, wo es der Wilde anfängt, nämlich, daß er Gesundheit und Seelenkräfte, das Glück seines Hauses und Herzens, nicht vom Staat sondern von sich selbst erringe und erhalte. Vater und Mutter, Mann und Weib, Kind und Bruder, Freund und Mensch – das sind Verhältnisse der Natur, durch die wir glücklich werden; was der Staat uns geben kann, sind Kunstwerkzeuge, leider kann er uns aber etwas weit Wesentlicheres, Uns selbst, rauben."*[87]

Diesem schonungslosen Negativ-Resümee stellt der „Philosoph der Erde", der auch den Staat von den Naturgrundlagen der Sprache und des Bodens her versteht[88], jenes

---
87  Ebd., S. 333 f.
88  Vgl. Schultz: Die deutsche Geographie im 19. Jahrhundert und die Lehre Friedrich Ratzels. Abschnitt: Das Paradigma der Geographie des 19. Jahrhunderts, S. 52–62, speziell S. 53/54. Hier wird das organische Staatsverständnis Herders aus geographischer Sicht folgendermaßen interpretiert: „Organisches Natursystem (= friedliebende Völker) und mechanisches Mächtesystem

„Hauptgesetz" historischer Entwicklung, von dem wir sprachen, in einer signifikanten Formulierung entgegen, die in der einschlägigen Herder-Rezeption zurecht für den Begriff des „Volksstaates"[89] steht:

> *„Die Natur erzieht Familien; der natürlichste Staat ist also auch Ein Volk, mit Einem Nationalcharakter. Jahrtausende lang erhält sich dieser in ihm und kann, wenn seinem mitgebornen Fürsten daran liegt, am natürlichsten ausgebildet werden: denn ein Volk ist sowohl eine Pflanze der Natur, als eine Familie; nur jenes mit mehreren Zweigen."*[90]

---

(= kriegslüsterne Kabinette) standen sich unversöhnlich gegenüber. Entsprechend breiten Anklang fanden Herders ‚Ideen' im anlaufenden deutschen Nationalstaatsdiskurs. Wichtig ist dabei, daß der eminent geographische Einschlag von Herders ‚Ideen' voll durchschlug; es ist daher eindeutig falsch, das deutsche Nationskonzept auf die Sprachnation zu reduzieren, und eindeutig falsch zu behaupten, die natürlichen Grenzen hätten im Gegensatz zum französischen Grenzdiskurs im deutschen Diskurs keine Rolle gespielt. Vielmehr ging es der deutschen Dichter- und Denker-Elite im Grunde immer nur darum, ob der äußeren oder der inneren Natur, den Meeren und Wasserscheiden (respektive Gebirgssystemen) oder der Sprache der Vortritt bei der Abgrenzung des deutschen Nationalstaats gebührte, wenn sich beide nicht deckten. Statt von einer Kultur- und Sprachnation könnte man also ebensogut von einer Raum- und Wasserscheidennation sprechen."

89 Für Herder galten die Hebräer, wie Barnard darlegt, „als das älteste und hervorragendste Beispiel eines Volkes mit echtem Nationalcharakter". Dazu wird im anschließenden Kommentar ausgeführt: „Herders Interpretation der Geschichte der Hebräer und ihrer literarischen Traditionen ist nicht allein deswegen interessant, weil sie Licht auf seine Theorie des Nationalismus wirft; sie gibt auch Aufschlüsse über seine Ansichten zur soziopolitischen Struktur des Volksstaates, der ihm vor Augen schwebte. Es scheint Herders tiefste Überzeugung gewesen zu sein, daß eine gesunde und natürliche Gemeinschaft, wie der Volksstaat es ist, keiner obersten Autorität bedürfe, die die politische Macht ausübt. Der Volksstaat war für ihn das Muster eines Gemeinschaftslebens, das in der Geschichte und Tradition wurzelt; seine Bürger sollten *einen Sinn für gemeinsame Zwecke haben und sich ihrer gegenseitigen Abhängigkeit bewußt sein* (kursiv v. Sch.). Zugegebenermaßen ist der Selbsterhaltungstrieb – hier folgt Herder Hobbes – ein nicht zu unterschätzendes Moment, doch macht er nach Herders Ansicht nicht die Einrichtung einer zentralen politischen Autorität nötig. Daß nämlich ein Zustand ständigen Kampfes aus dem Selbsterhaltungstrieb entstehe, leugnet Herder ganz entschieden. Nicht Krieg, sondern Verwirklichung des Friedens, so behauptete er, liege recht eigentlich im Wesen der Menschheit, sofern sie sich frei entfalten könne..." (Zwischen Aufklärung und politischer Romantik, S. 80/81). Ergänzend wird an anderer Stelle ausgeführt, dass Herder das „Ganze" des von ihm intendierten Volksstaates „als Vereinigung einer großen Vielfalt kleinerer Einheiten" dachte: „Herder tritt in seinem idealen Volksstaat nicht für zentralisierten Kollektivismus ein, sondern für eine Partnerschaft zwischen der Vielzahl der sozialen, ökonomischen, kulturellen, religiösen und juristischen Gruppen, die innerhalb des nationalen Rahmens frei sind von jeglichem zentralen Druck..." (S. 86). Vgl. überdies Zaremba: Johann Gottfried Herders humanitäres Nations- und Volksverständnis, S. 198 f.: „Herders Rechtsauffassung war im wesentlichen von einer oppositionellen Grundhaltung getragen und zielte auf Konstituierung eines *freiheitlichen Volksstaates* (kursiv v. Sch.). Die Freisetzung liberalen Gedankenguts in der Französischen Revolution spielte bei ihm eine wichtige Rolle; organische Methode und demokratisches Denken standen nicht im Widerspruch zueinander."

90 Werke. Band 6, S. 369.

Und seine auf den „natürlichen Staat" gegründete Friedensutopie fasst Herder in die Worte:

*„Hat die Erde nicht für uns alle Raum? liegt ein Land nicht ruhig neben dem andern? Cabinette mögen einander betrügen; politische Maschinen mögen gegen einander gerückt werden, bis eine die andre zersprengt. Nicht so rücken Vaterländer gegeneinander; sie liegen ruhig neben einander, und stehen sich als Familien bei."*[91]

## 1.4 Zur Polarität von kosmologischem Weltverständnis und reformatorischer Wirksamkeit in der Welt

Der schonungslose Kritiker, der hier zu Worte kam und der Mann des planetarischen Blicks, der anfangs seinem kosmologischen Weltverständnis Ausdruck verlieh, gehören zusammen: Herder war in der Sphäre seiner bürgerlichen Wirksamkeit als Philosoph und Schriftsteller, als Prediger und Schulmann bemüht, mit „Gott nachahmender Vernunft" die Seinsordnung der Welt durch Aufklärung, Unterricht und Reformen auf Erden zu verwirklichen. Er wandte sich in Wort und Schrift nicht nur gegen die strukturelle Gewalt und Kriegspolitik der „Staats-Maschinen" bzw. Despotien, sondern mit Nachdruck auch gegen die europäische Ausbeutung der Dritten Welt[92] und wider die Störung des ökologischen Gleichgewichts auf dem Planeten.[93] Mit die-

---

91 Briefe zur Beförderung der Humanität, S. 337 f.
92 Gegen Europas „Glück aufzwingende Tyrannei aller Erdnationen" (und für eine auf „Mäßigung und Bewegung"ausgerichtete Lebensreform) ist z.B. folgende Textpassage der „Ideen" gerichtet: „Der Inder setzt seine Glückseligkeit in leidenschaftslose Ruhe, in einen unzerstörbaren Genuß von Heiterkeit und Freude: er atmet Wohllust: er schwimmt in einem Meer süßer Träume und erquickender Gerüche; unsere Üppigkeit hingegen, um deren Willen wir alle Weltteile beunruhigen und berauben, was will, was suchet sie? Neue und scharfe Gewürze für eine gestumpfte Zunge, fremde Früchte und Speisen, die wir in einem überfüllenden Gemisch nicht einmal kosten, berauschende Getränke, die uns Ruhe und Geist rauben; was nur erdacht werden kann, unsre Natur aufregend zu zerstören, ist das tägliche große Ziel unsres Lebens. Dadurch unterscheiden sich Stände: dadurch beglücken sich Nationen – Beglücken? Weshalb hungert der Arme und muß bei stumpfen Sinnen bei Müh und Schweiß das elendste Leben führen? Damit seine Großen und Reichen ohne Geschmack, und vielleicht zu ewiger Nahrung ihrer Brutalität täglich auf feinere Art ihre Sinne stumpfen" (S. 290 f.). Zum Kampf des Humanisten gegen die Sklaverei und koloniale Unterdrückung vgl. auch Barnard: Zwischen Aufklärung und politischer Romantik, S. 125 ff.
93 Dafür eine exemplarische Formulierung: „Man denke nicht, daß die Kunst der Menschen mit stürmender Willkür einen fremden Erdteil sogleich zu einem Europa umschaffen könne, wenn sie seine Wälder umhauet und seinen Boden kultiviert: denn die ganze lebendige Schöpfung ist im Zusammenhange, und dieser will nur mit Vorsicht geändert werden" (Werke. Band 6, S. 282 f.). In Capras „Wendezeit" wird als Beleg für die Einstufung Herders als eines Vorläufers des ökologischen Ganzheitsdenkens unserer Tage nachstehender Passus aus den ‚Ideen' zitiert: „(Der Mensch) lebt vom Hauch der Luft wie von den verschiedenen Kindern der Erde, den Speisen und Getränken; er verarbeitet Feuer wie er Licht einsaugt ... Wachend und schlafend, in Ruhe und Bewegung, trägt er zur Veränderung des Universums bei, und sollte er von demselben

sen Aspekten seiner reformatorischen Wirksamkeit stimmen die Gedanken und Taten Reichweins im Grundsatz überein – des Sozialisten, Geopolitikers und Ökonomen, der sich um eine globale Friedensordnung bemühte (S. 125 und S. 246 ff.) ebenso, wie die des Lehrers, der von dem Wissen um die Einbindung seines Lebens und seiner Landschularbeit in den Rhythmus der Natur durchdrungen war (S. 234 f.).

(Wenn ich diese Zeilen schreibe, wird mir jener Augenblick wieder bewusst, in dem wir inmitten der schwedischen Schärenküste die Nachricht von der Tschernobyl-Katastrophe erhielten. Mir kamen angesichts der uns umgebenden Urlandschaft und im Bewusstsein der Gefahr die Prologzeilen des „Faust" in den Sinn: „Und schnell und unbegreiflich schnelle dreht sich umher der Erde Pracht. Es wechselt Paradieseshelle mit tiefer schauervoller Nacht ... " Und wir fassten zugleich den Entschluss, unsere Arbeit für „Frieden, Gerechtigkeit und Bewahrung der Schöpfung" wieder aufzunehmen und in verstärktem Maße fortzusetzen.)

---

nicht verändert werden? ... Ein lebendiges Selbst ist er, auf welches die Harmonie aller ihn umgebenden Kräfte wirket" (S. 5). Vgl. dazu auch Gaier: Herders Systemtheorie, S. 15 sowie Meyer-Abich: Herders Naturphilosophie in der Naturkrise der Industriegesellschaft.

## 2. Das „Weltbild" im Werk Goethes

Während Herder dem Abgründigen in der Geschichte sein „Indes ist ein Gott in der Natur" und sein reformatorisches Wirken entgegensetzte, wandte sich Goethe von der Sphäre der politischen Völker- und Staatengeschichte, der Machtkämpfe und der Kriege weitgehend ab. „Nicht ein Unvermögen seiner Urteilskraft, sondern ein Unvermögen seines innersten Wesens hat ihn letzten Endes außer Stand gesetzt, den Teil der Weltgeschichte, der von Kriegsgeschrei, Völkerdrängen und Thronensturz widerhallte ebenso morphologisch zu begreifen, ebenso durch Entwicklung zu enträtseln wie die Natur und alles übrige Menschenleben."[94] [95] Das kosmologische Weltverständnis Goethes blieb daher im Unterschied zur geschichtsphilosophischen Spekulation Herders[96] und unter weitgehender Ausblendung des Vulkanischen und Morbiden in der Natur auf die in der sinnhaften Anschauung erkennbaren organisch-genetischen Phänomene des Lebens begrenzt. Der Naturforscher wandte sich morphologischen Studien aus dem Gebiet der Anatomie, der Geologie/Mineralogie, der Botanik, der Farbenlehre und der Meteorologie zu. Der Dichter konzipierte ein poetisches Projekt zum Thema „Das Weltall". Dies blieb aber Entwurf und fand nur insofern seine posthume Ausführung, als Wilhelm Flitner, der einfühlsame Goethe-Interpret, den Versuch unternahm, die verschiedenen Aspekte goethischer Forschungsarbeit zu einer „Gesamtansicht der Natur" im Geiste Goethes und daher mit dem thematischen Akzent „Der Kosmos. Baupläne und Metamorphosen" zu integrieren.[97]

---

94 Meinecke: Goethe und die Geschichte, S. 109.
95 Zum soziologischen Hintergrund dieses unpolitischen Verhältnisses zur Geschichte heißt es: „Er wuchs auf in der morbiden reichsstädtischen Behaglichkeit des alten Reichs, in dem friedensbedürftigen, unpolitischen Geist des bürgerlichen 18. Jahrhunderts, das sich aus dem Dreißigjährigen Kriege emporgearbeitet hatte. Es baute seine Kultur auf im Wesentlichen ohne staatliche Hilfe, aber auch ohne staatliche Hemmung und kam so zu einem lässlichen Nebeneinander von Staat und Kultur. Man sah im Staat einmal den administrativen Wohlfahrtsstaat, den man sich gern gefallen ließ und lobte, und dann den kriegerischen Machtstaat, der einen innerlich nicht berührte, den man entweder schalt oder mit bedauerndem Achselzucken meinte gewähren lassen zu müssen wie eine fremde Welt" (Meinecke: Goethe und die Geschichte, S. 104 f.). Vgl. auch Cassirer: Goethe und die geschichtliche Welt: „Aber dieses Gefühl des ruhigen Vertrauens und der gläubigen Hingabe verläßt Goethe sofort, sobald er den Boden der Geschichte betritt. Hier spürt er nichts mehr von jener inneren Sicherheit, die ihm in der Anschauung der Natur zuteil wurde; hier begegnen ihm von Anfang an Bedenken und hier sieht er sich ständig in Gefahr, den Boden unter den Füßen zu verlieren" (S. 5). Vgl. auch Nisbet: Naturgeschichte und Humangeschichte bei Goethe, Herder und Kant. Abschnitt: Humangeschichte bei Goethe, S. 38–41.
96 Der Unterschied zwischen dem mehr spekulativen Vorgehen Herders und der auf anschaubare Phänomene ausgerichteten Denkweise Goethes wird an folgender Passage eines von Goethe an Herder gerichteten Briefes deutlich: „Was Du durch die Gewalt des Geistes aus der Überlieferung zusammengreifst, das muß ich nach meiner Art aus jeder Himmelsgegend von Bergen, Hügeln und Flüssen zusammenschleppen" (zitiert nach Meinecke: Goethe und die Geschichte, S. 57).
97 Vgl. Flitner: Goethe im Spätwerk. Kapitel: Gesamtansicht der Natur, S. 281–327, speziell den Abschnitt: Der Kosmos. Baupläne und und Metamorphosen, S. 313–327. Schiller faßte diese „Ge-

In dieser „Gesamtansicht" kommt – mit einem Leitbegriff der ökologischen Systemtheorie (Capra) gesagt – ein im Vitalismus (Aristoteles) begründetes „Systembild des Lebens" zur Darstellung.[98]

## 2.1 Goethes „Gesamtansicht der Natur"[99] (W. Flitner)

Einleitend kommt die Sinnrichtung und geistesgeschichtliche Tradition in überkommener Kosmos-Metaphorik zur Sprache, die der Schau des universalen Ganzen zugrunde liegt.

> *„Die Physik war in alter Zeit ein Bestandteil der Philosophie. Wenn der Naturforscher die Erfahrung verarbeitete, so stand ihm als Philosophen stets das ganze Naturge-*

---

samtansicht" in seinem Brief an Goethe vom 23.8.1784 in folgende Worte: „Sie fassen die ganze Natur zusammen, um über das einzelne Licht zu bekommen: in der Allheit ihrer Erscheinungsarten suchen Sie den Erklärungsgrund für das Individuum auf. Von der einfachen Organisation steigen Sie, Schritt vor Schritt, zu der mehr verwickelten hinauf, um endlich die verwickelste von allen, den Menschen, genetisch aus den Materialien des ganzen Naturgebäudes zu erbauen. Dadurch, daß Sie ihn der Natur gleichsam nacherschaffen, suchen Sie in seine verborgene Technik einzudringen. Eine große und wahrhaft heldenmäßige Idee"(zitiert nach Dilthey: Die Philosophie des Lebens, S. 18). In dieser Interpretationsspur lag später auch die Charakterisierung Diltheys: „Diesem umfassenden Plan gemäß, die Natur durchforschend, in sich den Drang, mit Sonne und Luft, mit Pflanzen und Wassern wie mit befreundeten Mächten zu leben, voranschreitend von den festen Grundlagen der organischen Welt zu den Pflanzen, den Tieren aufwärts, dem Menschen entgegen – überall in herbis et lapidibus das Göttliche suchend, das war die Verfassung, in welcher die schöpferische Konzeption des neueren Pantheismus sich in ihm bildete" (Ebd.).

98 Dieser bedeutsame Begriff der Systemtheorie Capras repräsentiert hier die Möglichkeit, auf die innere Verwandschaft zwischen der ganzheitlich-kosmologischen Naturanschauung Goethes und dem ökologisch-systemischen Naturverständnis der Gegenwart hinzuweisen. Capra fasst den Bezug in folgende Worte: „Goethe nun ist die zentrale Gestalt in der Entwicklung des ökologischen Ganzheitsdenkens in der deutschen Geistesgeschichte. Ende des achtzehnten Jahrhunderts und zu Beginn des neunzehnten entworfen, erlangt seine Naturlehre erst heute, am Ende des zwanzigsten Jahrhunderts, bestürzende Aktualität und stimmt in ihren Grundzügen mit dem heute entstehenden ganzheitlich-ökologischen Paradigma überein" (Wendezeit, S. 5). Am exemplarischen Beispiel gesagt: „Goethes Naturlehre hat mit dem Systemansatz der heutigen Naturwissenschaft nicht nur die Erkenntnis der grundlegenden Verknüpfung aller Phänomene gemeinsam, sondern auch eine weitere, wichtige Erkenntnis, nämlich die der grundlegenden Dynamik, die allen lebenden Systemen innewohnt. Wie bei den modernen Systemdenkern zieht sich auch bei Goethe der Gedanke der Bewegung in den Formen und des Sich-Entfaltens allen Lebens durch sein gesamtes Werk. In seiner Morphologie der Tiere spricht Goethe von der ‚beweglichen Ordnung der Natur' und ebenso wie die Systembiologen heute erkennt er die Bedeutung zyklischer Prozesse und der damit zusammenhängenden Polarität von Gegensätzen" (Ebd., S. 7). Vgl. auch das Kapitel: Das Systembild des Lebens, S. 293–339.

99 In der hier wiedergegebenen Folge von Zitaten wurden die mehr ergänzenden Passagen philosophiegeschichtlicher und biographischer Kommentierung oder bloß differenzierender Darstellung zugunsten der mehr deskriptiven Kernpassagen fortgelassen.

*bäude als ein Gedankenbild, an dem er sich bewundernd erfreute, vor dem inneren Auge. Die Aufrisse dieses Bildertempels waren im Schöpfungsbericht der Genesis und in dem platonischen Altersdialog Timaios geboten; die Physik des Aristoteles lieferte die ordnenden Begriffe, und die einzelnen Naturwissenschaften fügten sich damit in das Ganze der Weisheit ein ..."*[100]

In der Ausführung dieses gedanklichen Entwurfes heißt es:

*„ ... Nach der Bibel schwebt der Geist Gottes am Anfang über den Wassern. Nach Aristoteles liegt ein Stoff vor – materia – auf den eine gestaltende Macht einwirkt – forma –; auch Goethe spricht von dem ‚nisus formativus', dem ‚Bildungstrieb'. Das anfängliche Chaos und die gestaltende, entwickelnde Kraft kommen jedoch nach christlicher Vorstellung beide aus dem einen Gott und Schöpfer. Die formende Tätigkeit und ihre Unterlage, den ‚Stoff', worauf sie wirkt, stellt sich Goethe vor ‚als immerfort zusammenbestehend und ewig gleichzeitig vorhanden'."*[101]

Und zur wissenschaftsgeschichtlichen Einordnung erfolgt abschließend der Hinweis:

*„War das alte Naturbild der Scholastiker statisch, wurde das neue der exakten Naturforschung gar mechanisch, so gelang es Goethe, eine dynamische Auffassung von der herrlich belebten sinnlichen Welt durchzuführen. Mit dieser Abänderung hatte er das universale Naturgebäude im Geist vor Augen, wenn ihn das Einzelne anschaulich erfreute."*[102]

Der Aufriss des universalen Ganzen beginnt dann mit dem umfassenden Phänomen „Licht und Farben" und dessen Ursprung in der Polarität von Licht und Finsternis:

*„Wie im biblischen Bericht das Ersterschaffene Licht ist, so auch in dem goethischen Naturbild. Das Licht leuchtet in die Finsternis – das ist die erste Scheidung zwischen dem formenden und stofflichen Prinzip."*[103]

Anschließend wird das Ganze der im Licht hervortretenden „körperlichen Dinge" in der Perspektive der Kosmostheorie beschrieben:

*„Vom Licht geht die Betrachtung des Weltbaus zu den körperlichen Dingen weiter. Sie sind mannigfaltig an Gestalt und lassen sich in Regionen geordnet denken, die sich vom Unförmigen zum höher Geformten auftreppen. Die Dinge sind Gebilde von verschiedenem Rang. Die höheren Wesen zeichnen sich aus durch größere Mannigfaltigkeit innerhalb ihrer Einheit und durch eine größere Nähe zum Licht. Erden, Gesteine,*

---

100 Flitner: Goethe im Spätwerk, S. 313.
101 Ebd., S. 314.
102 Ebd.
103 Ebd.

Das „Weltbild" **53**

> *Pflanzen, Tiere und der Mensch bilden diese Treppe (…). Richtet sich der Blick, der dem Weltschöpfer nachdenkt, vom Reich des Lichtes aus auf das der Gestalten, so wendet sich der Forscher den Prinzipien der Morphologie zu. Auch das Gestaltenreich ist in die Bewegungen des Lichtes eingeordnet, zum Lichte streben alle Gebilde oder öffnen sich seiner Wirkung. Der Gegensatz zum Gestalteten ist das Chaotische. Die Natur ist in Bewegung aus dem Amorphen heraus und wieder zur Auflösung zurück; was aber den Forscher fesselt, ist die Neigung der Natur zur Form überhaupt – das Gelingen des Schönen und Vollkommenen innerhalb jener Kreisläufe der Vergänglichkeit."*[104]

Alle Teile des in Stufen bzw. Rängen geordneten Ganzen sind Gegenstand anschaulicher Vergegenwärtigung und begleitender biographisch-geistesgeschichtlicher Kommentierung:

- Das Mineralreich: „… Die herrlichen Gebirge, an deren Anschauen Goethe seit der Weimarer Frühzeit sich erquickte, der Thüringer Wald, der Harz, Erz- und Fichtelgebirge und die Schweizer Alpen, boten ihm den Anblick der ältesten Gesteine, von denen er alle anderen Erdschichten ausgegangen dachte; und aus ihrer großen Physiognomie, den weithinziehenden Bergrücken mit ihrer Mannigfaltigkeit des Einzelnen und der durchgreifenden Gestaltenverwandtschaft glaubte er ablesen zu können, was ihm das Wichtigste war, daß die anorganische Masse eine Art ‚Leben' und Eigenbewegung besitze (…). Kristallisation ist also ‚das erste gelungene Individualisieren der Natur'. Es ist eine Art Zusammenschluß der Masse zum Selbst, allererste Stufe dessen, was auf der höchsten das Werden der Person darstellt!"[105]
- Luft und Wolken: „Über der Landschaft mit ihren Bergwerkstiefen und ihren Gebirgszügen lebt die bewegte Atmosphäre, für den Dichter und Maler ein ebenso fesselndes Schauspiel wie für den Forscher. (…) Atmosphärische Erscheinungen wurden auf Reisen und Wanderungen beobachtet; sie zu überschauen und wissenschaftlich zu umgreifen, half die Einteilung des englischen Forschers Howard, dessen Terminologie der Wolkenformen sich Goethe aneignete; und da ihm auch an der Wetterkunde alles Mathematische wider seine Natur war, so richtete er seine Betrachtungen auf die Wolkengestalt als das dem Sinne der Augen Erfaßliche …"[106]
- Das Pflanzenreich: „Der Blick geht nun weiter auf das Pflanzenkleid der Erde, das von Gestein und Witterung bestimmt wird, das aber erst recht nicht auf nur mechanische Weise reagiert, sondern als ein gesteigertes Lebendiges. Die inneren Baukräfte vor allem in dieser Region sind ein unerschöpfliches Wunder und offenbares Geheimnis. Eine kleine Zahl von Typen genügt für eine gewaltige Menge von

---

104 Ebd., S. 315 f.
105 Ebd., S. 318 f.
106 Ebd., S. 320.

Abarten. Kennt der Forscher diese wenigen Baupläne und die Verwandlungsrichtungen der Bauglieder, so kann er neue Arten nach Belieben ‚ins Unendliche erfinden', Gestalten, die von innen her möglich wären, wenn sich Lebensbedingungen in der Umgebung fänden. Die Natur verfährt in diesem Erschaffen von Arten wie ein Künstler. Bei höchster Sparsamkeit in den Hauptmotiven wird eine Fülle von Phantasie und Schönheit ausgespielt. In der Sparsamkeit sieht Goethe die Notwendigkeit am Werke, ein Strenges und Gesetzliches, wodurch die schaffende Natur sich selbst einschränkt und alle Geschöpfe bis zum Menschen hin in feste Grenzen einhegt. In dem spielenden Reichtum äußert sich die Freiheit, die in der schaffenden Natur da ist und sich auch in den Geschöpfen wiederholt. Sie wächst mit der höheren Organisation, und wo sie vorherrscht, da wird sich auch das Gesetz am reinsten geltend machen. Hat das Gestein Freiheit, so schafft es die schönen Kristalle und Edelsteine; hat der Baum Freiheit, so ist sein Wuchs gesund und edel, hat das Tier sie, dann bewegt es sich mit Anmut, und wenn der geistige Mensch sie hat, so erfüllt er das Gesetz des Herzens. Er beschränkt sich wissend, demütigt sich verehrend; und alles geschieht, als wenn es spielend und begeistert aus der inneren Natur wie ohne Mühe hervorquölle mit Schöpfungskraft, obwohl d i e s e Freiheit doch Schweiß und Arbeit gekostet hat ..."[107]

- Das Tierreich: „... Auf osteologischem Gebiet gelang früh die *Entdeckung des Zwischenkieferknochens* beim Menschen. A priori wurde sie postuliert und danach nachgewiesen: ungemeines Forscherglück! Sie bestätigte das Naturbild Goethes an einer entscheidenden Stelle. Der Bauplan des menschlichen Knochengerüsts muß dem der höheren Tiere entprechen; wo beim Affen dieser Knochen sitzt, muß eine Metamorphose davon auch beim Menschen anzutreffen sein, und er fand sich beim Embryo, wenn auch meist verwachsen. Die Sparsamkeit der Natur zeigt sich auch in diesem Beharren auf dem einmal erfundenen Bauplan. (...) Das Prinzip, welches sich im Knochenbau und überhaupt an dem Gestaltwandel im Tierreich besonders anschaulich ablesen läßt und auf das Goethe darum am zoologischen Gegenstand besonders exemplifiziert, ist die Ökonomie der Natur. In einem Nachlaßfragment wird es einmal das ‚Prinzip des Gebens und Entziehens' genannt. Vom künstlerischen Schaffen ist der Grundsatz hergenommen und wird nun als ein Werkstattgesetz der Natur wiedererkannt: wie die künstlerische Aufgabe an strenge Grenzen gebunden ist und doch eine unermeßliche Fülle von Lösungen möglich bleibt, so ist die Natur auf wenige Typen begrenzt und dennoch unendlicher Metamorphosen fähig ..."[108]

Zum Abschluss wird jene Grundeinsicht noch einmal herausgestellt, dass – mit den Worten Reichweins gesagt – „jede Form im Gesetzmäßigen begründet ist."

---

[107] Ebd., S. 321.
[108] Ebd., S. 324 f.

*„ … Metamorphose allein würde Formlosigkeit ergeben; weil aber das Gesetz da ist und das Spezifizierte sich zäh gegen weitere Wandlung wehrt, entsteht ein ‚Reich gesteigerter Gestalten'."*[109]

Der Gedanke eines die Gestalten des Lebens schaffenden, bewegenden und in der Bewegung gesetzmäßig sich entfaltenden Prinzips, das sich als Bildungstrieb und Metamorphose offenbart, durchzieht alle Bereiche des von Flitner vergegenwärtigten kosmologisch-systemischen Zusammenhangs.

### 2.2 Die Italienische Reise und die Entdeckung der Metamorphose als allgemeines Lebens- und Bildungsprinzip

Einem nachhaltigen Impuls, der auf die Wirksamkeit des Lebens- und Bildungsprinzips der Metamorphose in seinem eigenen Leben zurückzuführen ist, folgte Goethe mit dem fluchtartigen Aufbruch zu seiner Italienischen Reise (1786).[110] Diese führte ihn über Norditalien (Venedig) und Sizilien (Neapel, Ätna) nach Rom. Es wurde ihm möglich, im Prozess der äußeren und inneren Freisetzung von den Bindungen seines bürgerlichen Lebens in Weimar und von unfruchtbaren Irritationen seine künstlerische Identität und Perspektive betreffend, sich der ihm begegnenden Welt mit den

---

109 Ebd.
110 Die innere Dynamik, aus der heraus in Goethe nach der Begründung seiner Weimarer Existenz das Verlangen wuchs und zum Entschluß reifte, die Werke der klassischen Kunst in Italien vor Ort studieren zu können, hat Cassirer folgendermaßen charakterisiert: „Nun aber, beim Eintritt in die neuen Lebensverhältnisse in Weimar, wandelt sich allmählich diese Stellung. Denn wie sehr Goethes Natur in ihrer Gesamtheit diesen Fortgang zum tätigen Leben forderte: für den Künstler bedeutet sie dennoch zunächst eine Einengung und eine Schranke, die er immer wieder schmerzlich empfindet. Die Unbedingtheit der jugendlichen und der künstlerischen Forderungen wird überall durch den Widerstand von außen gehemmt. Und unter diesen Hemmungen richtet sich nun Goethes Blick betrachtend und spähend auf das innere Gesetz seiner dichterischen Produktion zurück. Jetzt lernt er, sie gleich einem Naturgeschehen zu beobachten, das seinen inneren unveränderlichen Rhythmus hat. (…) Aus der Vereinzelung im praktischen Wirken und aus der Inkonsequenz der Menschen, die ihm überall entgegentrat, hatte er sich – wie er einmal an Knebel schreibt – zur großen ‚Konsequenz der Natur' gerettet. Jetzt naht er der Natur nicht nur im dichterischen Mit- und Nachempfinden, sondern geht ihr als Botaniker, als Anatom, als Mineraloge und Geologe nach. Diese Stellung zur Natur schließt auch eine neue Stellung zur Kunst in sich. Nicht nur als Schaffender will Goethe jetzt in ihr leben, sondern auch als Schauender will er sich ihr reines ‚Wesen' enträtseln. Denn ‚wie Natur im Vielgebilde Einen Gott nur offenbart, so im weiten Kunstgefilde webt ein Sinn der ewgen Art'. Aber dieser Sinn erschließt sich freilich nicht dem abstrakten ästhetischen Begriff, noch der psychologischen Zergliederung, sondern er will in den ewigen Werken der Kunst selbst angeschaut sein. So reift in Goethes Seele immer mehr und mehr die Forderung der italienischen Reise – bis sie endlich übermächtig wird und zu Entschluß und Tat drängt" (Freiheit und Form, S. 305 ff.). Zum wechselseitigen Fundierungsverhältnis von dichterischem Schaffen und wissenschaftlicher Forschung vergl. Steiner: Goethes naturwissenschaftliche Schriften, S. 96–100.

Augen eines neuen Menschen zuzuwenden – mit denen eines Kindes[111] oder besser: mit dem Blick des Künstlers, dem eine neue Art des Sehens ermöglicht und bewusst wurde. Diese kommt im Tagebuch des Reisenden, zumal des Natur- und Kunstbetrachters, wiederkehrend zur Sprache.

Wenige Tage nach seiner Abreise, am 11. September 1786, notiert der aus Karlsbad Flüchtende:

*„Mir ist jetzt nur um die sinnlichen Eindrücke zu tun, die kein Buch, kein Bild gibt. Die Sache ist, daß ich wieder Interesse an der Welt nehme, meinen Beobachtungsgeist versuche, und prüfe, wie weit es mit meinen Wissenschaften und Kenntnissen geht, ob mein Auge licht, rein und hell ist, wie viel ich in der Geschwindigkeit fassen kann, und ob die Falten, die sich in mein Gemüt geschlagen und gedrückt haben, wieder auszutilgen sind."*[112]

Und auf die ersten Tage seiner Kunststudien in Rom geht der Eintrag vom 10. November 1786 zurück:

*„Meine Übung, alle Dinge, wie sie sind, zu sehen und abzulesen, meine Treue, das Auge Licht sein zu lassen, meine völlige Entäußerung von aller Prätention kommen mir einmal wieder recht zustatten und machen mich im Stillen recht glücklich."*[113]

Goethe stand fortwährend in einem unwillkürlichen, aber vom „inneren Sinn" geleiteten Gespräch mit den ihm begegnenden Dingen der Natur und der Menschenwelt. Er übte sich in der Kunst des unbefangenen aber aufmerksamen Sehens, das mehr von Hingabe an die Phänomene und Empfänglichkeit für deren Botschaften bestimmt war, als von Absicht und vorgefasster Intention. „Man kann es daher verstehen", wie Rudolf Steiner später formulierte, „dass es Goethe besonders ansprach, als er nach Jahrzehnten eine Beschreibung dieser seiner besonderen Erkenntnisart bei dem Psychologen Heinroth fand. Heinroth nannte Goethes Denken ein ‚gegenständliches Denken'. Und dieses Wort ‚gegenständliches Denken', es gefiel Goethe ganz besonders, denn er fühlte, dass sein Denken in einer gewissen Weise untertaucht in dasjenige, was es beobachtet, dass es sich innig verbindet mit dem Beobachteten, dass es gewissermaßen herausschlüpft aus der Subjektivität und hineinschlüpft in das Objekt, dass die Gegenstände der Wahrnehmung ganz ergriffen werden von den Begriffen und die Begriffe wiederum ganz untertauchen in den Gegenständen der Wahrnehmung."[114]

Goethe absolvierte, wie Ernst Sprengel in seinem Kommentar zur Italienischen Reise (mit einem für jeden Reichweinkenner bemerkenswerten Begriff) sagt, eine

---

111 In die Richtung dieser Einschätzung weist nachstehende Zeile aus einem Brief an Frau von Stein vom 11.September 1786: „Mir ists wie einem Kinde, das erst wieder leben lernen muß."
112 Werke, Band 11, S. 25.
113 Ebd., S. 134.
114 Steiner: Anthroposophie, S. 20

„Schule des Sehens", genauer: eine „Schule des morphologischen Sehens":[115] Dem Reisenden zeigte sich die „Gestalt des Volkes" auf den wechselnden Schaubühnen des südländischen Lebens. Der Kunstbetrachter erfuhr in Rom, dass sich ihm „die besten Sachen" im komplementären Sehen der wiederholten Begegnung erschließen, „wo denn das erste Staunen sich in ein Mitleben und reineres Gefühl des Wertes der Sache auflöst". Er lernt, von den oftmals widrigen Begleitumständen zu abstrahieren und das Kunstwerk – dem „Gedanken des Künstlers" und „der ersten Ausführung" entsprechend – in seiner Genese, in der „reinen" Gestalt seines Entwurfes zu schauen. Dem Pflanzenreich in vergleichbarer Sinnrichtung begegnend, gelang es ihm schließlich, die Mannigfaltigkeit der Erscheinungen des vegetativen Lebens auf die Einheit des Grundvorgangs der Metamorphose und der von ihm imaginierten Urpflanze zurückzuführen.

Nach den Impressionen der Alpenüberquerung und der ersten Begegnung mit der fremdländischen Vegetation im botanischen Garten von Padua begann sich ihm folgende Einsicht zu erschließen:

*„Das Wechselhafte der Pflanzengestalten, dem ich längst auf seinem eigentümlichen Gange gefolgt, erweckte nun bei mir immer mehr die Vorstellung: die uns umgebenden Pflanzenformen seien nicht ursprünglich determiniert und festgestellt, ihnen sei vielmehr, bei einer eigensinnigen, generischen und spezifischen Hartnäckigkeit, eine glückliche Mobilität und Biegsamkeit verliehen, um in so viele Bedingungen, die über dem Erdkreis auf sie einwirken, sich zu fügen und darnach bilden und umbilden zu können. Hier kommen die Verschiedenheiten des Bodens in Betracht; reichlich genährt durch Feuchte der Täler, verkümmert durch Trockne der Höhen, geschützt vor Frost und Hitze in jedem Maße, oder beiden unausweichbar bloßgestellt, kann das Geschlecht sich zur Art, die Art zur Varietät, und diese wieder durch andere Bedingungen ins Unendliche sich verändern; und gleichwohl hält sich die Pflanze abgeschlossen in ihrem Reiche, wenn sie sich auch nachbarlich an das harte Gestein, an das beweglichere Leben hüben und drüben anlehnt. Die allerentferntesten jedoch haben eine ausgesprochene Verwandtschaft, sie lassen sich ohne Zwang untereinander vergleichen. Wie sie sich nun unter einen Begriff sammeln lassen, so wurde mir nach und nach klar und klärer, dass die Anschauung noch auf eine höhere Weise belebt werden könnte: eine Forderung, die mir damals unter der sinnlichen Form einer übersinnlichen Urpflanze vorschwebte. Ich ging allen Gestalten, wie sie mir vorkamen, in ihren Veränderungen nach, und so leuchtete mir am letzten Ziel meiner Reise, in Sizilien, die ursprüngliche Identität aller Pflanzenteile vollkommen ein, und ich suchte diese nunmehr überall zu verfolgen und wieder gewahr zu werden."[116]*

Und in einem Brief an Herder vom 17.5.1787 stehen die bemerkenswerten Zeilen:

---

115 Vgl. das Nachwort zur Italienischen Reise von Sprengel, S. 518–552, speziell den Abschnitt: Morphologisches Sehen, S. 531–536.
116 Werke, Band.13, S. 163 f.

*"Ferner muß ich Dir vertrauen, daß ich dem Geheimnis der Pflanzenzeugung und -organisation ganz nahe bin und daß es das einfachste ist, was nur gedacht werden kann. Unter diesem Himmel kann man die schönsten Beobachtungen machen. Den Hauptpunkt, wo der Keim steckt, habe ich ganz klar und zweifellos gefunden; alles übrige seh ich auch schon im ganzen, und nur noch einige Punkte müssen bestimmter werden. Die Urpflanze wird das wunderlichste Geschöpf von der Welt, um welches mich die Natur selbst beneiden soll. Mit diesem Modell und dem Schlüssel dazu kann man alsdann noch Pflanzen ins Unendliche erfinden, die konsequent sein müssen, das heißt, die, wenn sie auch nicht existieren, doch existieren könnten und nicht etwa malerische oder dichterische Schatten und Scheine sind, sondern eine innerliche Wahrheit und Notwendigkeit haben. Dasselbe Gesetz wird sich auf alles übrige Lebendige anwenden lassen."*[117]

Der letzte Satz bringt den existentiellen Ertrag der Italienischen Reise zur Ausformulierung, das Schlüsselerlebnis seines lebensgeschichtlichen „Salto mortale": die Erfahrung der strukturellen Identität des Lebens in den Erscheinungen der Natur, in den Objektivationen der Kunst und in den Prozessen seiner eigenen poetischen Produktion. Mit dieser gleichsam ontologischen Vergewisserung seiner selbst und seines Genies waren für Goethe die Weimarer Irritationen endgültig überwunden und der Eintritt in eine neue Phase produktiven Schaffens gewonnen, in der sich weiterführende Naturstudien, fortgesetzte poetische Arbeiten und erneute Versuche zur Ausbildung seines zeichnerischen Talents wechselseitig beförderten – bevor er sich letzterer endgültig „entsagte". Der Standpunkt der klassischen Epoche sowohl seiner Naturstudien als auch seines dichterischen Schaffens war erreicht[118] – zugleich aber auch eines „ästhetischen Humanismus", dessen Geltungsbereich Literatur und Kunst, nicht aber (im Unterschied zu Herder) die Politik war.[119]

---

117 Werke, Band 11, S. 323 f.
118 „In zahlreichen Briefen aus Rom stellt Goethe in wechselnder Nuancierung Kunst- und Naturbetrachtung nebeneinander. Im Zentrum steht die Auffassung der Kunst als ‚zweiter Natur': ‚Diese hohen Kunstwerke (der ersten Klasse) sind zugleich als die höchsten Naturwerke vom Menschen nach wahren und natürlichen Gesetzen hervorgebracht worden'. Sie genügen damit dem Ideal des ‚Stils', das Goethe im kurzen, aber grundlegenden Aufsatz ‚Einfache Nachahmung der Natur, Manier, Stil' von 1789 gegen die subjektive Darstellungsweise der ‚Manier' absetzt (...). Diese Beziehung der Kunst auf das – naturgesetzlich bestimmte – ‚Wesen der Dinge' bedeutet eine wesentliche Positionsverschiebung gegenüber der eher emotionalen und pantheistisch gefärbten Kunst-Natur-Gleichung des jungen Goethe und stellt vielleicht den wichtigsten ästhetischen Ertrag der Italien-Reise dar" (Sprengel: Nachwort, S. 541 f.). Vgl. auch die Ausführungen von Cassirer zur Wendung vom „Subjektiven" zum „Objektiven" im Bereich der Goethischen Lyrik. In: Freiheit und Form, S. 312–327; ebenfalls Vaget mit teilweise kritischem Kommentar auf S. 47 und 60 seiner Studie: Dilettantismus und Meisterschaft; überdies Menzer: Goethes Ästhetik. Kapitel: Die Italienische Reise, S. 50–71; Staiger: Goethes Weg zur klassischen Kunst; Flitner: Goethe im Spätwerk. Kapitel: Die Italienische Reise, S. 117–136.
119 Goethe zog sich in verstärktem Maße aus der Politik zurück. W. Mommsen schreibt dazu: „Man hat immer wieder darauf hingewiesen, wie bedeutungsvoll es für Goethes Lebensgang gewesen sei, daß die Französische Revolution gerade im Jahre nach seiner Rückkehr aus Italien ausbrach.

Flitner fasst die „Römischen Resultate" der Reise in übergreifender Perspektive zusammen, in der die Metaphysik des goethischen Denkens noch einmal zur Sprache kommt:

*„Nach Rom wird die geklärte metaphysische Überzeugung datiert, auf welcher die Weisheit des Spätwerks beruht: dass unser Sein in der Zeit Bedeutung hat für die Ewigkeit, dass der flüchtige Augenblick",* wie einleitend bereits mit den Worten Bohnenkamps unter Bezug auf Reichwein gesagt, *„um seines Bedeutsamen willen Dauer erhält; dass wir sterben, um jenseitig zu bestehen und das Leben unter dem Gesetz des Todes gerade das wirkliche Dasein ist."*[120]

In Weiterführung dieses Gedankens heißt es:

*„Die Welt ist aufgebaut durch den Geist nach formschaffenden Gesetzen, sie besteht nicht aus einem Haufen von Materie, sondern aus lauter Gestalten; diese können danach als Abbilder des Geistes gelten, der sie schuf; als Gleichnisse des Ewigen, des Unerkennbaren, Unanschaubaren. Die Natur ist von Gestaltung ganz durchdrungen, und so ist sie überall Gleichnis, ist überall angefüllt von Bedeutung. Der formende Geist in ihr deutet auf ein unvergängliches und überweltliches Leben, das in ihr anschaubar wird. Der Mensch aber kann die schöpferischen Gedanken der bildenden Natur verstehen, weil auch er geistig schafft."*[121]

Sodann wird die in Rom erkannte Natur-Kunst-Analogie in kommentierende Worte gefasst:

*„Über der Natur baut sich das Reich der Kunst auf, alles dessen, was der Mensch macht. Auch diese Region ist zwar Natur, denn der Mensch gehört ihr an. Weil aber der Weltschöpfer ein bildender Geist ist und wir als Bildende auch geistigen Wesens*

---

In der Tat war Goethe niemals weniger bereit, ein politisches Erlebnis, wie die Französische Revolution, wirklich in sich aufzunehmen, als nach der italienischen Reise. Aber auch zuvor wäre seine Haltung sehr ähnlich gewesen, wofür ja auch zeugt, daß Möser eine sehr ähnliche Stellung einnahm" (Die politischen Anschauungen Goethes, S. 115). Zu dieser grundsätzlichen Haltung heißt es an anderer Stelle: „Man kann Goethes Verhältnis zur Französischen Revolution natürlich überhaupt nicht auf eine Formel bringen. Von seinem Wesen her konnte er ihr nicht gerecht werden und sie nicht verstehen. (...) Die wesentlichen Probleme der politischen Vorgänge sind ihm fremd geblieben. Er sah nur Unordnung und Verwirrung und empfand nicht, daß dahinter auch große und neue politische Kräfte standen. Er sah in erster Linie nicht das große politische Ereignis, sondern die gesellschaftlichen Vorgänge, deren Bedeutung er tiefblickend erkannte. Er glaubte, die Massenkräfte dem politischen Leben fernhalten zu können und hielt daran fest, daß das Regieren eben die Sache einer verhältnismäßig kleinen Schicht sei. Er bekämpfte die demokratischen Kräfte in ihrer Geburtsstunde und wurde durch seine Sorge vor der Gefährdung echter Bildung durch unorganisierte und elementare Massenkräfte sogar dazu verführt, auch sozial ungerechter zu sein, als es in seinem Wesen lag, denn er hat unter den revolutionären Vorgängen schwer gelitten" (Ebd., S. 117).

120 Flitner: Goethe im Spätwerk, S. 126.
121 Ebd.

*sind, so stehen wir in Analogie zum Weltbaumeister und vermögen ihn zu ahnen. Höchste Form menschlicher Tätigkeit ist die Künstlerische, welche das Schöne hervorbringt. Vielleicht steht sie der weltschaffenden Tätigkeit am nächsten; Natur und Kunst verschmelzen in ihr am innigsten. Denn im höchsten Kunstwerk erscheint die Kunst wie Natur. Wo die Anstrengung und das Technische in einem Kunstwerk gar nicht mehr bemerkt werden, weil es wie ein Naturgebilde wirkt, da ist die mustergültige Meisterleistung zu sehen. Und umgekehrt: das ‚klassische' Werk hat ein Baugesetz, welches dem der Natur analog ist."*[122]

Alle Aspekte goethischen Denkens und Gestaltens bei Reichwein, die es im Folgenden herauszuarbeiten gilt, scheinen mir Ausdruck dieser methaphysischen Überzeugung und Weltansicht zu sein, die uns sinngemäß bereits in Reichweins „China und Europa" (S. 16 f.) und in dem von Bohnenkamp übermittelten Reichwein-Satz entgegentrat:

„Wir sind erst durch Goethe einer ungeheuren, dem Menschen eingeborenen Kraft voll innegeworden: die göttliche Wirklichkeit in der Erscheinung zu fassen." (S. 18)

Dieser Satz steht zwar nicht in den beiden Schulschriften, er wird aber in vielen Aussagen und Andeutungen manifest: in der geometrischen Signatur des „Jahresplans" (S. 239), in der „Schule des Sehens" bzw. der „Formenkunde" (S. 239 ff.), im Schaffensprinzip der Schule des werktätigen Lernens (S. 268), in den Formen des leibhaftsinnlichen Umgangs mit den Dingen nicht weniger als in dem sparsam-behutsamen Gebrauch der „Stoffe" (S. 260) sowie in den auf „Polarität und Steigerung" angelegten Lehr- Lernsituationen (S. 274). Überdies kann eine Schulpädagogik, die auch bei Reichwein im Zusammenhang mit der „Wiederentdeckung der Grenze" im reformpädagogischen Diskurs der 30er Jahre nach neuen Vermittlungsformen von „Freiheit" und „Bindung" sucht (S. 331 f.), mit der von Goethes Denken abgezogenen Formel „Freiheit und Form" (Cassirer) begrifflich stilisiert werden.

## 2.3 Ausblick in der Goethe- und Reichweinperspektive

Hinsichtlich der Naturstudien nach der Italienischen Reise ist festzustellen, dass Goethe in die zweite Phase seiner morphologischen Forschungen eintrat.[123] Diese beginnt

---

[122] Ebd., S. 126 f.
[123] Wyder unterscheidet folgende Phasen in Goethes Naturforschung und -verständnis: 1. Die Zeit der engen Kooperation mit Herder vor der Italienischen Reise, die u. a. von dem Bemühen bestimmt ist, die Kontinuitätslinien Herderscher Naturphilosophie durch Versuche zu bestätigen: „In Weimar befaßte sich Goethe nochmals intensiv mit dem Geheimnis des Lebens. Anstoß dazu bot vermutlich die enge Zusammenarbeit mit Johann Gottfried Herder, dessen Hauptwerk Ideen zur Philosophie der Geschichte der Menschheit (1784) eine ganze Entwicklungsgeschichte der Erde enthält. So begann Goethe im Frühling 1785 mit der Züchtung von Infusionstierchen. Die sich in Heuaufgüssen und anderen Flüssigkeiten entwickelnden Mikroorganis-

mit den Recherchen und Versuchen zur Farbenlehre (1790) sowie mit den Arbeiten zum „Versuch, die Metamorphose der Pflanzen zu erklären" (1790). Es ist die Zeit, in denen Goethe die Gedanken Herderscher Naturphilosophie aus den Weimarer Jahren der engen Zusammenarbeit mit dem Verfasser der „Ideen" endgültig zugunsten des auf anschaubare Phänomene konzentrierten „gegenständlichen Denkens" verließ. Im Zusammenhang mit diesen bedeutsamsten Projekten des Naturforschers Goethe und im Kontext der Naturphilosophie Schellings erfolgte sodann die Deutung der Phänomene mit jenen Prinzipien, die Goethe als die „zwei großen Triebräder aller Natur" bezeichnete: Polarität und Steigerung.

Das der Naturphilosophie entstammende Konzept der „Polarität" („Polarität und Steigerung") hat in der Folgezeit Eingang gefunden in die didaktische Metaphorik. So ist zum Beispiel für Hausmann der von Nohl kommende Begriff „Polarität in der Didaktik" die zentrale Kategorie zur Verortung und Kennzeichnung eines Unterrichts, in dem nach der Wende von der katechetischen Lehrweise zur „Didaktik der ‚pädagogischen Bewegung'" an die Stelle einseitiger Belehrung eine Lehr- Lernsituation trat, die in ihrer dialogischen Struktur durch den Wechselbezug zwischen Lehrer und Schüler bestimmt ist. Der Lehrkünstler Reichwein markiert diese Wende in unverkennbar goethischer Diktion mit dem morphologischen Begriff des „Gestaltwandels" (S. 254). Er repräsentiert dieselbe als Designer des didaktischen Parallelogramms der Kräfte, in dem die dialogische Grundstruktur des Unterrichts ihre geometrische Symbolisierung findet (S. 253) sowie als Gestalter eines Unterrichts, dessen didaktische Morphologie uns wieder auf die Spuren Goethes führen wird.

Im Bereich der poetischen Produktion führte der in Italien aufbrechende Schaffensimpuls dazu, dass sich Goethe den in Weimar begonnenen literarischen Entwür-

---

men schienen nach einer weit verbreiteten Ansicht jedesmal unmittelbar aus dem Wasser oder aus zersetzten Pflanzenteilen neu zu entstehen. Mit dem fluchtartigen Aufbruch nach Italien im September 1786 ließ Goethe diese Studien hinter sich, um sie nach der Rückkehr auch nicht wieder aufzunehmen" (Bis an die Sterne weit, S. 22). 2. Die Jahre nach der Italienischen Reise, in denen Goethe mit den Studien und Versuchen zur Farbenlehre (1790) beginnt und seinen „Versuch, die Metamorphose der Pflanzen zu erklären"(1790) abfasst. Es ist die Zeit, in der die Kontinuitätshypothese auf die drei Reiche der Natur zurückgenommen und der Forschungsansatz – dem in Italien kultivierten ‚gegenständlichen Denken' gemäß – auf das Studium der sichtbaren Phänomene begrenzt wird. (Vgl. dazu auch das Kapitel: Ein Salz ist kein Baum, ein Baum kein Tier. Goethes Auseinandersetzung mit dem Stufenleitermodell (Ebd., S. 189–226). 3. Die Zeit der Annäherung an das Weltmodell der deutschen Romantischen Naturphilosophie in der Begegnung mit Kielmeyer und Schelling: „Es kamen beim Gespräch mit Kielmeyer also, direkt oder indirekt, jene beiden Prinzipien zur Sprache, die Goethe selbst später einmal als die ‚zwei großen Triebräder aller Natur' bezeichnet hat: Polarität und Steigerung. Erkannt, aber noch nicht begrifflich gefaßt waren sie bereits in der Metamorphose der Pflanzen, wo Goethe die stufenweise Entwicklung der Blattorgane als ‚abwechselnde Wirkung der Zusammenziehung und Ausdehnung' beschrieben hatte. Paradigmatisch verbinden sie sich sodann im Goethischen Farbenkreis: Polarität zeigte sich ihm im ursprünglichen Gegensatz von Licht und Finsternis, Steigerung in der parallelen Intensivierung der dieser Urpolarität entspringenden Grundfarben Gelb und Blau, die über Orange bzw. Violett zum Purpurrot führt" (Goethes Naturmodell, S. 214 f.).

fen und Fragmenten während der Reise erneut zuwandte: Die Iphigenie und der Egmont wurden weitergeführt und abgeschlossen. Die anderen bis dahin unvollendeten Werke – der Tasso, der Faust und der „Wilhelm Meister" („Wilhelm Meisters Lehrjahre" und „Wilhelm Meisters Wanderjahre") waren wiederkehrend Gegenstand gedanklicher Zuwendung und der fortsetzenden Ausarbeitung.

Dem Lebens- und Bildungsgang des Wilhelm Meister liegt – das ist im vorliegenden Zusammenhang von besonderem Interesse – eine Deutung von „Leben" und „Bildung" nach dem universalen Konzept der Metamorphose zugrunde gemäß der „Urworte"- Sinnformel: „Geprägte Form, die lebend sich entwickelt". Klaudia Hilgers fasst diesen bedeutsamen Befund ihrer Abhandlung „Entelechie, Monade und Metamorphose. Formen der Vervollkommnung im Werk Goethes" (2002) in die Worte:

*„Das Strukturprinzip der Wanderjahre ist ebenso wie das Bildungsprinzip des Protagonisten Wilhelm von der Gesetzmäßigkeit von Polarität und Steigerung getragen. Mehr noch: der Roman reflektiert sowohl auf formaler als auch auf inhaltlicher Ebene die unterschiedlichen Stadien entelechisch-metamorphotischer Entwicklung. (…) Die These, dem Roman liege eine entelechische Konzeption zugrunde, mag zunächst verwundern. Goethe hat jedoch bereits im Zusammenhang mit der Farbenlehre und Dichtung und Wahrheit auf die Verwendung naturwissenschaftlicher bzw. naturphilosophischer Konzepte in seinen poetischen Werken hingewiesen. Der Gedanke der Metamorphose spielt hier eine entscheidende Rolle. Die endgültige Ausformung des Kunstwerks bzw. des Individuums liegt als Anlage zur Verwirklichung bereits dem Anfangsstadium seiner Entwicklung zugrunde. Von dieser Grundlage ausgehend, schreitet die metamorphotische Entwicklung dann von ‚Knoten' zu ‚Knoten' fort, um in der ‚Blüte' die höchste Entwicklungsstufe zu erreichen."* [124] [125]

Die hier ausformulierte Erkenntnis gilt für beide Teile des Romans, für die Lehrjahre wie für die Wanderjahre – allerdings mit jener Zäsur setzenden Differenz, die in der einschlägigen Literatur wiederkehrend herausgestellt wird:[126] Der Wilhelm der Lehr-

---

124 S. 219 f.
125 Vgl. Schädel: Metamorphose und Erscheinungsformen des Menschseins in ‚Wilhelm Meisters Wanderjahren'.
126 Die Entwicklung des goethischen Bildungsdenkens bzw. die Differenz zwischen den beiden bildungstheoretischen Positionen ist Gegenstand u.a. folgender Publikationen: M. Wundt: Goethes Wilhelm Meister und die Entwicklung des modernen Lebensideals (1913); Muthesius: Goethe und das Handwerk (1927); Kiehn: Goethes Begriff der Bildung (1932); Nitschke: Goethes Pädagogische Provinz (1937); Spranger: Goethe – seine geistige Welt (1941); Borchmeyer: Höfische Gesellschaft und französische Revolution bei Goethe (1977); Gamm: Das Pädagogische Erbe Goethes (1980); Günzler: Bildung und Erziehung im Denken Goethes (1981); Flitner: Goethe im Spätwerk (1983); Böhme: Naturwissenschaft, Humanismus und Bildung (1991). Vgl. zu den pädagogischen Konsequenzen und Grenzen goethischer Bildungstheorie Litt: Das Bildungsideal der Deutschen Klassik und die moderne Arbeitswelt. Kapitel: Das Verhältnis von Mensch und Welt bei Goethe (S. 45–56) mit den Abschnitten: Goethe und die moderne Arbeitswelt, Sinnesorgan und Apparat, Goethe als Anwalt der sinnlich erfaßbaren Natur, Goethe als Anwalt des Umgangs, Die pädagogische Provinz, Grenzen der Weltoffenheit.

jahre strebt nach ganzheitlich-harmonischer Entfaltung seiner Anlagen und Talente gemäß dem aristokratischen Ideal des uomo universale, der Wilhelm der Wanderjahre hingegen sucht diese Verwirklichung seiner Selbst in der Entsagung auf universale Bildung durch Begrenzung auf eine Tätigkeit, die ihm in der bürgerlichen Gesellschaft Könnerschaft, soziale Identität und Welterfahrung zu vermitteln vermag:

*„Ja, es ist jetzt die Zeit der Einseitigkeiten; wohl dem, der es begreift, für sich und andere in diesem Sinne wirkt. Bei gewissen Dingen versteht sich's durchaus und sogleich (...) Sich auf ein Handwerk zu beschränken, ist das Beste. Für den geringsten Kopf wird es immer ein Handwerk, für den besseren eine Kunst, und der Beste, wenn er e i n s tut, tut er alles, oder, um weniger paradox zu sein, in dem e i n e n, was er recht tut, sieht er das Gleichnis von allem, was recht getan wird."*[127]

Ein Verständnis des Bildungsbegriffs nach dem Konzept der Metamorphose liegt bei Reichwein in seinem Artikel „Volksbildung als Wirklichkeit" (1923) vor (S. 311). Dort fundiert er sein Plädoyer für die „Lebensgemeinde, die das ganze Dasein ihrer Glieder in sich faßt: Arbeit (möglichst Arbeit- und Wohnstätte in unmittelbarer Nähe) Fest, Kunst, Wissenschaft – Volksbildung" im Zusammenhang mit dem goethischen Gedanken, dass Bildung „immer die organische Entwicklung einer Form nach dem ihr innewohnenden, eigenen Gesetze bedeutet". In „China und Europa" argumentiert er ebenfalls vom Standpunkt Goethes aus, wenn er den esoterischen Tendenzen seiner Zeit die Bildungsformel der „Wanderjahre" entgegenhält: „Nur durch tätiges Schaffen an ganz bestimmten, wohl begrenzten Aufgaben kann höhere Bildung erworben werden."[128] Desgleichen in seinem „Grundtvig"-Aufsatz, in dem er 1933 unter dem Pseudonym Peter Roßbach schreibt: „Grundtvig meinte mit dieser gemeinsamen volkstümlichen Bildung nicht eine ‚egalisierende' Bildung; er wußte, wie wir es aus Goethes ‚Wilhelm Meister' kennen, um die ‚Tüchtigkeit' des wackeren Mannes, der an seinem Orte das ihm besonders Aufgetragene recht tut ..."[129]

Goethes Bildungsbegriff steht vor allem auch im Mittelpunkt der Auseinandersetzung mit dem Thema „Gewalt oder Gewaltlosigkeit" (1924). Der zentrale Satz, der das zugrundeliegende Verständnis von „Bildung" umschreibt und das pädagogische Problem exponiert, lautet:

*„Jeder Mensch enthält sein eigenes Bildungsgesetz (das Gesetz, ‚nach dem er angetreten'). Bildung ist Entwicklung nach diesem Gesetz, Entwicklung oder Entfaltung zum durchgeformten Gebilde, zur reifen Form. Hier wird nacheinander deutlich: daß Gewalt jeder Art nicht nur Feind der Form ist, sondern Feind der Bildung überhaupt. Diese Feindschaft liegt im Wesen der beiden Tatsachen ‚Bildung' und ‚Gewalt' begründet. Wenn wir trotzdem in unserem Handeln gegen das Gesetz der Bildung ver-*

---

127 Werke, Band 8, S. 37.
128 S. 11.
129 Adolf Reichwein. Ausgewählte Pädagogische Schriften, S. 30.

*stoßen müssen, indem wir die uns gegebene persönliche Macht gegenüber anderen gewalttätig brauchen, so sollten wir uns doch der Tragik, die dahinter steckt, bewußt sein (und denken: auch hier der unlösbare bittere Rest, solange wir Kinder dieser Welt sind)."*[130]

Die diese Tragik vermeidende Problemlösung kennzeichnet der Verfasser unter Bezug auf die Lebensforschung seiner Zeit wieder in der spezifischen Terminologie und ontologisch-parallelisierenden Denkweise Goethes:

*„Die biologische Erforschung der ‚metamorphosierenden Entwicklung', d.h. die Verwandlung einer Form in eine andere Form mit ganz neuartigem Aufbau, führt uns in der Frage weiter, ob und wie die Bildungsmöglichkeit des einzelnen bewußt (man könnte auch sagen ‚planmäßig') erweitert werden kann. (…) Die metamorphosierende Entwicklung (uns am bekanntesten aus der Formenfolge Raupe – Puppe – Schmetterling) ist eine Tatsache, die zunächst durch die Physiologie bis in die komplizierteste organische Substanz nachgewiesen ist; als wichtigstes Beispiel sei hier die Wandlung der weißen Blutzelle zur Schilddrüsenzelle und dieser zur Gehirnzelle erwähnt. Die Tatsache der metamorphosierenden Entwicklung schafft zunächst im Bereich der Physis (der – äußeren – Erscheinung) die Möglichkeit, den Bildungsspielraum des einzelnen durch Förderung metamorphosierender Entwicklungen zu erweitern. Damit ist bewusster Einfluß auf die Bildung anderer als möglich, ja unter Umständen sogar als förderlich, festgestellt, und zwar auf Grund des Wesens, daß jeder ‚geprägten Form, die lebend sich entwickelt', innerwohnt. Auf zwei Weisen kann dieser Einfluß zur Geltung kommen: durch Beispiel oder durch Lenkung …"*[131]

Dass in diesen Belegstellen nicht nur der Volksbildner Reichwein der 20er Jahre zu Worte kommt, sondern – dem Sinngehalt nach – auch der Schulpädagoge der 30er Jahre, wird offenkundig, wenn man die gedankliche Verbindungslinie zieht zum einen von der sozialistischen Utopie einer „Arbeit, Fest, Kunst, Wissenschaft" umfassenden „Lebensgemeinde" zu deren schulpädagogischen Parallele, der in Tiefensee realisierten Arbeits-, Lern- und Lebensgemeinschaft der Landschule, zum andern vom „tätigen Schaffen an ganz bestimmten, wohl begrenzten Aufgaben" zum Vorhabenunterricht der Schule des Schaffenden Lernens (S. 260) und überdies vom Antagonismus zwischen „Gewalt" und „Form" („Bildung") zur „Formenkunde" und ihrem zentralen Satz,

*„ … daß keine Form gleichgültig ist, sondern jede auf eine bestimmte Weise vorbestimmt und vorentschieden, und jede einen einmaligen Wert verkörpert."* (S. 240)

---

130 Ebd., S. 70.
131 Ebd., S. 72 f.

Dem Gedanken aber, das Schaffende Schulvolk Reichweins zur Pädagogischen Provinz Goethes ins Verhältnis zu setzen, der mit Blick auf deren und des „Wilhelm Meisters" sozialistische Interpretationen[132] zunächst nicht ganz abwegig zu sein schien, habe ich im Einverständnis mit Jochen Gamms Diktum „Die Pädagogische Provinz ist unvergleichlich, sie läßt sich nur als pädagogische Poesie annehmen oder verwerfen"[133] widerstanden.

*Bild 1: Adolf Reichwein als Student und Doktorand in Marburg*

Wenn ich abschließend die Kontinuitätslinien bedenke, die das Werk des Mannes der Volksbildung, der Volkshochschularbeit, der Lehrerbildung, der schulischen Reformarbeit, der Museumspädagogik und des Widerstandes durchzieht, dann drängt sich mir für dieses folgerichtig-wechselhafte Anpacken und Bewältigen immer neuer Herausforderungen und Aufgaben die Metapher des Fortschreitens von „Knoten" zu „Knoten" nach dem Metamorphose-Prinzip der „Wandlung und Umwandlung" auf. – Jedoch, wir wissen: das Leben dieses im goethischen Geist denkenden und handelnden Mannes hat im Konflikt zwischen Geist und Macht ein jähes gewaltsames Ende gefunden.

---

132 Vgl. Mandelkow: Goethe im Urteil seiner Kritiker. Teil II. Abschnitt: Die „sozialistische" Goethe-Interpretation, S. XLII-XLVII. Hier werden als einschlägige Veröffentlichungen u.a. genannt und (kritisch) kommentiert: Grün: Ueber Goethe vom menschlichen Standpunkte (1846); Rosenkranz: Göthe und seine Werke (1856); Gregorovius: Göthe,s Wilhelm Meister in seinen sozialistischen Elementen (1849) sowie Teil IV. Abschnitt: Die neue Republik und der „Geist von Weimar", S. XXII-XXXIII, speziell S. XXXIIf. Hier erfolgen Ausführungen zu Radbruch: Wilhelm Meisters sozial-politische Sendung (1919/20) und Landauer: (Teil 4, Text 71).
133 Gamm: Das Pädagogische Erbe Goethes, S. 93.

## 3. Das „Weltbild" im Werk Alexander von Humboldts

Während des Zeitraums, in dem Herder sein universalhistorisches Werk in Weimar niederschrieb, in dem sich Goethe nach der Italienreise mit der systematischen Ausarbeitung der Metamorphosenlehre und der Farbenlehre befasste, durchlief Humboldt die Jahre seines Studiums, erster wissenschaftlicher Reisen und Veröffentlichungen. Diese Zeit war überwiegend schon auf die Verwirklichung seines Lebensplans gerichtet: auf die Durchführung der großen amerikanischen Reise. Dieses von Abenteuerlust und Entdeckerdrang geleitete Projekt führte Humboldt nach Venezuela (Orinokoreise); Kuba; Kolumbien, Äquador, Peru (Andenreise) und Mexiko. Es hat danach in jahrzehntelanger Arbeit in dem ebenso voluminösen wie universalen Reisewerk seinen Niederschlag gefunden, welches überwiegend in Paris unter Mitwirkung eines Stabes von Fachwissenschaftlern erarbeitet wurde. Von den 30 Bänden des Reisewerks sind 16 botanischen Inhalts, zwei behandeln anatomische und zoologische Gegenstände, sechs gehören in den Bereich der Geographie, davon zwei als länderkundliche Beschreibungen über Kuba und Mexiko (denen Reichwein in seiner Mexiko-Studie hinsichtlich ihres strukturellen Aufbaus folgte), drei beinhalten die geographischen, anatomischen und geophysikalischen Messungen, drei weitere den auf Tagebucheintragungen gestützten Bericht über die Reise vom Orinoko zum Amazonas.[134] 29 der 30 Bände sind also fachwissenschaftlichen Inhalts.

Es war jedoch die erklärte Absicht des von Goethe inspirierten Erdwissenschaftlers, das Ergebnis seiner Forschungsreise letztlich nicht in der Art einer Enzyklopädie darzustellen – wie dies der Epoche *vor* dem Paradigmawechsel entsprochen hätte – sondern als einen Zusammenhang kosmologisch-systemischer Struktur:[135]

*„Wenn durch äußere Lebensverhältnisse und durch einen unwiderstehlichen Drang nach verschiedenartigem Wissen ich veranlaßt worden bin, mich mehrere Jahre und scheinbar ausschließlich mit einzelnen Disciplinen: mit beschreibender Botanik, mit Geognosie, Chemie, astronomischen Ortsbestimmungen und Erdmagnetismus als Vorbereitung zu einer großen Reise-Expedition zu beschäftigen; so war doch immer*

---

134 Wir folgen hier den Angaben über den Inhalt und die Einteilung des Reisewerkes aus Meyer-Abich: Nachwort, S. 154 f. (Aus der Kommentierung des Reisewerkes von Hanno Beck: Alexander von Humboldt. Band 2, S. 267, Anmerkung 391 geht hervor, auf welche Werkausgabe sich diese Angaben beziehen.) Vgl. überdies Zaunick: Alexander von Humboldt: Kosmische Naturbetrachtung, S. XXII.

135 Für Capra gilt auch Humboldt neben Herder und Goethe als ein Vordenker der namentlich von ihm und Bateson vertretenen ökologischen Systemtheorie. Vgl. Lebensnetz, S. 34 f. u. 47. Ette formuliert in seinem Aufsatz: Alexander von Humboldt, die Humboldtsche Wissenschaft und ihre Relevanz im Netzzeitalter (2006): „Anders als bei dem im Bereich der Philosophie so erfolgreichen Begriff der ‚Weltanschauung' ging es Humboldt um eine – empirisch stets fundierte – komplexe Kombinatorik und Relationalität von Wissensbeständen, welche die Entfaltung integrativer Konzeptionen und Perspektivierungen von Welt ebenso in einem globalen wie auch in einem kosmischen Maßstab im Kontext der sich vernetzenden Wissensgesellschaft seiner Zeit erlauben sollten" (S. 2).

*der eigentliche Zweck des Erlernens ein höherer. Was mir den Hauptantrieb gewährte, war das Bestreben die Erscheinungen der körperlichen Dinge in ihrem allgemeinen Zusammenhange, die Natur als ein durch innere Kräfte bewegtes und belebtes Ganze aufzufassen."*[136]

Mit dieser Formulierung ist nicht die Ableitung des kosmologischen Zusammenhangs aus den Prämissen naturphilosophischer Spekulation gemeint, sondern dessen induktive Erarbeitung in der Spur sich wechselseitig bedingender und vernetzender Fragestellungen:

*„Ich war durch den Umgang mit hochbegabten Männern früh zu der Einsicht gelangt, daß ohne den ernsten Hang nach der Kenntniß des Einzelnen alle große und allgemeine Weltanschauung nur ein Luftgebilde sein könne. Es sind aber die Einzelheiten im Naturwissen ihrem inneren Wesen nach fähig wie durch eine aneignende Kraft sich gegenseitig zu befruchten. Die beschreibende Botanik, nicht mehr in den engen Kreis der Bestimmung von Geschlechtern und Arten festgebannt, führt den Beobachter, welcher ferne Länder und hohe Gebirge durchwandert, zu der Lehre von der geographischen Vertheilung der Pflanzen über den Erdboden nach Maaßgabe der Entfernung vom Aequator und der senkrechten Erhöhung des Standortes. Um nun wiederum die verwickelten Ursachen dieser Vertheilung aufzuklären, müssen die Gesetze der Temperatur-Verschiedenheit der Klimate wie der meteorologischen Processe im Luftkreise erspäht werden. So führt den wißbegierigen Beobachter jede Classe von Erscheinungen zu einer anderen, durch welche sie begründet wird oder die von ihr abhängt."*[137]

Auf der Grundlage eines wissenschaftstheoretischen Ansatzes, den Humboldt mit dem Morphologen Goethe teilte[138], und unter gleichzeitiger Anwendung messender

---

136 Werke. Band 7/1, S. 7.
137 Ebd., S. 7 f.
138 Dies wird dargestellt in seiner Goethe gewidmeten Abhandlung „Ideen zu einer Geographie der Pflanzen nebst einem Naturgemälde der Tropen" (1807): „Humboldt hatte die deutsche Bearbeitung (1807) seiner französischen Pflanzengeographie (1805) Goethe in besonderer Weise zugeeignet. Links neben dem Titel erschien auf der Widmungsseite ‚An Goethe' ein allegorischer Kupferstich, nach einer Vorlage Thorwaldsens, die dieser auf Humboldts Wunsch geschaffen hatte. Dieses Widmungsblatt zeigt Apollo und die Diana von Ephesus. Zwischen den beiden Figuren liegt brückenartig eine Tafel mit der Aufschrift ‚Metamorphose der Pflanzen'" (Beck: Alexander von Humboldt. Band 2, S. 66 f.). Eine aufschlußreiche Kommentierung dieser Widmung bietet Muthmann: „Wie verhielt sich nun Humboldt selbst zu Goethes morphologischen Ideen, insbesondere zum Problem der Metamorphose? Daß das Widmungsblatt Thorwaldsens in der Pflanzengeographie nicht ausschließlich eine Huldigung an die dichterische Naturerkenntnis bedeuten, sondern eine Übereinstimmung der beiderseitigen Grundansschauung ausdrücken sollte, das zeigt folgender Satz im ‚Kosmos': ‚In der Mannigfaltigkeit und im periodischen Wechsel der Lebensgebilde erneuert sich unablässig das Urgeheimnis aller Gestaltung, ich sollte sagen: das von Goethe so glücklich behandelte Problem der Metamorpose, eine Lösung, die dem Bedürfnis nach einem idealen Zurückführen der Formen auf gewisse Grundtypen ent-

Verfahren sollte die amerikanische Reise dazu dienen, auf dem Wege vom Besonderen zum vergleichsweise Allgemeinen „kosmische Naturgemälde" im Sinne einer „physiognomischen Naturwissenschaft" zu erarbeiten und ins anschaubare geistige Bild zu fassen.[139]

## 3.1 Das „Naturgemälde der Tropen"

Mit der Abfassung des tropischen „Naturgemäldes" begann Humboldt noch während seiner Andenreise – „angesichts der Objekte, die ich schildern sollte," wie er schrieb, „am Fuße des Chimborazo". Der Ort seines Schreibens bezeichnet zugleich jenen besonderen topographischen Punkt auf der Erdoberfläche, den Humboldt in seinen Schriften mehrfach hervorhebt:

*„Die dem Aequator nahe Gebirgsgegend hat einen anderen nicht genugsam beachteten Vorzug: es ist der Theil der Oberfläche unsres Planeten, wo im engsten Raume die Mannigfaltigkeit der Natureindrücke ihr Maximum erreicht. In der tiefgefurchten Andeskette von Neu-Granada und Quito ist es dem Menschen gegeben, alle Gestalten der Pflanzen und alle Gestirne des Himmels gleichzeitig zu schauen. Ein Blick umfaßt Heliconien, hochgefiederte Palmen, Bambusen, und über diesen Formen der Tropen-*

---

spricht., Humboldt selbst befolgt den gleichen Grundsatz, allerdings unter einem anderen Gesichtspunkt, in seinen ‚Ideen zu einer Physiognomik der Gewächse'; denn die Herausbildung der sechszehn physiognomischen Grundformen, die zum erstenmal am Schluß der ‚Ideen zu einer Geographie der Pflanzen' erschien und in den ‚Ansichten der Natur' ausführlicher behandelt wurde, ist ja nichts anderes als eine Bestätigung dessen, was Goethe angebahnt und dichterisch gestaltet hatte. So ließ es sich denn auch Goethe angelegen sein, Humboldts Schrift, die dieser zuerst 1806 in der Berliner Akademie vorgelesen hatte, in anerkennenden Ausdrücken zu besprechen" (Alexander von Humboldt, S. 37 f.).

[139] Böhme interpretiert diese „kosmischen Naturgemälde" als eine dem goethischen Urphänomen entsprechende „anschaubare Totalitätsstruktur": „Man kann sagen, daß die Kosmos-Idee, insofern sie als Naturgemälde, d.h. sinnlich-generisches Schema einer komplexen Mannigfaltigkeit von Natur, verstanden wird, bei Humboldt denselben Status hat, wie das Urphänomen bei Goethe" (Ästhetische Wissenschaft, S. 17.) Vornehmlich aber ist es das Anliegen des Autors, im Rahmen der aktuellen Humboldt-Diskussion in ihren unterschiedlichen Akzentuierungen und Standpunkten den „Riß im Werk Humboldts" herauszuarbeiten: „Auf der einen Seite finden wir den Wissenschaftler, der mit einem strikten Empirismus die Emanzipation der Naturwissenschaft von der Philosophie befördert; der die Reduktion der Naturwissenschaft auf die methodische Erzeugung von überprüfbaren Daten radikal vorantreibt; der die disziplinäre Spezialisierung für unausweichlich hält; der die technische und industrielle Verwertung der Naturwissenschaft dringend anrät. Auf der anderen Seite finden wir einen Mann, der mit den um 1800 literatursprachlich und philosophisch entwickelten Formeln des Schönen und Erhabenen unverdrossen an der Idee einer Mensch und Natur homogenisierenden Totalität festhält, die längst – politisch, gesellschaftlich, philosophisch, literarisch, künstlerisch – zu den Akten der Geschichte gelegt ist. Fragmentarität und Totalität stehen quer und unversöhnlich zueinander im Werk Humboldts: doch macht dies nicht sein Scheitern aus, sondern gerade den Grund des Interesses an ihm" (S. 22).

*welt: Eichenwälder, Nespilus-Arten und Dolden-Gewächse, wie in unsrer deutschen Heimath; ein Blick umfaßt das südliche Kreuz, die Magelhanischen Wolken und die leitenden Sterne des Bären, die um den Nordpol kreisen. Dort öffnen der Erde Schooß und beide Hemisphären des Himmels den ganzen Reichthum ihrer Erscheinungen und verschiedenartigen Gebilde; dort sind die Klimate, wie die durch sie bestimmten Pflanzen-Zonen schichtenweise über einander gelagert; dort die Gesetze abnehmender Wärme, dem aufmerksamen Beobachter verständlich, mit ewigen Zügen in die Felsenwände der Andeskette, am Abhange des Gebirges, eingegraben.*[140]

Und ergänzend heißt es:

*„Sind die tropischen Länder eindrucksreicher für das Gemüth durch Fülle und Ueppigkeit der Natur, so sind sie zugleich auch (…) vorzugsweise dazu geeignet, durch einförmige Regelmäßigkeit in den meteorologischen Processen des Luftkreises und in der periodischen Entwicklung des Organismus, durch scharfe Scheidung der Gestalten bei senkrechter Erhebung des Bodens, dem Geiste die gesetzmäßige Ordnung der Himmelsräume, wie abgespiegelt in dem Erdeleben, zu zeigen."*[141]

Der wissenschaftlichen Beschreibung und modellhaften Visualisierung dieses gleichsam mikrokosmischen Phänomenzusammenhanges dient das von Humboldt entwickelte Schema der ebenso wissenschaftlich-akribischen wie künstlerisch-ästhetischen Profilzeichnung der Anden.[142] Es ist das Ergebnis der Anwendung einer „umfassenden Methode" – die der „universellen Vergleiche".[143]

---

140 Werke. Band 7/1, 21 ff.
141 Ebd., S. 24.
142 „Humboldts Profil (…) zeigte nicht etwa einen Querschnitt durch den Chimborazo, dessen Gipfel alles überragt, sondern war symbolisch gemeint; er stellte nicht die Höhenabstufungen eines bestimmten Geländeausschnittes dar, (…) sondern vermittelte in einer Ideallandschaft das Gesamtergebnis seiner vielfältigen Beobachtungen von 10 Grad nördlicher bis 10 Grad südlicher Breite. Er bemühte sich, die barometrisch vermessenen Standorte der Pflanzen einzutragen, die durch ihre Masse den ‚Totaleindruck' der Landschaft bestimmten. Der schräge Druck bezeichnete dabei die stärkere Verbreitung. Auf der Abszisse trug er in Rubriken ein: Höhe in Metern, horizontale Strahlenbrechung, Entfernung, in welcher Berge vom Meere sichtbar sind, Höhenmessungen in verschiedenen Weltteilen, elektrische Erscheinungen, Bodenkultur, Abnahme der Schwere, Luftbläue, Abnahme der Feuchtigkeit, Luftdruck, Höhe in Toisen, Luftwärme, chemische Natur des Luftkreises, Höhe der unteren Grenze des ewigen Schnees nach der Verschiedenheit der geographischen Breite, Tiere, Siedehitze des Wassers, geognostische Ansicht, Schwächung der Lichtstrahlen. Weil Humboldt glaubte, es sei fehlerhaft, Erscheinungen vereinzelt zu betrachten und versuchte, sie in ihrem Zusammenhange darzustellen, wurden seine Profile Höhepunkte der physikalischen und der Pflanzengeographie. In seinen Profilen vereinigte Humboldt morphographische und pflanzengeographische Ziele. Er erweiterte die Kenntnis der dritten Dimension über den physikalischen Zustand hinaus, und von nun an konnte die Frage nach der Abhängigkeit der Pflanzen von Lage, Klima und Boden neu gestellt werden" (Beck: Alexander von Humboldt. Band 2, S. 67).
143 Vgl. Ochoa: Ein Arbeitstag Alexander von Humboldts …, S. 164.

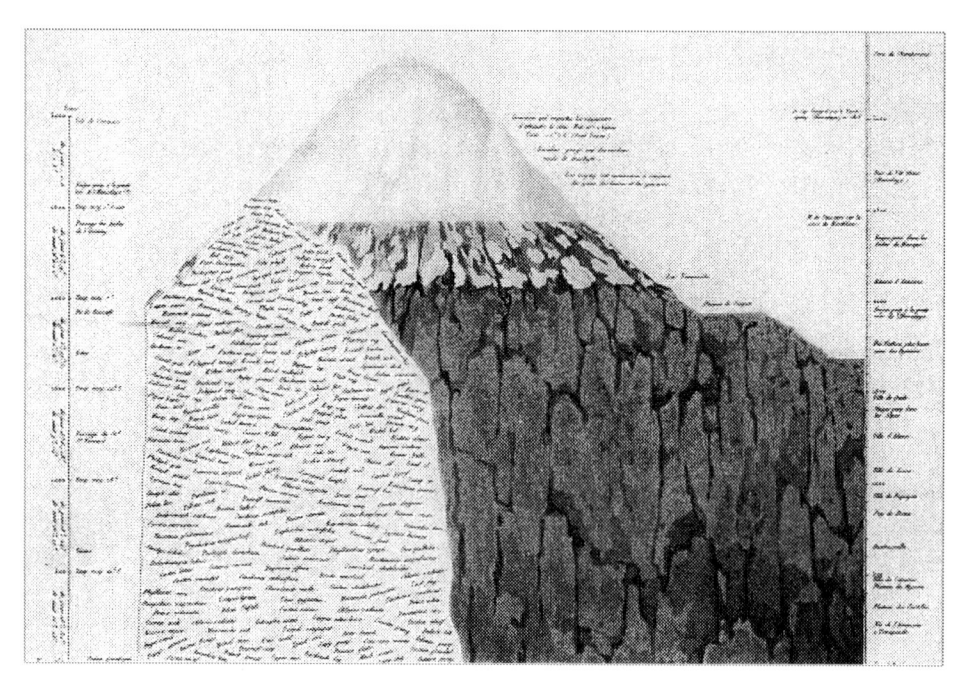

*Bild 2: Vegetationsprofil des Chimborazo, von Alexander von Humboldt*

Bemerkenswert in der Perspektive der vorliegenden Untersuchung ist, dass zum Resümee der amerikanischen Reise nicht nur die Vergegenwärtigung ihrer wissenschaftlichen „Hauptresultate" gehörten, sondern stets zugleich auch die Beachtung ihres auf Popularisierung und Bildung gerichteten Ertrages:

*„Wenn ich einer Seits hoffte, daß mein Naturgemälde neue und unerwartete Ideen in denen erzeugen könnte, welche die Mühe nicht scheuen eine Zusammenstellung zahlreicher Thatsachen zu studieren: so glaubte ich andrer Seits auch, daß mein Entwurf fähig wäre die Einbildungskraft zu beschäftigen, und derselben einen Theil des Genusses zu verschaffen, welcher aus der Beschauung einer so wundervollen, großen, oft furchtbaren und doch wohlthätigen Natur entspringt. Diese Fülle organischer Gestalten, auf dem schroffen Abhange des Gebirges familienweise vertheilt; dieser Übergang vom üppigen Wuchs der Palmenwälder und der von Saft strotzenden Heliconien zur dürftigen Vegetation der ewig beschneiten Grasflur; diese Pflanzen und Thiergestalten durch das Klima jeder Berghöhe und den Luftdruck bestimmt; diese glänzende Schneedecke, welche dem Organismus unübersteigbare Grenzen setzt (…) ‚diese Meeresmuscheln, welche der Bergbewohner auf isolierten Klippen viele tausend Meter über der Meeresfläche anstaunt, und welche ihn an die frühesten Katastrophen der Vorwelt erinnern; diese einsamen Luftregionen endlich, zu welchen kühner Muth und edle Wißbegierde den Aeronauten leitet: alle diese Gegenstände, in ein Naturgemälde vereinigt, sind gewiß fähig die Phantasie auf das vielfachste zu beschäftigen, und in ihr neue und lebendige Bildungen zu gestalten. Auf diese Weise behandelt, könnte eine*

*Schilderung der Tropen-Natur Wißbegierde und Einbildungskraft zugleich nähren, und zum Studium der Physik selbst diejenigen anreitzen, welchen bisher diese reiche Quelle des intellectuellen Genusses verschlossen geblieben ist."*[144]

Auf die „Verbindung eines literarischen und eines rein szientifischen Zweckes" mit der Absicht, „gleichzeitig die Phantasie zu beschäftigen und durch Vermehrung des Wissens das Leben durch Ideen zu bereichern"[145] war auch Humboldts wohl populärste Schrift, die er als sein „Lieblingswerk" bezeichnete, angelegt: die „Ansichten der Natur" (1808). Am Titel seiner eindrucksvollen monographischen Beiträge ist das Spektrum der Naturschilderungen ablesbar, mit dem Humboldt im Kontext seiner geographischen und historischen Kommentierungen sowie seiner (an Herder und Goethe erinnernden) lebens- und sprachphilosophischen Einlassungen das „Naturgemälde der Tropenländer" zur fassettenreichen Darstellung bringt: „Über die Steppen und Wüsten", „Über die Wasserfälle des Orinoco bei Atures und Maipures", „Das nächtliche Tierleben im Urwalde", „Ideen zu einer Physiognomik der Gewächse", „Über den Bau und die Wirkungsart der Vulkane in den verschiedenen Erdstrichen", „Das Hochland von Cajamarca, der alten Residenzstadt des Inka Atahuallpa".

Das in Deutschland am meisten gelesene Buch Humboldts erschien in der Zeit der Besatzung Preußens durch Napoleon. Es war „bedrängten Gemüthern ... vorzugsweise gewidmet" als ein befreiender „Überblick der Natur im großen, Beweis von dem Zusammenwirken der Kräfte, Erneuerung des Genusses, welchen die unmittelbare Ansicht der Tropenländer dem fühlenden Menschen gewährt ..."[146]

## 3.2 Das „allgemeine Naturgemälde" des „Kosmos" (1845–1858)[147]

Dem „allgemeinen Naturgemälde" des „Kosmos" liegt die klassische Leitformulierung zugrunde:

*„Die Natur ist für die denkende Betrachtung Einheit in der Vielheit, Verbindung des Mannigfaltigen in Form und Mischung, Inbegriff der Naturdinge und Naturkräfte, als ein lebendiges Ganze. Das wichtigste Resultat des sinnigen physischen Forschens ist daher dieses: in der Mannigfaltigkeit die Einheit zu erkennen, von dem Individuellen alles zu umfassen, was die Entdeckungen der letzteren Zeitalter uns darbieten, die Einzelheiten prüfend zu sondern und doch nicht ihrer Masse zu unterliegen, der erhabenen Bestimmung des Menschen eingedenk, den Geist der Natur zu ergreifen, welcher unter der Decke der Erscheinungen verhüllt liegt."*[148]

---

144 Werke. Band 1, S. 71.
145 Werke. Band 5, S. XI.
146 Ebd., S. IX.
147 Eine aufschlussreiche Einführung in die konzeptionelle Grundlegung, Bearbeitung und inhaltliche Gliederung der vier Kosmosbände vermittelt Beck: Alexander von Humboldt. Band 2, S. 225–232 im Abschnitt: „Kosmos" – Entwurf einer physischen Weltbeschreibung.
148 Werke. Band 7/1, S. 14 f.

In dieser Sinnperspektive richtete der Kosmologe und Erdwissenschaftler seinen Blick auf die sinnlich wahrnehmbaren (messbaren) Erscheinungen des Himmels- und Erdraums. Er beschreibt das universale Erkenntnisobjekt als einen Phänomen- und Wirkungszusammenhang folgender Struktur: 1. Unendlichkeit des Himmelsraumes – Entfernungen, Temperaturen; Zahl, Verteilung, Farbe der Fixsterne, Milchstraße, Nebelflecken, Sonnensystem (Sonne, Planeten, Kometen, Sternschnuppen, Meteore), 2. Größe, Gestalt, Dichte des Erdkörpers; vulkanische Erscheinungen, Geognosie (Klassifikation der Gebirgsarten, geologische Epochen), Lehre „von der geographischen Form und den Umrissen der Erdtheile", „Einfluß der Areal-Verhältnisse von Land und Meer auf Temperatur, Windrichtung, Fülle oder Kargheit organischer Erzeugnisse, auf die Gesamtheit aller meteorologischen Processe" (Lufthülle, Luftdruck, Klima); Geographie der Pflanzen und Tiere; das Menschengeschlecht in seinen „physischen Abstufungen und in der geographischen Verbreitung seiner gleichzeitig vorhandenen Typen, Racen, Abarten".

Am Ende des Ganges vom Himmelsraum zum Erdraum mit seinen drei Reichen der Natur bis hin zur Sphäre des naturbedingten menschlichen Lebens geht die systemische Kosmos-Schau Humboldts über in das humanistisch-kosmopolitische Bekenntnis zur „Einheit des Menschengeschlechts":

*„Indem wir die Einheit des Menschengeschlechtes behaupten, widerstreben wir auch jeder unerfreulichen Annahme von höheren und niederen Menschenracen. Es giebt bildsamere, höher gebildete, durch geistige Cultur veredelte, aber keine edleren Volkstämme. Alle sind gleichmäßig zur Freiheit bestimmt; zur Freiheit, welche in roheren Zuständen dem Einzelnen, in dem Staatenleben bei dem Genuß politischer Institutionen der Gesammtheit als Berechtigung zukommt."*[149]

Und mit den Worten des Bruders fortfahrend – aus dem die grundlegende Parallelität des Denkens über den Bereich der Natur und des historisch-gesellschaftlichen Lebens spricht, heißt es:

*„Wenn wir eine Idee bezeichnen wollen, die durch die ganze Geschichte hindurch in immer mehr erweiterter Geltung sichtbar ist, wenn irgend eine die vielfach bestrittene, aber noch vielfacher mißverstandene Vervollkommnung des ganzen Geschlechtes beweist, so ist es die Idee der Menschlichkeit: das Bestreben, die Grenzen, welche Vorurtheile und einseitige Ansichten aller Art feindselig zwischen die Menschen gestellt, aufzuheben, und die gesammte Menschheit, ohne Rücksicht auf Religion, Nation und Farbe, als Einen großen, nahe verbrüderten Stamm, als ein zur Erreichung Eines Zweckes, der freien Entwicklung innerlicher Kraft, bestehendes Ganzes zu behandeln."*[150]

---

149 Ebd., S. 325 f.
150 Ebd., S. 326.

Diese Stimme des kosmopolitischen Liberalismus aus der Mitte des 19. Jahrhunderts fand jedoch auf dem Wege zum Staatsnationalismus des Kaiserreiches immer weniger Gehör; ihr wurde im Nachruf der völkischen und nationalsozialistischen Agitation nur noch Hohn und Spott entgegengebracht.

### 3.3 Die geisteswissenschaftlichen Komplementärtexte[151]

Für das kosmologisch-systemische Welt- und Selbstverständnis ist die Einheit von Natur und Mensch von fundamentaler Bedeutung: „Die Außenwelt", so formuliert Humboldt, „existiert aber nur für uns, indem wir sie in uns aufnehmen, indem sie sich in uns zu einer N a t u r a n s c h a u u n g gestaltet. So geheimnißvoll unzertrennlich als G e i s t und S p r a c h e , der Gedanke und das befruchtende Wort sind, eben so schmilzt, uns gleichsam unbewußt, die Außenwelt mit dem Innersten des Menschen, mit dem Gedanken und der Empfindung zusammen."[152] Aus dieser Verstehensweise heraus, die sich von der naturwissenschaftlichen Einstellung der Natur gegenüber prinzipiell unterscheidet, entwarf Herder seine „Philosophie der Erde", wurde sich Goethe der Metamorphose als eines allgemeinen Lebensprinzips bewusst, entwickelte der Historiker, Künstler und auf Volksbildung bedachte Wissenschaftler Humboldt als Ergänzung zur Darstellung seiner „physischen Weltbeschreibung" jene Kapitel des „Kosmos", die ich als dessen geisteswissenschaftliche Komplementärtexte bezeichnen möchte:

- die „Geschichte der physischen Weltanschauung",
- die „Betrachtungen über die Verschiedenartigkeit des Naturgenusses",
- die „Anregungsmittel zum Naturstudium".

In der *„Geschichte der physischen Weltanschauung"* rekonstruiert der Historiker Humboldt die Geschichte der Entdeckungen, Erfindungen und Erkenntnisse, die dem von ihm im „Kosmos" erfassten „physischen Weltwissen" zugrunde liegt.

Die *„Betrachtungen"* gehen von der didaktisch bedeutsamen Erfahrung und Einsicht aus, dass die Wahrnehmung der kosmologischen Ordnung und Einheit des Naturganzen zwei „Arten des Naturgenusses" ermöglicht, die in genetischer Perspektive zugleich auch als „Stufen" erscheinen. Diese führen vom „fast bewußtlosen Gefühl höherer Ordnung und innerer Gesetzmäßigkeit der Natur", wie dieses in „großen Naturscenen", speziell auch in der Begegnung mit dem „individuellen Charakter der Landschaft" erfasst werden kann, zur „wissenschaftlichen Ergründung der Weltgesetze":

---

151 Vgl. die treffliche Charakterisierung und Kommentierung dieser Texte in Muthmann: Alexander von Humboldt, S. 48–61.
152 Werke. Band 7/1, S. 59 f.

*"So leiten dunkle Gefühle und die Verkettung sinnlicher Anschauungen, wie später die Thätigkeit der combinierenden Vernunft, zu der Erkenntniß, welche alle Bildungsstufen der Menschheit durchdringt, daß ein gemeinsames, gesetzliches und darum ewiges Band die ganze lebendige Natur umschlinge."*[153]

Die „*Anregungsmittel*" sind im Sinne dieses Stufengangs darauf angelegt, durch künstlerische Formen der Begegnung mit der Natur (der Tropen) – durch „dichterische Landschafsbeschreibungen", „Landschaftsmalerei", „Cultur exotischer Gewächse" – die Sehnsucht nach fremden Ländern und die Neigung zur eingehenden Beschäftigung mit der (tropischen) Natur anzuregen.

Es stellt sich in der Reichwein-Perspektive die Frage, ob der Einsatz des Schulfilms auch im Sinne dieser medialen Vermittlungsmöglichkeiten erfolgte.

## 3.4 Einordnung des „Erdlebensbildes" aus Reichweins „Schule des Sehens"

Humboldt hat mit seinen „Kosmosvorlesungen", die er 1827/28 vor einem großen Publikum aus allen Kreisen und Schichten der Gesellschaft hielt, wie mit seinen literarischen Produktionen, die in mehr oder minder ausgeprägtem Maße das Ergebnis einer Komposition wissenschaftlicher und zugleich künstlerischer Stilelemente waren, nicht zuletzt auch durch die von seinen Landschaftszeichnungen ausgehenden bildnerischen Anregungen und Vorlagen in die gleiche Richtung gewirkt. So weist zum Beispiel die Darstellung des Watzmann von Caspar David Friedrich bemerkenswerte Ähnlichkeiten mit dem Bild des Chimborazo auf, das vermutlich auf eine Zeichnung Humboldts zurückzuführen ist.

*„Das Bild entspricht nicht einer wirklichen Ansicht, sondern ist aus den Motiven verschiedener Gegenden zusammengefügt. Friedrich hatte die Alpen nie gesehen, seine Kenntnisse gingen auf die Bilder anderer Künstler, vor allem seines Freundes Carus, zurück. Den Vordergrund bildet eine wildzerklüftete Sandsteinpartie, die mit ihrem aus unregelmäßigen Blöcken geschichteten Turm dem Elbsandsteingebirge entnommen ist. Spärlicher Pflanzenwuchs, einige Kräuter, Moose, Blumen, ein paar Birken beleben das braune, zerfurchte Gestein, das sich, aus schroffen Hängen am unteren Bildrand in regelmäßige Steigung übergehend, nach links verliert. Wellige, von Schluchten durchzogene Höhenrücken schließen oben wieder eine schroffe Felswand ein. Auf ihrem leuchtenden Grün liegt ein zarter blauer Schleier. Darüber erhebt sich in der Ferne, als Bekrönung der das ganze Bild füllenden Gebirgspyramide, der zackige Doppelgipfel des Watzmanns. Hinter den blendendweißen Spitzen dehnt sich ein ganz reiner, tiefblauer Himmel aus. Friedrich hat hier den Gedanken des ‚Erdlebenbildes' mehr als in irgendeinem seiner Gemälde verwirklicht. Nicht eine Stim-*

---
153 Ebd., S. 17.

*mungslandschaft ist hier gegeben, sondern etwas, das in seinem folgerichtigen Aufbau geradezu an Humboldts Naturgemälde erinnert. Die Felsgründe scheinen in das Erdinnere hinabzuführen, ihre Oberfläche wirkt wie das bloßgelegte Erdgerüst, an dem der Urzustand unseres Planeten erkennbar ist. Dann folgen die Regionen der gewellten Täler und Höhen, die bis zu einer bestimmten Temperatur- und Luftgrenze von einer dichten Pflanzendecke überzogen sind, und schließlich das frei von Dunst in hohe, reine Luftschichten reichende Gebiet des ewigen Schnees. Es ist nicht sicher, aber immerhin möglich, dass Friedrich den Reiseatlas (den „Atlas pittoresque du voyage"; Sch.), durch Carus kennenlernte."*[154]

*Bild 3: Der Watzmann, von Caspar David Friedrich*

Reichwein fügt eine Kommentierung dieses Bildes in seine „Schule des Sehens" ein, und zwar im Kontext der auf Goethe und Humboldt verweisenden Aufgabe, „zum Wesen der Dinge (zu) führen"[155] und „uns im weitesten Sinne ‚Erdleben' kundzutun"[156]:

---
154 Muthmann: Alexander von Humboldt., S. 88 f.
155 FLS (= Film in der Landschule), S. 13
156 Ebd.

> *„Der große Maler Caspar David Friedrich nannte seine Werke ‚Erdlebenbilder'; mit diesem Worte sagte er das ihm selbst Wesentliche: Lebendige Erde, wirkende Erde, die Schöpfung hinter den Dingen, wollte er ins zarte Licht seiner Farben bannen. (…) Eines der schönsten Bilder dieses großen Malers, kürzlich der Nationalgalerie in Berlin einverleibt, stellt den Watzmann dar, den er nie gesehen hat. Und doch ist in diese schneeige Gestalt der Urberg eingefangen, der lebendige Berg in einer lebendigen Landschaft."*[157]

Ich halte es überdies für bedeutsam, dass Reichwein ein Bild auswählte, das den „lebendigen Berg in seiner lebendigen Landschaft" als „Urberg" darstellt. Der Liebhaber zarter ästhetischer Gestaltungen und Didaktiker Reichwein bewegt sich damit nicht nur in den Denkbahnen Humboldts und Goethes, sondern auch Pestalozzis und Ritters – jener Klassiker des „neuen Denkens" also, deren Anliegen es war, im Horizont einer ganzheitlich-systemischen Weltschau, der die Auffassung und Ordnung der Naturdinge und Artefakte nach Maßgabe künstlicher Systeme nach dem Wechsel des Paradigmas nicht mehr angemessen war, die scheinbar grenzenlose Vielfalt der Lebensphänomene durch deren Rückführung auf Urformen bzw. Urtypen in der „inneren Anschauung" geistig erfassen zu können.[158]

## 3.5 Das politische und soziale Engagement Humboldts

Der universale Wissenschaftler, Weltreisende und Kosmopolit Humboldt war sein Leben lang bemüht, die Ideen der Freiheit, Gleichheit und Brüderlichkeit vom Standpunkt des dem Aufklärungsdenken verbundenen Liberalismus seiner Zeit und im Rahmen der ihm gegebenen Möglichkeiten in die Tat umzusetzen. Im ebenso umfassenden wie akzentuierten biographischen Brevier Wilhelm Richters kommt dies in eindrucksvoller Weise zum Ausdruck:

> *„Zeitlebens war er ein Anhänger der Ideen von 1789, ein Freiheits-, Gleichheits-, Brüderlichkeitsfreund und gehörte dadurch der aus der Aufklärung stammenden westlichen liberalen, demokratischen und sozialen Gedankenwelt an, im Unterschied zur irrationalen Volksgläubigkeit der Romantik und der deutschen Erhebung der Freiheitskriege. Dies tritt auch, im Gegensatz zu seinem Bruder, in dem guten Verhältnis zu Hardenberg und in der fast leidenschaftlichen Ablehnung des Freiherrn von Stein hervor. Seine Humanitätspolitik, der humanen Grundkonzeption seiner naturdarstellenden und historischen Werke entsprechend und im Gegensatz zur idealistischen Innerlichkeit der neuhumanistischen Bildungsidee des Bruders, äußerte sich im Eintreten für die Emanzipations- und Unabhängigkeitsbestrebungen des Zeitalters: für*

---

157 Ebd..
158 Vgl. Beck: Carl Ritter als Geograph, S. 13–24 sowie Engelmann: Carl Ritter und Heinrich Pestalozzi, S. 101.

*das Bürgertum, als dessen Repräsentanten ihn die revolutionären Berliner 1848 auf dem Balkon des königlichen Schlosses neben dem Monarchen zu sehen wünschten, wie er auch als Präsident der Akademie der Wissenschaften im Leichenzuge der Märzgefallenen mitzog. So setzte er sich, in diesem Fall ähnlich wie sein Bruder, für die Gleichberechtigung der Juden ein, gerade auch, als in Preußen 1842 und 1847 rückschrittliche Judengesetze drohten; für die Unterstützung der vom König von Hannover gemaßregelten Göttinger Sieben, zum Teil durch Berufungen nach Preußen; insbesondere für die Unabhängigkeitsbewegung der sich bildenden lateinamerikanischen Nationen, für die Befreiung der Sklaven und für die Gleichberechtigung der Indios, deren Lage er mit humanitärer Leidenschaft in seinen beiden Essays über Neuspanien und die Insel Kuba schilderte, die er aber auch mit der Situation der leibeigenen Bauern in Ostdeutschland, Polen und Rußland zu vergleichen wagte, so daß ein portugiesischer Verhaftungsbefehl während seiner amerikanischen Reise und die ängstliche Abschirmung von der Bevölkerung während seiner russisch-asiatischen Reise nur zu verständlich erscheinen, ein Echo gleichsam auf das humanitäre Engagement des berühmten Weltreisenden.*"[159]

## 3.6 Resümee

Das Resümee, mit dem Ottmar Ette seine Ausführungen zum Thema: „Alexander von Humboldt, die Humboldtsche Wissenschaft und ihre Relevanz im Netzzeitalter" (2006) abschließt, ist geeignet, auch die hier unterbreiteten Darlegungen zum „Weltbild", zum weltbürgerlichen Bewusstsein und politischen bzw. sozialen Engagement Humboldts zu arrondieren.

Ette konstatiert, dass „die Humboldtsche Wissenschaft keineswegs das Auslaufmodell einer Wissenschaftskonzeption dar(stellt), innerhalb derer man Humboldt lange Zeit als den Vertreter einer längst überholten und bestenfalls für Wissenschaftshistoriker noch interessanten Vorstellungswelt verabschieden zu können glaubte. Es handelt sich bei der von Alexander von Humboldt über Jahrzehnte mit brennender Geduld entwickelten und entfalteten Konzeption vielmehr um ein auf relationalen Logiken und weltweiten Vergleich beruhendes Wissenschaftsmodell, das – ebenso in seiner Betonung geoökologischer Aspekte wie in seiner Frage nach der Verträglichkeit und Nachhaltigkeit weltweiter Entwicklungen und Produktionsformen, in seiner Projektierung einer Überwindung kolonialer Abhängigkeitsstrukturen wie bezüglich seiner Ausrichtung an einer entschiedenen multipolaren Entwicklung – einen für das 21. Jahrhundert wegweisenden Charakter besitzt. Ohne Zweifel ist Alexander von Humboldt ein maßgeblicher Vordenker für das 21. Jahrhunderts: ein Pionier des Netzzeitalters."[160]

---

159 Richter: Der Wandel des Bildungsgedanken, S. 33 f.
160 Teil 3, S. 1.

## 4. Herder, Goethe, Humboldt – Reichwein: ein Vergleich des Unvergleichbaren unter den Aspekten „Reise", „Erdleben", „Kosmos", „Weltbürgerliches Bewusstsein"

Die Fakten, Befindlichkeiten, geistigen Orientierungen und Dispositionen, von denen im Folgenden mit Blick auf Herder, Goethe, Humboldt und Reichwein die Rede ist, waren mir zu Beginn des Schreibens teilweise schon bekannt, ohne dass ich zunächst auf den Gedanken gekommen wäre, diese zueinander in Beziehung zu setzen. Mein Vorwissen zum Beispiel hinsichtlich der Reisen, die sich im bildungsbürgerlichen Bewusstsein mit diesen Namen verbinden, blieb dem biographisch-werkgeschichtlichen Kontext der einschlägigen Publikationen und einzelner Querverweise, namentlich Herder und Goethe betreffend, verhaftet. Auf den Gedanken, das in gewisser Hinsicht Unvergleichbare miteinander unter der Frage nach übergreifenden Parallelen zu vergleichen, vor allem auch auf die Idee, Reichwein in diesen Versuch einzubeziehen, den vergleichsweise unbekannten Zeitgenossen also den „Giganten" der deutschen Klassik unter bestimmten Aspekten zur Seite zu stellen, bin ich erst im Verlauf des Schreibens gekommen. Die Inspiration für den nachstehenden Parallelisierungsversuch ging vor allem von der sich eröffnenden Einsicht aus, dass die Einbeziehung Reichweins keine singuläre Möglichkeit darstellt, sondern in mehrfacher Weise nahe liegt und dass überdies im Folgenden nicht einzelne und beliebige Aspekte Gegenstand der nachstehenden Skizzierung sind, sondern ein bemerkenswertes Ensemble von Hinsichten, die gleichermaßen und insgesamt auf eine geistes- und gesellschaftsgeschichtliche Situation verweisen, die sowohl mit Blick auf die Wendezeit 18./19. Jahrhundert als auch auf die von Reichwein mitgestaltete Lebensreformbewegung zu kennzeichnen ist als spanunngsreicher Schnittpunkt zwischen der zivilisationskritischen Hinwendung zu den kosmologisch-ökologischen Naturgrundlagen des menschlichen Lebens und der gleichzeitigen Ausrichtung bzw. Einstellung auf den Globalisierungsprozess in seiner ökonomisch-technischen Dynamik.

**Erstens: Der Aspekt „Reise".** Betrachten wir die Ausführungen zu den hier behandelten Klassikern des „neuen wissenschaftlichen Weltbildes" mit vorgreifendem Blick auf den Reformpädagogen Adolf Reichwein unter der Frage nach dem „vergleichsweise Gleichartigen", so ist zunächst anzumerken, dass diese der Tatbestand einer bedeutsamen Reise verbindet. Deren Topographie weist allerdings vorwiegend Unterschiede auf, einmal im Falle Herders dem Norden und Nordwesten zusteuernd, das andere mal von Weimar aus gen Süden führend, die abenteuerlichen Wege Humboldts und Reichweins in die Ferne des amerikanischen Kontinents lenkend, des Mittel- und südamerikanischen Teils, dem Humboldt seine Aufmerksamkeit zuwandte, des mittelamerikanischen und nordpazifischen Raums, den Reichwein aufsuchte. (S. 143). Als Kreuzpunkt der hier angesprochenen Reiserouten ist lediglich die Humboldt und Reichwein verbindende Station „Mexiko" zu nennen. Diese Station gilt es aber nicht nur als einen gemeinsamen Ort des Reisens zu verbuchen, sondern als einen geistigen Treffpunkt des wissenschaftlichen Standpunktes, von dem aus jeweils die landeskundliche Beschreibung des Gebietes erfolgte, vor allem aber auch des sozialen Engagements, mit dem der das Land durchquerende aufgeklärte Liberale des 19. Jahrhunderts und der Sozialist des 20. Jahrhunderts sich über die ihnen begegnenden Formen direkter und struktureller Gewalt empörten bzw. für eine Reform der Verhältnisse eintraten. Weiter reichende Gemeinsamkeiten werden dann erst erkennbar, wenn man nicht den äußeren Verlauf des Reisens in den Blick fasst, sondern sich deren innerer Topographie zuwendet. Dann wird die bekannte Parallele zwischen Herder und Goethe sichtbar, begründet in der gleichermaßen vorliegenden biographischen Situation einer in eine Bildungsreise umschlagenden Lebenskrise. Dies gilt auch für die Weltreise Reichweins, die ausgelöst wurde durch den tragischen Tod seines Sohnes und die damit verbundene Auflösung seiner ersten Ehe. Als tieferer Beweggrund lag der Reise aber, Herders und Goethes Motiven prinzipiell entsprechend, das Bedürfnis nach Selbstfindung und Horizont-Erweiterung zugrunde. Die Weltreise Humboldts war, wie angedeutet, weniger durch diese Dramaturgie als durch biographische Kontinuität gekennzeichnet, die in der beispielhaften Planmäßigkeit und Stringenz vor allem der Vorbereitung ihren Niederschlag fand.

**Zweitens: Der Aspekt „Erdleben".** Die Reisenden, von denen wir sprachen, vereint eine Befindlichkeit, die ich mit dem Begriff des „Erdlebens" charakterisieren möchte. Der hier gemeinte Modus intensiver Wahrnehmung bzw. gesteigerten oder gar existentiellen Erlebens der Natur trifft sowohl auf den „unter dem Mast" philosophierenden Herder zu als auch auf Goethes Formen des tätigen Naturumgangs und -genusses[161], auf Humboldts Pionier- und Forscherleben im Urwald und in den Bergregionen Südamerikas und – nicht zuletzt – auf die Abenteuer des Fliegers, des Weltreisenden und des Mannes der „großen Fahrt" aus Tiefensee. Einem entsprechenden Sinnverständnis folgend verwendet Reichwein den Erdlebens-Begriff im Zusammenhang mit dem „Himalaya-Schicksal" verunglückter englischer Bergsteiger.[162]

Reichwein setzt das hier erörterte Kennwort aber auch als einen Topos kosmologischen Weltverständnisses ein, wenn er mit ihm das „Erdlebensbild" von Caspar David

---

161 von Weizäcker fasst Geist und Geste des goethischen Naturumgangs und -erlebens in folgende schöne Formulierung: „Da für Goethe so viel darauf ankommt, die sinnliche Erfahrung selbst zu machen, sollten wir uns vergegenwärtigen, wie er selbst sinnlich erfahren hat und erfahren wollte (…). Das Flüssigste und das Trockenste in Goethes Wesen, die hinreißende Empfindung des Augenblicks und die Neigung zum Sammeln und Ordnen, sie streben eins zu werden in diesem sicheren und geschmeidigen Wandeln, diesem freudigen Bemerken, das den Schatz seiner sinnlichen Erfahrung von Tag zu Tag mehrt. Wieviele Steine hat er mit dem Geologenhammer selbst vom gewachsenen Fels losgeklopft! Wieviele Blumen und Bäume hat er auf Reisen betrachtet, zu Hause gezogen; wie viele Knochengerüste selbst angeschaut und betastet! Wie treten ihm bei jedem Blick in die Natur die Erscheinungen der Farbe von selbst entgegen und werden, sei es auch unter Kriegslärm oder im Liebesgedicht des Divan, genau bemerkt und beschrieben! Nicht nur die glücklichen Augen nahmen diese Fülle auf; wandernd, reitend, kletternd, schwimmend erfuhr sein Leib die Natur. Und wer könnte Goethe verstehen, der nicht wüßte, wie nahe alles Sinnliche der Liebe ist?" (Goethes Werke. Band 13, S. 541).
162 Vgl. FLS, S. 17.

Friedrich kommentiert oder die „lebendigen und sich verändernden Erscheinungen" des „Erdlebens" – Gletscher, Dünen, Wolken – charakterisiert.[163] In diesem Sinnverständnis gebraucht Humboldt „Erdenleben" („Erdeleben", „Erdenleben") als ein zumeist deskriptives Charakterwort im „Kosmos". Es verweist hier in unterschiedlichen Sinnzusammenhängen auf das Ganze der Lebenserscheinungen in der tellurischen Sphäre des Planeten, das Humboldt nicht nur im „allgemeinen Naturgemälde" des „Kosmos", sondern vor allem auch in jenem bekannten Teil der „Ansichten" beschreibt, in dem er sich die „allverbreitete Fülle des Lebens" vom „beweglichen Luftmeer" bis in die „verborgenen Räume der Schöpfung" vergegenwärtigt. In vergleichbarer Sinnperspektive und Reichweite hat Carl Gustav Carus, der in den Bahnen Schellings, Goethes und Humboldts schaffende Arzt und Künstler, diesem Begriff in seinen „Neun Briefen über Landschaftsmalerei" (1815–1824) und „Zwölf Briefen über das Erdleben (1841) schärfere begriffliche und gegenständliche Konturen verliehen: „Im Sinne romantischer Naturphilosophie soll der Künstler in seinem Werk von den geheimen Kräften zeugen, die hinter den Dingen stehen, ihre Gestaltung und ihren Wandel bedingen. Sie sind das, was das Wesen der dinglichen Welt, der Landschaft, des Kosmos ausmachen."[164] Den Kanon der Erdlebensphänomene umreißen folgende Sätze:

„Fester Boden, mit allen seinen vielartigen Gestalten, als Fels und Gebirg und Tal und Ebene, ruhendes und bewegtes Gewässer, Lüfte und Wolken, mit ihren mannigfaltigen Erscheinungen, dies sind ungefähr die Formen, unter welchen das Leben der Erde sich kundgibt …"[165]

**Drittens: Der Aspekt „Kosmos".** Fassen wir den kosmologisch-systemischen Denkansatz in den Blick, so zeichnet sich folgendes Resümee ab: Die Naturstudien Goethes waren auf den Umkreis der mit dem (geistigen) Auge wahrnehmbaren Phänomene zentriert. Der Morphologe sah mit „gegenständlichem" Blick die auf das kosmologische Ganze verweisende Gestalt und „innere Form" der Dinge des Mineral- Pflanzen- und Tierreichs. Das Weltbild Humboldts umfasste hingegen als Resultat einer „schöpferischen Verschmelzung Goethischer Methodik mit den Ergebnissen und der Arbeitsweise der technisch-mathematisch eingestellten Naturwissenschaft" (W. Linden)[166] das universale Ganze des Himmels- und Erdraumes vom Standpunkt der eigenen Forschungen und des Weltwissens seiner Zeit. Während Humboldt „die gesetzmäßige Ordnung der Himmelsräume wie abgespiegelt im Erdeleben" sah, suchte Herder, so könnte man mit Humboldt formulieren, nach deren „Abspiegelung" im Gang der Menschheitsgeschichte. Die physische und die moralische Welt wurden von ihm nach der „großen Analogie der Natur" als kosmologische Einheit verstanden.

Unbeschadet dieser unterschiedlichen Akzentuierungen erfolgte die Deutung der Welt bei Goethe, Herder und Humboldt als „Kosmos" – als „Universum, als Weltord-

---
163 Ebd., S. 18 f.
164 Neun Briefe …, S. 15.
165 Ebd., S. 19.
166 Vgl. Linden: Weltbild, Wissenschaftslehre und Lebensaufbau …, S. 90.

nung, als Schmuck des Geordneten" (Humboldt) – letztlich vom Standpunkt der alteuropäischen Kosmostheorie.[167] Für das von ihr konstituierte Weltbild sind die strukturierenden Begriffe „Hierarchischer Stufenbau" (die drei Reiche der Natur und der naturbedingten Menschenwelt nach der Ordnung der scala naturae) „Allzusammenhang" (Vernetzung, wechselseitige Abhängigkeit), „Hierarchie" und „Harmonie" (Gleichgewicht der Proportionen und Kräfte) von grundlegender Bedeutung. Für die Rückführung des universalen Ordnungsgefüges auf die Gestaltungskraft einer geistigen Potenz metaphysischen Ursprungs, die auf Entfaltung (Entwicklung, Metamorphose) der „inwendigen Form"[168] (Shaftesbury) der Dinge und des Menschen drängt, stehen die Begriffe der „Lebenskraft" (Herder, Humboldt) bzw. des „Bildungstriebes" (Goethe).

Wie ist Reichwein in diese kosmostheoretische Perspektive einzuordnen?

1. Zum „Schmuck des Geordneten" (Humboldt) gehörten für Reichwein in der Tradition Herders, Goethes und Alexander von Humboldts die „einfachen Formen" aus den drei Reichen der Natur und der von Menschenhand geschaffenen Artefakte, das Netzwerk der von Himmmel und Erde umfassten „Welt-Dinge" also, die Gegenstand seiner „Formenkunde" sind.
2. Reichweins Verständnis von „Bildung" als „metamorphorisierende Entwicklung" stimmt mit der strukturellen Symmetrie zwischen Kosmostheorie und klassischer deutscher Bildungstheorie im Sinne Goethes („Lehrjahre"), Wilhelm von Humboldts und Shaftesburys[169] weitgehend überein.

---

167 Siehe dazu Kranz: Kosmos, S. 1168–1176; Hard: „Kosmos" und „Landschaft", S. 133; Flitner: Goethe im Spätwerk, S. 313–327; Irmscher: Johann Gottfried Herder, S. 129–131; Böhme: Ästhetische Wissenschaft, S. 18.

168 Der Begriff der „inwendigen Form" („inward form") geht auf die für Herder, Goethe, Schiller und W. von Humboldt gleichermaßen bedeutsame Bildungslehre von Shaftesbury zurück: „Entscheidende Anregungen, den Genußbegriff in den Begriff des Menschseins hineinzunehmen, erhielt Herder wie auch der ganze Neuhumanismus von Shaftesbury. Seine ästhetisch-ethische Bildungslehre, die sich sowohl gegen den Cartesianischen Rationalismus als auch den Humeschen Utilitarismus wendet, hat ihr Fundament in dem Begriff der ‚inward form'. Der ‚Virtuose der Humanität', wie Herder Shaftesbury in den Humanitätsbriefen bezeichnet, sieht die Bildung des Menschen als einen Prozeß der Kraftentfaltung einer ganzheitlichen, individuellen, inneren Form an und verlegt damit die entscheidende Instanz der Bildung nach innen, ohne jedoch die bildende Bedeutung der äußeren Natur und die der Kunst zu übersehen. Denn das Herausbilden des inneren Wesensgesetzes erfolgt in Auseinandersetzung mit der Welt, wobei nur einem ästhetischen Weltbezug, d.h. einem ganzheitlich fühlenden Bezug, bildende Bedeutung zukommt" (Wisbert: Das Bildungsdenken des jungen Herder, S. 183 ff.).

169 Dilthey hat das Weltverständnis und Lebensgefühl Shaftesburys in folgende Formulierung gefasst: „Dieses Lebensgefühl ist sein Ausgangspunkt: die innere Kraft, sich selbst zu gestalten zu einer harmonischen Persönlichkeit und dann das Vernehmen dieser Harmonie in sich selbst – hierin lebte er. Und wenn nun die Proportion der Kräfte, ihr immer wieder herzustellender Einklang in der Persönlichkeit ihm das ‚höchste Glück der Erdenkinder' ist, so muß ein Geist solcher Art diese Tendenz durch Maße und Proportionen auch überall im Universum vernehmen. Er hört gleichsam beständig den großen Gesang, welcher durch das Universum hindurch überall erklingt. Jeder Kreis des Lebens hat seine Regel und sein eigenes Glück, und jeder Teil des

3. „Bildung" ist aber im Bewusstsein der an Goethe anschließenden Vertreter des deutschen Bildungsbürgertums, zu denen für mich – in untypischer politischer Profilierung – Adolf Reichwein zählt, nur bedingt auf harmonische Entfaltung und Gestaltung des Selbst angelegt. Der Bildungsarbeit des Sozialisten und Vorhabenpädagogen Reichwein entspricht daher eher eine Form von „Bildung", die im Sinne der „Wanderjahre" ausgerichtet ist auf die mit Profession (Engagement) und Arbeit (Askese, Entsagung) verbundene Gestaltung von Selbst und Welt.[170]

**Viertens: Der Aspekt „Weltbürgerliches Bewusstsein".** Es steht außer Frage, dass der Autor des „Kosmos"; der den Himmels- und den Erdraum des Planeten als Erlebender, Schauender und Forschender durchmaß, der weite Teile der „alten" und der „neuen" Welt als Reisender durchquerte, der sein Reisewerk in Paris ausarbeitete und in französischer Sprache abfasste, der seine von den Ideen der französischen Revolution inspirierten Gedanken mit Napoleon, Simon Bolivar und Jefferson austauschte und diese Gedanken in ein lebenslanges Engagement für Unterdrückte und Diskriminierte umsetzte, dass dieser den aufgeklärten Liberalismus seiner Zeit verkörpernde und der Popularisierung von Wissenschaft und Kunst in Wort und Tat lebende Autor ein Weltbürger und Kosmopolit war.[171] Wer aber ist in dieser Hinsicht mit ihm vergleichbar? Hat Herder nicht seine Seereise schon in Nantes (Paris) beendet und dann später seine Kräfte als Prediger und Mann der Kirchen- und Schulaufsicht in Weimar verbraucht wie vor der Italienischen Reise Goethe im Dienste seines Landesherrn?

---

Ganzen ist dann in eine höhere Harmonie desselben aufgenommen. So vernimmt er in sich die Verwandtschaft der bildenden Kraft mit der des Universums" (Weltanschauung ..., S. 399).

170 Die hier angedeutete Differenz Goethe – Wilhelm v. Humboldt wird unter bildungsphilosophischem Aspekt herausgearbeitet in Günzler: Bildung und Erziehung im Denken Goethes, S. 131 f.: „Während Leibnizens Bestimmung der Monade als durch Außeneinflüsse nicht tangierbare Spontaneität, als innere Kraft im Bildungsdenken Wilhelm von Humboldts ungebrochen weiterwirkt und von daher die Bildungstheorien des 19. und 20. Jahrhunderts nachhaltig prägt, schert Goethe aus dieser Linie des pädagogischen Denkens aus, indem er den Kraftbegriff in ein polares Gefüge von Innen und Außen, von spontanem Selbst und widerständiger Welt hineinstellt, eben damit aber relativiert, denn das Außen wird als echter Pol zum Korrektiv des Innen, ist also keineswegs nur Material der Selbstentfaltung und Selbstdarstellung. Damit gewinnt Goethe ein bildungstheoretisches Fundament, welches sich in zweifacher Hinsicht von dem, was gemeinhin als neuhumanistische Bildungsidee gilt, unterscheidet: Einerseits gibt es für ihn keinen Vorrang der Innerlichkeit vor der Welt, und zum anderen kann Bildung ebendeswegen nicht außerhalb der realen Lebensbezüge, derjenigen zur Natur wie derjenigen zur Gesellschaft und Arbeitswelt, erfolgen." Siehe dazu auch Menze: Humboldts Lehre und Bild vom Menschen, S. 143–145.

171 Vgl. Krätz: Alexander von Humboldt. Wissenschaftler-Weltbürger-Revolutionär (1997). Für Ette „ist die Humboldtsche Wissenschaftskonzeption in kritischer Fortführung der Ideen der französischen Aufklärung und der philosophischen Konzeptualisierung von Weltgeschichte und Weltbürgertum in der Tradition Immanuel Kants eine kosmopolitische Wissenschaft, insofern sie sich in einem nicht nur auf ihre Gegenstände bezogenen Sinne, sondern auch in ihrer ethischen Fundierung und politischen Verantwortlichkeit als eine Wissenschaft begreift, die an den Interessen der gesamten Menschheit und der Entfaltung einer multipolaren Moderne ausgerichtet ist" (Teil 2, S. 2).

Und wie ist der „planetarische Europäer" aus der Landschule in Tiefensee hier zu bewerten?

Ich meine, dass Humboldt und Reichwein nicht nur der „Kreuzweg Mexiko" und eine Reise in Welt-Maßstab verbindet, sondern vor allem der kosmopolitische Horizont, in dem die anstehenden sozialen und ökonomischen Probleme und Aufgaben des Zeitalters sowohl vom Förderer der Unabhängigkeitsbestrebungen Lateinamerikas in den Jahrzehnten der französischen Revolution gesehen wurden als auch vom ökonomischen und geopolitischen Anwalt einer globalen Friedensordnung in der Zeit nach dem 1. Weltkrieg.

Humboldt, Reichwein und Herder verbindet überdies die ihrem Bewusstsein gemeinsame polare Einheit von Kosmos-Schau und moralisch-politischer Wirksamkeit in der Welt (S. 72 f., S. 48 f.).

Der Herder-Frage der obigen Zeilen ist vor allem entgegen zu halten, dass der Geschichtsphilosoph und Streiter wider den Despotismus und Kolonialismus der europäischen Staaten die Einheit und Mannigfaltigkeit des Geschichtsgangs, dem kosmologischen Ansatz seiner „Ideen" und deren Humanitäts-Perspektive entsprechend, nicht nur in Richtung Volksgeistlehre/Nationalstaat zu denken vermochte, sondern zugleich auch, darin Kants „Idee zu einer allgemeinen Geschichte in weltbürgerlicher Absicht" (1784) verwandt,[172] im übergreifenden Horizont der Menschheit.[173]

In diesem humanistischen Horizont, der die Einheit und Mannigfaltigkeit der nationalen Kulturen übergreift, lebte und wirkte auch der Autor der Iphigenie, der „Wanderjahre" und des Faust. Fritz Strich konnte ihn daher in seiner profunden Studie „Goethe und die Weltliteratur" (1946) wohl zu Recht als den „größten Europäer und Weltbürger" bezeichnen. Dessen Anliegen war es, im Zusammenhang mit der beginnenden Dynamisierung und Globalisierung der Verhältnisse und im Widerstand „gegen das europäische Chaos, gegen die Zerrissenheit der Völker, die Abschließung

---

172 Die Differenzen zwischen Kant und Herder hinsichtlich ihres Verständnisses von „Volk" und „Nation", aber auch deren Übereinstimmung in der erkenntnisleitenden Zielperspektive geht aus folgender Bilanzierung hervor: „Alles in allem wird man seinen (Kants) Versuch einer Beseitigung des Konfliktpotentials nationaler Irrationalismen durch die Doppelstrategie einer patriotischen Identifikation mit dem bürgerlichen Rechtsstaat und der weltbürgerlichen Identifikation mit einer universalen Friedensordnung als bedeutenden Beitrag zum aufgeklärten Volks- und Nationsdenken im Deutschland des 18. Jahrhunderts bezeichnen dürfen. Obwohl die Begriffe ‚Volk' und ‚Nation' keineswegs im Zentrum der Theorie Kants standen und dieser von völlig anderen Prämissen ausging, zeigte er sich doch von Zielvorstellungen geleitet, die denen Herders gleichen. Beiden war daran gelegen, daß die Nationen keine zerstörerischen Kräfte entfalteten, beide plädierten für eine universale Friedensordnung. Während Kant diese jedoch mit den Mitteln politischer Vernunft herbeiführen wollte und nationale Energien mit Hilfe einzel- und zwischenstaatlicher Rechtssysteme zu neutralisieren bestrebt war, setzte Herder auf ein an den Geboten göttlicher Vernunft orientiertes harmonisches Zusammenleben der Völker unter Anerkennung und Wahrung ihrer unverwechselbaren Individualität" (Koselleck: Volk, Nation, Nationalismus, Masse, S. 321).
173 Vgl. Meinecke: Weltbürgertum und Nationalstaat. Kapitel: Nation und Nationalstaat seit dem Siebenjährigen Kriege, S. 23–38.

der Nationen, den romantischen Nationalismus"[174] einen internationalen Austausch der Literaturen herbeizuführen, der den Abbau von Vorurteilen, wechselseitiges Verstehen und gegenseitige Anregung befördern sollte.[175]

Herder und Goethe waren „Weltbürger im Geiste". Was aber ist aus ihren humanistischen Bestrebungen im Zuge einer Reichsgeschichte geworden, deren politische Akteure und akademischen Fürsprecher sich während des Kaiserreiches und der NS-Diktatur der Weltgeltung der deutschen Klassik bedienten, um ihren Imperialismus und Rassismus unter der Formel „Geist und Macht" mit ideologischem Effekt zu nobilitieren?[176]

Fritz Strich gibt im Vorwort seines Buches eine Antwort aus der unmittelbaren Betroffenheit heraus:

> *„Als ich 1932 zur Goethefeier nach Weimar eingeladen wurde, war es selbstverständlich, daß ich dort wieder über das Thema: ‚Goethe und die Weltliteratur' sprach. Aber damals schon in Weimar taten sich düstere Zeiten kund, und schon damals mußte man den Eindruck haben, daß es wirklich eine Totenfeier, die Feier eines toten Goethe war. Ganz kurz darauf brach denn auch die Katastrophe über die Welt herein. Alles, was Goethe als das Ziel der Weltliteratur verkündigt hatte, stürzte in Trümmer, und es war Goethes Volk, welches dies über die Menschheit brachte!"*[177]

---

174 S. 54 f.

175 Goethe, an der „Schwellenzeit zur Moderne" (Wehler) stehend, fasste die unübersehbare Dynamisierung der Verhältnisse in den Begriff der „Rotation", der rollenden Zeit. In der Perspektive dieses Begriffes kommentiert Strich Goethes Idee und Projekt der Weltliteratur in gesellschaftsgeschichtlicher Perspektive folgendermaßen: „Was ist darunter zu verstehen, daß die rollende Zeit die Weltliteratur verlangt? Man wird sich an dieser Stelle erinnnern, wie häufig Goethe den geistigen Güteraustausch zwischen den Nationen mit dem materiellen verglich, dem Handelsverkehr, dem Weltmarkt, auf dem die Völker ihre Waren zum Austausch bringen, und das war nicht nur ein Vergleich, sondern Goethe verfolgte wirklich mit größter Aufmerksamkeit, wie nach den Napoleonischen Kriegen der Handelsverkehr zwischen den Völkern, unterstützt von dem immer schneller werdenden Tempo der modernen Verkehrsmittel, der Schnellposten und Dampfschiffe, sich zu einem Weltverkehr entwickelte, wie die Kommunikation der Weltbürger mit einer bisher noch nicht gekannten Leichtigkeit vor sich ging. Er sprach von dem ‚veloziferischen' Jahrhundert, von der ‚Rotation' (...) und sah eine sich bildende Weltliteratur, einen geistigen Weltverkehr zwischen den Völkern als eine notwendige und unausbleibliche Konsequenz dieser rollenden Zeit an, welche die Völker einander näher brachte und eine unauflösliche Verknotung und Verschlingung ihrer Interessen bewirkte" (Goethe und die Weltliteratur, S. 44).

176 „Die Bezeichnung ‚Olympier', zu Lebzeiten des Dichters nicht belegt und bis 1870 nur vereinzelt verwendet, wird im neuen Reich zur inflationistisch gebrauchten Etikettierung des kulturellen Über-Ichs einer zur politischen Großmacht sich entwickelnden und an ökonomischer Expansion vorrangig interessierten Nation, die ihre gründerzeitliche Hybris auch auf ihr geistiges Erbe, allem voran Goethe, übertrug. Der erst jetzt einsetzenden monumentalen Philologisierung Goethes liegt das gleiche gründerzeitliche Pathos zugrunde, dem die Nation ihren wirtschaftlichen Aufstieg und ihre politisch-militärische Macht verdankt" (Mandelkow.Teil III, S. XVII). Vgl. zur Goetherezeption nach 1870 im Spannungsfeld: „Weimar-Preußen" bzw. „Weimar-Berlin" Ebd., S. XIX.

177 S. 8.

Zur gleichen Zeit und in übereinstimmender emotionaler Reaktion schrieb Walter Koch 1932 in den Sozialistischen Monatsheften:

*„Mitten in der Wirrnis der politischen und der wirtschaftlichen Krise wurden die Menschen aufgerufen am 22. März der 100jährigen Wiederkehr des Todestages Goethes zu gedenken. In einer Zeit, da Haß und Gemeinheit üppig aufschießen, klingt es wie ein Hohn, wenn wir den Blick zu dem Mann erheben wolllen, der verkündete: ‚Edel sei der Mensch, hilfreich und gut.' Aber wenn eine Zeit die Mahnung an Goethe nötig hat, so grade die unsrige, die sich anschickt, auch das Letzte des in ihm verkörperten Geistes im Stich zu lassen. Darum müssen wir uns von Goethe sagen lassen, wie deutscher Geist und europäischer Auftrag nicht von einander zu trennen sind ... "[178]*

Eine Antwort als Ergebnis wissenschaftlicher Studien, die auf das politisch-kulturelle Milieu Weimars während des „Dritten Reiches" konzentriert sind, erteilen die Autoren des 1999 erschienenen Sammelbandes: Das Dritte Weimar. Klassik und Kultur im Nationalsozialismus.[179]

---

178 S. 199.
179 „Weimar war nicht irgendein, sondern der Bezugsort deutscher Identitätssehnsüchte. Hier glaubte man im vergangenen Schein der Klassik zu verspüren, was sich als Hoffnung in der modernen Gesellschaft des Kaiserreiches ausbildete, mit diesem scheiterte und im nationalsozialistischen Dritten Reich zu erfüllen schien: die Versöhnung von Geist und Macht, die paternalistische Beziehung des – einst Fürsten nun ‚Führer' – zum Volk und die einigende Klammer ‚kultureller Identität', die sämtliche Schichten- und Klassendifferenzen wie ökonomische, kulturelle, konfessionelle und geschlechtsspezifische Gegensätze zum Verschwinden brachte. Sehnsüchte dieser Art und das Trugbild von der – freilich zuvor politisch und rassisch ‚gesäuberten' – Volksgemeinschaft aller Deutschen erklären das willige Engagement kultureller, geistiger und bildungsbürgerlicher Eliten im NS-System" (Ehrlich/John/Ulbricht: „Das Dritte Weimar", S. 28).

## III. Bildungsarbeit im „Weltbild"-Horizont der „heimatkundlichen" Fächer

Die „Wendezeit" 18./19. Jahrhundert, der wir uns bisher mit Blick auf ihre klassischen Repräsentanten zuwandten, gilt es nunmehr unter fachlichen Aspekten vorzustellen. Das „neue wissenschaftliche Weltbild" wird daher in seinen miteinander vernetzten biologischen, geographischen, volkskundlichen und kulturgeschichtlichen Aspekten zu rekonstruieren sein. Dabei ist es erforderlich, die Komplexität des Gegenstandes, mit dem wir uns im vorangehenden Kapitel hinsichtlich des Weltbild-Bezuges und biographischen Kontextes befassten, auf die selektive Linienführung und Fokussierung fachlicher Rezeptionsgeschichte zu reduzieren. Den Wechsel des Paradigmas, der bisher bei Herder, Goethe und Humboldt als lebensgeschichtlicher Wendepunkt in Erscheinung trat, gilt es nunmehr in der abstrakteren Perspektive fachlicher Umbruchsphasen und Kontinuitätslinien im Bereich Wissenschaft und Schulunterricht zu kennzeichnen. Dabei werden bemerkenswerte strukturellle Entsprechungen hinsichtlich des auf Welt- und Selbstverständnis angelegten Erkenntnisinteresses, der ganzheitlichen Fragestellung, des fachliche Aspekte integrierenden Phänomenbereichs sowie des auf Anschauung und Vergleich gegründeten methodischen Ansatzes erkennbar. Dies bedeutet aber nicht, dass die grundsätzliche Differenz zwischen Wissenschaft, d.h. zwischen Forschung und systematischer Deskription einerseits und schulischem Lehren und Lernen in der didaktisch vermittelten Begegnung mit einem „Gegenstand" exemplarischer Repräsentanz andererseits infrage zu stellen wäre.[180]

---

180 Für die prinzipielle Übereinstimmung, die zwischen den hier behandelten Wissenschaften („Bildungswissenschaften") biologischer, geographischer, volkskundlicher und kulturgeschichtlicher Fragestellung und den entsprechenden Schulfächern festzustellen ist , bzw. für die nur relative Autonomie dieser beiden Bereiche, ist es symptomatisch, dass Forschung und auf Vermittlung (Popularisierung) der Forschungsergebnisse gerichtete didaktische Aufbereitung oftmals in Personalunion betrieben wurden: Herders „Schulreden", Goethes poetische Umsetzung seiner Naturansicht, für die hier der Zyklus „Gott und die Welt" stehen möge, Alexander von Humboldts Vorlesungen in der Singakademie, das Oeuvre des Pestalozzischülers Ritter sowie die Parallelpublikationen z. B. Bachs im Bereich der Volkskunde sowie Schlözers oder Biedermanns im Bereich der Kulturgeschichte können als exemplarische Beispiele gelten.

## 1. Der biologische (naturkundliche) Aspekt: landschaftstypische Pflanzen, Tiere und Lebensgemeinschaften, Grundphänomene des Lebens; der „Kampf ums Dasein"

### 1.1 Grundzüge der epochalgeschichtlichen Entwicklung

#### 1.1.1 Der Wechsel des Paradigmas (Linné – Goethe, A. v. Humboldt)

Im Zeitalter Linnés waren die Studien der Botaniker und Zoologen vornehmlich auf die Inventarisierung und Klassifizierung der Naturkörper nach Maßgabe morphologischer Merkmale gerichtet. Das Objekt in seiner statischen Struktur war Gegenstand wissenschaftlicher Deskription und Systematisierung und nicht der lebendige Organismus. Diesem wandte sich mit dem Paradigmawechsel des Wendepunktes Aufklärung/Deutsche Bewegung die Biologie als Lebenswissenschaft zu.[181] Die Beschreibung und Erklärung des dynamisch verstandenen „Ganzen und seiner Teile" erfolgte nunmehr unter pflanzenphysiologischem, embryologischem, zell- und evolutionstheoretischem Aspekt. Zum Kanon der neuen Forschungsrichtungen gehörten als biologische Variante der „neuen Wissenschaft" vor allem auch die Morphologie Goethes und die durch Alexander von Humboldt eingeleitete biogeographische Forschung.[182]

---

[181] In seiner Studie „Die Entwicklung der Biologie im 19. Jahrhundert und ihre geistesgeschichtlichen Voraussetzungen" (1966) hat Baron den Wechsel des Paradigmas von der „statischen Weltansicht" der Systematiker zur „dynamischen Denkweise" der Biologen auf die „Erschließung neuer Erfahrungsbereiche" und die Verarbeitung der Erfahrungen zu neuen „Ideen und Theorien" zurückgeführt. Er nennt als Ergebnis des korrelativen Vorgangs der Wissenserweiterung und der Theoriebildung: - die „Historisierung" der Erd- und Lebenswissenschaften und ihre Bedeutung für die Entstehung der Evolutionsvorstellung (paläontologische Funde, Periodisierung der Erd- und Naturgeschichte, Evolutionslehre), - die Entdeckung der qualitativen Mannigfaltigkeit in der organischen Natur und die Typenlehre (Bauplantheorie und Homologienlehre der vergleichenden Morphologie), - die Zellenlehre und die Überbrückung der Kluft zwischen Pflanzen und Tieren sowie die Beziehungen der Zellenlehre zur mechanistischen Physiologie (zellphysiologische Forschung, Pflanzenphysiologie, vergleichende Embryologie), - die Ausbildung des ökologischen Denkens im Zusammenhang mit der Evolutionslehre (ökologische Biogeographie, Biozönotik, genetische Biogeographie). Zum Wechsel des Paradigmas vergl. auch die einschlägigen Kapitel der folgenden Werke: Rádl: Geschichte der biologischen Theorien in der Neuzeit (1970); Nordenskjöld: Geschichte der Biologie (1926); Anker/Dahl: Werdegang der Biologie (1938); Nowikoff: Grundzüge der Geschichte der biologischen Theorien (1949); Ballauff: Die Wissenschaft vom Leben. Band1 (1954); Mason: Geschichte der Naturwissenschaft (1961), speziell die Kapitel: Evolution und die Kette der Lebewesen (S. 394–415), Deutsche Naturphilosophie (S. 415–431), Embryologie (S. 423–444) , Bau und Funktion der Lebewesen (S. 444–458), Die Zellenlehre (S. 459–465); Foucault: Die Ordnung der Dinge (1971). Kapitel: Klassifizieren, S. 165– 210.

[182] Die weitgehende Übereinstimmung zwischen Goethes und Humboldts Naturauffassung hat Meyer-Abich in folgenden Abhandlungen aufgewiesen: Alexander von Humboldt as a Biologist (1969) u. Die Vollendung der Morphogie Goethes durch Alexander von Humboldt (1970).

Goethes botanische Studien folgten zunächst der Systematik Linnés. Seine eigenen morphologischen Forschungen entwickelten sich dann aber in kritischer Abwendung von der Nomenklatur und Taxonomie des Altmeisters der botanischen Diagnostik:

> *„Ich bekenne, daß nach Shakespeare und Spinoza auf mich die größte Wirkung von Linné ausgegangen, und zwar gerade durch den Widerstreit, zu welchem er mich aufforderte. Denn indem ich sein scharfes, geistreiches Absondern, seine treffenden, zweckmäßigen, oft aber willkürlichen Gesetze in mich aufzunehmen versuchte, ging in meinem Innern ein Zwiespalt vor: das was er mit Gewalt auseinander zu halten suchte, mußte, nach dem innersten Bedürfnis meines Wesens, zu Vereinigung anstreben."*[183]

Die Italienreise vermittelte Goethe sodann, wie im vorigen Kapitel ausgeführt und hier in seiner fachlichen Bedeutung noch einmal konturiert, bei „einem schnellen Übergang über die Alpen" und angesichts der exotischen Formenfülle im botanischen Garten von Padua lebhafte Eindrücke von der Mannigfaltigkeit der dort sichtbaren Phänomene pflanzlichen Lebens; zugleich wurde in ihm das Bedürfnis nach Rückführung der Formenvielfalt auf die Einheit eines „Grundtypus" bzw. eines „allgemein wirksamen Grundgesetzes" geweckt. Es war daher das Anliegen des Gartenfreundes, feinsinnigen Naturliebhabers und Morphologen

- den Vorgang des pflanzlichen Wachstums einschließlich der Fortpflanzung durch Samen oder Augen als Metamorphose in der Anschauung zu erfassen; letztlich die „Gesetze der Umwandlung" zu erkennen und zu verstehen, nach denen die Natur „Einen Teil durch den andern hervorbringt und die verschiedensten Gestalten durch die Modifikation eines einzigen Organs darstellt",[184]
- die Mannigfaltigkeit der Phänomene zurückzuführen auf den Grundtypus der „übersinnlichen Urpflanze",
- die vergleichende Betrachtung durch das Zeichnen der Pflanzen zu unterstützen und einfache Versuche zur Keimung und Verbreitung der Samen, zur Wurzelbildung von Stecklingen und zu den Wachstumsbedingungen im Treibhaus anzustellen.[185]

Alexander von Humboldt gilt als „Vollender" der morphologischen Naturbetrachtung Goethes, da er dessen auf Anschauung und Vergleich gegründeten Naturstudien in pflanzengeographischer Perspektive fortführte und vertiefte.[186] Das Erkenntnisinteresse des universalen Erdwissenschaftlers war – aus fachlicher Sicht betrachtet – darauf gerichtet,

---

183 zitiert nach Mägdefrau: Geschichte der Botanik, S. 120.
184 Werke. Band 13, S. 64.
185 Ebd., S. 60 und S. 164–166.
186 Die fachbiologische Humboldt-Rezeption behandeln u.a. Möbius: Geschichte der Botanik, S. 369–376 und Troll: Die Lebensformen der Pflanzen.

- die Phänomene vegetativen Lebens auf dem Planeten zu vergleichen und in Zonen physiognomisch einheitlicher Vegetation einzuteilen (z.b. arktische, tropische Zone; Vegetationsstufen der Gebirge),
- die das Landschaftsbild einer Vegetationszone oder -stufe prägenden Pflanzengesellschaften (Grasfluren, Heiden, Steppen, Savannen u. dgl.) als physiognomischen „Totaleindruck" aufzunehmen und zu beschreiben,
- die in ihrer „Naturphysiognomie" erkannten „Pflanzengesellschaften", vornehmlich durch Vergleich der Vegetationsorgane (Stämme, Zweige, Blätter), auf wiederkehrende „Typen", „Hauptformen", oder „Grundgestalten" des vegetativen Lebens zurückzuführen,
- die nach Vegetationszonen oder -stufen, „Pflanzengesellschaften" und „Grundgestalten" typologisierten Phänomene in ihrer geographisch-klimatischen Bedingtheit zu erklären.

### 1.1.2  Zur weiteren Entwicklung

*1.1.2.1  Die biologisch-geographische Kontinuitätslinie*

Humboldts pflanzengeographische Schriften – die „Ideen zu einer Geographie der Pflanzen" (1805 bzw. 1807) und die „Ideen zu einer Physiognomik der Gewächse" (1807) – sind in der Folgezeit vor allem für die biologisch-geographische Richtung der Pflanzen- und Tiergeographie von Bedeutung gewesen.

Grisebach entwickelte in seinem Buch „Die Vegetation der Erde nach ihrer klimatischen Anordnung" (1872) die physiognomische Klassifikation Humboldts weiter. Er teilte die Pflanzendecke der Erde in 24 Florengebiete ein und behandelte jeweils

- das Klima in seinen jahreszeitlichen Veränderungen und geographischen Besonderheiten (z.B. Verhältnis der arktischen zur alpinen Flora, Erwärmung des ebenen und geneigten Bodens, Einfluß des Meeres auf das Festland, Kürze der Vegetationsperiode, Sommerwärme und Winterkälte, Tageslänge),
- die „Vegetationsformen" (z.B. Form der Laubmoose),
- die „Vegetationsformationen" (z.B. Tundra),
- die Höhenregionen (z.B. Pflanzen oberhalb der Schneegrenze),
- die „Vegetationscentren" („Wohngebiete" und „Wanderung der arktischen Pflanzen".

Das tiergeographische Pendant zu Grisebachs Werk verfaßte Schmarda als Autor des Buches „Die geographische Verbreitung der Thiere" (1853).

Schmarda berücksichtigt im allgemeinen Teil seines Buches zum Thema „Modalität und Causalität der Verbreitung der Thiere" vor allem den Einfluss

- der Wärme (z.B. Winter- und Sommerschlaf),
- des Lichtes (z.B. Tag- und Nachttiere),

- der Luft (z.B. Luft- und Wassertiere),
- des Klimas (z.B.Tropen- und Polartiere),
- der Tages- und Jahreszeiten (z.b. Wanderungen der Tiere beim Wechsel der Jahreszeiten),
- der Nahrung (z.b. pflanzenfressende Tiere in ihrer Abhängigkeit von der Vegetation),
- des Bodens (z.b. seine Eignung für grabende und unterirdische Tiere).

Er beschrieb im speziellen tiergeographischen Teil die „Thierwelt des Festlandes" und die „Thierwelt des Oceans".

Grisebachs und Schmardas Studien waren darauf gerichtet, nach Maßgabe der neuen lebenswissenschaftlichen Fragestellung den räumlichen Zusammenhang der Lebewesen zu erkennen und unter biogeographischem Aspekt systematisch zu beschreiben. Vor allem der Tiergeograph sprach wiederkehrend den morphologisch-ökologischen Zusammenhang zwischen Körperbau, Lebensweise und Umwelt an. Vergleichbare Phänomene und Zusammenhänge wie zum Beispiel Körperbau und Lebensweise typischer Tiere des Heimatraums oder Vogelzug und Winterschlaf berücksichtigten seit der Jahrhundertwende ebenfalls die Didaktiker des heimatbiologischen Konzeptes (S. 96), zu denen auch, wenngleich in eigener Akzentuierung, der Tiefenseer Landschullehrer gehörte.

Der weitere wissenschaftsgeschichtliche Weg führte – dem Ende der länderkundlichen „Makroskopie" im Zeichen der landschaftsgeographischen Forschung entsprechend (S. 132) – zur zunehmend engeren Umgrenzung des Forschungsgegenstandes[187] als Bedingung der Möglichkeit, die morphologisch-physiognomische Beschreibung in Richtung auf die morphologisch-physiologische Erklärung zu vertiefen.[188] Die Voraussetzungen für die Erforschung auch biozönotischer Wechselbeziehungen zwischen Pflanzen und Tieren (Lehre von den „Biozönosen", „Lebensgemeinschaften") waren damit gegeben.

*„Bereits um die Mitte des vorigen Jahrhunderts hat man erkannt, daß die Pflanzen in der freien Natur nicht in buntem Durcheinander wachsen, sondern in charakteristischen ‚Pflanzengesellschaften' vereint sind. Hierbei handelt es sich aber nicht nur um ein regelmäßiges ‚Miteinanderwachsen' bestimmter Arten, sondern auch um enge physiologische Beziehungen der Pflanzenarten zueinander sowie zu den kennzeichnenden Tierarten, die alle miteinander eine ‚Lebensgemeinschaft' oder ‚Biocönose' bilden, welche in enger Wechselwirkung zur nichtlebenden Umgebung, dem Standort („Biotop"), steht. Biocönose und Biotop, also die gesamte ‚Natur' eines mehr oder weniger in sich abgeschlossenen Raumes, faßt man als ‚Ökosystem' zusammen. Süßwas-*

---

[187] Beispielhaft für die zunehmend engere Eingrenzung und exaktere Untersuchung des Forschungsgegenstandes ist das Hauptwerk von Kraus: Klima und Boden auf kleinstem Raum (1911).

[188] Vgl. Mägdefrau: Geschichte der Botanik, S. 215–224 sowie Troll: Die Lebensformen der Pflanzen, S. 204 ff.

*serseen, Meere, Wälder bilden solche Öksysteme, deren Stoffwechselkreisläufe man schon um die Jahrhundertwende zu ergründen begonnen hat und die gegenwärtig im Brennpunkt ökologischer Forschung stehen."*[189]

Die Wissenschaft wandte sich zunächst der Erforschung mariner Lebensgemeinschaften zu: Darwin stellte biozönotische Zusammenhänge in seiner Schrift „Über den Bau und die Verbreitung der Korallenriffe" (1842) dar. Möbius veröffentlichte 1877 seine bekannte Abhandlung „Die Auster und die Austernwirtschaft". Von Möbius gingen über Friedrich Junge nachhaltige Anstöße zur Reform des Biologieunterrichts im Geiste Humboldts aus.

### 1.1.2.2 Friedrich Junge: „Der Dorfteich als Lebensgemeinschaft" (1891)

Junges Werk „ Der Dorfteich als Lebensgemeinschaft" ist im Rahmen des vorliegenden Rekonstruktionsversuches ein besonderer Stellenwert beizumessen. Es verdeutlicht in exemplarischer Repräsentanz der damals erreichten reformdidaktischen Situation und als Bindeglied zwischen Wissenschaft und Didaktik

- die Abwendung von der im Schulbereich, vor allem im Unterricht der höheren Lehranstalten, noch immer vorherrschenden Lübenschen Systemkunde und ihres katechetischen Verfahrens zugunsten einer am Lebenswissen der Kinder anknüpfenden Form „naturgemäßen" Lernens,[190]

---

189 Mägdefrau: Geschichte der Botanik, S. 224.
190 Lüben beschreibt in seiner „Anweisung zu einem methodischen Unterricht in der Pflanzenkunde" das Verfahren desselben folgendermaßen: „Haben die Schüler ausreichend Material in Händen, so beginnt der Unterricht damit, daß dasselbe einige Minuten still und nach allen Theilen hin betrachtet wird. Der Lehrer benennt darauf hin die Pflanzen und schreibt deren Namen an die Wandtafel, falls dieselben den Schülern nicht schon ganz geläufig sind. Nun beginnt die eigentliche Lehrerthätigkeit. Diese besteht aber nicht darin, daß der Lehrer die Pflanze beschreibt, sondern daß er die Schüler auffordert, alle Theile genau anzusehen und über das Wahrgenommene sich in richtig gebildeten Sätzen auszusprechen. Es sind eben die Schüler, die sich im Beobachten und Beschreiben üben sollen, nicht der Lehrer. Hierbei muß aber eine bestimmte Reihenfolge beobachtet werden, wenn Alles aufgefunden und in verhältnismässig kurzer Zeit besprochen werden soll" (S. XXII). Der Einhaltung der systemgerechten Reihenfolge dient ein Fragenkatalog, der die Schüler veranlaßt, in der Reihenfolge: Wurzel, Stengel, Blätter, Blütenstand, Kelch etc. die Pflanze zu betrachten und zu beschreiben. Junge konnte gegenüber Lüben als Anwalt eines „naturgemäßen" Lernens argumentieren, das stärker am Vorwissen und an den Interessen der Schüler orientiert sei: „Lübens Methode ist nicht naturgemäß, a. in Rücksicht auf die Natur. Die Natur selbst macht doch nicht einen Unterschied zwischen den Organen und deren Thätigkeiten, zwischen dem Sein und dem Leben eines Dinges (...). b. Sie ist nicht naturgemäß mit Rücksicht auf das Kind. Das Kind hat, wenn es in die Schule kommt, sich selbstthätig eine Menge von Anschauungen und Gruppenbegriffen (z.B. Vogel, Baum) bereits angeeignet, indem es selbst oder die Mutter Antwort gegeben hat auf die Fragen: Wer ist das? Was macht es? Womit vollbringt es dies? Wozu ist das da? Dieser Schatz von Wissen wird von Lüben

- den unmittelbaren Zusammenhang hinsichtlich der Sinnrichtung des didaktischen Denkens mit dem kosmologischen Naturverständnis Humboldts (und Goethes),[191]
- die Orientierung am zwischenzeitlich erreichten Stand empirischer Naturforschung, am „Standpunkt der Wissenschaft",[192]
- die Ausrichtung auf die Erschließung allgemeiner biologischer Gesetzmäßigkeiten, der „Gesetze des organischen Lebens" (der „in der Natur gegebenen Normen"),
- die Konzentration auf das Basiskonzept „Leben" und „Lebensgemeinschaft".

---

ignoriert, und dieser durch die Selbstbildung des Kindes und die instinktive Methode einer Mutter gekennzeichnete Entwicklungsgang des Kindes als ein natürlicher wird von Lüben nicht beachtet, sondern gewaltsam unterbrochen" (Der Dorfteich ..., S. 7).

191 Dieser Zusammenhang wird besonders an einem in der Junge-Rezeption oftmals vernachlässigten Teilstück des „Dorfteiches" erkennbar, an dem für das 4. bis 8. Schuljahr entworfenen Lehrgang für den Unterricht in der Naturgeschichte. Dieser führt in Schritten zunehmender Verallgemeinerung und Systematisierung von der einzelmonographischen Behandlung der einheimischen Pflanzen und Tiere über die Erarbeitung ökologischer Wechselbeziehungen in den Lebensgemeinschaften des Heimatraumes (Dorfteich, Strand, Meer, Wald, Feld) und biologischer Gesetzmäßigkeiten zur Darstellung der „Erde als Lebensgemeinschaft". In seinem abschließenden Teil werden die Lebenserscheinungen unter physiologischem, ökologischem und geographischem Aspekt im Hinblick auf ihre Bedingtheit durch allgemeine physikalische Kräfte (Schwerkraft, Licht, Wärme, Elektrizität) und unter dem Gesichtspunkt ihrer gegenseitigen Abhängigkeit betrachtet, bevor der kosmologisch-geographische (biogeographische, ökologische) Lehrgang mit dem Ausblick auf die Entwicklungsgeschichte der Erde und deren Stellung im Sonnensystem seinen Abschluß findet. Erst auf dem Hintergrund dieses Gesamtkonzeptes konnten die jeweils behandelten Lebensgemeinschaften als „Spiegelbild des Ganzen" aufgefasst und damit der Schritt von der Erarbeitung ökologischer Wechselbeziehungen am konkreten lebensräumlichen Objekt zur Anbahnung eines universalen Naturverständnisses im Geiste Humboldts vollzogen werden.

192 Junge kennzeichnet diesen „Standpunkt" und seine didaktischen Konsequenzen folgendermaßen: „Wir müssen uns los machen von dem bloß beschreibenden und deshalb oberflächliche Kenntnis vermittelnden Verfahren im Unterricht, müssen den Unterricht vielmehr seinem Inhalt nach vertiefen, derartig, daß das Kind aus der Schule in das Leben hinaus eine dem heutigen Standpunkt der Naturwissenschaft, die ja der ganzen Zeit ihren Stempel aufdrückt, entsprechende Weltanschauung oder mindestens die Grundlage zu einer solchen mitnimmt, welches seine allgemein-religiöse Überzeugung durchdringt, oder umgekehrt. (...) Schließlich gelangte ich dahin, das von Humboldt der Wissenschaft gesteckte und ihr heutiges Streben bestimmende, von Roßmäßler der Schule für ihren Unterricht empfohlene Ziel zu akzeptieren: Die Erde ist als ein organisches Ganzes zu betrachten. (...) Wie aber ist dieses Ziel zu erreichen? Da galt es vor allem Vertiefung des eigenen Wissens, es galt tieferes Studium des Lebens in der Natur an der Hand von Fachschriften. Von letzteren nenne ich als solche, die mir entschieden zur Klarheit verhalfen, Humboldts Schriften, Karl Müller: ‚Der Pflanzenstaat' (Leipzig), derselbe ‚Wanderungen durch die grüne Natur', Schmarda, ‚Zoologie' (Wien), Claus ‚Grundzüge der Zoologie' (Marburg), Brehms Tierleben, Roßmäßlers Schriften, Ratzeburg, auch Forsters Reisen nicht zu vergessen. Insbesondere habe ich an dieser Stelle auch die Vorlesungen von Professor Karl Möbius in Kiel zu erwähnen" (Der Dorfteich ... S. VI).

Die Sinnrichtung, unter der diese Konzepte aufgefasst und vermittelt werden, geht aus der folgenden Leitformulierung hervor:

*"Es ist ein klares gemütvolles Verständnis des einheitlichen Lebens in der Natur anzustreben. Unterziehen wir zunächst den Inhalt der Forderung einer kurzen Erwägung. Verständnis des Lebens wird gefordert. Was Leben ist, läßt sich nicht definieren, am allerwenigsten vor Kindern. Es kennzeichnet sich durch Bewegung, durch innere allein oder zugleich auch äußere, mit welcher ein steter Wechsel verbunden ist. Diese Bewegungen aber haben durch inneren Impuls ein gemeinsames Ziel, nämlich die Erhaltung bzw. Vervollkommnung des Ganzen. Wollen wir demnach Leben zeigen, so müssen die Schüler Bewegungen und Veränderungen, die auf Erhaltung und Vervollkommnung des Ganzen abzielen, erkennen, kurz, die Nachweisung der Erhaltungsmäßigkeit und der Entwicklung in der Erscheinung muß die Grundtendenz des naturgeschichtlichen Unterrichts sein."*[193]

„Die Beachtung der Gesetze bei der Betrachtung der Individuen und ähnliche Behandlung von Lebensgemeinschaften bildet den Schwer- und Angelpunkt meines naturgeschichtlichen Unterrichts."[194]

Dieser Grundtendenz und Schwerpunktsetzung entsprachen die „Gesetze des organischen Lebens":

1. das für die „Einzelbetrachtung" maßgebliche „Gesetz der Erhaltungsmäßigkeit: Aufenthalt, Lebensweise und Einrichtung entsprechen einander",
2. das für die Behandlung der Lebensgemeinschaften maßgebliche „Gesetz der organischen Harmonie: Jedes Wesen ist ein Glied des Ganzen",
3. das ergänzende
   - „Gesetz der Anbequemung (der Akkomodation), Anpassung: Lebensweise und Einrichtung passen sich (bis zu einem gewissen Grade) einem veränderten Aufenthalte (veränderten Verhältnissen) an, und umgekehrt",
   - „Gesetz der Arbeitsteilung – der Differenzierung der Organe",
   - „Gesetz der Entwickelung: Jeder Organismus entwickelt sich, und zwar aus dem Einfachen heraus zur Stufe der (immerhin relativen) Vollendung",
   - „Gestaltungsgesetz oder das Gesetz der Gestaltenbildung: Die vorhandenen Teile üben auf die hinzukommenden einen Einfluß aus – derart, daß ein Körper von bestimmter Form entsteht",
   - „Zusammenhangs- oder Konnexionsgesetz: Die einzelnen Organe sind von der Gesamtheit und voneinander abhängig",
   - „Gesetz der Sparsamkeit – Sparsamkeit im Raum und in der Zahl."[195]

---

193 Junge, S. 8 f.
194 Ebd., S. 9.
195 Ebd., S. 10–12.

Am Beispiel des Dorfteiches versuchte Junge die Gültigkeit dieser Gesetze zu demonstrieren. Die Pflanzen und Tiere dieses Ökosystems waren daher Gegenstand einzelmonographischer Beschreibung und zugleich der Herausarbeitung ihrer wechselseitigen Abhängigkeiten gemäß der biologischen Definition:

*„Eine Lebensgemeinschaft ist eine Gesamtheit von Wesen, die sich nach dem innern Gesetze der Erhaltungsmäßigkeit zusammengefunden haben, weil sie unter denselben chemisch-physikalischen Einflüssen existieren und außerdem vielfach von einander, jedenfalls von dem Ganzen, abhängig sind, resp. auf einander und das Ganze wirken."*[196]

Junge versteht und wertet „jedes Wesen als einen in sich vollkommenen Organismus", als „eine Einheit in sich". Er sieht daher den Bezug zwischen dem „Einzelwesen" und der „Lebensgemeinschaft" durch das Äquivalenz-Verhältnis der „Wechselseitigkeit" (der wechselseitigen Abhängigkeit und Einwirkung) bestimmt. Dies gilt prinzipiell auch für das Verhältnis von Individuum und Gemeinschaft im gesellschaftlichen Bereich, wenngleich mit unterschiedlicher Gewichtung der Proportionen: als Wechselseitigkeit des „Gebens und Nehmens" hinsichtlich der Ehe und der Stadt, als vorrangige „Abhängigkeit und Dienstleistung des Einzelorganismus" in seinem Verhältnis zum Staat.[197]

---

196 Ebd., S. 33.
197 „Wollen wir, in Gedanken an unser Endziel, unsere Schüler befähigen, daß sie ein Verständnis für das Leben auf der Erde als eines einheitlichen und doch gegliederten erlangen können, so muß das Wesen einer Biocoenose ihnen geläufig werden; denn für ein solches Verständnis kommt ja auch die Produktionsfähigkeit der Erde betreffs organischen Stoffes und der Kampf ums Dasein in Betracht, vor allem aber die Wechselwirkung der einzelnen Glieder auf einander. Z.B. das Gedeihen der Pflanzenwelt beschränkt nicht etwa das Gedeihen des Tierlebens, sondern fördert es, und umgekehrt. Es ist darum für einen gedeihlichen Unterricht absolut notwendig, daß zunächst wir uns das Wesen einer derartigen Lebensgemeinschaft klar machen. Zu dem Zweck mögen noch an einigen menschlichen Gemeinschaften die in's Auge zu fassenden Momente hervorgehoben werden. Man wird beispielsweise von Ehegatten sagen können, sie bilden eine Gemeinschaft. Bei dieser Gemeinschaft denkt man nicht etwa an einen gegenseitigen Kampf ums Dasein, sondern vielmehr, wie ein Teil den andern fördert und beide vereint die Erhaltung und Hebung ihres Hauswesens, eines Ganzen, anstreben.-Die Stadt ferner kann als eine Lebensgemeinschaft angesehen werden. Wohl tritt hier schon Kampf ums Dasein, Konkurrenz, auf, soweit zwei Glieder von absolut gleichen Lebensbedingungen abhängen. Allein im ganzen tritt das Wesen der Gemeinschaft wieder hervor. Jedes einzelne Glied sorgt allerdings für sich; je mehr es aber sein Ziel erreicht, desto mehr wird auch der Wohlstand und die Blüte der Stadt als Ganzes und in ihren einzelnen Gliedern gefördert; und anderseits, wenn ein einzelnes Glied direkt für das Ganze, die Stadt, sorgt, so kommt solches auch ihm selbst wieder zu gute. – Als drittes Beispiel einer Gemeinschaft nenne ich den Staat. Diese Gemeinschaft hat eine noch größere Zahl von Gliedern und die Fäden, durch welche die Einzelnen zusammenhängen, sind noch viel mehr verzweigt und nicht so leicht erkennbar. Trotzdem gilt auch hier: Geben und Nehmen, Dienstleistung und Abhängigkeit des Einzelnen" (Ebd., S. 32 f.).

*1.1.2.3 Die „Dorfteichbewegung" und das heimatbiologische Konzept*

Friedrich Junge wurde durch die von ihm ausgehende „Dorfteichbewegung" zum Wegbereiter der biologischen Reformbewegung der Folgezeit. Otto Schmeil kann als Verfasser seiner programmatischen Schrift „Über die Reformbestrebungen auf dem Gebiet des naturwissenschaftlichen Unterrichts" (1896) sowie weit verbreiteter Lehrbücher und Anschauungsmittel, die der Erarbeitung „allgemeiner biologischer Sätze" unter morphologisch-physiologischem Aspekt dienten, als ihr Schrittmacher gelten.[198]

Die von Junge und Schmeil ausgehende heimatbiologische Tendenz hat sich dann vor allem im Bereich des Volksschulunterrichts durchgesetzt. Sie lag um die Jahrhundertwende den Didaktiken und Lehrbüchern von Kießling/Pfalz, Partheil/ Probst, Seyfert und Kerschensteiner zugrunde.[199]

Ihr folgten in den 20er Jahren die Publikationen von Schmitt, Grupe, Schoenichen Smalian, teilweise auch Brohmer.[200]

Diese Didaktiker vertraten das vor 1933 vorherrschende heimatbiologische Konzept in seiner originären Form. Es ist durch folgende inhaltliche und methodische Grundzüge der Unterrichtsgestaltung bestimmt:

1. Das Ziel des Unterrichts bestand in Übereinstimmung mit der kosmologischen Naturauffassung Humboldts und im Sinne der Leitformulierungen Junges darin, ein emotional fundiertes Verhältnis zur heimatlichen Natur anzubahnen: Liebe zur Natur, Ehrfurcht vor dem Leben.
2. Im Rahmen der heimatbiologischen Begrenzung auf den regionalen Nahbereich wandte sich der Unterricht primär der Behandlung landschaftstypischer Pflanzenformationen oder Lebensgemeinschaften (Laub- und Nadelwald, Heide und Moor, Teich und Strand) bzw. landschaftstypischen Einzelpflanzen und -tieren in ihrer

---

198 Schmeil formulierte seinen reformdidaktischen Standpunkt ebenfalls durch Abgrenzung von der morphologisch-systematischen Richtung und aufgrund kritischer Modifikation der didaktischen Position Junges in seiner Schrift „Über die Reformbestrebungen auf dem Gebiete des naturwissenschaftlichen Unterrichts" (1896). Seinen bekannten Lehrbüchern („Lehrbuch der Zoologie" und „Lehrbuch der Botanik") lag zwar weiterhin eine systematische Anordnung des Lehrstoffs zugrunde, die artmonographische Behandlung der Pflanzen und Tiere des Heimatraumes erfolgte jedoch nicht mehr nach der morphologisch-systematischen, sondern nach der neuen „biologischen" Betrachtungsweise, d.h. unter morphologisch-physiologischem und morphologisch-ökologischem Aspekt. Vgl. zu den Reformbestrebungen Schmeils und zum Unterschied der Positionen Junges und Schmeils die Didaktik von Pasternak/Stockfisch: Die Natur im Unterricht, S. 247 ff.
199 Kießling/Pfalz: Methodisches Handbuch für den Unterricht in der Naturgeschichte (1890); Partheil/Probst: „Die neuen Bahnen des naturkundlichen Unterrichts" (1904); Seyfert: Der gesamte Lehrstoff des naturkundlichen Unterrichts (1899); Kerschensteiner: Betrachtungen zur Theorie des Lehrplanes (1901).
200 Schmitt: Naturgeschichte im Freien (1922); Grupe: Natur und Unterricht (1924); Schoenichen: Heimatkunde und Naturschutz im Unterricht der Naturgeschichte (1924); Smalian: Methodik des biologischen Unterrichts (1926); Brohmer: Die deutschen Lebensgemeinschaften (1936).

lebensräumlichen Gruppierung unter morphologisch-physiologischem und morphologisch-ökologischem Aspekt zu.
3. Die Ausrichtung auf das Naturleben der Heimat bedingte die Anordnung des Lehrstoffs gemäß dem Wechsel der Jahreszeiten und die besondere Beachtung phänologischer Erscheinungen wie zum Beispiel Blüte und Fruchtbildung, Vogelzug und Winterschlaf.
4. Die heimatbiologische Konzentration ermöglichte die Gestaltung des Unterrichts nach den Prinzipien der Arbeits- und Erlebnisschule, da die biologischen Lebensphänomene an den Lernorten der Schule der unmittelbaren Anschauung und erlebnishaften Begegnung zugänglich waren: Umgang mit Pflanzen und Tieren, Beobachten und Bewirken von Naturvorgängen in der Sinnrichtung des praktischen Tuns oder des Versuches; Vivarien, Schulgarten, Exkursionen u. dgl.
5. Im Vollzug dieses Unterrichts mit seinem heimatkundlichen Inventar von Lerngegenständen und Vermittlungsformen konnten wiederkehrend die Grundphänomene des Lebens wahrgenommen und in ihrer gesetzmäßigen Abfolge bzw. Bedingtheit erkannt werden: Wachstum und Entwicklung, Vermehrung und Fortpflanzung, Verhalten und Anpassung u. dgl.

Die Orientierung am heimatbiologischen Ansatz spricht aus der nachstehenden Leitformulierung der preußischen „Richtlinien zur Aufstellung von Lehrplänen für die oberen Jahrgänge der Volksschule" von 1922:

*„In der Pflanzen- und Tierkunde liegt der Schwerpunkt nicht in der zergliedernden Beschreibung, sondern in der Beobachtung der Lebenserscheinungen und ihrer ursächlichen Verknüpfung mit dem Bau der Pflanzen und Tiere und in den Hinweisen auf die Verwertung und volkswirtschaftliche Bedeutung der Naturerzeugnisse. Bearbeitung eines Schulgartens und die Pflege von Tieren in Aquarien, Terrarien und Insektarien durch die Kinder können die Zwecke des Unterrichts wirksam fördern."*[201]

Der anklingenden praktischen Aufgabenstellung wird für die Arbeit der Landschulen besondere Bedeutung beigemessen:

*„Namentlich haben die Schulen in ländlichen Orten die Erfordernisse, die der Betrieb der Landwirtschaft an die künftig in ihr Tätigen stellt, ausgiebig zu berücksichtigen, während in Großstadtschulen die technischen und gewerblichen Gesichtspunkte in den Vordergrund treten. Aber auch hier hat der Unterricht der Bedeutung, den Grundlagen und den Hauptformen der landwirtschaftlichen Erzeugung Beachtung zu schenken. Der Blumenpflege, der Kleintierzucht und ähnlichen, erziehlich wertvollen häuslichen Beschäftigungen ist an allen Schulen in angemessenem Umfange Rechnung zu tragen."*[202]

---

201 Richtlinien des Preußischen Ministeriums...(1931), S. 52.
202 Ebd.

*1.1.2.4 Politisierungstendenzen in der Weimarer Republik und NS-Zeit*

Die Richtlinien von 1922 behielten bis zum Erlass der NS-Lehrpläne des Jahres 1938 ihre Gültigkeit. Jedoch die Erlasslage und der Trend des didaktischen Denkens begann sich, wie Ä. Bäumer-Schleinkofer in ihrer Studie „NS-Biologie und Schule" (1992) ausführt, bereits während der Weimarer Zeit in zunehmendem Maße zu verändern:

*„Die Lehrpläne für die höheren Schulen Preußens von 1925 zeigen eine zunehmende Politisierung des Biologieunterrichts. Dem Biologieunterricht wurden politische Funktionen im Rahmen staatsbürgerlicher und nationaler Erziehung übertragen …"*[203]

Zum Beleg wird u.a. folgende Passage der Richtlinien zitiert:

*„Wenn die pflanzlichen und tierischen Erzeugnisse der Kolonialländer mit ihrer wirtschaftlichen Verwertung besprochen werden, wird die Notwendigkeit deutschen Kolonialbesitzes deutlich. Ein vertieftes Verständnis des reiferen Schülers für das Wesen einer Lebensgemeinschaft wird ihn auch den Staat als eine solche kennen lehren und ihm die unlösliche Verbundenheit seiner Glieder zeigen. Ist der Schüler an biologisches Denken gewöhnt, so wird er die biologischen Wahrheiten auch auf das Leben der Menschen untereinander anwenden und sie damit für sein persönliches und öffentliches Leben fruchtbar machen wollen."*[204]

In Fortsetzung des kritischen Resümees heißt es dann:

*„Weiterhin wurden Gesetze der Staatenbildung bei Tieren auf die menschliche Gesellschaft übertragen und ein stark heimatorientierter Unterricht angestrebt. Zwar sollte die Heimatverbundenheit nur den Naturschutzgedanken fördern, dennoch wurden hier die Wurzeln für die nationalsozialistische Lehre von ‚Blut und Boden' gelegt. Die Darwinsche Entwicklungslehre sollte als Hypothese behandelt werden, aus der aber keine weltanschaulichen Konsequenzen zu ziehen seien. Schon vor 1933 erschienen zahlreiche Schriften, die eine Berücksichtigung der Rassenlehre und Rassenhygiene im Biologieunterricht forderten. Insgesamt läßt sich feststellen, daß gegen Ende der Weimarer Republik politisch-weltanschauliche Gesichtspunkte die Oberhand im Biologieunterricht gewannen; diese Entwicklung fand ihren Höhepunkt im Dritten Reich."*[205]

Die hier angedeutete Politisierungstendenz kann in ihrer zunehmenden NS-ideologischen Ausrichtung am exemplarischen Fall einiger Publikationen von Brohmer, dem damals führenden Vertreter des Lebensgemeinschaftsgedankens und der NS-Biologie, verdeutlicht werden:

---

203 S. 81 f.
204 Ebd., S. 82.
205 Ebd.

1923 erschien die noch im Geist damaliger Staatsbürgerkunde verfasste „Erziehung zur Staatsgesinnung durch arbeitskundlichen Biologieunterricht".

Die schon vor 1933 bearbeitete und im Jahr des Machtwechsels veröffentlichte Didaktik „Biologieunterricht und völkische Erziehung" gab dann dem nationalen Bildungsgedanken in seiner zeittypischen Begrifflichkeit Ausdruck.

1935 folgte „Mensch – Natur – Staat. Grundlinien einer nationalsozialistischen Biologie".

1936 reagierte der beflissene Autor auf die zwischenzeitlichen Erlasse zur Einführung der Rassenkunde in den Schulen Preußens und des ganzen Reiches mit dem Titel „Biologieunterricht unter Berücksichtigung von Rassenkunde und Erbpflege".

1943 setzte Brohmer in seinem „Unterricht in der Lebenskunde" mit der Ausformulierung der NS-pädagogischen „Lebensgesetze" einen abschließenden Akzent.

Bäumer-Schleinkofer ordnet diese Titel dem NS-Genre einer Deutschen Biologie zu. Es ist aber für den hier vorliegenden Versuch einer Einordnung der Landschularbeit Reichweins in den fachdidaktischen Kontext seiner Zeit bemerkenswert, daß eine eindeutige Unterscheidung zwischen jenem Ansatz politisierten didaktischen Denkens und dem traditionellen heimatbiologischen Konzept kaum möglich ist, gab es doch neben der Spezifik NS-ideologischer Zielformulierungen und Aufgabenstellungen bemerkenswerte Schnittmengen vor allem im thematischen Bereich. Weitgehende Übereinstimmung bestand überdies in der methodischen Orientierung an den Prinzipien arbeitsschulmäßigen Lernens. Ein Blick auf Brohmers Didaktik aus dem Jahre 1936 mag dies verdeutlichen.

Die Formulierung der Leitziele erfolgt in eindeutiger NS-ideologischer Ausrichtung:

> „Das Ziel des Biologieunterrichts kann nicht mehr in einer Fülle von Kenntnisssen gesehen werden, sondern in seinem Teilhaben am nationalsozialistischen Erziehungswerk. Er muß in dieser Hinsicht eine arbeitsteilige Aufgabe leisten, muß im Verein mit anderen Fächern an der Erziehung zu deutschen Menschen teilnehmen. Er muß dazu beitragen, im Jugendlichen eine Einsatzbereitschaft für unseren völkischen Staat zu schaffen, die fest in einer lebensgesetzlich begründeten Weltanschauung verwurzelt ist. Dieser Aufgabe müssen die erarbeiteten Erkenntnisse dienen; je reicher und tiefer sie sind, aber auch je gründlicher sie ausgewertet sind, desto fester verankern sie den Nationalsozialismus, der ja nach Hans Schemms Wort ‚politisch angewandte Biologie' ist."[206]

Im anschließenden Lehrplanentwurf sieht Brohmer dann aber zunächst die Behandlung konventioneller heimatbiologischer Themen vor:

5. Schuljahr: Haus, Hof und Garten als Lebensgemeinschaft, Tiere und Pflanzen auf der Straße, in Anlagen und Parks;

---

206 Ebd., S. 13.

6. Schuljahr: Wiese, Wald und Moor als Lebensgemeinschaften;
7. Schuljahr: Feld, Teich oder See, das Meer als Lebensgemeinschaften, Zusammenstellung der erkannten Gesetze des lebensgemeinschaftlichen Geschehens.

Erst den folgenden Schuljahren sind dann in zunehmendem Maße NS-biologische Themen und Aufgaben gestellt:

8. Schuljahr: Der Aufbau der Lebewesen aus Zellen, Geweben, Organen, der Organismus als Ganzes, Tierstöcke und Tierstaaten, allgemeine Vererbungslehre;
9. Schuljahr: Menschenkunde einschließlich menschlicher Vererbungslehre, Familien- und Rassenkunde sowie Rassenhygiene nebst Bevölkerungspolitik, der Staat als Lebensgemeinschaft. „Die Unterrichtsaufgabe: Der ‚Staat als Lebensgemeinschaft' ist als Abschluß des Biologieunterrichts gedacht. Es handelt sich hierbei weniger um erkenntnismäßige Ziele als um solche nationalpolitischer Einwirkung. Wie durch ein Brennglas eine Anzahl von Lichtstrahlen vereinigt werden, soll hier der politisch-weltanschauliche Gehalt des Biologieunterrichts zusammengefaßt werden. Die Gedankengänge, die bereits früher zu diesem Ende gezielt haben, werden zusammengefaßt und mit den Erkenntnissen aus der Vererbungslehre, der Familien- und Rassenkunde, der Rassenhygiene und Bevölkerungspolitik verknüpft. Der Schüler der Volksschule tritt jetzt ins Leben; am nachhaltigsten wirken auf ihn Belehrungen der letzten Stunden vor seiner Entlassung, vorausgesetzt, daß sie wertvollen Inhalt haben. Hier soll ihm eine Einstellung zum Staat gegeben werden, die ihm sein ganzes Leben erfüllen soll und ihm seine eigene Berufsaufgabe vertieft, die ihm aber auch den Glauben an ein ewiges Deutschland stärkt."[207]

In diesen Didaktiken fanden die neuen NS-biologischen Themen- und Aufgabenstellungen Berücksichtigung. Diese sind sowohl der heimatbiologischen Traditionslinie zuzuordnen, als auch – entsprechend dem Ansatz der politischen Geographie (S. 124) – der Evolutionstheorie (Darwin), dem Sozialdarwinismus (Haeckel), der Vererbungslehre (Mendel), der Rassenkunde und Eugenik (Galton, Gobineau, Schallmeyer, Ploetz) und der völkischen Hysterie in Deutschland (Hentschel, von Liebenfels, Lenz).[208]

Das Basiskonzept „Leben" und „Lebensgemeinschaft" blieb weiterhin von zentraler Bedeutung. Es wurde jedoch im Sinne der neuen NS-ideologischen Leitformulierungen und Lebensgesetze (S. 107 ff.) uminterpretiert und damit im Vergleich zu seinem originären Verständnis bei Junge und Humboldt pervertiert.

---

207 Ebd., S. 180.
208 Vgl. Bäumer: NS-Biologie. Abschnitt: Biologismus-Darwinismus-Lamarckismus, S. 55–69 u. Eugenik und Rassenhygiene, S. 73–89 sowie Becker: Zur Geschichte der Rassenhygiene (1998) u. Sozialdarwinismus, Rassismus, Antisemitismus (1990); Schernikau: Das Täterprofil bürgerlicher Wissenschaft, S. 5–7.

## 1.2 Einordnung der Reformarbeit Reichweins

### 1.2.1 Zur didaktischen Gestalt und Begründung des Unterrichts

Der die Wege seines heimatbiologischen Unterrichts nachzeichnende Landschullehrer hat die Sinnrichtung, thematische Vielfalt und Methode seines Unterrichts in einer ebenso plastischen wie reflektierten Textpassage charakterisiert:

> *„Der Umgang mit der Natur während der warmen Jahreszeit stellt die Werkaufgaben, in denen die Beobachtung kristallisiert, ganz von selbst. Mit der ersten Frühlingssonne stoßen wir im Gewächshaus auf die Anfänge des Keimens und Wachsens, einfache Bodenanalyse und Düngungsversuche bilden den Ausgangspunkt für die Beobachtung der Pflanze auf ihr Verhalten zur Umwelt. Der offene Schulgarten bietet ein selbstverständliches Ergänzungsfeld. Keimversuche führen zu den grundlegenden Einsichten in den Ernährungskreislauf der Pflanze. Die Nistkästen, im Winter vorsorglich gebaut, sammeln eine Vogelschar, deren Lebenskampf und Lebensaufbau, bis zum spätsommerlichen Abzug der jungen Generation, fast täglich neue Möglichkeiten bietet, zu beobachten, zu fragen und festzustellen. Die Beobachtung der Wildpflanzen, insbesondere der Unkräuter, führt zu der Unterscheidung von Wild- und Kulturpflanzen. Durch die eigenen Pflanzversuche stoßen wir dann zu den ersten Fragen der Pflege und Züchtung, der pflanzlichen Lebensgemeinschaften unter sich und mit dem Menschen. Und mit der Pflanze tritt zugleich das Tier in den engsten Bereich des Menschen. Umgang mit Haustieren, mit gezüchteten Formen also, gehört zu dem täglichen Leben des Landkinds ..."*[209]

Mit Blickwechsel von der praktischen zur meta-praktischen Sinndimension des Unterrichts heißt es sodann:

> *„ ... Aber wir wollen ja weiter, über Zufälligkeiten hinaus zu den Ordnungen des Lebens. Wie wir an unseren Versuchen das Gesetz ablesen, das den Kreislauf des pflanzlichen Lebens bestimmt, so wollen wir auf den Grund des tierischen Daseins kommen. Der Erzieher weiß, daß es sich dabei um mehr als nur Anpassung handelt, nämlich um eine selbstgeschaffene Ordnung, um eine – instinktiv begründete – Gestaltung des gemeinschaftlichen Seins der Tiere. So wählten wir als stellvertretendes Beispiel, weil es uns auf geschichtlich gestaltete Ordnungen ankam, für unsere Versuche die Honigbiene."*[210]

Die Möglichkeiten der freien Naturbetrachtung in seine Ausführungen mit einbeziehend, fährt der Bericht erstattende Kommentator fort:

---

209 SSV., S. 25 f.
210 Ebd., S. 26.

> „Wir setzen als selbstverständlich voraus, daß ein reicher Bestand an heimatlichen Pflanzen- und Tierformen dem Kinde nach Name, Art und wichtigsten Lebensgewohnheiten bekannt ist. Aber eine Naturkunde, die bei dieser äußerlichen Kenntnis haltmachte, wäre genau so dürftig wie eine Geschichtsdarstellung, die sich auf den äußeren Ablauf einer Ereigniskette und ein oberflächliches Wissen von Daten und ‚Tatsachen' beschränkte. Das Gerippe einer Sache im Kopf haben, heißt noch nicht ihre Struktur, das Tragende, die Ordnung des Gefüges begreifen. Und doch kommt es gerade darauf an."[211]

Er vertieft seine didaktischen Überlegungen in der Ausformulierung des Grundsätzlichen:

> „Unsere Erziehung ist wesentlich eine politische, d.h. wir erziehen Menschen zum Gemeinsinn, zum Sein und Handeln in der Gemeinschaft. Darum ist alle unsere Arbeit, alles Beobachten und Durchdenken von dem Bemühen durchdrungen, aufbauende, ordnende Kräfte zu entdecken, Lebensgemeinschaft am Werk zu sehen, am Modell gewissermaßen zu studieren (Saatbeet – Bienenwabe); und daran die Zusammengehörigkeit, die innere Geschlossenheit des natürlichen Daseins zu erkennen. Die Strukturen des natürlichen Seins, so wie wir sie am stellvertretenden Modell studieren, werden uns zu Sinnbildern unseres eigenen menschlichen Seins. Sie stellen die einfachen, einsichtigen, anschaubaren Fälle dar, an denen dem Kinde die ersten Ahnungen und Lichter aufgehen: So also vollzieht sich Leben."[212]

Das „So also vollzieht sich Leben" Adolf Reichweins entspricht dem „Wollen wir demnach Leben zeigen … " Friedrich Junges. Beide Formulierungen bringen den reformdidaktischen Ansatz, der seit dem Ende des 19. Jahrhunderts Eingang in den Schulunterricht fand, in seiner bündigsten begrifflichen Fassung zum Ausdruck.

„Leben zeigen" bedeutete vor allem für die Stadtschule die Gestaltung eines künstlichen „Naturrahmens", um innerhalb desselben, wie bereits angedeutet, den weitgehend fehlenden Umgang mit Pflanzen und Tieren und deren Beobachtung zu ermöglichen. Lehrausflug und Klassenreise dienten zugleich der Aufgabe, naturnahe außerschulische Lernorte in das Blickfeld des Unterrichts zu rücken. Die Landschule aber konnte sich in der Regel auf den außerschulischen Lebens- und Erfahrungsbereich ihrer Schüler konzentrieren, indem sie deren freie Naturbeobachtungen in den Unterricht einbezog oder durch die Schaffung von lebensnahen Erfahrungszentren: Schulgarten, Schulwald, Bienenbeobachtungsstände sind hier als typische Landschul-Lernorte zu nennen. Reichwein deutet dies in seinem didaktischen Grundriss an. Hinsichtlich der freien Naturbetrachtung führt er an anderer Stelle in ergänzender Weise aus:

---

211 Ebd.
212 Ebd., S. 26 f.

*"Auf dem Lande gehört es zu den Selbstverständlichkeiten, daß der gesamte Unterricht von einem breiten Fundament naturkundlicher Anschauung und Lehre getragen wird. Es wäre eine Sünde gegen einen unserer wichtigsten erzieherischen Grundsätze, wenn wir den kindlichen Reichtum an unmittelbarer Naturerfahrung nicht ausschöpften und für die Gewinnung von Grundeinsichten in die natürlichen Prozesse auswerteten. Die Kinder erleben natürlich am leidenschaftlichsten die Tierbeobachtung, weil das Tierleben voller Handlung ist. Sie sind darin unermüdlich und erfinderisch wie primitive Jäger. Mäuse, Ratten, Eichkater, das Raubzeug in der Luft und auf der Erde, Wildschweine, Rehe und Hasen sind ihnen gleich vertraut. Es bedarf kaum der Hinweise; diese Zwiegespräche mit der Natur entwickeln sich von selbst, ohne Anstoß. Man braucht nur anzurühren, und eine Fülle von Beobachtungen wird ausgeschüttet."*[213]

Über diesen heimatbiologischen Gelegenheitsunterricht hinaus aber ist im Report des Landschullehrers von Lehrausflügen, zum Beispiel zu den nahegelegenen Lebensgemeinschaften der mit Wäldern und Seen reichhaltig ausgestatteten Tiefenseer Landschaft, nur am Rande die Rede.

Die inhaltliche Konzentration des Unterrichts, sein markanter thematischer Zuschnitt, scheint mir letztlich nicht primär in der Situation der Landschule begründet zu sein, sondern in der Spezifik Reichweinscher Pädagogik, die in metapraktischer Persektive gerichtet war auf die Erschließung weniger kategorialer Grundeinsichten im Vollzug eines methodisch mehrdimensionalen Unterrichts mit stringenter inhaltlicher Linienführung in der Tiefendimension des Grundsatzes: „So also vollzieht sich Leben".

Die Arbeit eines Sommers war daher im heimatbiologischen Bereich konzentriert auf „Keim- Saat- und Wachstumsversuche an Pflanzen" (Pflanze – Keimung – Ernährung – Böden) und auf die „Bienenbeobachtung" (Tiere – Daseinskampf – Daseinsordnung).

### 1.2.2 Das Vorhaben: „Bienenbeobachtung" (Bau des Bienenbeobachtungsstandes)

*1.2.2.1 Das Gestaltungsmuster und der Verlauf des Unterrichts*

Die von der Schulgartenarbeit abzweigende Unterrichtseinheit „Bienenbeobachtung" gehört für mich in der Einheit und Mannigfaltigkeit der didaktisch-methodischen Dimensionen zu den besonders eindrucksvollen Lehrkunst-Exempeln Reichweins. An seiner didaktisch-methodischen Bauform wird ein wiederkehrendes Gestaltungsmuster (S. 103, S. 115, S. 153, S. 205) erkennbar:

---

213 Ebd., S. 33 f.

*Erstens*: Die stringente inhaltliche Konzentration des Unterrichts auf die Erschließung fundamentaler Aspekte („Lebensgemeinschaft am Werk sehen", „So also vollzieht sich Leben") und grundlegender Einsichten (Leben einer „Tiergemeinschaft") am exemplarischen Fall bzw. repräsentativen Phänomen (der Honigbiene) und in der anschließenden Phänomenreihe (Waldameisen; Wespen, Hornissen) – dies im Sinne des Grundsatzes:

> *„Also bauen wir zufälliges Beobachten zum planvollen Schauen aus. Wir führen den kindlichen Blick tiefer in die Gründe und Zusammenhänge. Wir wählen wenige ,Fälle', verweilen lange und suchen sie in unseren bescheidenen Grenzen auszuschöpfen."*[214]

*Zweitens*: Die Realbegegnung mit dem Lerngegenstand in Verbindung mit vielfältigen Formen medialer Vermittlung durch Literatur, Bild und Film.

Der kreative Lehrer überrascht hier vor allem mit dem Einfall, die Beobachtung durch den Einsatz von vier Filmen aus dem Hochschulbereich über das Sinnesleben der Bienen[215] vorzubereiten und auf diese recht unkonventionelle Weise „Ordnung und Methode" in die Forschungsarbeit der Landschulkinder zu bringen. Er realisiert damit eine im Erfahrungshorizont seiner Schüler liegende, auf anschauliche Phänomene gerichtete Form wissenschaftsorientierten Lernens.

*Drittens*: Die Einbeziehung kind- und sachgerechter Formen praktischen Tuns in den vielfach vernetzten Arbeits- und Lernzusammenhang.

Der Methodiker stellt seine Könnerschaft insbesondere dadurch unter Beweis, dass er über die zumeist praktizierte Form der Beobachtung des Bienenlebens am fertigen Beobachtungsstand hinausgeht und diesen mit seinen Schülern selbst herstellt. Er bringt durch diese Form der „werklichen Selbstbetätigung" nicht nur eine zusätzliche „praktische" Motivation ins Spiel, sondern auch die Möglichkeit, den Lerngegenstand „Tiergemeinschaft"/„Honigbiene" in werktechnischer Perspektive unter der Frage nach dem „Wie" und „Warum" der Konstruktion in den Fragehorizont seiner Schüler zu rücken:

> *„Vorbild für den eigenen Bau ist v. Frischs Beobachtungskasten, wie er in den angeführten Filmen zu sehen ist, und in dem Werke ,Die ›Sprache‹ der Bienen' aus Zeichnungen und Fotos ungefähr begriffen werden kann. Wir müssen einige technische Ergänzungen selbst hinzufügen, um schließlich eine fertige Werkskizze in der Hand zu haben. Der Bau wird dann in enger Arbeitsgemeinschaft mit einem Fachmann aus dem Dorfe durchgeführt. Bretterabfälle werden vom Sägewerk geholt, zurechtgesägt und gehobelt, und so entstehen für Holzrahmen, Trichter, Tisch und Ständer nur ganz geringe Kosten ..."*[216]

---

214 SSV, S. 35.
215 C3 „Farbensinn der Bienen", C4 „Sprache der Bienen", C37 „Geschmackssinn der Bienen", C56 „Geruchssinn der Bienen".
216 FLS, S. 52.

Und weiterhin heißt es – die biologisch bedeutsamen technischen Details andeutend:

*„Beim Bau des Bienenkastens sind eine Reihe von Feinheiten genau zu beachten: das innere Holzgefüge – zwischen der beiderseitigen Verglasung – muß nach dem Einsetzen der Waben genügend Spielraum für die freie Bewegung der Bienen lassen; aber auch nicht zuviel, damit möglichst keine Gelegenheit für Wildbau besteht. Die Kinder müssen also ihre kleinen Zubringerdienste mit besonderer Genauigkeit ausführen. Der Weg zum Futtertrog im Kasten für blütenarme oder regnerische Sommerwochen muß frei sein. Die Seitendeckel zum Abdecken der Glasfenster sollen gut gepolstert werden, damit übermäßiger Wärmeverlust vermieden wird. Der Flugtrichter muß dicht am Kasten sitzen, damit den Arbeitsbienen nur ein Weg für Ab- und Rückflug bleibt: nämlich der für die Beobachtung wichtige Flugtrichter und nicht außerdem noch Seitenwege."*[217]

Der Verlauf des an die Werkarbeit anschließenden Beobachtungsunterrichts geht aus folgenden Sätzen hervor:

*„Zu den dramatischsten Dingen, die sich uns dabei erschlossen, gehörten die Rundtänze der Bienen um eben zurückgekehrte Kundschafter, die eine neue Honigquelle entdeckt hatten (für die Versuche waren ‚künstliche' Honigquellen in der Umgebung aufgestellt). Wir erfuhren auf diese Weise erstaunliche Dinge über die Verständigung der Bienen untereinander und erlebten ein ganzes System abgeklärter sozialer Ordnung. Und zu dem Feierlichsten gehörte die von unseren Arbeitsgruppen stundenlang und tagelang beobachtete Eiablage der Königin, die während ihres Tuns ebenfalls von einem ganzen Kreis der Arbeitsbienen gestreichelt und umtanzt wurde."*[218]

Der Beobachtungsunterricht fand, dem Gestaltungsmuster entsprechend, in engem zeitlichen und inhaltlichen Zusammenhang mit der Lektüre von Sachtexten statt:

*„Wir fanden die Bestätigung und Deutung des Gesehenen in den bienenbiologischen Untersuchungen, die uns zur Hand waren, und erschlossen uns selbst ein ganzes, in sich gerundetes Bild von Tierwelt, das auf Daseinskampf nach außen und gegenseitiger Hilfe nach innen begründet ist. Brutpflege, Arbeitshilfe und Arbeitsordnung, Teilung der sozialen Aufgaben – kurz eine Fülle von Einsichten schenkte uns dieser Kasten auf dem Raum eines Quadratmeters."*[219]

Bis dahin hatten sich die jungen Bienenforscher gemeinsam mit ihrem Mentor grundlegende Einsichten in die soziale Ordnung des Bienenstaates erarbeitet. Dann nahm

---

217 Ebd., S. 52 f..
218 SSV, S. 40.
219 Ebd.

die Natur die inhaltliche Dramaturgie des Unterrichts, dessen unvorhergesehener Höhepunkt noch nicht erreicht war, selbst in die Hand:

*„Und zuletzt, nachdem die Sommerarbeit geleistet, der Honig eingetragen war, kam die Katastrophe mit den Wespen. Unser Volk war schwach an Zahl. Während die Wespen vor den starken Völkern und Völkergruppen nur gierig tanzten, aber nicht wagten, in den fremden Bereich einzudringen, nahmen sie den Kampf mit unseren Bienen auf. Als echte Räuber griffen sie dort an, wo ihnen der Widerstand nicht ernsthaft gefährlich werden konnte. Der Kampf ging tagelang. Wir hielten uns nicht für befugt, einzugreifen. Die Natur hatte das Wort. Und ihrem Schicksal sei hier freier Lauf zu lassen, war unsere Meinung. Es war für uns ein beispielhafter – und doch für alle auch wieder beispielloser – Kampf zwischen der einseitig auf Arbeit und produktiven Aufbau hin entwickelten, in der Wehrhaftigkeit verkümmerten, aber staatlich hochwertigen Art und einer ihr geradezu entgegengesetzten, nur auf Raub, Ausbeutung, Strukturvernichtung, Schmarotzertum gerichteten, aber äußerst wehrhaften Wildform. Wir erlebten, wie eine einzige Wespe in wenigen Minuten mitten aus dem Schwarm heraus drei, vier, fünf Bienen tötete. Über die Einzelheiten der Kämpfe wäre viel zu erzählen. Die letzten Bienen wagten sich nicht mehr aus dem Bau. Die Wespen siegten bis zur Vernichtung. Fürs nächste Jahr sind wir nun entschlossen, den Dingen doch, wenn es notwendig werden sollte, durch unseren Eingriff eine andere Wendung zu geben. Denn wir wissen ja nun, was beide Seiten einzusetzen haben, und warum im freien Spiel- und Kampfraum der Natur nur dieses Ende möglich war."*[220]

Zum Abschluss seines Berichtes kommentiert und bilanziert der sozial engagierte Landschullehrer:

*„Es handelte sich in jedem Fall um die Gewinnung sozialer Erkenntnisse, die für das Verständnis der eigenen Gemeinschaft und des großen Gemeinwesen Volk von Bedeutung sind. Neben dem ‚Naturkundlichen' im engeren Sinne kam es uns immer auf diese soziale Sicht im menschlichen Verstande an."*[221]

Dieser Satz weckte bei einigen Teilnehmern meines Seminars das Bedürfnis, die Tiefenseer Naturkunde mit ihrer Ausrichtung auf den Grundgedanken der Lebensgemeinschaft hinsichtlich ihrer Beziehungen zur NS-Biologie kritisch zu befragen: Sind Berührungspunkte oder Überschneidungen erkennbar, die über den Gebrauch der zeittypischen organologischen Metaphorik hinausgehen? Welche „sozialen Kenntnisse" sollen am Beispiel des Bienenstaates gewonnen werden, in dem das Leben der „Teile" sich im Dienste des „Ganzen" erschöpft und verbraucht? Liegt ein biologistischer Denkansatz vor?

---

220 Ebd., S. 40 f.
221 Ebd., S. 41.

*1.2.2.2 Zum Tier/Mensch-Vergleich bei Reichwein*

Wir suchten in den beiden Schulschriften nach weiteren Textpassagen zum Verhältnis Tier/Mensch bzw. Natur/Gesellschaft.
Wie ist, so fragten wir, die folgende Kommentierung zu verstehen?

*„Unter den naturkundlichen Themen sind von besonderer Bedeutung jene, die das Tier in Gesellschaft zeigen, familiengründend, staatsbildend, sozial geordnet. Nicht nur, weil die hierher gehörigen Filme das Tier innerhalb der Gruppe nach innen, gegen den Feind nach außen, als handelndes, wehrhaftes und kämpfendes zeigen, in einer tätig gesteigerten und darum packenden Lebensform, sondern auch, weil das sozial hochentwickelte Tier dem Erzieher Gelegenheit gibt, vielerlei Vergleiche mit unserem eigenen menschlichen Gruppen- und Gemeinschaftsleben anzustellen, die gerade dem kindlichen Anschauungsvermögen angemessen sind. Die Begriffe ‚Volk' und ‚Staat' werden hier nicht nur als solche lebendig, sondern sind auch in der Wirklichkeit anschaubar verkörpert."*[222]

Hilfreich und weiterführend war für uns dann die Eindeutigkeit der Aussage, die wir im Zusammenhang mit der nachstehenden Kommentierung des Jahresplan-Themas „Der gemeinschaftsbildende Mensch" fanden:

*„Dieses ganze Feld ist geistig erfüllt von der Gestalt des schaffenden Menschen, der durch Leistung, geschultes Können, soziale Ordnung seiner Willenskräfte in und über der vorgegebenen Natur sein eigenes Reich schafft. Das Feld ist also zugleich erfüllt von Impulsen, die wegweisend sind für die Erkenntnis politischer Grundkräfte."*[223]

In Übereinstimmung mit diesem nicht-biologistischen, sondern anthropologischen Verständnis wird an anderer Stelle „Die Instinktgrundlage des Insektenlebens" abgehoben vom „Wesen des menschlichen Schaffens aus Geist und Vernunft."[224]

Auf dem Hintergrund dieser Formulierungen wurde uns endgültig klar, dass die Phänomene des Bienenlebens, denen sich der Landschullehrer mit seinen Kindern in gezielter Beobachtung und reflektierter Betrachtung zuwandte, nicht als *Abbilder* oder *Vorbilder* des eigenen sozialen Lebens zu verstehen sind, sondern als *Sinnbilder*. Als solche wollen sie befragt, bedacht, im gemeinsamen Gespräch gedeutet werden. Welche Vergleiche fanden die Kinder? Wie argumentierte der Lehrer? Standen seine Schüler nicht zeitgleich mit seinem Bemühen, ihnen im antikapitalistisch-sozialistischen Sinne „Lebensgemeinschaft am Werk" zu demonstrieren, unter dem Einfluss der Volksgemeinschaftsideologie des NS-Staates? Auch diese war im Zwielicht der NS-Propaganda auf „Daseinskampf nach außen und gegenseitige Hilfe nach innen" gerichtet.

---

222 FLS, S. 47.
223 SSV., S. 30.
224 FLS, S. 51 f.

Von entscheidender Bedeutung schien uns letztlich die Absicht zu sein, dem Geschehen im „freien Kampf- und Spielraum der Natur" zukünftig „eine andere Wendung" zugunsten des Bienenvolkes geben zu wollen – also im Sinne einer Parteinahme für jene Kräfte, die Reichwein in seiner Grundsatzformulierung als „aufbauend" und „ordnend" bezeichnet, die gerichtet sind, wie Junge formuliert, „auf Erhaltung und Vervollkommnung des Ganzen".

*1.2.2.3 Zum Tier/Mensch-Vergleich bei Brohmer (NS-Biologie)*

Wir wandten uns dann den Publikationen Brohmers unter der Frage zu, wie das Verhältnis Tier/Mensch bzw. Tierstaat/Gesellschaft in seinen Didaktiken abgehandelt wird.[225] Als Ergebnis unserer (spannenden) Recherchen fanden wir, dass seinen Ausführungen folgendes Argumentationsmuster zugrunde liegt: Er entwickelt sein didaktisches Konzept jeweils in kritischer Auseinandersetzung mit den Reformbestrebungen Junges und Schmeils. Im Mittelpunkt steht dabei das erste der Jungeschen Lebensgesetze „Jedes Wesen ist ein Glied der Gemeinschaft". Brohmer versteht es als Ausdruck einer „liberalistischen Einzelschau" der Lebewesen, die hinsichtlich des funktionalen Zusammenhangs von Körperbau, Lebensweise und Umwelt lediglich unter einem „Zweckmäßigkeitsgedanken" betrachtet würden. Er meint eine letztlich individualistische und intellektualistische Orientierung feststellen zu können, die dem Geist des überwundenen liberalistischen Zeitalters angehöre. Diesem Ansatz stellt er sodann seine „überindividualistische Natur- und Lebensauffassung" gegenüber, die begründet sei zum einen in der „Wandlung des biologischen Weltbildes seit der Jahrhundertwende" im Sinne einer „Ganzheitsschau" und zum anderen in der mit dieser angeblich korrespondierenden nationalsozialistischen Weltanschauung:

*„Der rote Faden, der sich durch die Bücher dieses Zeitalters zieht, ist der Zweckmäßigkeitsgedanke, der auch das Handeln der Menschen beeinflußte. Wir aber wollen, daß der Biologieunterricht zu einer Lebensauffassung führt, in der Pflicht und Verantwortung das Wollen entscheidend gestalten, und an die Stelle des Handelns nach Zweckmäßigkeitsgründen fordern wir das nach dem Gesetz des Blutes und der Ehre. Nur wenn das Kind in allen Schulfächern zur ganzheitlichen Betrachtungsweise geführt wird, wird es innerlich so geformt werden, daß es von der nationalsozialistischen Weltanschauung erfüllt ist, ja gar nicht mehr anders denken und handeln kann als in diesem Geiste. Der lebenskundliche Unterricht hat dabei eine wichtige Aufgabe zu erfüllen, denn er ist ja die Lehre vom Leben, nicht nur die Lehre vom Leben uns mehr oder weniger gleichgültiger Tiere und Pflanzen, sondern auch die Lehre vom Leben des Menschen, und zwar seines individuellen und überindividuellen Lebens, er ist die Lehre von Blut und Boden, er erzieht zu rassischem und völkischem Verantwortungsgefühl."*[226]

---

225 Vgl. den Abschnitt: Paul Brohmer als Repräsentant der Biologiedidaktik im Dritten Reich. In: Bäumer-Schleinkofer: NS-Biologie und Schule, S. 123–131.
226 Brohmer: Unterricht in der Lebenskunde (1943), S. 6.

Im Zentrum des biologischen Weltanschauungsunterrichts sollen die „Lebensgesetze" und der Lebensgemeinschaftsgedanke stehen. Dieser wird aber in grundlegendem Unterschied zu Junges Konzeption nicht mehr im Sinne des dargestellten Äquivalenzverhältnisses von Individuum und (Lebens) Gemeinschaft gefasst bzw. in der Leitformel der „neuen Wissenschaft": „Das Ganze und die Teile" oder „Das Ganze in seinen Teilen", sondern „im Geiste des neuen Staates" gemäß dem Grundsatz (Schlagwort) „Das Ganze ist mehr als die Teile".

Dem entsprechend sind die NS-biologischen Lebensgesetze nicht primär auf die Beachtung und Betrachtung der Individuen nach dem „Gesetz der organischen Harmonie" gerichtet, sondern auf das Erkennen und Anerkennen überindividueller Ganzheiten: Art, Rasse, Lebensgemeinschaft als biologisch-weltanschauliche Potenzen im sozialdarwinistischen „Kampf ums Dasein":

> *„Wenn wir die deutsche Jugend zum lebensgesetzlichen Denken und Handeln erziehen wollen, muß der Lehrer sich klarmachen, um welche Lebensgesetze es sich eigentlich handelt. Friedrich Junge hat in der Einleitung seines Buches „Der Dorfteich als Lebensgemeinschaft" eine Anzahl ‚Gesetze des organischen Lebens' aufgestellt, deren Erkenntnis den ‚Schwer- und Angelpunkt' des Unterrichts bilden sollte. Bei diesen Gesetzen handelt es sich z.T. nur um Regeln, und Schmeil hat in seinen ‚Reformbestrebungen' scharfe Kritik an den Jungeschen Gesetzen geübt. Vom heutigen Standpunkt der wissenschaftlichen Biologie aus müssen wir versuchen, einen Ersatz zu schaffen. Dabei müssen wir uns bewußt sein, daß die Gesetze nicht nur Allgemeingültigkeit haben müssen, sondern daß sie auch geeignet sein müssen, vom Schüler inhaltlich voll erfaßt zu werden und seine Lebensführung bestimmen können. Als solche Gesetze sehe ich folgende an:*
>
> *1. Das Gesetz der Selbsterhaltung. Es zeigt sich im Selbsterhaltungstrieb aller Lebewesen. Die Natur hat ihren Geschöpfen Schutzmittel mannigfacher Art gegeben, durch die sie befähigt werden, den Kampf ums Dasein siegreich zu bestehen.*
> *2. Das Gesetz der Arterhaltung. Es ist dem Gesetz der Selbsterhaltung übergeordnet, denn die Selbsterhaltung steht im Dienst der Arterhaltung. Wir sehen, daß die meisten Pflanzen und Tiere absterben, wenn sie Nachkommen erzeugt haben, und auch der Mensch beginnt zu altern, wenn die Fortpflanzungsfähigkeit im Schwinden begriffen ist. Mannigfache Einrichtungen sichern die Arterhaltung bei Pflanzen und Tieren, und viele Tiere schützen ihre Jungen durch Brutpflege.*
> *3. Das Gesetz der Auslese geht von der Tatsache aus, daß jedes Lebewesen, das zur Fortpflanzungsreife gelangt ist, mehr Keime erzeugt als zur Erhaltung der Art unbedingt notwendig sind. Würden sie alle fortpflanzungsfähig werden, so müßte bald eine Überbevölkerung der Erde eintreten. Jede Art bleibt aber durchschnittlich mit der gleichen Zahl von Einzelwesen bestehen. Es muß also eine Vernichtung der überzähligen Keime stattfinden. Dies geschieht durch den Kampf ums Dasein. Er merzt vor allem das Minderwertige (Krankhafte, Schwächliche) aus und erhält des Erbtüchtige am Leben (Ausmerze und Auslese).*

*4. Das Gesetz der Vererbung faßt die Hauptergebnisse der Erbforschung zusammen. Es besagt, daß jedes Lebewesen die Anlage seiner Eigenschaften aus dem Erbgut seiner Vorfahren erhält. Die Umwelt kann keine neuen Anlagen schaffen, kann aber auch vorhandene nicht völlig unterdrücken, jedoch kann sie die Entwicklung der Anlagen fördern oder hemmen.*
*5. Das Gesetz der Rasse steht mit dem der Vererbung in Zusammenhang. Es besagt, daß die meisten Tier- und Pflanzenarten und auch die Art ‚Mensch' in Rassen gespalten sind. Jede Rasse besitzt erblich festgelegte Anlagen für körperliche und geistig-seelische Eigenschaften. Die Mischung verschiedener Rassen ergibt zumeist minderwertige Bastarde.*
*6. Das Gesetz der Arbeitsteilung besagt, daß mit der Höherentwicklung der Lebewesen die Lebensleistungen immer weitgehender auf verschiedene Körperwerkzeuge verteilt werden. Je mehr die Arbeitsteilung ausgeprägt ist, desto höher erscheint uns das Lebewesen ‚organisiert' zu sein. Arbeitsteilung treffen wir nicht nur im Einzelwesen an, sondern auch bei den ‚Organismen höherer Ordnung' (Tierstock, Tierstaat). Der Vorteil der Arbeitsteilung beruht auf der schnelleren und besseren Leistung. Die Arbeitsteilung führt eine körperliche Umgestaltung der Körperwerkzeuge bzw. der Einzelwesen einer Gemeinschaft herbei.*
*7. Das Gesetz der Gemeinschaft besagt, daß kein Einzelwesen für sich besteht, sondern daß es einem Lebensraum und seiner Lebensgemeinschaft angehört, mit der es auf Gedeih und Verderb verbunden ist. In dieser Gemeinschaft muß das Einzelwesen eine arbeitsteilige Aufgabe erfüllen, durch die es an dem Kreislauf der Stoffe und damit an der Erhaltung des Ganzen teilnimmt."*[227]

Das „Gesetz der Arbeitsteilung" und das „Gesetz der Gemeinschaft" fanden im Rahmen unserer Reflexionen zum Thema „Bienenvolk und Bienenstaat", die um die Frage der Übertragbarkeit der biologischen Erkenntnisse auf die Sphäre des menschlichen Verhaltens und Handelns kreisen, besondere Beachtung. Der Wortführer der NS-Biologie handelt dieses prekäre Bezugsverhältnis wiederkehrend am „Kreislauf der Stoffe" ab.

*„In einem See werden in jedem Augenblick viele Einzelwesen vernichtet, ohne daß der Kreislauf des Sees ins Stocken gerät, ja, man kann sagen, daß eine solche Vernichtung für den Kreislauf notwendig ist; Tierleben ist nur möglich durch Vernichtung anderen Lebens. So steht dieses Vergehen des Einzellebens im Dienste des sinnvollen Plans, der zur Selbsterhaltung der Lebensgemeinschaft führt. Andererseits wird aber zum Beispiel aus einem See – aber auch aus jeder anderen Lebensgemeinschaft – fortwährend organische Substanz herausgetragen, zum Beispiel indem Fische aus dem betreffenden See wegschwimmen oder von einem herzugeflogenen Wasservogel verzehrt oder vom Menschen weggefangen werden. Man kann nicht ohne weiteres behaupten, daß neues Leben in gleicher Menge von außen wieder in den See kommt und somit einen*

---

227 Ebd., S. 58 f.

*Ausgleich schafft. Trotz dieser Vernichtung von Einzelwesen geht das Geschehen in der Lebensgemeinschaft ungestört weiter. Das Einzelwesen kann also nicht in dem dargelegten Sinne ‚Glied' sein. Und gleiches gilt für die menschliche Gemeinschaft. Ein anderes Bild würde sich ergeben, wenn eine ganze Artenschicht wegfiele. Wir haben von der sinnvollen Tätigkeit der Bodenwürmer (Tubifex) gesprochen. Wenn sie alle vernichtet würden, käme die Selbstregulierung aus dem Gleichgewicht, denn nun würde ein Teil des Faulschlamms aus dem Kreislauf ausgeschaltet. (…) Das sinnvolle Geschehen in der Lebensgemeinschaft lässt sich mithin nur überindividualistisch erfassen. Das Einzelwesen ist nicht Glied des Ganzen, sondern ‚Glied im Gliede', ein Bruchteil eines Gliedes. Es ist für sich allein ein unwesentliches Bestandteil des Ganzen, es wird ersetzt, wenn es ausfällt."*[228]

„Was wir hier gesagt haben" so fährt Brohmer fort, „lässt sich *unmittelbar* (kursiv v. Sch.) auf das menschliche Gemeinschaftsleben übertragen".

Für den „Ersetzbarkeit-Topos" Brohmers stehen zunächst folgende Beispiele:

*„Tagtäglich werden Menschen mitten aus ihrer Arbeit hinweggerissen, eine Lücke entsteht, die aber bald wieder geschlossen wird. Fühlbar ist diese Lücke, wenn ein Führer des Gemeinschaftslebens durch den Tod weggenommen wird, aber der Drang nach Selbsterhaltung der Gemeinschaft duldet es nicht, daß ein solcher Platz lange unbesetzt bleibt. Am eingreifendsten ist der Tod eines Gliedes der kleinsten Gemeinschaft, der Familie, weil hier jeder einen wesentlichen Teil des Ganzen ausmacht, doch auch hier schafft die Zeit wieder ein neues Ganzes."*[229]

Als unvereinbar mit dem „Ersetzbarkeit-Topos" wird dann vor allem der Streik gebrandmarkt:

*„Anders dagegen, wenn aus einer großen Gemeinschaft eine ganze Schicht ausfällt, zum Beispiel ein Stand, wie es in vergangenen Zeiten bei Streiks der Fall war, wie es noch jetzt in parlamentarisch regierten, auf liberalistisch- individualistischer Grundlage aufgebauten Staaten vorkommt. Ist das Recht des Individuums das ausschlaggebende Prinzip, so ist der Streik ohne weiteres erlaubt, wenn sich der Einzelmensch in seinen Rechten beschränkt glaubt! Verweigert ein einzelner die Arbeit, so bedeutet dies für das Wirtschaftsleben des Volkes kaum etwas, weil der Streiker sofort ersetzt wird. Wenn aber, wie es im Weltkrieg geschah, die gesamten Munitionsarbeiter streikten, so versündigten sie sich unendlich gegen die Gesetze der Lebensgemeinschaft Volk … "*[230]

Und in Fortführung dieser Argumentationsweise heißt es dann unter Verweis nicht auf die Legitimationsbasis vorstaatlicher Grundrechte, deren sich die bürgerliche Ge-

---
228 Brohmer: Mensch – Natur – Staat (1935), S. 91 f.
229 Ebd., S. 92.
230 Ebd.

sellschaft in Deutschland durch die stillschweigende Hinnahme des „Ermächtigungsgesetzes" begeben hatte, sondern auf den Geltungsanspruch nicht hinterfragbarer Normen scheinbar ontologischer Gültigkeit:

> *„ ... wobei ich nicht an die geschriebenen, von Menschen formulierten Gesetze denke, sondern an die ewigen Lebensgesetze. Sie verrieten ihre Volksgenossen, ließen sie in schwerster Not im Stich, und sie schlossen sich damit selbst aus der Volksgemeinschaft aus ... ."*[231]

Wie sehr der „Lebensgemeinschafts-Standpunkt" der Progrom- und Schutzhaftpolitik der Diktatur zuarbeitete, geht aus dem anschließenden Absatz hervor:

> *„Die lebensgemeinschaftliche Auffassung erkennt keinen Beruf an, der sich nicht in den Dienst des Volkes stellt. Wer seine Volksgenossen ausbeutet, ist ein Parasit des Volkskörpers. Jedes Lebewesen bekämpft die Schmarotzer, so gut wie es dies vermag, und vernichtet sie. So entspricht es durchaus den Lebensgesetzen, wenn in einem auf den Lebensgesetzen aufgebauten Volksstaat zum Beispiel Wucherer mit allen Mitteln bekämpft werden. Es ist vom biologischen Standpunkt aus richtig, wenn Landesverräter mit dem Tode bestraft werden, denn sie versuchen, die eigene Lebensgemeinschaft, also das Höchste, was der Mensch besitzt, zugrunde zu richten. Wer sich durch sein Verhalten selbst aus der Lebensgemeinschaft ausschließt, darf nicht in ihr geduldet werden; so stellt sich die organische Lebensauffassung anders zu den Verbrechern ein als der Liberalismus, der in jedem Verbrecher einen Kranken sah. Der Lebensgemeinschaftsgedanke macht uns zur Pflicht, überindividualistisch zu denken und zu handeln."*[232]

Der appellativ-normative Grundzug des Textes setzt sich schließlich gegenüber der „lebensgesetzlichen" Argumentationslogik in einem Anruf zum Einsatz des Lebens für das Ganze vollends durch:

> *„Wer den Staat als eine Lebensgemeinschaft, als einen lebenden ‚Organismus höherer Ordnung' auffasst, für den ist er weder eine Beamtenmaschinerie noch ein auf parlamentarischem Wege zustande gekommener Zweckverband, wie es die liberalistische Auffassung lehrte. Für den ist er viel mehr: Er ist ein Ganzes, zu dessen Teilen jeder einzelne Volksgenosse gehört; er ist ein Lebewesen, das sich organisch entwickelt hat, darum gelten für ihn die ewigen Lebensgesetze, denen auch jeder einzelne unterworfen ist; weil jeder von uns von diesen Gesetzen abhängig ist, darum ist der Staat unsere Lebens- und Schicksalsgemeinschaft; weil wir mit ihm auf Gedeih und Verderb verbunden sind, darum müssen wir ihm dienen, zumal wir uns selbst fördern, wenn wir ihn fördern; er ist entstanden aus Strömen von Blut unserer Vorfahren, er ist die*

---

231 Ebd., S. 92.
232 Ebd., S. 92.

*Gesamtheit des Erbguts unserer Väter; es gibt nichts Wertvolleres als ihn, es ist unser höchstes Gut, er birgt unser gottgewolltes Schicksal. Unser Leben gehört unserem Volk, unserem Staat, und wer es für seine Brüder hingibt, der leistet das Höchste, was ein Mensch leisten kann. Das Dasein des Ganzen ist wertvoller als das des Einzelmenschen; wohl sollen wir unser Leben lieben, aber noch mehr das Leben dessen, von dem wir ein Teil sind, das Leben unseres Volkes; ist es bedroht, muss das Leben des einzelnen freudig eingesetzt werden zum Heile des Ganzen. Dieser Gedankengang gibt uns Veranlassung, auf den Wehrwillen vom Standpunkt der Biologie kurz einzugehen. (…) Wenn die Biologie zu einer lebensgesetzlichen Gestaltung unseres Daseins aufruft, dann muss sie auch diesen gottgewollten Wehrwillen wieder zur Geltung bringen, und er darf sich nicht nur auf jeden einzelnen beziehen, sondern noch mehr auf die Lebensgemeinschaft, der wir eingegliedert sind und die unser höchstes Gut darstellt, unser Volk. Ist es in Gefahr, so müssen wir es aus naturgesetzlichem Triebe unter Einsatz unseres Lebens verteidigen.*

*Für uns ist die Auffassung von Staat und Volk als Lebewesen nicht nur ein Bild, sondern* Tatsache, *nicht nur Vergleich, sondern* Wirklichkeit *(Hervorhebung v. Sch.).*"[233]

Wie stellte sich uns auf dem Hintergrund dieses Textes der Bezug der NS-Biologie Brohmers zur Naturkunde Reichweins dar?

### 1.2.2.4 Vergleich: Reichwein – Brohmer

Wir erkannten als Antwort auf diese (mehr rhetorische) Frage eine grundlegende Differenz. Diese ist – ganz abgesehen vom Pazifismus und weltbürgerlichen Patriotismus des europäischen Planetariers – in der Unvereinbarkeit seines Denkens und Handelns mit dem frappierenden Biologismus zu sehen, der aus dem Abschlusssatz des Brohmer-Zitates spricht und vor allem mit dem das Individuum grundsätzlich außer Wert setzenden „Ersetzbarkeit-Topos". Reichwein steht ohne Zweifel auf der Seite Junges, denn er entfaltet seine Pädagogik im Spannungsfeld von „Individuum", das für ihn einen unaufgebbaren Eigenwert verkörpert, und „Gemeinschaft", in der die Freiheitssphäre des Einzelnen zu höherer Wirksamkeit eingebunden und aufgehoben sein soll. Oder hatten wir uns hinsichtlich der Unbedingtheit unseres Urteils mit einem vorschnellen Ergebnis zufriedengegeben? – Es gab da noch zwei Bedenken bzw. Irritationen.

*Erstens:* Wir sahen in der Arbeitsteilung des Bienenstaates, in dem die Drohnen und Arbeitsbienen ihr kurzes Leben für die Existenz des Ganzen einsetzen und verbrauchen, ein exemplarisches Beispiel für den Brohmerschen „Ersetzbarkeit-Topos" und dessen NS-biologische Mythologisierung in der Parole „Du bist nichts, dein Volk ist alles". Zu unserer Überraschung möchte Brohmer aber in seiner 1932 veröffentlichten „Biologie" die Tierstaaten in differenzierterer Weise behandelt wissen, als bisher mit Blick auf das Kreislauf-Thema dargestellt. Er skizziert ein Unterrichtsbeispiel, das im Rahmen eines arbeitsteiligen Gruppenunterrichts angelegt ist auf „Beobach-

---

233 Ebd., S. 93 f.

tung und Reflexion". Der Reflexionsteil läuft auf das im Unterrichtsgespräch zu klärende Thema hinaus „Gleichheiten und Verschiedenheiten im Staatenleben der Insekten und der Menschen" Hier wird also nicht durchgehend biologistisch argumentiert, sondern unter Beachtung der anthropologischen Differenz. Hatten wir die didaktischen Konturen der Brohmerschen Biologie bisher gedanklich überzeichnet? Ich glaube nicht. Es handelt sich hier wohl eher um eine punktuelle Traditionsorientierung im Zusammenhang mit einem biologischen Standardthema, dessen inhaltliches Profil auch für den Lebensgemeinschaftsdidaktiker weitgehend vorgezeichnet war. Es blieb ihm aber vorbehalten, mit Blick auf die „Asozialen", die sich „außerhalb der Gesellschaft stellen", rassenhygienische Überlegungen in den Kanon der Fragestellungen und Aspekte einzuschleusen:

*„Immerhin ist eine Reihe von gemeinsamen Zügen mit dem menschlichen Staatsleben bei Ameisen, Bienen und Termiten vorhanden; wir stellen sie zusammen und finden sie in der Arbeitsteilung, in der gegenseitigen Hilfe, besonders in der gemeinsamen Sorge um die Nachkommenschaft. Die Arbeit der einzelnen Individuen steht im Interesse des Ganzen; der Tierstaat bildet einen überindividuellen Organismus, er ist eine Einheit, eine Ganzheit. Was wir mit diesen Worten ausdrücken, wird im Unterrichtsgespräch anders, einfacher formuliert; der Schüler weist es an einigen Beispielen nach und untersucht dann, ob auch die Handlungen der Menschen zum Wohle des Ganzen dienen; er findet, daß es Menschen gibt, die gegen die Gesetze der Gemeinschaft verstoßen, die sich also außerhalb der Gemeinschaft stellen. Ahnt der Schüler auf Grund unserer Erörterungen, daß der Staat ein natürlich Gewordenes, ein Organismus ist, so wird er die Asozialen als eine Krankheitserscheinung am Volkskörper empfinden und Mittel zur Heilung suchen. So münden unsere Erörterungen in rassenhygienische Gedankengänge aus, und der Schüler gewinnt Motive für sein eigenes Handeln ..."*[234]

*Zweitens:* In (scheinbarer) Übereinstimmung mit der NS-Biologie gehört für Reichwein der „Kampf ums Dasein", den er in so eindrucksvoller Weise am Kampf der Bienen und ihren räuberischen Angreifern schildert, zu den Grundgedanken seines biologischen (und auch historisch-politischen) Weltbildes; daher: „Tiere – Daseinskampf – Daseinsordnung" als thematische Leitlinie des von ihm behandelten Bienenthemas. Wird an dieser Stelle nicht doch, so ist hier noch einmal zu fragen, eine bedenkliche Nähe zur NS-Ideologie erkennbar?

Ich meine diese Frage zum einen mit Blick auf den rassen- und erbbiologischen Kontext des Lebenskampf-Topos in der NS-Biologie, die dessen Auslegung und Anwendung in Richtung „Auslese" und „Ausmerze" impliziert und zum anderen auf seine Positionierung bei Reichwein in Verbindung mit dem Begriff der „Lebensordnung" grundsätzlich verneinen zu können: Der „Kampf", von dem Reichwein wiederkehrend spricht, steht durchgehend im Dienste der Aufgabe, vorhandene Lebensord-

---
[234] Brohmer: Biologie (1932), S. 12.

nungen zu verteidigen und zukünftige aktiv handelnd Gestalt werden zu lassen. Er ist nicht sozialdarwinistisch gemeint, sondern im lebensphilosophisch-vitalistischen Sinne als Form gesteigerten Lebens im Kampf mit der Natur und mit dem politischen Gegner.[235]

### 1.2.2.5 Vergleich: Junge – Reichwein

Einen schriftlichen Beleg für die Übereinstimmung Junges und Reichweins hinsichtlich ihres geistigen Fundamentes fand ich erst nach Abschluss der Seminararbeit beim Lesen des 6. Jungeschen Gesetzes, des „Gesetzes der Gestaltenbildung".

Es wurde dem Leser bereits vorgestellt in Verbindung mit dem Kommentarsatz „Die vorhandenen Teile üben auf die hinzukommenden einen Einfluss aus – derart, dass ein Körper von bestimmter Form entsteht". Das Formbildungsprinzip, das Junge andeutet, kommt in der anschließenden Erläuterung aber in noch eindeutigerer Weise zum Ausdruck:

> *„Dieses Gesetz ist in vorliegender Form wohl recht schwierig zu verstehen, trotzdem ich es, wie ich meine, in denkbar einfachster Weise formuliert habe. Der Lehrer aber muß sich jedenfalls desselben bewußt sein, denn es gilt in der unorganischen wie in der organischen Natur. Wirf ein Salzkrümchen in die Kochsalzlösung, ein Alaunstückchen in eine (ebenfalls konzentrierte) Alaunlösung – und vermische beide; warum setzen sich um das Kochsalz die Teile dergestalt an, daß sie einen Würfel, um den Alaun, daß sie einen Oktaeder bilden? Warum gruppieren sich die Teile in der Keimzelle der Birnblüte so, daß der Keim zu einem Birnbaum und nicht etwa zu einer Roggenpflanze gebildet wird? Warum entsteht aus dem Ei des Frosches nicht ein Salamander (s. Dorfteich)? Ich bezeichne eine einzelne Erscheinung, die auf dieses Gesetz hinweist, vorläufig als in der ‚Eigenart' des Wesens begründet, bis die Schüler mehrere derartige Anschauungen gesammelt haben, die, aneinander gereiht, das Gesetz durchblicken lassen."*[236]

Reichwein thematisiert dieses Gesetz im Rahmen seines Bienenunterrichts, ohne es als solches zu nennen oder zu definieren, indem er den älteren Schülern die Aufgabe stellt, nach dem Muster der Bienenwabe „Sechseckgefüge" zu zeichnen:

---

235 Vgl. Bollnow: Die Lebensphilosophie. Abschnitt: Die Bejahung von Schmerz und Gefahr, S. 91–93. Die dortigen Ausführungen zu Saint Exupery könnten m. E. auch mit Blick auf Reichwein geschrieben sein: „Aus der Verherrlichung der Gefahr erwächst allzu leicht ein verantwortungsloses Abenteurertum. Darum ist das Zeugnis Saint Exuperys besonders wertvoll, der trotz aller Bejahung des ganzen und vollen Lebens den leichtfertigen Kultus der Gefahr ablehnt. Er schreibt in einer schon hoffnungslos scheinenden Lage, wo er in der Wüste zu verdursten droht, im Rückblick auf sein eigenes Leben: ‚Wir suchen ja nicht die Gefahr. Das ist Wichtigtuerei; mit den Stierkämpfern habe ich nichts gemein. Nein, ich suche nicht die Gefahr, was ich suche: Ich suche das Leben.'" (S. 93).
236 Der Dorfteich …, S. 12.

*„Die oberen Jahrgänge greifen z.B. jetzt aus der Flächen- und Körperlehre Sechseck und sechseckige Säulen heraus (oder wiederholen sie), nehmen die Bienenwabe als Vorbild, zeichnen Sechseckgefüge, stellen einen Kanon von Sechseckstrukturen in der Natur zusammen (Schneekristalle, Pflanzenstengel, mikroskopische Pflanzenschnitte). Hier ist Gelegenheit, auf die geometrischen Grundformen als die Formelemente der lebendigen, der organischen Natur hinzuweisen. Die größeren Kinder verstehen dann schon, daß Rechnen, Flächen- und Körperlehre nicht nur wichtig sind für die Rechenseite unseres Daseins, sondern daß ihre Zahlen und Formen auch die Bedeutung von Formeln und Sinnbildern besitzen für den geheimnisvollen Aufbau der lebendigen Welt, mit der wir und in der wir leben."*[237]

Gegenstand ikonischer Vergegenwärtigung und vermutlich auch des andeutenden Gespräches ist hier das von Reichwein an zentraler Stelle wiederholt herausgehobene Lebensform-Grundgesetz vom strukturellen Zusammenhang zwischen „inwendiger Form" und äußerer Gestalt der Naturdinge und Artefakte. Es scheint mir letztlich bei ihm wie bei Junge im pantheistischen Natur- und Weltverständnis Herders und Goethes begründet zu sein: „Geprägte Form, die lebend sich entwickelt".

### 1.2.3 Der Film: „Entwicklung und Vermehrung der Erbse" (F4/1935)

Zum unterrichtlichen Kontext des „Erbsenfilmes" gehört – dem auf Vernetzung, Vergleich und mehrdimensionale Vermittlung angelegten Reichweinschen Gestaltungsmuster entprechend – die Schulgartenarbeit der Landschule in ihrer jahreszeitlichen Abfolge und eine begleitende Reihe von Keim- und Wachstumsversuchen mit verschiedenen Sämereien bzw. Pflanzen (u.a. Bohnen, Linsen, Getreide; Kartoffel; Schneeglöckchen, Tulpe, Maiglöckchen). Die „vorbereitende Versuchs- und Gedankenkette", in deren Verlauf Erbsenversuche mit verschiedenen Bodenproben durchgeführt wurden, leitet dann zur unmittelbaren Vorbereitung auf den Film über, der „mit dem packenden Gegensatz des Schicksals zweier Erbsen beginnt, deren eine unter Zuckungen auf steinigem Boden verdorrt, während die andere auf gutem Boden wohl gedeiht."[238] Die Versuche waren Teil einer praktischen Bodenkunde etwa im Sinne der von den Richtlinien verlangten Ausrichtung auf die Erfordernisse der Landwirtschaft. Mit der Rede vom „Schicksal der Erbsen" klingt aber bereits die meta-praktische Sinndimension des Filmes und des Gartenunterrichts an.

Es war mir möglich, den Film „Entwicklung und Vermehrung der Erbse" aus dem Archiv der Hamburger Landesbildstelle für mein Reichweinseminar zu entleihen. Von Interesse war für uns zunächst lediglich, dass es sich um einen Film handelte, den der Tiefenseer Landschullehrer eingesetzt hatte. Als uns jedoch die ersten Stummfilmgebärden des pflanzlichen Wachstums auf der Leinwand entgegentraten, standen wir wohl alle im Bann der sich uns darbietenden Bilder und Kommentare:

---
237 FLS, S. 51.
238 Ebd., S. 99.

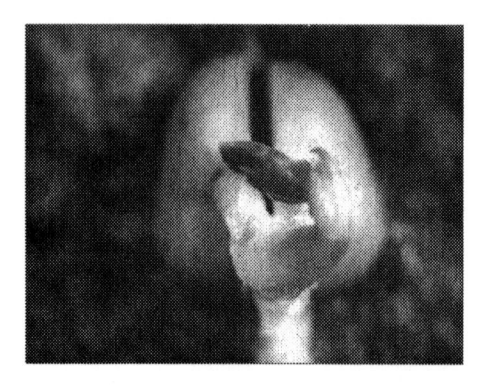

„Der Film zeigt zuerst das in der Erde ruhende Samenkorn,

aus dem zunächst die Hauptwurzel hervorwächst, der die Nebenwurzeln bald folgen.

Danach durchbricht der Stengel den Boden, nachdem die ersten grünen Blätter sich entwickelt haben. Der höher gewordene Stengel sendet Ranken aus, die in kreisenden Bewegungen nach Stützpunkten suchen.

Danach erscheinen die Blüten.

Von einer richtet sich zuerst die Fahne auf, die Flügel werden ausgebreitet und ihr Zusammenhang mit dem Schiffchen klargelegt. Durch Herabziehen der Flügel und des Schiffchens werden Stempel und Staubgefäße sichtbar.

Aus den (an den Narben haftenden) Pollenkörnern

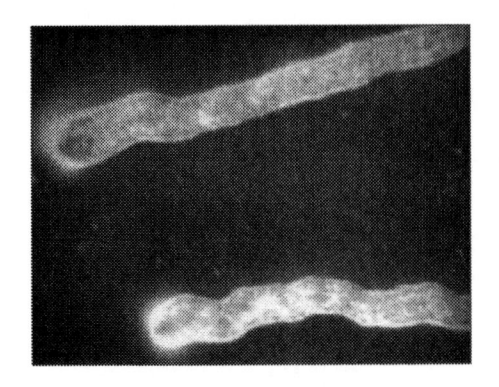

wachsen Pollenschläuche mit lebhafter Protoplasmaströmung hervor bis zu den Samenanlagen im Fruchtknoten, wo die Befruchtung vor sich geht,

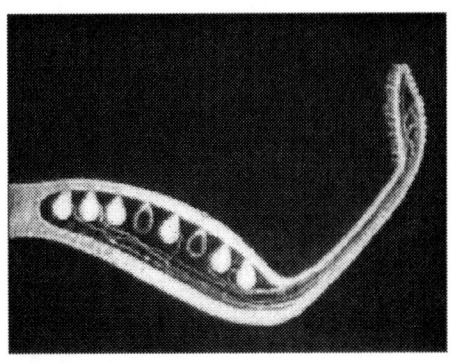

auf die das Verwelken der Blüte folgt und das Wachstum der Hülse.

Die reifen Samen werden fortgeschleudert

und erhalten die Art.

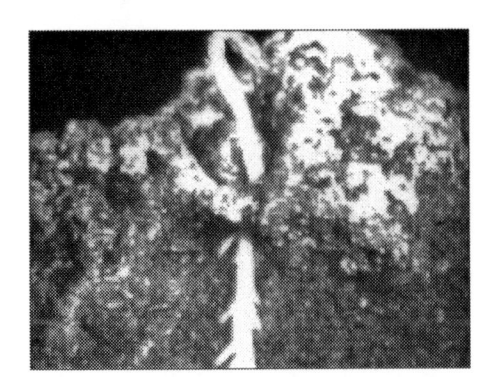

oder gehen auf hartem Boden ein."[239]

*Bild 4: Entwicklung und Vermehrung der Erbse*

Es war für uns evident, dass die Bildfolge des Films in erster Linie nicht auf die Vermittlung gartenkundlichen Wissens angelegt war, dass diese vielmehr mit ihren prägnanten Zeitraffersequenzen das pflanzliche Wachstum als „Grundphänomen des Lebens" vorführten:

---
239 Laabs: Entwicklung und Vermehrung der Erbse, S. 19 f.

- die Wurzelbildung und Einwurzelung ins Erdreich,
- die faszinierenden Suchbewegungen der Ranken,
- die Flügelgestalt und magische Öffnungsbewegung der Blüte,
- die Genesis der Frucht mit der Samenbildung in der Hülse,
- die Explosionen der Samen,
- die Wurzelbildung und Einwurzelung ins Erdreich: „Der Kreislauf des Lebens" beginnt von neuem.

Der Mediendidaktiker Reichwein schreibt zum Einsatz des Erbsenfilmes: „Ein Film vom Wachstum der Erbse erfüllt in einer Landschule nicht seinen Sinn, wenn er nur mit einer gelegentlichen Betrachtung der Erbse im naturkundlichen Unterricht lose gekoppelt würde. Der Film soll vielmehr dazu herausfordern, wenn es noch nicht geschehen ist, an eigenen Versuchen Erbsen in ihrem Wachstum zu beobachten."[240] Er sieht den Film also – mit der Begrifflichkeit Humboldts gesagt – als ein „Anregungsmittel zum Naturstudium".

Ob er ihn auch als ein lebenskundliches „Anregungsmittel" ins Gespräch brachte, indem er mit seinen Schülern über die Bilder und Kommentare des Filmes in der Perspektive nachdachte „So also vollzieht sich Leben" (Reichwein), „Wollen wir Leben zeigen, so müssen die Schüler Bewegungen und Veränderungen, die auf Erhaltung und Vervollkommnung des Ganzen zielen, erkennen ... " (Junge), „Dasselbe Gesetz wird sich auf alles übrige Lebendige anwenden lassen" (Goethe)?

## 2. Der geographische (erdkundliche) Aspekt: Länder und Landschaften, allgemeine Erdlebens-Phänomene; der „Kampf um Raum"

### 2.1 Grundzüge der epochalgeschichtlichen Entwicklung

#### 2.1.1 Der Wechsel des Paradigmas (Büsching – A. v. Humboldt, Ritter)

Das Interesse der staatenkundlichen Geographie im Zeitalter der Aufklärung war gerichtet auf umfassende topographisch-statistische Information im Dienste des absoluten Staates und seiner merkantilistischen Wirtschaftspolitik. Im Mittelpunkt ihrer Arbeit stand daher die systematische Beschreibung der „Bürgerlichen Beschaffenheit der Erdoberfläche" (Büsching) im Hinblick auf Lage, Größe, Bevölkerung, Besiedlung, Wirtschaft des eigenen Territoriums und der benachbarten europäischen Staaten. Die „natürliche Beschaffenheit" des Erdbodens hingegen und die anschließende Frage nach der Naturbedingtheit der Lebenserscheinungen lag noch weitgehend außerhalb ihres Interessen- bzw. Sinnhorizontes.[241]

---

240 SSV., S. 125 f.
241 Als namhafte Werke der politisch-geographischen bzw. statistischen „Staatsbeschreibung" des 18. Jahrhunderts sind zu nennen: Franz: Der deutsche Staatsgeographus (1753); Büsching:

Dieser Aufgabenstellung entsprechend stand auch der geographische Unterricht im Zeichen einer „historisch-statistischen Stoffgestaltung" und der katechetischen Didaktik.[242] Die Unterweisung erfolgte in unmittelbarer Anlehnung an wissenschaftliche Lehrbücher wie zum Beispiel Büschings „Neue Erdbeschreibung" (1754) oder anhand von Kompendien, die den Gegenstand der damaligen wissenschaftlichen Geographie in methodischer Bearbeitung darboten.[243] Der kompilierte Lehrstoff wurde durchweg im Rahmen eines Leitfadenunterrichts vermittelt, der auf topographische Orientierung, vornehmlich anhand der politischen Karte Deutschlands und Europas, angelegt war. Im Vordergrund stand die Wiederholung und gedächtnismäßige Einprägung des Faktenwissens.[244]

In den Jahrzehnten der vorherrschenden politisch-statistischen Arbeitsweise bahnte sich aber bereits der Umbruch zur physisch-geographisch fundierten Länder- und Landschaftskunde an. So war namentlich Gatterer in seinem „Abriss der Geographie" (1775) um eine „natürliche Klassifikation" der Meere, Flüsse, Seen und Gebirge sowie „aller neuen und alten Länder der Erde" unter morphologisch-systematischem und physiogeographischem Aspekt bemüht.[245] Er begann die durch Meere, Flüsse und Gebirge gesetzten natürlichen Grenzen der Staaten zu berücksichtigen. Kant verfasste eine „geographische Naturbeschreibung der Erde" in seiner „Physischen Geographie" (1802). Im Zeichen dieser „reinen Geographie" und ihrer Ausrichtung auf die Erfassung morphologischer Phänomene, die – den Forschungen Goethes und A. v. Humboldts vergleichbar – der unmittelbaren Wahrnehmung des Auges zugänglich waren, gelang es den Pestalozzischülern Tobler, Henning und Finger (S. 218) sodann, ihren geographischen bzw. heimatkundlichen Unterricht konsequent nach dem Anschauungsprinzip zu verwirklichen.

Erst mit dem Werk Ritters und A. von Humboldts gelangt dann um die Wende vom 18. zum 19. Jahrhundert die im Ganzheitsdenken der „neuen Wissenschaft" fundierte Geographie der „Länder" und „Landschaften" wissenschaftstheoretisch und in

---

„Neue Erdbeschreibung" (1754); Achenwall: „Abriss der neuesten Staatswissenschaft" (1749). Zur staatsorientierten Landesbeschreibung des Aufklärungszeitalters vgl. überdies Wisotzki: Zeitströmungen in der Geographie (1897). Kapitel: Der Zweck der Geographie, S. 96–130; Kühn: Die Neugestaltung der Deutschen Geographie im 18. Jahrhundert (1939); Beck: Geographie (1973). Abschnitt: Die Präklassische Geographie (1750–1798), S. 159–209 u. 456–461.

242 Siehe dazu: Geistbeck: Geschichte der Methodik des geographischen Unterrichts (1877); Gruber: Die Entwicklung der geographischen Lehrmethoden im 18. und 19. Jahrhundert (1900) u. Die Geographie als Bildungsfach (1904); Haustein: Der geographische Unterricht im 18. Jahrhundert (1906); Zepp: Die weltkundliche Jugendbildung in Heimat- und Erdkunde (1931); Adelmann: Methodik des Erdkundeunterrichts (1955).

243 So wird z.B. bei Basedow die europäische Staatenkunde durch Vorlesen aus „Büschings Auszug" und verbale Vermittlung von politisch-statistischen Aufgaben aus Büschings Schriften abgehandelt.

244 Als Beispiel wird wiederholt das 1639 von Hübner verfasste und noch in den Frankeschen Schulanstalten benutzte Kompendium „Kurze Fragen aus der alten und neuen Geographie bis auf den gegenwärtigen Tag kontinuiert" genannt.

245 Vgl. die Ausführungen zu Gatterer „Der Abriss der Geogaphie" in Kühn: Die Neugestaltung der Deutschen Geographie im 18. Jahrhundert, S. 114–119.

der Forschungspraxis der Disziplin zum Durchbruch. Alexander von Humboldt und Carl Ritter gelten als die Begründer des neuen Forschungsansatzes.[246]

Humboldts universale Naturstudien zielten auf die Beschreibung und Erklärung des Zusammenhangs der „Naturdinge und Naturkräfte" in der tellurischen und uranologischen Sphäre des Planeten. Ihnen lag eine kosmologisch- erdwissenschaftliche Fragestellung zugrunde, die als solche nicht fachlich spezialisiert war. In disziplingeschichtlicher Sicht aber nimmt Humboldt für den Geographen eine herausragende Stellung ein als Klimatologe, Geomorphologe, Pflanzengeograph, Begründer der naturwissenschaftlichen Richtung geographischer Forschung im 19. und 20. Jahrhundert und nicht zuletzt als Verfasser landschaftsgeographisch wegweisender Reisebeschreibungen von damals noch weitgehend naturräumlichen Gebieten des süd- und mittelamerikanischen und zentral-asiatischen Raumes. Hier ist vor allem sein landeskundliches Hauptwerk zu nennen, der „Essay politique sur le royaume de la Nouvelle-Espange" (1811), dem später Reichwein in seiner Studie „Mexiko erwacht" hinsichtlich ihres strukturellen Aufbaus folgte.[247]

Auf Carl Ritter, den Pestalozzischüler und ersten Fachgeographen der Disziplin, geht das wiederkehrende Bemühen der Theoretiker der länder- und landschaftskundlichen Forschung zurück, das spezifische Realobjekt des Geographen von dem des Kosmologen (Humboldt) abzugrenzen, zugleich aber auch die kosmologische Fragestellung in ihrer Ausrichtung auf die Totalität und den ganzheitlichen Zusammenhang der Phänomene in die Geographie einzubringen. Er charakterisiert die neue ganzheitliche Auffassung des geographischen Erkenntnisgegenstandes in seinem „Handbuch von Europa" folgendermaßen:

*„Mein Zweck war, den Leser zu einer lebendigen Ansicht des ganzen Landes, seiner Natur- und Kunstprodukte, der Menschen- und Naturwelt zu erheben und dieses Alles als ein zusammenhängendes Ganze so vorzustellen, daß sich die wichtigsten Resultate über die Natur und den Menschen von selbst, zumal durch die gegenseitige Vergleichung entwickelten. Die Erde und ihre Bewohner stehen in der genauesten Wechselverbindung, und ein Teil lässt sich ohne den andern nicht in allen seinen Verhältnissen darstellen. Daher werden Geschichte und Geographie immer unzertrennliche Gefährten bleiben müssen. Das Land wirkt auf die Bewohner und die Bewohner auf das Land. Es schien, als wenn man bisher den wichtigen Einfluß der Naturbeschaffen-*

---

[246] Die geistesgeschichtliche Situation in den letzten Jahrzehnten des 18. Jahrhunderts, aus der heraus der für die Periodisierung des Geschichtsganges geographischer Forschung entscheidende Umschwung von der „reinen Beschreibung des Gegenständlichen" zur Auffassung der Dinge „in ihrem räumlichen und schließlich auch in ihrem ursächlichen Zusammenhang" erfolgte, hat Schmithüsen in seiner „Geschichte der geographischen Wissenschaft von den ersten Anfängen bis zum Ende des 18. Jahrhunderts" (1970) auf S. 159–173 gekennzeichnet, desgleichen Hettner in seinem Hauptwerk: Die Geographie (1927). Abschnitt: Die Neubegründung der Geographie durch Humboldt und Ritter (S. 74–90). Vgl. dazu auch Bürger: Der Landschaftsbegriff (1935), S. 12–19; Banse: Entwicklung und Aufgabe der Geographie (1953), S. 153 ff. ; Weigt: Die Geographie (1957), S. 9 f.; Hard: Die Geographie (1973), S. 290–293.

[247] Vgl. Steger: Adolf Reichweins politische Landeskunde „Mexiko erwacht" (1930).

*heit in den Geographien zu leicht und oberflächlich behandelt, und ich machte mir zum besonderen Augenmerk, ihren Einfluß zu zeigen. Sowie Chronologie die Basis der Geschichte ist, ohne deren Hilfe alle Facta verwirrt sind, ebenso notwendig schien mir die physikalische Beschaffenheit die Basis der Geographie zu sein (im Raume sowie jene in der Zeit). Sie ist das Skelett, um welches alles andere nur Fleisch und Muskel ist; sie gibt dem Ganzen Zusammenhang und jedem Teile seinen eigentümlichen Charakter und sein Leben."*[248]

Die neue Aufgabenstellung zielte auf Beschreibung der „Menschen- und Naturwelt" eines Landes als „zusammenhängendes Ganze". Die „physikalische Beschaffenheit" des Erdbodens sollte besondere Berücksichtigung finden. Diesen Intentionen entsprechend wandte sich Ritter in seinem Hauptwerk „Die Erdkunde im Verhältnis zur Natur und zur Geschichte des Menschen" (1832) der Beschreibung Afrikas und Asiens zu, zweier Kontinente mit besonders prägnanter physiogeographischer Struktur, ausgezeichnet im ersten Fall durch das „Minimum der Contraste", im zweiten durch „das Maximum der Contraste in der Mitte seines Continentes"[249].

Am Ende der Epoche länder- und landschaftskundlicher Erdbeschreibung, kurz vor Beginn der Curriculum-Revision, hat Ebinger die Humboldt-Rittersche Konzeption in zusammenfassender und prägnanter Formulierung noch einmal charakterisiert:

*„Erst Ritter und Humboldt gelingt es neue wissenschaftliche Akzente für die geographische Forschung zu setzen und damit die Basis für eine eigenständige wissenschaftliche Disziplin zu errichten. Darum wird die Zeit des Wirkens dieser beiden Forscher von vielen Geographen als die Geburtsstunde der modernen Geographie beziehungsweise der geographischen Wissenschaft überhaupt angesehen. Nicht mehr die aufzählende Beschreibung aller Gegebenheiten der Erdoberfläche nach ihrem mehr oder minder zufälligen Beieinander an einem bestimmten Ort (die sogenannte ‚chorographische Betrachtungsweise') war fortan das Wesentliche geographischer Arbeit, sondern ‚die Einsicht in das harmonische Zusammenwirken der Kräfte', wie es A. v. Humboldt in seinen ‚Ansichten der Natur' (1807) forderte. Aus der Geographie als eine aufzählende Erdbeschreibung war eine erklärende Beschreibung der Erdoberfläche geworden. Während dabei Humboldt kausale Beziehungen lediglich bei den physisch-geographischen Phänomenen berücksichtigte, versuchte Ritter sogar, die Abhän-*

---

248 Zitiert nach Oberländer: Der geographische Unterricht ..., S. 29 f.
249 Vergl. Ritter: Die Erdkunde im Verhältnis zur Natur und zur Geschichte des Menschen. Teil 2: Asien, S. 75 f.: „Wir finden hier einen Contrast aller drei Hauptformen der Erdgestalten in möglichster Annäherung und Durchdringung, wie er sich weder in solcher Fülle, noch in so colossalem Maaßstabe der Art auf der Oberfläche des Planeten sonst irgendwo zeigt. Der Erdtheil Asien ist demnach hiedurch, als Gesamtmasse, sehr charakteristisch ausgezeichnet, durch das Maximum der Contraste in der Mitte seines Continentes, da Afrika das Gegentheil darzubieten scheint, das Minimum der Contraste, oder größte Einerleiheit gegen seine eben darum für Historie von innen und Entdeckung von außen noch unberührte Mitte..."

*gigkeit der Völker und ihrer Geschichte von den physischen Gegebenheiten der von ihnen bewohnten Erdräume aufzuzeigen (sogenannte ‚teleologische Betrachtungsweise'). Entscheidend für den weiteren Ausbau der Geographie als selbständige wissenschaftliche Disziplin blieb die von beiden Richtungen geforderte Erweiterung der Erforschung und Beschreibung der Erdoberfläche mit ihrer gesamten dinglichen Erfüllung zu einer Betrachtung des funktionalen Zusammenspiels aller Faktoren, die das heutige Bild der Erdoberfläche oder eines Teils davon (Region, Land. Landschaft) bestimmen.*"[250]

An die Stelle des „chorographischen" Ansatzes der staatenkundlichen Geographie trat das „chorologische" Paradigma.

Dem staatenkundlichen Lehrstoff entsprach, wie bereits angesprochen, die Vermittlungsform der Schulkatechese. Die dann in das Blickfeld der Geographen tretenden geomorphologischen Phänomene waren mit dem Anschauungsunterricht der Pestalozzianer kompatibel, da sie in den Kategorien „Form, Zahl und Wort" beschrieben und geordnet werden konnten. Das „funktionale Zusammenspiel" der Geofaktoren aber erschließt sich am besten dem Wanderer, der die Geomorphologie seines Weges, das auf ihn einwirkende Wettergeschehen, die ihn umgebende Flora und Fauna und die ihm begegnenden Menschen und Menschenwerke mit allen Sinnen und in der innehaltenden Umschau erfasst. Das klassische Beispiel verwirklichte Alexander von Humboldt mit seinen Forschungsreisen im „reisegeschichtlichen Dreiklang" (Beck) von Vorbereitung, Durchführung und Auswertung – ein didaktisches Seitenstück Adolf Reichwein mit seiner „großen Fahrt".

### 2.1.2 Zur weiteren Entwicklung in der chorologischen Kontinuitätslinie

Für die weitere Entwicklung im Bereich der Wissenschaft und des Schulfaches waren – unbeschadet vielfacher inhaltlicher und zeitlicher Überschneidungen – drei Tendenzen von grundlegender Bedeutung: 1. die Ausdifferenzierung unterschiedlicher Zweige bzw. Richtungen geographischer Forschung und Lehre, 2. die Verbindung mit praktisch- politischen Interessen und 3. die Hinwendung zur Landschaftskunde, der „Länderkunde des kleinen Raumes."

*2.1.2.1 Zur Ausdifferenzierung unterschiedlicher Zweige bzw. Richtungen geographischer Forschung und Lehre*

Schwarz hat diesen Vorgang in seiner „Entwicklung der geographischen Wissenschaft seit dem 18. Jahrhundert" (1948) in eine ebenso knappe wie prägnante Formulierung gefasst:

---

250 Ebinger: Einführung in die Didaktik der Geographie, S63 f.

*"Die Geographie war zu einer intensiven Spezialwissenschaft geworden. Sie hatte sich gelöst vom Universalideal des 18. Jahrhunderts und ihr Aufgabengebiet in der Behandlung der Erscheinungen auf der Erdoberfläche gefunden. Diese Entwicklung verstärkte sich immer mehr. Spezialisierung innerhalb der Geographie wurde zum Gebot, dem nicht nur die physische Geographie untertan wurde, sondern dem sich auch die Kulturgeographie unterwarf. Neben die Morphologie, Klimatologie, Pflanzen- und Tiergeographie traten gleichberechtigt mit zum Teil selbständigen Zielen und Methoden die Siedlungs- und Wirtschaftsgeographie sowie die politische Geographie, die in der Geopolitik einen nur lose mit unserer Wissenschaft in Zusammenhang stehenden Zweig zeitigte. Doch in ihrem inneren Gefüge gingen zwei Auffassungen parallel, liefen zwei Wege nebeneinander her und fanden nur selten einmal Berührung miteinander: es waren der naturwissenschaftliche Zweig mit der strengen Kausalitätsforderung und im Gegensatz dazu der historische Zweig, der die Verbindung mit der Geschichte suchte; es waren die allgemeine Geographie, die ihr Ziel erblickte im systematischen Aufbau, und im Gegensatz dazu die Landschaftsindividualität, die wissenschaftlich erfaßt werden sollte."*[251]

Ein Jahrhundert nach dem Wechsel des Paradigmas war A. Hettner, der damals führende Theoretiker der Disziplin und Anwalt der Länderkunde, erneut darum bemüht, den Gegenstand der Geographie angesichts zunehmender Desintegration des Faches in seinen Grundlagen abzusichern:

*"Die Geographie verzichtet auf die Betrachtung der Erde im ganzen und auf die Einverleibung der längst selbständig gewordenen Wissenschaften, die sich dieser widmen: der Astronomie, Geodäsie, Geophysik, Geologie, Meteorologie u.a., und sieht ihre Aufgabe vielmehr, ihrer ganzen geschichtlichen Entwickelung entsprechend, in der Erkenntnis der Erdoberfläche nach ihrer Verschiedenartigkeit und Mannigfaltigkeit, in der Kenntnis der Erdteile, Länder, Landschaften, Örtlichkeiten (...). Ihr Gegenstand ist der Charakter der Länder, Landschaften, Örtlichkeiten, wie er sich sowohl in der Natur wie in den Verhältnissen des Menschen ausspricht. Aber neben der Betrachtung der einzelnen Länder, Landschaften und Örtlichkeiten blickt sie auch vergleichend über die Erdoberfläche, sucht deren verschiedene Ausbildung zu verstehen, die Verschiedenheit der Erdgegenden und Erdstellen aus dem Wesen des Erdganzen abzuleiten; neben der speziellen Länderkunde ist sie allgemeine vergleichende Länderkunde."*[252]

Der im Geiste Ritters formulierte Basistext aus „Die Geographie. Ihre Geschichte, ihr Wesen und ihre Methoden" (1927) steht für den in Hettners Werk wiederkehrend zum Tragen kommenden Ansatz einer auf Wesensschau und vergleichende Typologisierung gerichteten Forschung und Deskription im Geiste der „neuen Wissenschaft"

---
251 Schwarz: Die Entwicklung der geographischen Wissenschaft ..., S. 19.
252 Hettner: Die Geographie, S. 106 f.

(Nohl). Kurz vor dem Ende des 1. Weltkrieges aber veröffentlichte er als Vertreter einer „gemäßigten" Richtung, die für einen Vernunftfrieden zwischen den Kriegsparteien eintrat, ein Buch, dessen Titel die zentrale Thematik der Geographen und Erdkundler nach Versailles vorwegnahm: „Der Frieden und die deutsche Zukunft" (1917).

### 2.1.2.2 Zur Verbindung mit praktischen und politischen Interessen (Ratzel, Haushofer)

Seit der zweiten Hälfte des 19. Jahrhunderts begann die bis dahin „streng wissenschaftliche" Forschung der deutschen Geographen eine zunehmend engere Verbindung mit praktischen und politischen Zwecken einzugehen.[253] Für diesen Trend im Zeichen der Industrialisierung Deutschlands und der imperialistischen Außenpolitik des Kaiserreiches steht vor allem das Werk Friedrich Ratzels. Dieser veröffentlichte 1882 seine „Anthropogeographie" mit dem (auf Herder und Humboldt und Ritter verweisenden) Untertitel „Grundzüge der Anwendung der Erdkunde auf die Geschichte", sodann im Jahre 1897 die „Politische Geographie", die schon 1903 in zweiter Auflage mit dem Untertitel „Geographie der Staaten, des Verkehrs und des Krieges" erschien, daraufhin im Jahre 1900, zeitgleich mit der Verabschiedung des zweiten Flottengesetzes, „Das Meer als Quelle der Völkergröße". Den letzten Schritt auf dem Wege zu einer „allgemeinen Biogeographie" bildete das Alterswerk mit dem Titel „Die Erde und das Leben. Eine vergleichende Erdkunde" (1902).

Gegenstand dieser Werke ist in der Tradition Herders und Humboldts das Ganze der terristischen Sphäre des Planeten in der Perspektive einer vergleichenden Geographie. Pflanze, Tier und Mensch (Völker, Staaten) sind in den analogisierenden Gang der Deskription und Argumentation einbezogen. Der zentrale Begriff des „Lebens" wird aber im positivistischen Denkansatz auf die biogeographische Dimension mit der Absicht reduziert, seine allgemeinen Bewegungsgesetze (die „Gesetze des räumlichen Wachstums der Staaten") zu ermitteln. „Leben" wird – vergleichbar dem Ansatz der NS- Biologie (S. 99) – im Schnittpunkt des ganzheitlichen Paradigmas der deutschen Klassik (Herder, Humboldt, Ritter) und des evolutionstheoretischen Paradigmas (Darwin; Moritz Wagner) mit seinen sozialdarwinistischen Auslegungen (Haeckel) als „Kampf um Raum" („Lebensraum") definiert.[254] Dass beim Mitglied des Flotten-

---

253 Vergl. Schulte-Althoff: Studien zur politischen Wissenschaftsgeschichte der deutschen Geographie im Zeitalter des Imperialismus. Abschnitt: Die deutsche Geographie und die Anfänge des Imperialismus, S. 40–130.
254 Vergl. zum wissenschaftstheoretischen Ansatz Ratzels Troll: Die geographische Wissenschaft in Deutschland in den Jahren 1933–1945, S. 21 f. Troll betont – wohl aus der Interessenlage seiner auf Schadensbegrenzung angelegten disziplingeschichtlichen Studie heraus – die westeuropäische Tradition (Lamarck, Darwin, Haeckel; Spencer, Comte). Er lässt aber die von Ratzel selbst gezogene Herkunftslinie (Herder, Humboldt, Ritter und die Migrationstheorie Wagners) außer Betracht. Er begibt sich damit der Möglichkeit, den geistesgeschichtlichen Schnittpunkt zwischen deutschem und westeuropäischem Denken – auf den wir hinsichtlich der NS–Biologie bereits zu sprechen kamen – in seiner Bedeutung als Weichenstellung herauszustellen, die vom

vereins und des Alldeutschen Verbandes das Weltbild-Interesse der Klassiker dem Weltmacht-Interesse seiner Zeit weitgehend gewichen ist, lässt Ratzel im Vorspann seiner Politischen Geographie durchblicken. Er bemerkt dort, dass es den „geographischen Sinn" als Grundlage von „Expansionstrieb, Kolonisationsgabe (und) angeborenem Herrschergeist" zu wecken gelte.

Ratzels Werk lag die Absicht zugrunde, wie Schulte-Althoff in seinen „Studien zur politischen Wissenschaftsgeschichte im Zeitalter des Imperialismus" (1971) konstatiert, „seine Disziplin zur Fundamentalwissenschaft für das Verständnis der Geschichte und für die Bewältigung der außenpolitischen Fragen des imperialistischen Zeitalters zu machen."[255]

Es hat um die Jahrhundertwende die politisch-geographische Forschung und Publizistik in Deutschland, vor allem aber auch im Ausland (USA, England, Frankreich)[256] in maßgeblicher Weise beeinflusst.

Die Zeit seiner Hochkonjunktur aber war erst in den Jahrzehnten nach dem 1. Weltkrieg angesichts einer neuen weltpolitischen Lage mit den Krisenregionen Mitteleuropa (Deutschland und seine ehemaligen Verbündeten, Italien) und des Pazifischen Raumes (Japan, China, USA) erreicht. An Ratzel anschließend veröffentlichte Kjellén, der schwedische Parteigänger Deutschlands, u.a. „Die Großmächte der Gegenwart" (1922) und „Der Staat als Lebensform" (1924), publizierte Haushofer, der „Vater der Geopolitik", die Serie seiner engagierten Studien wie zum Beispiel „Geopolitik des Pazifischen Ozeans" (1924), „Grenzen in ihrer geographischen und politischen Bedeutung" (1927), „Wehr-Geopolitik" (1934), „Japan baut sein Reich" (1941). Wütschke fand für seine Darstellung der anstehenden weltpolitischen Machtfragen den schlagkräftigen Titel „Der Kampf um den Erdball" (1922).

Nicht zuletzt gilt es in der Perspektive der vorliegenden Untersuchung hervorzuheben, dass auch Adolf Reichwein in der Zeit vor und nach seiner Weltreise im Jahre 1926 einige Beiträge zu den wirtschafts- und geopolitischen Fragen der Zeit mit seinen Publikationen namentlich zum Thema „Probleme der Deutsch-Französischen Verständigung" (1925), „Bevölkerungsdruck in Ostasien" (1933) und „Warum kämpft Japan?" (1938) veröffentlicht hat. In diesen Aufsätzen kommt aber im Unterschied zur Ratzel/Haushoferschen Konzeption der Ansatz einer geopolitischen Sichtweise zur Sprache, die nicht an Fragen des außenpolitischen Raum- und Machtgewinns der Staaten interessiert ist, sondern – bereits ganz im Sinne einer modernen Geopolitik im vernetzten globalisierten Handlungsfeld der Welt – an „Politikberatung zum Zwecke der Konfliktvermeidung globalen wie regionalen Ausmaßes."[257]

---

Weltbild-Interesse und einer holistischen Weltansicht zum Weltmacht-Interesse mit antagonistischer Perspektive führte.
255 S. 138.
256 Von Ratzels „Anthropogeographie" und „Politischer Geographie" empfingen entscheidende Anregungen beispielsweise der amerikanische Admiral Mahan, der englische Geograph Meckinder und der französische Geograph Vidal de la Blache.
257 Kost: Großstadtfeindlichkeit ..., S. 112. Vgl. auch von Koerber: Die Wirtschaft als Aufgabe im Sinne Adolf Reichweins. Abschnitt: Möglichkeit einer Ordnung des Erdraums, S. 276 – 279.

Kehren wir jedoch zu Ratzels Konzeption zurück. Deren gleichsam axiomatischer Grund -Satz lautete:

*„Zwischen der Bewegung des Lebens, die nie ruht, und dem Raume der Erde, dessen Größe sich nicht ändert, besteht ein Widerspruch; aus diesem Widerspruch wird der Kampf um Raum geboren. Das Leben unterwarf sich rasch dem Boden der Erde, aber als es an seinen Grenzen angelangt war, strömte es zurück, und seitdem kämpft überall und ohne Unterlaß auf der ganzen Erde Leben mit Leben um Raum. Der viel mißbrauchte und noch mehr mißverstandene Ausdruck ‚Kampf ums Dasein' meint eigentlich zunächst Kampf um Raum. Denn an dem Raume mißt sich das Maß anderer Lebensbedingungen, vor allem der Nahrung. Im Kampf ums Dasein ist dem Raum eine ähnliche Bedeutung zugewiesen wie in jenen entscheidenden Höhepunkten der Völkerkämpfe, die wir Schlachten nennen; es handelt sich in beiden um die Gewinnung von Raum in vordrängenden und zurückweichenden Bewegungen."*[258]

In Abwandlung dieses Grundgedankens der Ratzelschen Bewegungslehre heißt es an anderer Stelle:

*„Jedes Volk muß von kleineren zu größeren Raumauffassungen erzogen werden, und jedes von neuem, wobei das Zurücksinken von diesen in jene immer wieder eintritt. Jeder Zerfall ist der Ausfluß einer zurückgegangenen Raumauffassung."*[259]

Und:

*„So wie der Kampf ums Dasein im Grunde immer um Raum geführt wird, sind auch die Kämpfe der Völker vielfach nur Kämpfe um Raum, deren Siegpreis daher in allen Kriegen der neueren Geschichte ein Raumgewinn ist oder sein wollte."*[260]

Überdies:

*„Das Meer ist leichter zu durchmessen als das Land, es erleichtert daher Ausbreitung einer politischen Herrschaft, so wie es dem Verkehr die Möglichkeit der größten Ausdehnung gewährt. Seitdem ein Großstaat ohne wirtschaftliche Weltinteressen undenkbar geworden ist, ist auch ein wahrer Großstaat ohne Seemacht nicht mehr zu denken."*[261]

Das Thema „Grenze" (mit dem auch Reichwein auf seinen Fahrten in die „Grenzmarken" Ostpreußen und Schleswig-Holstein konfrontiert war) findet seinen Niederschlag in folgenden Sätzen:

---

258 Ratzel: Die Erde und das Leben (1901/02), Band 2, S. 593.
259 Ratzel: Politische Geographie (1923), S. 262.
260 Ebd., S. 270.
261 Ratzel: Politische Geographie (1897), S. 589.

„Ist die Grenze der peripherische Ausdruck einer räumlichen Entwickelung, so läßt die Form der Grenze nun auch die Art ihrer Bewegung erkennen: vorgedrängt, wo sie begünstigt ist, bei Hemmung zurückfallend, und umso unregelmäßiger verlaufend, je größer der Wechsel der äußeren Bedingungen ist. Die gehemmte Bewegung bricht nicht gleich schroff ab, sondern sendet noch einen Ausläufer voraus, und beim Rückzug bleiben Nachzügler hinter der Linie. Deshalb finden wir die Baumgrenze über der Waldgrenze und die Firnfleckengrenze über der Firngrenze, die Treibeisgrenze vor der Packeisgrenze. Kleine Gruppen gehen weiter hinaus als große, die einzelnen noch weiter als die Gruppen. (...) So liegen auch jenseits des geschlossenen großen Sprachgebietes der Deutschen die größeren Sprachinseln, darüber hinaus ziehen einzelne deutsche Gemeinden und weiterhin findet man nur noch Einzelne, Zerstreute."[262]

Und:

„Der Krieg hebt die Grenzlinie auf, die er als ein Gebilde und Symbol des Friedens ansieht. Mag die Grenzlinie gleich nach der Entscheidung des Streites wieder gezogen werden, wenn auch manchmal sehr verändert, dem Krieg als einer energisch zusammenraffenden Bewegung widerspricht ihre Starrheit völlig."[263]

Der Basistext vom „Kampf um Raum" und seine biogeographischen Variationen verbindet nicht nur die Publikationen Ratzels hinsichtlich ihres axiomatischen Grundgedankens, sondern auch die Argumentations- bzw. Agitationslinie der Politischen Geographie und Geopolitik der Weimarer Jahre und der NS-Zeit.[264] Er war geeignet, den

---

262 Ebd., S. 453 f.
263 Ebd., S. 451.
264 Diese Feststellung beruht auf einer Recherche im Originaltext der einschlägigen Publikationen hinsichtlich des grenztheoretischen Aspektes. Im Allgemeinen aber wird die in der Disziplin nie ganz einvernehmlich und eindeutig geklärte Frage nach dem Verhältnis von politischer Geographie und Geopolitik je nach Interessenlagen unterschiedlich behandelt: Während Haushofer um Einordnung seiner „Kunstlehre" in die Geographie bemüht ist, besteht das Anliegen Trolls in seinem Versuch einer disziplingeschichtlichen Aufarbeitung der NS–Zeit darin, die Geopolitik von der politischen Geographie mit dem (auch bei ihm noch immer begriffliche Indifferenz andeutenden) Satz abzugrenzen: „Zwar ist die Geopolitik nie als eine geographische Disziplin anerkannt und in Deutschland ausdrücklich von der politischen Geographie unterschieden worden. Aber sie war genetisch ein Sprößling und zwar zuletzt immer mehr ein entarteter Sproß der Geographie" (Troll: Die geographische Wissenschaft in Deutschland in den Jahren 1933–1945, S. 18). In ergänzender Weise führt Schöller in seinem Aufsatz „Wege und Irrwege der Politischen Geographie und der Geopolitik" aus: „Lange Zeit und im Ausland teilweise bis heute blieben Politische Geographie und Geopolitik identische und austauschbare Begriffe. Die Geopolitik ist in Deutschland von der Wissenschaft niemals als geographische Disziplin anerkannt worden. Lautensach hat den Unterschied beider Richtungen in der Denkweise gesehen, die in der Politischen Geographie mehr statisch auf die Zustände, in der Geopolitik dynamisch auf die Vorgänge gerichtet sei. Noch einen Schritt weiter gingen dann Sieger und Maull, die den Trennungsstrich zwischer ‚reiner' und ‚angewandter' Wissenschaft ansetzten" (S. 2 f.). Zur Konjunktur der in Deutschland nach 1945 diskreditierten Geopolitik seit 1989 in den USA, in Westeu-

in Kolonialpolitik und Flottenbau sich dokumentierenden „Griff zur Weltmacht" (Fischer) in ideologischer Weise auf der Basis scheinbar allgemeingültiger „biogeographischer Gesetze" ebenso zu legitimieren wie den Kampf gegen die Grenzregelungen des „Versailler Diktats" und die „Lebensraumkriege" Hitlers im Osten.[265]

„Versailles" führte zur Aktualisierung der Grenzfrage mit der Forderung nach Revision (und Erweiterung) der neuen politischen Grenzen von 1919. Argumentationsgrundlage in der einschlägigen wissenschaftlichen (populärwissenschaftlichen) und didaktischen Literatur als Teil der allgemeinen politischen Diskussion und Agitation war:
- die Unterscheidung: „politische Grenzen" – „Sprach- und Volkstumsgrenzen",
- die Unterscheidung: „künstliche Grenzen" – „natürliche Grenzen"; „Grenzlinie" – „Grenzsaum",
- die neue militärische Bedrohungslage: „offene Grenzen", das „Mehrfrontenproblem",
- die „Volk ohne Raum"-Ideologie (Überbevölkerung, Volksdruck, Expansion).

Im zeitgeschichtlichen Kontext dieses Versailles-Syndroms führte Supan in seinen „Leitlinien der allgemeinen Politischen Geographie" (1922) den Begriff des „geographischen Druckquotienten" in den einschlägigen Diskussions- und Publikationsbereich ein. Maull unterschied als Verfasser der für die Ratzel-Renaissance der 20er Jahre bedeutsamen „Politischen Geographie" (1925) die „Kampfformen und -stellungen" des „Flankenstoßes", der „Keilstellung", der „Durchstoßung" und der „Umklammerung". Er war in seinen „Politischen Grenzen" (1928) darum bemüht, in Fortführung Ratzelscher Denkfiguren zureichende Kriterien für die Grenzziehung zu entwickeln:

*„Die Kerngebiete eines Sprach- bzw. Volksraums, die sog. ‚Sprachkontinente', werden meist umgeben von einer Übergangs- und Mischzone, in der eine mehr oder minder gleichmäßige Mengung der Areale der beiden Nachbarn stattfindet oder in der das eine schon die Überhand gewonnen hat. Ob das Mischgebiet überhaupt vorhanden ist, das man auch als ‚Sprachvorland' bezeichnet hat, welche Formen es im einzelnen hat, hängt von den Kampf- und Ausgleichswirkungen ab, die von den beiden sich einander gegenüberstehenden Kerngebieten ausgehen. Vor dieser Mischzone sind dann oft beiderseits, häufig auch nur einseitig, die Sprachinseln vorgeschoben, die genetisch meist sehr schwer zu erklären sind, weil es Vorposten, aber auch Relikte eines zurückweichenden Sprachraums sein können. So ist z.B. die wendische Sprachinsel in Deutschland ein Relikt des stark zurückgewichenen slawischen Sprachkontinents, während die deutschen Sprachinseln bisher meist als Vorposten aufzufassen waren. Solche Struktur (…) gibt natürlich ein denkbar schlechtes Substrat für die Ziehung der politischen Grenzen ab. Wo sollte denn innerhalb einer solchen Kampfzone in An-*

---
ropa und weitgehend auch in Deutschland vgl. Salewski: Geopolitik und Ideologie, S. 357–380 und Oßenbrügge: Entwicklungslinien der Politischen Geographie nach 1945, S. 383–402.

265 Vgl. Schultz: Die deutsche Geographie im 19. Jahrhundert und die Lehre Friedrich Ratzels, S. 39–84, speziell S. 83 f.

*passung an die sprachlichen und völkischen Gegebenheiten eine linienhafte politische Grenze gezogen werden? Soll sie entlang der inneren Grenze der Mischzone, am Rande des geschlossenen Sprachgebiets des einen Staates verlaufen und damit das ihm eigentlich zugehörige Sprach- und Volkstum der Mischzone und der Sprachinseln aufgegeben werden? Eine solche Grenze ist dem Deutschen Reich im Versailler Gewaltfrieden aufgezwungen worden!"*[266]

„Versailles" bildete auch für Haushofer den neuralgischen Punkt seiner Ausführungen zum Thema „Grenzen in ihrer geographischen und politischen Bedeutung" (1928). Es geht dem Geopolitiker aber weniger um grenztheoretische Differenzierungen und Systematisierungen als um eine politische Botschaft: Sein zentrales Anliegen war es letztlich, dem „Volk ohne Raum" in einer Zeit beginnender „geopolitischer Flurbereinigung" und der „Neuverteilung der Macht auf der Erde" den Weg in der Perspektive der Reichsidee zu weisen:[267]

*„Jedenfalls verdient das Gemisch von Ruine und Notbau, worin wir heute leben, nicht den Namen eines Reiches, von dem es nur der Schatten und der gerettete Rechts- und Lebensanspruch ist. Denn ein Reich muß Grenzen haben, die es aus eigener Kraft wahren kann. Damit ein Drittes Reich aber jemals in Raum und Zeit wieder in Mitteleuropa möglich werde, bedarf es sicher des Weiterlebens der Vorstellung, der Idee von ihm in überzeugender Form und in anschaulichen, geschauten Grenzen. Auch einer so sachlich als möglich begründeten Erkenntnis jener Grenzen bedarf es, die seiner Lebensform von außen her gezogen sind, sei es als naturentlehnte, sei es als von menschlicher Kraft, Rassenwillen und Machtwillkür gesetzte, und des klaren Bewußtseins ihrer Veränderlichkeit oder ihrer Dauerkraft. Denn jede Grenze, die brauchbar sein soll und Dauerkraft haben müßte, ist ja gleichzeitig nicht nur eine politische, sondern eine Grenze vieler Lebenserscheinungen und selbst in sich wieder eine Lebensform, eine eigene Landschaft mit ihren eigenen Daseinsbedingungen, eine mehr oder weniger breite Kampfzone, ein Saum; ganz selten wird sie zur Linie, wie sie der Jurist, der Mann des Papiers so gerne ziehen möchte, wie sie die Natur und das Leben aber ablehnen, in denen nichts Dauer hat als der Kampf ums Dasein in seinen ewigen wechselnden Formen, seiner unablässigen Raumverschiebung."*[268]

Im Geiste dieser Grundsätze Ratzelscher Observanz propagierte der raumpolitische Vordenker Hitlers – der (kaum vorstellbaren) tatsächlichen Entwicklung zwar nicht vorgreifend, aber doch Vorschub leistend – die Ost/Südostwendung deutscher Lebensraum- und Großmachtpolitik.[269]

---

266 S. 96.
267 Vgl. Sontheimer: Antidemokratisches Denken... Abschnitt: Die Vision des Reiches, S. 222–243, speziell die Ausführungen zu Moeller van den Bruck, dem von Haushofer mehrfach zitierten Chefideologen der Konservativen Revolution, S. 237–241.
268 S. 4.
269 Vgl. Fahlbusch: Grundlegung, Kontext und Erfolg der Geo- und Ethnopolitik vor 1933, S. 103–146, speziell den Abschnitt: Geo- und Ethnopolitik in der Weimarer Republik, S. 126–138.

Knieper lässt diese Ostorientierung in seiner von Haushofer auf den Weg gebrachten „Geopolitik für die Unterrichtspraxis" (1935) bereits innerhalb Ostdeutschlands enden. Insofern blieb er hinter seinem Mentor und Fürsprecher zurück. Was dieser aber an suggestiver Rhetorik einzusetzen hatte, überbot er durch den Einsatz suggestiver Indoktrinationstechniken wie zum Beispiel eines Sprechchores als Einstimmung auf den vaterländischen Schwur:

> *„Ist beispielsweise die zerrissene Gestalt des Deutschen Staates und damit die Gefahrenlage einzelner Gebiete erkannt, dann schließt die Arbeit mit folgendem kurzen Sprechchor:*
> *1. Chor: Ostpreußen in Gefahr! – Polen und Litauen umklammern es. -*
> *2. Chor: Schlesien in Gefahr! – Polen und die Tschechoslowakei haben es in der Zange*
> *3. Chor: Süddeutschland in Gefahr! – Frankreich und die Tschechoslowakei bedrohen es von der Flanke. -*
> *4. Chor: Westdeutschland in Gefahr! – Schutzlos liegt es vor der französisch- belgischen Armee. -*
> *Alle: Deutsches Land ist in Gefahr! – Aber wir sind einig und stehen treu hinter unserem Führer. – (Größere Pause.)*
> *1. Chor: Wir schützen Ostpreußen. -*
> *2. Chor: Wir schützen Schlesien. -*
> *3. Chor: Wir schützen Süddeutschland. -*
> *4. Chor: Wir schützen Westdeutschland. -*
> *(Größere Pause)*
> *Alle: Was deutsch ist, soll deutsch bleiben! – Wir schwören es! -*
> *(Die Hände heben sich zum Schwur)."*[270]

### 2.1.2.3 Die Hinwendung zur Landschaftskunde, der „Länderkunde des kleinen Raumes"

#### 2.1.2.3.1 Reformbestrebungen im Schulbereich (Harms)

Der landschaftskundliche Trend zur „Länderkunde des kleinen Raumes" und zur kritischen Auseinandersetzung mit dem länderkundlichen Lehrgang setzte bereits vor dem 1. Weltkrieg ein. Schrittmacher dieser Entwicklung waren die Schulgeographen. Ihnen bot die engere Umgrenzung des Lerngegenstandes die Möglichkeit, den Unterricht hinsichtlich Inhalt und Methode nach den Prinzipien der Arbeitsschule gemäß dem Grundsatz der Selbsttätigkeit und der Realanschauung zu gestalten: Der länderkundliche Lehrgang bildete seit Ritter „die Grundlage und das Kernstück des Erdkundeunterrichts auf allen Stufen" (Adelmann). Ebinger konstatierte noch im Jahre 1971 – also viele Jahrzehnte nach Reichweins erdkundlicher Reformarbeit im Sinne des

---
270 S. 31.

Parallelprinzips und der exemplarischen Lehre – dass „Geographie in der Schule bis heute fast gleichzusetzen (ist) mit Länderkunde."[271]

Das dem länderkundlichen Lehrgang immanente Problem der Stofffülle löste aber schon in den Jahren *vor* und *nach* dem 1. Weltkrieg wiederholt Reformbestrebungen aus, die auf didaktische Modifikation desselben durch Schwerpunktbildung nach dem „vaterländischen" bzw. landschaftsgeographischen Prinzip zielten.

Am Ende des 19. Jahrhunderts setzte Harms mit seinen „Fünf Thesen zur Reform des geographischen Unterrichts" (1895) ein Zeitzeichen. Er propagierte einen Unterricht, der sich nicht mehr „mit einer gewissen Gleichmäßigkeit über die ganze Erde erstreckt", der vielmehr auf „statarische (verweilende) Behandlung des Vaterlandes und kursorische aller anderen Erdräume" (S. III) angelegt war:

*„Der Geographieunterricht ist zu vielseitig im Stoff! Er muß sich zur vaterländischen Erdkunde abrunden. Die außerdeutschen Stoffe sind auf das durchaus Notwendige zu beschränken. (…) Da gliedern wir ängstlich die Kordilleren und sind ängstlich bemüht, keine ihrer hohen Spitzen zu vergessen; wir erörtern die klimatischen Verhältnisse der fernsten Gegenden, wir ergründen die Lebensverhältnisse der Indianer, betrachten die Hütten und Gerätschaften der Neger und weiden mit dem Eskimo den Seehund aus, kurz, wir schlendern auf dem Erdball herum, als hätten wir zu Hause nichts zu tun. Ja, zu Hause! Oder haben wir nicht auch ein Haus wie jene Allerweltsdame, eine Heimat, einen Erdraum, den wir den unsern nennen? Man sagt ja uns Deutschen nach, daß wir das Fremdländische gar zu leicht höher schätzen als das Einheimische! Leiden auch wir als Geographielehrer an diesem nationalen Charakterfehler? Wenn ja, dann ist es wahrlich Zeit, daß wir uns eines anderen besinnen, daß wir als deutsche Lehrer deutscher Kinder deutsche Vaterlandskunde auf das Schild heben! Das Vaterland hat uns dringend nötig. Nationales Empfinden zu kräftigen und nationale Interessen zu fördern ist der Geographieunterricht durchaus imstande (…). Darum versündigen wir uns am Vaterland, wenn wir ihm unsere Verhältnisse entziehen. Hinaus mit dem fremdländischen Ballast! Das sei die Parole."*[272]

Fast zeitgleich mit den Harmschen Reformthesen forderte Gruber eine „vertiefte und durchgeistigte Behandlung der Länderkunde durch verstärkte landschaftsgeographische Schwerpunktbildung:

*„Die Naturverhältnisse sind in innigem Zusammenhange mit den Bewohnern eines Gebietes, ihrer Lebensführung und ihren wirtschaftlichen Zuständen, ferner den Siedlungen und der staatlichen Organisation gleichsam wie ein einheitliches Ganzes zu nehmen und Zug um Zug zu schildern. Dazu ist die Gliederung des Lehrstoffes nach größeren oder kleineren natürlichen Landschaften eine notwendige Vorraussetzung."*[273]

---
271 Vgl. Einführung in die Didaktik der Geographie (1971), S. 116.
272 S. 8 f.
273 Geographie als Bildungsfach, S. XIV.

In die gleiche Richtung wiesen die Thesen, die Ende der 20er Jahre Wagner in seiner bekannten „Didaktik der Erdkunde" mit der Forderung unterbreitete:

> „Die Länderkunde kann nicht alle Räume gleichmäßig behandeln." – „Im länderkundlichen Lehrgang sind die ‚Charakterlandschaften' besonders eingehend zu behandeln."[274]

### 2.1.2.3.2 Reformbestrebungen im Wissenschaftsbereich (Passarge, Banse)

Der landschaftskundliche Trend erfasste in den 20er und 30er Jahren auch die Wissenschaft. „Das Wort Landschaft tauchte immer häufiger auf", wie Beck in seinem disziplingeschichtlichen Standardwerk feststellt, „und kündet in der Geographie das Ende der Makroskopie an."

> „Wurde nämlich ein großes Land länderkundlich behandelt, so genügt der Forschung des 20. Jahrhunderts nicht mehr die allgemeine Ansicht der Dinge, einfach weil der Gegenstand der Geographie (…) immer bekannter wurde. Ein Reisender darf auch heute noch mit breitem Pinsel malen, muß aber doch – wie schon Humboldt zeigte – auch feiner rastern können. Hettner hatte in der Länderkunde eine zweckmäßige Aufteilung in Landschaften verlangt, um genauer zu werden als die Vorgänger. Die Untergliederung wurde zwangsläufig immer feiner, die untersuchten Einheiten mußten immer kleiner werden und erreichten inzwischen die Grenze des Möglichen und Sinnvollen."[275]

Als Trendsetter mit NS-idiologischem Einschlag, die von nachhaltiger Bedeutung für die Schulgeographie ihrer Zeit waren, seien hier Siegfried Passarge und Ewald Banse herausgestellt.

*Erstens*: Passarge, Geograph am damaligen Kolonialinstitut der Universität Hamburg, veröffentlichte die Mehrzahl der von ihm verfassten landschaftskundlichen Abhandlungen und Werke nach dem 1. Weltkrieg.[276] Die erste popularwissenschaftliche Schrift: „Die Landschaftsgürtel der Erde" erschien im Jahre 1923. Reichwein erwähnt diese im Kommentar zum Film „Pferde in Arizona":

> „Ein Stück amerikanischer Landschaft wird im Film vor uns lebendig, ein Rest jenes trockenen, weiten, einsamen ‚Wilden Westens', der uns aus mancher unserer Indianergeschichten und dem Erzieher vielleicht auch aus einem der amerikanischen Cow-

---

274 S. 45.
275 Beck: Geographie, S. 328.
276 Dazu zählen u.a.: Das Deutsche Kolonialreich: eine Länderkunde der deutschen Schutzgebiete (1909); Grundlagen der Landschaftskunde (1919 -1921); Vergleichende Landschaftskunde (1921 -1930); Beschreibende Landschaftkunde (1929); Das Judentum als landschaftskundlich-ethnologisches Problem (1929).

*boy-Filme, die zeitweise serienweise über die Leinwand gingen, wohl bekannt ist. Das Kind wird also hier in eine jener trockenen Steppenlandschaften versetzt, die als breiter Gürtel alle Kontinente durchziehen. Es bekommt eine Anschauung von einem der großen Landschaftsgürtel, in die unsere Erde, wie es aus der Erdkunde weiß, gegliedert ist. Einiges wird hier wiederholt werden müssen, und durch erdkundliche Skizzen wird das Wichtigste neu einzuprägen sein. (Knappe, mit Zeichnungen ausgestattete Darstellung: Passarge, „Die Landschaftsgürtel der Erde" in „Jedermanns Bücherei".).*[277]

Ob dieses Büchlein auch deshalb den Zuspruch Reichweins fand, weil es die zonale Gliederung der Erde, folgt man dem Tenor der Einleitung, ganz im Geiste Humboldts charakterisiert?: „Wie groß sind doch die Unterschiede der Landschaften nach Klima, Pflanzendecke und Kulturverhältnissen von den Eis- und Schneefeldern der Polargebiete bis zu den feuchtheißen Regenwaldländern der Tropen und den wasserlosen Hitzewüsten. Nicht nur in horizontaler Richtung über die Erde hin ändert sich das Bild unausgesetzt, auch in senkrechter – und in dieser noch schneller und leichter zu überblicken – vollzieht sich oft ein erstaunlicher Wechsel, beispielsweise zwischen dem heißen Regenwaldtiefland am Amazonasstrom und den Fels- und Eiswüsten der Anden."[278]

Was sich hier und in den allgemeinen Landschaftskunden Passarges nicht zu Worte meldet – der virulente Antisemitismus des Deutsch-Nationalen – findet dann aber Eingang in die Landschaftskunde Deutschlands mit dem 1938er Etikett „Der deutsche Lebensraum". Im Kapitel „Die Rückkehr der deutschen Ostmark ins Reich" werden die Grenzregelungen des „Versailler Diktats" noch einmal ins Bewusstsein gerufen und mit NS-ideologischen Stereotypen kommentiert:

*„Die durch das Versailler Diktat und den Vertrag von Saint-Germain geschaffenen politisch-geographischen Bedingungen waren derart, daß das Weltjudentum und alle unsere Gegner mit eben jenem Wohlgefallen auf Deutschland und Östereich blicken konnten, mit dem ein Räuber sein Opfer am Baum hängen sieht (…). Die Zahl der Nachbarn des Reiches hatte sich um zwei vermehrt, und zwar um zwei Nachbarn, die uns haßten. Es ist für die Pariser Vorortverträge bezeichnend, daß sie grundsätzlich zwischen benachbarten Völkern durch heimtückisch ersonnene Grenzziehungen Haßgefühle erzeugten. Überall wurden kleine Stücke deutschen Landes mit deutschen Bewohnern von der Heimat losgerissen und anderen Staaten zugeteilt: an Dänemark, an die Tschechoslowakei, an Litauen – gar nicht zu reden von Elsass-Lothringen, Posen, Westpreußen und Oberschlesien. Das Judentum in Deutschland unterstützte diese Zerstückelung und stellte sie als gerechte Sühne für unsere Schuld am Weltkriege hin. (…) Die Grenzgestaltung des Gesamtreiches wirkte ebenfalls unbequem und dauernd aufreizend. Der französische Ellenbogen in der Westflanke, der ‚böhmische Pfahl' und der polnische Korridor mit der Absprengung Danzigs und Westpreußens*

---

277 FLS, S. 65.
278 S. 7.

> *wirkte neben der gefährlichen Abtrennung Ostoberschlesiens als unversiegliche Gefahrenquelle. Dazu kam die innere Zerrissenheit und die Tatsache, daß die deutschen Staatsmänner lediglich Handlanger des Weltjudentums waren und das deutsche Volk ahnungslos dem Bolschewismus in die Arme trieben.*"[279]

In seinem Aufsatz „Nationalsozialismus, Erziehung und Geographie" (1933), dem Heske in seiner Studie „Nationalsozialismus und Geographie" maßgebliche Bedeutung für den ideologischen Anschluss der Erdkunde beimisst, ist folgende Tirade zu finden:

> „*Heutzutage durchbraust ein Föhnsturm unser deutsches Vaterland. Nervöse, schwächliche Menschen – ja, denen ist nicht wohl zu Mut, aber die gesunde, kräftige Jugend atmet förmlich auf. Es trocknen aus die marxistischen Sümpfe, es fliehen die giftbeladenen Sowjet-Mücken, eingestürzt ist der jüdische Augiasstall, der die deutsche Luft verpestete. Reinigend, erfrischend wirkt dieser deutsche Föhn! Und wem verdanken wir diese herrliche Bewegung? Unserem von Gott gesandten, genialen Führer! Binnen hundert Jahren drei Genies – Goethe, Bismarck, Hitler – hervorgebracht zu haben, welchem anderen Volk ist das beschert worden?! Ein solches Volk wird nicht untergehen, wenn ihr eure Pflicht tut.*"[280]

*Zweitens:* Banse, der Außenseiter und heutige NS-Prügelknabe der Disziplin, entdeckte die „Seele der Landschaft"[281] in den Jahren vor dem 1. Weltkrieg auf seinen Reisen nach Nordafrika und in den Vorderen Orient. Aus dieser Zeit datieren die ersten einschlägigen Publikationen, namentlich seine Landeskunde Ägyptens (1909) und die bekannte Türkei-Studie (1915). Einher ging das unablässige Bemühen, das Konzept einer künstlerisch-gestaltenden Geographie begrifflich zu fassen, die im ganzheitlichen Ansatz auf die damals Konjunktur habenden Begriffe der „Landschaft" und der „Volkheit" zentriert ist. In der Nachkriegszeit begann dann aber in dem geographischen Orientalisten, wie Banse im biographischen Rückblick auf die Stationen seines dem Zeitgeist ergebenen Denkens und Schreibens formuliert, „das deutsche Herz" zu schlagen. Er sah fortan seine Mission darin, seinen Landsleuten, vornehmlich auch seinen Sympathisanten im Bereich des Erdkundeunterrichts, die Seele der deutschen Landschaft in idealtypischen Bildern – oder besser: im Klischee volks- und landeskundlicher Stereotype – vor Augen zu führen und ans Herz zu legen:

---

279 S. 440.
280 zitiert nach Heske: Erkundeunterricht ..., S. 133.
281 Filipp interpretiert den Trend von der Länderkunde zur Landschaftskunde in seiner „Geographie im historisch-politischen Zusammenhang" (1975) als eine in der bildungsbürgerlichen Weltperspektive angelegte Neigung zur Abwendung von der „sozial und national zerstrittenen Welt" in Richtung auf das „Schöne", „Harmonische" und „Ganze". Dieser Sichtweise entsprachen insbesondere die damaligen Vertreter der „künstlerisch beseelten Landschaftskunde": Volz („Rhythmus in der Landschaft"), Gradmann („ Das harmonische Landschaftsbild) und insbesondere Banse („ Die Seele der Landschaft").

*"Wenn man aus Italien nach Deutschland kommt, so fällt vor allem die Veränderung der Himmelslandschaft und des Pflanzenkleides auf. Der Himmel bewölkt sich und stellt häufige Regenwände vor sich hin, der Glanz der Sonne wird häufig zu zerstreutem Lichte aufgelöst, und sein Widerschein in allen Gegenständen des Erdbodens wird merklich schwächer. Die Bewachsung dagegen verstärkt sich, Wälder breiten ihre dunklen Polster über Berg und Tal, Äcker und Gärten (in Italien oft zerstreut) schließen enger aneinander – kurz, die Farben gehen zu einem beherrschenden Grün zusammen, das nach der Ferne zu in Blau hinüberwechselt. Während die italienische Landschaft von Glanz und Glast sprüht, auf bunte, sehr helle Farben gestellt ist und grelles Licht in die Augen hineinsenkt – erscheint die deutsche Landschaft dunkel und gedämpft, alles ist ruhig gelagert und von verhaltenem Ausdrucke. Die italienische Landschaft ist wie zur Schau gestellt (zugegeben: eine schöne Schau), sie posiert etwas, sie hat ein klein wenig Kreischendes in der Stimme, ähnlich den Frauen des Südens, diesen üppigen, lauten, ewig kokettierenden Geschöpfen mit ihren betont gefälligen Bewegungen. Die deutsche Landschaft aber – ja, sie gleicht einer dröhnenden Erzglocke, deren man kaum gewahr wird, deren tiefe Stimme gleichwohl allgegenwärtig ist. Ihre Linien wahren Zurückhaltung, ihr eigentlicher Ausdruck (das, was diese Landschaft will) verbirgt sich, drängt sich nicht auf, läßt sich suchen; man könnte an eine blonde deutsche Frau denken, die ruhig dahinschreitet, die ihrer selbst kaum bewußt ist und deren Gewand noch in seiner kleinsten Falte einen großen und tiefen Gedanken ausdrückt."*[282]

Dem Vergleich soll auch im Unterricht maßgebliche Bedeutung beigemessen werden. Darin stimmt der über Unterricht schreibende Literat mit dem Praktiker der Tiefenseer Landschule überein. Jedoch im Unterschied zum Politischen Pädagogen und seiner humanistisch-sozialistischen Einstellung – das sei hier im Vorgriff auf die kommenden Ausführungen angemerkt – handelt es sich bei Banse, dem Geographen mit nationalistisch-rassistischer Denkweise, nicht um den Vergleich des prinzipiell Gleichen, sondern des grundlegend Anderen.

Die Betrachtung der Welt „vom deutschen und nur vom deutschen Standpunkt aus" erfolgt ausschließlich im Medium von Bildern (Landschaftsbilder, „Rasse- und Volksbilder"). Am Anfang steht eine vom Lehrer gelenkte Hinführung zur „Seele der Landschaft":

*„Der Lehrer zeigt ein paar Bilder heimatlicher Landschaft und heimatlicher Menschen, etwa (um bei unserer niedersächsischen Heimat zu bleiben) das Bild einer Ackerlandschaft mit Pflüger und Sämann – das Bild eines Buchenwaldes – das Bild einer Hügelberg- und Flußtallandschaft – das Bild einer Stadtlandschaft mit alten winkligen und malerischen Giebelhäusern – die Bilder eines Bauerngesichtes, eines Arbeiters, eines geistig-schöpferischen Menschen. Er versucht aus den Kindern herauszuholen, was sie auf diesen Bildern sehen und was für Empfindungen, was für Ge-*

---

282 Banse: Geographie und Wehrwille, S. 174.

*danken dabei in ihnen wach werden, wobei er natürlich zu der Idee der Heimat und des germanischen Menschen hinführt ..."*[283]

Dann folgt (die leider nicht im Wortlaut der Indoktrination festgehaltene) Introvertierung des Demonstrierten:

*„ ... Dann wendet er die so gewonnenen Ergebnisse auf die Kinder selber an und macht ihnen klar, daß dies alles auch in ihnen lebendig ist und daß sie die Erfüllung all dieser Vorhandenheiten in Blut und Seele sind ..."*[284]

Den Abschluss bildet das Kontrastprogramm:

*„ ... Nach dieser allgemeinen Grundlegung zeigt er ihnen die entsprechenden Bilder von fremden Ländern und Völkern, etwa aus dem Mittelmeergebiete mit seinen Flachdachhäusern und seiner malerischen Verwahrlosung, mit seinen braunen Menschen und deren auf äußerliche Pose gerichteter Seelenhaltung. Vielleicht zeigt er ihnen dann noch, um den Unterschied zu vergrößern, die Bilder einer tropischen Urwald- und Sawannenlandschaft mit Negerdorf und Negergesichtern und erklärt die erschlaffende Glut dieses Himmels und den ganz auf rohe Leidenschaftlichkeit und kindliche Sorglosigkeit gestellten Rassencharakter."*[285]

Die „Zeitenwende" des Jahres 1933 führte schließlich dazu, dass der „Seelengeograph" seiner nostalgischen Blut- und Bodengeographie weitgehend den Rücken kehrte und sich unter dem Motto „Der Besiegte von gestern ist der Sieger von Morgen" zu einem „kämpferischen Leben" im sozialdarwinistischen Geist der neuen Machthaber bekannte. Für die Schule bedeutete dies „die Erziehung zu Wehrkraft und Wehrwillen".
Der von Banse propagierten „Wehrkunde" war die den Zeitgeist vollstreckende Aufgabe gestellt:

*„Erstens die Erziehung zu heldischer Gesinnung, die es jedem heranwachsenden kleinen Volksgenossen zur selbstverständlichen Pflicht macht, sein unbedeutendes Einzelleben der deutschen Volksgemeinschaft zum Opfer zu bringen.
Zweitens die Einschulung des Kindes (Knaben sowohl wie Mädchen, denn im künftigen Kriege stehen beide in der Front, jedes an seiner Stelle), also die Einschulung in den Ideenkreis des modernen Krieges und der Landesverteidigung.
Drittens die begriffliche Erkenntnis wichtigster wehrkundlicher Gegebenheiten und Mittel (wie Raum, Volkscharakter, Kriegswirtschaft, Truppenwesen, Kriegsgeschichte, Kartenkunde).*

---

283 Geographie und Wehrwille, S. 65.
284 Ebd.
285 Ebd., S. 65 f.

*Viertens ein oberflächliches Bild von der Wehrlage des Reiches und der wichtigsten Staaten (also insbesondere Frankreich, Belgien, England, Rußland, Polen, Tschechoslowakei und Italien).*
*Fünftens die Gewöhnung von Körper und Geist an die Erfordernisse wehrsportlicher Übung in Exerzieren und Geländedienst."*[286]

„Landschaft", so das beklemmende Fazit eines Lebenswerkes, das im Selbstverständnis seines Autors in ungebrochener Linie von Ritter und Humboldt bis Hitler reicht, als Kampfspiel-Gelände – als Kriegs-Schauplatz – und letztlich – als Schlacht-Feld!

### 2.1.2.4 Zum Stand des fachdidaktischen Denkens während der Reformarbeit Reichweins

In den sechs Jahren der Reichweinschen Reformarbeit in Tiefensee blieben die „Richtlinien zur Aufstellung von Lehrplänen für die oberen Jahrgänge der Volksschule" des Jahres 1922 in Geltung. Damit war die Möglichkeit für jeden geheimen Dissidenten gegeben, in Übereinstimmung mit dem moderaten „vaterländischen" Fokus des Regelwerks von den völkischen Tendenzen der fachdidaktischen Meinungsmacher Abstand zu wahren. Mit der Festschreibung des Länderkundlichen Lehrgangs und der Betonung des physiogeographischen Aspektes waren überdies eher traditionsorientierte Akzente gesetzt als solche, die in die Richtung des NS-Lebensraumkonzeptes wiesen. Im Wortlaut:

*„Der erdkundliche Unterricht erstrebt Vertrautheit mit der Heimat, nähere Kenntnis Deutschlands einschließlich des deutschen Sprachgebietes außerhalb der Reichgrenzen, übersichtliche Bekanntschaft mit fremden Ländern und Erdteilen und Verständnis für die Stellung der Erde im Weltall. Der Unterricht der letzten Schuljahre hat, auf dem in der Grundschule gelegten Grunde weiterbauend, zunächst Vaterlandskunde, darauf die Länderkunde Europas und der übrigen Erdteile zu treiben. Dabei sind vorwiegend die Länder zu behandeln, in denen Deutsche leben und wirken und zu denen Deutschland bedeutsame Beziehungen unterhält. Die Betrachtung der Landschaften nach ihrem erdgeschichtlichen Aufbau und ihren natürlichen Verhältnissen bildet die Grundlage der Behandlung. Die klimatischen, wirtschaftlichen und Siedlungsverhältnisse sind in ihrer Beziehung zu diesen darzustellen."*[287]

Im Übrigen aber gelangt Heske in seiner Studie „Erdkundeunterricht im Nationalsozialismus" (1988) mit ideologiekritischem Blick auf die „Richtlinien für die Lehrpläne der höheren Schulen Preußens" aus dem Jahre 1925 und der in den Weimarer Jahren geführten fachdidaktischen Diskussion zu dem Ergebnis:

---
286 Ebd., S. 277.
287 Richtlinien des Preußischen Ministeriums ...(1931), S. 51.

*"Seine Begründung erfuhr der Erdkundeunterricht in der Weimarer Republik in einem nationalen Bildungsauftrag. Dabei waren in seinem Bildungsziel bereits fast alle grundlegenden Komponenten des späteren nationalsozialistischen Erdkundeunterrichts in Motivform angelegt. Das galt für die Heimatkunde ebenso wie für die Politische Geographie bzw. Geopolitik – insbesondere für das Grenz- und Auslandsdeutschtum -, den kolonialen Gedanken und auch ansatzweise für die Rassenkunde. Die preußischen Richtlinien für die Höhere Schule sprachen bereits explizit vom ‚Lebensraum' der Völker und forderten die Weckung der ‚Liebe zu Scholle, Heimat und Vaterland'. Von dieser ‚Liebe zu Scholle, Heimat und Vaterland' zum ‚Blut und Boden'-Mythos war es dann kein weiter Schritt mehr, so daß diese nationalpolitischen Motive des Erdkundeunterrichts von den Nationalsozialisten für eine entsprechende Ideologisierung nur noch aufgegriffen und weiterentwickelt werden mußten."*[288]

Schrittmacher in der Entwicklung von der herkömmlichen Länder- und Landschaftskunde zur „völkischen Lebensraumkunde" waren, wie Heske ausführt, vor allem wiederum Schulgeographen wie zum Beispiel Hinrichs mit seinem programmatischen Aufsatz: Nationalsozialismus, Erziehung und Geographie (1933) sowie Hansen: Der Neubau der Heimat- und Erdkunde auf nationaler Grundlage" (1933); Muris: Erdkunde und nationalpolitische Erziehung (1934); Petersen/Schrepfer: Geographie vor neuen Aufgaben (1934); Schnass: Nationalsozialistische Heimat- und Erdkunde mit Einschluß der Geopolitik und des vaterländischen Gesamtunterrichts" (1934).

Originalton Petersen/Schrepfer:

*„Der junge Bürger des allseitig bedrängten Deutschlands hat in erster Linie Kämpfer zu sein für die Erhaltung und Festigung der Nation gegenüber der politischen, wirtschaftlichen und geistigen Bedrängung von außen. In diesem Sinne ist die Forderung der Erziehung zum politischen Menschen zu verstehen. Der Deutsche lebt heute, wie immer, in einer Festung, die zu verteidigen, beständige Bereitschaft erfordert."*[289]

Und an anderer Stelle:

*„Der Schüler muß sich dessen bewußt werden, daß die Deutschen jenseits der heutigen Grenzen unabtrennbare Glieder unseres Volkskörpers sind, deren Verlust sich nicht rein ziffernmäßig oder materiell ausdrücken läßt. Vom gleichen Standpunkt sind zu betrachten die Reichweite und Überlegenheit deutscher Kultur und ihre befruchtende Wirkung auf die Nachbarvölker."*[290]

Als Resultat einer Inhaltsanalyse fachdidaktischer Texte des Zeitraums 1925–1944 (Zeitschriften-Aufsätze, Buchpublikationen, die NS-Lehrpläne und Richtlinien 1937/38 der Volksschule, 1938 der Höheren Schule, 1939 der Mittelschule, 1942 der

---

288 S. 251.
289 Petersen-Schrepfer: Die Geographie ..., S. 7.
290 Ebd., S. 44.

Hauptschule und Schulbücher) unterbreitet Heske[291] schließlich ein Kategoriensystem, das die wesentlichen Komponenten und ideologischen Motive des nationalsozialistischen Geographieunterrichts zur Darstellung bringt. Damit ist für den vergleichenden Leser eine zusätzliche Möglichkeit gewonnen, Reichweins Erdkundeunterricht didaktisch zu verorten:

„*1.) Heimatkunde*
*1. Liebe zur Heimat und Liebe zur Natur*
*2. Vaterlandsliebe – Nationalstolz – Opferbereitschaft*
*3. Großstadtfeindlichkeit*
*4. „Blut und Boden" – Ideologie*

*2.) Geopolitik und Politische Geograpie*
*1. Das „Diktat von Versailles" und seine Überwindung*
*2. Deutschlands bedrohte Grenzen und seine Lage in Mitteleuropa*
*3. Grenz- und Auslandsdeutschtum*
*4. Geopolitische Weltlage und ihre Neuordnung*
*5. Frankreich, Großbritannien, USA und Sowjetunion als Feinde Deutschlands*
*6. Italien und Japan als Verbündete*
*7. Erläuterung des Krieges*
*8. „Lebensraum"- Ideologie*

*3.) Rassenkunde*
*1. Die nordische Rasse als herausragende Rasse*
*2. Rassenhygiene (Minderwertigkeit von Mischrassen)*
*3. Minderwertige Rassen*
*4. Die Juden*

*4.) Wehrgeographie und wehrgeistige Erziehung*
*1. Sicherung der bedrohten deutschen Grenzen*
*2. Militärische Geländebeschreibung*
*3. Wehr- und Opferbereitschaft*
*4. Wehrgeographie von Großräumen*

*5.) Kolonialgeographie und kolonialer Gedanke*
*1. Die Rückforderung der deutschen Kolonien*
*2. Afrika als wirtschaftlicher Ergänzungsraum Europas*
*3. Die Deutschen als glorreiche Entdecker und koloniale Wohltäter*
*4. Die Weißen als Herren der Eingeborenen*
*5. Untaten anderer Kolonialmächte*

*6.) Sonstige ideologische Elemente*
*1. Hitler als Mythos.*"[292]

---

291 Erdkundeunterricht im Nationalsozialismus, S. 206.
292 Ebd., S. 206.

## 2.1.2.5 Länder- und Landschaftskunde nach 1945

Es war wohl nicht nur in der Unschärfe geographischer Semantik begründet, dass sich führende Vertreter der Disziplin nach 1945 in verstärktem Maße der Aufgabe zuwandten, den Begriff der „Landschaft" und seiner Komposita („Landschaftskunde", „Landschaftsgeographie") in historischer und systematischer Betrachtung weiter durchzuklären. Dieses Bemühen war wohl auch dessen Diskreditierung durch die NS-Ideologie geschuldet.

Der maßgebliche Mann der „ersten Stunde" war Carl Troll. Dem von der Biologie kommenden Geographen war es gelungen, in der NS-Zeit einen Ansatz zweckfreier Forschung im Geiste Humboldts (und Goethes) durchzuhalten.[293] Dies qualifizierte ihn nunmehr für die Aufgabe, mit der Absicht „einer Kritik und Rechtfertigung" zur Geschichte der Disziplin Stellung zu nehmen[294] und zugleich den weiteren Weg einer entideologisierten Forschung in der originären Kontinuitätslinie der Disziplin zu weisen. Er tat dies in seinem bekannten Essay „Die geographische Landschaft und ihre Erforschung" (1950).

Diesem Text kommt in der Perspektive der vorliegenden Untersuchung insofern eine Scharnierfunktion zu, als er die Verbindung herstellt zum einen zum ganzheitlichen Weltverständnis der „neuen Wissenschaft" sowie zum grundlagentheoretischen Denkansatz Ritters und Hettners, als er zum anderen geeignet ist, den Reichweinschen Erdkunde-Unterricht mit vergleichsweise präzisen Definitionen und Kategorien formal- begrifflich zu fassen.

*„Es entspricht dem Geist der Zeit," so das erstaunlich puristische Resümee aus dem Jahre 1950, „daß seit etwa drei Jahrzehnten in der geographischen Wissenschaft ein starker Zug zur Synthese zu verspüren ist. Wenn wir die Geographie als die Wissenschaft definieren, die sich mit den Erscheinungen der Erdhülle, Lithosphäre, der Hydrosphäre und der Atmosphäre in ihren örtlichen Verschiedenheiten und funktionalen Wechselbeziehungen befaßt, so bedeutet geographische Synthese, daß das Schwergewicht von der Betrachtung der Einzelerscheinungen in der Erdhülle auf ihren Zusammenklang in der räumlichen Einheit, in der Landschaft, verlegt wird (…). Mit den Landschaften als den natürlichen Regionen hat die Geographie (…) endlich auch ihr eigenes Objekt gefunden, das ihr keine andere Wissenschaft streitig machen kann (…). Man hat seither immer mehr gelernt, eine Landschaft als ‚organische Einheit' oder ein ‚harmonisches Raumindividuum' zu betrachten und sie im zeitlichen und räumlichen Rhythmus des Zusammenspiels der zahllosen und verschiedenartigen Faktoren, (Volz) zu sehen. Man hat auch die Frage aufgeworfen, ob eine Landschaft*

---

293 Vgl. Troll: Die Lebensformen der Pflanzen, S. 197–246 sowie Beck: Geographie, S. 383–398, speziell den Abschnitt: Konvergenz der Lebensformen (S. 395–398), in dem die Beziehungen zu den Forschungen A. von Humboldts und der an diesen anschließenden Botaniker (Kerner, Grisebach, Warming) und Zoologen (Portmann) und damit auch zur Morphologie Goethes deutlich werden.
294 Die geographische Wissenschaft in Deutschland in den Jahren 1933–1945 (1947).

*mehr ist als eine Summe und Einheit geographischer Objekte, nämlich eine ‚Ganzheit' oder eine ‚Gestalt' darstelle. Die seit Ende des 19. Jahrhunderts (Chr. v. Ehrenfels) entwickelte Gestalt- und Ganzheitsphilosophie, die gedanklich noch viel weiter in das Altertum und besonders auf Goethe, in der Geographie besonders auf C. Ritter zurückreicht, ist zunächst in der Psychologie (H. Benusse, W. Köhler, K. Koffka, F. Krüger) und in der Biologie (H. Driesch, W. Troll) genauer definiert worden. Die deutschen Geographen kamen im allgemeinen zu der Auffassung, daß auch die Landschaftsräume Ganzheiten oder Gestalten seien ..."*[295]

Die Phänomene „Landschaft" und „Länder" unterschied Troll folgendermaßen:

*„Unter einer geographischen Landschaft (Landschaftsindividuum, natürliche Landschaft) verstehen wir einen Teil der Erdoberfläche, der nach seinem äußeren Bild und dem Zusammenwirken seiner Erscheinungen sowie den inneren und äußeren Lagebeziehungen eine Raumeinheit von bestimmtem Charakter bildet und der an geographischen, natürlichen Grenzen in Landschaften von anderem Charakter übergeht. Länder dagegen sind politisch oder verwaltungsmäßig umgrenzte, zum Teil historische Territorien oder von bestimmten Völkern bewohnte Gebiete."*[296]

Zum methodischen Verfahren heißt es:

*„Das Erlebnis charakteristischer Landschaften als Ganzheit legt es nahe, in mehr intuitiver Weise vorzugehen, die Idee und das Wesen einer oder mehrerer benachbarter Landschaften zu erfassen, die wesentlichen Landschaftsfaktoren in ihrem Zusammenspiel zu betrachten und so vom Ganzen her zu einer Grenzziehung im Einzelnen vorzuschreiten."*[297]

Als Aufgaben geographischer Landschaftsforschung werden ausgewiesen:

- die landschaftsmorphologische Erfassung der „wesentlichen Landschaftsmerkmale",
- die landschaftstypologische Ordnung der Raumeinheiten durch „Vergleich der unendlich vielen Einzellandschaften der Erde nach ihrem Wesen oder ihren ‚tonangebenden Merkmalen', deren Ordnung nach Vegetationseinheiten (z.B. Heide – Moor) und nach Kulturlandschaftstypen (z.B. Marsch – Geest),
- die landschaftsökologische Analyse „der in einem Landschaftsausschnitt wirkenden vielseitigen und wechselseitigen Abhängigkeiten",
- die landschaftschronologische „Rekonstruktion früherer Landschaftszustände",
- die „Landschaftspflege" und „Landschaftsgestaltung".[298]

---
295 Die geographische Landschaft ..., S. 163.
296 Ebd., S. 165.
297 Ebd., S. 174.
298 Ebd., S. 166–168.

Lautensach veröffentlichte zur gleichen Zeit und parallel zum anlaufenden fachdidaktischen Diskurs um die Exemplarische Lehre mit Blick auf die länder- und landschaftskundliche Literatur seit Humboldt und Ritter seine Studie „Über die Begriffe Typus und Individuum in der geographischen Forschung" (1953).

Anwälte des exemplarischen Prinzips in der fachdidaktischen Diskussion der 50er und 60er Jahre waren namentlich Knübel, Bauer, Wocke, Schultze, Newe und Ebinger.[299] Die Bemühungen dieser Didaktiker führten durchweg zur Orientierung am landschaftgeographischen Konzept in der Perspektive kategorialer Bildung: Vornehmlich am durchschaubaren Exemplum mit prägnanter chorologischer Struktur im Sinne des Prinzips der „tonangebenden Merkmale" oder des „dominanten Geofaktors" sollten typische Phänomene als solche erkannt und (oder) der Wechselbezug zwischen Mensch und Raum unter kulturökologischem und letztlich anthropologischem Aspekt erschlossen werden:

*„Die eigentliche tiefschürfende ‚Geographie der Fremde' ist hinsichtlich der Stoffauswahl das Hauptgebiet für den Ansatz des exemplarischen Prinzips. Als Einheiten können und müssen wesentlich kleinere geographische Erscheinungen ausgewählt werden als bisher üblich. Die Behandlung ganzer Länder, großer Landschaftsräume und Kontinente verleitet zu einer Handbucherdkunde, die nicht mehr bieten kann als bloße Überblicke oder formlose Fülle. Bei kleinsten Einheiten dagegen bleibt man am leichtesten im Konkreten und Überschaubaren, d.h. in dem Bereich, in dem sich elementare Einsichten gewinnen lassen. Der Blick sollte sich mehr als bisher auf wirtschaftende Gruppen mit ihren Arbeits- und Wohnstätten richten oder auf kleine kulturlandschaftliche Komplexe, wie Kleinlandschaften, Städte, Verkehrslinien u. ä. Dazu treten exzessive Naturlandschaften mit extremen Lebensbedingungen."[300]*

### 2.2 Einordnung der Reformarbeit Reichweins

Wie ist Reichweins Erdkundeunterricht in die chorologische Kontinuitätslinie einzuordnen, insbesondere in den damaligen Stand des hier behandelten fachdidaktischen Denkens? Vor der Beantwortung dieser Frage möchte ich das Spektrum der erdkundlich bedeutsamen Aspekte kennzeichnen, das beim Gang durch die beiden Schulschriften mit Blick nicht nur auf die explizit erdkundlichen Textpassagen und Abbildungen, sondern auch auf einschlägige Formulierungen in anderen thematischen Kontexten erkennbar wird:

---

299 Vgl. Knübel: Exemplarisches Arbeiten im Erdkundeunterricht (1957) u. Wege und Ziele des exemplarischen Erdkundeunterrichts (1965); Bauer: Der Mensch in seinem Lebensraum (1958); Wocke: Heimatkunde und Erdkunde (1962); Schultze: Das exemplarische Prinzip im Rahmen der didaktischen Prinzipien des Erdkundeunterrichts (1966); Newe: Der exemplarische Unterricht als Idee und Wirklichkeit (1960); Ebinger: Erdkunde in der Volksschule (1966).
300 Schultze: Das exemplarische Prinzip …, S. 151.

- Der Konstrukteur des Lehrplans ordnet sich mit den Kennwörtern „Gestalt einer Landschaft", „Die Erde als Raum des Menschen", „Die Erde als Wohnraum des Menschen" in die mit Herder, Humboldt und Ritter beginnende Kontinuitätslinie ansatzweise selbst ein. Diese wird aber in Verbindung mit den Begriffen „Rasse" und „Geopolitik" in ihrem zeittypischen NS-ideologischen Verschnitt markiert.
- Der Mann der „großen Fahrt" beschreibt seine eindrucksvollen Fahrrad- Expeditionen in die seinen Kindern unbekannten „Grenzmarken" Ostpreußen und Schleswig- Holstein.
- Der flugbegeisterte Pilot nutzt wiederkehrend die Gelegenheit, die Erde mit seinen Schülern aus der Vogel- und Fliegerschau zu betrachten, Bezüge zum Wettergeschehen herzustellen, Wolkenfilme vorzuführen, neue Wege der Einführung in das Kartenverständnis zu beschreiben.
- Der Methodiker legt dar, wie das Thema „Afrika" für Landschulkinder nach dem Prinzip der „Lebensnähe" gestaltet werden kann. Er gibt vielfache Hinweise für den unterrichtlichen Einsatz der erdkundlichen Arbeitsmittel (Globus, Landkarte, Bildkarte u. dgl.)
- Der Mediendidaktiker kommentiert Bilder und Bildberichte, die Phänomene und Probleme des „Erdlebens" zur Darstellung bringen: „der Gletscher als eine lebendige und sich verändernde Erscheinung" und die „Schöpfungsformen des Windes" in Gestalt der Dünen und der Wolken. Er empfiehlt Filme über Lerngegenstände, die der unmittelbaren Anschauung nicht zugänglich sind, wie zum Beispiel „Auf einer deutschen Hazienda", „Pferde in Arizona". Vermutlich verweisen auch die Titel der vom Tiefenseer Landschullehrer erstellten Filmbegleithefte auf Filme, die in der „Einklassigen" eingesetzt wurden: Pulquezubereitung in Mexiko, Sisalernte auf Yucatan, Maisernte in Mexiko, Kokosernte in Columbien, Verkehrsflugzeuge im Flughafen Berlin, Deutsche Kamerun-Bananen.
- Der Arbeitsschulpädagoge berichtet über die Technik und die unterrichtliche Bedeutung der Anfertigung erdkundlicher Reliefs.

Eine Frage aber lässt unsere Recherche offen: Gab es in der Tiefenseer Landschule auch den Abenteurer Reichwein, der seine Schulkinder um sich scharte, um ihnen – wie zuvor den Studenten und Freunden am Lagerfeuer in Prerow – von den Erlebnissen seiner Weltreise zu erzählen? Diese führte ihn 1926 durch die Vereinigten Staaten, Westkanada, Alaska, Japan, China, die Philippinen und Mexiko. Sie fand ihren literarischen Niederschlag neben seinem wirtschaftsgeographischen Hauptwerk „Die Rohstoffwirtschaft der Erde" (1928) und den Reisestudien „Mexiko erwacht" (1930) sowie „Blitzlicht über Amerika" (1930) in dem faszinierenden Erzählband „Erlebnisse mit Tieren und Menschen zwischen Fairbanks, Hongkong, Huatusco" (1930).

- Erzählte der Tierfreund von seinen einfühlsamen Begegnungen mit „Klapperschlange, Bär und Falken" auf der Fahrt vom Atlantik zum Pazifik?
- Brachte er jene Episode aus der Wildnis Alaskas zur Sprache, in der ihm sein Tier und Mensch umfassender Pazifismus den Schuss auf einen zum Angriff ansetzenden Wolf verweigerte – und nur der Beistand eines Trappers ihn rettete?

- Fasste er jene bizarre Situation aus seinem Ritt durch Mexiko noch einmal in das für Kinder verständliche und zumutbare Wort, in der er fast zeitgleich der „hauchhaften Wirklichkeit" eines Kolibri-Schwarms begegnete – „Symbol für die unerschöpfliche Erfindungsgabe der Natur" und für die „unerhörteste Intensität des Lebens" – und einem Pulk von Aasgeiern – „mühsam schwebenden schwarzen Särgen, bis zum Bersten angefüllt mit ihrer Leichenlast"?
- Und wie steht es mit jener Geschichte, in der unter dem Titel „Matrosenliebe" und in Ausführung des einleitenden Satzes „Matrosen lieben die Kreatur. Sie haben ein Herz für das Lebendige" beschrieben wird, wie die Seeleute des in Hongkong einlaufenden Schiffes sich mit dem letzten Dollar, „um etwa Lebendiges, Irdisches um sich zu haben", Kanarienvögel kauften?

Reichwein schrieb im Vorwort zu diesen Erzählungen:

*„Wenn wir frühere Erlebnisse aus der Erinnerung wieder ins Licht unseres Bewußtseins zaubern, dann kommen sie wie eine Erscheinung über uns. Und mit diesem Glanz behaftet sollen wir sie an andere weitergeben; ohne zergliedernde Überlegung, ohne die Absicht auch, ein moralisches, soziales oder irgendwie anderes Bild der Welt zu demonstrieren. Dann bekommen die kleinen Geschehnisse unserer hiesigen merkwürdigen Reise, wo immer sie sich auf diesem Planeten ereignet haben, von selbst die Bedeutung und das Gewicht, das allem unmittelbaren Leben gleichermaßen und ohne Unterschied zukommt. So bitte ich auch diese kleinen Geschichten aufzunehmen: sie sind ohne Absicht zusammengestellt, sie haben keine andere innere Ordnung als eben die, daß ein bestimmter Mensch, daß ich sie erlebt habe. Bei ihrer Wahl selbst hat kein Prinzip zugrunde gelegen. Sie waren da, wie andere da sind. Sie zu erleben setzte voraus, daß ich das Leben in allen seinen Formen liebe, weil diese Liebe allein Erkenntnis bringt. Wenn wir die Ereignisse der Welt, in die wir geboren sind, in ihrer Bedeutung erkennen wollen, müssen wir diese Hingabe an die Dinge besitzen: an unsere Gefährten vor allem, Menschen und Tiere in ihrer tausendfältigen Gestalt."*[301]

Auf die Frage, die unsere Recherche durch die Schulschriften begleitete, weil wir diese Erzählungen als solche und als inneren Spiegel ihres Autors so sehr schätzen, erteilt G. Bauer in seinem Aufsatz „Fahrten, Menschenerkundungen, Geschichten. Reichweins Reiseerlebnisberichte, heute gelesen und bedacht" die endgültige Antwort:

*„Seit der Machtergreifung der Faschisten änderte sich nicht nur Reichweins Arbeitsweise von Grund auf, sondern bekamen auch die persönlichen Erzählungen einen völlig geänderten Platz darin. Sie traten, wenn ich das richtig erkennen kann, immer mehr zurück. Zwei alte Nachbarn und fünf ehemalige Schüler(innen) in Tiefensee haben mir viel vom Lehrer und Professor Reichwein erzählt. Sie haben besonders die Art betont, wie eindringlich er Sachen und Zusammenhänge darstellen konnte. Aber*

---

301 Erlebnisse mit Tieren und Menschen …, S. 2.

*keine und keiner von ihnen hatte in Erinnerung, daß Reichwein in der Schule oder in Freizeiten persönliche Erlebnisse erzählt hätte."*[302]

Das „Intermezzo eines ganz freien Lebens", von dem Reichwein mit Blick auf seinen biographischen Exkurs spricht, war beendet. Die Schwerkraft des geographisch-historischen Raumes, der er für eine kurze Zeit als Planetarier im unmittelbaren Welterleben entkommen war, nahm ihn wieder gefangen. In erdkundlicher Perspektive bedeutete dies nach Maßgabe der geltenden Richtlinien: Länderkundlicher Lehrgang mit Schwerpunkt Deutschland, bzw. – mit Blick auf die Tiefenseer Landschule – die „große Fahrt" in die „Grenzmarken" Ostpreußen und Schleswig-Holstein.

Der Darstellung dieses Vorhabens möchte ich die Erarbeitung des Themas „Die Erde aus der Vogel- und Fliegerschau" zur Seite stellen. Mit diesem exzeptionellen didaktischen Artefakt gelang es Reichwein letztlich doch, Erdkunde im verkehrsgeographischen Horizont seiner Weltreise ansatzweise zu realisieren."

### 2.2.1 Die „große Fahrt" in die „Grenzmarken" Ostpreußen und Schleswig-Holstein

Die beiden „großen Fahrten", von denen Reichwein in seinen beiden Schulschriften berichtet, gingen in Übereinstimmung mit dem in den Richtlinien anklingenden „vaterländischen" Bildungsauftrag in die „Grenzmarken" Ostpreußen und Schleswig-Holstein. Sie folgten in ihrem Ablauf, wie bereits angesprochen, dem „reisegeschichtlichen Dreiklang" (Beck): Vorbereitung, Durchführung, Auswertung.

Zur Vorbereitung der Ostpreußenfahrt schreibt ihr weitgereister Initiator und Regisseur, unter inhaltlichem Aspekt die Grenzlandsituation betonend:

*„Unser erstes Grenzlandziel war natürlich Ostpreußen, denn es liegt in der Luft und ist mit Händen zu greifen, daß dort der äußerste und gefährdetste Posten des Reiches steht. Ein ganzes Frühjahr und ein Sommer der Vorarbeit waren notwendig, um den Kindern einen Vorbegriff zu geben von dem, was sie erwartete. Bodengestalt und geopolitische Lage im Rahmen Deutschlands, die Geschichte vom Ordens- und Lehensland zum Reichsland im innersten Sinne, das wirtschaftliche Bild der Landschaft, das Grenzerschicksal ihrer Menschen, die eigentümliche Farbe, Stimmung und Kraft ihrer Seele – in der ostpreußischen Dichtung spürbar, wie schön in der ‚Hirtennovelle' Ernst Wiecherts! – Betrachtungen dieser Art rundeten sich schließlich zu einem Bilde Ostpreußens, das man auf anspruchsvoller Ebene mit einer Schau vergleichen könnte.*[303]

Er spricht sodann die mediale Basis des Unterrichts und die besondere Form der Kartenarbeit an, die der projektgebundene Ansatz des Unterrichts ermöglichte:

---

302 Bauer: Fahrten, Menschenerkundungen, Geschichten, S. 206.
303 SSV., S. 59 f.

> *„Ostpreußen wurde selber als Zeuge aufgerufen; Tatsachenberichte, Kriegserlebnisse, Landschafts- und Menschenschilderungen, Werbedrucke der Landschaft und vieler Mittelpunkte des Fremdenbesuchs, Fotos aus vielen Quellen sprachen zu uns. Karten wurden studiert, Entfernungen gemessen, Tagesfahrten in Gedanken dem Gelände angepaßt, Ruheorte ausgesucht, der ganze Fahrtenweg skizziert."*[304]

Zur inhaltlichen Vorbereitung der „Nordmark"-Fahrt mit ihrem vergleichsweise stärker ausgeprägten landschaftskundlichen Schwerpunkt heißt es:

> *„Wiederum waren Monate vorher dem genauen Studium dieser Landschaft gewidmet worden. D.h. im Rahmen unserer Deutschlandkunde hatten wir uns ganz ausschließlich in das Volkstum und die Geschichte, in die Natur dieses Grenzraums vertieft. Die gestaltenden Naturkräfte und die Art dieses Schlags von Bauern, Fischern und Seefahrern rundeten sich in unseren Gedanken zu dem geschlossenen Bild eines landschaftlichen Ganzen. Unsere Gedanken und Sinne erwarteten schon, nach dem was wir in Bildern und Büchern vorher erfahren hatten, ein Stück Deutschland eigenartiger Prägung, in seinen natürlichen und kulturellen Formen von der Ostmark wesentlich unterschieden."*[305]

Die Durchführung der beiden Fahrten nach Ostpreußen und Schleswig-Holstein erfolgte dann per Bahn und Schiff, an den landschaftlich eindrucksvollsten Abschnitten aber mit dem Fahrrad. Der dem Reiseverlauf zugrunde liegende Gesamtplan ermöglichte es, in guter landschaftsgeographischer Tradition und Auswahl kontrastreiche Eindrücke von unterschiedlichen Landschaften des Exkursionsgebietes zu vermitteln. Zugleich waren landschaftstypische Arbeitsstätten (Weberschule in Dithmarschen) und ausgewählte kulturhistorischer Orte (Marienburg in Königsberg, die Lübecker Marienkirche, das Plöner Schloss) Gegenstand der Erkundung.

Die Auswertung der beiden Fahrten führte zur Erarbeitung von Berichten und Bildkarten im Rahmen gruppenteiliger Gemeinschaftsarbeit.

Von diesen Berichten möchte ich im Folgenden eine Auswahl in landschafts- und grenztheoretischer Etikettierung wiedergeben:

- Begegnung mit einer Urlandschaft und „Erfassung der wesentlichen Landschaftsmerkmale"; Lernen mit allen Sinnen (Ostpreußen):
  *„Urlandschaft: Zunächst führte die Straße durch mittelhohen Kiefernbestand, dann lockerte sich das Gehölz und wurde zu Niederholz, zwischen dem sich Heide dehnt, und dahinter erhoben sich die Linien der einsamen Dünenlandschaft. In den Mulden der weißen Düne, deren Sand vom Wind hartgebügelt ist, kamen wir uns vor wie in einer Mondlandschaft. Niemand von uns wird vergessen, wie wir auf dem höchsten Kamm der Weißen Düne standen, den die Jungens vor lauter Spannung im Sturm ge-*

---

304 Ebd., S. 60.
305 Ebd., S. 66.

*nommen hatten, und um uns das Gewoge der hellen sandigen Kuppeln sahen, die sich gegen Norden und Süden verliefen und zu unseren Füßen steil in das flache Haff abfielen. Das sind Augenblicke, wo die Jungens kopfüber den Hang hinunterpurzeln müssen, und eh du es begreifst, tummeln sie sich schon als winzige Figürchen drunten am Strand. Dann wollen sie die Düne stürmen, aber sie ahnen ja nicht, wie steil und hoch sie ist. Dann kommen sie keuchend und schwitzend oben an, sinken in den Sand und strecken alle viere von sich.*"[306]

- Vermittlung elementarer landschaftschronologischer und landschaftsökologischer Einsichten (Ostpreußen):
  *„Die Kurische Nehrung: Vor vielen, vielen Jahrhunderten bestand diese Halbinsel noch nicht. Das Meer spülte erst im Laufe der Jahre Sandkorn um Sandkorn an, und lagerte sie vor dem Festland ab. So häufte sich allmählich der Sand zu einem großen Sandberg, der immer noch größer und länger wurde. Als der Berg schon etwa über den Wasserspiegel ragte, wurden vom Wind Samenkörner angetrieben, die dort Boden faßten und weiterwuchsen. Allmählich wuchsen auch Bäume auf dieser eigenartigen Landzunge. Die Wurzeln der Bäume und Gräser krallten sich in den Sand, durchwuchsen ihn und hielten ihn zusammen. Daß schon früher Menschen auf der Landzunge gewohnt haben, das beweisen die zahlreichen Funde, die dort gemacht wurden. Mit einfachen Mitteln lebten die Leute einst. Mit der Zeit aber wurden die Menschen auch in diesem Gebiet schlauer. Sie merkten, daß man das Holz besser verwerten kann, indem man es abschlägt und zu Häusern verbaut. Ohne sich Gedanken darüber zu machen, taten sie es so. Als sie nun schon viele Bäume abgefällt hatten, entfesselte sich der Sand und fing an zu wandern. Nun wanderten die Dünen von einer Stelle zur anderen und begruben unter sich so manches Fischerdorf ...*"[307]

- Begegnung mit Landschaften unterschiedlichen Charakters durch Fahrt auf der geomorphologischen Grenzlinie zwischen Marsch und Geest; Vergleich ihrer „tonangebenden Merkmale" (Schleswig-Holstein):
  *„Am Rande der Geest: Draußen hatten wir wieder die weite flache Bucht der Schlei und dem Dom von Schleswig. Von nun an fuhren wir auf einer Straße, die genau die Grenze zwischen Marsch und Geest darstellt. Rechts hatten wir fette Weiden und schweres Weizenland, links Heide, Buchweizen und magere Roggenfelder. Reiches und dürftiges Land stießen hier unmittelbar aneinander ...*"[308]

- Begegnung mit Landschaften unterschiedlichen Charakters beim Übergang von der Marsch zum Wattenmeer und den Halligen; Vergleich ihrer „tonangebenden Merkmale" (Schleswig-Holstein):
  *„Der Koog und die Hallig: An diesem Tag haben wir zwei Erinnerungen: Die Fahrt durch das neu eingedeichte Land, den Söhnke-Nissen-Koog, der 1926 eröffnet wurde, und den Besuch auf der Hamburger Hallig. So etwas von Fruchtbarkeit wie in dem Koog hatten wir noch nie gesehen. Weizen und Flachs standen mannshoch. Man er-*

---

306 Ebd., S. 62.
307 Ebd., S. 61 f.
308 Ebd., S. 68.

*zählte uns, daß seit 9 Jahren hier solche Ernten eingebracht werden, ohne daß der geringste Dung in den Boden gebracht wird. Hier lernten wir, wie fruchtbar Meerschlamm ist. (…) Wir überquerten dann drei Deiche, drei ‚goldene Ringe', wie sie in Dithmarschen genannt werden. Schließlich kamen wir auf einen schmalen Gang, der den letzten Deich mit der Hamburger Hallig verbindet. Er führte zwischen Quellerfeldern durchs Wattenmeer. Und schließlich angeschwemmtes Land mit spärlicher, salziger Grasnarbe. Auf beiden Seiten sahen wir die ersten Schafe weiden. Am Weg waren hohe Mieten von Tannenreißig aufgestapelt, die hier für Damm- und Deichbau verwendet werden. Die Hallig gehört zu den kleinsten. Sie hat gerade Platz für eine einzige Warft. Darauf steht ein kleines, flaches, weißes, strohgedecktes Haus mit einem winzigen Stall und einem Süßwassertümpel, auf dem ein paar Enten schwimmen. Bis weit hinaus sieht man offenes Meer und Halligen, die noch weiter vorgeschoben sind. Sie ragen wie graue Streifen aus dem Wasser. Auf dem Rückweg von der Hallig fuhren wir auf dem Deich nach Husum. Dort ist Theodor Storm geboren. Er nannte es die ‚graue Stadt am Meer'. Von der See kam ein scharfer Wind, er trieb uns vorwärts. Was wir sahen, war sehr merkwürdig: links gelbe Weizenfelder auf dem neuen Land, rechts graue Nordsee. Sie war mit Halligen besät bis zum Horizont."*[309]

- Begegnung mit der deutsch/polnischen Grenze („Umklammerung", Flanken- und Keilstellungen"):

*„Von der See her steuerten wir Ostpreußen als ‚Insel' an, was es im politischen Sinne ja wirklich ist. Die Kinder wurden also mit der Nase darauf gestoßen und erfuhren es aus eigener Anschauung aufs Nachdrücklichste, daß hier ein Stück Deutsches Reich völlig einsam und abgeschnitten in der Klammer fremden Volkstums lebt. Jener Frühmorgen, als Gdingen, weiß, neu und doch gespenstisch an uns vorbeiglitt und gerade voraus, im Dunst, sich die wuchtigen Linien von Danzig zeigten, bleibt unvergeßlich, weil uns hier, mit einem Blick zu fassen, das Schicksal zweier Völker ansprach: das Schicksal des anderen saß uns wie ein Keil hier im Fleisch, und dessen Spitze ist die Gespensterstadt Gdingen drüben am Meer.*[310]

- Begegnung mit der deutsch/dänischen Grenze (künstliche – natürliche Grenzen, „Grenzlinie" – „Grenzsaum"):

*„Grenze: Die Fahrt nach Glücksburg und Flensburg zurück machten wir mit einem Dampferchen über die Förde. Wir kamen dicht an bewaldeten Ufern vorbei. Nach Norden sahen wir jenseits der Förde weit nach Neu-Dänemark hinein. Dies ist Land, das bis nach dem Weltkrieg zum Deutschen Reich gehörte und in dem an der Grenze Deutsche wohnen, und bis hinauf an die altdänische Grenze wohnen auch Deutsche. Damals nach dem Kriege hat sich Flensburg durch eine glänzende Volksabstimmung für das deutsche Reich gerettet. Es ist damit Vorposten geworden. Hier sahen wir wirklich, was eine Grenze ist, die nur Staaten voneinander trennt, aber nicht Völker. Denn auf beiden Seiten der Grenze wohnen ja deutsche Menschen. Flensburg selbst hat noch eine schöne Erinnerung an die denkwürdige Abstimmung, nämlich das in*

---

309 Ebd., S. 69 f.
310 Ebd., S. 60 f.

*den zwanziger Jahren erbaute Deutsche Haus. Es ist aus Klinker gebaut, die so gut in unsere nördliche Landschaft passen. Es ist ganz einfach und schlicht. Darin gibt es Vortragssäle und eine Bibliothek ..."*[311]

Fasst man die Auskünfte über die Vorbereitung der Fahrt und die hier wiedergegebenen Schülerberichte in den Blick, so wird auf dem Hintergrund der voran stehenden Ausführungen deutlich, dass der von Reichwein beschriebene Unterricht dem nationalen Bildungsauftrag der Richtlinien insofern folgte, als die beiden „großen Fahrten" der Landschule in die „Grenzmarken" führten, als überdies Reichwein die Grenzen in jener „Kampfplatz"-Perspektive und grenztheoretischen Begrifflichkeit („Vorposten", „Keil", „Spitze") beschreibt, die wir auf den Basistext Ratzels vom „Kampf um Raum" und auf die Politische Geographie und Geopolitik seiner Zeit zurückgeführt haben. Jedoch es fehlen – gemessen an dem Kanon NS-ideologischer Elemente des damaligen Geographieunterrichts und im Unterschied vor allem auch zur politischen und didaktischen Programmatik des geopolitischen Ansatzes – alle Äußerungen rassenkundlicher, wehrgeographischer oder bellizistisch-expansionistischer Art. Daher ist die Behandlung der geopolitischen Lage Ostpreußens „im Rahmen Deutschlands", wie Reichwein formulierte, auch gewiss nicht als ein Beitrag zu der expansiven Geopolitik der Haushoferschen Richtung zu verstehen. – Und ließ man etwa Tannenberg, die mit Hindenburgs Sieg verbundene nationale Gedenkstätte, im vorbereitenden Unterricht wie auf der Fahrt „links liegen"? Aufenthalt, hingegen, bei dem ersten masurischen Soldatengrab:

*„Es lag dicht bei der Straße. Man mußte Stufen hinaufgehen zu einem hohen Kreuz. Zu beiden Seiten waren auf einfachen Steinplatten kurze Inschriften zu lesen, die sehr viel sagten: ‚63 unbekannte Russen', ‚34 unbekannte Soldaten', und so ging es von Stufe zu Stufe, ein Massengrab über dem anderen. Es waren Tote aus der Februarschlacht 1915, die Ostpreußen endgültig von den Russen befreite. An diesen Soldatengräbern merkten wir, daß wir in Masuren seien."*[312]

Diese von einem Schüler formulierten Sätze sind Spiegel des gleichen Geistes, der auch Ernst Wiechert, den von Reichwein so hoch geschätzten Dichter der masurischen Landschaft und seiner Menschen, in seinem Widerstand gegen das NS- Regime bewegt hat.

Es wird auf dem Hintergrund der dargestellten Entwicklung zugleich deutlich, dass der Tiefenseer Landschullehrer im Kern seines Unterrichts dem von Troll entpolitisierten landschaftsgeographischen Konzept in der Tradition Humboldts und Ritters folgte: Was für den Wanderer gilt – wir haben davon im Zusammenhang mit dem Wechsel des Paradigmas gesprochen – trifft in vergleichbarer Weise auch auf die mit dem Rad durch das Land fahrende Gruppe hinsichtlich der Möglichkeit zu, die Geo-

---

311 Ebd., S. 68 f.
312 Ebd., S. 64.

graphie, Geschichte und Kultur des Exkursionsraumes am eigenen Leibe oder doch im unmittelbaren Kontakt mit Land und Leuten erfahren und erkunden zu können. Und gewiss war es bisweilen möglich, Umschau haltend auf der höchsten Wanderdüne oder auf der Krone des Deiches, der Koog und Wattenmeer von einander trennt, die Landschaft als ein „zusammenhängendes Ganzes" (Ritter), deren „individuellen Charakter" (Humboldt) mit eigenen Augen erfassen zu können.

Beide Komponenten dieses Erdkundeunterrichts, die politisch-geographische und die landschaftskundliche gehörten nicht nur bei Reichwein, sondern allgemein im Erdkundeunterricht der NS-Zeit zusammen. Das beweist ein Blick in die Erdkundeschulbücher der Zeit ebenso wie der Rückblick des hier schreibenden Zeitzeugen, dem die Klassenfahrten mit seinem jugendbewegten Lehrer in die Lüneburger Heide und in die Sylter Wanderdünen ebenso in Erinnerung sind wie die geopolitischen Grenzlandbegriffe und deren Markierungen auf den Suggestivkarten des Erdkundebuchs.

Es bleibt die Frage, wie Reichwein zu den politisch-geographischen bzw. geopolitischen Elementen des Unterrichts stand, die an seiner Kommentierung der Grenzbegegnungen sowie an deren Spiegelung in den Schülerberichten ablesbar ist. Konnte der Preuße und Anwalt organisch-gewachsener Strukturen die Kritik an der „Zerstükkelung" der Grenzen, die von den Gegnern des „Versailler Diktats" vorgebracht wurde, ein Stück weit mittragen? Für diese Vermutung spricht, dass in die Vorbereitung der Ostpreußenfahrt die „Geschichte vom Ordensland und Lehensland zum Reichsland im innersten Sinne" einbezogen und (in engem zeitlichen und inhaltlichen Zusammenhang mit derselben) anhand einer von Reichwein entwickelten „dynamischen Karte", um deren Veröffentlichung er sich ausdrücklich bemühte[313], erarbeitet wurde:

*„Die ursprüngliche brandenburgisch-preußische Machtbildung vollzog sich im Osten, und die soziale Gestalt des alten Preußen ist in diesem Raum, auf seinen natürlichen und geschichtlichen Bedingungen, gewachsen. Die Grundlagen für ein Verständnis der politischen Sendung Brandenburg-Preußens sind also dort zu suchen, und von dort her im Bewußtsein der Jugend ein einfaches, geschichtlich sprechendes Bild aufzubauen, das sie, in einfache räumliche Vorgänge übersetzt, an der dynamischen Karte selbst nachzuschaffen imstande ist. Es handelt sich, vom Standpunkt unserer Kinder aus gesehen, um eine Wachstums- und Dehnungsbewegung nach Osten. Was der Film in einheitlichem Zuge zeigt, zum Gesamtablauf schon verdichtet, bauen wir uns Schritt für Schritt aus Elementen zum Ganzen auf. Wir haben Zeit, wir können verweilen, wir schalten nach Belieben aus und ein; indem wir plastisch bauen, denken wir geopolitisch ..."*[314]

---

313 Vgl. den Brief vom 28.5.1935 an Ludwig Pallat. In: Adolf Reichwein: Pädagoge und Widerstandskämpfer, S. 129.
314 Adolf Reichwein. Ausgewählte Pädagogische Schriften, S. 103.

Und zur grenztheoretischen Begründung der dynamischen Karte heißt es ganz im Sinne der Ratzelschen Bewegungslehre und der Sache nach mit Verweis auf deren Renaissance in der damaligen politischen Geographie und Geopolitik:

*„Der Gedanke entstammt der in den letzten 20 Jahren immer lebendiger gewordenen Vorstellung, daß alle Raumverhältnisse, durch die Grenze geographisch zum Ausdruck gebracht und im Bild der Grenze sichtbar gemacht, dem Wesen nach nicht etwas Festes, sondern beständig, Druck und Gegendruck ausgesetzt in dauernder geheimer innerer Bewegung sind, die sich, wenn die Zeit erfüllt ist, in äußerer Bewegung (Grenzverschiebung) entlädt. Das Verständnis geschichtlicher Ereignisse, soweit sie sich in räumlichen Veränderungen äußern, ist durch diese geopolitische Betrachtungsweise vertieft und bereichert worden."*[315]

### 2.2.2 Das Vorhaben: „Die Erde aus der Vogel- und Fliegerschau"

Das hier vorgestellte Vorhaben hat nicht nur eine unverkennbare Beziehung zur Biographie seines flugbegeisterten Initiators, sondern auch zur Lerngeschichte der Tiefenseer Landschule. Es geht auf die sommerliche Großfahrt nach Ostpreußen zurück, die zur Begegnung mit der Kurischen Nehrung als Urlandschaft und Standort von „Vogelforschung und Segelfliegerei" führte. Und auch eine Bildersammlung zu den Themen „Geschichte des Vogelflugs, Segelflug, Verkehrsfliegerei, Luftschiff, Luftbild, Fliegerschulung" lag bereits vor.

*„Was während des Sommers auf der Großfahrt und bei vielen kleineren Gelegenheiten aus unmittelbarer Anschauung gesammelt, notiert und vorgemerkt wurde, wird nun zu größeren erdkundlichen Vorhaben verdichtet. Eines Winters haben wir so das Fliegen und die Fliegerei zum Leitmotiv unserer erdkundlichen Arbeit gemacht. Die Dringlichkeit des Themas ist aus der deutschen Gegenwart ohne weiteres zu begreifen. Das Vorhaben versprach in seiner Breite wie in seiner Tiefe Ergiebigkeit."*[316]

Es wurde dann aber in seiner endgültigen Gestalt nicht nach Maßgabe der noch recht weit gefaßten Formulierung „Fliegen und Fliegerei" und der Bildersammlung in der Vielfalt ihrer Themen realisiert, sondern in inhaltlicher Konzentration auf die durchgehende erdkundliche Fokussierung des Lernens: „Die Erde aus der Vogel- und Fliegerschau".

---

315 Ebd., S. 102 f.
316 SSV., S. 43.

*2.2.2.1 Der „Einstieg"*

Den „Einstieg" vermittelte die Frage: „Wie sieht der Flieger eigentlich unsere Heimat?" (Und alsbald vermutlich auch: „Wie sehen die Störche unser Dorf?" „Wie sahen sie unser Dorf in vergangener Zeit?" „Können wir auch unser Dorf von oben sehen wie der Flieger und die Störche?")

Diese Frage(n) führte(n) zum „Bau des Reliefs unserer engsten Heimat." Die Kinder begannen, die erdgeschichtliche und kulturhistorische Entwicklung ihres Dorfes mit der Hand nachzugestalten. Sie formten die Basis des Lehmkerns (die von eiszeitlicher Gletscherarbeit geprägte Erdoberflächengestalt) und den Mantel des Pappreliefs (die Urlandschaft und ihre schrittweise Veränderung durch den Menschen). Sie vergegenwärtigten sich in imaginierender plastischer Rekonstruktion „das Werden unserer Heimat aus ihrer Urform":

> *„So entstand in langer, mühsamer Arbeit, Schicht um Schicht wachsend, der Lehmkern unseres Reliefs, der Rohbau unserer heimatlichen Landschaft, wie sie sich aus eiszeitlicher Gletscherarbeit, jahrtausendelanger Wasser- und Wetterwirkung gebildet hat. Über diesen Kern wurde, aus vielen wechselnden Schichten von Papier und Leim verbunden, ein zweites, ablösbares Pappreliefgezogen. Bald bekam es Farbe und durchgearbeitete Gestalt. Blau leuchteten die Seen zwischen den Wäldern aus isländisch Moos – ein Stück Urlandschaft war da. Die Feldflur belebte sich. Nach dem Bestellungsplan des letzten Sommers nahmen die einzelnen Schläge Farbe an. Und schließlich fügte sich zu dieser Landschaft, die in Natur gebettete kulturelle Leistung zeigte, das Dorf. Holzgeschnitzt, farbig, reihte sich längs der Straße Haus um Haus, Hof um Hof. Kein Ställchen durfte fehlen. Wir hatten das Werden unserer Heimat aus ihrer Urform, wie der Mensch sie einst antraf, bis zum gegenwärtigen Gesicht im Geiste nacherlebt."*[317]

Nunmehr war nicht nur die Erde aus der „Vogel- und Fliegerschau" in den Fragehorizont der Kinder gerückt, sondern auch – am exemplarischen Fall und lebensnahen repräsentativen Phänomen – der Zusammenhang zwischen Natur- und Kulturlandschaft (Boden, Klima, Verkehrslinien, Siedlungsformen). Dieser Schlüsselfunktion der Einstiegsphase und dem Abstraktionsniveau des auf Kartenarbeit abgestützten Unterrichts entsprach die besondere didaktische Qualität des Lernens in historisch-genetischer Perspektive auf den Ebenen des praktischen Tuns und der durch Bild, Text und Gespräch ermöglichten ikonischen und symbolischen Repräsentation des Lerngegenstandes.

---

317 Ebd., S. 44.

*2.2.2.2 Zum weiteren Verlauf des Unterrichts*

Um dieses Heimatrelief „kreisten nun täglich unsere Gedanken, von hier, von der Heimatgestalt, spannten sie Brücken hinaus in den weiten Raum der Erde":

- Die Kinder folgten in Gedanken dem Weg der Störche von Rossitten nach Afrika.
- Sie verglichen die fast identischen Linien des Vogelfluges und des Luftverkehrs auf der physisch-geographischen Karte und anhand eines selbst erstellten Afrika-Reliefs:
  *„Dieses Relief ist das physische ‚Grundmodell', mit dem für das Kind wichtige Inhalte anschaulich verbunden werden: Flugzeug- und Vogelmodelle, im Kleinstformat geschnitten werden aufgesteckt und veranschaulichen die Wege des Vogelzugs und Luftverkehrs, farbige Papierschnitte machen das koloniale Bild des Kontinents sinnfällig, farbig gestaltete Tierfiguren lokalisieren die bedeutsamen Arten der Tierwelt, und auf ähnliche Weise werden die Erzeugungszonen der wichtigsten Kulturpflanzen (Ölpalme, Kakaobaum, Baumwollstaude usw.) eingeprägt."*[318]
- Sie verglichen in Verbindung mit nochmaligem Reliefbau (Nordamerika) die Verkehrsnetze Nordamerikas mit denen Europas:
  *„Auch hier half das selbstgebaute Relief, das natürlich, wie jedes Relief, vor allem die räumlich-natürliche Gestalt, die Raumkräfte dieses Erdteils sinnfällig macht, die räumliche Bedingtheit der Linienführung erkennen lässt."*[319]

Im Mittelpunkt der abschließenden Sequenz des Lehr/Lernganges stand sodann eine siedlungs- und verkehrsgeographische Phänomenreihe:

*„Zur Ergänzung unserer eigenen Reliefarbeiten, denen der Gesamtplan leider enge Grenzen zieht, hatten wir bildliche Reliefdarstellungen deutscher Landschaften gesammelt: das Rhein-Main-Gebiet, zwischen Taunus und Odenwald gebettet, Schwarzwald, Bodensee, Erzgebirge. Sie waren uns bei der Gewinnung eines treuen Bildes der deutschen Landschaftscharaktere zur unentbehrlichen Hilfe geworden. Sie gaben uns nun, da wir sie bewußt als Vogel- und Fliegerschau begriffen und nutzten, eine Zusammenschau des Einzelnen zum Ganzen, eine Landschaft in ihrer Gliederung auf einen Blick als Einheit zu umfassen und schließlich eine Fülle von Beziehungen: der Standort der Städte wurde einleuchtend, weil er sich aus dem Bau der Landschaft ergab, die Standortsbindung der Industrien an die Gewässer, die uns seither nur als geschichtliches Ergebnis nahegekommen war, wurde uns am Reliefbild unmittelbar und zwingend begreiflich, denn wir sahen, wie sich die alten kleingewerblichen Bildungen Württembergs und Thüringens den kleinen Gebirgswässern anschmiegten und wie auch die großindustriellen Ballungen der Rhein-Main-Landschaft sich des breiten Verkehrsbetts führender Ströme und Flüsse bedienen. Eine ganze Wirtschaftskunde Deutschlands erschloß sich uns aus diesen Bildern, ‚wie sie der Flieger sieht'."*[320]

---

318 Ebd., S. 23 f.
319 Ebd., S. 46.
320 Ebd., S. 46 f.

Der einmal angeregte „Luftbild-Geist" – so möchte ich hier in der Diktion Fröbelscher Schulpädagogik formulieren – wandte sich sodann in der Perspektive eines fortwirkenden und in der Übertragung sich vertiefenden exemplarischen Lernens vergleichbaren Luftbilddarstellungen aus anderen Teilen Deutschlands und Afrikas zu:

> „Die menschliche Siedlung, klein oder groß, immer an landschaftliche und geschichtliche Kräfte gebunden, bekam ganz neue Züge, wenn wir sie aus der Fliegerschau betrachteten. Jetzt begriffen wir erst recht die Bedeutung der Siedlungsform und durch diese die Kraftströme der Geschichte. Da war Nördlingen zum Beispiel, heute noch in die Mauer seiner mittelalterlichen Blüte eingeschlossen, ein in sich und seiner Landschaft ruhendes, ausgeglichenes Gebilde – und dort war Chemnitz, ein brodelnder Kessel von Industrie. Hier eine einsame Wind- oder Wassermühle – dort eine moderne Mühlenanlage mit riesigen Vorratssilos für das lagernde Getreide inmitten eines rauchenden Industriebezirks. Und schließlich hier unser eigenes Straßendorf, und dort hessische Haufendörfer, sächsische Rundlinge, einsame Marschhöfe. Jede dieser Formen birgt ein geschichtliches Schicksal, und jede erzählt uns davon."[321]

Den Abschluss bildete der „Griff hinaus in die Welt":

> „Mittelholzer bringt Bilder primitiver Negersiedlungen, hier wahllos gewürfelte, ungekonnte Hütten, und daneben hoch entwickelte, streng geordnete, ‚staatlich' gedachte Dorfanlagen. Wir fanden also auch ‚draußen' das Beieinander formloser Zufälle und bewusst geformten planvollen Lebens. Und so warfen wir immer wieder einmal den Blick hinaus, jenseits der eigenen Volksgrenze, rissen die Fenster auf und fanden, daß auch im Entferntesten, in der fernen Welt wie in der nahen Heimat, die Formen des organisierten Lebens durch Grenzen zu Rängen gestuft und voneinander geschieden sind. Wo also auch immer uns das Luftbild ‚Strukturen' menschlichen Lebens enthüllt, immer sind sie Sinnbild einer bestimmten Artung und haben ihr eigenes Gesetz."[322]

Bemerkenswert an diesem Vergleich der deutschen Siedlungsformen mit den afrikanischen ist, dass Reichwein hier die im engeren Sinne geographische Perspektive übersteigt in Richtung auf eine allgemeine lebenskundliche Deutung: Die Erscheinungen des gegenständlichen Lebens und seiner Symbolisierungen werden von ihm in Übereinstimmung mit dem Weltverständnis Goethes als gesetzmäßig hinsichtlich des Verhältnisses von Inhalt und Form gedeutet. Zwischen dem Nahen und dem Fernen besteht für den Humanisten Reichwein also nicht ein Verhältnis der Differenz nach Maßgabe der rassistischen Denkmuster seiner Zeit, die am Beispiel Passarge und Banses schon zur Sprache kamen, sondern eines der grundsätzlichen Identität.

---

321 Ebd., S. 48.
322 Ebd.

## 2.2.2.3 Das Netzwerk der Zweig- und Parallelthemen

Zur didaktischen Partitur des Ganzen gehören nicht zuletzt auch die vom erdkundlichen Hauptstrang des Unterrichts abzweigenden bzw. die mit diesem parallel laufenden Themen und Lernaktivitäten:

- von den „Fluggeräten draußen in der Natur" zu den „Fluginstrumenten des Menschen",
- die begleitende Lektüre von Sachtexten,
- die Wetterkunde auf der Grundlage „eigener Beobachtungen und Ergebnisse",
- die Physik und Technik des Fliegens als Gegenstand des Rechenunterrichts.

Die Verflechtung des Unterrichts mit seinen Zweig- und Parallelthemen führt aber nicht zu der als „Klebekonzentration" bekannten Fehlform des Gesamtunterrichts, sondern zu einer fach- und sachlogisch gegliederten Bauform: Das sinnstiftende Motiv des erdkundlichen Leitthemas durchzieht und verklammert durchgehend das differenzierte Ganze. Mit den Worten seines didaktischen Baumeisters gesagt:

> „Wir wollten ja nur ein Beispiel geben, wie aus hundert und aber hunderten von Zubringerdiensten, die über Jahre verteilt sind, aus den mannigfaltigsten Ansätzen und Einzelvorhaben – um deren inneren Zusammenhang und geheimes Ziel nur der planende Erzieher wußte – schließlich ein großes Gesamtvorhaben zusammenwuchs, und um ein Leitmotiv – vom Fliegen – eine ganze kleine Volks- und Weltschau. Wenn der Sättigungspunkt erreicht ist, bildet sich der Kristall."[323]

## 2.2.3 Landkarten lesen aus der „Vogel- und Fliegerschau"

Eines jener Einzelvorhaben, von denen Reichwein spricht, bestand im Bau eines Flughafen-Modells. Mit dessen Anfertigung war die Frage nahe gelegt: „Wie wird der Flieger sich zurechtfinden, wenn er unseren Flughafen verlassen hat und allein unterwegs auf sich und seine Instrumente angewiesen ist?"

Es folgt die Schilderung einer Lernepisode, die für heutige Lehrer und ihre flugerfahrenen Kinder geschrieben zu sein scheint:

> „Ans Peilen wagen wir uns nicht heran, aber Karte und Kompaß, das werden wir wohl verstehen. Jetzt müssen auch die Kleinen mittun; die Rose der Himmelsrichtungen und etwas von der Heimatkarte kennen sie schon, nun wird Neues hinzugelernt. Hier liegen Kompaß und Generalstabskarte: wir denken uns also, es sei schönes Wetter und gute Sicht. Was tun wir dann? ‚Wir fliegen Strich!' Also nehmen wir zwei wichtige Punkte der Karte und verbinden sie mit dem Rotstift, das sei unsere ‚Strecke'.

---

323 Ebd., S. 49 f.

> *So macht es auch der Flieger. Und dann kommt das Schwierige: über die Karte gebeugt, müssen wir versuchen, sie als Skizze einer inhaltlich gefüllten Landschaft zu lesen. Hier fliegen wir eine Waldecke an, 5 Kilometer weiter kreuzt unser ‚Strich' eine Straßengabel, wieder 8 Kilometer weiter eine schmale Landbrücke zwischen zwei Seen. So wie wir uns hier auf der Karte mit dem Finger weiter tasten, würde es der Flieger aus 1000 Meter Höhe über der Landschaft tun. Denn es ist ja gute Sicht und er kann 10, auch 15 Kilometer Vorausschau halten. (Wie weit reicht wohl sein Horizont, wenn er in 1000 Meter Höhe fliegt?) Und wenn er die Strecke öfter geflogen ist, kennt er sie ‚wie seine Hosentasche', braucht weder Karte mehr noch Kompass, sondern weiß alle Richtpunkte im voraus. Dann ist ihm Hamburg-Berlin so vertraut, wie uns der Weg zum nächsten Dorf."*[324]

Diese Ausführungen schließen letztlich an die Darstellung des erdkundlichen Vorhabens wieder an, dem Allzusammenhang der Lehrinhalte im globus didacticus des Lehrkünstlers Ausdruck gebend:

> *„Aber jetzt stürmt Frage um Frage auf uns ein. Je mehr wir glauben „im Bilde" zu sein, umso mehr Neues wollen wir wissen. Wie sieht der Flieger unseren See? Wie das Dorf, die Häuser, den Bach, die Bahn? Zunächst muß die Luftbildsammlung helfen, wir reihen Bild an Bild ..."*[325]

### 2.2.4 Zum innovativen Ansatz des Unterrichts

Abschließend gilt es den innovativen Ansatz des Unterrichts hervorzuheben, den der welterfahrene und erfindungsreiche Lehrer seinen Landschulkindern vermittelte. Er griff, wenn ich recht sehe, der fachdidaktischen Entwicklung um Jahrzehnte vor, indem er

- das Luftbild als ein zentrales ikonisches Medium im Wechselbezug zu den Repräsentationsformen: Realbegegnung, Modell, Bild, Landkarte einsetzte,[326]

---

324 FLS, S. 91.
325 Ebd., S. 91 f.
326 Adelmann fasst den Stand der didaktischen Überlegungen zum Einsatz des Luftbildes in seiner 1955 erschienenen „Methodik des Erdkundeunterrichts" auf dem Hintergrund der einschlägigen Veröffentlichungen von Filbig: Fliegerbild und Heimatkunde (1922); Wagner: Das Luftbild im Erdkundeunterricht (1938); Gurlitt: Das Bild der Erde im Luftzeitalter (1950) folgendermaßen zusammen: „Senkrechte Luftbildaufnahmen durch Aerophotographie haben engere Beziehungen zur Karte als die Horizontalbilder. Sie stellen eine Mittelform zwischen Bild und Karte dar und erweisen sich als gute Vermittler zwischen Bildanschauung und Kartenverständnis. (...) An Stelle von Symbolen und Kartenzeichen sprechen wirkliche Dinge des Erdantlitzes zum Betrachter. Luftbildaufnahmen sind ‚kartengetreu ohne die symbolisch konventionellen Zeichen der Karte'. Sie eignen sich auf der Oberstufe zur Vertiefung des Kartenverständnisses, wenn auf einer Wanderung die Bildinhalte der Luftbildaufnahmen der Heimat in der Wirklich-

- neben der Landschaftskunde die Allgemeine Geographie zum Beispiel der Siedlungsformen und Verkehrswege berücksichtigte,[327]
- das Prinzip der konzentrischen Kreise durch das der Parallelisierung ersetzte.[328]

Die Orientierung am Parallelprinzip ist – darauf möchte ich abschließend hinweisen – keine originär fachdidaktische Erfindung. Sie lag bereits am Anfang der Epoche länder- und landschaftskundlicher Erdbeschreibung den klassischen Werken der vergleichenden Geographie zugrunde:

Humboldt wandte das Parallelprinzip an, um in biogeographischer Perspektive und mit planetarischem Horizont die Phänomene des vegetativen Lebens erfassen und typologisieren zu können.

Ritter dachte im Sinne Humboldts, wenn er versuchte, zum einen die Kontinente und Länder in kontrastierender Gedankenführung hinsichtlich ihrer Raumindividualität zu charakterisieren, zum anderen in analogisierender Betrachtungsweise „individuelle geographische Typen" zu erkennen.

Reichweins Anliegen war es, in einer Zeit des noch immer vorherrschenden länderkundlichen Lehrgangs und dessen Engführung im Zeichen eines nationalen Bildungsauftrags, für seine Landschulkinder im Geiste Humboldts und Ritters „ein Fenster aufzureißen", um von der Heimat aus den Blick auf die Welt öffnen.

---

keit aufgesucht und mit den Symbolen und Zeichen der Karten verglichen und verknüpft werden. Sie können auch zur Grundlage einer Reliefdarstellung im Sandkasten genommen werden" (S. 110 f.). Reichweins Vorhaben „Die Erde aus der Vogel-und Fliegerschau" geht aber über diese methodischen Überlegungen noch hinaus. Es bietet m. E. den Ansatz einer vergleichsweise eigenständigen Luftbild-Didaktik, die es für die flugerfahrenen Kinder unserer Zeit weitgehend noch zu entwickeln gilt.

327 Den Ausführungen Schultzes zufolge wird in der Didaktik seines Faches erst seit dem Ende der 60er Jahre (Exemplarische Lehre, Curriculum-Revision) das Thema „Länderkunde oder Allgemeine Geographie" diskutiert – und zwar in Richtung auf eine didaktische Leitformel, nach der Reichwein es bereits praktizierte, nämlich: Länderkunde und Allgemeine Geographie; vgl. Schultze: Dreißig Texte zur Didaktik der Geographie, S. 17–20 u. S. 225–245.

328 Ebd., S. 12–15. Dort konstatiert der Fachdidaktiker „erste Angriffe gegen das Prinzip der konzentrischen Kreise" vom Standpunkt des Parallelprinzips für die Zeit „um 1950".

## 3. Der volkskundliche Aspekt: Landschafts- und stammestypische Lebensformen und Artefakte; die „Gesetze des Volkslebens"

*3.1 Grundzüge der epochalgeschichtlichen Entwicklung*

### 3.1.1 Der Wechsel des Paradigmas im Bereich der Völkerkunde (Herder, W. von Humboldt) und der Volkskunde (Riehl)

Um die Wende vom 18. zum 19. Jahrhundert begann sich von der statistischen Landesbeschreibung[329] nicht nur die länder- und landschaftskundliche Geographie abzuwenden, sondern auch die mit der Geographie in enger Verbindung stehende vergleichende Völkerkunde und Anthropologie. Für diese neuen Forschungsrichtungen, die mit ganzheitlicher Fragestellung und unter Bezug auf die sich globalisierende Reiseliteratur der Zeit darauf gerichtet waren, die Lebensformen prinzipiell aller Stämme und Völker der Ökumene in der Perspektive der Volksgeistlehre zu erfassen, stehen als literarische Dokumente von besonderem Rang die geographisch-völkerkundlichen Abschnitte in Herders „Ideen" und W. von Humboldts „Plan einer vergleichenden Anthropologie" (1794).[330] Von diesen programmatischen Ansätzen führt eine ideengeschichtliche Linie zu A. Bastian, dem Begründer der deutschen Völkerkunde in der zweiten Hälfte des 19. Jahrhunderts[331] sowie zur Völkerpsychologie von Lazarus/

---

[329] Vgl. Niemann: Abriß der Statistik und Staatenkunde (1807); John: Geschichte der Statistik (1884); Weber-Kellermann: Deutsche Volkskunde zwischen Germanistik und Sozialwissenschaften(1969). Abschnitt: Volksforschung im Zeitalter des Absolutismus, S. 4–10 ; Bausinger: Volkskunde (1971). Abschnitt: Wege der Aufklärung, S. 17–30.

[330] „Das Bestreben der vergleichenden Anthropologie geht dahin, die mögliche Verschiedenheit der menschlichen Natur in ihrer Idealität auszumessen; oder, was dasselbe ist, zu untersuchen, wie das menschliche Ideal, dem niemals ein Individuum adäquat ist, durch viele dargestellt werden kann" (S. 41). Zum Wechselbezug zwischen anthropologischer und ethnologischer Forschung führt Mühlmann aus: „Entscheidend ist, daß die anthropologische Beobachtung nicht einsetzt als Bemühen um Selbsterkenntnis des Menschen bzw. um Erkenntnis ‚des' Menschen schlechthin, sondern als Fremdrassen- bzw. Fremdvölkerbeobachtung. Dies führt natürlich sehr bald auf das Phänomen des Menschen in seiner typologischen Vielfalt, und daran knüpfen sich die Fragen nach dem Woher der Unterschiede, nach den Ursachen der typologischen Ausgliederung in Rassen, Völker, Kulturen sowie schließlich nach den ‚Ursprüngen der Menschheit' " (Anthropologie, S. 210).

[331] Als Hauptwerke sind zu nennen: Der Mensch in der Geschichte (1860); Beiträge zur vergleichenden Psychologie (1868); Der Völkergedanke im Aufbau einer Wissenschaft vom Menschen (1881); Zur Lehre von den geographischen Provinzen (1886). Bastian glaubte, wie Weber-Kellermann in interessanter Hervorhebung der wissenschaftstheoretischen Parallele zwischen derzeitiger biogeographischer und völkerpsychologischer Forschung interpretiert, „überall gleichartige Grundvorstellungen entdecken zu können, die von der Ethnologie in ihren primären Elementargedanken zu analysieren seien und zwar auf dem Wege der Erforschung der ‚in den gesellschaftlichen Denkschöpfungen manifestierten Wachstumsgesetze des Menschengeistes'. Drei große Aufgaben möchte er dem Ethnologen stellen: 1. die Ermittlung der elementaren Grundgesetze des Wachstumsprozesses der Völker (was der Zellentheorie der Pflanzenphysiologie entspräche); 2. Bestimmung der lokalen Einflüsse aus dem Milieu (was er als ‚geographische Pro-

Steinthal und W. Wundt.³³² Einer stärkeren Resonanz in den davor liegenden Jahrzehnten aber – in der Zeit der Rückbesinnung auf die kulturellen Überlieferungen des eigenen Volkes im Zeichen der Romantik und der napoleonischen Fremdherrschaft – stand die Universalität des Herderschen und Humboldtschen Denkens entgegen. Nicht die Völkerkunde und vergleichende Anthropologie erlangte aus diesem Grunde damals den konzeptionellen Stand fachlicher Eigenständigkeit, sondern – in einem ersten Auftakt – die von W. H. Riehl um die Mitte des Jahrhunderts begründete deutsche Volkskunde.³³³

Seit diesem Zeitpunkt gibt es als Ergebnis der Sonderentwicklung deutscher Wissenschaft die Trennung zwischen der Volkskunde, die sich ausschließlich dem Volksleben der eigenen Nation zuwandte, und der Völkerkunde mit globalem Forschungsfeld und dem bevorzugten Gegenstand der Naturvölker.³³⁴

### 3.1.2 Die Volkskunde Riehls

Aus der verzweigten literarischen Produktion des Journalisten, Kulturhistorikers, Volkskundlers und Sozialpolitikers Riehl ist für die vorliegende Untersuchung sein Hauptwerk „Die Naturgeschichte des deutschen Volkes als Grundlage einer deutschen Social-Politik" (1869) mit den Bänden „Land und Leute" (1854), „Die bürgerliche

---

vinz‹, verstanden wissen will); 3. Die Beobachtung des gegenseitigen Austausches und der wechselseitigen Geistesbeeinflussung" (Deutsche Volkskunde zwischen Germanistik und Sozialwissenschaften, S. 40).

332 Lazarus/ Steinthal: Zeitschrift für Völkerpsychologie und Sprachwissenschaft (1860–1890); Wundt: Völkerpsychologie (1900–1921). Zur ideengeschichtlichen Linie: Herder-W. von Humboldt bzw. Goethe-W. von Humboldt und deren Weiterführung bis zur Völkerpsychologie vgl. Mühlmann: Geschichte der Anthropologie, S. 65 ff.

333 Als Gründungsakt gilt der Vortrag: Die Volkskunde als Wissenschaft (1858) mit der zentralen These „Die Volkskunde selber aber ist gar nicht als Wissenschaft denkbar, solange sie nicht den Mittelpunkt ihrer verstreuten Untersuchungen in der Idee der Nation gefunden hat" (S. 15).

334 Die Sonderentwicklung deutscher Wissenschaftsgeschichte, die – im Unterschied zur ausländischen Tradition der Einordnung von Völkerkunde und Volkskunde in die Ethnologie als einer Disziplin mit übergreifender (kultur) anthropologischer Grundperspektive – zur Gleichsetzung der Völkerkunde mit dem Begriff „Ethnologie" und damit zur wissenschaftstheoretischen Ausgrenzung einer besonderen „Volkskunde" mit dem Erkenntnisobjekt des eigenen Volkes führte, hat Lutz in seinem Aufsatz: Volkskunde und Ethnologie (1969) herausgearbeitet. Lutz sieht den wissenschaftstheoretischen Ausgrenzungsvorgang mit Riehls bekanntem Vortrag: Volkskunde als Wissenschaft (1858) einerseits und der Gründung der „Zeitschrift für Ethnologie" (1869) durch Bastian andererseits vollzogen: „Hier um die Jahrhundertmitte vollendet sich nun die lange vorher schon angebahnte Scheidung in zwei fortan ganz verschiedene Disziplinen. Während die Volkskunde, dem Leitbild der Nation folgend, ihren Blick auf das eigene Volk und seine Geschichte lenkte und so historische Tiefe gewann, indem sie sich räumlich oder wenn Sie wollen: ethnisch beschränkte, weitete sich die Völkerkunde unter ihrem neuen Namen Ethnologie und mit naturwissenschaftlichen Methoden zur scheinbar allgemeinen Menschenkunde bei gleichzeitiger Begrenzung ihres Forschungsfeldes auf die Primitivkulturen der Naturvölker" (Volkskunde und Ethnologie, S. 70). Vgl. dazu auch Lutz: Johann Ernst Fabri und die Anfänge der Volksforschung im ausgehenden 18. Jahrhundert (1973).

Gesellschaft" (1851), „Die Familie" (1855), „Wanderbuch" (1869) sowie die Abhandlung „Volkskunde als Wissenschaft" (1859) von besonderer Bedeutung.

Riehl verfasste die landes- und volkskundlichen Skizzen des ersten Bandes („Land und Leute") letztlich aus der Absicht heraus, die im fortschreitenden Aufbau sekundärer Systeme wirksamen Tendenzen der Zentralisierung und Rationalisierung der Lebensverhältnisse – den „großen modernen Zersetzungsprozess" (Riehl) – aufzuhalten. Die Beschreibung der ethnographischen Dreiteilung Deutschlands war überdies darauf angelegt, den Vorschlag einer politischen Neuordnung Europas „auf der Grundlage der alten Stammesunterschiede" zu fundieren. Im zweiten Band (Die bürgerliche Gesellschaft") ordnete er die mit ontologisierendem Begriff als „natürliche Stände" bezeichneten Schichten bzw. Klassen der Gesellschaft im Sinne seiner konservativ-sozialreformerischen Position als „Mächte des Beharrens" (Bauern, Aristokratie) und „Mächte der Bewegung" (Bürger, „vierter Stand") einander zu, dabei seine besondere Vorliebe für den Bauern nicht verhehlend. Der den Status quo verteidigende Sozialpolitiker trat im dritten Band („Die Familie") für die seiner Ansicht nach „gottgewollte Ungleichheit von Mann und Frau" und für die aus vorindustrieller Zeit überkommene und damals bereits in Auflösung begriffene Lebenswelt des „ganzen Hauses" ein. Grundlage dieser Bücher war eine statistische und anschaulich-beschreibende Volksforschung, die hinsichtlich ihres Erkundungszieles, ihres spezifischen Phänomenbereichs, Kategorienschemas und methodischen Ansatzes folgendermaßen zu kennzeichnen ist:

1. Der Sozialpolitiker Riehl intendierte eine „Kunde des Volkslebens", die auf der Grundlage einer umfassenden sozialen Statistik darauf angelegt war, „ein bis auf einzelne Gemeinden heruntergehendes gesellschaftliches Charakterbild" zu zeichnen – und zwar im Dienste einer „konservativen Sozialpolitik", deren Absichten und Maßnahmen den „Gesetzen des Volkslebens", zumindest dem Anschein nach (S. 171), entsprechen sollten.
2. Einher mit den sozialpolitischen Intentionen ging die Absicht des Volkskundlers und Kulturhistorikers (S. 195 f.) den Wechselbezug zwischen „Land und Leuten" in ganzheitlicher Sicht und anschaulich-typologisierender Weise unter folgenden Gesichtspunkten zu erfassen:
   – „Landesart und Landesanbau,
   – des Volkes Stamm und Art (Grundzüge der Stammesgeschichte),
   – Die Kunstdenkmale als Wahrzeichen des Volksgeistes,
   – Siedlung und Wohnung,
   – Rock und Kamisol (u.a. Volkstracht),
   – Pfälzische Küche,
   – Sprachstudien,
   – Politische und soziale Charakterzüge,
   – Kirchliches Volksleben."[335]

---

335 Riehl: Die Pfälzer, S. XIII f.

3. Er suchte daher vorzugsweise die von den Zentren großstädtischen Lebens noch weniger berührten Landstriche und Landschaften auf: das bäuerliche und das kleingewerbliche Leben, vorzugsweise in abgelegenen Mittelgebirgsdörfern und Grenzregionen, „ein Stück Flußgebiet, oder einen Nebenfluß, ein kleines Gebirg, einen Gau, die selbständige Gruppe eines Volksstammes, ein kleines ehemaliges Reichsländchen und ähnliches."[336]
4. Die Erarbeitung der „Landes- und Volksbilder" erfolgte in der Regel nicht anhand literarischer Unterlagen, sondern – in dieser Hinsicht stand ihm der Wandervogel Reichwein besonders nahe – auf dem Wege ausgedehnter „Wanderstudien":
*„Gerade die auf das gegenwärtige Volksleben der eigenen Nation gerichtete Forschung reicht am wenigsten mit abgeleiteten Quellen aus; wer eine solche Volksindividualität bloß nach den Materialien darstellen wollte, wie sie ihn die Bibliotheken, Archive und statistischen Buraux bieten können, der würde höchstens ein klapperndes Skelett zu Stande bringen, kein Bild das Leben athmet. Dazu bedarf es der unmittelbaren Quellen, zu deren Aufsuchung man auf den eigenen Beinen durch's Land gehen muß."*[337]

Nur dem „forschenden Wanderer", so Riehl, bietet sich die Möglichkeit, eine Landschaft hinsichtlich ihrer jeweils „kennzeichnenden Hauptzüge im Charakterbild" durch Vergleich erfassen zu können, dennn „er bringt den vergleichenden Maßstab mit".

5. Der methodische Ansatz reichte von der Hingabe an den Totaleindruck einer Landschaft bis zur systematischen Ermittlung und statistischen Verarbeitung von Einzelinformationen. Er erinnert daher teilweise an moderne Verfahren empirischer Sozialforschung (Feldforschung, teilnehmende Beobachtung), teils an Formen unterrichtlicher Vorbereitung, Durchführung und Auswertung von Erkundungen.[338]

---

336 Riehl: Wanderbuch, S. 16.
337 Riehl: Die Volkskunde als Wissenschaft, S. 17.
338 Das vorbereitende Studium der Landkarte und der topographisch wichtigen Fachliteratur sollte gerichtete Beobachtungen, Fragen und Gespräche ermöglichen. Tagebuchnotizen und das Studium spezieller Literatur im Anschluß an die Realbegegnung mit dem jeweiligen geographisch-ethnographischen Raum legten sodann die Grundlage für die schriftstellerische Auswertung der Wanderung: „Wer die Karte und die allgemeine Landeskunde nicht im Kopfe hat, der kann auch nicht richtig gehen und auch nicht richtig fragen; wer planlos geht und das Fragen nicht versteht, der wird auch kein wertvolles Tagebuch draußen skizzieren, und wem das alles zusammen nicht gelungen ist, der mag auch die geschriebenen und gedruckten Spezialquellen nicht gehörig auszubeuten. Er mag Einzelzüge zusammenbringen, aber kein harmonisches, treffendes Gesamtbild" (Volkskunde als Wissenschaft, S. 29). Bausinger erkennt Riehls „empirisches Geschick", seine Fähigkeiten zu „wacher und effektiver Beobachtung" an, bemängelt aber den „weitgehenden Verzicht auf analytische Zugänge" und den „Mangel an kritischen Methoden" (Volkskunde, S. 60). Ähnlich äußert sich Emmerich, zugleich die politischen Implikationen der empirischen Verfahrensweise aufdeckend: „Riehls Erkundungen des Volkslebens basierten auf empirischem Vorgehen; er war einer der ersten Praktiker der ‚teilnehmenden Beobachtung' und der Feldforschung. Freilich bediente er sich empirischer Techniken nicht nach Maßgabe eines

Die Veröffentlichung der „Naturgeschichte des deutschen Volkes als Grundlage einer deutschen Sozialpolitik" und deren Erarbeitung auf dem Wege der „Wanderstudien" ist im zeitgeschichtlichen Kontext zu sehen mit der sozialgeschichtlichen Situation im Umfeld des Revolutionsjahres 1848. „Entscheidend war mir hier das Jahr 1848", wie Riehl in einer bekannten biographischen Notiz formuliert.

*„Dieses Sturmjahr und das folgende sind meine wichtigste Lehrzeit gewesen und zugleich meine Feuerprobe. Andere wurden durch die Revolution aus ihren Bahnen gerissen, ich wurde durch sie in meine eigenste Bahn und in mich selbst zurückgedrängt. Ich beobachtete; ich lernte das politische und soziale Leben in täglicher Anschauung kennen und füllte mein Skizzenbuch mit Dutzenden von Studien, die ich bald nachher in meiner ‚Naturgeschichte des Volkes' verwertete. Allezeit eine konservativ angelegte Natur, bin ich doch durch das Jahr 48 erst bewußt konservativ geworden."*[339]

Der durch reaktionären Impuls politisch aktivierte Mitbegründer der „demokratisch-monarchistischen Partei" in Nassau und Verfasser zahlreicher politischer Artikel griff während des Revolutionsjahres für kurze Zeit in die aktuelle Tagespolitik ein. Danach fanden die Intentionen des konservativen Sozialpolitikers in den eingangs genannten Veröffentlichungen ihren Niederschlag, die sogleich nach ihrem Erscheinen die wohlwollende Anerkennung und Förderung des Bayernkönigs Maximilian II. und rasche Verbreitung vor allem in aristokratischen und bildungsbürgerlichen Kreisen fanden.

Wehler hat dem hier behandelten Zeitraum um das Jahr 1848 in seiner Deutschen Gesellschaftsgeschichte als Beginn der „Deutschen Doppelrevolution", d.h. des endgültigen Durchbruchs der industriellen Revolution und des gleichzeitigen Aufbruchs zur politischen Veränderung der territorialstaatlich-ständischen Herrschaftsordnung in Richtung Liberalisierung und Demokratisierung der Strukturen und Verhältnisse nach dem Ende der Metternich-Ära seine besondere Aufmerksamkeit gewidmet (S. 284). Er arbeitet das sozialgeschichtliche Krisen-Syndrom der Zeit heraus und wendet sich dabei mit Blick auf die unteren Gesellschaftsschichten insbesondere der „Radikalisierung des kollektiven Protestes" und dessen gesamtgesellschaftlichen Wirkungen zu:

*„Während die Mehrheit der Bevölkerung unter den materiellen und psychischen Folgen der Krisen, unter Hunger und Krankheit, Arbeits- und Hoffnungslosigkeit litt,*

---

reflektierten methodischen Bewußtseins, vielmehr war es sein ausgeprägter Sinn fürs Provinzielle, fürs Lokale und partikular Gebundene, der ihn so verfahren ließ. Die Fixierung aufs konkret Vorhandene, auf die gesellschaftliche Realität, wie sie nun einmal war und bleiben sollte, verhinderte folgerichtig die Bildung einer sozialen Theorie, die über das Bestehende hinauszuweisen und die Kategorie des Möglichen einzubeziehen vermöchte. Riehls in der späteren Volkskunde vielgepriesener Empirismus, sein ‚Sich klammern an das unmittelbar Vorhandene, praktisch Konkrete' ist Ausfluß konservativen, theoriefeindlichen Denkens, dessen geistige Väter in der romantischen Gesellschafts- und Rechtslehre eines Möser, Stahl, Savigny und A. v. Müller zu suchen sind" ( Zur Kritik der Volkstumsideologie, S. 97).

339 von Geramb, S. 131.

*ballte sich in den bessergestellten und meinungsprägenden Schichten die diffuse Angst vor den Folgen des Pauperismus, vor dem Anwachsen der ‚eigentumslosen Volksklassen' in Stadt und Land, vor der unheimlichen ‚riesengroßen Gestalt' des Industrieproletariats, vor der ständezersetzenden Klassenbildung in einigen Metaphern zusammen, die zwar auch unschwer erkennbare soziale und politische Phänomene beschrieben, zugleich aber noch häufiger als symbolische Chiffren für übertriebene Gefahren, mithin für Furcht vor dem Ungewissen und für eine panische Zukunftsphobie gebraucht wurden. Im Mittelpunkt dieses semantischen Syndroms standen ‚Pauperismus, Proletariat, Kommunismus, Sozialismus ... "*[340]

In dieser turbulenten und unheilschwangeren Situation verabreichte der Sozialpolitiker und Volksforscher Riehl seiner Lesergemeinde aus den Kreisen des verunsicherten Establishments ein ideologisches Quietiv besonderer Art, indem er sein Werk in elegant synchronisierter wissenschaftlicher Diktion und metaphorischer Rede und mit dem Effekt zugleich der Ästhetisierung und der dem politischen Streit enthobenen Autorisierung durch die – von Humboldt zur selben Zeit im „Kosmos" beschriebene – Ordnung der Natur folgendermaßen stilisierte:

*„Wie aller naturwissenschaftlichen Untersuchungen höchste Aufgabe dahin geht, das Weltall als einen in sich vollendeten harmonischen Gesamtbau zu erkennen, als einen Kosmos, so müßte es auch zuletzt mit allen naturgeschichtlichen Untersuchungen des Volkes geschehen. Es ist eines der stolzesten Ziele der Gegenwart, die Welt als ein in sich selbst befriedigtes, freies, harmonisches Kunstwerk zu begreifen, so wird es auch eines der stolzesten Ziele der Gegenwart werden, denselben gewaltigen Gedanken in unserem engeren Kreise zu wiederholen und auch das Volk allmählich naturgeschichtlich zu begreifen und darzustellen als ein geschlossenes Kunstwerk, als den Kosmos der Politik."*[341]

### 3.1.3 Zur weiteren Entwicklung

Nach dem Riehlschen Auftakt und ersten Ansätzen um die Jahrhundertwende[342] war ein Höhepunkt volkskundlicher Aktivitäten in den Jahrzehnten nach dem 1. Weltrieg

---

340 Band 2, S. 683.
341 Land und Leute, S. 25.
342 „Die Rück- und Neubesinnung auf die Forschungsprinzipien ging in der Volkskunde in verschiedenen Wellen vor sich. Die entscheidenden Veröffentlichungen sammeln sich jeweils um bestimmte Jahre, während zwischen diesen Knotenpunkten größere Intervalle, Zwischenpausen liegen, in denen die Erörterung grundsätzlicher Fragen mehr in den Hintergrund tritt. Nach Riehls Vortrag über ‚Die Volkskunde als Wissenschaft' (1858) finden wir die erste Gruppe prinzipieller Abhandlungen um die Jahrhundertwende" (Lutz: Volkskunde, S. 42). Zu dieser Gruppe gehören: Weinhold: Was soll die Volkskunde leisten? (1890); Hoffmann-Krayer: Volkskunde als Wissenschaft (1920) u. Naturgesetze im Volksleben? (1903); Dietrich: Über Wesen und Ziele der Volkskunde (1902); Mogk: Wesen und Aufgabe der Volkskunde (1907).

erreicht. Es waren die vom Trend der völkisch-nationalen Bewegung bestimmten Jahrzehnte der „Riehl-Renaissance".[343] Die maßgeblichen Vertreter des Faches führten nach den Jahrzehnten positivistischer Wissenschaft einen revisionistischen Diskurs um „Wesen und Aufgaben" der Disziplin.[344] Der neue Impuls fand zugleich seinen Niederschlag in einer Vielzahl volks- und stammeskundlicher Publikationen.[345] Überdies gewann das Thema „Volkskunde und Schule" zunehmende Bedeutung: Den Weg von der Wissenschaft zur Bildungsarbeit der Schule ebneten zunächst die Publikationen für den volkskundlichen Unterricht der Höheren Schule.[346] In den 20er Jahren folgten die entsprechenden Veröffentlichungen des Volksschulbereichs.[347]

---

343 Den Zusammenhang zwischen den Aktivitäten der Volkskundler in den Jahren nach dem 1. Weltkrieg und der übergreifenden völkisch-nationalen Bewegung kennzeichnet Jungbauer in zeittypischer Verstehensweise und daher ohne ideologiekritische Kommentierung folgendermaßen: „Aber bald kam die Zeit der Selbstbestimmung und der Erkenntnis, daß nur Arbeit und immer wieder Arbeit auf allen Gebieten das einzige Heilmittel für den zu Tode geschwächten Volkskörper sei, daß nur die höchste Anspannung aller geistigen und körperlichen Kräfte eine wirtschaftliche Besserung und damit einen neuen Aufstieg des deutschen Volkes bringen könne. Und in gläubiger Zuversicht auf eine bessere Zukunft begannen auch alle an dem Wiederaufbau, an der Erneuerung und Ertüchtigung des Volkes tätigen Anteil zu nehmen. Im besonderen Hinblick auf die abgespaltenen deutschen Volksteile, die nun als Minderheiten in Fremdstaaten leben mußten, trat nun im Deutschen Reiche der Volksgedanke an Stelle des ehemaligen Staatsgedankens, die Volkserziehung an Stelle der Staatserziehung, die seinerzeit eigentlich nur den Staatsbürger des Reiches als Deutschen angesehen hatte. Immer wieder wurde die durch Bodenbildung und Blutbildung gegebene Gemeinschaft im Volkstum, die deutsche Volksgemeinschaft betont" (Geschichte der deutschen Volkskunde, S. 156).
344 Diesen Diskurs repräsentieren folgende Autoren und Publikationen: von Geramb: Die Volkskunde als Wissenschaft ; Schwietering: Wesen und Aufgabe der deutschen Volkskunde (1927); Rumpf: Deutsche Volkssoziologie im Rahmen einer sozialen Lebenslehre (1931); Spamer: Wesen und Aufgabe der Volkskunde (1934); Peßler: Der Volkskunde Wert und Wesen, Wirkung und Weite (1934); Bach: Deutsche Volkskunde (1936); Nadler, Das stammhafte Gefüge des deutschen Volkes (1936); Wähler: Der deutsche Volkscharakter (1937).
345 So z.B.: Brunner: Ostdeutsche Volkskunde (1925); Haas: Rügensche Volkskunde (1920); Krieg: Schleswig-Holsteinische Volkskunde (1931); Lauffer: Land und Leute in Niederdeutschland (1934); Lüpkes: Ostfriesische Volkskunde (1925); Peßler: Niedersächsische Volkskunde (1922); Wähler: Der deutsche Volkscharakter (1937); Sartori: Westfälische Volkskunde (1929). Einen ergänzenden Überblick über die „Volkskunde einzelner Landschaften" vermittelt Bach: Deutsche Volkskunde, S. 16 f.
346 Vgl. Beyschlag: Volkskunde und Gymnasialunterricht (1899); Hofmann: Volkskunde und höhere Schule (1908); Rothbarth: Volkskunde und höhere Mädchenschule (1917); Reuschel: Die Volkskunde im Unterricht der höheren Schule (1917); Weise: Deutsche Heimat- und Stammesart im Unterricht an höheren Schulen (1918); Bach: Volkskunde und Schule (1932).
347 Vgl. Lehmann: Heimatkundliche Volkserziehung (1920); Wrede: Die Volkskunde in der Heimat- und Arbeitsschule (1921); Plenzat: Die heimische Volkskunde und ihre Bedeutung für den Unterricht (1921); Klar: Erlebte Volkskunde (1921); Freytag: Die Möglichkeit der Verwertung der Volkskunde im Unterricht der Volksschule (1925); Böhm: Volkskunde und Schule (1928); Meier: Lehrproben zur deutschen Volkskunde (1928).

*3.1.3.1 Volkskunde als Prinzip im deutschkundlichen Unterricht (Bach)*

Im Folgenden wende ich mich zunächst der „Deutschen Volkskunde" (1937) von Adolf Bach und dem vom selben Autor verfassten Seitenstück „Volkskunde und Schule" (1932) zu. In beiden Veröffentlichungen kommt der auf nationale Bildung und Politisierung drängende Zeitgeist zur Sprache, den wir bereits mit Blick auf die völkische Geographie und Biologie gekennzeichnet haben. Um Bachs Konzeption aber noch genauer positionieren zu können, sei in ergänzender Weise angemerkt, dass der Weg von der „völkischen" Volkskunde, wie ich diesen Ansatz bezeichnen möchte, zur nationalsozialistischen „Volkskunde auf rassischer Grundlage" (Ziegler)[348] und letztlich zur parteiamtlichen Volkskunde in der Regie von Himmler und Rosenberg[349] zwar eines weiteren ideologischen Schrittes, aber durchaus keines Grabensprunges bedurfte: – Die neuen germanischen, rassistischen und antisemitischen Wegmarken in scharfschnittiger SS-Gravur standen am Ende des in der Romantik und Reaktionszeit eingeschlagenen deutschen Weges und seiner folgerichtigen Verirrungen.[350]

---

348 Zieglers Beitrag: Volkskunde auf rassischer Grundlage (1934), gilt als programmatischer Auftakt einer nationalsozialistischen Umakzentuierung der Volkskunde, die Weber-Kellermann auf den Ausführungen Bausingers zum Thema „Volksideologie und Volksforschung" fußend, folgendermaßen kennzeichnet: „Der nationalsozialistische Einbruch präsentierte sich daher für die Volkskunde als eine Wendung, die vorhandene zentrale Gedanken des Faches hochspielte. Als solche Elemente nennt Bausinger den nationalen Akzent, den Rassengedanken, verbunden mit germanischen Kontinuitätsvorstellungen, und die Gleichsetzung von nordisch -germanisch, – die Glorifizierung des deutschen Bauerntums als volkskulturellen Zentralbereich, – die organologischen Vorstellungen von einer Art von Gemeinschafts- und Volkstumssoziologie, – die hektische Suche nach Sinnbildern und die damit verbundene großangelegte Symbolforschung" (Deutsche Volkskunde zwischen Germanistik und Sozialwissenschaften, S. 80).
349 Für die parteiamtliche Volkskunde war die Himmler direkt unterstellte SS-Forschungsstätte „Das Ahnenerbe" und das „Amt Rosenberg" zuständig. Der spezifische Themenkanon und der personelle Zuschnitt kann der Liste der Eröffnungsreden zum 1. Deutschen Volkskundetag in Braunschweig 1938 der damals neu gegründeten „Arbeitsgemeinschaft für deutsche Volkskunde" entnommen werden: „Reichsleiter Alfred Rosenberg: Zum Geleit; Reichsamtsleiter Dr. Matthes Ziegler: Die Aufgaben der Arbeitsgemeinschaft für Deutsche Volkskunde; Ministerpräsident Dietrich Klagges: Zum deutschen Volkskundetag in Braunschweig; SS-Gruppenführer Dr. Herrmann Reischke: Das germanische Erbe im deutschen Bauerntum; Professor Dr. Karl von Spieß: Germanisches Erbe in der deutschen Volkskunst; Professor Dr. Bruno Schier: Germanisches Erbe in Siedlung und Hausbau; Professor Dr. Arthur Habelandt: Germanisches Erbe im Donauraum; Dr. Ernst Otto Thiele: Germanisches Erbe in Darstellungen auf bäuerlichem Sachgut; SS-Sturmbannführer Karl Theodor Weigel: Sinnbilder als germanisches Erbgut; Dr. Hans Strobel: Germanisches Erbe in deutschem Brauchtum; Dr. Karl Haiding: Germanisches Erbe in Volkstanz und Volksspiel; Arbeitsführer Thilo Scheller: Feiergestaltung" (Thiele: Das germanische Erbe in der deutschen Volkskultur, S. 5).
350 Dieses Ergebnis der eigenen ideologiekritischen Untersuchung stimmt überein mit der Feststellung Bausingers: „Wenn irgendwo in einer Wissenschaft der Nationalsozialismus nicht als Einbruch von Außen verstanden werden muß, dann in der Volkskunde" (Volkskunde, S. 63). Dieser Satz fasst die Ausführungen Bausingers in den Kapiteln „Volkskunde als konservative Soziallehre" (S. 52–61) u. „Konsequentes Extrem: Völkische Wissenschaft" (S. 61–73) in ihrem ideologiekritischen Ertrag zusammen. Vgl. zum gleichen Thema auch Weber–Kellermann: Deutsche

Bachs zentrales Anliegen war es, angesichts der Klassenspaltung der Nation und der Nivellierungstendenzen des Modernisierungsprozesses, „Geistesart und Weltbild" des Deutschen Volkes, den Grundtypus seines „Volkscharakters", als rassisch bedingte, historisch gewachsene und von der Umwelt geformte Einheit in der Mannigfaltigkeit seiner landschaftlichen und sozialen Differenzierungen zu erforschen. Sein besonderes Anliegen bestand darin, „das Wechselspiel der Kräfte zwischen Ober- und Unterschicht der Volksgemeinschaft" und die „Lebensgesetze des Volkstums" im Interesse einer „angewandten Volkskunde" herauszuarbeiten. Deren Aufgabe sollte es sein, zum einen „Wege zur nationalen Volkserziehung und -führung aufzuweisen" (S. 170 f.) und zum anderen Grundlagen für die Volksbildungsarbeit bereitzustellen. Für den Bereich der allgemeinbildenden Schule bedeutete dies, mit Blick auf prinzipiell alle Fächer und Lernbereiche die „deutschkundlichen" Ziele, Inhalte und Methoden des Unterrichts zu formulieren.

Die grundlegende Zielformulierung lautete:

*„Es gilt, die geistige Sonderart zu fassen, die den Deutschen in ihren Stämmen oder besser: in ihren landschaftlichen Lebensgemeinschaften zukommt, die sich in ihren einzelnen Ständen, Klassen und andern sozialen Gruppen entfaltet, vor allem aber kommt es darauf an, jene geistige Eigenart nachdrücklich erkennen und erfühlen zu lassen, die über die genannten Spielarten hinweg die Deutschen in ihrer Gesamtheit als gemeinsames Band umschließt."*

Und weiter heißt es unter Bezug auf die Lehrpläne für die Höheren Schulen Preußens von 1925:

*„Das oberste Ziel der Volkskunde ist, in den Schülern das Gefühl zu wecken für die in der Mannigfaltigkeit der einzelnen Stämme sich offenbarende einheitliche Volksgemeinschaft, die hinter allem Wechsel der Geschlechter und Lebensformen steht und alle Standes- und Bildungsunterschiede hinter sich lässt."*[351]

Als deutschkundliche Inhalte werden ausgewiesen:

- Pflege der Muttersprache, der Volkspoesie und volkstümlicher Lesestoffe im Deutschunterricht,
- Besprechen landschaftstypischer Trachten, Siedlungs- und Hausformen im Fach Geographie,
- Bezeichnen der Pflanzen und Tiere mit volkstümlichen Namen und Berücksichtigung von Pflanzen- und Tiersagen sowie volksmedizinischer Kenntnisse im Fach Biologie,

---

Volkskunde zwischen Germanistik und Sozialwissenschaften. Kapitel: Volkskunde und Nationalsozialismus, S. 76–84.
351 Bach: Volkskunde und Schule, S. 394.

- verstärkte Einbeziehung deutsch- und volkskundlicher Themen in den Lernbereich Heimatkunde wie zum Beispiel Volksmundart, Volksnahrung, Bauerntracht, Bauernhaus, Volksleben im Tages-, Jahres- und Lebenslauf, bäuerliches Arbeitsleben, Bauernkunst, Volkskunst,
- Pflege des Volksliedes und Volkstanzes.

Neben dem Deutschunterricht als der „Zentralstelle" volkskundlicher Unterrichtsarbeit stand für Bach in der Nachfolge der Riehlschen „Wanderstudien" der heimatkundliche Unterricht im Mittelpunkt seiner methodischen Empfehlungen:

*„Die Volkskunde auf der Unter- und Mittelstufe will dem Schüler die Heimat und durch sie das Vaterland geistig vertraut machen. Ihre Grundlage ist eine lebensvolle, nicht aus Büchern, sondern aus Schauen und Erleben geschöpfte Heimatkunde. Im Heimatort und durch Wanderungen in der engeren und weiteren Heimat läßt sie den Schüler zunächst hineinwachsen in die Stammesgemeinschaft, wie sie in der Mundart, in der Volksdichtung, in Tracht und Nahrungsmitteln, in der besonderen Wertschätzung gewisser Pflanzen und Tiere, in der Namengebung, in Siedlungs- und Bauformen, in Recht, Sitte und Brauch, in Fest- und Trauergewohnheiten, in allerlei Aberglauben sich ausgeprägt hat."*[352]

Der Unterricht in seiner fach- und lernbereichsdidaktischen Differenzierung war aber nicht nur darauf angelegt, dem pädagogischen Adressaten volkskundliche Kenntnisse und Einsichten zu vermitteln; seine Aufgabe bestand vor allem auch darin, ihn im Sinne des Volks- und Volksgemeinschaftsgedankens in seiner Gesinnung zu beeinflussen:

*„Auf das zu gewinnende Wissen kommt es dabei also weit weniger an, als auf die an den volkstümlichen Stoffen zu entwickelnde Gesinnung, auf das durch sie bewirkte Verwurzeln in Heimat und Volkstum, das Hineinwachsen in eine allen gültige und verehrungswürdige Tradition, die in ihrer Betonung der Gemeinschaft, in ihrem Beruhen auf den irrationalen Wurzeln deutschen Wesens das wirksamste Heilmittel ist gegen die bedrohliche Zerreißung des Volkskörpers und die durch sie bewirkte ständige Gefährdung unseres inneren Friedens. Bildungs- und Standesunterschiede verlieren ihre Schärfe, wo man sich auf dem Boden des Volkstums zusammenzufinden vermag; gründliche Kenntnis des Volkstums ist das beste Mittel gegen Bildungsdünkel; und ein Wurzeln in Heimat und Volkstum wirkt den zersetzenden und entsittlichenden Kräften entgegen, die in unserer Großstadtkultur je länger, je mehr an Macht gewinnen."*[353]

Der Lehrer solle sich „mit der ganzen Wucht seiner Persönlichkeit für eine Erziehung im Sinne des Volkstums und der Volksgemeinschaft" einsetzen.

---
352 Ebd., S. 393.
353 Ebd., S. 386.

*3.1.3.2 Die volkskundliche Thematik des Deutschen Lesebuchs*

Drei Jahre nach Bachs Votum für eine Volkskunde als „Deutschkunde" wurde die parteiamtliche Volkskunde 1935 zum Einsatz in allen Schulstuben des Reiches dienstverpflichtet – auch in der des Tiefenseer Landschullehrers: durch die Einführung des vom Reichsminister Rust in Auftrag gegebenen und in redaktionelle Zucht genommenen Deutschen Reichslesebuchs.[354]

Dieses „nationalpolitische Erziehungsbuch" war angelegt auf die „Gesamtausrichtung der Erziehungsarbeit" nach Maßgabe der vom totalitären Staat erwünschten „nationalpolitischen Gesinnungsbildung". Der Setzung und Anordnung der thematischen Bereiche „Vom inneren Leben", „Von Arbeit und Einsatz", „Vom Lebenskampf des Deutschen Volkes" liegt daher die Absicht zugrunde, das Bild des Deutschen nach dem Muster des nordischen Menschen zu stilisieren, der in den rassenkundlichen Abhandlungen der Zeit als „aktiver Tatmensch" gerastert wird und zugleich als ein solcher, der bestimmt sei durch die „Tiefe des Gefühls- und Gemütslebens."[355]

Walter Frerk hat in seinem Beitrag „Das neue Lesebuch als volkskundliche Quelle" den Versuch unternommen, dieses in seinem volkskundlichen Ertrag auszuwerten. Er beginnt seine Recherche mit den Worten, die Rust anlässlich der Eröffnung des Museums für Deutsche Volkskunde in Berlin „im Auftrage des Führers" zwei Jahre vor dem Amtsantritt Reichweins sprach:

*„Die nationalsozialistische Regierung (…) will vor allem die Kräfte pflegen und fördern, die aus der völkischen Erbanlage, aus den Charakterwerten der Nation entspringen. Darum ist auch die Wissenschaft vom Volke, die Deutsche Volkskunde, für das nationalsozialistische Deutschland eine Grundwissenschaft."*[356]

Er registriert und kommentiert dann – den Themen- und Titelkanon des Lesebuches in volkskundlicher Perspektive aufschließend und umordnend, überdies spezifische NS- Autoren und ihre literarischen Machwerke infiltrierend, folgende Bereiche:[357]

- „Sitte und Brauch im Tages- und Jahreslauf":
  *„Hier konnte größtenteils auf bekannte und bewährte Gedichte zurückgegriffen werden, wie z.B. Schilllers Morgenlied, Börries von Münchhausens ‚Kinderlied im Frühling', Kellers ‚Sommernacht', Eichendorffs ‚Weihnachten'. Volkskundlich besonders erwähnenswert ist neben Roseggers bekannter Erzählung ‚Als ich die Christtagsfreude holen ging' noch die von Hans Friedrich Blunk stammende Geschichte vom ‚Knecht Ruprecht'.*

---

354 Zur Planung und redaktionellen Gestaltung der in den Jahren 1935–1939/40 in den Volksschulunterricht eingeführten 4 Bände des Deutschen Lesebuchs vgl. Hasubek: Das Deutsche Lesebuch in der Zeit des Nationalsozialismus, S. 30–33.
355 Vgl. Pudelko: Das erste Reichslesebuch und seine Gestaltung.
356 S. 37.
357 Dem vorliegenden Text liegt die thematische Gliederung des 1939/40 erschienen 4. Bandes für das 7. und 8. Schuljahr zugrunde.

*Die dem Gedanken der Volksgemeinschaft dienenden nationalen Feiertage konnten im Kernabschnitt über den Jahreslauf nur z.T. Berücksichtigung finden, so z.B. der 1. Mai durch Auszüge aus Reden von Goebbels und Hindenburg am 1. Mai 1935, der Tag von Potsdam und der 9. November durch je eine knappe Erzählung."*[358]

- Vom „Lebenslauf der Nation und des deutschen Menschen" in seiner „kämpferischen Grundhaltung":

*„Das Leitwort des Führers aus seiner Rede in Königsberg am 4. März 1933: ‚Die eigene Kraft ist die Quelle des Lebens. Sie hat uns der Allmächtige gegeben, damit wir sie nutzen und in ihr und durch sie den Kampf unseres Lebens führen', klingt in den übrigen Lesestücken zum gleichen Thema immer wieder an. Sei es, daß wir an die Kurische Nehrung geführt werden und dort mit einem alten Posthalter den ‚Kampf um die Dünen' erleben, sei es, daß uns Hermann Löns in die Zeit des Dreißigjährigen Krieges zurückversetzt und in seiner eindringlich-derben volkstümlichen Sprache den erbitterten ‚Kampf um die Scholle' vor Augen führt, den die Peerhobstler Bauern gegen die Schweden führten, oder sei es auch, daß wir in der Welt der Leute von Karlsdorf, der deutschen Banater Kolonisten, einen verzweifelten Kampf gegen Donau und Theiß miterleben."*[359]

- Hinzu kommen (der obligaten Hitler-Huldigung Raum gebende) „Erlebnisberichte von Arbeitern":

*„So erzählt uns ein Bergmann von seinem schweren Kampf mit ‚Schlagenden Wettern'; ein Seemann läßt uns im Geiste an den Gefahren seiner harten Arbeit auf der Doggerbank teilnehmen und gibt uns eine dramatische Schilderung des Unterganges eines Ewers im Skagerak; von einem deutschen Bauern in Übersee erfahren wir, wie er nach hartem fünfjährigen Mühen endlich zu seiner Farm kommt, und schließlich berichtet ein Arbeitsmann schlicht darüber, wie er mit seinen Arbeitskameraden eine Straße baut.*
*Ein ‚Arbeitsdienst-Soldat' ist es auch, der uns von dem Glück kündet, das ihm geschenkt wurde, als er den Führer zum ersten mal sah:*
*‚Die Stunde meines Lebens*
*hast Du mir heut geschenkt,*
*die nunmehr alle Tage*
*bei jedem Herzensschlage*
*mein Handeln für dich lenkt.'"*[360]

- „Der Tod":

*„In volkskundlichen Büchern nimmt der Tod in der Darstellung des Ablaufes des menschlichen Lebens fast immer eine besondere Stellung ein. So finden wir auch im Kernteil mehrere Beiträge, die Zeugnis geben von heldenhaftem Sterben nach angespanntester Lebensarbeit. Richtungweisend ist der Spruch aus der Edda:*
*Besitz stirbt,*

---

358 S. 40.
359 Ebd., S. 38.
360 Ebd., S. 39.

> *Sippen sterben,*
> *Du selbst stirbst wie sie;*
> *eins weiß ich,*
> *das ewig lebt:*
> *der Toten Tatenruhm.*
> *Die alte volkstümliche Auffassung des Todes als Schnitter spiegelt sich in dem schlichten Volkslied ‚Es ist ein Schnitter, heißt der Tod' wieder. Vom starken ‚Sterben in den Sielen' kündet neben der Hansjakobschen Erzählung vom ‚Sterben des alten Hermesburen' vor allem Lulu von Strauß und Torney's an echt volktümlichen Motiven reiches Gedicht ‚Letzte Ernte'. Ihrer Bedeutung für die deutsche Volkwerdung entsprechend zeichnen sich darüber hinaus die Beiträge, die dem Kämpfen und Sterben der unbekannten und bekannten Helden des Weltkriegs und der nationalsozialistischen Revolution in den Herzen der deutschen Jugend ein bleibendes Denkmal setzen möchten. Neben gut gewählten Abschnitten aus ‚Mein Kampf' stehen hier vor allem packende Darstellungen Zöberleins und Görings, mahnt Flex zur ‚Dankesschuld', hämmert sich unserm Gedächtnis in ihrer knappen Sprache die Schilderung des Dramas vor der Feldherrnhalle ein, klingt Schirachs Ruf ‚Horst Wessel fiel und Deutschland steht auf!' erschüttert uns schließlich die Geschichte vom ‚Toten Kameraden', einem Jungvolkführer, der für Adolf Hitlers Reich fiel."*[361]

- Der „Gedanke des Gliedseins mit unseren Ahnen":
  > *„Ehre deinen Vater! – Du und deine Ahnen – Heldenehre – Sagen aus germanischer Wanderzeit – Germanische Kampfspiele – Ein germanischer Bauernhof in der Bronzezeit – Glum in Norwegen – Sprüche aus der Edda u.v.a. tragen dazu bei, diesen Gedanken und die damit verknüpfte Forderung an die eigene Lebensgestaltung zum unverlierbaren Besitz des deutschen Kindes und damit des deutschen Volkes zu machen."*[362]

Überdies gehört zur volkskundlichen Kommentierung des Lesebuches auch die Besprechung jener Titel, die der Betonung des „Gegensatzes arteigener Wesenhaftigkeit und artfremder Einflussnahme" nach Maßgabe der NS-Volkskunde Zieglers dadurch nachkommt, dass sie das Grenz- und Auslandsdeutschtum behandeln. Auch vermag der volkskundliche Interpret des Deutschen Lesebuchs diesem einige Zeilen über den Volkshumor abzugewinnen – die aber in der textverschnittenen NS-Lesebuchwelt, in der vornehmlich gearbeitet, gekämpft und gestorben wird, auf ziemlich verlorenem Posten stehen.

Wussten oder ahnten die Herausgeber und Kommentatoren denn nicht, was auf sie zukam? – Für deren politische Urteilsfähigkeit ist nachstehender Passus aus der „angewandten Volkskunde" Bachs aufschlussreich, die ich dem interessierten Leser nicht vorenthalten möchte:

---

361 Ebd., S. 39 f.
362 Ebd., S. 39.

*„Die deutsche Volkskunde wird jedoch nicht nur nationale Bildungsinhalte aufzuzeigen haben, sie wird auch Bildungswege zu umreißen vermögen, Wege zur nationalen Volkserziehung und zur Volksführung. Ist die Vollendung der nationalsozialistischen Revolution eine volkserzieherische Aufgabe, so ergibt sich schon hieraus die hervorragend praktische Bedeutung der volkskundlichen Studien, die uns die Geistesart und Geisteswelt der zu Erziehenden und damit die Erziehungsmöglichkeiten und- notwendigkeiten erkennen lassen, gerade wie die Wege zu ihrer Verwirklichung. Der geniale Erzieher braucht zwar auch hier, wie die Erfahrung erweist, kaum die Krücken volkskundlicher Fachstudien. Hitlers Mein Kampf z.B., ein Buch, das zunächst als persönlicher Rechenschaftsbericht gedacht war, ist in diesem Sinne ein Lehrbuch der politischen Volkserziehung, geschrieben von einem Manne, der auch ohne gelehrte volkskundliche Untersuchungen intuitiv die wirksamen Wege zur Erziehung eines Volkes gefunden hat. Uns aber bleibt wichtig, daß in dieser Schrift weithin dieselben Wege umrissen werden, die Volkskunde in ihrer diskursiven Betrachtung als zum Ziele führend erhärtet. Hitler, der politische Psychologe, betont, daß das Denken, Handeln und Verhalten des Volks, der Masse, in erster Linie durch das Gefühl bestimmt wird, daß es komplizierte Unterscheidungen nicht kennt, sondern gleichsam nur Schwarz und Weiß ohne Übergänge, daß es nur weniges zu fassen vermag, das ihm in beharrlicher Wiederholung eingeprägt werden kann. Er hat die hervorragende Bedeutung der Symbole für das Denken des Volkes erkannt, für die das hinter uns liegende Jahrhundert nur ein mitleidiges, verständnisloses Lächeln besaß. Schließlich hat Hitler die psychologische Bedeutung der Aufmärsche, des gemeinsamen Liedes und des Lagerlebens durchschaut, die bewirken, daß sich der einzelne wieder als Glied einer Gemeinschaft fühlen lernt, der er nehmend und gebend verpflichtet ist. In allen diesen Punkten werden seine Erziehungsmaßnahmen und psychologischen Einsichten von der Volkskunde her als auf tiefer Kenntnis der Geistesart des Volkes beruhend bestätigt."*[363]

Diese Grußadresse an den großen (Ver-)Führer am Ende eines Buches, in dem ansonsten die rassenkundlichen und germanischen Themen der Zeit in recht ausgewogener Form abgehandelt werden, erinnert an einen demagogischen Satz, den Riehl in Zusammenhang mit seinen Überlegungen zur „Dienstbarkeit" der Volkskunde für die innere Verwaltung eines Staates, für dessen „Cultur- und Wirthschaftspolizei", formierte. Er hält es für den „höchsten Triumpf der inneren Verwaltungskunst", „jeden polizeilichen Akt so sicher der Natur des Volkes anzupassen, daß es auch bei den lästigsten Dingen glaubte, die Polizei habe doch eigentlich nur ihm aus der Seele heraus verfügt und gehandelt"[364].

Der Unterschied zwischen Riehl und Bach ist allerdings darin zu sehen, dass sich einmal politischer Instinkt gepaart mit einem Schuss Bauernschläue artikuliert, dass sich das andere Mal die politische Einfältigkeit des bürgerlichen Wissenschaftlers

---

363 Bach: Deutsche Volkskunde, S. 496.
364 Riehl: Die Volkskunde als Wissenschaft, S. 20.

kundtut, der den unheilvollen Hintergrund der auch ihn verblendenden politischen Rhetorik und Inszenierungskunst nicht durchschaute.[365]

Was mag der politische Pädagoge und Volkskundler aus Tiefensee, der als Professor für Gegenwartskunde und Volkskunde an der Pädagogischen Akademie in Halle das Bachsche Standardwerk gewiss kannte, beim (von mir unterstellten) Lesen der hier angefügten Zeilen gefühlt und gedacht haben?

## 3.2 Einordnung der Reformarbeit Reichweins

Nehmen wir an, Reichwein hätte die Bachsche Volkskunde einschließlich ihres prekären Anwendungsteils nicht nur gelesen, sondern er wäre über dieses zeittypische Standardwerk mit dem Autor auch ins Gespräch gekommen, so hätte er gewiss seine Ansicht über einige Passagen, in denen sein völkischer Kollege volkskundlich fundierte Volksführung mit machtpolitischer Propaganda verwechselt, in den ihn maskierenden Mantel des Schweigens hüllen müssen. Das Gleiche gilt für seine Reaktion auf die denkbare Frage des Zunftgenossen mit ersichtlichen Sympathiebeziehungen zur NS-Volkskunde „auf rassischer Grundlage" zu deren Einschätzung als Hochschullehrer für Gegenwartskunde und Volkskunde an der Pädagogischen Akademie in Halle.

Besser hätte er gewiss daran getan, die Reibungsflächen des Dissenses zu verlassen und die sie verbindenden Gemeinsamkeiten zu betonen, zum Beispiel im Hinblick auf das grundsätzliche Anliegen, der Klassenspaltung der Nation eine am Volksgedanken orientierte Gemeinschaftserziehung entgegenzustellen – ohne dabei allerdings die wiederum konträren Kontexte gesprächsweise zu berühren, die zum einen mit dem Begriff des „gelebten Sozialismus" als Vorform einer durch Solidarität und Gegenmacht zu schaffenden „sozialistischen Nation" zu kennzeichnen wären (S. 323), zum anderen durch eine im Heimat- und Volkstumserlebnis gegründete Erziehung zur stammhaft und ständisch gegliederten Volksgemeinschaft.

Ein gemeinsames Band hätten sie wohl auch in ihrer Wertschätzung des Altmeisters der Zunft finden können, dem Bach wiederkehrend als Protagonist einer natiozentrierten Volksforschung im Interesse einer konservativen Sozialpolitik seine Reverenz erweist, dem Reichwein in seinen Studienjahren als Hörer von Hans Naumann und Julius Schwietering begegnet sein wird, dem er in Halle im Rahmen seiner Vorlesung „Das Bild des Volkes bei Justus Möser und Wilhelm Heinrich Riehl" Gehör verschaffte, dessen „Wanderstudien" ihn auf den „großen Fahrten" mit der Reisemannschaft seiner „Einklassigen" gedanklich begleitet haben mag, den er – unbeschadet aller politischen Differenzen – als „seinen nassauischen Landsmann", als einen profunden Kenner des „deutschen Land- und Dorflebens" und als Schriftsteller wertschätzte.[366]

---

365 Vgl. zu diesem Problem die Abhandlung von Poppelreuter: Hitler, der politische Psychologe (1934) sowie Freudenthal: „Mein Kampf" als politische Volkskunde der deutschen Gegenwart auf rassischer Grundlage (1938).

366 Vgl. Reichweins profilierte Skizze des „deutschen Land- und Dorflebens" in seinem Artikel „Die

Allerdings hätte der Deutsche Sozialist und Verteidiger des parlamentarischen Systems der Weimarer Republik auch im hier fingierten Gesprächspart Vorsicht walten lassen müssen, wenn man auf den Groll des konservativen Anwalts dynastischer Strukturen über den proletarischen Sozialismus und die Sozialdemokratie seiner Zeit zu sprechen gekommen wäre.

Die gedankliche Linie des fingierten Gesprächs in mehr systematischer Weise fortführend, möchte ich im Folgenden die volkskundliche Reformarbeit der Tiefenseer Jahre zur Volks- bzw. Deutschkunde Bachs und des Deutschen Reichslesebuches in Beziehung setzen:

- *Erstens:* Die volkskundliche Reformarbeit Reichweins war im Unterschied zu Bachs Entwurf für den nach Fächern und Lernbereichen gegliederten Unterricht der Höheren Schule auf Integration in das Gemeinschaftsleben der Schule angelegt. Im Vordergrund stand daher nicht die Erarbeitung volkskundlicher Themen im Rahmen eines Lektions- oder Exkursionsunterrichts, sondern die Verlebendigung volkskundlichen Bildungsgutes im Zusammenhang mit der planmäßigen Vorbereitung und Durchführung der dem Jahreslauf folgenden Feste und Feiern, vor allem aber mit der werktätigen Realisierung der „großen Vorhaben".
- *Zweitens*: Die Auswahl und Inszenierung der nationalen Feiertage, die der NS-Staat als ein zentrales Element seiner „nationalen Revolution" unverzüglich in seine Hand nahm,³⁶⁷ wurde von der Festgestaltung der Tiefenseer Landschule so-

---

deutsche Landschule" und die abschließende Ehren- und Freundschaftsbezeugung: „Diese Grundverhältnisse des Landlebens hat keiner so scharf gesehen und glänzend beschrieben wie mein nassauischer Landsmann Wilhelm Heinrich Riehl" (Ausgewählte Pädagogische Schriften, S. 94 f).

367 Bargheer, Abteilungsleiter für Lehrerbildung im preußischen Kultusministerium, schrieb im Stile zeittypischer Rethorik und in eklatanter Verkennung des machtpolitischen Hintergrundes: „In der Gegenwart drängen sich Beispiele für die Äußerungen politischen Volkstums geradezu auf. An die Stelle der oft mühsam gepflegten und vielfach durchaus in Äußerlichkeiten hängenden ,Volks'- Feiern und -feste engerer Kreise sind unter dem Gluthauch politischen Wollens gewaltige Äußerungen des deutschen Volkstums getreten, die ihr Leben aus nothaftem politischen Ringen der Gegenwart empfangen, nicht aus verstaubten Vitrinen. Wundersam zu schauen, wie altes, aber noch lebendiges Volksgut und neues Schaffen im Einklang stehen. Beweis dafür ist die Einordnung der Technik, die mit ihren Mitteln erst die Voraussetzung für die äußere Zusammenfassung großer Menschengruppen etwa am 1. Mai, dem Tag der Arbeit, dem Erntedankfest auf den Bückebergen oder gelegentlich der großen Sonnenwendfeiern schuf. Solche Äußerungen des Volksgeistes zeugen von seiner Unvergänglichkeit wie seiner politischen Wert- und Grundhaltung im Sinne eines deutschen Sozialismus" (Kritisches zu einer „politischen" Volkskunde, S. 99). Im gleichen Tenor äußerte sich Freudenthal, Direktor der Hochschule für Lehrerbildung im schlesischen Hirschberg: „Eine Volkserziehung auf volkskundlicher Grundlage sollte weniger auf ein starres Retten und Wiederbeleben bedacht sein, als von den volkstümlichen Sachverhalten der Gegenwart und von den volkhaften Bedürfnissen der Zukunft her das Gemeinschaftsleben des deutschen Menschen zu formen suchen. Wie eine solche Erziehung vorgehen muß, wird uns ja unmittelbar deutlich an jener amtlichen Gestaltung volksdeutscher Feste und Feiern im ersten Jahre der nationalsozialistischen Regierung. Vom Tag von Potsdam über den Tag der nationalen Arbeit als Maifeier und das Fest der deutschen Jugend an der Sommersonnenwende bis zum Erntedank mit dem Gelöbnis der Winterhilfe haben wir eine Abfolge

weit wie möglich unterlaufen: Anstelle der NS-Feiertage, von denen im volkskundlichen Kommentar des Lesebuchs die Rede war, standen die Fest- und Feiertage des dörflichen Natur- und Arbeitslebens und des christlichen Kalenders im Mittelpunkt des Schullebens: Mitwinterfest – Weihnachten; das Frühlingsfest – die Arbeitsfeier des 1.Mai, das Herbstfest – Erntedank.

*„Die Gestaltung der Feste und Feiern, vom 1. Mai bis zur Weihnacht, bietet eine Fülle von Gelegenheiten, dorfeigene Formen aufzubauen. Jedes dieser Feste läßt sich von der Jugend her verschönern und bereichern, wenn die planvolle Vorbereitung rechtzeitig einsetzt. Die Früchte solcher Arbeit können sich erst nach Jahren zeigen. Damit fällt der Schulgemeinschaft eine Pionierarbeit zu, die ihr niemand im Dorfe abnehmen kann. Jeder der festlichen Höhepunkte im Jahreslauf stellt eine fest umrissene Aufgabe vor. Immer aber handelt es sich darum, den geistigen Gehalt eines Festes zum ‚Ausdruck' zu bringen, in der äußeren Erscheinung sinngemäß herauszuarbeiten.*[368]

- *Drittens*: In der durchgehenden „praktischen" Grundlegung und Ausrichtung des Unterrichts scheint es mir bedingt zu sein, dass die im Rahmen von Vorhaben und Werkaufgaben sich vollziehende volkskundliche Bildungsarbeit ebenso wie deren Einbeziehung in die „große Fahrt" auf die mehr „gegenständlichen" Volkskunde-Themen konzentriert war: auf das Thema „Hausbau und Siedlung" im Zusammenhang mit dem Bau der landschaftstypischen Hausmodelle, auf die Erkundung der Weberei in Verbindung mit den eigenen Webarbeiten der Kinder, auf die Arbeit der Spielzeugmacher im Erzgebirge. Die formstrengen Gebilde handwerklichen Könnens aus dem Bereich der Volkskunst rückten damit in den Mittelpunkt des Unterrichts und nicht die volkskundlichen Themen und Titel des Reichslesebuches in ihrer ideologischen Auswahl und Komposition.

- *Viertens*: Die Texte des Reichslesebuches fanden offensichtlich auch dann in der Tiefenseer Landschule keine Anwendung, wenn zur Erarbeitung des Vorhabens die Lektüre belletristischer Literatur gehörte. An deren Stelle trat wiederkehrend eine auf eigene Auswahl beruhende literarische Ausstattung des Unterrichts, deren Herkunft aus dem Bücherschrank des deutschen Bildungsbürgertums unverkennbar ist. – Es war offensichtlich nicht nur der schreibgewandte Erzähler und Essayist, der der Rethorik Hitlers, Görings und Goebbels bzw.der völkischen Prosa und Lyrik Heinrich Anakers, Hans Friedrich Blunks oder Karl Brögers den Weg in das Klassenzimmer versperrte, sondern vornehmlich wohl, versteht sich, der politische Pädagoge.

---

klassischer Beispiele erlebt, wie sich hier Zukunft und Gegenwart vermählen, wie nicht kritiklos gerettet und wieder-belebt wird, sondern aus den volkspolitischen Erfordernissen des Augenblicks dem Inhalt nach etwas völlig neu entsteht, was sich der Form nach in eine volkstümliche Überlieferung einbaut und damit in geschichtlicher Standfestigkeit verewigt. In diesem Sinne wird grundwisssenschaftlicher Rückhalt einer deutschen Volkserziehung von heute und morgen eine Volksforschung und -lehre sein, die als politische Volkskunde der deutschen Gegenwart in der Überzeugung arbeitet, daß Volkskunde solange sein wird, als es Volk gibt" (Volkskunde und Volkserziehung, S. 101).

368 FLS, S. 106.

### 3.2.1 Das Vorhaben: „Holzspielzeug und Krippenspiel"

Vom Werkstattcharakter des Unterrichts und dem volkskundlich-werkpädagogischen Ertrag desselben vermittelt das folgende Juwel didaktischer Prosa über die Weihnachtsarbeiten der Jungen und Mädchen (das in mir heute noch die Schul- und Werkmeisterfreude des ehemaligen Vorhabenpädagogen weckt) in faszinierender Diktion einen unmittelbaren Eindruck.

Der Text ist zugleich ein Beleg dafür, dass der Lehrer hier nicht der Aufforderung Bachs folgt und mit der „ganzen Wucht seiner Persönlichkeit" auf seine Schüler Einfluss zu nehmen versucht, dass der Reformpädagoge, Volkskundler und Sozialist sie vielmehr in eine echte Werkgemeinschafts-Situation und damit in den Sog einer packenden Aufgabe stellt – statt Gemeinschaftsideologie: Vorhaben – Volkskunst – „gelebter Sozialismus":

*„Was haben wir vor in diesem Jahr? Eines ist immer unser Leitgedanke: die gemeinschaftliche Arbeit soll für das Dorf, die Gemeinde, die mit uns Weihnachten feiern wird, eine Überraschung sein und ein sinnvolles Geschenk. Wir müssen also an die Kleinsten und an die Großen denken. Hätten wir tausend Hände! Allzu enge Grenzen sind uns gesetzt! Für die Kleinsten also: Spielzeug! Wir denken immer an bestimmte Kinder, diesmal an die drei- bis vierjährigen Jungen im Dorf. Was würde ihnen große Freude machen? Wir antworten, in dem wir Wagen bauen, mit Pferden davor, eine ganze Kolonne solcher Gespanne! (...) Die Pferde also zuerst! Zunächst müssen Pferde, in den Ställen, auf der Straße, gezeichnet werden. Wir lernen Pferde erst richtig sehen. Wir glaubten sie schon zu kennen. Lächerlich, wie wenig wir eigentlich von ihnen wußten! Schließlich haben wir die einfache Form, die wir suchten, und die sich sägen läßt. Kistenbretter werden verteilt, die besten Zeichner bringen die Entwürfe auf Holz. Die Feinfühligen, die Geduldigen, Genauen, sägen aus. Gut doch, daß wir nach der Sonnenwende die Fackelstiele gesammelt haben. Das sind jetzt die feinsten und passendsten Rundhölzer, die wir zu Rädern zersägen. Einige verstehen leidlich mit Farben umzugehen; ein äußerst wichtiges Geschäft! Da stehen kräftig leuchtend unsere Gläser mit Tempera. Apfelschimmel werden gezaubert, Braune stehen daneben, helle Falben und dunkle Rappen. Der Lack macht sie glänzend, schöner und glänzender als die bestgepflegten Tiere in den Ställen von Trakehnen. Fürs Zaumzeug nehmen wir Lederabfälle, zu jedem Pferd die passende Farbe. Und dann die Wagen: Zigarrenholz wird haargenau gesägt, gefügt, geleimt, genagelt; nur das Gelungene wird zugelassen. Natürlich muß die Vorderachse drehbar sein! Wir entschließen uns, Deichseln und Wagenkästen einheitlich zu streichen: leuchtend rot. Wir wollen eine große Farbwirkung zustande bringen, wenn alle Gespanne in Reihe aufmarschieren. Die Achsen werden gelb, die Räder blau. Nur reine, klare Farben sind erlaubt."*[369]

Seine Ausführungen ins Grundsätzliche wendend fährt er fort:

---

369 SSV., S. 51 f.

> *"Denn es gehört zu den dringenden Aufgaben auch unserer ländlichen Erziehung, den Wert von Farben sehen und empfinden zu lehren, den Sinn für Farbengefüge zu entwickeln. Man sehe sich alte bäuerliche Gewebe und Stickereien an. Wie geschmackvoll – d.h. von der Sache her: richtig – sind die Farben gewählt und einander zugeordnet. Wenn die Erneuerung der Volkskunst nicht in wertlosen Worten steckenbleiben, sondern Wirklichkeit werden soll, hier bei den einfachsten Dingen, bei der Erziehung zu Farben- und Formwert muß sie beginnen. Es reizt, an dieser Stelle eine weit ausholende Betrachtung einzufügen. Denn was hier mit einem Begriff gesagt wird, bedeutet natürlich in unserer Wirklichkeit ein beständiges Bemühen, das Kind durch Begegnungen mit reinen, einfachen Formen und Farben, an hundert kleinen Gegenständen dargestellt, als ob sie ein Kanon von Lebens- und Werkformen wären, vertraut zu machen. Unser Formgewissen ist also in aller Arbeit gegenwärtig, und es bestimmt auch das, was wir selbst mit unseren Händen schaffen. So einfach diese werklichen Leistungen auch sein mögen, in einem wollen wir unerbittlich sein, daß sie dem Formgesetz, das von Stoff und Zweck bedingt wird, treu seien."*[370]

Und zum Krippenspiel, das die Kinder zum Weihnachtsfest für die Dorfgemeinde aufführen, heißt es in entsprechender Wertschätzung und Würdigung der Stilformen alter Volkskunst:

> *"Das chorische Spiel, nach den alten schlesischen Krippenspielen bearbeitet, fordert von uns vor allem gewissenhafte sprachliche Gestaltung, den Aufbau großer, bildhaft wirksamer Spielformen und wiederum viel handwerkliche Vorarbeit. Es gibt wenige Stoffe, die so zu einem Stück sprachlicher Erziehung werden können, wie die alten Weihnachtsspiele. Denn ihre Sprache ist unmittelbar und zwingend, knapp und sinngemäß geschnitten, voll Wirklichkeit und echt wie Gold."*[371]

### 3.2.2 Zur „gegenständlichen" Volkskunde-Arbeit des Museumspädagogen Reichwein

Reichwein hat diese Linie einer „gegenständlichen" Volkskunde-Arbeit als Leiter der Abteilung „Schule und Museum" am „Staatlichen Museum für Deutsche Volkskunde" in Berlin vor allem durch seine großen Schulausstellungen „Ton und Töpferei", „Holz im Deutschen Volkshandwerk", „Weben und Wirken", „Metall im Deutschen Volkshandwerk" und deren didaktische Kommentierung in seinen Schriften: Vom Schauen zum Gestalten (1939), Kinder werken in Holz (1940), Zeugdruck (1941), Schule und Handarbeit (1941), Schule und Museum (1941), Der Werkstoff formt mit (1941) Handwerksfilme der (RWU) – volkskundlich gesehen (1943) in planmäßiger Weiterführung der in Tiefensee erprobten Möglichkeiten fortgeführt. Er hinterlässt zwar

---

370 Ebd., S. 52 f.
371 Ebd., S. 54 f.

keine theoretische Ortsbestimmung seiner Arbeit, die deren Zusammenhang mit den Traditionsansätzen der damaligen Realien- und Volkskunstforschung hätte aufweisen können, wohl aber eine Darlegung seiner schon im Schaffenden Schulvolk angesprochenen Gedanken über die Konzeption einer auf die Pflege handwerklicher Techniken ausgerichteten Volkskunst- und Formwerterziehung.[372] Dass es sich dabei nicht um eine antiquarische Pflege des Volksgutes vergangener Zeiten handelt, sondern um die Besinnung auf eine „geistige Erblinie" und deren „tätige Erneuerung" im Zeichen einer aktuellen Geschmackserziehung und Lebensstilreform, geht wiederkehrend aus seiner Perspektivgebung hervor:

*„Es ist einleuchtend, daß ein Junge, der im vor- und frühgeschichtlichen Unterricht vom Ursprung des Handwerks gehört hat, von der Entstehung der Töpferei, der im heimatlichen Unterricht und auf Wanderungen selbst vielleicht auf Spuren dieses Töpferhandwerks stieß, dem im Geschichtsunterricht von der Stetigkeit der deutschen Gefäß- und Geräteformen erzählt wurde und in der Deutschkunde vom ländlichen Handwerk unserer Tage, vom Kampf der guten handwerklichen Arbeit gegen Kitsch und ungemäße Massenware – daß dieser Junge, wenn er eine Sammlung guter deutscher Tongefäße sieht, den Reichtum unserer bäuerlichen Töpferei kennenlernt, in einer Musterreihe – wenn der Töpfer selbst nicht zur Hand ist, den Werdegang vom Tonklumpen bis zum fertig glasierten Gefäß nacherlebt, ein wirklich lebendiges Verhältnis nicht nur zu geschichtlichen Vorgängen und zu einem Handwerk bekommt, sondern überhaupt eine lebendige Anschauung von der unvergänglichen Bedeutung handwerklichen Schaffens für die innere Gesunderhaltung des Volkes im ganzen. Und welche Möglichkeiten eröffnen sich hier, am Gegenstande unmittelbar überprüfbar, für die Geschmackserziehunng, der es um eine neue Formung des täglichen Lebens geht. Und wenn wir unsere Jugend zu einer neuen Wohngesinnung führen wollen, zum einfachen, schlichten, handwerksgerecht gearbeiteten Wohnmöbel, zur Liebe am gewachsenen Holz, welch bessere Möglichkeit hätten wir denn, als ihr die deutschen Hölzer selbst zu zeigen und, aus ihnen entwickelt, die gute alte Zimmermanns- und Tischlerarbeit, das Drechsel- und Schnitzwerk, deren holzgerechte Verarbeitungsformen unvergänglich sind und in einem erneuerten Handwerk wieder erstehen sollen."[373]*

Sein Biograph konnte später, jenseits der NS-Zensur und der epochalen Zäsur stehend, die für ihn mit der sozialwissenschaftlichen Wende des Curriculums gegeben war, die Absichten Reichweins noch eingehender kennzeichnen:

*„Mit seiner museumspädagogischen Arbeit will Reichwein zu einem neuen Verständnis industrieller Produktion in der Tradition von Bauhaus und Werkbund beitragen. Es geht ihm um die Rückbesinnung auf die schöpferischen kulturellen Leistungen des*

---

372 Vgl. Amlung: Adolf Reichwein ..., S. 371–384.
373 Adolf Reichwein. Ausgewählte Pädagogische Schriften, S. 162.

*Handwerks und um das Aufzeigen der innovativen Kräfte des Handwerks für die Industrieproduktion. Auf seiten der Verbraucher geht es ihm um die Gewinnung eines neuen ‚Lebensstils', einer ‚neuen Lebensgestaltung und Lebensführung', die von der gültigen Erkenntnis ausgeht, ‚daß Mensch und persönlich gestaltete Umwelt in Beziehung zueinander stehen und daß unser Wohlbefinden nicht zuletzt von der inneren Ausgeglichenheit, dem farbigen Wohlklang und der Formschönheit unserer Umgebung abhängt'.*"[374]

Und über das Verhältnis zur Volkskunstforschung im Zeichen der NS-Ideologie heißt es an anderer Stelle unter Bezug auf das einschlägige volkskundliche Schrifttum der Post-Riehl-Ära:

„*In einer Zeit, in der die Volkskunstforschung unter dem Diktat der NS-Ideologie immer stärker zur ‚Sinnbildforschung' entstellt wurde, die in der spekulativen Deutung verborgener Symbole Aufschluß über das Germanentum geben und ein ideales Bild von der kulturellen Überlegenheit der nordisch-germanischen Rasse zeichnen sollte, versucht Reichwein, ‚Probleme der Volkskunst außerhalb jeglichen Ideologiezusammenhanges darzustellen'. Er sieht die Volkskunst ‚primär unter technisch-handwerklichen Aspekten', versteht sie als ein Produkt zweckgerichteter Tätigkeit. Er will die Volkskunst aus ihrer ästhetischen Isolierung als ‚Elitekunst' befreien, indem er vor allem ihren Gebrauchswert für die Masse der Bevölkerung herausstreicht und sie ‚in funktionale, arbeits- und lebensgeschichtliche Zusammenhänge stellt' (Korff). Und während sich die Volkskunde weitgehend auf eine ‚Bauernkunde' reduzierte, die ‚den deutschen Bauern als direkten Nachfolger der germanischen Vorfahren' (Weber-Kellermann/Bimmer) ansah, (…) formuliert Reichwein ein Aufgabenverständnis von der wissenschaftlichen Volkskunde, das nicht nur frei ist von Anklängen an die Volkstumsideologie der NS-Zeit, sondern das – abgesehen von einigen zeitbedingten Wendungen – durchaus in die Traditionslinie gehört, die zur sozialgeschichtlichen Orientierung der modernen Volkskunde hinführt …*"[375]

Ich teile die Auffassung Amlungs, dass die volkskundliche Arbeit Reichweins der Traditionslinie einzuordnen ist, die zur „sozialgeschichtlichen Orientierung der modernen Volkskunde hinführt". Diese Neuorientierung in Verbindung mit der ideologiekritischen Aufarbeitung der auf Riehl zurückgehenden Epoche nationaler Volksforschung, speziell mit ihren konstitutiven Leitbegriffen Volk, Volksgeist, Kontinuität, Gemeinschaft, Stamm und Sitte, setzte aber erst, wie bereits angedeutet, zwei Jahrzehnte nach dem zweiten Weltkrieg ein.[376] Reichwein war auf dem Wege dahin, der

---

374 Amlung: Adolf Reichwein …, S. 379.
375 Ebd., S. 380.
376 Auf die ideologiekritische Reform des Ansatzes der nationalen Volkskunde zielen insbesondere die Bestrebungen von Heilfurth: Volkskunde jenseits der Ideologie (1962) u. Lutz: Volkskunde und Ethnologie (1969). Beide Wissenschaftler sind darum bemüht, den im Zuge der Sonderentwicklung deutscher Volkskunde unterbrochenen Anschluss an die europäische und anglo-

### Der Hafner.

Den Leymen tritt ich,mit meim Fuß
Mit Har gemischt/ darnach ich muß
Ein klumpen werffen auff die Scheiben
Die muß ich mit den Füssen treiben/
Mach Krüg/ Häffen/ Kachel vñ Scherbē
Thu sie denn glassurn vnd ferben/
Darnach brenn ich sie in dem Feuwer/
Corebus gab die Kunst zu steuwer.

*Bild 5: Aus Reichweins Schulausstellung „Ton und Töpferei" (1933)*

amerikanische Tradition durch Realisierung einer Volkslebensforschung wiederherzustellen, die sich als Teil vergleichender Ethnologie oder Kulturanthropologie mit prinzipiell globalem Phänomenbereich versteht. Auf grundsätzliche Neuorientierung der Disziplin vom Standpunkt einer gesellschaftskritischen sozialwissenschaftlichen Position waren die Bestrebungen Bausingers und der ihm nahestehenden Volkskundler gerichtet: Die um Bausinger gruppierten Vertreter „kritisch verstandener Kulturwissenschaft" oder „Kultursoziologie" stellen der Volksforschung die Aufgabe, im Verbund mit anderen Sozialwissenschaften emanzipatorische Lebenspraxis in gesellschaftsbedingten Situationen (Arbeit, Freizeit, Wohnen, Konsum u. dgl.) zu ermöglichen, letztlich „strukturelle soziale Veränderungen" herbeizuführen. Vgl. auch Bausinger: Volksideologie und Volksforschung (1965) u. Kritik der Tradition (1969); sowie Emmerich: Zur Kritik der Volkstumsideologie (1971). Eine „allgemeine Revision der Grundlagen des Faches" und die Begründung einer Volkskunde als Sozialwissenschaft mit gesellschaftskritischer Fragestellung ist ebenfalls Gegenstand des Sammelbandes „Abschied vom Volksleben" (1970) mit folgenden Beiträgen: Jeggle: Wertbedingungen der Volkskunde; Narr: Volkskunde als kritische Sozialwissenschaft; Scharfe: Kritik des Kanons; Schöck: Sammeln und Retten; Schenda: Einheitlich-urtümlich-noch heute.

Realienvolkskunde der 50er Jahre vorgreifend[377]; aber auch er konnte die epochale Grenzlinie noch nicht überschreiten.

Jene eingangs aufgezeigte Grenzlinie aber, die den deutschen Sonderweg der Trennung von Völkerkunde und Volkskunde markiert, scheint mir Reichwein mit seiner auf die handwerkliche Arbeit konzentrierten „gegenständlichen" Volkskunde überschritten zu haben: Sowohl die grundlegenden Arbeitstechniken des Töpferns und Webens wie der Holz- und Metallbearbeitung als auch die Grundformen (Urformen) der hergestellten Arbeitsergebnisse verweisen, unbeschadet ihrer regionalen und nationalen Differenzierungen, auf das universale Forschungssfeld der Völkerkunde bzw. der Vor- und Frühgeschichte.[378]

---

377 Zur Realienforschung in den Jahren nach dem 2. Weltkrieg, die einen bedeutsamen Schritt in Richtung auf eine entideologisierende Versachlichung der volkskundlichen Forschungsarbeit darstellte, vgl. Weber-Kellermann: Deutsche Volkskunde zwischen Germanistik und Sozialwissenschaft, S. 87 ff.

378 Vgl. Schurtz: Urgeschichte der Kultur; Weule: Kulturelemente der Menschheit; Reichwein: Der Werkstoff formt mit u. Handwerksfilme der (RWU)-volkskundlich gesehen. In „Film in der Landschule" verweist der Autor auf „eine Reihe von Filmen zur Völkerkunde", die er für geeignet hält „uns nicht nur fremdländisches Wesen nahe(zu)bringen, sondern auch aufschlußreiche Vergleiche mit den deutschen Handwerksüberlieferungen (zu) ermöglichen" (S. 37).

## 4. Der volks- und kulturgeschichtliche Aspekt: „Gesellschaftliche Kulturarbeit" als Motor des Fortschritts bzw. der Entwicklung im Bereich der materiellen und geistigen Kultur sowie der sozialen Verhältnisse[379]

### 4.1 Grundzüge der epochalgeschichtlichen Situation und Entwicklung

#### 4.1.1 Die „Umwandlung" des Paradigmas (Vico, Herder – W. von Humboldt, Ranke u.a.)

Die Sonderentwicklung deutscher Geschichtswissenschaft seit der Wende vom 18. zum 19. Jahrhundert hat Georg G. Iggers in seiner „Deutschen Geschichtswissenschaft. Eine Kritik der traditionellen Geschichtsauffassung von Herder bis zur Gegenwart" (1972) herausgearbeitet: Der 1938 aus Deutschland emigrierte Historiker stellt dem naturrechtlich fundierten Geschichtsdenken der westeuropäischen Historiographie[380] den lebensphilosophischen Ansatz des deutschen Historismus mit den Pro-

---

[379] Diese begriffliche Kennzeichnung, die aufgrund der besonderen Komplexität des hier zu behandelnden Untersuchungsgegenstandes auf vergleichsweise hohem Abstraktionsniveau formuliert wurde, entspricht der Umgrenzung der Gegenstandsbereiche der Kulturgeschichtsschreibung, die Schleier seiner „Geschichte der deutschen Kulturgeschichtsschreibung" (2003) in ihren vorrangigen Aspekten zugrundelegt: „Nachfolgend werden zum Gegenstandsbereich der Kulturgeschichtsschreibung Darstellungen zugehörig erachtet, die sich mit folgenden Kulturbereichen befassen oder ‚Kulturen, bzw. ‚Kulturzeitalter', daraufhin analysieren bzw. vergleichen: 1. mit der materiellen Kultur: von Arbeitsweise und Technikgebrauch bis zu Nahrung, Kleidung, Bauen und Wohnen, 2. mit den sozialen und geselligen Beziehungen und Lebensformen, Mentalitäten, Verhaltensweisen und Gemeinschaftsformen, den zugehörigen Sprechweisen, Ritualen und Symbolen, den jeweils ethnisch/nationalen bzw. regionalen/lokalen Ausprägungen, 3. den Errungenschaften der geistigen Arbeit der Menschen, die das Streben nach Beherrschung der Natur und der Gesellschaft zum Ausdruck bringen, und den künstlerischen Ausdrucksformen, die das ästhetisch gestalten..." (Band1/Teil1;S. 8).

[380] In der Universalhistorie, die dem Leitgedanken des Kultur- und Vernunftfortschritts der Menschheit folgt, hatte die Geschichtsschreibung der französischen und der deutschen Aufklärungshistoriker in der zweiten Hälfte des 18. Jahrhunderts ihren wissenschaftlichen und gesellschaftspolitischen Schwerpunkt. Diese aufklärende Kulturgeschichtsschreibung stand letztlich im Dienste der Aufgabe, „die zwar in der Geschichte gegründeten, aber nicht mehr rational zu begründenden Privilegien der Feudalkaste zu widerlegen" (Asendorf: Aus der Aufklärung in die permanente Restauration, S. 17). Vgl. Asendorf: Ebd. Kapitel: Geschichtswissenschaft der Spätaufklärung. Die „Göttinger Schule", S. 51–83; Fueter: Geschichte der Neueren Historiographie. Abschnitt: Die Schule Voltaires in Deutschland, S. 37–382 u. Die Schule Montesquieus, S. 382–389. Von diesen Ansätzen aufklärerischer Kulturgeschichtsschreibung abgesehen konstatiert Schleier aber mit Blick auf die noch vorherrschende „höfisch-klerikale" Historiographie der Zeit: „Die traditionelle Historie an den Universitäten erweist sich der neuen Situation, so empfinden jedenfalls viele gelehrte Zeitgenossen, unzureichend gewachsen. Die vordergründige Ausrichtung auf Fürsten und Dynastien, deren Kriege und Erbansprüche, auf Staatsaktionen, Staatsverfassungen und Kirchengeschichte findet nunmehr zahlreiche Kritiker. Es überwiegt noch der enzyklopädische, häufig kompilatorische Sammeleifer. Die Suche nach den Zusammenhängen der historischen Ereignisse und ihren Triebkräften erfaßt vornehmlich territorial-

tagonisten Vico und Herder[381] (teilweise auch W. von Humboldt[382]) gegenüber. Als wissenschaftstheoretische „Kernstücke" identifiziert er das Individualitätsprinzip, die Volksgeistlehre, den kulturbezogenen Begriff der „Nation" sowie die Theorie geisteswissenschaftlichen Verstehens. Im Kapitel „Vom kosmopolitischen und kulturbezogenen Nationalismus Herders zum staatsbezogenen Nationalismus der Befreiungskriege" setzt der Autor dann den entscheidenden Akzent, indem er die „Umwandlung" des Paradigmas herausstellt, die im Zusammenhang mit der Französischen Revolution, mit den Eroberungen Napoleons und mit den Befreiungskriegen erfolgte:[383]

---

dynastische Belange, wenngleich Verallgemeinerungen überhaupt mangelhaft ausgebildet sind. Das faßt Herder 1798 in die Worte: ,Namenverzeichnisse, Genealogien, die Beschreibung von Kriegszügen, Helden- und Staatsactionen, das Skelet des Herkommens endlich hinderten uns oft, den Geist der Zeit zu entwickeln, die Menschengeschichte für Menschen sprechen zu lassen, karakteristisch, sittlich'" (S. 41).

381 Gegenstand der Iggerschen Interpretation im Kapitel „Die Wurzeln des deutschen Historismus" sind Vicos Schrift „Principi di una scienza nuova" (1725) und Herders „Auch eine Philosophie der Geschichte zur Bildung der Menschheit" (1774). In diesem Frühwerk-und nicht in den „Ideen", deren Bezug zum Individualitätsprinzip und zum Fortschrittsdenken der Aufklärung wir aufgewiesen haben, „wird der Historismus in seiner radikalsten Form vertreten, nämlich die Auffassung, daß jedes Zeitalter in den ihm innewohnenden Wertbegriffen gesehen werden muß – daß es also weder Fortschritt noch Niedergang in der Geschichte gibt, sondern nur werthaltige Verschiedenheit"( Deutsche Geschichtswissenschaft, S. 45).

382 Vgl. Iggers: Deutsche Geschichtswissenschaft. Kapitel: Das theoretische Fundament des deutschen Historismus I, S. 62-85. In diesem Kapitel wird der „tiefgreifende Wandel" in Humboldts geschichtstheoretischem Denken aufgezeigt, das zum einen den „Ideen zu einem Versuch, die Grenzen der Wirksamkeit des Staates zu bestimmen" (1791) zugrundeliegt, zum anderen seiner „Denkschrift über die deutsche Verfassung" (1813) und der Abhandlung „Über die Aufgabe des Geschichtsschreibers" (1822). Im Mittelpunkt der „Grenzen" steht wie bei Vico und Herder das Individulitätsprinzip. Letzlich gelangt Iggers aber zu dem Resümee: „In den drei Jahrzehnten, die den ,Versuch, die Grenzen der Wirksamkeit des Staates zu bestimmen' von der Abhandlung ,Über die Aufgabe des Geschichtsschreibers' trennen, gelangte Humboldt zu der Erkenntnis vom Primat der kollektiven Kräfte, die er mit der Nationalität gleichsetzte. Humboldt begriff die zentrale Rolle des Staates in der Nation und er entwickelte eine Erkenntnistheorie, die auf das Verstehen der irrational-vitalen Kräfte der Geschichte und der ihnen eigentümlichen metaphysischen Realität ausging. All diese Theoreme, die Ideenlehre, die Wertung der Individualität, die Vorstellung von der zentralen Bedeutung der Politik in der Geschichte, bildeten die Bausteine der Geschichtsphilosophie, die der deutschen Geschichtswissenschaft und dem historischen Denken von Ranke bis Meinecke zugrunde lag" (S. 84 f.).

383 In entsprechender Weise konstatiert Schleier in seiner „Geschichte der deutschen Kulturgeschichtsschreibung": „Der ,Historismus' löst in der ersten Hälfte des 19. Jahrhunderts in Deutschland das spätaufklärerische und klassisch-philosophische Geschichtsdenken endgültig ab und dominiert die geschichtstheoretisch-methodologischen Grundlagen der Fachhistorie. Dieser Prozeß beginnt Anfang des 19. Jahrhunderts mit Niebuhr, W. v. Humboldt, Ranke und deren Zeitgenossen. Historismus und weitere Professionalisierung stützen sich gegenseitig. Es sei wiederholt, daß der Historismus die Verselbständigung des Faches befördert, indem er die Geschichte vehement von der Philosophie wie behutsamer von der Theologie abgrenzt, und die staatsnahe politikgeschichtliche Ausrichtung der Geschichtsschreibung befördert" (S. 210). Überdies sind die Ausführungen Schleiers im Kapitel: Von der Spätaufklärung zum Vormärz, speziell auf den Seiten 206–216 (Band 1/Teil1), geeignet, die Ausführungen von Iggers insbe-

*"Die ästhetische, kulturell bestimmte Einstellung zu nationalen Phänomenen wich Schritt um Schritt vor dem Ideal des Nationalstaates zurück. Der Individualitätsbegriff, den Goethe und Humboldt noch auf die Einmaligkeit der Persönlichkeiten beschränkt hatten, wurde nun in erster Linie auf Kollektivgrößen angewandt. Der historische Optimismus Herders, der im Strom der Geschichte einen verborgenen Sinn gesehen hatte, war durch die noch optimistischere Identitätsidee ersetzt worden, die Vorstellung nämlich, der Staat, der seine machtpolitischen Interessen wahre, handle gemäß einem höheren Ethos. Zudem nahm eine dritte Idee, die dem frühen Historismus unbekannt gewesen war, jetzt einen wichtigen Platz in seinem Lehrsystem ein: die Auffassung vom Primat des Staates gegenüber Volk und Gesellschaft. Während der Befreiungskriege und in erhöhtem Maße nach 1815 wurden die politischen Interessen der Nation immer mehr mit den machtpolitischen Zielen des preußischen Staates gleichgesetzt. Diese drei Ideenkomplexe wirkten zur Begründung eines Großteils der theoretischen Voraussetzungen der deutschen Geschichtswissenschaft im 19. und 20. Jahrhundert zusammen."*[384]

Die Darstellung des staatsorientierten Geschichtsdenkens in Deutschland während des 19. und 20. Jahrhunderts führt sodann von Ranke über die „Preußische Schule" (Droysen, Sybel, Treitschke) bis zu den ersten Bemühungen um eine partielle Revision des deutschen Geschichtsbildes nach dem Ende des zweiten Weltkrieges.[385] Die mit kritischem Erkenntnisinteresse verfasste Untersuchung schließt mit einem Ausblick auf die 50er Jahre, in denen die konzeptionelle Grundlegung der „Strukturgeschichte" den Beginn einer Neuorientierung der geschichtswissenschaftlichen Forschung in Deutschland markiert.[386] Als Endpunkt des von Iggers und anderen Historikern[387] aufgewiesenen und durchgezeichneten epochalgeschichtlichen Entwicklung wird schließlich die sozialwissenschaftliche Wende des Paradigmas der 60er Jahre, die

---

sondere durch den Hinweis auf die „Historisierung des Denkens in Wissenschaft und Politik" und die vorrangige Erforschung „nationaler Traditionen" im Zeichen der „Volksgeistlehre" zu ergänzen.
384 S. 61.
385 Als maßgebliche Werke für diese noch weitgehend apologetischen Revisionsbemühungen gelten Meinecke: Die deutsche Katastrophe (1955) u. G. Ritter: Europa und die deutsche Frage (1948).
386 Repräsentativ für diesen „Neuansatz", den Iggers speziell auf S. 351–354 in seinem Forschungsdesign skizziert, sind Brunner: Land und Herrschaft (1939); Conze: Die Strukturgeschichte des technisch-industriellen Zeitalters als Aufgabe für Forschung und Unterricht (1957); Schieder: Strukturen und Persönlichkeiten in der Geschichte (1962).
387 Vergleichbare Durchzeichnungen des epochalgeschichtlichen Horizontes sind Gegenstand folgender Untersuchungen: Sywottek: Geschichtswissenschaft in der Legitimationskrise (1974). Abschnitt: Die Entwicklung der Historie in Deutschland: Zur (un)kritischen Aufarbeitung geschichtswissenschaftlicher Tradition, S. 36–48; Faulenbach: Geschichtswissenschaft in Deutschland (1974); Geiss/Tamchina: Ansichten einer künftigen Geschichtswissenschaft 1 (1974). Kapitel: Bestandsaufnahme, S. 15–86; Asendorf: Aus der Aufklärung in die permanente Restauration (1974); Schulin: Rückblick auf die Entwicklung der Geschichtswissenschaft (1975).

Hinwendung der damaligen Trendsetter der Disziplin (Fischer, Wehler) zu einer gesellschaftskritischen Sozial- bzw. Gesellschaftsgeschichte, herausgestellt.[388]

Dem veränderten Paradigma entsprach nunmehr die vorwiegende Hinwendung der deutschen Geschichtswissenschaft[389] und weitgehend auch der Geschichtsdidaktik (Didaktiken, Lehrpläne, Lehrbücher)[390] zur politischen Geschichte, zur Außenpolitik, zum politischen Konflikt und zur militärischen Auseinandersetzung. Das historische Geschehen wurde vornehmlich „individualistisch" interpretiert. Im Mittelpunkt standen daher die Entscheidungen der großen „historischen Persönlichkeiten", die „Handlungen der Staatsmänner, der Feldherren und der Diplomaten". Gegenstand dieser Geschichtsschreibung waren, konkreter gesagt, vorrangig die politische Geschichte Brandenburg-Preußens und des Kaiserreichs, danach die Auseinandersetzung mit dem „Versailler Diktat" und mit der Kriegsschuldfrage, letztlich die Fortführung der kleindeutschen Historiographie durch die großdeutsche Geschichtsklitterung: die „Geschichte der nationalsozialistischen Bewegung", die gipfelt in der „Geschichte der Befreiung durch den Führer".

Die Spuren dieser politischen Geschichte sind auch in den Texten Reichweins zu finden, zum Beispiel in den Überschriften „Kaiser und Papst", „Friedrich II", „Der

---

388 Vgl. die von Iggers auf den Seiten S. 359–364 referierten und kommentierten Werke, namentlich Fischer: Griff nach der Weltmacht (1961) sowie Wehler: Bismarck und der Imperialismus (1969).

389 Vgl. dazu Kocka: Sozialgeschichte. Abschnitt: Allgemeine Geschichte als Politikgeschichte und die Folgen: das wissenschaftliche Grundmuster, S. 51–59.

390 Schallenberger hat in seinen „Untersuchungen zum Geschichtsbild der Wilhelminischen Ära und der Weimarer Zeit" (1964) anhand einer „vergleichenden Schulbuchanalyse deutscher Schulgeschichtsbücher aus der Zeit von 1888–1933" die inhaltlichen Komponenten der beiden Geschichtsbilder bzw. deren weitgehende Übereinstimmung und zugleich auch partielle Differenz in einer Gliederung angedeutet, die hier in ihren übergreifenden Themenstellungen und teilweise auch Untergliederungen wiedergegeben wird: „Dominierende Züge des Geschichtsbildes der Willhelminischen Ära. 1. Die preußisch-konservative Grundhaltung, 2. Die heroische Geschichtsauffassung, 3. Die Betonung der dynastischen Geschichte, 4. Der christliche Traditionalismus, 5. Die Vorstellung von Kaiser und Reich als prägende Kraft, 6. Der Nationalismus" (S. 5) „Die einzelnen Komponenten des Geschichtsbildes der Weimarer Zeit: 1. Ausklingende Züge des Geschichtsbildes der Wilhelminischen Ära: Das Zurücktreten der dynastischen Geschichte – Die Abkehr vom christlichen Traditionalismus – Die Auflockerung der preußisch-konservativen Grundhaltung, 2. Das Weiterleben von Zügen des Geschichtsbildes des Kaiserreiches bis zu ihrer Übersteigerung: Die heroische Geschichtsauffassung – Die prägende Kraft der Vorstellungen von großer deutscher Vergangenheit – Der Nationalismus im Geschichtsbuch: Der Revisionismus und die negative Bewertung anderer Völker und Staaten. Das Deutschtum im Ausland. Glaube an deutsches Volkstum in seiner Stärke und Schwäche. Vom Volkstum zur Rasse. 3. Demokratisch-republikanische Aspekte in der Geschichtsbetrachtung: Die Darstellung der Sozialen Frage in den Büchern der Weimarer Zeit – Die Festigung eines demokratisch-republikanischen Bewußtseins – Parteiengeschichte – Die Beurteilung der ersten deutschen Republik in den Werken der Weimarer Zeit – Das Streben nach Völkerversöhnung" (S. 10 f.). Vgl. auch Gies: Geschichtsunterricht unter der Diktatur Hitlers, speziell die Kapitel bzw. Abschnitte: Richtlinien und Lehrpläne für den nationalsozialistischen Geschichtsunterricht, S. 25–44; Geschichtsdidaktische Veröffentlichungen und Schulbücher S. 45–75; Geschichte als Mittel politischer Erziehung; Geschichtsunterricht als völkische Weihestunde S. 76–98.

dreissigjährige Krieg", „Befreiungskriege", „Bismarck schafft das Reich" und „Weltkrieg" auf dem „Laufenden Band der Geschichte". Sie zeigen sich auch in den Schülerberichten über die Grenzbegegnungen in Ostpreußen und Schleswig-Hostein (S. 148 f.). Zu Vorbereitung der „großen Fahrt" gehörte, wie dargestellt, die Behandlung der brandenburg-preußischen Geschichte „vom Ordensland und Lehensland zum Reichsland im innersten Sinne". Insgesamt aber kann hier im Vorgriff auf die Ausführungen im Abschnitt 4.3 konstatiert werden, dass der politischen Geschichte im Unterricht Reichweins zugunsten der „Volks- und Kulturgeschichte" („Volksgeschichte") nur ein untergeordneter Stellenwert beizumessen ist.

Aber wie kann der Geschichtsunterricht Reichweins im überaus komplexen Feld der „sekundären" Geschichtsschreibung, die den „primären" politischen Hauptstrang als oftmals oppositionelle demokratische Stimme begleitete, verortet werden?

In der Perspektive dieser Frage habe ich versucht, in selektiver Anlehnung zum einen an Wenigers Standardwerk „Grundlagen des Geschichtsunterrichts" (1926), zum anderen an die aktuelle und umfassende Bestandsaufnahme, die Schleier mit seiner „Geschichte der deutschen Kulturgeschichtsschreibung" (2003) vorgelegt hat und überdies in ergänzender Orientierung an den führenden Interpretationen des 19. Jahrhunderts von Dilthey, Fueter, Jodl und Schaumkell einige weiterführende Antworten zu erarbeiten.

Gegenstand dieser heuristischen Interpretationsarbeit ist die für den Schulbereich besonders bedeutsame „Populäre Geschichte"[391].

Als Wegmarken der Entwicklung, die es im Folgenden zu rekonstruieren galt, wurden herausgestellt: das „Zeitalter der Spätaufklärung" (Wende18./19. Jahrhundert) und die Zeiträume um die Revolutionsjahre bzw. Restaurationsjahre 1848 und 1918.

## 4.2 Das Spektrum der kultur- bzw. volksgeschichtlichen Ansätze

### 4. 2.1 Der universalhistorische Ansatz[392]

Weniger charakterisiert diesen Ansatz folgendermaßen:

*„Gegen Ende des 18. Jahrhunderts steigerte sich allmählich die wirtschaftliche Blüte des Bürgertums, sein Selbstbewußtsein stieg. Die Aufklärung ergriff in der Form der Popularphilosophie auch die kleinbürgerlichen und ungelehrten Schichten und schuf eine besondere Art bürgerlicher Kulturgeschichte, d.h. sie nahm den mittleren Teil der großen Konzeption Voltaires heraus und bildete ihn selbständig weiter. Die technischen und zivilisatorischen Fortschritte wurden als die Hebel der Kultur, menschliche Arbeit in der Überwindung der Natur (Hervorhebung v. Sch.) als die entscheidende*

---
391 Vgl. Weniger: Die Grundlagen ..., Abschnitt: Die Populäre Kulturgeschichte, S. 142–151.
392 Vgl. Schleier: Geschichte der deutschen ...Band 1/Teil 1: Kapitel: Die aufklärerische Kulturgeschichtsschreibung – Menschheitsgeschichte im Gegensatz zur höfisch-klerikalen Geschichte, S. 40-205, speziell S. 126-131.

*Leistung der Geschichte angesehen (…). Letzten Endes ging es und geht es in dieser kleinbürgerlichen Aufklärung, die über den Freisinn bis zu den Kulturhistorikern des Sozialismus reicht, um eine Umkehrung der Rangordnung: die grundlegenden Arbeitsleistungen, die alle höhere Kultur erst ermöglichen, sollen auch im Vordergrund der geschichtlichen Betrachtung stehen. Der Wortführer dieser Kulturgeschichte unter den Historikern des 18. Jahrhunderts ist Schlözer, für den die ‚Erfinder Lieblingsgegenstände der Weltgeschichte' sind."*[393]

Es wird dann aus Schlözers „Weltgeschichte in ihren Hauptteilen" (1792) eine Passage zitiert, die nicht nur für das Erkenntnis- und Bildungsinteresse des Autors aufschlussreich ist, sondern zugleich auch als ein zeitgleiches Seitenstück zu Herders Despotismus-Kritik:

*„Erwache doch besonders das junge Publikum aus einem Schlummer, in den uns die Erziehung eingewiegt, komme es doch von dem verderblichen Geschmacke an Mordspielen alter und neuer Menschenmörder, Helden genannt, zurück! Frohlocke es nicht länger über rauschende Kriegstaten der Eroberer, das ist über die Leidensgeschichte der von diesen Bösewichtern am Narrenseil herumgeführten Nationen! sondern glaube es vorläufig, daß die stille Muse eines Genies und die sanfte Tugend eines Weisen oft größere Revolutionen angerichtet, als die Stürme allmächtiger Wütriche … Überzeuge es sich endlich, daß, wenn man künftig in der Weltgeschichte Esaus Linsengericht und die Kaziken von Sikyon übergeht, die Balgereien der Spartaner mit den Messeniern, sowie der Römer mit den Volskern kaum berührt, aber die Erfindung des Feuers und Glases sorgfältig erzählt und die Ankunft der Pocken, des Branntweins, der Kartoffeln in unserem Weltteile nicht unbemerkt läßt und sogar sich nicht schämt, von der Vertauschung der Wolle mit dem Linnen in unserer Kleidung mehr Notiz zu nehmen, als von den Dynastien Tszi, Leang und Tschin – man ernsthaft und zweckmäßig handle."*[394]

Dieser Formulierung entsprechend umfasst Schlözers „Vorbereitung zur Weltgeschichte für Kinder" (1779–1806) folgende Themenbereiche:

*„Während der erste Theil geschichtlichen Sinn und geschichtliche Begriffe entwickelt durch den Nachweis der Veränderungen, welchen die Erde inbezug auf Gestalt, Fruchtbarkeit, Bebauung, Pflanzen- und Thierleben ausgesetzt gewesen ist, sowie durch Belehrungen über die allmähliche Entwickelung der menschlichen Gesellschaft und über die verschiedenen Regierungsformen, (…) enthält der zweite Theil die Urgeschichte von der Schöpfung bis zur Sündflut und die Anfänge menschlicher Kultur durch Erfindung mechanischer Künste, (…). Das Inhaltsverzeichnis eines dieser Abschnitte wird am besten zeigen, wie Schlözer verfährt; der vierte Abschnitt des zweiten*

---

393 Die Grundlagen …, S. 126.
394 Ebd., S. 126 f.

*Bändchens, Erfindung mechanischer Künste, enthält: ‚Der Urmensch wird ein Kunstmensch; hohe Würde der mechanischen Künste, Stufen ihrer Erfindung; (…) Muthmaßungen, wie einige haben erfunden werden können; Spinnen, Filzen. Weben, Nähen, Netze und Filet Machen (neuere Erfindungen: Spinnrad, Stricken, Strumpfwirkerstuhl, Spitzenklöppeln); wie die Kochkunst entstanden; Essen und Trinken, Zusammenleben; Anfang des Sprechens; Erfindung des Feuers; Völker ohne Feuer; Künste, es zu konservieren: Gemeindefeuer, Vestalinnen, Künste, es zu reproduzieren: Feuerreiben, Küchenfeuerzeug; Nützung des Feuers: Metalle zu schmelzen und zum Kochen; Küchengeräthe; Töpferkunst; Backen; verschiedene Arten von Kultur; Würde der Handwerke'.*"³⁹⁵

Weniger weist bezüglich dieses zweiten Teils der „Vorbereitung" mit folgenden Worten auf eine Didaktik hin, die kurz vor dem 1. Weltkrieg erschien und noch zu Reichweins Zeiten im Schulunterricht Verwendung fand: „Die moderne ‚Kulturkunde' von Gustav Klemm führt über das von Schlözer Gewollte eigentlich nicht hinaus, das Inhaltsverzeichnis zum zweiten Teil der ‚Vorbereitung' könnte so auch bei Klemm stehen."³⁹⁶

Der Verfasser der „Kulturkunde" war wenige Jahre vor dem 1. Weltkrieg von einer teilweise vergleichbaren Fortschrittsgläubigkeit beseelt – allerdings nicht, um den Kultur- und Vernunftfortschritt der Menschheit im Geiste Voltaires dem heranwachsenden Staatsbürger des Kaiserreiches bewusst zu machen, sondern um Gefühle wie „Dankbarkeit, Zufriedenheit und Lebensfreude" in ihm in affirmativer Absicht zu wecken.

Ein Kernsatz der „Kulturkunde" lautet:

*„Durch den neuen Geschichtsunterricht wird vor allem das Werden gezeigt, der trotz schwerer Rückschläge doch nachzuweisende Fortschritt in Lebensweise, Sitte, Denkart, Umgang, Menschenbehandlung im Recht, im Gemeinschafsleben. Da geht dem Heranwachsenden das große Licht der Entwicklung auf, z.B. der Entwicklung von der Nacktheit zur völligen Kleidung, von der Erdhöhle zum jetzigen Wohnhaus, vom Essen roher Pflanzen und kleinerer Tiere zu unserer sauberen gekochten Nahrung, von schmutziger Lebensweise zur Reinlichkeit, von den groben Werkzeugen zu den trefflichen Hilfsmitteln und Maschinen unserer Tage, vom Ochsenwagen zur Straßenbahn, vom Einbaum zum Dampfschiff, vom Kerbstock zum Alphabet, vom Botenläufer zur Zeitung, von der Hilflosigkeit in Feuers- und Wassernot zu den modernen Vorkehrungen und zum Rettungswesen, von der Blutrache zum Gesetz, vom Räuberwesen zur öffentlichen Sicherheit, von der Geister- und Gespensterfurcht zur Erkenntnis der Naturkräfte, von den grausamen Vergnügen zu den künstlerischen und wissenschaftlichen Darbietungen, von der wilden Horde zum heutigen Großstaat."*³⁹⁷

---

395 zitiert nach Richter: Der weltgeschichtliche Unterricht …, S. 188 f.
396 Die Grundlagen …,S. 127.
397 Klemm: Kulturkunde …, S. 15.

Dieser Text bietet im Grundriss die von Klemm für den Schulunterricht erarbeitete und in kulturkundlichen Entwicklungsreihen ausdifferenzierte Thematik, zum Beispiel:

- Das Haus als Schutzstätte: unter Bäumen und Sträuchern – Höhle – Windschirm – Hütte – Pfahlbau – Blockhaus – Bauernhaus – modernes Wohnhaus,
- die Straße: Furt – Steige – Fußweg – Fahrweg – Landstraße,
- die Brücke: ohne Brücke – umgestürzter Baum – Schlingpflanzenbrücke – Seilbrücke – Holzbrücke – Steinbrücke,
- Schutz dem Hab und Gut: ohne Eigentum – erster Besitz – das „Umfassen der Habe" : Zaun – Wände – Wall – Graben – Mauer – Landwehr – Schlagbäume; das „Bewachen des Eigentums": Hund – Wächter – Nachtwächter – Stadtknecht – Geleit – Polizeipatrouillen – Wach- und Schließgesellschaft,
- das Geld: ohne Geld – Tausch – Geld: Geldstücke – Münzen – Papiergeld; geldbringende Arbeiten und das arbeitende Geld; Falschmünzer – Strafgesetzbuch.[398]

Reichwein kommt im Rahmen des Themas „Bergmann, Bergwirtschaft, Schwerindustrie" auf die Erarbeitung scheinbar vergleichbarer Längsschnitte mit seinen Schülern zu sprechen:

*„Sie sehen durch Bildaushang und Bildwurf Darstellungen von Bergwerksbetrieben des 16. bis 20. Jahrhunderts und erinnern sich bei dieser Bildbetrachtung der ungeheuren Wandlungen, die durch die industrielle Revolution in die Technik gekommen sind. Bei früheren Gelegenheiten hatten wir geschichtliche Entwicklungen durch Zeichnungen und Bildstreifen ins Anschauliche übersetzt und so geschichtliche Längsschnitte bekommen; z.B. das Gerät, vom Steinkeil zur hydraulischen Presse; Schiffsbau, vom Einbaum zum Motorschiff."*[399]

Es geht hier jedoch nicht um die Verinnerlichung kulturkundlicher Wertvorstellungen in gesellschafts- oder staatsbürgerkundlicher Absicht, sondern um die Veranschaulichung von Entwicklungszusammenhängen unter technischem Aspekt. Im Übrigen aber sind Themen der Klemmschen Machart für den Geschichtsunterricht Reichweins deshalb untypisch, weil in diesem, wie noch näher auszuführen sein wird, durchweg die Interdependenz des Technischen mit den sozialgeschichtlichen Bedingungen und Folgen betont wird. Vor allem aber: Der Geschichtsunterricht Reichweins ist Ausdruck eines lebensphilosophischen Grundverständnisses von Geschichte, die es im „Kampf ums Dasein" als weiterführende Problemlösung, Handlungsentwurf und entschiedene Tat zu gestalten gilt. (S. 201 f.)

Zwischen dieser Sinngebung und der positivistisch-eudämonistischen Klemms liegen „Welten".

---

398 Ebd., S. 44.
399 FLS, S. 73.

## 4.2.2 Der national-liberale Ansatz

Die „freisinnige" Kulturgeschichtsschreibung des Liberalismus, von der Weniger spricht, setzte schwerpunktmäßig um die Mitte des 19. Jahrhunderts ein, in der Zeit vor und nach dem Revolutionsjahr 1848. Das kulturgeschichtliche Profil dieses Zeitraumes zeichnet Schleier u.a. mit folgenden Worten:

> *„Die politische Niederlage des Bürgertums in der deutschen Revolution von 1848/49 löst bei diesem auseinanderstrebende Reaktionen aus. Einerseits geben gemäßigt-liberale Politiker und Historiker wichtige vormärzliche Positionen auf und orientieren sich aus Bedenken vor den in revolutionäre Bewegung geratenen unteren Volksschichten auf den Obrigkeitsstaat, indem sie vage auf fernere politisch-parlamentarische Reformen hoffen, nicht nur auf die Reformen der Wirtschaftspolitik. Andererseits erhält die Kulturgeschichte als Ausdruck des enttäuschten Bürgertums neuen Auftrieb. Eine Vielzahl neuer Publikationen drängt auf den Büchermarkt. Kulturgeschichte äußert sich zum einen als Oppositionswissenschaft gegen den Obrigkeitsstaat und/oder als zeitkritische Dominante der Geschichtsinterpretation (G. F. Kolb, J. Scherr, K. Biedermann, K. E. Vehse, K. Twesten, O. Henne am Rhyn), als Abwendung von politischem Ungeist und fortschrittfeindlichen Staatshändeln zum Gebiet des hoffnungsvollen Kulturfortschritts in Gewerbe und Verkehr, Wissen und Kunst (W. Wachsmuth). Dagegen steht W. H. Riehl mit der sozial-konservativen Ausrichtung seiner ‚Volkskunde' ziemlich isoliert. Zum anderen führt die enttäuschte Abwendung von der Politik auch zum Ausweichen in die höhere Sphäre des Geistig-Kulturellen, in der Kulturhistoriker und Schriftsteller die eigentlichen sittlichen Werte der Lebenswelt ansiedeln und das Bürgertum als den führenden Träger dieser Werte anpreisen. In den kommenden Jahrzehnten beansprucht das Bildungsbürgertum (…) gewissermaßen die ‚kulturelle Hegemonie', erworben mit der Verbürgerlichung der Künste, mit den nationalkulturellen Sinnstiftungen in der Literatur, der Publizistik, der Gestaltung von Historienbildern und Denkmälern, nicht zuletzt getragen von einem erneuerten liberalen Fortschrittsbewußtsein. Die historischen Darstellungsformen erweitern sich von der zunftgemäßen Geschichtsschreibung bis hin zu ästhetisch-belletristischen Schreibweisen (V. Scheffel, F. Gregorovius, W. H. Riehl, K. Hillebrand, G. Freytag) …"*[400]

Von den hier aufgelisteten Autoren sind mit Blick auf den Geschichtsunterricht der Schule Gustav Freytag[401], Johannes Scherr[402], Karl Biedermann[403] und August Tecklenburg[404] von besonderer Bedeutung.

---

400 Geschichte der deutschen …Band 1/Teil1, S. 552 f.
401 Vgl. Schleier:Geschichte der deutschen…Band1/Teil2. Kapitel: Kulturgeschichte als ästhetische Darstellungsform, S. 842–930, speziell S. 850–869.
402 Vgl. Ebd. Kapitel: Kulturgeschichte als liberaldemokratischer Widerpart zur Staatengeschichte: Scherr, Honegger, Henne am Rhyn, S. 716–779, speziell S. 716–738.
403 Vgl. Ebd. Kapitel: Karl Biedermann: Vorkämpfer für nationale Kulturgeschichtsschreibung und Reform des Lehrbetriebs, S. 552–596 u. S. 1003–1007; Bergmann/Schneider: Gesellschaft, Staat, Geschichtsunterricht, S. 91 f. u. S. 99 f.; Schernikau: Die Lehrplanepoche …, S. 133–138.
404 Vgl. Schernikau: Die Lehrplanepoche… Abschnitt: Das Prinzip der „organischen Eingliederung

*Erstens*: Gustav Freytag hat seinen Ort hier als Autor der „Bilder aus deutscher Vergangenheit" (1859–1866). Dieses Werk umfaßt die Epochen „Aus dem Mittelalter", „Vom Mittelalter zur Neuzeit", „Aus dem Jahrhundert der Reformation (1500–1600)", „Aus dem Jahrhundert des großen Krieges (1600–1700)", „Aus neuer Zeit". Es fand im deutschen Bildungsbürgertum eine breite und nachhaltige Resonanz und empfahl sich für den („erzählenden") Geschichtsunterricht der Schule, weil es die dargestellten Epocheneinheiten dem Schüler als Leser oder Zuhörer in einer Folge großer bildhafter Kompositionen vorstellt. Ich selbst habe zum Beispiel mit meinem 7. Schuljahr vom Leben in der mittelalterlichen Stadt, das Freytag im strukturell verdichteten Detail eines plastischen Geschichtsbildes in so anregender Weise schildert, ein großes Wandbild erarbeitet. Reichwein erwähnt die „Bilder" im Zusammenhang mit der abschließenden Sequenz der „Faltarbeiten" (S. 265 f.) über das abzweigende Thema „Ritterwelt":

*„Die Lesestoffe aus der ritterlichen Welt waren nun für die häuslichen Mußestunden besonders gefragt: Große Rittergestalten der mittelalterlichen Dichtung selbst, Kapitel aus Gustav Freytags Schriften, Satiren und Schwänke aus der Verfallszeit der ritterlichen Welt."*[405]

Im Zusatz heißt es:

*„Aus Gustav Freytags Geschichtsbildern wurden herangezogen: Des Rittertums Glanz und Verfall (Deutsche Bücherei, Nr. 273), Der Deutsche Ritterorden (Nr. 274)."*[406]

Es wird anhand dieser Hinweise ansatzweise erkennbar, dass Reichwein die hier angesprochene Einheit des Lernens nicht als Längsschnitt im Sinne der „Kulturkunde" gestaltete, sondern als eine querschnittartige Struktur, die mit der Metapher „Glanz und Verfall" dem Entwicklungsgedanken (Herders und Goethes) Audruck verleiht. Im Mittelpunkt stehen, dem kategorialen Ansatz der „neuen Wissenschaft" (Nohl) entsprechend, ganzheitliche historische Lebensbilder. Im Übrigen aber regt der Text zu einigen Fragen an, die hier nicht beantwortet werden können: Welche Bedeutung ist dieser Lernepisode, die sich aus der inneren Dynamik der „Faltarbeiten" heraus in improvisierter Gestaltung entwickelte, für den Hauptstrang des systematischen Geschichtsunterrichts beizumessen? Und: War der (erzählende) Lehrer bei der Erarbeitung der Epocheneinheiten, die das „Laufenden Band der Geschichte" mit den Begriffen „Mittelalter", „Reformation/Gegenreformation" markiert, (auch) an Freytags kulturhistorischem Hauptwerk orientiert?

---

der Heimat- und Stammesgeschichte in die Reichsgeschichte bei A. Tecklenburg, S. 138–144.
405 FLS, S. 105.
406 Ebd.

*Zweitens*: J. Scherrs „Deutsche Kultur- und Sittengeschichte" (1859) wurde zu einem Standardwerk der populären Kulturgeschichtsschreibung, das aufgrund seiner weiten Verbreitung zu Recht als „Volksbuch" gilt. Diesem kommt im vorliegenden Interpretationzusammenhang eine Schlüsselfunktion als Prototyp des „natiozentrisch bestimmten liberalen Geschichtsbildes" (Ebeling) zu, an dem in zeittypischen Abwandlungen die Geschichtsdidaktik der reformpädagogischen Jahrzehnte vor und nach dem 2. Weltkrieg noch weitgehend orientiert war.[407]

Das „Gesamtbild der Kulturarbeit und Daseinsweise unseres Volkes", dem Scherr in seinem Werk Gestalt und Kontur verleiht, ist in folgende Epocheneinheiten untergegliedert:

1. Scherr wandte sich im Unterschied zur universalen Geschichtsschreibung Voltaires und Herders ausschließlich der Vergangenheit des eigenen Volkes zu.
2. Er zeichnete in der Einleitung von „Land und Leuten" ein Gegenwartsbild in geographisch-volkskundlicher Sicht: Zusammenhang von Boden bzw. Bodenschätzen, Oberflächengestalt und Klima – „Mannigfaltigkeit der deutschen Bevölkerung in Gewohnheiten und Bräuchen, in Behausung und Tracht, im Betrieb der Landwirtschaft und der Industrie".
3. Er wandte sich dann, „zweitausend Jahre in der Zeitrechnung rückwärts schreitend", dem „Ursprung, des Volkes (Abstammung, Urheimat, Name der Germanen) zu, die Lebensweise der deutschen Stämme wiederum überwiegend in geographisch-volkskundlichen Kategorien beschreibend.
4. Er stellte das Mittelalter, die Reformationszeit und die „neue Zeit" als Epocheneinheiten (ganzheitlicher Zusammenhang zwischen „geistiger" und „materieller" Kultur, Verbindung der Volks- und Kulturgeschichte mit der politischen Reichsgeschichte) und aufeinanderfolgende Phasen des nationalen Geschichtsganges dar. Dabei finden in der Tradition der Herderschen Volksgeistlehre und gestützt auf das Material der historischen Disziplinen Literatur und Kunst, Religion und Wissenschaft besondere Beachtung.
5. Die Entwicklung im Bereich Nahrung, Kleidung, Wohnung, Hausbau usw., bedingt durch geographische Lage, Volkscharakter und vor allem durch die Kulturarbeit des Bürgertums, wird von der „Umwandlung der germanischen Urwildnis" bis zum Beginn der Industrialisierung Deutschlands rekonstruiert.
6. Als Vertreter des nationalen Gedankens, orientiert an der Zielvorstellung der zur politischen Weltgeltung aufsteigenden Sprach- und Kulturnation und als Verfechter demokratisch-republikanischer Ideen war der Politiker Scherr zugleich bemüht, die Höhepunkte der nationalen Geschichte (Armin, Karl der Große, Hohenstaufen, Reichsgründung 1871) ebenso herauszuarbeiten wie den Emanzipationsprozess des dritten und des vierten Standes, vor allem das „Emporwachsen deutscher Bürgerfreiheit".

---

407 Vgl. Huhn: Politische Geschichtsdidaktik. Abschnitt: ‚Nation' als zentraler didaktischer Bezugspunkt, S. 71–77.

Scherr war wie Alexander von Humboldt, wenngleich teilweise im Zusammenhang mit einem nationalen Denken antagonistischer Art, ein der Aufklärung verbundener „Freiheits- Gleichheits- und Brüderlichkeitsfreund" (Richter), der sich gegen das Kirchenregiment, die mittelalterlichen Judenprogrome und feudale Leibeigenschaft ebenso wandte wie im Kapitel „Reichthum und Armuth" gegen die zunehmende Ausbeutung des Proletariats.

*Drittens:* Biedermanns Schrift „Der Geschichtsunterricht in der Schule, seine Mängel und Vorschläge zu seiner Reform" (1860) steht am Anfang der didaktisch-methodischen Bemühungen, dem national-liberalen Geschichtsbild Eingang in den Schulunterricht zu verschaffen. Der Herbartianer setzte sich eingehend mit der Frage auseinander, wie der Lehrstoff der Fassungskraft der Schüler angemessen und nach den Prinzipien der „Anschaulichkeit" bzw. des „Ausgehens vom Nächsten und Bekannten" vermittelt werden kann. Er stellt daher dem systematischen Geschichtsunterricht die Stufe der „culturgeschichtlichen Heimaths- und Vaterlandskunde" (11.-12. Lebensjahr) und des „culturgeschichtlichen Anschauungsunterrichts" (8. – 10. Lebensjahr) voran. Auf jener sollte der Heimatort als Ausgangspunkt genommen werden, um die Schüler mit den „Umwandlungen" zum Beispiel der Siedlungsformen, der Trachten und Gebräuche, der Bodenaufteilung und Landbestellung bekannt zu machen. Für diese war vorgesehen, „Gegenstände der unmittelbaren täglichen Beobachtung zum Ausgangspunkt einer rückblickenden (retrospektiven) Betrachtung zu machen", zum Beispiel „Kleidung, Nahrung, Wohnung, häusliche Einrichtung."

Biedermanns Vorschläge fanden aber erst in den reformpädagogischen Jahrzehnten vor und nach dem 1. Weltkrieg in jenen Didaktiken ihre konzeptionelle Verwirklichung, die darauf angelegt waren,

1. die allgemeine Geschichte, vor allem die „vaterländische", mit der Heimatgeschichte zu verknüpfen,
2. den Grundgedanken der „Kulturarbeit" bzw. der „Kulturarbeitsgemeinschaft" (der „menschlichen Arbeit in der Überwindung der Natur") in den Mittelpunkt des Unterrichts zu stellen,
3. die methodischen Vermittlungsformen in Richtung auf die „Didaktik der ‚pädagogischen Bewegung'" gemäß dem Anschauungsprinzip bzw. mit den Möglichkeiten des „erzählenden Unterrichts" auszubauen.[408]

Wird hier nicht ein didaktisches Gestaltungsmuster erkennbar, dem auch der Tiefenseer Geschichtsunterricht teilweise folgte?

---

408 Vgl. Weniger: Die Grundlagen ..., S. 70 f. sowie Bergmann/Schneider: Gesellschaft, Staat, Geschichtsunterricht. Abschnitt: Aloys Cl. Scheiblhubers Theorie der Geschichtserzählung und der erzählende Geschichtsunterricht nach 1900, S171–175.

*Viertens:* Tecklenburg, der national-liberale Geschichtsdidaktiker und Herbartianer, trat mit besonderem Nachdruck für die „Organische Eingliederung der Heimat- und Stammesgeschichte in die Reichsgeschichte" ein.
Er realisierte diesen Leitgedanken durch

1. didaktische Bearbeitung sowohl der Volks- und Reichsgeschichte als auch der Heimatgeschichte des Göttinger Raumes,
2. Konzentration des fachpropädeutischen Unterrichts des 4.-5. Schuljahres auf heimatgeschichtliche Themen, die entweder von exemplarischer Bedeutung für die nationale Volks- und Kulturgeschichte waren (z.B. Bilder aus dem Ritterleben) oder die Behandlung aktueller „Wendepunkte der vaterländischen Geschichte" (z.B. „Wie wir daheim den Krieg erlebten") ermöglichten,
3. Berücksichtigung von „Märchen, Mythen, Erzählungen, Sagen aus Heimat- und Vaterland" sowie volks- und gesellschaftskundlicher Erfahrungen (Familie, Wohnung, Schule, Kirche, Gewerbe usw.) im Heimatkundeunterricht.

Dem Heimatraum „als Schauplatz des Menschenlebens und der Kulturarbeit" sprach Tecklenburg zentrale Bedeutung zu:

*„Der Mensch weiß die Kräfte der Natur zu meistern, um sich ihre Gaben nutzbar zu machen, ihre Gefahren und schädlichen Einflüsse abzuwenden, um sich so vorwärts zu bringen in endloser Kulturarbeit. Das hat er getan; das tut er noch heute; das wird er tun, solange diese Erde als Wohnung des Menschen sich eignet. Und für fast alle Stadien dieser Kulturarbeit in der Vergangenheit, für fast alle ihre Zweige in der Gegenwart bietet die Heimat die grundlegenden Beispiele und Anschauungsobjekte. (…) Der Mensch leistet diese Kulturarbeit in Gemeinschaft mit andern, in der Gesellschaft. Die wichtigsten G e s e l l s c h a f t s f o r m e n sind Familie, Gemeinde, Stand, Verein, Staat und Nation. Ihr Leben, ihre Verwaltung, ihr Auf- und Niedergang, ihre Lebensbedingung – wo wiederum wird der Schüler sie besser kennen lernen können als in seiner Heimat, wo diese Gesellschaften selbst, oder Teile davon und ihr Einfluß auf die Kulturarbeit ihm täglich vor Augen treten, wo er selbst ein Glied dieser Gesellschaften ist, wo ihn die Gesetze und Einrichtungen des Staates begleiten und hüten von der Wiege bis zum Grabe, ja, wo ihn diese Dinge umgeben wie die Luft, so daß er in ihnen atmet und mit ihnen lebt? Arbeits- und Gesellschaftskunde, Bürger- und Staatskunde finden ihr unerschöpfliches Magazin in der Heimat."*[409] [410]

---

409 Bildender Geschichtsunterricht I, S. 7 f.
410 Diesen kulturhistorischen Grundgedanken in die gesellschaftskundliche Perspektive zu transformieren, das war der Sache nach und in übergreifender systematischer Perspektive betrachtet das Anliegen, dem Dörpfeld in seiner Schrift: „Die Gesellschaftskunde, eine notwendige Ergänzung des Geschichtsunterrichts" (1890) und dem beigefügten „Repetitorium" nachgeht. Er stellt der „Gesellschaftskunde" die Aufgabe, „Kenntnis und Verständnis des vielgestaltigen Menschenlebens" anzubahnen, „damit der Schüler darin – nämlich im gegenwärtigen Menschenleben – sich so weit zurechtfinde, um dereinst als Erwachsener nach Beruf und socialer Stellung zum gemeinen Besten mitthätig sein zu können und zu wollen" (S. 9). Gegenstand des Unterrichts ist das nach Grundbedürfnissen und „Arbeitsklassen" (Landesschutz, Rechtsschutz, Wohlstand,

Tecklenburgs Absicht war es, am Beispiel der Orts-, Kreis- oder Landesgeschichte einen „Längsschnitt der allgemeinen Entwicklung" aufzuweisen, den „Schlüssel" für das „rechte Verständnis der Staats-, Vaterlands- oder Menschheitsgeschichte" in die Hand zu bekommen. Aus diesen Grundsatzformulierungen spricht ein universaler Denkansatz, der Tendenzen der Aufklärungshistoriographie wieder aufzunehmen scheint. Tecklenburgs Verständnis der Heimatgeschichte war aber überwiegend dem nationalen Gedanken verpflichtet: Diesem kam daher im konkreten didaktischen Entwurf die Bedeutung eines Lehrbeispiels für die nationale Volks- und Kulturgeschichte zu.

*„Die Geschichte, sobald sie als Volks- und Kulturgeschichte aufgefaßt wird, deren Kernpunkt in menschlicher Kulturarbeit beruht, ist nicht an wenige bevorzugte Gegenden geknüpft. Sie ist zu allen Zeiten mit festem Tritte durch alle Gaue unseres Vaterlandes gegangen, und hat sie hier und da auch stärkere Spuren zurückgelassen, so sind doch ihre Fußstapfen auch in historisch ärmeren Gegenden dem historisch geschulten Auge gar wohl erkennbar. Nicht das allein ist Geschichte, was uns von Fürsten und Staatsmännern, von Kriegen und Schlachten, von Friedensschlüssen und Ländererwerb berichtet. Das stille Walten der Geschichte, wie es sich im Werden und Entwickeln, in Zuständen und Einrichtungen, in den Fortschritten menschlicher Arbeit, im Gesamtstreben des Volkes zeigt, kurz, die Volks- und Kulturgeschichte, sie bildet den großen Strom historischer Entwicklung, auf dem die Staaten als Fahrzeuge, Fürsten und Staatsmänner als Kapitäne und Steuerleute erscheinen."*[411]

Könnte die anschließende Formulierung nicht auch am Beginn jenes Textes stehen, in dem Reichwein über den Bau des Heimatreliefs berichtet (S. 152)?

*„Schau einmal deiner Heimatgegend ins Angesicht! Sie liegt vor dir mit ihren Hügeln und Talfurchen, ihren weiten Fluren und freundlichen Ortschaften. Hat dies Antlitz immer dieselben Züge gehabt? Vorzeiten war daselbst Urwald, Steppe, Sumpfgelände oder dürre Heide. Dann kamen unsere Vorfahren, siedelten sich an, rodeten den Wald, trockneten die Sümpfe, schufen die ersten Anfänge ihrer Mark. Aus den Ansiedlungen wuchsen Ortschaften hervor, entstanden Städte; der Wald wich zurück; die Acker- und Weideflur dehnte sich aus, und durch den fortschreitenden Anbau des Bodens erhielt deine Heimat die charakteristischen Züge, die dir von Jugend auf lieb und vertraut geworden."*[412]

---

Gesundheit, Bildung und "Seelenheil") aufgeschlüsselte System der gesellschaftlichen Arbeitsteilung und Arbeitsvereinigung im Sinne der Direktive: „Jede Arbeitsklasse arbeitet für alle anderen – jede bedarf aller andern" und „Je mehr Gemeinsinn, desto mehr Gemeinwohl." Zum biographisch–zeitgeschichtlichen Aspekt vgl. Gamm: Individuum und Gemeinschaft im Pädagogischen Werk F. W. Dörpfelds (1958) u. Beeck: Friedrich Wilhelm Dörpfeld – Anpassung im Zwiespalt (1975).

411 Bildender Geschichtsunterricht, S. 16 f.
412 Ebd.

## 4.2.3 Der sozial-konservative Ansatz

Riehl hatte die 48er Revolution, wie erwähnt, in Richtung seines sozial-konservativen Engagements politisch aktiviert. Seine „Wanderstudien" führten ihn in Landschaften und Landstriche, in denen die Zeit trotz des fortschreitenden ökonomisch-sozialen Umwandlungsprozesses, so möchte ich formulieren, „stehen geblieben" war. Die Ergebnisse der Erkundungen, die der Forscher im Bereich Volkskunde/Kulturgeschichte durchführte, konnten daher sowohl mit dem Namen des einen oder des anderen Wissenschaftszweiges etikettiert werden. Riehl selbst bevorzugte seit 1870 den umfassenderen historiographischen Terminus.[413] Und auch die Geschichte der Kulturgeschichtsschreibung vermag seine „Volkskunde" ohne Abstriche in ihre Darstellungen zu integrieren.[414] Für die vorliegende Untersuchung ergibt sich daher die Möglichkeit, sich der „Volkskunde" Riehls noch einmal zuzuwenden, um diese nunmehr unter kulturgeschichtlichem Aspekt und mit Blick auf den Geschichtsunterricht Reichweins zu bedenken.

Weniger kommentiert diesen Ansatz sozial-konservativer Kulturgeschichte im Zusammenhang seiner Möser gewidmeten Ausführungen folgendermaßen:

*„Mösers Auffassung war ja auch mehr die der patriarchalischen Regierung, die bei allen ihren Maßnahmen Rücksicht auf den Bauern und Kleinbürger nehmen will, der Zusammenhang mit dem Bauernschutz der aufgeklärten Staates ist deutlich. So hat es in der Folge immer eine konservative Kulturgeschichte gegeben, die vom Standpunkt der Regierenden und der Gebildeten aus geschrieben, doch die Dinge im Hinblick auf das Wohlergehen der unteren Schichten, insbesondere der bäuerlichen Bevölkerung betrachtete, in deren Erhaltung die dringlichste Aufgabe des Staates und die Voraussetzung der höheren Kultur gesehen wurde. Der Meister dieser Gattung ist Riehl, der sich dabei ausdrücklich auf Mösers Vorbild beruft."*[415]

Mit Blick auf die Heimatbewegung der Zeit und unter Bezug auf seinen Aufsatz „Heimat und Geschichte" aus den 20er Jahren fährt er dann fort: „Heute arbeiten etwa Steinhausen so und alle die zahlreichen Heimat- und Landesgeschichten, an denen es heute keiner deutschen Landschaft mangelt ..."[416]

Zur Heimatbewegung der 20er und 30er Jahre gehören die schon um die Jahrhundertwende einsetzenden und dann nach dem 1. Weltkrieg wieder auflebenden Bestrebungen des Heimatkundeunterrichts. Auf dessen geographisch-weltkundliche Variante werden wir noch zu sprechen kommen. Der volkskundlich-heimatgeschichtliche Zweig ist hier aber als Endpunkt des Versuches von Bedeutung, den Ansatz der bäuerlich-konservativen Kulturgeschichte bis zum schulischen Bereich durchzufluchten.

---
413 Vgl. Schleier: Geschichte der deutschen...Band1/Teil 2, S. 821.
414 Vgl. Ebd. Kapitel: Kulturgeschichte als Volkskunde von Volksgeist und Brauchtum: Wilhelm Heinrich Riehl, S. 813–841.
415 Die Grundlagen ..., S. 130.
416 Ebd.

Als prägnantes Beispiel einer Heimatkunde mit volkskundlich-heimatgeschichtlicher Struktur möchte ich hier den Themenkanon wiedergeben, mit dem K. Löber noch im Jahre 1957 seine „Heimatwelt" meinte auf den Begriff bringen zu können.

Das „Volksleben der Heimat" sollte unter folgenden Gesichtspunkten erarbeitet werden:

- Haus und Hof (u. a. landschaftstypische Hausformen),
- das Dorf, der Ort (u. a. siedlungsgeographische Grundformen),
- die Dorfflur (u. a. Flurnamen als „Zeuge der Dorfgeschichte"),
- „Lebensweise des Heimatmenschen" im Hinblick auf Wohnung, Kleidung, Nahrung,
- Mundart,
- Volksüberlieferung (u. a. Sagen, Märchen, Spukgeschichten, Volksglaube, Sprichwörter, Bauernregeln, Wetterregeln, Rätsel, Kinderspiele, Volkslieder, Volkstänze, Inschriften),
- Sitte und Brauch (Tages-, Jahres-, Lebenslauf),
- Arbeit und Feier (u. a. „Bräuche beim Pflügen, Säen und Pflanzen"),
- Volk und Natur,
- Volkskunst,
- Volkscharakter.

Der Aufriss heimatgeschichtlicher Themen umfasst:

- Vorgeschichte (u. a. Bodenfunde aus Steinzeit, Bronzezeit, Eisenzeit),
- Frühgeschichte (Bodenfunde) urkundliche Angaben über Germanen und Römer,
- Landesgeschichte („Entwicklung der Landesherrschaft"),
- Ortsgeschichte,
- Familiengeschichte,
- Kirchengeschichte, Schulgeschichte,
- Gegenwartsgeschichte (u. a. der Heimatort im ersten und zweiten Weltkrieg).

Wurde „die spezifisch heimatgeschichtliche Frage" – das gilt es hier abschließend zu bedenken – „Wie sah es dann und dann an diesem Ort aus?" (Weniger) im Geschichtsunterricht Reichweins hinsichtlich dieser Themen gestellt?

### 4.2.4 Der sozialistische Ansatz

Den „Kulturgeschichtlern des Sozialismus" eröffnete die Novemberrevolution des Jahres 1918 die Möglichkeit, ihre pädagogisch-politischen Ideen und Ideale in Frontwendung gegen die obrigkeitsstaatliche Lernschule und den kaiserlich verordneten Geschichtsunterricht in konzeptionelle Form zu bringen, gelegentlich auch zu verwirklichen.[417]

---

417 Eine aufschlussreiche Kommentierung der (wenigen) kommunistischen und der sozialdemokratischen Ansätze sozialistischer Geschichtsdidaktik und deren Annäherung an die etablierte

Anfang der 20er Jahre erschien daher u. a. Ausländers „Entschiedene Schulreform" (1920), Henningsens „Die revolutionäre Schule und ihr Geschichtsunterricht (1920), Neubauers Aufsatz „Die neue Erziehung der sozialistischen Gesellschaft" (1920) und von Kawerau, dem wohl bedeutendsten sozialistischen Geschichtsdidaktiker dieser Zeit, „Soziologischer Aufbau des Geschichtsunterrichts" (1921) sowie „Alter und neuer Geschichtsunterricht" (1924).

Die sozialistischen Reformer der Schule und des Geschichtsunterrichts traten für den Aufbau einer Produktionsschule bzw. Lebensgemeinschaftsschule unter dem konzeptionellen Leitsatz ein „Das gemeinsame Werk schafft die Gemeinschaft" (Kawerau). Dem Geschichtsunterricht fiel die Aufgabe des „Erlebnisses der Gesetze und des Werdens unserer Gemeinschaft" zu. Sein spezifisches didaktisches Gestaltungsprinzip war begründet zum einen in dem allgemeinen reformpädagogischen Verständnis des Kindes als eines aktiv handelnden und lernenden Wesens (S. 252 f.), zum anderen in einer ökonomischen (soziologischen) Geschichtstheorie, der zufolge die Entwicklung der Produktivkräfte im ökonomisch-technischen Bereich und die einhergehenden Formen der Bedürfnisbefriedigung den Gang des Geschichtsprozesses bestimmen. In diesem Grundgedanken ist das didaktisch-methodische Prinzip verankert, das wiederkehrend – wenngleich im Verein mit den üblichen methodischen Maximen der Arbeitsschule und des auf Anschauung und Erkundung ausgerichteten Heimatkundeunterrichts – zur Geltung kommt: Die Verknüpfung der produktiven Arbeit der Schüler, ihrer jeweiligen Formen und Möglichkeiten der Werktätigkeit, mit dem historischen Lernen.[418] Seine bündigste Ausformung hat dieses Prinzip in der

---

Geschichtsdidaktik unter dem Einfluss des vorherschenden „Argumentationsmusters der Überparteilichkeit" vermittelt der Beitrag von Kuhn: Geschichtsdidaktik in der Weimarer Republik. Abschnitt: Sozialistische Geschichtsdidaktiken, S. 218–260 u. S. 242–246.

[418] Mit der Anwendung dieses Prinzips scheint mir der innere Widerspruch sozialistischer Geschichtsdidaktik, den Weniger in nachstehender Formulierung anspricht, ansatzweise ausgleichbar zu sein: „Die jüngste, revolutionäre Gruppe der Schulreform nimmt ihren Einsatz für den Aufbau des Geschichtsunterrichts wieder beim Kinde, aber sie bringt diese nun radikale Wendung zum Kind in eine eigentümliche Verbindung mit ihrer soziologischen Einstellung, ihrem Sozialismus und ihrem aus der Veränderung von 1918 erwachsenden politischen Gestaltungswillen. Es wird eine innere Beziehung zwischen Kind und Volk gesetzt, die das Kind ‚als Träger werdender Gesellschaft' und die Schule als Keimzelle neuer sozialer Ordnungen erscheinen läßt und damit den Fortgang der Geschichte geradezu an die Schule bindet. Die damit gegebene ‚schöpferische' Freiheit des Unterrichts wird nun aber auf der anderen Seite begrenzt durch den Glauben an die durchgängige Gesetzlichkeit der Geschichte, durch die ökonomische Geschichtsauffassung, die nicht nur die Entwicklung des Kindes und den Fortgang des Unterrichts von vornherein festlegt, sondern auch dem Unterricht die Aufgabe zuweist, die Gesetze der Geschichte zu erkennen und mit ihrer Hilfe das geschichtliche Leben zu begreifen. So wird dann ‚der soziologische Aufbau des Geschichtsunterrichts' gefordert. Gewiß lassen sich die Schwierigkeiten, die sich aus dieser Doppelheit des Ansatzes ergeben, theoretisch überwinden, indem man eine ursprüngliche Harmonie zwischen den soziologischen Kategorien und der freien kindlichen Entwicklung annimmt, aber praktisch stehen sich immer wieder zwei entgegengesetzte Prinzipien gegenüber, die den Aufbau in sich widersprüchlich machen müssen" (Die Grundlagen ..., S. 76 f.).

Idee der Robinsonade gefunden. Blonskijs „Sommerliche Robinsonade"[419] gilt als das klassische Beispiel. Kawerau votiert für das Robinsonspiel im Kindergarten- und Grundschulalter. Henningsen entwickelte vor Hamburger Lehrern das utopische Bild einer Robinsonade vor den Toren Hamburgs:

*„Ein Hünengrab im Klecker Walde, an dessen Steinumfassung wir gerastet haben, läßt uns die ersten Fragen stellen: Wie lange ist es her, daß Menschen diese Steine zum Grab setzten? Es müssen Menschen von gewaltigem Körperbau gewesen sein. (…) Wir fragten uns: Wie lebten jene Menschen? Jedes Buch, das uns Aufschluß geben könnte, lassen wir einstweilen weg. Wir wollen selbst finden, wollen entdecken. Es kommt uns darauf an, selbst so viele biologische und soziologische Zusammenhänge wie möglich zu finden. Wir begeben uns darum in die Lage, ohne alle Hilfsmittel der Kultur auf eine Rieseninsel versetzt zu sein, auf der noch nie Menschen hausten. Ein Robinsonleben ohne dessen Hilfsmittel einer neuzeitlichen europäischen Kultur. Wir führen 2 bis 3 Wochen lang irgendwo draußen, wo unsere Schule ein Landheim hat ein Urleben und versuchen uns völlig loszulösen von der Kulturperiode, in die wir durch die Geburt hineingeraten sind. Die Nahrungsfrage beschäftigte uns zuerst: Wildwachsende Pflanzen, Beeren, Pilze, Nüsse, Wurzeln, Baumrinde, Zwiebeln, Blätter. (…) Die Wohnungsfrage: Ist eine Wohnung überhaupt nötig? Wärme- und Schutzbedürfnis, Regenzeit. Nachtquartier auf Bäumen, in Felsenhöhlen, Windschirme aus Zweigen; aus letzteren gehen die ersten künstlichen Wohnungen hervor: Hütten. Daneben Erdhöhlen. Feststellung, daß es eine Kleidungsfrage noch nicht gibt. Das erste Werkzeug bot die Natur unmittelbar: Stein, Pflanze, Tier. Das Wichtigste ist der Stein. Bisher konnte man schnellläufiges Wild nur in mit Zweigen bedeckten Erdgruben fangen. Nun holen Pfeil und Bogen die Beute, auch die Fische aus den Flüssen. Tierfelle werden Kleidungsstücke, werden Zeltwände. Wir wenden die Technik auf alle Gebiete an, erfinden Neues, verbessern unsere Technik und machen einen Schritt nach dem anderen vorwärts in der Kultur. Die verschiedenen Gebiete, auf die sich unsere Arbeit erstreckt, von denen jedes einzelne uns große Aufgaben setzt, kann ich hier nur nennen: Grabstätten, Waffen, Siedlungen (Pfahlbauten), Körperschmuck, Handel, Werkstätten für Steinwerkzeuge (Arbeitsteilung). Wildpflanzen werden zu Kulturpflanzen, Wildtiere zu Haustieren. Weberei, Töpferei, Metalle. Und vor allem die größte Errungenschaft der Urzeit: das Feuer."*[420]

Der Didaktiker Kawerau spricht mit vergleichsweise gebändigter Phantasie von der Möglichkeit, die schrittweise Verbesserung der Arbeitsgeräte und Arbeitstechniken im Produktionsprozess der Schule von den Kindern selbst vornehmen zu lassen.

*„Die Kinder werden beobachten, wie jede Verbesserung eines Werkzeuges, jede Erfindung neuer Hilfsmittel sofort ihr Leben beeinflußt, mit Notwendigkeit umgestaltet. Es*

---

419 Vgl. Blonskij: Die Arbeitsschule. Teil 1, S. 63 – 68.
420 Henningsen: Die revolutionäre Schule …, S. 10 f.

*ist etwas anderes, ob ich mit der Gießkanne alle Beete Abend für Abend gießen muß, oder ob ich mit dem Schlauche spritzen kann. Es ist etwas anderes, ob ich mit der Hand mühsam buttern muß oder die Zentrifuge in Bewegung setzen kann. Hier muß ich stundenlang mit heißer Nadel nähen, dort rattere ich schnell die Naht mit der Maschine herunter. Aber alles ändert irgendwie das Arbeitsleben und seine Möglichkeiten."*[421]

Neubauer steuert für die hier vorliegende Sammlung genuin sozialistischer Beispiele kulturgeschichtlichen Unterrichts folgenden Gedanken bei:

*„Dies ist der edelste Sinn unserer Arbeits- oder Kulturschule. Wir werden den Kindern stets die Frage vorlegen: Wie hat es der Mensch fertiggebracht, sich die Natur untertan zu machen? Die Antwort wird sich das Kind selber geben: durch die Arbeit! Das aber soll es auch selbst in Erfahrung bringen. Wir werden nämlich unsern Kindern zeigen, welche Arbeit zu unserer heutigen Kultur notwendig war. Wir werden sie in die einfachsten Formen des Produktionsprozesses einführen, die mehr oder minder handwerklicher Art sind: in die Tischler- und Zimmerarbeit, die Holzdrechslerei, das Formen, Beschlagen, Gießen, Schmelzen, Löten, Härten, die Metalldreherei, die Bohr- und Lederarbeiten usw. Diese Arbeiten, die in den Schulwerkstätten stattfinden, verteilen sich auf die fünf ersten Jahre (8. bis 13. Lebensjahr) unserer neuen Schule und stehen im engsten Zusammenhang mit dem übrigen Unterricht: Der Erzieher, der im Geschichtsunterricht die Kultur der Germanen durchnimmt, wird seinen Kindern keine Mord- oder Kriegsgeschichten erzählen wir früher, sondern er wird mit seinen Kindern ein germanisches Gehöft aufbauen und ihnen die gesamte Kultur aus ihren Entstehungsbedingungen entwickeln."*[422]

Könnte dieser Ansatz eines Unterrichts über die Entstehungsbedingungen der menschlichen Kultur nicht auch dem Schaffenden Schulvolk entnommen sein?

### 4.2.5 Der Ansatz der „Volksgeschichte"

Zeitgleich mit den Entwürfen sozialistischer Didaktik erfolgte als Reaktion auf den Versailler Vertrag die Begründung und Institutionalisierung eines neuen Zweiges nationaler (völkischer) Wissenschaft: Neben die Volkskunde, die Politische Geographie und Geopolitik trat als interdisziplinärer Kooperationspartner die „Volksgeschichte" („Volks- und Landesgeschichte"). W. Oberkrome hat sich dieser „autonomen Richtung innerhalb der deutschen historischen Forschung" in seiner Abhandlung „Volksgeschichte. Methodische Innovation und völkische Ideologisierung in der deutschen Geschichtswissenschaft 1918–1945" (1993) zugewandt. Er kennzeichnet im Kapitel „Wissenschaft contra Versailler System" unter Bezug auf eine Gruppe von Wissen-

---
421 Kawerau : Alter und neuer Geschichtsunterricht, S. 61.
422 Neubauer: Die neue Erziehung …, S. 83.

schaftlern, denen „die konkreten Erfahrungen der Schützengrabengemeinschaft und des kriegerisch ausgetragenen ‚Grenzkampfes' im Baltikum bis Südosteuropa zu intellektuell prägenden Schlüsselerlebnissen" wurden, das wissenschaftliche Profil bzw. den ideologischen Hintergrund des neuen Forschungsansatzes u. a. folgendermaßen:

> „ ... Statt auf die singulären Handlungen und Taten einzelner Protagonisten der nationalen Vergangenheit oder die Kulturleistungen bedeutender Individuen einzugehen, statt hauptsächlich politik-, ereignis- oder ideengeschichtlich zu forschen, wandten sich die Landes- und Volkshistoriker anonymen, langfristigen, wenn man so will alltäglichen Phänomenen im Volksleben zu. Damit geriet der gesellschaftliche, wirtschaftliche, kulturelle und landschaftliche Gestaltwandel der untersuchten Regionen in den Blick der Wissenschaft. Vor allem aber sollte ‚das Wesen' des Volkes, die irreversiblen, wahren, genuinen Kräfte des eigenen Ethnos aus den oft ‚verfremdenden' Überlagerungen der modernen industriellen Massengesellschaft ausgefiltert und in volkspädagogischer Absicht dargestellt werden. (...) Gemeinschaftsorientiertes politisches Denken und bündisch-jugendbewegte Ideale bestimmten die intellektuelle Sozialisation fast aller Vertreter der neuen Richtung. Diese geistige Prädisposition wirkte nicht selten als retardierendes Moment im konkreten Forschungsbetrieb. (...) Sie verhinderte häufig eine kritisch-rationale Verwendung der fraglos deutlich verbesserten Methoden. Somit stieß die verfahrenstechnische, heuristische ‚Progressivität' der Landesgeschichte oftmals auf ideologisch festgeschriebene Grenzen. Die Volks- und Landeshistorie wollte z.B. die Entstehungsbedingungen der Gegenwart nicht ergründen, sondern historische Alternativkonzepte zu ihrer Überwindung aufzeigen. Weiterhin blieb es ihr auch verwehrt, eine seriöse Analyse der Kulturtraditionen in Osteuropa vorzunehmen, vor allem weil die Deutschen als Kulturbringer sui generis galten, während die Slawen oder Ungarn als primitive Völkerschaften ohne eigene Kulturentwicklung verstanden wurden."[423]

Einer der namhaftesten Vertreter dieses in der NS-Zeit Hochkonjunktur habenden Forschungsansatzes war Helbrok[424], eine der populärsten Veröffentlichungen dessen Schrift: „Was ist deutsche Volksgeschichte?" Die Antwort des zum etablierten Wissenschaftler avancierten heimatforschenden Lehrers aus Graz:

> „Das Werden aus seinen Urgründen heraus und alle seine Wandlungen bis heute soll die deutsche Volksgeschichte erforschen. Sie soll zeigen, daß zwischen unserer germanischen Urzeit und der Gegenwart ein reicher Entwicklungsweg unseres Volksleibes und seiner Seele liegt, sie soll das in uns fortlebende Germanische, aber auch das Artfremde in klarem Lichte zeigen, und sie soll damit der Volkskunde als ihrem eng verbundenen anderen Teil ermöglichen, stärker in der Gegenwart zu wurzeln."[425]

---

423 S. 99 f.
424 Der aus Innsbruck stammende österreichische Volkstumsforscher und rührige Publizist übernahm 1935, begünstigt durch die NS-Zeit, die Leitung des „Instituts für deutsche Landes-und Volksforschung" in Leipzig.
425 S. V.

Im Zentrum der nach den „rassenhaften Grundlagen" fragenden und in der „germanischen Landnahme" der Völkerwanderung ihren Schwerpunkt setzenden Studien steht die dem germanischen Erbe nachspürende „Blutraumforschung". Besondere Berücksichtigung fanden die Grenzgebiete Österreichs und des Deutschen Reiches. Dass es sich dabei nicht um zweckfreie Forschung handelte, sondern um Aktivitäten, die im Trend der in „Mein Kampf" geforderten rassenkundlichen Geschichtsschreibung lagen, die nicht zuletzt auch der „Heim-ins-Reich"-Politik des Braunauer Hazadeurs Vorschub leisteten, wird vom Autor am Ende seines Buches mit dem Appell für einen „engen Anschluss" seiner österreichischen Heimat an das „deutsche Mutterland" ausdrücklich hervorgehoben.

Reichwein bezeichnete seinen Unterricht ebenfalls als „Volksgeschichte". Auch er wandte sich in den von ihm dargestellten Vorhaben weitgehend den „anonymen" und „langfristigen" bzw. den „alltäglichen" Phänomenen und dem „gesellschaftlichen, wirtschaftlichen, kulturellen und landschaftlichen Gestaltwandel" zu. Im Übrigen aber steht es mit Blick zum einen auf die ideologischen Topoi der Blut- und Boden-Volksgeschichte, zum anderen auf den nachstehenden Text, mit dem Reichwein seine „Volksgeschichte" stilisiert, außer Frage, dass diesen beiden Ansätzen fundamental unterschiedliche Positionen zugrundeliegen.

*„Wir alle wissen, daß das Kind lebendige Geschichte zuerst aus der Erzählung des Erziehers erfährt. Wenn der Erzieher vertraut ist mit den Ereignissen, Gestalten, Bewegungen seiner Volksgeschichte, strömt ihr Gehalt von selbst in seine Rede. In seinem Wort werden die Männer und Schicksale der Jahrtausende lebendig, die Taten, die Vorbild bleiben für die Bewältigung von Not und Widerständen. Aus der ‚Saga' des Erziehers, durch die darstellerischen Mittel des Unterrichts unterstützt, erwirbt das Kind ein einfaches, in seinen Zügen gedrungenes Bild seiner eigenen Volksgeschichte. (…) Die großen Entdeckungen, die politischen Bewegungen der Bauern und Handwerker, die geistige Bewegung Luthers, die Erfindungen vom Spinnrad bis zum Pulver kreisen alle um ein bestimmtes Jahrhundert."*[426]

Es gilt, wie Reichwein im Zusammenhang mit seiner Kommentierung zum „laufenden Band der Geschichte" und zugleich mit dem Zentralbegriff des Goethe/Herder-Paradigmas formuliert, „Entwicklung" zu ermöglichen, und zwar „nicht im Sinne eines ‚Fortschritts', sondern einer an das Volkwerden gebundenen Schicksalskette."[427]

In diesen Sätzen, die Teil sind der Ausführungen zu den Themen „Vom Erwerben" und „Vom Sichern", kommen – einem didaktischen Epigramm vergleichbar – die Aufgaben des Geschichtslehrers und die didaktische Signatur seines Unterrichts in pointierter Weise zum Ausdruck. Es wird ein Sinnverständnis von Geschichte artikuliert, das nicht als Echo von Richtlinien- oder Lehrbuchformulierungen zu verstehen ist, sondern als Bekenntnis zu einer lebensphilosophischen Auffassung von Geschichte, in der das schaffensfroh-kämpferische Leben des Reformpädagogen und

---
426 SSV., S. 89 f.
427 Ebd., S. 90.

Widerstandskämpfers begründet war. Es entspricht daher auch der pädagogischen Leitformulierung, die das Schaffende Schulvolk einleitet:

*"Die Eigenständigkeit der Erziehung bezeugte und bezeugt sich immer nur in der Unantastbarkeit ihrer Ansätze, die vom Kinde stammen, von ihm bestimmt werden, und alle gewissenhafte, behutsame Erziehung durchwirken. Aber sie beugt sich den Notwendigkeiten, die dem Volk als politische in jedem Jahrhundert seines Schicksals neu aufgegeben werden. Von dort her sind ihre Inhalte zeitgebunden. Jeder Umbruch der Werte wird auch in der Erziehung nicht eingeleitet durch eine Lehre, sondern durch ein lebendiges Zeugnis und tätige Erprobung."*[428]

(Aber konnte der Geschichtslehrer die von ihm erkannten politischen „Notwendigkeiten" seinen Kindern und Lesern gegenüber wirklich beim Namen nennen? – Es gab wohl für den Außenstehenden lediglich die Möglichkeit, die auf Widerstand und Widerspruch verweisende Sentenz des didaktischen Epigramms richtig zu lesen.)

Es bleibt in fachdidaktischer Perspektive der Hinweis, dass die bis zum Ende der Tiefenseer Reformarbeit noch gültigen Preußischen Richtlinien der Jahre 1922 hinsichtlich ihrer geschichtlichen Aufgaben- und Themenstellungen – abgesehen von ihrem durchgehenden nationalen Akzent – so allgemein und formal formuliert waren,[429] dass sie sowohl im Sinne des konservativen Ansatzes der Volks- und Kulturgeschichte ausgelegt werden konnten als auch des liberalen, des sozialistischen und des völkisch-nationalen.

## 4.3 Einordnung der Reformarbeit Reichweins

Reichwein hat sich an keiner Stelle der beiden Schulschriften in systematischer Weise zur Theorie und Praxis seines Geschichtsunterrichts geäußert. Die einschlägigen Aus-

---

428 Ebd., S. 3.
429 Zur geschichtlichen Heimatkunde des 3. und 4. Schuljahres heißt es in den Richtlinien lediglich: „Das Erkunden und Erzählen heimatlicher Sagen und Überlieferungen bereitet den Geschichtsunterricht vor" (S. 27). Für die Aufgaben- und Themenstellungen des Geschichtsunterrichts der anschließenden Schuljahre steht folgender Passus: „Der Unterricht steckt sich das Ziel, die Schüler mit den Haupttatsachen aus der Entwicklung des deutschen Volkes und des deutschen Staatslebens bekannt zu machen, ihnen damit zugleich die Grundlagen zum Verständnis der Gegenwart und des heutigen Staates zu verschaffen, das Bewußtsein der Mitverantwortlichkeit für das Volks- und Staatsganze sowie die Liebe zu Volk und Vaterland in ihnen zu wecken. Oberstes Gesetz des Geschichtsunterrichts muß es sein, der geschichtlichen Wahrheit so nahe wie möglich zu kommen. Seinen Stoff bildet die Geschichte des deutschen Volkes (einschließlich des Grenz- und Auslandsdeutschtums) nach ihren verschiedenen Seiten als Darstellung der Entwicklung des staatlichen, gesellschaftlichen, wirtschaftlichen und geistigen Lebens im deutschen Volke. Kriege sind hauptsächlich nach ihren Ursachen und Folgen zu würdigen" (S. 46 f.). Zur geschichtsdidaktischen Diskussion um den „überparteilichen" Geschichtsunterricht der Weimarer Zeit und seine strukturellen Akzente im Bereich der Gymnasial- und Volksschuldidaktik vgl. Bergmann/Schneider: Gesellschaft, Staat, Geschichtsunterricht, S. 230–242.

führungen oder Andeutungen sind an verschiedenen Stellen der Schulschriften zu finden und stehen in unterschiedlichen thematischen Kontexten:

- Die Leitsätze des didaktischen Epigramms sind eingelagert in die Abschnitte „Vom Erwerben" und „Vom Sichern". Diese werden von Reichwein zwar in mehr methodischer Perspektive thematisiert, sie sind aber dem Inhalt ihrer vorliegenden Ausführung nach ein vielschichtig-tiefgründiges Teilganzes des Schaffenden Schulvolkes.
- Der Arbeitsplan verortet den Geschichtsunterricht unter dem Thema „Der gemeinschaftsbildende Mensch" mit den inhaltlich stilisierenden Kennwörtern „Geschichte als Schicksal", „Kampf ums Dasein", „Daseinsordnung und -bewältigung."
- Das „Laufende Band der Geschichte", das im Schaffenden Schulvolk nur auszugsweise wiedergegeben und vorwiegend unter methodischem Aspekt kommentiert wird, bringt in der Abfolge seiner über- und untergeordneten Begriffe und Bildkollagen einen „Abriß" der Deutschen Geschichte. Es beginnt mit dem „Germanenerbe" und endet – vor dem Beginn der Zeitgeschichte (Weimarer Republik, NS-Zeit) abbrechend[430]- mit dem 1. Weltkrieg.
- Das Vorhaben des Winterhalbjahres „Bäuerliche Kultur"/Bau der landschaftstypischen Hausmodelle (das „Hausbau-Projekt") wird in beiden Schulschriften hinsichtlich seiner inhaltlichen Struktur und methodischen Gestaltung in vergleichsweise ausführlicher und profilierter Form dargestellt. Es scheint daher von repräsentativer Bedeutung zu sein.
- Ergänzende Informationen über den Tiefenseer Geschichtsunterrichts vermitteln das Vorhaben „Die Erde aus der ‚Vogel- und Fliegerschau'" (das Luftbild als Vermittler geographisch-historischer Zusammenhänge) sowie die Unterrichtseinheiten „Bergmann, Bergwirtschaft, Schwerindustrie" (kulturhistorische Entwicklungsreihen) und „Faltarbeiten aus Papier" (Ritterleben, Familien- und Sippenzeichen) zu entnehmen.
- Der allgemeindidaktische Abschnitt „Vom Wissensgefüge" gibt dem Geschichtslehrer Reichwein die Möglichkeit, einen Hinweis auf die Bedeutsamkeit des „Datums 1830" in seinen Text einzubauen.
- In der „Schule des Sehens" findet das kulturhistorische Phänomen bzw. Datum „Namburger Dom" und das Jahr „1000" die Beachtung des Mediendidaktikers.

(Wo aber ist im Text der beiden Schulschriften ein Hinweis auf den die „Saga" vermittelnden erzählenden Lehrer zu finden?)

---

430 Lingelbach weist hier zu Recht auf die Problematik dieser „didaktischen Leerstelle" mit der Bemerkung hin: „Aber die didaktische Lücke gefährdete nicht nur die Bildungsintention des Geschichtslehrgangs, sondern die verborgene Absicht des Schulmodells insgesamt. Denn die Leerstelle im Bewußtsein der Schülerinnen und Schüler wurde nun unvermeidbar gefüllt durch Effekte der allgegenwärtigen Selbstdarstellung der NS-Herrschaft, die alle aufklärende Gegenwirkung der Schule überlagerte" (Adolf Reichweins Schulpädagogik, S. 57).

Jegliche Interpretation ist vor die Aufgabe gestellt, diese didaktischen Elemente des Reichweinschen Geschichtsunterrichts zueinander in Beziehung zu setzen, um aus ihnen, soweit möglich, ein sinnvolles und in sich stimmiges Gesamt- oder Teilgefüge zu rekonstruieren. Mehr als ein argumentativer Indizienbeweis wird aber in keinem Fall möglich sein.

Karl Lingelbach hat versucht, sich auf den „externen" Text der „Rohstoffwirtschaft der Erde" (1928), auf das „Laufende Band der Geschichte" und auf das „Hausbauprojekt" beziehend, die Perspektive eines wirtschafts- und sozialgeschichtlich dimensionierten emanzipatorischen Geschichtsunterrichts herauszuarbeiten, in dessen Mittelpunkt „der Wandel der Arbeitsverhältnisse des Bauern- und Handwerkerstandes unter sich verändernden Herrschaftsformen" stehe.[431] Eine mit dieser Deutung übereinstimmende Auslegung des didaktischen Epigramms, der Leitformulierungen des Arbeitsplans und der Sequenz der wirtschafts- und sozialgeschichtlichen Begriffe des „Laufenden Bandes" ist naheliegend. „Geschichte als Schicksal" und „Kampf ums Dasein" meint in der Perspektive dieser Interpretationsweise vorwiegend: Kampf gegen Ausbeutung und Unterdrückung.

Es stellt sich mir aber die Frage, ob auch das „Hausbau-Projekt" in die wirtschafts- und sozialgeschichtliche Perspektive integriert werden kann. Ist es nicht – seinem Einstieg und seinen inhaltlichen Schwerpunkten nach – von zwei Titeln des Lektüre-Angebots abgesehen[432] – mehr heimatgeschichtlich-geographischer Struktur und daher darauf angelegt, den „Kampf ums Dasein" unter den schicksalhaften Bedingungen von – wie Reichwein formuliert – „Landschaft, Klima, Menschenart" zu thematisieren?

### 4.3.1 Das Vorhaben: „Bäuerliche Kultur" (Bau der landschaftstypischen Hausmodelle)

Der Vorhabendidaktiker vergewissert sich zunächst der inhaltlichen Bedeutung des Vorhabens für sich und seine Schulkinder: Er fragt nach dessen bildenden Gehalt und letztlich nach der Möglickeit, auch dieses Thema unter den Aspekten: „Kampf ums Dasein", „Lebensgemeinschaft am Werk sehen", „So also vollzieht sich Leben" erarbeiten zu können:

*„Das Bauernhaus gehört in den Mittelpunkt unserer ländlichen Heimatkunde. In seiner äußeren Gestalt wie seiner inneren Ordnung spiegelt sich ein gut Teil bäuerlichen Schicksals und geschichtlichen Werdens. Denn das Bauernhaus ist ganz den Forderungen nachgebildet, die der Lebenskampf seinen Bewohnern aufzwingt. Es dient vom First bis zum Keller der hegenden und bewahrenden Arbeit der ihm innewoh-*

---

431 Ebd. Abschnitt: Zeitliche Horizonterweiterung als verborgene Aufklärung, S. 55–57.
432 Als sozialgeschichtliche Titel sind aus dem umfänglichen Lektüre-Angebot zu nennen: Der Bauernkrieg (Deutsche Bücherei Nr. 494) und G. Freytag: Der deutsche Bauer seit dem Dreißigjährigen Kriege" (Deutsche Bücherei Nr.239).

*nenden Familie. Es ist der bündigste und geschlossenste Ausdruck der Kultur wie sie aus Landschaft, Klima und Menschenart ihre besondere Prägung empfing. Damit ist für den Erzieher der geistige Ort bestimmt, von dem aus er selbst das Bauernhaus nach Form und Wesen versteht und seinen Kindern auf deren Weise erschließt. Sie sollen ihre engste Heimat begreifen und ehren lernen, indem sie erfahren, daß die Hausfamilie ihres Dorfes ein Zweiglein ist am uralten Baum der bäuerlichen Kultur. Wie hat dieser Baum sich gebildet und zu seinem späteren, unserem heutigen Reichtum an Formen und vielfältiger Lebensart entfaltet? Das ist die geschichtliche Frage, die der Erzieher sich gemeinsam mit den größeren Kindern stellt."*[433]

Zur konkreten Ausgangslage und Einstiegsfrage schreibt Reichwein sodann als Mann des exemplarischen Prinzips, des historisch-genetischen Lernens und der dynamischen Unterrichtsführung, für den der „Stau" der Fragen und Impulse von Bedeutung ist:

*„Wir waren des öfteren schon, bei Museumsbesuchen, Bildbetrachtungen, nicht zuletzt auf unseren Großfahrten nach Ostpreußen und Holstein, auf die Frage gestoßen, wie denn wohl der Bau der menschlichen Behausung von je her innerlich mit der sozialen Ordnung, den natürlichen und wirtschaftlichen Bedingungen – und in späterer Linie erst mit dem Stande der Technik – zusammenhänge. Wir sammelten in langen Monaten immer wieder Unterlagen und Gesichtspunkte, betrachteten und lasen, was uns in die Finger kam, und verdichteten es schließlich zu einem ‚Vorhaben erster Ordnung', d.h. einer ganzen Serie von Aufgaben. Wir wollten uns, so beschlossen wir, ein anschauliches Bild verschaffen von der Entwicklung des Hausbaus aus den ersten Anfängen der Steinzeit bis zu den heute noch führenden Hausformen der verschiedenen deutschen Landschaften."*[434]

Während „die Kleinsten" mit ihren Bastelarbeiten noch ganz in der Gegenwart blieben, das eigene Haus und Dorf aus einfachem Material herstellend, entwickelten „die Größeren"

*„aus der einfachsten holzgefügten Zeltform der Steinzeit das Dach der bronzezeitlichen Hütte, schließlich die bekannte Form der ersten einräumigen Hausanlage selbst, fügten zum reinen Holzbau die ersten Lehm- und Fachwerkkonstruktionen. Die Innengliederung des Hauses in Küche und Wohnraum wurde ihnen zum Spiegelbild der ersten Arbeitsteilung. Der Übergang zu den ländlichen Hausformen des Mittelalters war gefunden. Die landschaftliche Prägung des bäuerlichen Hausstils wurde in ihren Bedingungen und Zusammenhängen erkannt, und schließlich schälten sich die bekannten landschaftsgebundenen Leitmodelle (in der Art einer Phänomenreihe; Sch.) heraus: das Alpenhaus, der Schwarzwaldhof, das fränkische Gehöft, das Niedersachsenhaus, der ‚Hauberg' der Marschlandschaft, das ostelbische Laubenhaus."*[435]

---

433 FLS, S. 39.
434 SSV, S. 41 f.
435 Ebd., S. 42.

Die Paralleldarstellung der folgenden Textpassage ist geeignet, die inhaltliche Struktur des Unterrichts noch profilierter zu beleuchten:

*"Inzwischen haben sich die Größeren noch einmal in die Geschichte der deutschen Bauern versenkt, in knappem Aufriß die wichtigsten Daten, mit einigen Kernsätzen die großen Etappen festgehalten. Die Entwicklung des Geräts von der Steinhacke bis zum modernen Pflug wird verfolgt, Skizzen entstehen an der Tafel, die Niederschriften vom Besuch des Heimatmuseums werden hervorgeholt. In der Wandlung der bäuerlichen Technik spiegelt sich ja auch das immer wieder veränderte Verhältnis des Bauern zu seiner Umwelt. Und damit stoßen wir auch von dieser Betrachtung her auf das Bauernhaus, in dem die bäuerliche Kultur sich sammelt und am reichsten darstellt. Von der Bastelei unserer Kleinen, dem halb spielerischen Modell, gehen wir in Gedanken einen langen Weg zurück bis zu den Ausgrabungen der Stein- und Bronzezeit und bauen uns im Geiste und in zeichnerischen Skizzen die ganze Formenfolge bäuerlicher Behausungen auf, von der steinzeitlichen Holzhütte bis zu den landschaftsgebundenen Typen des deutschen Bauernhauses, wie sie sich an der Wende zur neuen Zeit herausgebildet haben."*[436]

In einer weiteren Paralleldarstellung findet die methodische Anlage des Unterrichts, in dessen Mittelpunkt die mit dem Film- und Literaturangebot verbundene Werkarbeit stand, ihre besonders profilierte Darstellung:

*"So, wie die Kleinen nach dem Film ihr Häuschen – fast ein Knusperhäuschen noch – zustande brachten, wollen wir nun richtige kleine Bauernhöfe basteln, wie wir sie auf unserer Fahrt groß und breit in Holstein gesehen haben, wie sie im Schwarzwald stehen oder im Taunus."*[437]

Und weiter heißt es – ganz in der emphatischen Diktion der Fröbelpädagogik::

*"Der deutsche Landschaftsgeist war nun in uns gefahren, und wir versenkten uns zunächst in den niederdeutschen Raum: aus dem ‚Oberhof' kannten wir schon merkwürdige Züge des Brauchtums und der Sitte in Westfalen. Jetzt sahen wir den Film: ‚Das Herdfeuer im niedersächsischen Bauernhaus' (F80/1936). Und dann lasen wir ein Kapitel aus Hermann Löns: ‚Der letzte Hansbur', um nach dem liebenswürdigen Gemälde Immermanns den ganzen eichenstarken Trotz, die Härte des niedersächsischen Stammes zu spüren. Lag denn nicht alles unter dem gewaltigen, wuchtigen Dach des Niedersachsenhauses zusammengeschart wie in dem Gemäuer einer schützenden Burg: Mensch und Tier, Gerät und Ernte? Frei, unabhängig, trotzig auf den eigenen Lebensweg bis zum Ende bestehend wie der Hansbur; wie der Mensch, so sein Haus: allein, abgeschlossen, einsam, ganz für sich auf der Geest und in der Marsch."*[438]

---

436 FLS, S. 41 f.
437 Ebd., S. 43.
438 Ebd., S. 43.

Und sodann die Umsetzung des Gesehenen und Gelesenen in den Bau der Hausmodelle, skizziert in einer Passage, die noch heute in mir Funken schlägt, wenn ich an die Modell- und Sandkastenarbeit im Lernbereich Dritte Welt mit meinen Grundschülern zurückdenke:

*„Mitten zwischen Lesen, Zeichnen und Erzählen bauen wir am ersten richtigen Hausmodell. Niederdeutsch soll es sein, und wir denken uns: so mag der ‚Oberhof' aussehen. Die Kinder wählen also die westfälische Bauart. Zeichnungen, auch des Fachwerks, finden sie in den erwähnten Schriften, entdecken Abweichungen und entscheiden sich. Das Fachwerk, aus quadratischen Leisten gefügt, wird braun gebeizt, oder mit dunkelbrauner Tempora gestrichen, die geweißten Wände durch weiße Pappe dargestellt und dem Fachwerk Stück für Stück eingefügt. Das Tor zur Diele dreht sich in Angeln (Scharniere): Die Viehstände, das Gatter, die Kammern sind mit dem Außenfachwerk zusammengefügt worden. Die Wände stehen nun. Das Dach wird mit Honiggras aus dem Walde gedeckt. Tiere und Menschen werden aus Zigarrenholz gesägt und farbig bemalt. Das Dach kann man abnehmen und überschaut dann das ganze Innere des Hauses mit Pferden und Kühen in den Kübbungen und der Frau am offenen Feuer, ganz ähnlich, wie es bei ‚Krischan, der Bauernjunge' gekennzeichnet ist. (…) Krischan ist der Junge vom ‚Diershof' in der Lüneburger Heide. Wir verfolgen ihn in seinem Leben, seinen Fragen und Interessen durch alle Monate des Jahres. Der Jahreslauf dieses Bauernjungen spiegelt aber den Jahreslauf des ganzen Hofes, der seine Heimat ist. Unsere Kinder erleben hier das ländliche Jahr in seinen großen Zusammenhängen und in seiner tiefgefügten natürlichen Ordnung. Das lebendige Wort ist hier durch das lebendige Bild unterstrichen und zu einer Anschauung gebracht, die ganz aus dem kindlichen Anschauungsvermögen gewachsen scheint. Der Zeichner gibt in vielen kleinen und sehr konkreten Skizzen ein Bild vom inneren Aufbau des Niedersachsenhauses (was unserer Bastelei sehr zugute kommt), von der Ordnung des Hofes, von den Geräten, von Tieren, von der Heumahd, der Verteilung der Frucht- und Futterschläge, vom Weg des Roggenkorns von der Saat bis zum Drusch, vom Fruchtwechsel in drei Jahren und er vergißt auch nicht den Querschnitt der Dreschmaschine und ist so in allem bemüht, ebenso wie der Schriftsteller, die lebendige Sache selbst darzustellen."*[439]

Zum schließlich erreichten Lernertrag heißt es:

*„Am Ende stand da lebendige Geschichte, im Modell nacherlebt die Leistungspyramide ganzer Geschlechterfolgen, das anschauliche Bild eines zielstrebigen Gestaltungswillens, das Wachstum von Lebensformen, die durch Anpassung und konstruktives Denken aus dem Elementaren schließlich zu der endgültigen, verbindlichen Endform führten."*[440]

---

439 Ebd., S. 44 f.
440 SSV, S. 42 f.

Und:

*"Wir kamen damit Deutschland von einer ganz neuen Seite auf die Spur: in seinem landschaftlichen Reichtum, seiner stammhaften Mannigfaltigkeit und begriffen daran erneut die große geschichtliche Leistung seiner Volkwerdung."*[441]

Warum, so fragte ich mich nach dem Lesen der letzten Zeilen, wurde der von Reichwein gesetzte Begriff „Volkwerdung" in der überarbeiteten Fassung des Schulschriften-Textes durch „Einigung" ersetzt, der volks- und kulturgeschichtliche Terminus durch den politischen? Es spricht viel dafür, dass Reichwein den ersteren bewusst wählte und nicht nur dem Jargon der Zeit Rechnung trug, um zum einen den politischen Begriff mit seinen NS-Konnotationen zu vermeiden, um zum anderen seiner an Goethe orientierten Auffassung von der wachstümlichen Entwicklung alles Seienden Ausdruck zu verleihen:

„Es gibt kein Geschöpf und nichts Geschaffenes, das nicht einem inneren Plan entspräche. Das Volk in seiner gewesenen und kommenden Geschlechterfolge erschöpft sich ebenso wenig wie irgendeines seiner Glieder in einem natürlichen Dasein, aber es ist an die natürlichen Trieb- und Wachsgesetze gebunden."[442]

### 4.3.2 Vergleich mit dem national-liberalen, sozial-konservativen und sozialistischen Ansatz

Nach der Ausgliederung der Klemmschen „Kulturkunde" und der Helbrokschen „Volksgeschichte" bleibt die Aufgabe, Reichweins Geschichtsunterricht zu den übrigen volks- und kulturgeschichtlichen Positionen unter der Frage nach erkennbaren Entsprechungen und Unterschieden in Beziehung zu setzen.

- *Erstens:* Im national-liberalen Ansatz wird, wie bereits angesprochen, der Gedanke des Kulturfortschritts mit dem Epochenbegriff kombiniert, der Längsschnitt mit dem Querschnitt, und damit die Gestaltung eines Geschichtsbildes ermöglicht, dem der Unterricht Reichweins in seiner Formalstruktur weitgehend entspricht. Und auch der Grundgedanke der „Kulturarbeit", die der Mensch leiste, wie Tecklenburg in Übereinstimmung mit Biedermann sagt, „in Gemeinschaft mit anderen" – die Auffassung der Heimat als „Kulturarbeitsgemeinschaft" – teilt der Landschullehrer mit dem national-liberalen Didaktikern. Das Gleiche gilt für die Vermittlungsform des „erzählenden" Geschichtsunterrichts, die Reichwein aber mit den Möglichkeiten des werktätigen Lernens kombiniert.
- Dem Prinzip der Verknüpfung von Reichsgeschichte und Heimatgeschichte ist Reichwein allerdings nicht gefolgt. Er wollte wohl nicht, so ist zu vermuten, der von ihm so wenig geschätzten politischen Geschichte durch die Hintertür der Heimatgeschichte Einlass in die Schulstube gewähren.

---

441 FLS, S. 46.
442 SSV, S. 120.

- *Zweitens:* Zwischen der konservativ-bäuerlichen Kulturgeschichte Mösers und Riehls und der Heimatkunde mit volkskundlichem Schwerpunkt einerseits und dem Geschichtsverständnis, das dem Hausbau-Projekt zugrundeliegt, andererseits, scheinen mir enge Beziehungen zu bestehen: Nicht nur, dass ein wesentlicher Teil des hier wiedergegebenen Textes mit dem Themenkatalog der Heimatkunde inhaltlich gerastert werden könnte, auch das in Herderscher Baummetaphorik zum Ausdruck gebrachte Lernziel „Sie sollen ihre engste Heimat begreifen und ehren lernen, indem sie erfahren, dass die Hausfamilie ihres Dorfes ein Zweiglein ist am uralten Baum der bäuerlichen Kultur" weist in diese Richtung.
- *Drittens:* Die Kulturhistoriker des Sozialismus und den in Tiefensee wirkenden Deutschen Sozialisten vereinigt das Band einer Gemeinschaftserziehung, die nicht im Rassebewusstsein oder Volkstumserlebnis gegründet war, sondern in der gemeinsamen produktiven Arbeit. Der Leitsatz Kaweraus „Das gemeinsame Werk schafft die Gemeinschaft" gilt ohne Abstriche auch für das Schaffende Schulvolk. Übereinstimmung bestand auch hinsichtlich des Prinzips der Verbindung von Werktätigkeit und Geschichtsunterricht. Und bis in den didaktisch-methodischen Ansatz des Unterrichts, wie Henningsen ihn mit dem Vorschlag skizziert, „ein germanisches Gehöft aufbauen (zu wollen)", um seinen Kindern „die gesamte Kultur aus ihren Entstehungsbedingungen entwickeln (zu können)", sind die strukturellen Parallelen erkennbar.

Fraglich erscheint mir aber, ob auch der Geschichtsunterricht Henningsens wie bei Reichwein seinen pyramidischen Abschluss in der „Endform" des Niedersachsenhauses finden könnte, oder ob dieser nicht eher auf ein Endziel im Sinne der sozialistischen Utopie von einem (wie immer auch konzipierten) klassenlosen Sozialverband zusteuert. Dieser wäre gewiss nicht mit dem von Reichwein in seiner Sozialstruktur skizzierten und auch idealisierten „ganzen Haus" identisch.

Überdies war die Robinsonade nicht Reichweins Sache und Möglichkeit (allenfalls das robinsonadische Leben auf der „großen Fahrt"). Stattdessen realisierte der Vorhabenpädagoge und Mediendidaktiker im Sinne seines mehrdimensionalen Gestaltungsmusters einen von erlebnishafter Realbegegnung, von erfindungsreicher Werktätigkeit, von Filmeinsatz und Literaturangebot geleiteten kindgemäßen und sacherschließenden schulischen Lernprozess.

Wohin auf der Skala der kulturhistorischen Ansätze neigt sich das abwägende Urteil des Resümees – zur national-liberalen, national-konservativen oder sozialistischen Seite?

Überwiegt nicht doch im Geschichtsunterricht des freisinnig-weltoffenen, sozialistisch engagierten, aber im Grunde wiederum auch konservativen Mannes – diese Frage stellt sich angesichts des „Hausbau.Projektes" – der bäuerlich-konservative Einschlag?

### 4.3.3 Das kultur- und sozialgeschichtliche Datum „1830"

Einer vorschnellen Antwort auf die oben gestellte Frage steht die Absicht entgegen, das Vorhaben „Bäuerliche Kultur" nicht isoliert zu sehen, sondern im Zusammenhang mit den Ausführungen des Reformpädagogen und nationalen Sozialisten zum Datum „1830":

> *„Industrie als Großform (Krupp), rechnende Wirtschaft, Verkehrsplanung (List), Fruchtwechsel (Thaer), Stoffwechselforschung und Düngung (Liebig) usw. Und die Summe: der schöpferische Gedanke im Kampf mit der Beharrung, kämpfende Wissenschaft! Steins tragisches Ende, Arndts bitterer Lebensabend, Lists Tragödie, Liebigs Kampf um Anerkennung. Nur Liebig ist am Ende glücklich genug, die Zeit der Verwirklichung noch zu erleben. Hungerjahre und Not kommen dem Wollen jener Pioniere als Verbündete zu Hilfe, und dreißig Jahre später? Lists ‚Eisenbahnsystem' von 1833 steht, Hamburg-Amerika-Linie und Lloyd schlagen die Brücken nach Übersee, Mendel gießt ein halbes Jahrhundert Wissenschaft in eine neue Ausgangsformel, die Umrisse eines neuen, aus der Einheit von Volk und Raum erstehenden Deutschlands, so wie es Stein und Arndt gemeint hatten, heben sich ab. Die Geschlechterfolge der Pioniere und Verwirklicher wird hier Gestalt. Und Wirklichkeit wird, was vordem die Pioniere wollten. Sie waren die geistigen Vollstrecker dessen, was kommen mußte und sich dann selbst vollstreckte. Jeder dieser Männer wird für das Kind so zu einer Gestalt, die für ein Deutschland Bau- und Ecksteine wälzte, das es selbst nun als Bild in sich trägt; als Landschaft, als Bauern-, Arbeiter- und Forschervolk, als Sprachwelt der Dichter, als Werkstätte und Verkehrsraum. Was es von jenen Männern hörte und erfuhr, hat unbewußt an diesem Bilde mitgeschaffen, in dem es heute Deutschland begreift. Und von jedem dieser Männer führen Wege zu seiner eigenen Wirklichkeit: zum bäuerlichen Betrieb, zur Straße und Eisenbahn, zur Dorfverfassung, zur Küche seiner Mutter, zum chemischen Versuch und zum Gewächshaus seiner Schule. Seine Vorstellungen vom Geschehen in der Natur – auch vom Menschen, insofern er Natur ist – von den Kräften im Stoff, von der Bewältigung des Raums, von der Raumbedingtheit aller Politik, von der Gebundenheit des Lebens an eine bestimmte Menschenart und Landschaftsgestalt – alle bekommen sie aus dem Wirken dieser Männer neues Licht. Eine Ahnung überkommt das Kind, vielleicht auch ein Begreifen, von der Verantwortung jedes Einzelnen, auch von der eigenen."* [443]

Das Datum „1830" steht hier nicht für die restaurativen Tendenzen der Zeit, sondern für die damals anlaufende Vorphase der Industrialisierung Deutschlands: Die Pioniere der „rationellen Landwirtschaft" fanden daher im Unterricht der Landschule besondere Beachtung. Die Verbindung mit den vorhergehenden (und teilweise auch zeitgleichen) sozialen Reformen im Bereich des Bildungswesens (Humboldt, Süvern), mit der neuen Städteordnung in Preußen und mit dem folgenden Ausbau der kom-

---
443 SSV, S. 91 f.

munalen Selbstverwaltung in der Mehrzahl der deutschen Territorialstaaten ist durch den Namen „Stein" markiert. Die gleichzeitige Erwähnung von List und Arndt signalisiert den damals progressiven Gedanken einer durch die „Einheit von Volk und Raum" begründeten deutschen Nation.

Henning beurteilt in seiner Studie „Sozialgeschichtliche Entwicklungen in Deutschland von 1815 bis 1860" die damals erreichte Situation folgendermaßen:

*„Trotz aller notwendigen Differenzierungen läßt sich aber insgesamt sagen, daß die Veränderungen, die sich während der ersten Jahrzehnte des 19. Jahrhunderts in Deutschland vollzogen, im wirtschaftlichen und – mit Abstrichen – im politischen Bereich das Individuum seiner ständischen Fesseln entledigte. Vor allem schufen sie ihm mit der lediglich vom Wettbewerb bestimmten Wirtschaftsordnung einen weiten Bereich, in dem es seine Leistungen voll einsetzen und seine Fähigkeiten nutzen konnte, deren Ertrag dann wiederum die gesellschaftliche Stellung des einzelnen bestimmen half. Gleichzeitig wurden dem Individuum die Mittel zu seiner Ausbildung, die ihm ein gewisses Maß an Unabhängigkeit von den Bindungen des Herkunftsmilieus sichern sollten, reicher denn je zuvor bereitgestellt, und es erhob sich vom Untertanen vieler Gewalten zur gesicherten Position eines Staatsbürgers oder zumindest war ihm der Weg dahin vorgezeichnet."*[444]

Was auf den ersten Blick als zufällig erscheinen mag, könnte bei näherem Bedenken als absichtsvoll gefügtes geschichtsdidaktisches Mosaik ausgelegt werden. Die Passagen über den Bau der Hausmodelle von der Steinzeit bis zur Entwicklung der landschaftsgebundenen Hausformen und der Stichwort-Kontext zum Datum „1830" gehören dann zusammen: Die bäuerliche Heimatgeschichte führt bis an die „Wende der neuen Zeit" und damit bis zur Gegenwart der Tiefenseer Landschulkinder, sofern diese – teilweise noch – traditionsorientiert war. Mit seinem 1830er Unterricht riss der weltoffene Geschichtslehrer nochmals „ein Fenster auf", um den Blick auf die Dynamik eines von neuen technisch-naturwissenschaftlichen Tendenzen, sozialen Umwälzungen und nationalen Bestrebungen geleiteten Prozesses zu öffnen. Dieser hatte bereits, wie Reichwein andeutet, seine Spuren in dem sich modernisierenden Dorf hinterlassen. Das Dorf wurde – mit den Worten Tecklenburgs gesagt – zum „Spiegel" sowohl der bäuerlichen Heimatgeschichte als vor allem auch der Veränderungsprozesse in der übergreifenden Landes- und Nationalgeschichte. Die Gegenwart im Schnittpunkt von Vergangenheit und Zukunft soll dabei – wenn ich Reichweins Geschichtsverständnis richtig beurteile – nicht als ein Kontinuum im Sinne eines linearen Fortschrittsdenkens verstanden werden, aber auch nicht als ein absoluter Bruch mit der Vergangenheit, sondern als Übergang. Die Frage nach dem im Unterricht der Landschule vermittelten Geschichtsverständnis kann daher m.E. nicht mit der Formel „Bruch *oder* Kontinuität", sondern eher mit der Ambivalenzformulierung „Bruch *und* Kontinuität" beantwortet werden. Diese Begriffskopplung ist geeignet, den Vorgang

---

[444] S. 47

der ökonomisch- technischen und der politisch-sozialen Modernisierung, der zur Industrialisierung Deutschlands mit einhergehender „Freisetzung des Individuums" und Klassendifferenzierung führte, ebenso zu markieren wie eine fortwirkende Traditionsorientierung im Zuge einer – vom Wandervogel, Reformpädagogen, Volkskundler und Sozialisten mitgetragenen – Lebensreformbewegung.

Sehe ich diese Interpretationsmöglichkeiten richtig, so ist es naheliegend, dem Tiefenseer Geschichtsdidaktiker und -lehrer im Grundsatz zu attestieren, dass er die bis dahin übliche Periodisierung „Mittelalter/Neuzeit" aufgegeben hatte zugunsten der Epochengliederung „Vormoderne/Moderne" im Sinne des neuen strukturgeschichtlichen Ansatzes der Nachkriegszeit.[445]

---

445 Werner Conze unterscheidet in seiner programmatischen Abhandlung „Strukturgeschichte des technisch-industriellen Zeitalters…" (1957) die „vorgeschichtliche Zeit", die Zeit der „Hochkulturen" und das „technisch-industrielle Zeitalter" als die „drei großen Stadien der Menschheitsgeschichte". Zu Letzterem heißt es: „Das dritte Stadium wird erst in unseren Jahren des technisch-industriellen Zeitalters errreicht, dessen revolutionärer Ursprung im 18. Jahrhundert europäisch gewesen ist und, rechtverstanden, als das Endziel der ‚Weltgeschichte Europas' im Sinne Hans Freyers aufgefaßt werden kann. Diese Geschichte unserer Gegenwart dürfte auch zukünftig in ganz anderem und strukturell umfassenderem Sinne eine ‚neue Zeit' genannt werden, als es die ‚Neuzeit' für die Gelehrten des 16. und 17. Jahrhunderts im Gegensatz zum überwundenen ‚Mittelalter' gewesen ist. Die in unserem Lehrbetrieb und unserer Forschungsspezialisierung noch immer festgehaltene Zäsur zwischen Mittelalter und Neuzeit ist in letzter Zeit zudem immer mehr verwischt worden, indem die Neuzeit bis ins 13., das Mittelalter strukturell begriffen bis ins 18. Jahrhundert rückwärts und vorwärts verlängert worden sind. Dagegen hat sich, wenn auch in den Konsequenzen praktisch noch keineswegs anerkannt, die primäre Epoche der modernen Revolution seit dem 18. Jahrhundert immer mehr als der tiefe Einschnitt erwiesen, der weltgeschichtlich nur dem Beginn der Hochkulturen im 5. und 4. Jahrtausend v. Chr. gleichgesetzt werden kann. Denn durch die modernen Revolutionen sowohl im politisch-sozialen wie im technisch-strukturellen Verstande, die umfassend als ‚europäische Weltrevolution' bezeichnet werden können, wurden in untrennbarem Wirkungszusammenhang geistiger und technischer Umwälzung die Voraussetzungen dafür geschaffen, daß die gesamte Daseinsweise zunächst der west- und mitteleuropäischen, dann potentiell aller Menschen der Erde radikal verändert wurde, indem wesentlich erhöhte Stufen der Naturbeherrschung des Menschen sprunghaft erreicht wurden und in einer noch nicht zur Ruhe gekommenen Dynamik ständig weiter, wenn auch nicht unbegrenzt, erreicht werden" (S. 11). Dass auch für die Periodisierung Conzes wie m. E. für den Geschichtsunterricht Reichweins die Formel „Bruch und Kontinuität" gilt, geht aus einer Bemerkung von Klingemann über die Gründung des „Arbeitskreises für moderne Sozialgeschichte" in Bad Ems hervor: Auf dieser Tagung erklärte Conze als Aufgabe der Geschichtswissenschaft, „eine ‚Theorie des gegenwärtigen Zeitalters', wie sie z.B. Hans Freyer aufgestellt habe, historisch-kritisch zu unterbauen oder zu überprüfen, m.a.W. die Struktur der modernen Welt seit den Emanzipationen und der Revolution in ihrer geschichtlichen Tiefe zu untersuchen, sowohl im Hinblick auf das spezifisch neue der modernen Weltepoche wie auf die Kontinuität weiterwirkender vorrevolutionärer Tradition" (Symbiotische Verschmelzung…, S. 55).

# IV. Bildungsarbeit im „Weltbild"-Horizont der Heimat- und Lebenskunde

Die Untersuchung führte von den universalen Werken der Klassiker, die das „neue wissenschaftliche Weltbild" (Nohl) begründeten, zum Geschichtsgang der geistesverwandten Fachwissenschaften und Schulfächer seit der Wendezeit 18./19. Jahrhundert auf dem Schicksalspfad der „verspäteten Nation". Er findet nunmehr seine Fortsetzung im Kapitel zur Heimatkunde. Damit steht ein Lernbereich im Mittelpunkt unserer Ausführungen, der das „Weltbild" in seinen fachlichen Aspekten und vorfachlichen Zugängen umfasst. Ein neuer Publikationshorizont öffnet sich. Der Blick fällt auf die Vielzahl der in struktureller und regionaler Differenzierung vorliegenden Didaktiken, die nach dem epochalgeschichtlichen Auftakt am Anfang des 19. Jahrhunderts durch Chr. W. Harnisch vor allem in jenen Jahrzehnten erschienen, denen wir uns als Konjunkturphasen der fachwissenschaftlichen und didaktischen Entwicklung bereits mehrfach zugewandt haben: auf die Jahrzehnte des auslaufenden 19. Jahrhunderts, auf die Weimarer Zeit und die NS-Zeit. Wir haben dabei im Zuge eines Interpretationsganges, der in fachbezogener Perspektive jeweils auch die heimatkundlichen Aspekte umfasste, bereits mehrfach heimatkundliches Terrain betreten, sodass die didaktische Landschaft, durch die die anschließende hermeneutische Exkursion führt, dem Leser bereits teilweise bekannt ist. Der nachstehende unterrichtsgeschichtliche Rekonstruktionsversuch kann daher auf die Absicht konzentriert werden, in Schwerpunkt setzender geistesgeschichtlicher Interpretation zum einen die wechselnden inhaltlichen Akzente und Kontexte der Heimatkunden herauszuarbeiten, zum anderen deren durchgehende didaktisch-methodische Grundfigur. Im Hintergrund steht dabei die Frage, ob bzw. inwiefern Reichweins Unterricht in die hier skizzierte Heimatkunde-Tradition eingeordnet werden kann.

## 1. Zur Geschichte der Heimatkunde[446]

*1.1 Der Wechsel des Paradigmas und die „Weltkunde" (1816) von Harnisch*

Christian Wilhelm Harnisch leitete von 1812 bis 1822 das nach „Pestalozzischen Grundsätzen" arbeitende Lehrerseminar in Breslau. Er schaltete sich damit an zentraler Stelle in die von Stein, Hardenberg, W. von Humboldt und Süvern getragene preußische Reformbewegung ein. Diesem Engagement entsprach es, dass er sich zugleich am nationalpatriotischen Widerstand gegen Napoleon und die französische Besatzungsmacht in aktiver Weise beteiligte. Nach 1815 „demokratischer Umtriebe" verdächtigt und in das „Mahlwerk" der Demagogenverfolgung geratend, waren die letzten Jahrzehnte seines Lebens durch die amtlich verordnete Versetzung in das Seminar Weißenfels und den weitgehenden Rückzug ins Privatleben bestimmt. In der Zeit der Breslauer Lehrerbildungsarbeit erfolgte die konzeptionelle Grundlegung, Ausarbeitung und praktische Erprobung seiner mit der „Heimatskunde" ihren Anfang nehmenden „Weltkunde". Zwischen dem Leben und dem Lebenswerk des Reformpädagogen, des im Widerstand arbeitenden Mitstreiters von Arndt, Jahn und Friesen und des Parteigängers jener Pioniere des beginnenden Industriezeitalters, denen Reichwein mit dem „Datum 1830" ein Denkmal setzte, besteht ein vielfacher innerer Zusammenhang. Diesem ist Hartmut Mitzlaff im Rahmen seiner Untersuchung zur Geschichte der Heimatkunde und des Sachunterrichts in monographischer Ausführlichkeit und Bündigkeit nachgegangen.[447] Ein Harnisch-Porträt würde gewiss in die Galerie der (wenigen) politischen Pädagogen der deutschen Reformpädagogik gehören, zu denen neben Diesterweg vor allem auch Adolf Reichwein zählt. Wir werden im Folgenden aber den Blick nicht primär auf diese biographisch-zeitgeschichtlichen Bezüge richten, sondern uns, wie angedeutet, vorwiegend der weltkundlich-geographischen Gegenstandstruktur und didaktisch-methodischen Aufbauform der „Heimat- und Weltkunde" und dem zugrundeliegenden Paradigmawechsel zuwenden.

Der nachstehenden Leitformulierung ist der strukturspezifische Grundgedanke zu entnehmen:

---

446 Vgl. Schernikau: Die Lehrplanepoche... Kapitel: Die Natur- und Menschenwelt im Konzept der Heimatkunde und Sachkunde, S. 185 – 224 mit der Untergliederung: Die weltkundlich-geographische Heimatkunde (W. Harnisch, F.A. Finger, F. A. W. Diesterweg); Heimatkunden der reformpädagogischen Jahrzehnte mit volkskundlich-historischer Thematik; Der heimatkundliche Sachunterricht; Die Sachkunde sowie Mitzlaff: Heimatkunde und Sachunterricht. Kapitel: Die erste „Heimatskunde" Chr. W. Harnischs (1816) als nationalerzieherische Provinzkunde und als Fundament einer organisch-genetischen Weltkunde, S. 193–262; Heimatkunde und Realunterricht von 1815 bis zum Ende des Kaiserreichs, S. 751–830; Reformpädagogische Heimatkunde, S. 844 – 955; Nationalsozialistischer Heimatkunde- und Grundschulunterricht, S. 1000–1081.

447 Vgl. Mitzlaff: Heimatkunde und Sachunterricht. Kapitel: Die erste „Heimathskunde" Chr. Wilhelm Harnischs (1816) als nationalerzieherische Provinzkunde und als Fundament einer organisch-genetischen Weltkunde, S. 193–199.

*„Die Weltkunde enthält (...) die Kunde der ganzen Erde und der einzelnen Erdstücke in sich und ihren Beziehungen zu einander, die Kunde aller Stoffe und aller Kräfte auf und in der Erde, die Kunde der Pflanzen und Thiere, des Menschen in seiner Einzelwesentlichkeit und in seiner Verbindung zu Völkern und Staaten sowie seiner Thaten in der Geschichte ... "*

In profilierender Kontrastierung heißt es sodann:

*„ ... Die Weltkunde enthält nicht Mineralogie, Statistik, Physik, Anthropologie, Historie usw. als abgesonderte Wissenschaften, sondern sie enthält diese und andere Wissenschaften als Glieder eines Leibes und eines Geistes ... "*

Die abschließende Konkretisierung verweist auf die Rittersche Geographie:

*„ ... Es folgt in ihr die Thierkunde nicht auf die Pflanzenkunde, sondern sie folgt aus ihr. Die Geographie ist der Geschichte nicht ein Auge, wie sie sonst wohl hieß, sondern sie ist die Grundlage der Geschichte selbst. Die Weltkunde geht nicht einzelne Länder nacheinander durch, sondern in ihrem Kreise vergleichsweise alle Glieder miteinander; sie gewährt deshalb den Vortheil, den jede vergleichende Geographie vor der einzeln aufzählenden schon hat. Durch die Weltkunde werden alle einzelne Glieder miteinander in Wechselbeziehung gesetzt, z.B. die Pflanzen mit dem Boden, die Thiere mit den Pflanzen, die Menschen mit allen vorhergehenden usw.. "*[448]

Dieses Konzept war vorrangig nicht mehr darauf ausgerichtet, seine Adressaten im Sinne der „Gemeinnützigen Kenntnisse" des 18. Jahrhunderts „in allerhand nöthigen und nützlichen Dingen" zu unterweisen und sie damit für eine verständige Lebensführung in Stand und Beruf zu qualifizieren. Es vermittelte primär kein „Brauch- und Orientierungswissen", das zum Beispiel aus den überkommenen „statistischen" Wissenschaften deduziert[449] und/oder nach Maßgabe der menschlichen Grundbedürfnisse[450] kompiliert wurde. Im Vordergrund stand vielmehr nach dem Wechsel des

---
448 Die Weltkunde, S. 9 f.
449 Z. B. aus dem Lehrbuch, das Reccard am Ende der ersten Epoche des Realienunterrichts in Ausführung des königlich-preußischen Landschulreglements von 1763 entwarf; vgl. dazu Semel: Die Realienlehrprogramme im 17. und 18. Jahrhundert, S. 128 f.
450 Diesem Ansatz folgt namentlich Campes „Robinson" (1779/80) und Basedows „Elementarwerk" (1774). Vgl. dazu Bollnow: Comenius und Basedow, S. 141 ff. sowie Schaller: Die Pädagogik des Johann Amos Comenius und die Anfänge des pädagogischen Realismus im 17. Jahrhundert, insbesondere S. 401–454 mit den Abschnitten: Die neue anthropozentrisch-subjektivistische Ordnung, S. 401–410 u. Die Auflösung der pansophischen Ordnung, S. 411–454. (Sowohl Bollnow als auch Schaller bleiben jedoch mit ihrer Interpretation auf halbem Wege stecken, führt doch die von ihnen aufgewiesene Auflösung des pansophischen Ordnungsmodells – vom Standpunkt der eigenen Untersuchung betrachtet – nach und neben der anthropozentrisch-subjektivistischen Orientierung der „gemeinnützigen Kenntnisse" zur Konstituierung eines neuen nicht-subjektivistischen Ordnungsmodells, das letztlich im Sein (Kosmos) begründet

Curriculums die Absicht, die Schüler im Geiste Herders, A. von Humboldts und Ritters[451], zugleich aber auch in der Aktionsrichtung national-liberaler Tendenzen in den Zusammenhang der Lebensphänomene sowohl des kosmologisch-geographischen Bereichs der Natur als auch des reformpolitischen Feldes der Gesellschaft (Gemeinde, Provinz, „Vaterland") einzuführen.

In seinem didaktisch-methodischen Aufbau folgte der Unterricht gemäß seiner Gegenstandsstruktur und dem Anschauungsprinzip des Pestalozzianers Harnisch zwei Regulativen didaktischer Gestaltung, die in der Theorie und Praxis der Heimatkunde von zentraler Bedeutung blieben: dem der jahreszeitlichen Gliederung und dem der konzentrischen Erweiterung vom räumlich Nahen zum Fernen.

Den Anfang machten Übungen des „Anschauens" anhand der unmittelbar wahrnehmbaren und zuhandenen Dinge mit der Absicht, das Auge, das Ohr und die Hand in noch weitgehend unsystematischer Weise zu schulen.

Zum „Sommerweg" der Anschauungsübungen heißt es:

*„Der Lehrer geht im Sommer mit seinen Schülern ins Freie. Und betrachtet da Alles mit ihnen, was sich darbietet, die Wege werden abgeschätzt und ausgeschritten, die Blumen genau besehen und in den einzelnen Theilen untersucht, die Steine aufgenommen, Käfer, Schmetterlinge und Gewürme nicht übergangen; aber, was betrachtet ist, das läßt man wieder liegen, laufen und fliegen, wenn es der Lehrer nicht in die Schulsammlung bringen will. Steine und Erde, Bäche und Höhen, Gräben und Teiche, Gärten und Wiesen, Felder und Wälder sind Gegenstand der Beachtung. Aber nicht nur das Auge sei beschäftigt, sondern auch das Ohr; man verfolge z.B. Töne und Schalle, um die Ursachen davon zu entdecken. Geruch, Geschmack und Tastsinn mögen nebenbei auch beschäftigt werden, die Pflanzen bieten vorzüglich Gelegenheit dar."*[452]

Für den „Winterweg" wird das Anlegen von Sammlungen empfohlen:

*„Sammlungen von Holzarten, Wurzelarten, Mosen, Sämereien, Steinen, Kunsterzeugnissen aus dem Stein-, Pflanzen- und Thierreich (...). Auch kann man eine Farbensammlung anlegen, am Besten in Seide oder in Wolle. Daneben sind die Körper der Raumlehre ausserordentlich gut zu gebrauchen. Sowohl wegen der Form als wegen der Größe. Das Ausmessen und Abschätzen ist eine Hauptübung dabei. Zu dem Abschätzen gehört auch das Abschätzen der Schwere mit der Hand."*[453]

---

ist: in das von Herder und Goethe begründete „neue wissenschaftliche Weltbild".)
451 Vgl. Singer: Harnischs „Weltkunde", insbesondere S. 25–34; überdies Mitzlaff: Heimatkunde und Sachunterricht. Abschnitt: Die „Heimaths- und Weltkunde" im Einflußbereich der zeitgenössischen Wissenschaftsentwicklung, S. 200–208.
452 Die Weltkunde, S. 224 f.
453 Ebd., S. 426.

Die „zusammenhängende Weltkunde" umfasst dann in ihrem systematischen Gang die Kunde der Schule, des Dorfes, des Kreises und des Landes:

*„Das Kind merkt sich den Raum der Schule mit den nähern und entferntern Angränzungen, es mißt dieses Gebiet aus und trägt es in verjüngtem Maaßstabe auf das Papier. Aber mit dem Ausmessen und Auftragen der Schule ist die Sache noch nicht abgemacht. Das Kind lernt näher die Stoffe kennen, woraus das Haus gebauet ist, die Mittel, welche dabei angewandt sind, die Beschaffenheit der in der Schule befindlichen Dinge, den Zweck der selben, die Verrichtungen der im Schulhause sich aufhaltenden Menschen, ihre Pflichten usw. Auf dieselbe Weise wird das ganze Dorf behandelt. Zuerst zeichnet man es im Grundriß, mit Beachtung der Weltgegenden, Höhen und Tiefen, Wegen und Feldeintheilungen (…) und bemerkt, welches Stück einem jeden gehöre. Die Beschaffenheit des Bodens mit den darauf etwa befindlichen Steinen und Felsen wird darauf ins Auge gefaßt und dann übergegangen zu den Pflanzen, die vorzüglich im Dorfe gebaut und zu den Thieren, die dort teils gepflegt werden, theils wild vorkommen. Von dort geht es zu der Zahl der Einwohner, ihrer verschiedenen Thätigkeit, ihrer bürgerlichen und kirchlichen Gemeinsamkeit über und zuletzt werden die ehemaligen Schicksale und Begebenheiten des Ortes erzählt. Auf ähnliche Weise, doch nicht mehr in der wirklichen Anschauung, sondern in einem Bilde (Karte), welches der Lehrer auf eine Tafel zeichnet, und das die Kinder nachzeichnen wird der Kreis betrachtet, worin die Heimath liegt, und an den Kreis schließt sich die Kunde des ganzen Landes."*[454]

Es folgt daraufhin die Kunde Deutschlands, Europas und der „ganzen Welt". Der Veranschaulichung des Lerngegenstandes auf der letzten Stufe des weltkundlichen (länderkundlichen) Lehrgangs dienten die 16 Bände der „Wichtigsten Land- und Seereisen für die Jugend und andere Leser", die Harnisch, vom Reisewerk Humboldts inspiriert, in den Jahren 1820 bis 1832 bearbeitete.

Der „Weltkunde" lag der Aufbau des in die „Ritterschen Stufen" unterteilten länderkundlichen Lehrgangs zugrunde. Ihr Verfasser „riß" damit zwar nicht – in der Umschreibung Reichweins gesagt, „ein Fenster auf", er öffnete es aber Zug um Zug.

### 1.2 Die „Anweisung zum Unterrichte in der Heimatkunde" (1844) von Finger[455]

Friedrich August Finger trat 1832 als Lehrer in die Bendersche Erziehungsanstalt in Weinheim ein. Seine Aufgabe war es, den von Harnisch angeregten Reformbestrebungen seiner Zeit durch Entwicklung eines eigenen Konzeptes für die neu in den Lehr-

---
454 Ebd., S. 435.
455 Vgl. Mitzlaff: Heimatkunde und Sachunterricht. Kapitel: Friedrich August Fingers Weinheimer „Heimatskunde" von 1844 als Modell eines offenen, geographiepropädeutischen und kindgemäßen Elementarunterrichts, S. 751–767.

plan aufgenommene Heimatkunde Eingang in die Versuchsarbeit der Schule zu verschaffen. Diesem Anliegen kam der liberale Geist des Großherzogtums Baden ebenso entgegen wie die anregungsreiche Umgebung des Städtchens, die mannigfache Anknüpfungspunkte für den geographischen, biologischen, gewerbekundlichen und heimatgeschichtlichen Anschauungsunterricht bot. Die Planvorgaben des Lehrers wurden ergänzt durch einen Gelegenheitsunterricht, in dem die spontanen Fragen der Kinder vor Ort zum Zuge kamen. Die Systematik des Lehrgangs aber, dem dieser Anschauungsunterricht folgte, war vornehmlich an der Physischen Geographie seiner Zeit orientiert. Deren primäres Anliegen war es, wie mit Blick auf Gatterer, Kant, Tobler und Henning im fachlichen Teil bereits angesprochen (S. 119), die Erdoberflächen-Phänomene unter geomorphologischem Aspekt topographisch zu erfassen, zu beschreiben und zu klassifizieren.

Die „auf Anschauung gegründete Bekanntmachung mit der heimatlichen Gegend", deren Plan Finger entwarf und erprobte, erfolgte daher in noch stringenterer Weise als bei Harnisch in mehrfachen Schritten gemäß dem Prinzip der konzentrischen Kreise:

1. Orientierung innerhalb der Schulstube und des Schulgeländes
   – Betrachten der Gegenstände des Klassenzimmers gemäß den „Anschauungs-Denk- und Sprechübungen" der Pestalozzianer im Hinblick auf Lage, Farbe, geometrische Form u. dgl., Einüben der Orientierungsgrundbegriffe (vorne – hinten, rechts – links, oben – unten),
   – Ausmessen und Zeichnen des Grundrisses von Schulstube, Schulhof und Schulgarten,
   – Zeichnen der Außenseiten des Schulhauses im Aufriss,
   – Einüben der Himmelsrichtungen, Beobachten des Sonnenstandes und -laufes.
2. Orientierung über das Stadtgebiet
   *Nach einer vororientierenden Umschau von der nahe gelegenen Burg Windeck aus führte der Lehrer mehrere Unterrichtsgänge zu entgegengesetzten topographischen Grenzpunkten der Stadt durch*
   – in nordwestliche Richtung zur „Neuen Brücke",
   – in südwestliche Richtung zum „Roten Turm",
   – in nordöstliche Richtung zur Peterskirche,
   – in südöstliche Richtung zum Gorxheimer Tal.
   *Es folgte der Unterrichtsgang zum Wagenberg, „von dem aus man die meisten genauer durchgenommenen Gegenstände sehen kann".*
   *Danach lernten die Schüler die Grenzen der Stadt und der Stadtteile kennen:*
   – Lage und Richtungsverlauf der Hauptstraße als der durchgehenden Orientierungsmittellinie des Stadtgebietes (Anfertigen einer Kartenskizze, Beschreiben besonderer Gebäude),
   – Länge und Richtungsverlauf der Stadtgrenze,
   – Lage, Größe, geometrische Form der Stadtteile.

3. Orientierung über die Umgebung der Stadt
*Vom Mittelpunkt des Schulhauses aus führten weitere Exkursionen in das topographische Umfeld der Stadt*
– in das nordöstlich gelegene Birkenauer Tal,
– in südöstliche Richtung (Umwanderung des Wagenberges),
– zum nördlich gelegenen „Hirschkopf",
– zum südlich gelegenen Steinbruch und Geiersberg.

Am Zielort der Lehrausflüge bestimmten die Schüler die Lage des erreichten topographischen Punktes. Sie betrachteten und beschrieben sodann die sichtbaren geomorphologischen Erscheinungen (Form der Gipfel, der Täler und des Flussbettes sowie der Inseln und Halbinseln). Mit der Anfertigung einer Kartenskizze fand der Erkundungsgang dann seinen Abschluss.

Insgesamt wird der Aufbau und Ablauf eines Unterrichts erkennbar, der nach Maßgabe einer topographischen Systematik dazu führt, vom Mittelpunkt des Schulhauses aus radial unterschiedliche Orientierungspfade einzuschlagen, wiederholt diametrale topographische Endpunkte zu erreichen, die auf sich ausweitenden topographischen Endpunkten liegen, letztlich ein netzartig gefügtes topographisches Koordinatensystem gedanklich zu fixieren. Es ermöglichte eine fast lückenlose Orientierung über den Heimatort und -kreis. Es bot zugleich die Möglichkeit, die Eindrücke und Erkenntnisse des plangebundenen Anschauungsunterrichts und des Gelegenheitsunterrichts topographisch zu lokalisieren, um diese dann schließlich in eigenständige sachlogische Zusammenhänge einordnen und den Unterricht damit in weltkundlicher Richtung weiter öffnen zu können.

Finger beachtete zugleich, wie bereits bemerkt, die auf den Lehrwanderungen sich bietenden Möglichkeiten für einen gelenkten oder spontanen Gelegenheitsunterricht: Dem „Sommerweg" und „Winterweg" von Harnisch entsprechend, erlebten die vom Lehrer geführten Wanderer durch den Heimatraum die Wettererscheinungen des Jahres. Sie sammelten Steine und Pflanzen und beobachteten Tiere. Ihr Blick fiel sowohl auf die Schauplätze des heimatlichen Gewerbelebens als auch auf die heimatgeschichtlichen Bauwerke. Im anschließenden Unterricht wurden die vor Ort erworbenen Eindrücke und Kenntnisse gesammelt und vertieft. Dem Winterhalbjahr blieb die Aufgabe vorbehalten, arbeits- und gesellschaftskundliche Themen („Leute, die für Nahrung, Kleidung und Wohnung sorgen") und die Heimatgeschichte (Leben in germanischer Vorzeit, die Orts- und Landesgeschichte) zusammenhängend zu behandeln.

Fingers Beitrag zur Geschichte der Heimatkunde besteht vor allem darin, dass er diese, weitergehend noch als Harnisch, in ihre konzentrisch gegliederte und lehrgangsmäßig gestufte schulmäßige Form brachte. Nach dem Beispiel seiner mehrfach aufgelegten „Anweisung"[456] wurden in der Folgezeit, weit über die Landschuljahre

---
456 Die 2. Auflage erschien im Jahre 1866, die folgenden 1876 und 1880. Im gleichen Zeitraum erschienen mit ausdrücklichem Bezug auf Fingers Modell: Diefenbach: Anleitung zum Unterricht in der Heimatkunde (1869); Horne: Leitfaden für den Unterricht in der Heimatkunde (1869); Göpfert: Unterricht in der Heimatkunde (1886).

Reichweins hinaus, eine kaum noch überschaubare Zahl regionaler Didaktiken verfasst. Wie ist diese beispiellose Rezeptionsgeschichte zu erklären?

1. Die weitgehende Ausrichtung auf die Erfassung topographischer Beziehungen und geomorphologischer Zusammenhänge kam dem Stufengang der induktiv-generalisierenden Begriffsbildung nach den Regeln der Herbartschen Assoziationspsychologie entgegen.[457]
2. Den Methodikern der Arbeitsschule bot sich die Möglichkeit, den Prozess der anschaulichen Vermittlung von geographischen Grundbegriffen durch mannigfache Formen der Handbetätigung (Modellieren, Basteln, Papierformen, Ausschneiden) zu unterstützen. Reliefarbeiten im Sandkasten dienten der Einführung in das Kartenverständnis.[458]

H. Brinkmanns „Heimatkunde und Erdkunde auf werktätiger Grundlage" (1913) könnte ihrem Titel nach auf die um Vorhaben zentrierten Formen werktätigen Lernens hinweisen, die Reichwein in seiner Landschule praktizierte. Dieser Beitrag aus der Dortmunder Arbeitsschule gehört aber lediglich zu den methodischen Modifikationen des Fingerschen Konzeptes.

3. Das Modell der Fingerschen Heimatkunde konnte grundsätzlich, unbeschadet seiner geographischen Grundlegung und Funktion, dem didaktischen Trend und dem (Un)Geist der kommenden Zeiten angepasst werden.

Für Mitzlaff ist die Tatsache von Bedeutung,

*„daß Fingers Modell in der Mitte des 19. Jahrhunderts aus der Wirklichkeit und für die Wirklichkeit einer weitgehend agrarisch-handwerklichen Kleinstadt entwickelt wurde, die zu diesem Zeitpunkt etwa 6000 Einwohner zählte und ein ökologisch intaktes Umfeld besaß. Eine Übertragung dieses Unterrichtsmodells auf spätere Epochen hätte gerade unter dem Anspruch der Heimat- und Standortnähe vor allem im*

---

457 „Für die pädagogisch richtige Disposition des Ganzen aber stellt sich die Methode unter die Herrschaft von drei Stufenbegriffen, welche der Psychologie verdankt werden. So richtet sich ihnen gemäß der erste Kursus auf Klarheit in der Auffassung, Beschreibung und Reproduktion einzelner Elemente der Heimat, auf Hervorhebung aller durch die eigne Kraft der Schüler auffindbaren Merkmale der Länge, Breite und Höhe, der Farben, der Oberfläche usw. ( ...) So richtet der zweite Kursus sein Hauptaugenmerk auf Ergänzung und Vervollständigung durch Association des Benachbarten, Verwandten oder Gleichzeitigen, der Gestalt also, daß die Zahl der einzelstehenden heimatskundlichen Individuen kleiner, die der zusammenhängenden und in ihren gegenseitigen Beziehungen wie z.B. der Bodengestalt zu der Lage und zu der Bewachsung vor das geistige Auge tretenden Gruppen von Objekten größer wird. So sucht der dritte Kursus in der abschließenden Zusammenstellung zu einem nach allen Seiten der geistigen Durchwanderung sich leicht öffnenden Landschaftsbilde die Blüthe und Frucht der ganzen bisherigen Aussaat hervorzubringen" (Stoy: Von der Heimatskunde, S. 20 f.). Beispielhaft für eine assoziationspsychologisch aufgebaute und daher straff konzentrisch gegliederte Heimatkunde ist Kerp „Führer bei dem Unterrichte in der Heimatkunde" (1890).
458 Einen recht umfassenden Überblick über diese Möglichkeiten vermittelt Burger in seiner „Arbeitspädagogik", S. 577–645.

*großstädtischen Bereich entprechende inhaltliche Modifizierungen vornehmen müssen. Aber gerade dies blieb aus. Stattdessen wurde im Umfeld der Zivilisationskritik und der Heimatbewegung des fin de siècle die hier im Mittelpunkt stehende Kleinstadt (neben dem beschaulichen Dorf) zum idealen und utopischen Ort des Heimatlich-Harmonischen verklärt.*"[459]

Und weiter heißt es zu den Didaktikern und Praktikern der Heimatkunde aus den Jahrzehnten nach der „Deutschen Doppelrevolution" (S. 284), d.h. aus den Jahren des imperialistischen Reichsnationalismus und der Hochindustrialisierung:

„*Die Pädagogen der Jahrhundertwende konnten sich an Fingers Bericht aus einer heilen, kleinstädtischen Welt nostalgisch erbauen und nicht zuletzt diese Möglichkeit, die unreflektiert blieb, begründete die zeitgenössische Resonanz dieses Modells. Der Verzicht auf die Modifizierung und Aktualisierung dieses Modells kleinstädtischer Heimatkunde, das auch nach 1945 nicht an Attraktivität verloren hat, gehört zu jenen Momenten, die den ausgeprägten time lag des Heimatkundeunterrichts begründet haben.*"[460]

## 1.3 Zu den Heimatkunden am Ausgang des 19. Jahrhunderts

Der weiteren Verbreitung und Ausgestaltung des heimatkundlich-geographischen Konzeptes standen die nach 1815 zunehmenden und nach dem Scheitern der 48er Episode endgültig Oberhand gewinnenden restaurativen Tendenzen in den Partikularstaaten Deutschlands entgegen.[461] Die als Inbegriff reaktionärer preußischer Schulpolitik erlassenen „Stiehlschen Regulative" (1854) waren auf die Vermittlung eines „christlichen-nationalen und verständig-nützlichen" Unterrichts ohne eigenständige Realienlehre abgestellt.[462] Die unabwendbaren Qualifikationsansprüche des industriell-kapitalistischen Systems und die antisozialdemokratischen Legitimationsbedürfnisse des Obrigkeitsstaates führten aber nach 1871 zur Förderung des Realunterrichts der Volksschule in den Fächern Geschichte, Geographie und Naturkunde (Biologie, Physik). Die von Harnisch und Finger eingeleiteten Heimatkunde-Bestrebungen hingegen fanden, wie aus den „Allgemeinen Bestimmungen für Volks- und Mittelschulen in Preußen" des Jahres 1872 hervorgeht, keine vergleichbare Unterstützung.[463] Erst um die Jahrhundertwende – im Schnittpunkt zum einen der bildungsökonomischen

---
459 S. 72
460 Ebd.
461 Vgl. Mitzlaff: Heimatkunde und Sachunterricht. Kapitel: Der klerikale und politische Widerstand gegen den Heimatkunde- und Realunterricht der Volksschule und seine aufklärerisch-rationale Bildung – Religiöse Herzensbildung und nationalistisch-affirmative Gemütsbildung anstelle aufklärerisch-rationaler Realbildung, S. 767–821.
462 Vgl. Froese/Krawietz: Deutsche Schulgesetzgebung, S. 32 und S. 170–179.
463 Vgl. Michael/Schepp: Politik und Schule ..., S. 394–400.

und nationalmonarchistischen Tendenzen des Kaiserreichs[464], zum anderen der zivilisationskritischen Lebensreform- und Heimatbewegung der Zeit (S. 288 f.) – setzten wie im Bereich Biologie/Naturkunde (S. 95 f.), Geographie/Erdkunde (S. 130 ff.) und Geschichte (S. 192) verstärkte Aktivitäten im Bereich der Heimatkunde-Didaktik ein.[465]

Wie Finger gliederten auch die Didaktiker dieses Zeitraums den Unterricht in straff konzentrischer Weise. Sie beschrieben die Standardformen der Einführung in das Kartenverständnis und der Erarbeitung der geographischen Grundbegriffe. Im Übrigen zeichnet sich eine Schwerpunktsetzung auf den Bereich „Natur" (heimatbiologischer Apekt) und auf den Bereich „Kultur" (arbeits-, wirtschafts- und gesellschaftskundlicher sowie heimatgeschichtlicher Aspekt) ab. Ein Trend in Richtung des heimatkundlichen Sachunterrichts der Jahre nach 1945, der hinsichtlich seiner inhaltlichen Disposition dem „Jahresplan" der Tiefenseer Landschule nahestand, wird ansatzweise erkennbar.

---

[464] Messer kennzeichnet diese Tendenzen in seiner Abhandlung: Das Problem der staatsbürgerlichen Erziehung (1912) mit folgenden Worten: „Gegen Ende der 80er Jahre des 19. Jahrhunderts beginnt in Deutschland das Interesse unserem Gegenstande sich stärker zuzuwenden. Der Hauptgrund dafür war wohl das Wachsen der sozialdemokratischen Bewegung. Obwohl das ‚Gesetz gegen die gemeingefährlichen Bestrebungen der Sozialdemokratie' seit 1878 bestand, war doch die Zahl der sozialistischen Stimmen von 311961 im Jahre 1881 auf 763128 im Jahre 1887 gewachsen. Nach den Wahlen dieses Jahres forderte die konservative ‚Deutsche Tageszeitung' politische Propädeutik in den Schulen. Da die polizeilichen Mittel gegenüber der Sozialdemokratie versagten, so wollte man jetzt mit geistigen Waffen den Kampf aufnehmen, und die Schule sollte vor allem an diesem Kampfe teilnehmen" (S. 53). Den entscheidenden Schritt zur Politisierung des Geschichtsunterrichts unternahm daraufhin Wilhelm II. mit seinem Erlass vom 1.5.1889. Dieser gegen die „Ausbreitung sozialistischer und kommunistischer Ideen" gerichtete Erlass zielte auf die innenpolitische Indienstnahme des Religions- und Geschichtsunterrichts. Letzterer sollte die vaterländische Geschichte, speziell die Geschichte der „sozialen und wirtschaftlichen Gesetzgebung und Entwicklung" seit der Jahrhundertwende behandeln, „um zu zeigen, wie die Monarchen Preußens es von je her als ihre besondere Aufgabe betrachtet haben, der auf die Arbeit ihrer Hände angewiesenen Bevölkerung den landesväterlichen Schutz angedeihen zu lassen und ihr leibliches und geistiges Wohl zu heben, und wie auch in Zukunft die Arbeiter Gerechtigkeit und Sicherheit ihres Erwerbes nur unter dem Schutze und der Fürsorge des Königs an der Spitze eines geordneten Staates zu erwarten haben" (S. 57). Diesem Erlass folgte 1890 die Rede vor der Schulkonferenz in Berlin, die der Forderung des Monarchen nach der bisher fehlenden „nationalen Basis" des Gymnasialunterrichts Ausdruck gaben.

[465] Es erschienen die Heimatkunden von Tromnau: Der Unterricht in der Heimatkunde (1889); Prüll: Die Heimatkunde als Grundlage für den Unterricht in den Realien auf allen Klassenstufen (1890); Hartmann: Der heimatkundliche Anschauungsunterricht (1891); Wernecke; Heimatkundlicher Anschauungsunterricht (1895); Krichau: Stadt und Land (1895); Hänsch: Die Praxis des heimatkundlichen Unterrichts (1910); Verleger: Praxis des heimatkundlichen Unterrichts (1912); Felgner: Heimatkunde (1913); Mollberg: Heimatbildung (1917); Hossan: Heimatprinzip und Heimatkunde (1914); Eidam: Erprobte Heimatkunde (1916); Schramek: 40 Wochen Heimatkunde (1916); Berndl: Die Heimat als Unterrichtsmittelpunkt (1917).

## 1.4 Zu den Heimatkunden der Weimarer Zeit

Nach Versailles war der imperialistischen Weltmachtpolitik Deutschlands ein vorläufiges Ende gesetzt. Die sozialen und weltanschaulichen Spannungen, deren Verklammerung im Obrigkeitsstaat und im Zeichen der anfänglichen Kriegseuphorie noch möglich gewesen war, eskalierten angesichts zunehmender Inflation und Arbeitslosigkeit. Agressiver Revanchismus, Klassenkampf und die Frontstellung zwischen den demokratisch-republikanischen und den antidemokratisch-völkischen Kräften bestimmten die politische Szene der Weimarer Zeit. Einher ging, alle Parteiungen übergreifend, die Suche nach neuen Formen der Vergemeinschaftung (S. 288 ff., 307 ff.). Der sozialistischen Utopie der klassenlosen Gesellschaft stand auf der konservativen Seite des politischen Spektrums die in der Heimat- und Volkstumsbewegung zum Ausdruck kommende Sehnsucht nach der Rückkehr zu vormodernen Lebensverhältnissen gegenüber. Zugleich fand das Leitbild des politischen Liberalismus von der Einheit der Staats- und Kulturnation (S. 44, 30) in dem vom Bildungsbürgertum dominierten Bereich der schulischen Bildungsarbeit ihren Niederschlag in den deutschkundlichen Bestrebungen der Zeit.[466] Deren Platzhalter im Spektrum der hier behandelten Fachdidaktiken war hinsichtlich der Zielsetzung, in „Geistesart und Weltbild" der Deutschen auf dem Wege des Heimat- und Volkstumserlebnisses einzuführen die deutschkundliche Volkskunde von Bach (S. 165 ff.). Im Bereich der heimatkundlichen Literatur gehören zu diesem didaktischen Genre jene Heimatkunden, in denen weniger die geographisch-weltkundliche Thematik als vielmehr, wie am Beispiel von Löbers „Heimatwelt" bereits ausgeführt (S. 195 f.), der volkskundlich-heimatgeschichtliche Aspekt den inhaltlichen Akzent setzte.[467]

---

466 Vgl. Frank: Geschichte des Deutschunterrichts. Kapitel: Deutschunterricht in der Weimarer Republik, S. 571–752, speziell den Abschnitt: Deutsche Bildungseinheit und höhere Schule bei Hans Richert 1920, S. 594–609.

467 Dies ist in mehr oder minder ausgeprägtem Maße der Fall in den Veröffentlichungen von Hauptmann: Heimatkunde (1920); Fuchs: Heimatkunde auf allen Unterrichtsstufen (1920); Stieglitz: Vom Heimatgrundsatz (1921); Blau: Der Heimatforscher (1920); Nießen: Die Schule im Dienste der Heimatforschung (1922); Guenther: Heimatlehre als Quelle neuer deutscher Zukunft (1922); Kreuzberg: Die Heimat als Lebensquelle der Jugend- und Volksbildung (1922); Fehrle: Heimatkunde in der Schule (1923); Schoenichen: Handbuch der Heimaterziehung (1924); Giesen: Die Pädagogik der Heimat (1924); Burkhardt: Lehrer und Heimatpflege (1924); Helden: Der Heimatgedanke in der Volksschule (1925); Heitzenberger: Erarbeitete Heimatkunde (1925); Wachler: Die Heimat als Quelle der Bildung (1926); Schulze: Von der Schulstube zum Heimatort und seiner Umgebung (1925); ders.: Über Heimatkreis zur Heimatprovinz (1927); Pakull/Pfeiffer: Handbuch zur Heimatkunde (1932); Vogt: Schöpferische Heimatkunde (1926); Reichart: Der Unterricht in der Heimatkunde (1929); Ehlers: Heimatkunde in der Arbeitsschule (1931); Eckhardt: Die Landschule (1931); Sauter: Der Heimatkunde-Unterricht (1933). Diese Heimatkunden entsprachen in besonderem Maße der Forderung des Ausschusses „Schule und Heimat" der Reichsschulkonferenz nach Realisierung 1. eines „heimatkundlichen Gesamtunterrichts" für die Grundschule, 2. der durchgehenden Berücksichtigung des „heimatlichen Prinzips", 3. der inhaltlichen Ausrichtung auf die in „Volkstum und Boden" ruhenden Kräfte.

H. Schulze veröffentlichte mit seiner bekannten Didaktik „Von der Schulstube zum Heimatort und seiner Umgebung" ($^2$1925) das Muster einer Heimatkunde mit vergleichsweise maßvoller konzentrischer Gliederung und ausgewogener inhaltlicher Gewichtung der heimatkundlich-geographischen und der heimatkundlich-volkskundlichen bzw. kulturgeschichtlichen Anteile:

1. „Nachdem in den ersten Stunden die Begriffe Heimat, Fremde und Vaterhaus klargelegt sind, betrachten wir den heimatlichen Himmel und bestimmen die Haupt- und Nebenhimmelsrichtungen. Dann schreiten wir von der Schulstube zur Besprechung der einzelnen Ortsteile mit den öffentlichen Gebäuden und Anlagen zur Aufsstellung des Ortsplanes."
2. „Wir beachten weiter die Beschäftigung der Bewohner in Gegenwart und Vergangenheit und beleuchten die Bedürfnisse, die sich aus dem Zusammenleben ergeben (Heimatliche Bürgerkunde). Die Verkehrsmittel machen uns mit dem Handel und Wandel des Ortes bekannt."
3. „Überall knüpfen wir die historischen Belehrungen an. Wir reden von der Entstehung und Entwicklung des Heimatortes, von den Leiden der Bewohner in Pest- und Kriegszeiten, wir erzählen die Sagen und sonstigen geschichtlichen Überlieferungen der Heimat. Veranlassung zu den geschichtlichen Betrachtungen geben Reste der Stadtmauer, eine Ruine, ein Denkmal, eine Gedenktafel oder ein altertümliches Stadtviertel im Heimatort." Aus dem „Volksleben der Heimat" sollen behandelt werden: „Sitten und Gebräuche der Heimat, Die Kleidung einst und jetzt, Heimatliche Spracheigentümlichkeiten".
4. „Nachdem einige Teile des Ortes durchwandert und betrachtet worden sind, geht es hinaus in die nähere Umgebung. In Großstädten werden für solche Wanderungen zuweilen Ganztage nötig. Wo es angängig ist, halten wir von einem nahen Berge oder Aussichtsturm Umschau. Vor uns liegt nun die heimatliche Landschaft in ihrer ganzen Schönheit. Wie verschieden doch ihr Anblick ist! Hier liegt der Heimatort mit seinen Dächern, die von Türmen überragt werden. Dort breiten sich Gärten, Wiesen und Felder in bunten Farben aus. Wie ein silberner Faden zieht sich der heimatliche Fluß durch die Landschaft. Teiche und Seen leuchten als blaue Augen hervor. In der Ferne begrenzen Dörfer, Wälder und Berge die heimatliche Landschaft und den letzten Abschluß bildet die Horizontlinie, in der Himmel und Erde sich zu berühren scheinen."
5. „Nachdem so das Bild der Heimat als Ganzes auf uns wirkte, bestimmen wir von hier, welche Punkte wir in den nächsten Wochen erwandern wollen. Als solche seien erwähnt der höchste Heimatberg, das Tal, die Sandgrube, der heimatliche Fluß (Bach), der See, die Heide, das Moor, die Ackerfläche usw. Bei diesem Erwandern ist überall die menschliche Kulturarbeit, vor allem die Bewirtschaftung des Bodens, ins rechte Licht zu rücken. Die Kinder sollen sich vielmehr mit dem Heimatboden beschäftigen, als dies bisher der Fall war. Sie müssen erkennen, daß die Beschaffenheit der Heimatscholle und die Eigenart ihres Klimas die wirtschaftliche Ausnutzung derselben sowie das Tier- und Pflanzenleben beeinflussen."

Der anschließende didaktische Kommentar umreißt noch einmal Problem und Prinzip heimatkundlicher Stoffgestaltung. Dabei stellt sich mit Blick auf Reichweins Unterricht vor allem die Frage, wie der in Tiefensee wirkende Didaktiker des exemplarischen Lehrens und Lernens das mit dem konzentrischen Gliederungsprinzip gegebene Problem der „Stoffmenge" zu lösen versuchte.

*„Aus dieser Beziehungsnahme ergibt sich eine Stoffmenge, die der Unterricht nicht in allen Einzelheiten berücksichtigen kann. Hier gilt es nun zu ordnen, zu sichten und alles auf Musterbilder oder Typen zurückzuführen. So steht in einem Weinland die Rebe, in einer Hopfengegend die Bierbrauerei, in einer Fabrikstadt die gewerbliche Beschäftigung des Ortes im Vordergrund der Betrachtung und Besprechung. Jede Gegend weist hierin ihre Eigentümlichkeiten auf; die eine liefert mehr Geographisches, die andere mehr Naturkundliches und Geschichtliches. Aus diesem Grunde verzichtet der heimatliche Stoffplan auf systematische Vollständigkeit und bringt in seinen Musterbildern nur solche Stoffe zur Verarbeitung, die im Interesse des Kindes stehen und die für das wirtschaftliche, berufliche und soziale Leben im betreffenden Landschaftsgebiet besonders wertvoll erscheinen. Für die Verteilung auf die Halbjahre ist es zur besseren Durchführung der Lehrspaziergänge ratsam, wenn im Sommerhalbjahr mehr das Erdkundliche und Naturkundliche, im Winter dagegen mehr das Geschichtliche die Führung im Unterricht übernimmt. Die geographischen, naturkundlichen und geschichtlichen Verhältnisse der Heimat durchdringen gleichzeitig den Deutsch- und Rechenunterricht. So bleiben die Durcharbeitung des Lesebuches, die Übungen in der Sprachlehre und Rechtschreibung und das volkswirtschaftliche Rechnen in Verbindung mit der Heimatkunde."*[468]

## 1.5 Der wissenschaftsgeschichtliche Legitimationsversuch Sprangers

Dem Heimatkunde-Verständnis der 20er und 30er Jahre hat Spranger in seinem bekannten Vortrag über den „Bildungswert der Heimatkunde (1923) beredten Ausdruck verliehen. Er artikulierte den kulturkritischen Geist der Zeit, vom „Elend des Großstädters" sprechend und stellte dem „Großstadtmonaden" in wiederkehrenden metaphorischen Wendungen den Landbewohner gegenüber, der „im belebenden Kraftaustausch mit der Heimaterde und ihrer Individualität lebt"; „Heimat ist erlebbare und erlebte Totalverbundenheit mit dem Boden und noch mehr: Heimat ist geistiges Wurzelgefühl."[469]

Aufgabe der Heimatkunde als Wissenschaft und Schulfach sei es, die „Totalbedingungen des menschlichen Lebens" zu erhellen. Unter dem Leitgedanken der „durchgehenden Naturfundierung" gelte es, den fundamentalen Zusammenhang „Bodenbeschaffenheit, Klima, Pflanzenwelt und Tierwelt" zu erkennen, die heimatliche Natur

---
468 S. 5 f.
469 S. 7.

als „Lebenseinheit" zu verstehen. Auf die heimatliche Naturkunde sollte nach Ansicht des Geisteswissenschaftlers, der den kulturhistorischen Denkansatz im pantheistischen Darlegungszusammenhang seiner Rede vergaß, die heimatliche Kulturkunde aufbauen: „Kultur ist gleichsam nur ein höheres Entwicklungsstadium der Natur. Man muß emporsteigen von der Stammesart und Siedlungsform der Bewohner zu der Wirtschaftsweise, den Traditionen, Sitten, Weltansichten und Kulturformen."[470] Heimatkunde lehrt – so der im Festredner-Pathos vorgetragene Abschluss des monistischen Gedankengangs – „die durchgehende Naturfundierung des Geistigen und die Vergeistigung der Natur".

Sprangers besonderes Anliegen war es, die von ihm gemeinte Heimatkunde geistesgeschichtlich abzustützen. Er ordnete diese der metaphysischen Weltansicht der „harmonisch-gesetzlichen Relationen" und deren Repräsentanten zu: Leibniz und Shaftesbury; Goethe, Schellling, Herder, Ritter, Ratzel; Rousseau, Pestalozzi, Henning, Harnisch, Junge. Er bezog sich damit, wie auf dem Hintergrund des vorliegenden Weltbild-Kapitels deutlich wird, auf die Klassiker und Wegbereiter des „neuen wissenschaftlichen Weltbildes" (Nohl). Der Geisteswissenschaftler ließ aber – die Linien der geistig-geschichtlichen Zusammenhänge als „harmonisch-gesetzliche Relationen" auslegend und überzeichnend – sowohl die inneren Spannungen (zum Beispiel im Werk Herders) und Widersprüche (zum Beispiel im Werk Ratzels) außer Betracht als auch den zur Ideologisierung des Weltbildes führenden Verfall des weltbürgerlich-neuhumanistischen Denkens im Kontext der deutschen Gesellschaftsgeschichte.

Überdies: Spranger formulierte und argumentierte im Sinne des volkskundlich-geschichtlichen Heimat- und Heimatkunde-Verständnisses seiner Zeit. Die Anklänge an die Blut- und Bodenideologie der NS-Zeit sind unüberhörbar.[471] Sein Bemühen um wissenschaftsgeschichtliche Legitimation wies aber in die Richtung des geographisch-weltkundlichen Ansatzes in der Abkunft Herders, Humboldts und Ritters. Deren Inanspruchnahme (anstelle Riehls) trug vermutlich in maßgeblicher Weise zur Schein-Legitimation der Heimatkunde bei.

## 1.6 Zur Heimatkunde der NS- und Nachkriegszeit

Die biologische und geographische Aufgabenstellung blieb weiterhin von Bedeutung, sie trat aber in ihrem Stellenwert noch stärker als zuvor hinter der heimatgeschichtli-

---

470 S. 11.
471 In seinem Rückblick „Eduard Spranger und die Heimatkunde" (1968) gelangt Grotelüschen am Ende seiner Sammlung von Aufsatz- und Vortragspassagen Sprangers zu dem Ergebnis: „Aber gerade darin liegt das Erschreckende, daß es nicht national-sozialistische Grundsätze eigener Art und Herkunft waren, durch die in der Hitlerzeit Unterricht und Erziehung bestimmt wurden, sondern daß der Nationalsozialismus die vorgefundenen Gedanken -sprich Ideologien – nur zu übernehmen brauchte, um sein System zu begründen. So ließ sich die Heimatkunde Sprangerscher Prägung ohne Bruch von der Weimarer Zeit in die nationalsozialistische Epoche hinüberführen" (S. 225).

chen und volkskundlichen Thematik zurück. Die Richtlinien des Jahres 1937 gaben der Rangfolge der Aspekte unmissverständlichen Ausdruck:

*„Vom 3. Schuljahr an lernen die Kinder planmäßig ihre Heimat kennen. Weiter werden die volkskundlichen, geschichtlichen, erdkundlichen und naturkundlichen Grundlagen vermittelt.*
*Ausgehend von der Familie sieht das Kind die Menschen bei der Arbeit und Feier, in Lebenshaltung, Sitte, Brauchtum, Sprache und Liedern, Märchen, Sagen und Legenden. Neben heimatgeschichtlichen Erzählungen fügen sich geschichtliche Einzelbilder, soweit sie dem Verständnis dieser Altersstufe zugänglich gemacht werden können, in diesen Unterricht ein."*[472] Und zum grundlegenden Erziehungsziel heißt es: *„Im Heimatkundeunterricht sollen die Kinder die Heimat kennen, erleben und lieben und sich als ihr verwurzelte Glieder des deutschen Volkes fühlen lernen."*[473]

Zugleich fanden – wie mit Blick auf die „heimatkundlichen" Fächer und auf das Reichslesebuch bereits erwähnt – spezifische Zielformulierungen und Themenstellungen NS-ideologischer Prägung Eingang in Lehrplan und Lehrbuch der Heimatkunde: Der Unterricht hatte den Grund zu legen „für den Stolz auf Heimat, Sippe, Stamm, Volk und Führer". Den „heldischen Gedanken" galt es fortan zu betonen: „Helden der Heimat, des Weltkrieges und der Bewegung, der stille Held des Alltags, der Held der Sage" sollten das in die Diktatur und in den Zweiten Weltkrieg hineinwachsende Kind begeistern. Die für Partei und Regime bedeutsamen Feiertage wurden der jahrzeitlichen Themenfolge eingefügt: Führers Geburtstag, der 1. Mai als „Tag der nationalen Arbeit", der Muttertag – „Adolf Hitler sorgt für Mutter und Kind" – „Das Sterben eines Helden", der Reichsparteitag usw.[474]

Diese NS-ideologischen Implantate im didaktischen Korpus der Heimatkunde entfernte die stillschweigende Nachkriegszensur der restaurativen Lehrplan- und Lehrbuch-Entsorger. Im Übrigen aber erfolgte statt einer Neuorientierung, (in die auch das damals kaum beachtete Schulmodell des Reformpädagogen und Widerstandskämpfers Adolf Reichwein gehört hätte) die mehr oder minder konsequente Rückbesinnung auf die Traditionsansätze der Weimarer Zeit. Erst ab Mitte/Ende der 50er Jahre, ein Jahrzehnt vor der grundsätzlichen Heimatkunde-Kritik der Curriculum-Revision[475], sind vergleichsweise progressive Tendenzen im hier behandelten Publikationsbereich erkennbar. Diese führten von der geographischen Heimatkunde zum weniger konzentrisch gegliederten heimatkundlichen Sachunterricht und seinen

---

472 S. 27.
473 Ebd.
474 Diese Themen entstammen dem „Volkhaften Unterricht" von Stanglmaier/Schnitzer/Kopp (1939).
475 Vgl. Schernikau: Die Lehrplanepoche... Abschnitt: „Zur curricularen Tendenzwende: der Ansatz des Sachunterrichts auf der Primarstufe („naturwissenschaftlich-technischer" und „sozialwissenschaftlich-politischer" Lernbereich, S. 225–227.

nunmehr eigenständigen Gegenstandsbereichen „Natur" und „Kultur".[476] Es war eine Position erreicht, mit der, wie bereits angedeutet, Reichweins „Jahresplan" hinsichtlich seiner Untergliederung in die Bereiche „Die Natur" und „Der gemeinschaftsbildende Mensch" übereinstimmt.

## 2. Einordnung der Reformarbeit Reichweins

Die Absicht, die Reformarbeit Reichweins in die Geschichte der Heimatkunde einzuordnen, wird dadurch erschwert, dass Reichwein sich an keiner Stelle der beiden Schulschriften zur Geschichte oder Theorie der Heimatkunde in systematischer Weise geäußert hat. Es liegen lediglich mehr oder minder ausführliche „heimatkundliche" Hinweise vor.

So werden zum Beispiel heimatkundliche Aufgabenstellungen, die der Lehrer der „Einklassigen" seinen Kindern des Grundschulalters stellt, im Zusammenhang mit dem Hausbau-Projekt (S. 205 f.) und mit den „Faltarbeiten" (S. 264) skizziert. Ein punktueller heimatkundlicher Akzent des Unterrichts wird deutlich, aber keine weiterreichende heimatkundlich-geographische Perspektive.

Weitere Hinweise sind dem Text in anderen didaktischen Sinnzusammenhängen eingefügt. So dient zum Beispiel die nachstehende Passage der Aufgabe, das Prinzip der schrittweisen Leistungssteigerung zu veranschaulichen:

*„Ein Beispiel aus dem dritten Schuljahr soll zeigen, wie mit dem stetig entwickelten Können, mit vertiefter Anschauung und wachsendem Betrachtungskreis sich auch die Werkaufgaben wandeln. Der Jahreskreis als Zeitgestalt und das Dorf als gestalteter heimatlicher Raum stehen im Mittelpunkt dieser Arbeitsgruppe. Nach den vorbereitenden Versuchen in Form von Haus- und Tierbastelei, zeichnerisch bunt ergänzten Monatsskizzen, gehen wir daran, das Dorf als Wohn- und Werkgemeinschaft darzustellen und den Jahreskreis mit seinen Inhalten und den Blättern eines selbstgeschaffenen Abreißkalenders einzufangen. Vorhaben dieser Art gehen schon auf weiter gesteckte Ziele, die schrittweise und zähe erkämpft werden wollen. Jedes stellt eine in sich gegliederte Ganzheit, ein planvolles Gebilde dar. Jedes kann also auch nur nachgestaltet werden, wenn der Plan vorher geistig erarbeitet und die Ordnung der Glieder untereinander – der einzelnen Monatsblätter und der Häuser – begriffen wurde. Auf dieser Stufe ist die beständige Gegenwart des Erziehers noch notwendig, häufiges Eingreifen unvermeidlich, denn immer wieder müssen Einzelheiten geklärt und technische Fehler ausgeglichen werden."*[477]

---

476 Vgl. die Didaktiken von Fikenscher/Rüger/Weigand: Die weiterführende Heimatkunde. (1951); Kopp: Methodik des Heimatkundeunterrichts (1952); Gärtner: Neuzeitliche Heimatkunde (1958); Karnick: Redet um Sachen (1958) und deren lehrplangeschichtliche Einordnung in Schernikau: Die Lehrplanepoche ..., S. 207–210.

477 SSV, S. 84.

An anderer Stelle stehen die „heimatkundlichen" Sätze im Abschnitt über die Schulung des Sehens bzw. der Formenkunde:

*„Natur- und Heimatkunde führen uns immer wieder einmal hinaus zu den Formen von Stein, Erde, Pflanze und Tier. Die Aufgabe des Erziehers ist klar abgegrenzt: was den Kindern an Formenfülle täglich zufließt, soll er bewußt machen, wenn einem wichtigen Zweck damit gedient wird, und in einer einfachen Formenkunde ordnen."*[478]

Der Mediendidaktiker fügt diesen immanent heimatkundlichen Beispielen, die unter einer nicht-heimatkundlichen Sinnperspektive im Text zu finden sind, die aufschlußreiche Formulierung hinzu:

*„Die Heimatgebundenheit der Erziehung ist nicht nur ein formaler Begriff, sondern sie fordert, daß wir dem Kind die heimatliche Welt in vielfältigster und nachhaltigster Weise erschließen. Diese Heimat aber, als unmittelbare Welt, weitet sich zum großen Ganzen Deutschland, und Deutschland mündet mit seinem Streben in die weiteren Räume Europas. Deutschland als Ganzes und seine lebendige Verknüpfung mit der größeren Welt entzieht sich der Wirklichkeitsanschauung des Kindes. Wir brauchen darum Künder dieser entfernteren Wirklichkeit: Sprache und Bild."*[479]

Zur Schwierigkeit der hier anstehenden Einordnungsaufgabe kommt hinzu, dass der Verfasser der Schulschriften sich an keiner Stelle in zusammenhängender Weise zur Didaktik und Geschichte des Lernbereichs geäußert hat.

Eines der dargestellten „heimatkundlichen" Beispiele ist aber geeignet, das Defizit, von dem wir sprachen, weitgehend zu kompensieren. Es betrifft den Bau des Afrika-Reliefs im Vorhaben „Die Erde aus der Vogel- und Fliegerschau" und wird vom Verfasser mit der Absicht unterbreitet, das Prinzip der „Lebensnähe" am räumlich entfernten Lerngegenstand zu erläutern. Auf die Frage: „Warum ist es notwendig, daß die Kinder ein Bild von der Gestalt und Eigenwüchsigkeit dieses Erdteils bekommen?" antwortet der Landschullehrer, Weltbürger und nationale Sozialist:

*„Dort liegen die Brennpunkte der uns nahe angehenden Kolonialprobleme, durch die Nähe zu Europa greift Afrika immer wieder in das geschichtliche Geschick unseres Erdteils – von den Wandalen bis zur spanischen Fremdenlegion –, als tropischer Ergänzungsraum der europäischen Ernährung gewinnt es auch für unsere Landwirtschaft steigende – nicht immer positive – Bedeutung. Die Anlässe, den Gegenstand in die Optik des Kindes zu bringen sind zahlreich: das Schicksal der deutschen Kolonien, der deutsche Einsatz heute, Rohstoffprobleme, Italien und Frankreich als kolonial er-*

---

478 Ebd., S. 98.
479 FLS, S. 6.

> *gänzte ‚Imperien', Kakao und Erdnüsse beim Kaufmann, Vogelzug und Flugverkehr, Großwild in freier Wildbahn, das ‚primitive' Leben, Robinson usw.“*[480]

Das am Beispiel erläuterte allgemeiner fassend, heißt es anschließend:

> *„An diesem absichtlich gewählten, ‚entfernten' Beispiel ‚Afrika' sollte deutlich werden, daß eine Erziehung, die bewußt im Schicksal der engsten Heimat und des Volkes verwurzelt ist, sich auch von den fernsten Gegenständen immer wieder dorthin zurückbezieht, und daß alle Unterweisung, die vom Jahres- und Lebenslauf des Menschen ihren Ausgang nimmt, hinausstrahlt in die Bezirke der Welt, die nur scheinbar fern und am Rande liegen und ohne die unser Dasein doch nicht gedacht werden kann. Die Heimat- und Volkskunde erweitert sich also zu einer Weltkunde die immer auf das heimatliche Schicksal bezogen und zugeschnitten bleibt.“*[481]

Welche Antwort erteilen wir nunmehr auf die eingangs gestellte Frage, ob bzw. inwiefern Reichweins Unterricht in die Heimatkunde-Tradition eingeordnet werden kann?

- *Erstens*: Mit dem resümierenden Satz „Die Heimat- und Volkskunde erweitert sich also zu einer Weltkunde" vermittelt Reichwein die gesuchte Auskunft selbst bezüglich der Sinnrichtung seines Unterrichts. Dieser stimmt hinsichtlich Intention und inhaltlicher Grundstruktur mit der auf Herder, A. von Humboldt und Ritter zurückgehenden „Heimaths- und Weltkunde" von Harnisch überein. Historischer Bezugspunkt ist also eine Konzeption, die mit Blick auf die sich globalisierenden und dynamisierenden Verhältnisse und im Geiste der preußischen Reformer am Beginn des 19. Jahrhunderts entworfen wurde.
- *Zweitens*: Der partiellen inhaltlichen Übereinstimmung steht ein grundlegender Unterschied in der didaktisch-methodischen Aufbauform gegenüber: Das Prinzip der konzentrischen Erweiterung gemäß der Ritterschen Stufen wurde vom Vorreiter des Parallelprinzips, wie bereits erwähnt, durch den Sprung vom „Nahen" zum „Fernen" ersetzt.
- *Drittens*: An die Stelle heimatkundlicher Exkursionen mit den Kindern des Grundschulalters trat wiederkehrend die Eingliederung punktueller heimatkundlicher Aufgabenstellungen in den schulinternen Vollzug der Werkvorhaben und Werkaufgaben.
- *Viertens*: Die heimat- und weltkundliche Sinndimension des Unterrichts wurde durch den Vorrang der durchgehenden lebenskundlichen Themen „Kampf ums Dasein", „Lebensgemeinschaft am Werk sehen", „So also vollzieht sich Leben" zu Lasten des heimatkundlich-geographischen Aspektes ergänzt, oder besser: weitgehend ersetzt.

---

480 SSV, S. 23.
481 Ebd., S. 25.

# V. Zusammenfassung und Vertiefung: Der „Jahresplan" und die „Formenkunde"

Mit den nachstehenden Ausführungen beabsichtige ich, erstens den dargestellten Unterricht im Spiegel des „Jahresplans" noch einmal zusammemfassend zu kennzeichnen und zweitens den strukturellen Zusammenhang aufzuweisen, der diesen Unterricht mit der „Formenkunde" verbindet. Diese findet im „Jahresplan" keine Berücksichtigung. Die Sinngebung erfolgte bisher unter den Aspekten der „Geschmackserziehung"[482], der Sinnesschulung[483] und der Mediendidaktik.[484] Es wird aber zu zeigen sein, dass die „einfachen Formen" der „Formenkunde" in noch grundlegenderer Perspektive zu verstehen sind: als Formen des „Lebens" und integrales Segment Kategorialer Bildung.

---

[482] Vgl. SSV. S. 94 ff. und Lingelbach: Adolf Reichweins Schulpädagogik, S. 65 f.
[483] Vgl. FLS. Kapitel: Von der Anschauung – Schule des Sehens, S. 6 -33.
[484] Vgl. Meyer: Reichweins medienpädagogisches Konzept zur Schulung des Sehens, S. 146–158.

## 1. Interpretation des „Jahresplans"

Der „Jahresplan" repräsentiert in einem markanten begrifflichen und geometrischen Gefüge die Teilthemen des Unterrichts, die spezifischen Formen ihrer Verknüpfung und die jahreszeitliche Untergliederung des „Ganzen".

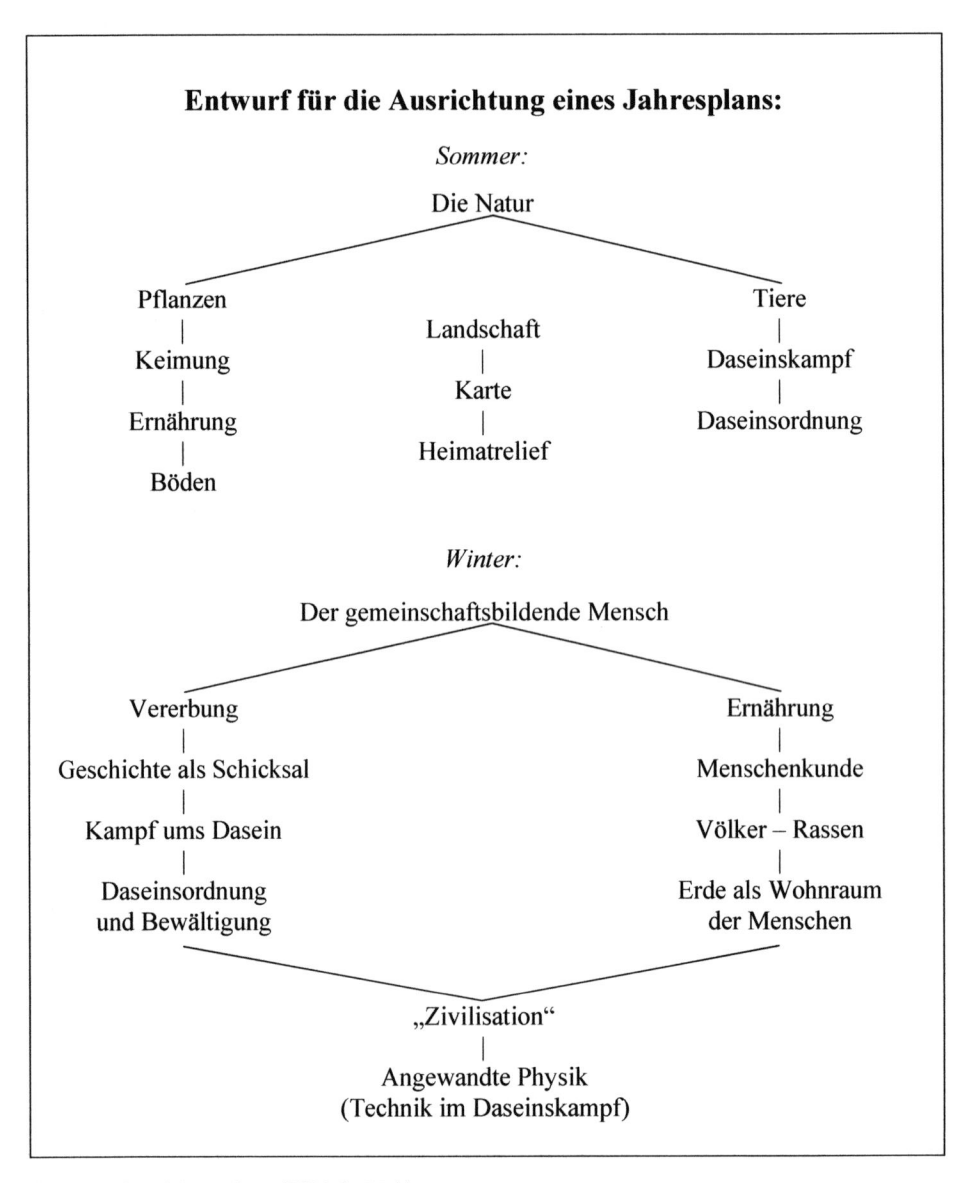

---

**Entwurf für die Ausrichtung eines Jahresplans:**

*Sommer:*
Die Natur

| Pflanzen | | Tiere |
|---|---|---|
| \| | Landschaft | \| |
| Keimung | \| | Daseinskampf |
| \| | Karte | \| |
| Ernährung | \| | Daseinsordnung |
| \| | Heimatrelief | |
| Böden | | |

*Winter:*
Der gemeinschaftsbildende Mensch

| Vererbung | | Ernährung |
|---|---|---|
| \| | | \| |
| Geschichte als Schicksal | | Menschenkunde |
| \| | | \| |
| Kampf ums Dasein | | Völker – Rassen |
| \| | | \| |
| Daseinsordnung und Bewältigung | | Erde als Wohnraum der Menschen |

„Zivilisation"
|
Angewandte Physik
(Technik im Daseinskampf)

---

*Schema des Jahresplans (SSV, S. 27 f.)*

## 1.1 Die Teilthemen in ihrer begrifflichen Markierung

- *„Pflanzen, Keimung, Ernährung, Böden"* weist auf die „Keim-, Saat- und Wachstumsversuche an Pflanzen" als Teil einer Gartenkunde hin, die „Einsicht in den „inneren Kreislauf einer Pflanze" vermittelt. Der Film „Entwicklung und Vermehrung der Erbse" wurde eingesetzt, um die gartenkundlichen Kenntnisse zu festigen und in die metapraktische Perspektive des Themas „Der Kreislauf des Lebens beginnt von Neuem" zu übersetzen. Überdies ist anzumerken, dass die voranstehende Begriffssequenz dem heimatbiologischen Konzept in seiner allgemeinbiologischen Aufgabenstellung zugeordnet werden kann: Einführung in die „Gesetze des organischen Lebens" (Junge), Begegnung mit den „Grundphänomenen des Lebens". Diesem Schwerpunkt des Reichweinschen Unterrichts entsprechend enthält der Jahresplan keine Hinweise auf die Behandlung landschafttypischer Einzelpflanzen und (oder) Lebensgemeinschaften des Heimatraums.
- *„Landschaft, Karte, Heimatrelief"* repräsentiert im Begriffsgefüge des „Jahresplans" die Erarbeitung der „heimischen Landschaft als Gestalt" im Wechsel von Originalbegegnung, Kartenarbeit und Reliefbau. Im Mittelpunkt stand die plastische Rekonstruktion der erd- und kulturgeschichtlichen Entwicklung des Dorfes. Damit war der Zusammenhang zwischen Natur- und Kulturlandschaft thematisiert, dem der anschließende Unterricht, ausgewählte Bereiche der Erdoberfäche aus der „Vogel- und Fliegerschau" betrachtend, nachging.
- *„Tiere, Daseinskampf, Daseinsordnung"* gibt den inhaltlichen Schwerpunkt des Themas „Bienenbeobachtung" wieder. Es gewährte einen Einblick in das „geordnete Leben einer Tiergemeinschaft" und legte den Tier/Menschvergleich nahe. Werktätigkeit und Medieneinsatz (Bau des Bienenbeobachtungsstandes/Filme zur Verhaltensforschung) bestimmten den methodischen Akzent. Es war hinsichtlich dieses didaktischen Konzeptes ausgerichtet auf die Erschließung weniger kategorialer Grundeinsichten im Vollzug eines methodisch variablen Unterrichts mit stringenter inhaltlicher Linienführung in der Tiefendimension des Reichweinsatzes „So also vollzieht sich Leben".
- *„Vererbung, Geschichte als Schicksal, Kampf ums Dasein, Daseinsordnung und Bewältigung"* verweist auf das Thema „Bauernhaus/Bauernkultur" (Bau der landschaftstypischen Hausmodelle) und damit auf eine Unterrichtseinheit, die im Schnittpunkt von Kulturgeschichte und Landschaftsgeographie den Lebenskampf der Geschlechter in seiner schicksalhaften Abhängigkeit von „Landschaft, Klima, Menschenart" thematisiert.
- *„Ernährung, Menschenkunde, Rassen, Erde als Wohnhaus des Menschen"* bringt zunächst eine eher biologistische Begriffs-Trias mit dem Kennwort der „Rasse". Dieses hat aber keine Entsprechung in den einschlägigen Texten der Schulschriften. Es ist daher vermutlich in seiner vorliegenden Platzierung als tarnende Anpassung an den Zeitgeist zu verstehen. Den Abschluss bildet der Herder/Rittersche Topos des „Wohnhauses". Dieser ist Platzhalter für den landschaftsgeographischen Ansatz, dem Reichwein auf den „großen Fahrten" nach Ostpreußen und Schleswig-Hol-

stein im Kern seines Unterrichts folgte. Die politisch-geographisch bzw. geopolitische Thematik der Grenzbegegnungen in Memel und Flensburg ist allerdings in diese Kontinuitätslinie nicht ohne weiteres einzuordnen.

- *„Zivilisation – Angewandte Technik (Technik im Daseinskampf)"* könnte auf die Filmreihe „Kohle, Eisen, Stahl" verweisen, die einen Einblick vermittelt in den technisch-ökonomischen Leistungszusammenhang, der von der Urproduktion über den Transport der Güter zu deren anschließenden Verarbeitung und Veredlung führt. Oder ist hier an das Datum „1830" („Industrie als Großform" (Krupp), rechnende Wirtschaft, Verkehrsplanung (List), Fruchtwechsel (Thaer), Stoffwechselforschung und Düngung (Liebig) … ") zu denken?
„Zivilisation" in der vorliegenden Positionierung an der Spitze des Sechsecks könnte dann als Kürzel für das von der Vormoderne zur Moderne führende „technisch-industrielle Zeitalter" im Sinne des strukturgeschichtlichen Ansatzes (Conze) stehen.

## 1.2 Die Untergliederung des „Jahresplans": „Sommer: Die Natur", „Winter: Der gemeinschaftsbildende Mensch"

Diese Untergliederung entspricht der üblichen Einteilung des heimatkundlichen Unterrichts gemäß der pragmatischen Direktive im Sommerhalbjahr „mehr das Erdkundliche", im Winterhalbjahr „mehr das Geschichtliche". Der dem „Erdenleben" in so mannigfacher Weise verbundene Landschullehrer Reichwein aber stellt seinen Ausführungen zum „Jahreskreis" eine ungleich tiefere Sinngebung im Geiste jenes ökologisch-systemischen Denkens voran, auf dessen Spuren wir unter wechselnden Aspekten schon bei Herder, Goethe, Humboldt und Capra gestoßen sind:

*„Alles ländliche Schaffen empfängt seine tiefen Anregungen von der Natur. Es ist an Rhythmus gebunden, weil die Natur sich dem Schaffenden rhythmisch offenbart. Der natürliche Jahreslauf spiegelt sich in der Schöpfung zwischen Herbst und Wiederherbst. Da wo Ernte und Neusaat beieinander liegen, geschieht die Verflechtung des Gestern ins Morgen, webt Natur und mit ihr der Mensch jene Fäden, die das kommende Jahr fest ins Vergangene verschlingen. Es gibt weder Pause noch Aufschub in der Schöpfung. Der Herzschlag setzt nie aus. Der ländliche Mensch hat keine Ferien, weil die Natur nicht in Ferien geht. Der Verkehr des Landmenschen mit der Natur hat viel von einem Gespräch an sich. Der Mensch, nicht die Natur ist darauf angewiesen, daß das Gespräch gelingt. Bei ihm ist es also, die Führung zu ergreifen. Von der Kunst der Gesprächführung wissen wir, daß ihr innerstes Anliegen nicht das Sprechenkönnen, sondern das Hörenkönnen ist, und ihre strengste Forderung, beim Thema zu bleiben. Die Natur stellt das Thema, der Mensch ist daran gebunden. Er geht darauf ein und gibt seinen Beitrag. Bedingung für das Gelingen jeder solchen Antwort ist, daß zuvor die Sprache der Natur erhört und empfunden worden ist."*[485]

---

485 SSV, S. 21 f.

Diese Gedanken mit Blick auf die naturgebundene Lebensform und Arbeitsweise des „Landmenschen" weiterführend kommt anschließend das ökologische Problem- und Ganzheitsdenken unserer Tage zur Sprache, dem wir bereits bei Herder begegneten:

*„Wir denken nur richtig, wenn wir innerhalb der uns aufgegebenen Sache denken. Und diese große Sache ist für uns auf dem Lande, unmittelbarer und dringender als für die Menschen in der Stadt, das Verhalten der Natur. Sie ist uns nicht erkennbar, aber in Grenzen deutbar. Mit ihr gemeinsam zu leben ist unser Schicksal. Leben wir gegen sie, so läßt die Rache trotz Maschine und künstlichem Dünger, trotz durchdachtester Kiefernforstung nicht auf sich warten. Reizen wir die Natur zur Gegenwehr, so unterliegen wir immer. Wir können nur mit ihr verbündet bestehen, oder richtiger: in ihr sein, also auch denken, um ihren Willen zu vollstrecken."*[486]

Mit Blick auf die Bildungsarbeit der Landschule heißt es sodann:

*„Wir Erzieher auf dem Lande haben das Glück, wenn wir Augen haben zu schauen und Ohren zu hören, täglich an die Bindung unseres natürlichen Seins, an den Kreislauf der Dinge erinnert zu werden. Wir sind in allem durchdrungen von dieser Erfahrung. Sie ist die stillschweigende Voraussetzung all unserer Pläne und Ansätze."*[487]

In der Perspektive des Arbeitsplans gesagt:

*„Für die ländliche Erziehung gliedert sich das Jahr ganz natürlich in eine sommerliche und eine winterliche Hälfte. Die Ordnung der unterrichtlichen Vorhaben wird durch diese Gliederung bestimmt. Die sommerliche Zeit ist vor allem der Beobachtung draußen im Freien gewidmet, der Naturkunde im weitesten Sinne. Die Anschauung des pflanzlichen Werdens, der Entfaltung des tierischen Lebens schafft eine Fülle und doch einen in sich geschlossenen Kreis von Einsichten in das natürliche Dasein. Aus dem unmittelbaren Umgang mit den Erscheinungen unserer ländlichen Umwelt ergeben sich jene Grunderfahrungen und Fragestellungen, die am Eingang zur Winterarbeit stehen. Mit der herbstlichen Ernte auf den Feldern beginnt auch für den Erzieher die Zeit des Sammelns und Verdichtens aller sommerlichen Ergebnisse, des Sichtens und Ordnens für den Aufbau der winterlichen Menschenkunde … ."*[488]

Eine ergänzende Formulierung kommt hinzu.

*„Die naturkundlichen Versuchsreihen werden auch während des Winters fortgesetzt, aber im Vordergrund stehen jetzt – innerlich schon ganz auf die Menschenkunde eingestellt – chemische Untersuchungen von Nahrungsmitteln (…). Die Nahrungsmit-*

---

486 Ebd., S. 22.
487 Ebd.
488 Ebd., S. 25.

> *telversuche stehen im engsten Zusammenhang mit der biologischen Menschenkunde. Vom Menschen aus erweitert sich der Blick auf die Erdkunde der außerdeutschen Bereiche, je nach dem Stand der Arbeit werden Europa, Amerika, Afrika oder Asien in die Betrachtungen einbezogen.*"[489]

Die Sommer-Winter-Geometrie des Jahresplans muß also durch eine gedankliche Linie ergänzt werden, die vom Bereich „Natur" („Pflanze, Keimung, Ernährung, Böden") zum Bereich *„Der gemeinschaftsbildende Mensch"* („Ernährung, Menschenkunde, Rassen, Erde als Wohnraum des Menschen") führt.

Dem Natur-Mensch-Zusammenhang, den Reichwein hier am Beispiel des „Landmenschen" und des Jahresplanes konkretisiert, entspricht in übergreifender geistesgeschichtlicher Perspektive das Deutungsmuster der „Erdbedingtheit" (Nohl) – das Verständnis des Menschen von den Naturgrundlagen her. Wegweisend war vor allem der geographisch-völkerkundliche Aspekt in Herders „Philosophie der Erde", unter dem seither in den einschlägigen Schulfächern (auch bei Reichwein) die Lebensformen der Naturvölker und der naturnahen Berufe besondere Beachtung fanden.

Goethe glaubt im Sinne dieses Deutungsmusters „der Natur abgemerkt zu haben, wie sie gesetzlich zu Werke gehe, um lebendiges Gebild, als Muster alles Künstlichen, hervorzubringen"[490]. In analoger Weise weist Reichwein wiederholt den Weg vom „natürlichen Vorbild zur technische Form":

> *„So schufen wir uns Bildreihen und Bildbänder, die von den einfachsten Fluggeräten draußen in der Natur bis zum heute vollkommensten Fluginstrument des Menschen führten, von dem Flugsamen des Löwenzahns, der ‚Pusteblume', bis zum Fallschirm, vom rotierenden Ahornsamen zum Propeller, vom Schmetterling zum schwanzlosen Flugzeug und von der Möwe zum ‚Rhönadler' auf der Wasserkuppe."*[491]

## 1.3 Die übergreifende lebenskundliche Thematik

Als die zentralen fächerübergreifenden Themen, denen sich der Autor der Schulschriften mehrfach zuwendet, sind vor allem zu nennen: Der „Kampf ums Dasein, „Lebensgemeinschaft am Werk sehen" und „So also vollzieht sich Leben".

Der „ Kampf ums Dasein" ( „So also vollzieht sich Leben"):
In der Perspektive dieses Leitthemas kommen Pflanze, Tier und Mensch zur Sprache: Der Film „Entwicklung und Vermehrung der Erbse" zeigt den Lebenskampf der Pflanze, deren Samen entweder „die Art erhalten" oder „auf hartem Boden (eingehen)." Die Bienenbeobachter lernen den „Kampf zwischen der einseitig auf Arbeit

---
489 Ebd., S. 28 f.
490 Werke. Band 13, S. 102.
491 SSV, S. 45.

und produktiven Aufbau hin entwickelten, in der Wehrhaftigkeit verkümmerten aber staatlich hochwertigen Art und einer ihr geradezu entgegengesetzten, nur auf Raub, Ausbeutung und Strukturvernichtung, Schmarotzertum gerichteten, aber äußerst wehrhaften Wildform" kennen. Insbesondere ist dem Film „als Führer in die wilde Natur" die Aufgabe gestellt, Begegnungen mit dem Lebenskampf der Tiere zu vermitteln:

*„Das Kind bekäme ein sehr einseitiges Bild von der Natur, wenn sie ihm nur in ihrer gezähmten Form, in Gestalt der Haustiere, oder in ihrer Ordnung als soziales Gebilde in Familie, Volk und Staat, wie etwa bei den Bienen, erschiene. Es fehlte die Urform mit ihrer Wildheit und Tragik. Es fehlte der mitleidslose unentrinnbare Kampf des einzelnen gegen das Schicksal. Und damit jene Größe, die immer wieder eine tiefe, uns selbst geheimnisvolle Schicht unseres Wesens anzieht wie ein Magnet, packt, erregt und nie wieder ganz losläßt; selbst den kühlen, nachdenklichen, gereiften Erwachsenen, wieviel mehr das dem natürlichen Urstand noch nähere Kind … "*

Der bei Reichwein immer vorhandene Tiefgang der Gedankenführung, die oftmals darauf abzielt, Alles in Einem zu sagen, und der innere Zusammenhang der beiden Themen, kommen dann in folgender Formulierung zum Ausdruck:

*„ … Das Kind soll die Natur in ihrer Wildheit und unbändigen Kraft, in ihrer Fesseln sprengenden Gewalt, in ihrem Kampf um die Urfreiheit erleben. Wenn sein Herz davon ergriffen, ja hingerissen war, wenn es schneller schlug im Einklang mit diesem Kampfgeschehen, nur dann hat es ein Recht, die ordnenden Kräfte, die im ewigen Kampf gegen die vulkanischen Triebe liegen, zu werten, zu schätzen und seinem eigenen Dasein und Wollen einzubauen. Der tragische Einzelkampf soll neben den Gemeinschaftsaufgaben der Daseinssicherung und des Wertschaffens das Herz unserer Kinder bewegen; so tief, daß das Bewußtsein davon sie durch ihr künftiges Leben begleitet."*[492]

Diese Sätze bestätigen die Auffassung, dass der „Kampf", von dem Reichwein spricht, durchgehend im Dienste der Aufgabe steht, bestehende Lebensordnungen zu verteidigen und zukünftige aktiv handelnd Gestalt werden zu lassen. Er ist nicht, wie wir formulierten, sozialdarwinistisch gemeint wie in der NS-Biologie, sondern eher im lebensphilosophisch-vitalistischen Sinne als eine Form gesteigerten Lebens im Kampf mit der Natur und mit dem politischen Gegner.

Hinsichtlich des Menschen wird der „Kampf ums Dasein" in den Themen „Unwetter" und „Krankheit im Dorf" ebenso greifbar wie in einem Geschichtsunterricht, in dem „die ‚Saga' des Erziehers" von den Männern und Taten berichtet, „die Vorbild bleiben für die Bewältigung von Not und Widerständen."

---

[492] FLS, S. 61 f.

Von der „kämpfenden Wissenschaft" ist gleichermaßen die Rede wie von der „Technik im Daseinskampf".

„Lebensgemeinschaft am Werk sehen" („So also vollzieht sich Leben"):
Dieser Leitformulierung gemäß vermittelt die Bienenbeobachtung den Kindern ein „in sich gerundetes Bild der Tierwelt, das auf Daseinskampf nach außen und gegenseitiger Hilfe nach innen begründet ist". In entsprechender Weise boten die Nistkästen des Schulgartens die Möglichkeit, den „Lebenskampf und Lebensaufbau" der Vögel zu beobachten. Die Menschen-Thematik des Arbeitsplans steht insgesamt unter dem Motto „Der gemeinschaftsbildende Mensch". Daher beinhaltet der Unterricht, der den „Kampf ums Dasein" thematisiert, sowohl hinsichtlich der Dorfbewohner als auch unter landschaftgeographischem und kulturgeschichtlichem Aspekt zugleich den Bericht von gemeinschaftlicher Arbeit und „gegenseitiger Hilfe".
In grundsätzlicher Diktion gesagt:

> *„Unter den naturkundlichen Themen sind von besonderer Bedeutung jene, die das Tier in Gesellschaft zeigen, familiengründend, staatsbildend, sozial geordnet. Nicht nur, weil die hierher gehörigen Filme das Tier innerhalb der Gruppe nach innen, gegen den Feind nach außen, als handelndes, wehrhaftes und kämpfendes zeigen, in einer tätig gesteigerten und darum packenden Lebensform, sondern auch, weil das sozial hochentwickelte Tier dem Erzieher Gelegenheit gibt, vielerlei Vergleiche mit unserem eigenen menschlichen Gruppen- und Gemeinschaftsleben anzustellen, die gerade dem kindlichen Anschauungsvermögen angemessen sind."*[493]

## 1.4 Der Grund-Satz und die Grund-Form

Der Grund-Satz, der die inhaltliche Akzentuierung der Themen und den thematischen Schwerpunkt „Lebenskampf"/„Lebensgemeinschaft" bestimmt, lautet:

> *„Unsere Erziehung ist wesentlich eine politische, d.h., wir erziehen Menschen zum Gemeinsinn, zum Sein und Handeln in der Gemeinschaft. Darum ist alle unsere Arbeit, alles Beobachten und Durchdenken von dem Bemühen durchdrungen, aufbauende, ordnende Kräfte zu entdecken, Lebensgemeinschaft am Werk zu sehen, am Modell gewissermaßen zu studieren (Saatbeet – Bienenwabe); und daran die Zusammengehörigkeit, die innere Geschlossenheit des natürlichen Daseins zu erkennen. Die Strukturen des natürlichen Seins, so wie wir sie am stellvertretenden Modell studieren, werden uns zu Sinnbildern unseres eigenen menschlichen Seins. Sie stellen die einfachen, einsichtigen, anschaubaren Fälle dar, an denen dem Kinde die ersten Ahnungen und Lichter aufgehen: So also vollzieht sich Leben."*[494]

---
[493] Ebd., S. 47.
[494] SSV, S. 26.

Von den „aufbauenden und ordnenden Kräften" und sinnbildhaften „Strukturen des natürlichen Seins" wird im Zusammenhang mit der „Formenkunde" noch einmal zu sprechen sein.

Hier gilt es aber hervorzuheben, dass der Jahresplan die Einzelthemen in einer bemerkenswerten geometrischen Konfiguration präsentiert, aus der zum einen die Zweiteilung des Unterrichts hervorgeht und zum anderen deren Disposition nach Maßgabe einer gewissen inhaltlichen Symmetrie.

Das Schema der Natur-Themen ist allerdings offener angelegt als das der Winterthemen. Möglicherweise ist dies ein Indiz dafür, dass der Exemplariker Reichwein, wie erwähnt, den landschaftsgeographischen Aspekt, der auf den Zusammenhang von Boden, Pflanze, Tier gerichtet ist, durch die allgemeinbiologisch-lebenskundliche Fragestellung weitgehend ersetzte, in deren Perspektive der *„innere Kreislauf einer Pflanze"*, die *„Gestalt einer Landschaft"* und das *„geordnete Leben einer Tiergemeinschaft"* sich als eigenständige Themen darstellen, die es als solche in der Parallelführung der Linien des Strukturschemas zu kennzeichnen galt.

Die Menschen-Thematik ist hingegen in die geschlossene Figur eines Sechsecks eingebunden. Ist das ohne Belang oder will der formstrenge Stilist Reichwein mit diesem synoptischen Ordnungsgefüge auf etwas Grundlegend-Allgemeines hinweisen? Ist das Sechseck daher mehr als ein zweckdienliches Organigramm, ist es jene „geometrische Grundform", der Reichwein im Rahmen seines Bienenthemas als symbolhaftes Zeichen für den „geheimnisvollen Aufbau der lebendigen Welt" besondere Bedeutung beimisst?

## 2. Interpretation der „Formenkunde"

### 2.1 Das Ensemble der „einfachen Formen"

Das Kapitel „Von den einfachen Formen" stellt im Abschnitt „Vom Sehen" den Basistext. Die „Schule des Sehens" vermittelt in mediendidaktischer Perspektive die ergänzenden Hinweise.

Der Basistext beginnt mit der Ausformulierung des Grundsätzlichen:

> *„In der Naturkunde stoßen wir immer wieder auf die nahe innere Verwandtschaft der Natur- und Kunstformen. Ja gerade die Betrachtung der Naturformen als Formwerte führt uns immer wieder von neuem zu der Entdeckung, daß jede Form in Gesetzmäßigem begründet ist."*[495]

Es folgt die Exemplifikation an jener „geometrischen Grundform" der Natur, der Reichwein wiederkehrend besondere Beachtung schenkt:

---
[495] SSV, S. 95.

> „Das Sechseck-Schema, um nur ein Beispiel zu nennen, das dem Schneekristall ebenso wie dem Steingerippe eines gotischen Rundfensters zugrundeliegt, führt nach dem Gesetz dieser Grundform sowohl im natürlichen Geschehen wie im menschlichen Schaffen zu einander sehr naheliegenden Einzelformen."[496]

Der Fundamentalsatz der „Formenkunde" ist in die Formulierung gefasst:

> „Und von dem einfachen Schneekristall bis zu den Großformen der lebendigen Natur stoßen wir auf vielen Wegen immer wieder auf dieselbe Erkenntnis, daß keine Form gleichgültig ist, sondern jede auf eine bestimmte Weise vorbestimmt und vorentschieden, und jede einen einmaligen Wert verkörpert."[497]

Das Grundsätzliche wird sodann an ausgewählten Beispielen der Natur und der Menschenwelt konkretisiert:

> „In der Erdkunde kommen wir immer wieder auf die Formwerte gewisser Landschaftsbildungen, auf alluviale oder vulkanische, immer aber auf innere Zusammenhänge zwischen Entstehungsgeschichte und Form. Was wir so an den Formen der Natur sehen und lesen lernen, und, wie am Beispiel des Schneekristalls gezeigt, in Gedanken immer wieder mit den Kunstformen des menschlichen Schaffens verbinden, begegnet uns in der Welt, die wir Kultur nennen, auf ähnliche Weise. Auch dort entdecken wir, wenn wir den Blick ein wenig für das Wertvolle geschult haben, daß jede Formgebung an den Stoff, aus dem sie geschieht, und an den Zweck, auf den sie sich richtet, gebunden ist. Gewebe, Geräte aus Holz und Eisen, Häuser und Möbelformen, kurz alles Gegenständliche unserer Umgebung, üben wir uns, mit neuen Augen zu sehen und aus einem einfachen Gefühl für das Schöne und Zweckmäßige zu werten. Was wir soeben für die Volkskunde andeuteten, gilt natürlich ebenso für die Beschäftigung mit der jüngsten und ganz gegenwärtigen Technik. Ja, genaugenommen, gehört der vollendete Körper eines Motorschiffs oder das stählerne Gefüge eines Hebewerks für uns ebenso zu den Kernbeständen der deutschen Volkskunde wie die überlieferten und in ihrer letzten Gültigkeit unantastbaren Formen eines friedlichen Bauernhofs oder eines aus Ton gebrannten Krugs, in dem der Kaffee aufs Feld gebracht wird."[498]

Der „Hinweis im Vorbeigehen", von dem Reichwein spricht, mag die Augen der Kinder wiederkehrend für das „Gegenständliche" (Gewebe, Geräte, Häuser, Möbelformen) der eigenen Umgebung geöffnet haben. Vergleichbare Gebilde der Volkskunst und des Handwerks waren überdies Gegenstand der Erkundung im Heimatmuseum. Die morphologische Struktur der „Großformen der Natur" konnten die Teilnehmer

---

496 Ebd.
497 Ebd., S. 96.
498 Ebd.

der „großen Fahrt" als Wanderer und Radfahrer am eigenen Leibe erfahren und in der innehaltenden Umschau wahrnehmen. Bild und Film standen im Dienste der Aufgabe, Einsicht in die Struktur und Genese der kristallinen und vegetativen Wuchsformen der Natur (Schneekristall, Eisblume, Gletscher, Dünen, Wolken, Sonnenblume, Erbse) zu erschließen. Im Zentrum der methodischen Arbeit aber stand jener sich wechselseitig ergänzende und bedingende Vorgang, den der Kunsterzieher Reichwein in die Formel „Vom Schauen zum Gestalten" fasst – deren Komplementärformulierung „Vom Gestalten zum Schauen" lauten sollte.

Zwei Gestaltungsformen, die zur genauen Wahrnehmung des Gegenstandes in der Linienführung seiner Konturen zwingen, finden beim Stilisten Reichwein besondere Beachtung: die Skizze, die im Zusammenspiel von „formschauendem Auge" und „formschaffender Hand" als Darstellung der „natürlichen Formen" („Blattformen, Laub- oder Nadelbäume, Äpfel oder Birnen") entsteht und der Scherenschnitt:

*„Unsere Scherenschnitte sind nicht nur Übung im Formen an sich oder Handfertigkeiten um ihrer selbst willen, sondern sie stellen eine innere Auseinandersetzung des formschaffenden Kindes mit der gewachsenen natürlichen Form dar. Sie sind eine Probe darauf, ob das Kind richtig gesehen hat; nicht in dem äußerlichen Sinne, daß es jede Einzelheit im Gedächtnis behielt, sondern in dem wesentlichen Sinn, daß die Form als Ausdruck eines Wesens erfaßt und begriffen wurde (Löwenzahn, Mohn, Schneekristall). Sehen ist hier als Vorbedingung eigenen und handwerklichen Gestaltens gemeint."*[499]

Das Sehen der Dinge in Absicht ihrer nachschaffenden Gestaltung nötigt zur besonders aufmerksamen und eindringlichen Betrachtung. Es macht es erforderlich – mit den Begriffen zum „gegenständlichen Denken" Goethes gesagt – in den Gegenstand „unterzutauchen" und „hineinzuschlüpfen" – denn: „Der Schnitt aber ist unwiderruflich. Er schließt Korrekturen aus. Und wenn er gelingen soll, muss zuvor die gesamte Form im Kopf geklärt worden sein. Der Schnitt gelingt auf Anhieb oder gar nicht."[500]

An Goethes „Schule des morphologischen Sehens" erinnert vor allem auch das „Zeichnen nach Natur". Dieser Gestaltungsform ist im Schaffenden Schulvolk das Foto einer Gruppe zeichnender Kinder gewidmet, die im Schulgarten um ein Doldengewächs mit symmetrischem Blütenstand versammelt sind. Im Bildkommentar heißt es, dass die Tätigkeit des Auges und der Hand nicht den „Sinn des Kopierens" habe, sondern sie diene „dem Nachempfinden und -gestalten einer gewachsenen Form."[501]

Hierher gehört ein zweites Bild. Es nimmt in den mir bekannten Reichwein-Präsentationen fast immer eine herausgehobene Stellung ein:

---

[499] Ebd., S. 96 f.
[500] Ebd., S. 106.
[501] Ebd., 2. Bilderzyklus, 2. Bild.

*Bild 6: Reichwein mit einer Schülergruppe*

Was mag die Prominenz und Repräsentanz dieses Bildes bedingen? Es zeigt Adolf Reichwein inmitten einer um ihn gescharten Gruppe seiner Landschulkinder. Eine schöne Episode sommerlichen Lernens am Rande eines Kornfeldes ist erkennbar. Der Geschlossenheit des Bildes nach außen entspricht dessen Zentrierung auf ein „Innen", auf das aller Augen gerichtet sind: der Schaft und die Ähre eines Getreidehalmes. Diese Gemeinsamkeit des Hinschauens bestimmt das Wesen des Bildes. Der Lehrer in der prüfenden Bedachtsamkeit seiner Blickzuwendung pointiert es. Er scheint den Gegenstand für sich selbst mit Auge, Hand und Wort (die Lippen sind leicht geöffnet) abzutasten. Was mag er zu sich und den Kindern sagen? Ob wir den Auskünften des Bildkommentars eine Antwort entnehmen können? Dort heißt es:

> *„Das tägliche Brot steht im Mittelpunkt eines sommerlichen Vorhabens. Wir verfolgen den Weg vom Korn über den Keim zur Pflanze, die aus der Grundanlage von Schaft, Knoten und Ähre in den Halm schießt. Welches Wunder natürlicher ‚Technik': der Bau eines Halmes! Das Kind ahnt und begreift, welche Fügung von Segen und Arbeit nötig ist, wieviel Besorgung jenen langen Weg von der Saat zur Mühle begleiten muß, vom Korn zum täglichen Brot. Bald singen wir: ‚Es steht ein goldenes Garbenfeld, das geht bis an den Rand der Welt. Mahle. Mühle, mahle."*[502]

Worüber wird sich der Sprechende geäußert haben, mit Auge und Hand der Ähre und dem Halm in eindringlicher Zwiesprache zugewandt: Lenkt er den Blick auf die Vielzahl der Körner, die im Laufe eines Sommers als „Fügung von Segen und Arbeit" aus

---

502 Ebd.,1. Bilderzyklus, 3. Bild.

einem Korn erwachsen? Vergegenwärtigt er sich das „Wunder" des Halmes? Ist er dabei, „den Weg vom Korn über den Keim zur Pflanze, die aus der Grundanlage von Korn, Schaft und Knoten in den Halm schießt" unter dem Leitgedanken: „Geprägte Form, die lebend sich entwickelt" zu verfolgen? Bild und Kommentar geben Anhaltspunkte für jede dieser Möglichkeiten des zum Sinngehalt hinführenden Sprechens und des gemeinsamen Schauens und Bedenkens.

Reichwein regt eine noch weiter reichende Ausdeutung der metaphysischen Perspektive des Kornähren-Phänomens mit seinem Vorschlag an, den Text „Ährenreife" von Hans Künkel als Lektüre in den Unterricht einzubeziehen. Die Grundgedanken kommen in folgender Passage zum Ausdruck:

*„Das Leben des Kornes ist ein Sinnbild für das Menschenleben. Zu beiden müssen Erde und Himmel das Ihre beitragen, wenn es wachsen soll. Wachstum und Wandlung ist das Gesetz ihres Lebens, das beiden eingeschrieben ist. Nicht Lebendiges bleibt was es war. Aus dem zarten Blättchen wird der Halm, und der Halm wird hart, wenn er die Aehre trägt. Uebergang ist alles, die Formen des Lebens wechseln, aber das Leben bleibt. Reifen heißt Samen tragen: Früchte, in denen das ganze Leben mit all seinem Formenreichtum sich in einem winzigen Kerne sammelt und zusammenzieht. Wenn alles Getreide zugrunde ginge und nur eine Getreideähre bliebe übrig, so enthielte diese doch so viel Lebenskraft in sich gesammelt, daß bald aus ihr neue Saatfelder entstehen würden. So trägt auch unser Leben seinen Samen, wenn es reif wird. Frucht tragen, Samen tragen, – das ist der Sinn aller Wandlungen. Ein neues Korn soll aus uns geboren werden. Etwas soll aus uns herauswachsen, das alle Reife und Liebe unseres Lebens in sich trägt. Wir sollen nicht in uns geschlossen bleiben, denn das Beste unseres Lebens will weiter leben – als Gedanke, als Liebestat, als Werk."*[503]

Es sei dahingestellt, inwieweit es möglich ist, diesen Text in seinen mehrfachen Stufen sinnbildlicher Transformation in den Verstehenshorizont von Lesenden zu heben, denen die Erfahrung der Reife des gelingenden Lebens noch abgeht. Auf jeden Fall aber gilt: der Gegenstand der Betrachtung ist der Schaft und die Ähre eines Halmes. Dieser wurde aus seinem Um-Feld herausgehoben. Er ist nun nicht mehr „gleichgültig" wie in der Perspektive der Arbeits- und Verbrauchsoptik des Alltagslebens, sondern bedeutsam. Er ist von eigenem Wert als eine Grundform des vegetativen Lebens. Diese wird mit Blick auf das Ganze und seine Teile in der Schönheit und inneren Wahrheit ihrer Form erfasst. Im kontemplativen Schauen kann sich das Angeschaute in seiner metapraktischen Perspektive zeigen. Dies gilt sinngemäß auch für Beachtung und Betrachtung der übrigen „Natur- und Kunstformen", von denen die Rede war: Jedesmal ist ein Moment des Innehaltens zu bemerken, des verweilenden Betrachtens, Beobachtens, Schauens und Bedenkens, das nach dem Wesen und Beweggrund der Erscheinung sucht.

---

503 Künkel: Ährenreife, S. 3.

## 2.2 Der goethische Aspekt

Fassen wir den hier unterbreiteten „Kanon der Grundformen" zugleich mit dem „Gesetzmäßigen", das die von Reichwein genannten Naturformen und Artefakte hinsichtlich des Zusammenhanges von Inhalt und Form (Form und Funktion, Wesen und Erscheinung) verbindet, noch einmal in den Blick. Es wird dann offenkundig, dass das Dargestellte über eine auf Geschmacksbildung zielende Formenkunde noch hinausgeht. – Ohne Zweifel: Der „aus Ton gebrannte Krug", von dem im Basistext die Rede ist, kann für den handwerklichen Formenschatz stehen, dessen Verlebendigung im Stilgefühl einer neuen Generation das besondere Anliegen des Volkskundlers Reichwein war. Aber die Ausrichtung der Grundsatzformulierungen nicht nur auf die „Kunstformen des menschlichen Schaffens" sondern zugleich auch auf die „Formen der Natur" und die Betonung der „nahen inneren Verwandtschaft der Natur- und Kunstformen" hinsichtlich ihrer Begründung im „Gesetzmäßigen" verweist mit struktureller Signifikanz auf das Natur- und Kunstverständnis Goethes.[504] Daher ist die „Formenkunde" Reichweins letztlich darauf angelegt, das Bild einer Welt zu vermitteln, das nicht von Kontingenz bestimmt ist, dem vielmehr eine Seinsordnung im Sinne der vormodernen Kosmostheorie zugrunde liegt (S. 80 f.): Die „einfachen Formen" entstammen den drei Reichen der Natur und der naturbedingten Menschenwelt. Es sind ästhetische Phänomene, deren Gestalt durch „Harmonie" und „Gleichgewicht der Proportionen und Kräfte" bestimmt ist. Und ihnen liegt – in goethischer Weltsicht und mit den Worten Reichweins gesagt – eine „aufbauende und ordnende" geistige Kraft zugrunde: „Entelechie" („Lebenskraft", „Bildungstrieb").

## 3. Zusammenfassung

Als Antwort auf die Frage nach dem Zusammenhang zwischen der „Formenkunde" und dem übrigen Unterricht ist hervorzuheben: Die „einfachen Formen" gehören zu den „Kernbeständen" einer Kategorialen Bildung, deren Gegenstand die Lebensphänomene unter dem Aspekt der „heimatkundlichen" Fächer, der Heimat- und Lebenskunde und der „Formenkunde" sind. Ein Sechseck, die Bienenwaben-Geometrie repräsentierend, mit der innenseitigen vitalistischen Metapher „Leben" könnte die Tiefendimension und

---

504 Wilhelm v. Humboldt fasste die Deutung der künstlerischen Produktion Goethes von den Wachstumsgesetzen und der Ästhetik der Naturformen her in seiner Rezension von Goethes zweitem römischen Aufenthalt in die Worte: „Goethes Dichtungstrieb, verschlungen in seinen Hang und seine Anlage zur bildenden Kunst, und sein Drang, von der Gestalt und dem äußeren Objekt aus dem inneren Wesen der Naturgegenstände und den Gesetzen ihrer Bildung nachzuforschen, sind in ihrem Prinzip eins und ebendasselbe und nur verschieden in ihrem Wirken" (zitiert nach von Einem: Goethe-Studien, S. 72).

das inhaltliche „Ganze" der Bildungsarbeit einschließlich des Ensembles der „einfachen Formen" symbolisieren.

Und überdies: Die „einfachen Formen" stellen sich uns als Wahr-Zeichen einer Welt dar, die im Grunde ihres Seins „in Ordnung" ist. Sie gehören als solche zusammen mit den übrigen „Strukturen des natürlichen Seins" in die Sinnmitte eines Schulversuchs, dem in der idealistischen Reformperspektive seines Initiators der Auftrag zugrunde lag, die Gesellschaft in ihren sozialen und ökonomischen Strukturen „in Ordnung" zu bringen: „Kosmos" als Sinnbild der Friedens- und Gerechtigkeitsordnung, die es zu schaffen galt, und die „einfachen Formen" als Stützpunkte des Weltvertrauens im Geiste Goethes. Auf dieser Grundlage konnte der Humanist und Sozialist Reichwein auch im sozialen und politischen Bereich auf die Potenz der „einfachen Formen" setzen, auf die Gruppe als „Wuchsform alles Lebendigen".

## 4. Von der Gruppe als „Wuchsform alles Lebendigen" zur „Arbeitsteilung und Arbeitsgemeinschaft der Völkerwirtschaften" (von Koerber)

Von Koerber hat in seinem Aufsatz „Wirtschaft als Aufgabe im Sinne Reichweins" (1981) die gestaltenden Tendenzen und den Aufbau der Weltwirtschaft in der Reformperspektive Reichweins dargestellt. Grundlage seiner Ausführungen sind die Publikationen, die Reichwein in der Zeit von 1923 bis 1938 wirtschafts- und gesellschaftspolitischen Themen gewidmet hat. Um nur einige Beispiele (nochmals) zu nennen: „Die Rohstoffwirtschaft der Erde" (1928), „Weltwirtschaft" (1926), „Mexiko erwacht" (1930) „Blitzlicht über Amerika" (1930), „Bevölkerungsdruck in Ostasien" (1932), „Die Gilde" (1924), „Mit oder gegen Marx zur Deutschen Nation?" (1932), die Berichte und Buchbesprechungen in der Rubrik „Anthropogeographie" der Sozialistischen Monatshefte (1929). Biographischer und zeitgeschichtlicher Hintergrund war die Weltreise (1926/27), auf die wir im Geographie-Kapitel bereits zu sprechen kamen und die Weltwirtschaftskrise (1929–1933) mit ihrer vom amerikanischen Börsensturz ausgelösten weltweiten Depression und Deflation. In diesem Kontext markiert Koerber zum einen die genuinen Probleme des industriell-kapitalistischen Systems, mit denen Reichwein sich auseinandersetzte: „Armut im Überfluß", die „Tragödie der Verschwendung", die materielle und psychische Kolonialisierung der „Dritten Welt", zum anderen die damals in verschiedenen Teilen der Welt (Japan, Mexiko, Kanada, Philippinen, Neuseeland) aufbrechenden sozialistischen Reformversuche. Am Anfang der Koerberschen Abhandlung steht aber nicht eine Problemdiagnose der Zeit in ihren ökonomisch-politischen Krisen und Herausforderungen, sondern eine einleitende Passage zum Weltverständnis Goethes (und Herders). Das Systembild des Lebens, von dem wir mit Blick auf Goethes „Gesamtansicht der Natur" sprachen, kommt hier noch einmal zu Wort:

> *„Das zuversichtliche, auf Veränderung der herrschenden Wirtschaftsordnung gerichtete Denken und Wirken Reichweins muß als Teil seiner – von den Kampfvorstellungen des 19. Jahrhunderts entschieden abweichenden – Welt-und Gesellschaftsanschauung verstanden werden. Für ihn ist die Welt in Goethes Sinne eine Einheit. Alles Geschehen in Natur und Geisteswelt vollzieht sich nach gleichen Gesetzen aufgrund einer alles tragenden und durchdringenden bildenden Kraft, die sich in einer Vielzahl von Formen äußert. Schon in der unbelebten Natur wird diese Gestaltungskraft sichtbar, etwa in den Formationen und Gebilden der Erdgeschichte. Erst recht offenbart sich ‚organisierende' Kraft in allen Lebenserscheinungen. Jedes Lebewesen – auch jede aus einer Vielzahl von Geschöpfen bestehende Lebenseinheit – lebt und entwickelt sich aus dieser ihm innewohnenden Bildekraft und wird damit fähig, am Leben höherer Einheiten tätig teilzunehmen. So baut sich die Welt aus zusammenhängenden, zusammenwirkenden Gebilden und Ordnungen in Stufenform auf, angefangen vom Grobmateriellen über das organische Leben bis zum Bereich des Geistig-Sittlichen. Dieses ganzheitliche Bewußtsein, dieses Gespür für Sinn und Zusammenhang allen Geschehens (Religion) erfüllte Reichwein mit starkem Vertrauen, das ihn auch in den schwersten Stunden seines Lebens nicht verließ. Ein lebensfähiges Gemeinwesen kann nach dieser Vorstellung nicht künstlich gemacht, ‚konstruiert' werden – es kann nur durch Bildung entstehen, d.h. wachsen und sich entwickeln."*[505]

Diesem Goethe-Herder-Fundamentum am Anfang des Versuches, die für Reichwein wesentlichen Reformansätze und -kräfte in globaler Perspektive aufzuweisen, die der „Desorganisation" der Weltwirtschaft in ihrer Ausrichtung auf Kooperation, Partnerschaft und koordinierende Gestaltung entgegenwirkten, entspricht die Bedeutung

- der Gruppe als „Wuchsform alles Lebendigen":
  *„Echte soziale Neuordnung kann nach Reichweins Überzeugung nur von innen her geschehen, aus der zukunftsprägenden Kraft lebendiger Gruppen aller Art, die Tradition (‚Gewachsenes', ‚Gegebenes') mit notwendiger Erneuerung zu verbinden wissen. Familie und Nachbarschaft, Schulen, Betriebe und berufliche Gemeinschaften, Genossenschaften, Vereine u.dgl. können zu ‚Pflanzstätten' werden, d.h. Beispiele gemeinschaftlichen Denkens und Verhaltens geben. Als Grundform der ‚offenen Gruppe' im Wirtschaftsleben galt ihm die ‚Gilde': die Arbeits- und Bildungsgemeinschaft aller Mitarbeiter eines überschaubaren Betriebes, die als Lebensgemeinschaft auch ihre Familien umschließt. Ihre Grundsätze gegenseitiger Ergänzung und Hilfe – bei vielfältiger Gliederung nach Aufgaben und Verantwortung – sowie gemeinsamer Bildung und Entwicklung hielt er für übertragbar auf andere Lebensbereiche und auf die Lebensverhältnisse in anderen Ländern und Erdteilen."*[506]
  An anderer Stelle:
  *„In seinen Berichten aus aller Welt findet man immer wieder positive Beispiele für die Einbeziehung gewachsener Ordnungen und unwillkürlicher gesellschaftlicher Ent-*

---
505 von Koerber, S. 274.
506 Ebd., S. 285.

*wicklungen in die Politik der Staaten. In Mexiko beeindruckte ihn – nach einer jahrhundertelangen, oft gewaltsamen, an Rückschlägen reichen Entwicklung – die allmähliche Aufnahme der traditionellen ländlichen Genossenschaft (ejido) wie auch der modernen, national abgewandelten industriellen Gewerkschaft in die vom Staat erstrebte Wirschafts- und Gesellschaftsordnung des Landes; er sah darin ein entscheidend wichtiges Modell für die Staaten ganz Lateinamerikas. In Kanada fand er eine wirkungsvoll arbeitende, Absatz und konstante Preise sichernde genossenschaftliche Organisation des Getreidemarktes. In den USA hatte sich in einer kleinen Region die Indianerbevölkerung – im Gegensatz zu ihrem beklagenswerten Schicksal im ganzen Land – aufgrund sinnvoller Gesetze selbständig organisieren und damit wirtschaftlich lebensfähig und in ihrer kulturellen Eigenart erhalten können. Auf den Philippinen sah Reichwein ebenfalls Ansätze genossenschaftlicher Organisation, die eine Verbesserung der wirtschaftlichen Leistung, größere Sellbständigkeit und Beweglichkeit und damit gesteigertes Selbstvertrauen begründeten."*[507]

- einer dezentralisierten mittleren Industrie
  *„Überall sah er verhängnisvolle Auswirkungen des Kolonialsystems, der wirtschaftlichen Ausnutzung, ja Ausbeutung fremder Völker, der ‚Zivilisation' auf Kosten gewachsener Ordnungen und Kulturen. Die durch deren Verdrängung und Zerstörung ausgelösten Konflikte erlebte und schilderte er mit wacher Teilnahme, und er trat – in beiderseitigem Interesse – für zielbewußten, stetigen Abbau dieser seit Jahrhunderten geübten Unterdrückung ein. Die Weltwirtschaft solle zwar ihre wissenschaftlich-technischen Errungenschaften weiter anwenden, aber in genossenschaftlichem Geist, mit Vorsicht und Rücksicht, im Bewußtsein der Verantwortung für alle Völker der Erde. Es gelte also die wirtschaftliche Grundeinstellung zu ändern und an die Stelle von Monopolen und riesigen Monokulturen eine dezentralisierte mittlere Industrie zu setzen. Aufgrund sorgfältiger statistischer Erfassung und Verarbeitung der Bevölkerungsentwicklung, der Boden,- Rohstoff- und Energievorräte sei ständig ein internationaler Überblick zu erstreben, der die Umordnung der Weltwirtschaft in Richtung sparsamen Haushaltens und gerechter Arbeitsteilung ermögliche."*[508]

- des „amerikanischen Sozialismus" (Roosevelts New Deal)
  *„Der Staat übernahm – nicht unvermittelt und willkürlich, sondern als Sachwalter einer seit Generationen erkennbaren Entwicklung – bewußt und aktiv die Neuordnung des gesamten Wirtschafts-und Gesellschaftslebens. Der Staat selbst erschien Reichwein dabei als ein Lebewesen, in dem sich eine völlige ‚Umstülpung', die Wandlung des Wirtschaftsmenschen zum Staatsmenschen vollzog. Der ‚amerikanische Sozialismus' konnte zur ‚wirksamen Demokratie' führen, indem das persönliche Gewinnstreben als Leitmotiv wirtschaftlichen Handelns ausgeschaltet und die bisher auseinanderlaufenden Zielsetzungen ‚success' und ‚service' fruchtbar miteinander verbunden wurden. Hauptanliegen der neuen Wirtschaftspolitik war die Erhaltung und optimale Verwendung der nationalen Reserven – im Gegensatz zur bisherigen*

---

507 Ebd., S. 289.
508 Ebd., S. 281 f.

*Vergeudung und Zerstörung – und eine vielseitige, ausgewogene, auf die Sicherung der Zukunft ausgerichtete nationale Wirtschaft."*⁵⁰⁹

- von Großwirtschaftsräumen

*„Für Zwischenlösungen in Richtung der zu erstrebenden ‚erdräumigen' Wirtschaftsordnung hielt Reichwein die Herausbildung mehrerer starker, in sich geschlossener Wirtschaftsräume. So sah er den amerikanischen Kontinent auf dem Wege, wirtschaftlich zusammenzuwachsen – trotz aller damit verbundenen geistig-politischen Probleme; von der naturnotwendigen Entwicklung würden alle Schwierigkeiten ‚zermahlen'. In Ostasien sah er Ansätze zur Herausbildung einer Wirtschaftsgemeinschaft Japans, Chinas und des sie umgebenden pazifischen Raumes. Ebenso hielt er das Britische Weltreich, die Gemeinschaft Großbritanniens mit seinen Dominien, für wirtschaftlich lebens- und leistungsfähig. Für das französische Kolonialreich sah er demgegenüber kaum die Möglichkeit, sich als selbständige Wirtschaftsregion durchzusetzen, und Rußland allein hielt er noch nicht für konkurrenzfähig. Dagegen erwartete er für das kontinentale Europa die Entwicklung zu einer Wirtschaftsregion von Weltbedeutung. Dazu bedurfte es allerdings der deutsch-französischen Partnerschaft – anstelle wirtschaftlicher Trennung und politischer Gegnerschaft nach Versailles – und vor allem der intensiven Zusammenarbeit mit Rußland, das sich mit seinen reichen Bodenschätzen und seinem starken Bedarf an Wissen und Technik als Wirtschaftspartner zwingend anbot.*

*Die Tendenz zur Herausbildung und Festigung derartiger Großwirtschaftsräume hielt Reichwein für wichtig und förderswert, aber nicht als endgültige Lösung der Weltwirtschaftsproblematik. Er sah das Streben dieser Räume nach innerer Konsolidierung durch Austausch, Ergänzung, Selbstversorgung und Sicherheit, zugleich aber auch die Bereitschaft zum Wettbewerb und zur Zusammenarbeit mit den anderen Großräumen. Fernziel war und blieb für ihn das Zusammenfinden und Zusammenwachsen dieser Gebilde zu einer in sich sinnvoll gegliederten Ganzheit."*⁵¹⁰

- der „Arbeitsteilung und Arbeitsgemeinschaft der Völkerwirtschaften"

*„In seiner 1924 veröffentlichten Arbeit ‚Die Rohstoffe der Erde im Bereich der Wirtschaft' bezeichnete er die geplante Londoner Weltkraftkonferenz als einen ersten Schritt über die Schwelle zum ‚neuen Reich' der entpolitisierten Wirtschaft. Das Begreifen der Schäden, die die Kriege wie auch die Wirtschaftskämpfe der Menschheit zufügen, müsse mit der Zeit zu einer weltwirtschaftlichen Friedensordnung führen. Das Wachsen dieser Einsicht zeige sich bereits in der immer größeren Bedeutung wirtschaftlicher Ordnungs- und Lösungsversuche im Vergleich mit der reinen Machtpolitik."*⁵¹¹

*„Er bejahte die ‚Dynamik' dieser Wirtschaft – wenn sie nur sinnvoll in ihren Zielen, sparsam in der Wahl ihrer Mittel und gerecht in der Verteilung von Aufwand und Ertrag war. Dabei hatte er stets die Wirtschaft in aller Welt vor Augen, denn für ihn*

---

509 Ebd., S. 288.
510 Ebd., S. 278 f.
511 Ebd., S. 278.

*stand allen Ländern und Völkern das Recht zu, sich zu Selbständigkeit und menschenwürdigen Lebensformen zu entwickeln. ‚In der immer engeren Verknüpfung der wirtschaftenden Völker zur Weltwirtschaft' sah er ‚die eigentliche Revolution des beginnenden Jahrhunderts'. ‚Wir stehen damit an der Schwelle des neuen Reiches der Wirtschaft, die sich entpolitisiert und damit einen neuen hoffnungvollen Blick eröffnet: Auf die Arbeitsteilung und Arbeitsgemeinschaft der Völkerwirtschaften.'"*[512]

Es wird hier – wie an den „einfachen Formen" und Themen der kategorialen Bildungsarbeit – das Bild einer Welt erkennbar, die sich von unten nach oben in stufenförmiger Weise aufbaut, vom Einfachen zum Komplexen schreitend, die schließlich ein miteinander vernetztes Ganzes bildet, einen gestuften und gegliederten „Kosmos" („Kosmos der Wirtschaft"). Es ist ein dynamisches Weltbild, das von wachstümlichen Kräften durchwirkt ist. Es wurde im Gang der vorliegenden Untersuchung zunächst fassbar in Herders progressionistischer Grundformulierung: „Vom Stein zum Krystall, vom Krystall zu den Metallen, von diesen zu den Pflanzenschöpfungen ... " (S. 40), sodann in der analogen Struktur, die Goethes „Gesamtansicht der Natur" zugrundeliegt (S. 51 ff.) und in der Kosmos-Schau Humboldts (S. 72). Auch der libertäre Aufbau des Herderschen Volksstaates (S. 47) entspricht diesem Grundmuster. Zugleich gewinnt die Einheit von Kosmos-Schau und Reformarbeit, die Reichwein mit Herder verbindet, in der hier unterbreiteten weltwirtschaftlichen Perspektive und Vision konkrete Gestalt. Die Parallele zwischen der Friedensutopie des „Staatsmaschinen"-Kritikers und Anwalts einer natürlichen Lebensordnung der Völker und des Sozialisten, der als Korrektur an den Verwerfungen der kapitalistischen Wirtschaft auf die wachstümliche Entfaltung ordnender und aufbauender Kräfte setzt, ist unverkennbar.

Im Sinne einer mehr punktuellen Korrektur ist aber darauf hinzuweisen, dass Reichwein bereits im Vorfeld des 2. Weltkrieges die „Ausschaltung des freien weltwirtschaftlichen Verkehrs"[513] zugunsten der macht- und wehrpolitischen Konzentration und Verbindung der Wirtschafträume wahrnahm. Mit Blick vor allem auch auf Deutschland schrieb er in seinem Artikel „Umschwünge der Wirtschaft" (1937):

*„Seit 1933 erleben wir nun einen neuen Umschwung in eine steigende Kurve. Heute sind wir bedacht, sowohl die Abhängigkeit von der fremden Rohstoffzufuhr wie auch von den Märkten für unsere Ausfuhr bis zu dem Grade abzubauen, der die Scheidemarke ist zwischen einer emsig pulsierenden Wirtschaft und einer in ihren Lebensströmen gelähmten. Neue Motive sind hinzugekommen: wehrwirtschaftliche Überlegungen nehmen entscheidenden Anteil an dem binnenwirtschaftlichen Umbau, der sich gegenwärtig im Raum der großen Mächte vollzieht. Strategie der Rohstoffe, Strategie der Wirtschaft überhaupt, sind Begriffe, in denen sich etwas von dem planwirtschaftlichen Gedankengut unserer Zeit sammelt."*[514]

---
512 Ebd., S. 277.
513 In: Umschwünge der Wirtschaft, S. 103.
514 Ebd., S. 102.

## VI. Einordnung des Schulmodells in die „Didaktik der ‚pädagogischen Bewegung'" (Hausmann)

### 1. Zur „kopernikanischen Wende" von der „katechetischen Didaktik" zur „Didaktik der ‚pädagogischen Bewegung'" (Hausmann)

Gottfried Hausmann hat im einleitenden Kapitel seiner „Didaktik als Dramaturgie des Unterrichts" (1959) den Grundriss einer der Methodenfrage nachgehenden unterrichtsgeschichtlichen Entwicklung rekonstruiert, der hier als vorläufige geistesgeschichtliche Markierung von Interesse ist. Er beginnt mit der Kennzeichnung der katechetischen Didaktik des 18. Jahrhunderts in den Varianten einer „zergliedernden Schulkatechese", in der „die Tätigkeit der Schüler auf das Auswendiglernen und die Wiedergabe vorgeschriebener Antworten eingeschränkt (ist)"[515] und der „sokratischen Katechese" im Sinne des fragend-entwickelnden Verfahrens. Als ein neuralgischer Punkt wird die Entwicklung der Anschauungsmethode Pestalozzis und der Pestalozzianer um die Wende vom 18. zum 19. Jahrhundert herausgestellt. Den eigentlichen Umbruch in der Art einer „kopernikanischen Wendung" sieht Hausmann dann mit dem Aufkommen der „Didaktik der ‚Pädagogischen Bewegung' " am Ausgang des 19. Jahrhunderts gegeben: „Im Rückgriff auf das ‚Leben' nahm die Schule Formen des Lehrens und Lernens in sich auf, die sie in der vor- und außerschulischen Erfahrung vorgegeben fand, und bezog vielerlei neue Bildungsstoffe in ihre Arbeit ein."[516] Es sei nunmehr versucht worden, die „Kunstformen des methodisch organisierten Unterrichts" auf die „Elementarformen" des „natürlichen" Lernens und Lehrens zurückzuführen, „wobei dem Lernen der Primat vor dem Lehren zuerkannt wurde"[517]. Die Intention der unmittelbaren Verbindung von Leben (der Kinder) und Lehre (der Schule) habe vor allem Ausdruck in der Eingliederung „natürlicher Formen der Bildung", wie zum Beispiel Gespräch, Spiel, Arbeit, Feier, in das Grundkonzept der reformpädagogischen Schule gefunden. An die Stelle des vorherrschenden Frontalunterrichts seien als neue „Muster didaktischer Sozialgebilde" der Gesprächskreis, die Arbeitsgemeinschaft oder der Gruppenunterricht getreten.

Am Anfang der von Hausmann gezeichneten Entwicklungslinie steht Fröbels „Anzeige zur Volkserziehungsanstalt in Helba" (1829) mit der programmatischen Leitformel „Arbeit, Unterricht und Spiel ein ungestücktes Lebganzes … ",[518] an deren Ende als Beispiel der Landschul- und Vorhabendidaktik der 20er und 30er Jahre (Haase,

---
515 Hausmann: Didaktik als Dramaturgie des Unterrichts, S. 20
516 Ebd., S. 25.
517 Ebd., S. 28.
518 Ebd., S. 26.

Kretschmann) die kurze Erwähnung der Landschularbeit Reichweins mit ihrer aus der Jugendbewegung stammenden Bildungsform der „großen Fahrt".[519]

Die vorliegende Untersuchung bestätigt Hausmanns Befund einer ab Ende des 19. Jahrhunderts verstärkt einsetzenden „kopernikanischen Wende" durch den Aufweis der reformdidaktischen Bestrebungen im Bereich des naturkundlichen (biologischen), des erdkundlichen (geographischen), des volkskundlichen und des geschichtlichen (kulturhistorischen) und heimatkundlichen Unterrichts. Im Übrigen aber bedürfen die hier referierten Ausführungen der kritischen Kommentierung in ergänzender Absicht, sind sie doch mehr deskriptiver als begründender Art. Genauer gesagt: Hausmann geht von dem Gedanken einer weitgehend autonomen Entwicklung im schulpädagogischen Bereich aus. Diese wird unter vornehmlich methodischem Aspekt aufgearbeitet und – dem in der reformpädagogischen Literatur vorherrschenden Interpretationsschema entsprechend – als Abwendung von der Formalstufen-Didaktik der Herbartianer interpretiert. Von dieser „internen" Entwicklungslinie abgesehen, bleibt aber die Frage weitgehend außer Betracht, welche historischen Bedingungen es ermöglichten, die schulischen Formen des Lehrens und Lernens „im Rückgriff auf das ‚Leben'" reformpädagogisch verändern zu können.

Warum war es der Schule (von einem bestimmten Zeitpunkt an) möglich, Formen des Lehrens und Lernens in sich aufzunehmen, „die sie in der vor- und außerschulischen Erfahrung vorgegeben fand"? Ist die von Hausmann konstatierte „kopernikanische Wende" wirklich nur der methodischen Kreativität „erfindungsreicher Lehrer" geschuldet, die versuchten, den Unterricht „lebendiger zu gestalten und mit größerem Wirklichkeitsgehalt zu füllen?" Und ist dem Schulversuch Reichweins in der neuen Didaktik lediglich eine mehr randständige Position beizumessen?

Die weiterführenden Antworten auf diese Fragen können dem voranstehenden Weltbild-Kapitel und den folgenden Ausführungen zur Methode entnommen werden:

1. Der „kopernikanischen Wende" 19./20. Jahrhundert im didaktischen Bereich geht der Paradigma-Wechsel 18./19. Jahrhundert in Leben und Werk der Klassiker des „neuen wissenschaftlichen Weltbildes" voran.
2. Der Wechsel des Paradigmas von den „Aufklärungswissenschaften" zu den „Lebenswissenschaften" („Bildungswissenschaften") erbrachte den Parallelvorgang einer Neuorientierung im Bereich der Inhalte, die Gegenstand der Forschung und Lehre waren *und* der Methoden.
3. Die neuen Inhalte des Lehrplans konnten – darin ist die „gegenständliche" Bedingung der Möglichkeit der „kopernikanischen Wende" zu sehen – ungleich stärker als zuvor mit den außerschulischen Interessen und Erfahrungen der Kinder verknüpft werden.
4. Dem Autor des Schaffenden Schulvolks gelang es in beispielhafter Weise, die neue Schule eines sowohl kindgemäßen als auch sachgerechten Lernens, das den Wort-

---

519 Ebd., S. 27.

und Anschauungsunterricht in Richtung auf das werktätige bzw. praktische Lernen überschreitet, in seinem Vorhabenunterricht zu realisieren. Ihm kommt daher in der „Didaktik der ‚pädagogischen Bewegung'" nicht nur eine randständige, sondern eine zentrale Bedeutung zu.

Zum Wechsel des Paradigmas gehört nicht zuletzt auch als Vorbedingung und Folgewirkung das neue Verständnis des Kindes. Das Kind gilt seitdem den Anwälten einer naturgemäßen Erziehung nicht mehr als „kleiner Erwachsener", sondern als ein Wesen vergleichsweise eigener Potenz und psychophysischer Struktur. Es ist darauf angelegt, die Welt in der Abfolge unterschiedlicher Lebenseinheiten (Phasen, Stufen, Epochen) auf aktive Weise neu zu entdecken. Das ist der Grundgedanke in seiner allgemeinen Formulierung, der nicht nur den mehr intuitiven Ansätzen Rousseaus, Pestalozzis und Fröbels entspricht, sondern auch den Hypothesen und Erkenntnissen der reifungstheoretischen Entwicklungspsychologie (Bühler, Hansen, Petzelt), die an Goethes Morphologie orientiert ist.[520]

Kind und Lerngegenstand rücken als Folge des Epochenwechsels in der von Hausmann angeführten „Didaktik der ‚pädagogischen Bewegung'" enger zusammen. Sie sind hinsichtlich ihrer didaktisch bedeutsamen Berührungspunkte zwar nicht miteinander identisch – sonst bedürfte es keiner Formen einer systematischen und methodisch stringenten schulischen Lernarbeit. Zwischen ihnen besteht aber auch nicht mehr jene geistige Kluft, deren Überbrückung die Aufgabe der katechetischen Didaktik war. Zwischen ihnen gibt es vielmehr beziehungsreiche Überschneidungen, die es nunmehr ermöglichen, zwischen dem „natürlichen Kind" und seiner Art des „natürlichen Lernens" und dem vergleichsweise lebensnahen Lerngegenstand durch Formen dynamischer Unterrichtsführung und indirekter Lenkung zu vermitteln. An die Stelle didaktisch eindimensionaler Belehrung des Schülers durch den Lehrer trat eine Lehrer und Schüler gleichermaßen umfassende Lehr-Lernsituation, die Hausmann mit Nohl als „Polarität in der Didaktik" begrifflich kennzeichnet.

## 2. Zur Lehrkunst Reichweins in den Lenkungs- und Gestaltungsformen des Unterrichts

### 2.1 Interaktion nach dem didaktischen Parallelogramm der Kräfte

Das zentrale methodische Anliegen im Sinne dieser neuen Didaktik besteht darin, den Unterricht in Lehr-Lernsituationen zu gestalten, deren didaktische Dynamik aus dem produktiven Spannungsverhältnis zwischen „Kind" – verstanden als lebendige Ein-

---

520 Vgl. Mühle: Entwicklungspsychologie, S. 200–209, insbesondere die Ausführungen zu den Autoren, „die im Moment der tätigen Auseinandersetzung den Kern der Entwicklung sehen" und zum „Problem des Entwicklungsplans" (S. 207 bzw. 208) überdies Oerter/Montada: Entwicklungspsychologie. Abschnitt: Abriß der Geschichte der Entwicklungspsychologie, S. 11–23 u. Zur Klassifikation wissenschaftlicher Schulen, S. 24–30.

heit seiner Vorerfahrungen, Interessen und Fragen – und dem Lehrer in seiner Funktion als Repräsentant des zu Lernenden resultiert. Reichwein hat diese Situation auf wohl prägnanteste Weise begrifflich expliziert, indem er sie mit dem Parallelogramm der Kräfte verglich.

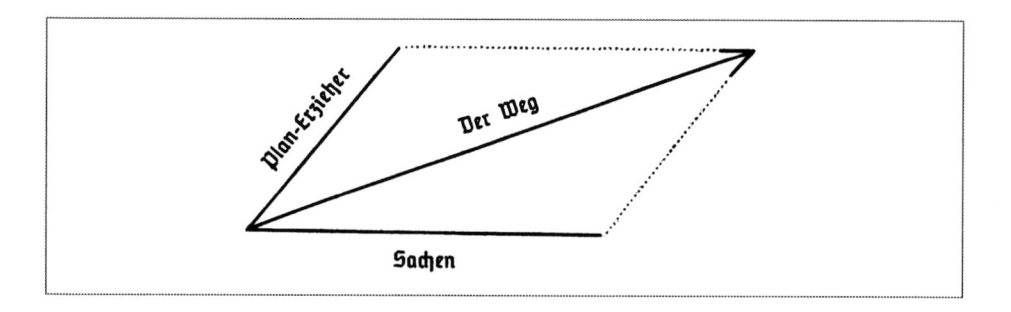

*Parallelogramm, SSV., S. 33*

Er kommentiert die geometrische Symbolisierung der Kraftlinien, die das didaktische Interaktionsfeld bestimmen, folgendermaßen:

> *„Der Weg (die Methode) der erziehenden Gemeinschaftsarbeit ist also der Diagonale in einem Parallelogramm von Kräften vergleichbar, die einerseits von den ‚Sachen‘, andererseits vom ‚planenden Erzieher‘ bestimmt wird. Die Sachen sind die Dinge der Vorhaben, die sich im Idealfalle allein aus den Anlässen des kindlichen Lebens, den Beobachtungen und Erfahrungen des Kindes ergeben. Der Kräfteeinsatz des planenden Erziehers gilt der Ausrüstung und inneren Ordnung jener Vorhaben und bestimmt darum auch die Gesamtausrichtung des Weges. Der Weg wird also vom Kind und vom Erzieher bestimmt, die beide auch gemeinsam die Arbeit tragen.“*[521]

Diese recht allgemein gehaltenen Formulierungen geben Anlass zum nachfragenden Bedenken des Gemeinten: Von welcher Planungsebene ist die Rede? Ist 1. die Planung einer Lernsituation in ihrer Feinstruktur gemeint oder 2. einer Unterrichtseinheit in ihrer didaktischen Bauform oder 3. die Disposition der Unterrichtsthemen, Vorhaben und Lernaufgaben im Sinne des „Jahresplanes"? Was ist mit dem Begriff der „Sachen" und dem Zusatz gemeint, sie seien die „Dinge der Vorhaben"? Und wie steht es mit der Schlüssigkeit der Aussage, dass der Weg „vom Kind und vom Erzieher" bestimmt werde, dass letzterer aber die „Gesamtausrichtung des Weges" bestimme?

Es bedarf, so meine ich, einer über die textimmanente Interpretation hinausgehenden Auslegung dieser Grundsatzformulierung und ihres geometrischen Äquiva-

---

521 SSV., S. 33.

lents vom Standpunkt der epochalgeschichtlichen Wende des methodischen Denkens.
Der „Gestaltwandel" des Unterrichts, von dem Reichwein spricht, der nicht mehr „auf einseitige Belehrung von Seiten des Lehrers" abstellt, sondern auf die spannungsreiche Wechselwirkung zwischen Kind und Lehrer im Sinne des Reichweinschen Kraftlinienfeldes, kommt auf unterschiedlichen Planungsebenen zur Darstellung:

*Erstens*: Es gibt im Schaffenden Schulvolk wiederkehrende Hinweise auf ein Unterrichtsgeschehen, das „vom Kind und vom Erzieher" insofern gemeinsam bestimmt wird, als dieser „unmittelbare Begegnungen" mit „Sachen" (Phänomenen, Situationen, Aufgaben) herbeiführt und dabei dem Lerner hinsichtlich seiner Reaktionsweisen und Auseinandersetzungsformen mehr oder minder weite Spielräume gewährt. In heutiger Terminologie gesagt: „Mitsteuerung" auf Seiten des Lerners, „improvisatorische Akte" auf Seiten des Lehrers. Derartige Situationen werden in den Schulschriften vor allem mit Blick auf die „Werkgespräche" skizziert, die Lehrer und Schüler im Rahmen größerer Vorhaben führen, um anstehende technische Fragen (Wie machen wir das? Woher das Material? Wer hat eine Idee?) zu klären. Hier wird den Kindern, die eine Werkaufgabe anpacken wollen, grundsätzlich Gelegenheit gegeben, „ihre kleinen erfinderischen Einfälle" ins Spiel zu bringen. Damit dies gelingt, nimmt der mit ihnen wetteifernde Anwalt des praktischen Lernens sich vor, nicht „alle Werkideen bis in die Einzelheiten selbst (zu) erfinden", zugleich aber doch im Sinne einer dynamischen Unterrichtsführung „selbst wie ein Magnet (zu) wirken, der neue Einfälle, Probiertes und Unprobiertes in sein Kraftfeld saugt"[522].

*Zweitens*: Der „Gestaltwandel" betrifft auch die Anlage und Durchführungsform der „großen Vorhaben" hinsichtlich ihrer gesamt- und gruppenunterrichtlichen Organisation:

> *„Der Weg, die Methode des planenden Erziehers, führt in der Landschule immer wieder über diese großen Vorhaben, die bis in die notwendigen kleinen täglichen Übungen des Rechnens, Schreibens und Lesens ergiebig sein sollen, und auch so breit in ihrer Anlage, daß alle Arbeitsgruppen mitarbeiten können."*[523]

In ergänzender Formulierung heißt es:

> *„Die Gruppen, die wir im Rahmen der Jugendgemeinschaft bilden, haben die Aufgabe, die Kinder nach Leistungsstand und Wirkungsgrad zu ordnen. Da jedes der Kinder sich aber in seinen verschiedenen Leistungsformen – Beobachten, Erfassen, Durchdenken, Gestalten – nach verschiedenem Rhythmus entwickelt, verbietet sich jedes starre System. Die Gruppenordnung muß darum für Umgruppierungen immer*

---

522 Ebd., S. 56.
523 Ebd., S. 32.

*offen bleiben. (…) Da es zu den Aufgaben des Erziehers gehört, das Kind der besonderen Lagerung seiner Fähigkeiten gemäß jederzeit mobil zu halten und seine Kräfte zu einem Höchstmaß von Leistungen in der Gruppe zu entbinden, kommt der rechten Ordnung aller Kinder zu in sich passenden Leistungsgruppen besondere Bedeutung zu. Feinstes Gehör für die inneren Vorgänge, Feingefühl für produktive Nachbarschaften sind die Voraussetzung für diese Ordnungsarbeit.*"[524]

Der Erzieher „verkörpert" in diesem vergleichsweise offenen System

*„den Weg des Ganzen. Seine Losungen bestimmen und richten den Angriff auf die Vorhaben. Er ist, vom Ganzen der Gesamtaufgabe aus gesehen, der eigentlich Wissende, der ‚Stratege'. Er gibt sich vor jedem Arbeitstag Rechenschaft über den Stand der einzelnen Gruppen. Es gehört zu seiner Pflicht als Taktiker, innerhalb des nächsten Tagesplans die Verschiebungen in den Gruppen vorzunehmen, von denen der Fortgang des gesamten Unternehmens abhängt.*"[525]

Es besteht also für Reichwein der Anspruch, zentrale Bereiche des Unterrichts in die Anlage und Durchführungsform eines „großen Vorhabens" zu integrieren und zugleich die Lernaktivitäten der in Gruppen arbeitenden Kinder unterschiedlicher Alterstufen in leistungsdifferenzierter, letztlich individualisierter Form anstoßen und fördern zu können. Zurecht spricht Reichwein hier vom Erzieher als „Künstler", dem es aufgegeben sei, aufgrund „tiefer Einsicht in die Entwicklung seiner Kinder" und einer „besonderen Begabung für die Ordnung der einzelnen zum Ganzen" den verzweigten Lernprozess als sinnvoll gefügte, strukturierte Einheit – einer Fuge vergleichbar – zu komponieren.

*Drittens*: Konsequenz des „Gestaltwandels" auf der Ebene des Lehr-Lernplanes ist die Umsetzung der vordisponierten Lernziele und Themenstellungen in situative oder gegenstandsbezogene Anlässe und Anstöße zum Lernen: Schule als „gestalteter Erfahrungsraum": Reichwein hat zwar nicht wie Dewey Grundsätze für die Gestaltung dieses Erfahrungsraumes und einen entsprechenden Entwurf entwickelt, der für die Laborschule Schulgarten und Schulküche, Werkstätten und Laboratorien sowie das kulturhistorische Museum und die Bibliothek vorsah, und es war ihm in Tiefensee auch nicht möglich, sein Klassenzimmer, dem Arrangement der Freinetpädagogik vergleichbar, mit einem Kanon didaktisch bedeutsamer Ateliers (Arbeitsecken) zu umgeben. Es gelang seiner Könnerschaft und Improvisationsgabe aber doch, im Klassenraum und Umfeld der Schule motivierende Lernanlässe für praktische Aufgabenstellungen dingfest zu machen, die mit dem Arbeitsplan der Landschule übereinstimmen: der Schulgarten, das Gewächshaus, die Baumschule und der Bienenbeobachtungsstand standen im Dienste der Aufgabe, vom praktischen Tun aus Lernwege in den Bereich

---
524 Ebd., S. 129 f.
525 Ebd., S. 31.

„Natur" in praktischer und metapraktischer Sinnrichtung zu vermitteln. Die Klassenzimmer-Werkstatt bot die Möglichkeit, die technisch- physikalischen Aspekte des Vorhabenunterrichts sowie die anstehenden geographischen und geschichtlichen Themen im Medium grundlegender oder doch begleitender Werktätigkeit zu erarbeiten. Klassenzimmer-Bühne und Puppentheater waren im didaktisch komponierten Erfahrungsraum der Schule die zum Handeln auffordernden hand-greiflichen Platzhalter für den Sprachunterricht und das Darstellende Spiel. Zur kunstvollen Komposition des schulischen Erfahrungsraumes in seiner gegenständlichen Dimension trat in Tiefensee die situative Einbindung des Schullebens in das Natur- und Arbeitsleben des Dorfes hinzu. Die Mitgestaltung der jahreszeitlichen Feste (Weihnachten, 1. Mai, Erntedank) war nicht randständiges Beiwerk, sondern, wie bereits angesprochen, integraler Aufgabenbereich der Gemeinschaftserziehung und des Unterrichts.

Überdies wurden die Beobachtungen der Kinder im schulnahen Streif- und Erfahrungsraum zum Anknüpfungspunkt für einen (mit dem Plan übereinstimmenden) Gelegenheitsunterricht:

*„Wir nennen Einfall, Anstoß und Anlaß ‚Gelegenheiten', weil sie uns Möglichkeiten zuspielen. Sie geben uns einen Ansatz, von dem aus wir weiterspinnen können. Aber so wie der Weber, wenn ihm ein neues und brauchbares Muster einfällt, dieses nicht wuchern, sondern wachsen läßt zu einem Werk, indem er dem Einfall seine ordnende Führung hinzufügt – ebenso ist der Erzieher wählerisch und fragt, ob ein Einfall lohnt und auch in seinen Plan paßt, ob er sofort oder später, bei besserer Gelegenheit, einzusetzen sei und wie man ihn zu einem brauchbaren Stück Unterricht gestalten könne. Auf die Frage nun, warum wir nicht ohne diese ‚Gelegenheiten' auskommen wollen, ist zu antworten, daß jede dieser zündenden Begegnungen mit Gegenständen, jeder glückliche Einfall des Kindes einen Impuls entbindet, der auf die Nachbarschaft ansteckend wirkt und die unterrichtliche Vertiefung und Auswertung lebendig vorwärtstreibt. Das Wort ‚Gelegenheitsunterricht' sollten wir ruhig streichen, denn es handelt sich immer um einen streng geplanten, gewissenhaft durchgeführten und immer an Gegenstände gebundenen Unterricht, der gar nichts mit minderwertiger ‚Gelegenheitsarbeit' zu tun haben darf. Und daß er sich aus lebendigen Gelegenheiten ergibt, macht seine Fruchtbarkeit aus, soll aber nicht bedeuten, daß er ‚improvisiert' werde."*[526]

Die Sprengung eines Schornsteins in der benachbarten Ziegelei bot zum Beispiel die willkommene Gelegenheit, einen „alten Plan" in Angriff nehmen zu können, den Bau des Gewächshauses.

---

[526] Ebd., S. 78 f.

## 2.2 Lernen durch Werktätigkeit (praktisches Tun)

### 2.2.1 Das klassische Beispiel: Der Bau des Gewächshauses

Welches Beispiel aus der Vorhaben-Werkstatt des Tiefenseer Landschullehrers wäre besser geeignet, den „Gestaltwandel", von dem er spricht bzw. die Formen der indirekten Lenkung und dynamischen Führung, denen wir den Rang des „Epochetypischen" zuerkannten, am klassischen Fall eines „großen" Werkvorhabens zu charakterisieren, als der Bau des Gewächshauses. Worin besteht hier die Lehrkunst Reichweins?

Zur Beantwortung dieser Frage möchte ich im Folgenden die Hierarchie der grundsätzlichen methodischen Möglichkeiten andeuten, die im Unterricht der Schule Anwendung finden könnten:

- dem Thema „Gewächshaus" auf der Linie des durch Lehrbuch vermittelten (biologischen) Fachunterrichts entspricht eine auf Text und Bild gerichtete Präsentation des Lerngegenstandes. Der Schwerpunkt liegt auf der übersichtlichen und leicht reproduzierbaren Darbietung von Informationen. Problematisch erscheint die Anwendbarkeit des weitgehend ohne konkreten Lebensbezug und des vom Rezipienten auch nur teilweise angefragten Wissens.
- dem Thema „Gewächshaus" im heimatkundlichen Anschauungsunterricht entspricht eine Präsentation des Lerngegenstandes auf dem Wege der durch Erkundung vermittelten Realanschauung. Das Thema gewinnt (ggf. auf Kosten der Systematik) ein Interesse weckendes gegenständliches und an Menschen gebundenes Profil. Es kann in der unmittelbaren Begegnung mit der „Sache" in den Fragehorizont der Schüler gehoben werden. (Wenn der Gärtner dann noch, wie ich es mit meiner Grundschulklasse erlebt habe, zum Abschied eine Auswahl seiner Topfblumen mit auf den Weg gibt, ist eine hilfreiche Brücke gebaut zur Anlage eines behelfsmäßigen „Gewächshauses" auf der Fensterbank des Klassenzimmers. Der Erkundungsunterricht entwickelte sich ansatzweise zum Vorhabenunterricht).
- Über die durch Erkundung vermittelte Realbegegnung geht der Vorhabenunterricht (Wir brauchen ein Gewächshaus! Wir möchten es selber bauen!) noch einen entscheidenden Schritt dadurch hinaus, dass er darauf angelegt ist, statt der Realbegegnung die „originale Begegnung" zwischen Kind und Lerngegenstand zu ermöglichen. Heinrich Roths Ausführungen zu diesem auf Verstehen und Nachschaffen gerichteten Ansatz geisteswissenschaftlicher Lernpsychologie geht von der Überlegung aus: „Wie bringe ich den Gegenstand in den Fragehorizont des Kindes? Wie mache ich ihn für das Kind fragenswert? Wie mache ich den Gegenstand, der als Antwort auf eine Frage zustandekam, wieder zur Frage?"[527] Sein Grundsatz lautet:

*„Kind und Gegenstand verhaken sich ineinander, wenn das Kind oder der Jugendliche den Gegenstand, die Aufgabe, das Kulturgut in seiner ‚Werdensnähe' zu spüren bekommt, in seiner ‚Ursprungssituation', aus der heraus er ‚Gegenstand', ‚Aufgabe'*

---
527 Pädagogische Psychologie, S. 123.

*‚Kulturgut' geworden ist. Darin scheint uns das Geheimnis und Prinzip alles Methodischen zu liegen. Indem ich nämlich – und darauf kommt es allein an – den Gegenstand wieder in seinen Werdensprozeß auflöse, schaffe ich ihm gegenüber wieder die ursprüngliche menschliche Situation und damit die vitale Interessiertheit, aus der er einst hervorgegangen ist."*[528] Durch die „Rückführung in die Originalsituation" werde der „Gegenstand" – so der Zusatz – „wieder das, was er einst war: Frage, Problem, Not, Schaffenslust"[529].

Es war von diesem Ansatz aus möglich, den „Gegenstand" – in der gesamtunterrichtlichen Begrifflichkeit Copeis gesagt – nach der „Methode der fruchtbaren Problematik" zu erarbeiten.[530]

Der Sinn und die Grundfunktion des Arbeits- bzw. Lerngegenstandes waren in Tiefensee für alle am Werk Beteiligten, da sie in einer konkreten Bedarfssituation bzw. in der „Ursprungssituation" standen, ohne weiteres verständlich. Auf das „Warum?" bedurfte es daher grundsätzlich weder der Auskünfte des Lehrbuchs noch der Formulierung einer Erkundungsfrage. Darüber hinaus ist die besondere Qualität des Lernens im Arbeitszusammenhang eines Werkvorhabens darin zu sehen, dass es die Schüler in verbindlicher Weise mit wechselnden Problemlagen und -fragen konfrontiert.

Der Freund der anregenden Andeutungen (und weniger der ins Detail gehenden Ausführungen) begnügt sich aber auch hier mit wenigen Sätzen, um die didaktische Potenz und Dynamik der Situation zu skizzieren:

*„Schon beim Ausschachten ergaben sich ganze Reihen von mathematischen Aufgaben. Einzelne Gruppen nahmen sie in Angriff, und ihre Bewältigung wurde vom Erzieher nur gelenkt und überwacht. Strecken- und Winkelmessungen waren notwendig, Flächen- und Raumberechnungen. Die abgetragene Sandschicht wurde sofort wieder produktiv gemacht beim Anlegen einer Sandgrube, die als ‚Sandkiste' verwendet wird. Die wesentlichen Fragen des Bauens drängten sich auf und wurden durchdacht, Grundwasser- und Baustoffprobleme, Festigkeits- und Druckverhältnisse führten zu Fragen des Gefüges, der Struktur."*[531]

---

528 Ebd., S. 123 f.
529 Ebd., S. 124.
530 Copei erörtert dieses Prinzip in kritischer Auseinandersetzung mit dem herkömmlichen fachsystematischen Unterricht. Sein Anliegen war es, im Ausgang von der Individuallage der Kinder und Jugendlichen gemäß der „Methode der fruchtbaren Problematik", deren Sinnzentrum die „Urformen des tätigen Lebens" in Verbindung mit dem Prinzip der „formenden Gemeinschaft" seien, eine in „Kernarbeit" und Fachkurse gegliederte schulische Bildungsarbeit gedanklich zu skizzieren: „Konsequente geistige Verarbeitung aus der ‚Urproblematik' heraus drängt zwangsläufig an bestimmter Stelle in die facheigenen Erlebnis- und Arbeitsformen, weil nur in der Auseinandersetzung mit dem Gesetz der Sache das Ziel, des für die Erkenntnis wie für das Bildungswerden fruchtbaren Prozesses erreicht wird" (Vilsmeier: Der Gesamtunterricht, S. 144 f.). Vgl. die Ausführungen auf S. 263 ff., in denen dieser Ansatz an der exemplarischen Lehr-Lernepisode der „Faltarbeiten" exemplifiziert wird.
531 SSV., S. 35 f.

Wer aber selbst nicht nur „by chalk and talk" sondern auch mit Hammer, Maurerkelle und Spaten unterrichtet hat, dem wird die Szene des mit seinen Kindern beratschlagenden, ausprobierenden, zupackenden, der Werkvollendung zueifernden Vorarbeiter-Lehrers vor dem inneren Auge (und Ohr) lebendig werden. Wie viele Fragen mag die in Aussicht genommene und dann auch ins Werk gesetzt praktische Aufgabe – die Auseinandersetzung mit dem Arbeits- und Lerngegenstand in seiner „Entstehungs- und Ursprungssituation" (H.Roth) – ausgelöst haben?: „Wann fangen wir an? Woher bekommen wir ... ? Wie machen wir das? Wer kann uns helfen? Was haben wir falsch gemacht? Wann ist es soweit, dass wir das Richtfest feiern, das Gewächshaus einrichten und in Betrieb nehmen können?" Und auf wie viele sachkundliche Bezüge zum Beispiel aus dem Bereich der Biologie (Wachstum der Pflanze), der Klima- und Wetterkunde, der Wärmephysik (Isolierungsprobleme, Beheizung) mag der lapidare Satz hindeuten: „Die Ergiebigkeit dieser Ansätze ist fast unbegrenzt."[532]

Überdies leitete der Kunstkenner Reichwein von den eigenen Baufragen und -lösungen der kleinen Werkgemeinschaft „anschließende Betrachtungen" ab – die mich an das analogische Bauprinzip des „Unterricht auf werktätiger Grundlage" Karl Stiegers[533] sowie der Phänomen-Physik Martin Wagenscheins (S. 269) und der Morphologie Goethes (S. 269) erinnern.

Paul Reiniger würde als Anwalt eines offenen Gesamtunterrichts fachkategorialer Struktur von der „Wendung des Gegenstandes zur Betrachtung unter einer andern Perspektive oder Beleuchtung"[534] sprechen.

*„Vom Kreuzgewölbe der Gotik als einem genialen Einfall ausgehend haben wir z.B. gleichzeitig im Geschichtsunterricht, durch mannigfaltige Bildbetrachtung angeregt, einige Grundformen der Architektur zu einem Kanon baulicher Möglichkeiten geordnet, die Grundbeziehung zwischen Last und Stütze auf verschiedene Weise zu gestalten. Am eindrucksvollsten wurde uns das beim Vergleich des Tempelbaues der Alten und der gotischen Kathedrale des Mittelalters."*[535]

---

532 Ebd., S. 36.
533 Vgl. Stieger: Unterricht auf werktätiger Grundlage. Abschnitt: Gesamtunterricht oder Blockunterricht, S. 63–65. Dort wird dem Prinzip der gesamtunterrichtlichen Stoffgestaltung eine Ordnung des Unterrichts „nach inneren Sachzusammenhängen" und „thematischen Stoffreihen" gegenübergestellt.
534 Vgl. die Ausführungen Reinigers im Abschnitt: Neue Begründung des fachkategorialen Denkens für die Didaktik der Oberstufe, S. 135–140 in Vilsmeiers Quellensammlung „Der Gesamtunterricht" (1960). Dort wird dem „geschlossenen System" des Fachunterrichts, in dem z.B. Erdkunde, Geschichte, Deutsch „beziehungslos nebeneinander herlaufen", der Gesamtunterricht im „offenen Fächersystem" gegenübergestellt und dieser unter Abgrenzung von einem „Sammelunterricht", der die Stoffe lediglich nach fachlichen Gesichtspunkten konzentriert, folgendermaßen charakterisiert: „Leitend ist hierbei die Eigenbewegung der Gedanken und Interessen der Klassengemeinschaft, in die der Lehrer mit einbegriffen zu denken ist. Und nur diesen Unterricht, der durch die Eigenbewegung der Gedanken der Klassengemeinschaft zur Wendung des Gegenstandes führt, nenne ich Gesamtunterricht" (S. 138).
535 SSV, S. 36.

Und dann folgt – so möchte ich mit Goethe formulieren – auf die „saure Arbeit" das „frohe Fest" – das von der Arbeitsgemeinschaft des Lehrers, der Landschüler und der Dorfhandwerker gefeierte „Fest der Arbeit". Das Band des gemeinsamen Schaffens im Geiste eines „gelebten Sozialismus" umschloss letztendlich auch noch das Geschenk der selbst geernteten Gurken an die fachkundigen Helfer des Dorfes und die ihnen gewidmeten „Gurkenverse".

### 2.2.2 Die Grund-Sätze

Die Werktätigkeit ist in ihrer Bedeutung als originale „Lebens- und Wirkform" des Kindes und als ein kind- und sachgemäßer Modus des „Eindringens" in den Lerngegenstand auf fundamentale Weise im Grundkonzept der Schule des „Schaffenden Schulvolkes" verankert:

> *„Spiel, Versuch und Werk als Grundformen selbsttätigen, kindlichen Schaffens, Einzel- und Gruppenarbeit als die verschiedenen Weisen, jene einzusetzen, haben in jedem Falle die Aufgabe, eine Lehre zu vermitteln und den Lernprozeß geschmeidig zu gestalten. Nicht um einer Erleichterung willen werden sie eingesetzt, sondern weil diese Formen, indem sie die geistige Aufnahme unserer gegenständlichen Welt und ihrer Zusammenhänge erleichtern, ein tieferes Eindringen in die Dinge und darum ein dauerhaftes Wissen um sie möglich machen."*[536]

Von gleicher Bedeutung wie der Prozess des werktätigen Lernens ist für Reichwein dessen Ergebnis: das im Wechsel von „Tun und Denken, Denken und Tun" (Goethe[537]) geschaffene Werk. Es ermöglicht die „Versinnlichung" des Lerngegenstandes. Es wird für das Kind, das sich werkschaffend die Themen des Unterrichts erschließt, zum Objekt seiner Identifikation mit der Lernarbeit der Schule und zum symbolisierenden Platzhalter ihrer Lehre.

Mit Blick auf das werkfähige Kind am Ende der Schulzeit und ganz im Sinne des Arbeitsschulgedankens[538] heißt es:

---

536 Ebd., S. 86.
537 „Denken und Tun, Tun und Denken, das ist die Summe aller Weisheit, von jeher anerkannt, von jeher geübt, nicht eingesehen von einem jeden. Beides muß wie Aus- und Einatmen sich im Leben ewig fort hin und wider bewegen; wie Frage und Antwort sollte eins ohne das andere nicht stattfinden. Wer sich zum Gesetz macht, was einem jeden Neugeborenen der Genius des Menschenverstandes heimlich ins Ohr flüstert, das Tun am Denken, das Denken am Tun zu prüfen, der kann nicht irren, und irrt er, so wird er sich bald auf den rechten Weg zurückfinden" (Goethes Werke, Band 8, S. 263). Vgl. auch Günzler: Bildung und Erziehung im Denken Goethes. Kapitel: Die Sinnhaftigkeit der Wirklichkeit als das Apriori des Handelns, S. 141–161.
538 Gemeint ist hier nicht die formal-methodische Richtung der Arbeitsschule (Gaudig, Scheibner u.a.), sondern ein der kategorialen Bildung verbundener inhaltlich-didaktischer Zweig, für dessen Vertreter die Werktätigkeit Sinnzentrum und Erfahrungsgrundlage für den anschließenden Unterricht ist. Die personelle und inhaltliche Profillinie dieses Ansatzes haben vor allem Robert

*„Dieses Kind arbeitet beständig daran, das Grundwissen, mit dem es bald die Erziehungsgemeinschaft verlassen soll, in Anschauung zu übersetzen: die Natur wird durch den konkreten Versuch befragt, Volkkunst in eigenen einfachen Arbeiten erfahren, Vorgeschichte und Geschichte in Modellen dargestellt, Erdkunde im Relief gestaltet. In dieses anschaubare Werk lassen sich gewiß nicht alle Inhalte einfangen. Aber es gehört zu den Grundanliegen des erfinderischen Erziehers, daß er seine Grenzen nach Kräften erweitert. So entsteht ein Kanon selbstgewonnener Deutungsformen, durch die der geistige Gehalt unseres Volks-, Geschichts- und Erdbilds in Erscheinung tritt. Das kindliche Werk wird damit zum Wertträger bestimmter geistiger Wirklichkeiten."*[539]

Nicht zuletzt lernt das Kind im Werkvorhaben den sachgerechten und sparsamen Umgang mit dem Material:

*„Die Aufführung des Mauerwerks stellte, so einfach unsere Aufgabe auch sein mochte, an das kindliche Können hohe Anforderungen: peinliche Genauigkeit, beständige Überprüfung mit Lot und Wasserwaage, sparsamer Umgang mit dem Rohstoff Mör-*

---

Rißmann in seiner „Geschichte des Arbeitschulunterrichts in Deutschland" (1880) und Karl Biedermann: „Die Erziehung zur Arbeit" (1883) herausgearbeitet. Ersterer behandelt „die an Heusinger und Fröbel sich anschließenden Pädagogen der Handarbeit" mit monographischem Bezug auf Blasche, Heusinger Fröbel und Georgens. Letzterer resumiert: „Es ist der schon im vorigen Jahrhundert angeregte, von Blasche bis ins Detail, freilich nur theoretisch ausgebildete, von Fröbel im Prinzip gebilligte, von Fellenberg, Wehrli u.a. teilweise praktisch verwirklichte Gedanke einer organischen Anknüpfung des theoretischen Unterrichts an den praktischen" (S. 95). In diese Richtung einzuordnen sind überdies die Schriften von Beyer; Kerschensteiner (1908), Muth, Seyferth, Vogt und Stieger. Dem Leitbild eines körperlich kraftvollen, in konkreten Aktionen und Reaktionen sich entwickelnden Säuglings-, Kindes- und Knabenlebens verlieh vor allem Fröbel in seiner „Menschenerziehung" (1826) lebendige Gestalt. Dort beschreibt der Anwalt einer auf Selbsttätigkeit angelegten „nachgehenden Erziehung" die Wirksamkeit des „Tätigkeits- und Bildungstriebes" von der „Sinnes- und Gliedertätigkeit" des Säuglings" über die vielfachen Erkundungsmöglichkeiten des damaligen Handwerks- und Gewerbelebens bis zu den projektartigen Formen der gemeinsamen „freien Knabenspiele". Das dynamische Verständnis des Kindes und eines Unterrichts organisch-genetischer Struktur ist aufgehoben in der noch heute bedeutsamen Grundformel: „Spiel, Arbeit, Unterricht, ein ungestücktes Lebganze". Die Schulpädagogik Fröbels lebte einige Jahrzehnte später in dem Hauslehrerprojekt von Georgens wieder auf. In „Der Arbeiter auf dem praktischen Erziehungsfeld der Gegenwart" (1856 u.1857) dokumentiert er den Versuch, die Erziehung der ihm anvertrauten Grafenkinder zu reformieren. Die bisher kaum beachteten Arbeitsplätze und -räume des Schlosses (Garten, Küche, Werkstätten) und der Umgebung dienten als Erfahrungszentren für einen „gelenkten Gelegenheitsunterricht". Dieser folgte zum einen dem „Columbusdrang" und „Robinsonneigungen" der Kinder, zum anderen den didaktischen Überlegungen und Impulsen des sachkundigen und erfinderischen Erziehers. Im Mittelpunkt standen projektartige Sequenzen spielenden, handelnden und entdeckenden Lernens, sogenannte „Bildewerkstätten", die der Erschließung exemplarischer Einsichten in technische, gewerbekundliche, geographische, kulturgeschichtliche und kulturkundliche Zusammenhänge in weit ausgreifenden und sich netzartig verzweigenden Lernwegen dienten: Reformpädagogische Lehrkunst und Lernkultur der Sonderklasse! Vgl. Schernikau: Historische Vorläufer des Offenen Unterrichts. Teil 2.

539 SSV, S. 85.

> *tel, Rücksicht und Geschicklichkeit bei der Verwendung des brüchigen Altmaterials, kurzum beständige Wachsamkeit und Sorge waren Voraussetzung für das Gelingen auch dieses scheinbar so einfachen Bauvorhabens."*[540]

Ins Grundsätzliche gewendet bemerkt der Anwalt werkpädagogischen Erfahrungslernens dazu:

> *„Zur Sorgfalt in diesem Sinne gehört auch die sparsame Sachlichkeit. Das Kind ist immer gestaltend, immer also an Aufgaben und damit an Sachen gebunden. Diese Sachverbundenheit zwingt zur Rücksicht auf die Sache, die sich für jede Nachlässigkeit rächt. Mit allem muß sachgemäß verfahren werden, wenn man vermeiden will, daß die Sache verpfuscht wird. Das Kleinkind verschwendet gewiß noch, und es darf mit der Welt verschwenderisch umgehen. Das heranwachsende Kind erfährt, daß jede Sache, selbst ein Abfall von Holz oder Papier, Wert hat und darum wie eine Seltenheit genommen und achtsam behandelt werden soll. Diese Schätzung führt von selbst zur Sparsamkeit. Es wird zur Kunst, fast aus dem Nichts zu gestalten. Es bereitet Lust und eifert an, aus einem scheinbar wertlosen Ding, aus einem Fetzen, etwas Gestaltetes, etwas Hübsches und Brauchbares hervorzubringen. Nicht durch eine trockene Wortbelehrung also, sondern durch die eigene reizvolle Erfahrung lernt das Kind, daß in der Leistung, im Geschafften der eigentliche Wert liegt, daß der Stoff dem dient – und wer weiß, was aus dem geringsten Stoff durch ein wenig Kunst noch werden kann? So spürt das Kind schon die Weihe des Stoffs, ohne daß es einen Begriff dafür besäße. Aus der Achtung vor dem Stoff leiten sich der pflegliche Umgang und die Sauberkeit ab. Von der Sache her werden sie als Umgangsform erweckt, in der Person des Kindes verwandeln sie sich zu Sitte und Tugend."*[541]

Wenn Reichwein im Zusammenhang mit der „sparsamen Sachlichkeit" von der „Rücksicht auf die Sache" und von der „Achtung vor dem Stoff" spricht und gar die Metapher „Weihe des Stoffes" gebraucht, so wird deutlich, dass mehr gemeint ist als der haushälterische Umgang mit den Dingen oder die technisch-rationale Ökonomie der Materialnutzung. Mattenklott stellt hier zu Recht den Bezug zum „Konzept der Wesensforschung" in der Werkdidaktik des Bauhauses her.[542] In der Perspektive dieses Begriffes und zugleich auch der „Formenkunde" Reichweins liegt überdies der Gedanke, dass die vom Vorhabenpädagogen geforderte Einstellung den „Sachen" des werktätigen Lernens gegenüber letztlich im „Respekt vor der Eigenwirklichkeit der Weltdinge" (Günzler) im Geiste der Bildungsontologie Goethes zu verstehen ist.[543]

---

540 Ebd., S. 36.
541 Ebd., S. 11 f.
542 Vgl. Mattenklott: Aspekte ästhetischer Erziehung bei Adolf Reichwein, S. 49.
543 Vgl. Günzler: Bildung und Erziehung im Denken Goethes. Kapitel: Die Sinnhaftigkeit des Wirklichen als Apriori des Handels, S. 141–161, speziell S. 146.

## 3. Formen „organisch-genetischer" Unterrichtsgestaltung

Reichweins Lehrkunst wurde zunächst unter dem Lehrplan-Aspekt als klassisches Beispiel einer exemplarischen Lehre gewürdigt, die auf Erschließung weniger kategorialer Grundeinsichten in der Tiefendimension einer durch Werktätigkeit ermöglichten oder unterstützten Lebenskunde angelegt ist. Sodann haben wir den Lehrkünstler in seiner Funktion als interaktiver Lehrer und Gestalter von Unterricht auf den unterschiedlichen Ebenen von Unterrichtsplanung und -verwirklichung betrachtet. Es blieb aber bisher eine bedeutsame Dimension didaktischer Könnerschaft außer Betracht: die spezifische Gestaltung sinnerschließender und zugleich sinnklarer Bauformen der Vorhaben. Gemeint ist hier nicht deren bereits angesprochene gruppenunterrichtliche Anlage und Durchführungsform, sondern die didaktische Architektur derselben. Und auch den Gesamtaufbau des Unterrichts, dessen inhaltliche Linienführung über längere Zeiträume, gilt es zu beachten. Reichwein spricht diese Gestaltungsdimension unter dem Begriff der „Durchsichtigkeit der unterrichtlichen Vorgänge" an: „Durchsichtig … aber kann nur ein ‚Stoff' werden, der vom Erzieher elementar vorgeformt und vom Kinde selbsttätig gewonnen wurde"[544]. Es gilt, „den ‚Stoff' in einfachen, durchsichtigen, klaren Formen zu vermitteln"[545].

Reichwein denkt dabei hinsichtlich der Vorhaben – folgt man seiner didaktischen Metaphorik – vornehmlich an die stoffliche und architektonische Transparenz kristalliner Körper. Er bezeichnet zentrale inhaltliche Eckpunkte des Unterrichts als „Kristallisationspunkte" und vergleicht das im Geist der Kinder entstehende systemische „Wissensgefüge" mit einem Kristall, an dem „alle Flächen und Linien aufeinander bezogen sind". Sinnverwandte metaphorische Wendungen entstammen dem Bereich der Webkunst und des Knüpfens von Netzen, wenn von den „großen Kreuzwegen unserer Arbeit" die Rede ist oder von den „Knotenpunkten" des Unterrichts, an denen die Möglichkeit besteht, „eine ganze Reihe von Sachgebieten … in einen inneren unterrichtlichen Zusammenhang zu bringen"[546]. In jedem Fall ist mit diesen Symbolisierungen eines gemeint: An die Stelle der Vermittlung „isolierten Punktwissens" gilt es die Lernwege so zu führen und zu koordinieren, dass sich eine dem ganzheitlichen Lerngegenstand entsprechende und für den Lerner durchschaubare didaktische Gestalt zu bilden vermag. Oder ist Reichweins Metaphorik in noch verbindlicherer Weise gemeint – als ein Hinweis, der didaktische Isomorphie andeutet?

### 3.1 Zur „kristallinen" Struktur der Werkaufgabe „Faltarbeiten aus Papier"

Die Filme „Faltarbeiten 1" und „Faltarbeiten 2", die der Mediendidaktiker und Werkpädagoge Reichwein seinen Kindern vorführt, zeigen in einer Serie von Großaufnahmen acht Sequenzen geometrischer Handbetätigung. Diese beginnen wiederkehrend

---
544 SSV, S. 93.
545 Ebd.
546 FLS. S. 58.

mit dem Falten des Rechtecks und Quadrats; sie enden jeweils mit der Erarbeitung eines gegenständlichen Faltproduktes:

- Papierhelm („Dreispitz"),
- Zelt (Kote),
- Faltschachtel,
- Fluggleiter,
- Schwein,
- Windrad,
- Ente,
- Pferd.

Über den Verlauf des Unterrichts in seiner Differenzierung nach Altersstufen und vor allem hinsichtlich seiner inhaltlichen Schwerpunkte und Verzweigungen geben folgende Textpassagen Auskunft:

> *„Alle Altersstufen falteten! Die Kleinen blieben bei den einfachen Dingen, dem Papierhelm, der Windmühle, den Schweinen. Die Größeren falteten Kästchen, Ritter und Pferde. Aus der Tätigkeit heraus begannen die Kinder selbst weiterzudenken, sie wurden im eigentlichen Sinne produktiv. Die Schweine brauchten Stall und Trog, und sofort war damit ein kleines Vorhaben zur Heimatkunde angesetzt. Von den Windrädern kamen wir zu der Überlegung, ob man nicht auch etwas falten könne, das sich in die Luft erhebt, einen Drachen -- ohne Holz, nur aus leichter Pappe? Und siehe, es ging. Wir überrundeten also die Inhalte des Filmes und falteten zusätzlich aus leuchtend roter Pappe den leichtesten und einfachsten Drachen, den man sich denken kann. Für die Größeren schlossen sich sofort ein paar physikalische Betrachtungen an: Wie kommt es, daß diese Windrädchen sich drehen? Von den Grundbegriffen, Luftdruck und Strömung, wurden wir weitergeführt zu den einfachsten Tatbeständen der Aerodynamik, der Windkraft und ihren Wirkungen, die wir vom Bau der Segelwagen und Segelflugmodelle schon kannten. Hier zeigte sich wieder einmal, daß erst eine breit aufgezogene Versuchs-, Werk- und Modellarbeit recht fruchtbar wird, weil sich nur in der Breite des Schaffens, wenn viele Felder überspannt werden, Zusammenhänge und Querverbindungen ergeben und damit Denkanregungen ersten Grades."*[547]

Weiterhin wird zu den Faltarbeiten der Größeren ausgeführt:

> *„Jene einfachsten Faltarbeiten der Kleinen brachten aber den Größeren auch manche Zusammenhänge der Flächenlehre auf neue Weise zur Anschauung: Ausgangsform war immer das Quadrat (auch beim Drachen!). Durchs Falten ergab sich die immer wiederkehrende Grundform des rechtwinklig- gleichschenkligen Dreiecks, damit das Verhältnis der Winkel zueinander, und auf eine hübsche, einleuchtende Weise der Satz des Pythagoras ..."*[548]

---

547 FLS, S. 103.
548 Ebd., S. 103 f.

Und an anderer Stelle:

> *„Wenn nun die Größeren ihre Ritter falten, so treten sie damit in eine ihnen ebenso vertraute, die geschichtliche Welt, wie die Kleinen mit Schweinen und Entenfamilien in die heimatliche Welt des Dorfes; auch das erste Schulalter kann da schon mitmachen, das zweite und dritte bringt es zu eigenen kleinen Niederschriften – jede Faltarbeit ein Thema! –. Das vierte und fünfte weitet das Gespräch auf die Lebenskreise der Heimat aus: Tiere in Hof und Stall, Wasservögel. Und die Größeren also haben, von der eigenen Hand geschaffen, ihre Ritterwelt. Sie haben schon Ritterburgen mit Zugbrücken und Gräben gebastelt, sie besitzen von der Geschichte her einen kleinen Bilder- und Vorstellungsschatz von der ritterlichen Gesellschaft. Aber jetzt erschließt sich ihnen die Welt des hohen Mittelalters noch einmal, ganz anschaulich, bunt und formenreich, aus dem eigenen Schaffen. (…) So bauten die Jungen z.B. ein ganzes Turnier auf und brachten damit die gefalteten Ritter in einen lebendigen Zusammenhang samt Zuschauern. Was gab es da für Möglichkeiten: Wappen auf Helm, Schild und Pferdedecken; Wimpel für die Lanzen usw. Der Sinn für Familien- und Sippenzeichen wurde lebendig, bäuerliche Hausmarken und Familienwappen wurden in Beziehung gebracht."*[549]

Als Grundgefüge des Unterrichts mag schon an diesen Ausschnitten deutlich werden, dass 1. die von den Filmen demonstrierte Reihe der Faltarbeiten die strukturelle Achse des Unterrichts bildet, von der 2. die Falt-Aktivitäten der Kinder im Sinne des aus der Fröbelpädagogik stammenden Begriffs der „Sproß- und Augenpunkte der Unterrichtsverzweigung" bzw. der „Zweig-Arbeitsübungen"[550] ihren Ausgang nehmen. Diese wiederum vermitteln den Ansatzpunkt 3. für heimatkundliche, physikalische und geometrische Problemstellungen und -betätigungen, denen ihrerseits 4. eine Tendenz zur Fortführung in eigener Sinnrichtung und zur Verzweigung (Interessenverzweigung) zugrunde liegt.

Die Bauform des Unterrichts entspricht der kristallinen Struktur zum Beispiel eines Schneekristalls. Dieselbe Grund-Gestalt liegt auch jeder Blatt- oder Baumform zugrunde.

---

549 Ebd., S. 104 f.
550 Friedrich Fröbel: Die Menschenerziehung. Abschnitt: Natur- und Außenweltsbetrachtung, S. 162–178, speziell S. 165: „Die Außenweltsbetrachtung hat das ganz eigentümliche und darum freilich in ihr notwendig Bedingte, daß von ihr aus alle Richtungen der Gegenstands- und Sachkenntnisse sich zweigartig an bestimmten notwendigen Stellen entwickeln, wie die Augen und Zweige an den Ästen. Dieses wird bei der Beachtung eines natur- und vernunftgesetzlichen Unterrichts- und Lehrganges immer wiederkehrend sich aussprechen. Überhaupt ist die Stelle für das Ein- und Hervortreten jedes neuen selbständigen Unterrichtsgegenstandes so fest notwendig und willkürlos bestimmt, wie die Verzweigung ebenmäßig gegliederter Pflanzen."

Die Verwendung des Kristallbegriffs, von der wir sprachen, ist also offensichtlich doch mehr als gleichnishafte Metaphorik; dieser Begriff deutet auf isomorphe Beziehungen zwischen der sprachlichen Bezeichnung und dem Bezeichneten hin.

*3.2 Interpretation des Vorhabens „Die Erde aus der Vogel- und Fliegerschau" als „metamorphische" Gestaltung*

Das Thema „Die Erde aus der Vogel- und Fliegerschau" war im Geographie-Kapitel bereits Gegenstand unserer Ausführungen. Es wurde dort nach Maßgabe des Gestaltungsmusters, dem wir bereits wiederkehrend begegneten, unter didaktisch-methodischem Aspekt in konventioneller Weise interpretiert. Die nochmalige Behandlung desselben aber geht auf die nach einer Seminarsitzung angedachte und dann weiter entwickelte exzeptionelle Idee zurück, diese spezifische Gestaltung eines in goethischem Geist denkenden und handelnden Didaktikers unter morphologischem Aspekt in Analogie zur Metamorphose der Pflanzen zu deuten. Dem interessierten Leser sei dieses hermeneutische Experiment nicht vorenthalten – zumal es zu einem aufschlussreichen Ergebnis führte.

### 3.2.1 Zur Bauform des Unterrichts

Nicht Verzweigung, wie im Falle der Faltarbeiten, scheint die Bauform dieses Vorhabens vorwiegend zu charakterisieren, sondern – mit goethischem Begriff gesagt – „Folge": die Reihenfolge der nacheinander in mehreren Sequenzen (Heimatrelief, Vogelflug und Luftverkehr, Nordamerika/Europa, deutsche und afrikanische Siedlungsformen) behandelten erdkundlichen Phänomene. Bei näherer Betrachtung ist festzustellen, dass sich diese Phänomene hinsichtlich ihrer Erscheinungsform einerseits in bestimmter Weise gleichen, andererseits aber auch unterscheiden, und dass sie zugleich ein Zusammenhang innerer Identität in stringenter Weise zu einer Reihe verbindet. „Alle Gestalten sind ähnlich und keine gleichet der anderen und so deutet der Chor auf ein geheimes Gesetz."[551] Ist die Bauform dieses Vorhabens Ausdruck „metamorphischer" Gestaltung?

Aufschlussreich für den Versuch, sich einer Antwort auf die Frage nach der prinzipiellen Verwandtschaft zwischen dem Gestaltbildungsprozess der Natur und dem des Lehrkünstlers anzunähern, sind folgende Formulierungen aus den morphologischen Schriften Goethes, insbesondere zur „Metamorphose der Pflanzen":

*„Es hat sich daher auch in dem wissenschaftlichen Menschen zu allen Zeiten ein Trieb hervorgetan, die lebendigen Bildungen als solche zu erkennen, ihre äußern sichtbaren, greiflichen Teile im Zusammenhange zu erfassen, sie als Andeutungen des Innern*

---

551 Diese Zeile entstammt der Elegie auf die Metamorphose der Pflanzen, die Goethe Christiane Vulpius widmete.

*aufzunehmen und so das Ganze in der Anschauung gewissermaßen zu beherrschen. Wie nah dieses wissenschaftliche Verlangen mit dem Kunst- und Nachahmungstriebe zusammenhänge, braucht wohl nicht umständlich ausgeführt zu werden.*"[552]
„*Jedes Lebendige ist kein Einzelnes, sondern eine Mehrheit; selbst insofern es uns als Individuum erscheint, bleibt es doch eine Versammlung von lebendigen selbständigen Wesen, die der Idee, der Anlage nach gleich sind, in der Erscheinung aber gleich oder ähnlich, ungleich oder unähnlich werden können.*"[553]
„*Die regelmäßige Metamorphose können wir auch die fortschreitende nennen: denn sie ist es, welche sich von den ersten Samenblättern bis zur letzten Ausbildung der Frucht immer stufenweise wirksam bemerken läßt, und durch Umwandlung einer Gestalt in die andere, gleichsam auf einer geistigen Leiter, zu jenem Gipfel der Natur, der Fortpflanzung durch zwei Geschlechter, hinaufsteigt.*"[554]
„*In der sukzessiven Entwickelung eines Knotens aus dem andern, in der Bildung eines Blattes an jedem Knoten und eines Auges in dessen Nähe beruhet die erste, einfache, langsam fortschreitende Fortpflanzung der Vegetabilien.*"[555]
„*Dasselbe Organ, welches am Stengel als Blatt sich ausgedehnt und eine höchst mannigfaltige Gestalt angenommen hat, zieht sich nun im Kelche zusammen, dehnt sich im Blumenblatte wieder aus, zieht sich in den Geschlechtswerkzeugen zusammen, um sich als Frucht zum letztenmal auszudehnen.*"[556]

In der Spur dieser Sätze und zugleich in der Perspektive des intendierten Vergleichs scheint es angemessen, den Gestaltbildungsprozess in eine Formulierung zu fassen, die den Übergang vom botanischen Beispiel zum didaktischen Exempel – den Vollzug eines interpretativen Transformationsprozess also – vermittelt.

1. Das „Ganze und seine Teile", dem wir uns hier in analogisierender Absicht zuwenden, ist nicht das Ergebnis einer elementhaft-synthetischen Zusammenfügung, sondern eines in Sequenzen untergliederten organisch-genetischen Prozesses.
2. Die „Teilganzen" entwickeln sich auseinander im Wechsel kontrapunktischer Bewegungsimpulse („Ausdehnung", „Zusammenziehung") und mit der Tendenz zunehmender „Verfeinerung" (Vergeistigung) ihrer Organe.
3. In dem durchgehenden Vorgang der „Umwandlung einer Gestalt in die andere" ist die „innere Identität der verschiedenen, nacheinander entwickelten Pflanzenteile, bei der größten Abweichung der äußern Gestalt" begründet.
4. Der Gesamtprozess in seiner Genese und inneren Organisation ist Ausdruck eines vom Morphologen nur angedeuteten „Innern". Der Naturphilosoph verwendet an anderer Stelle für die gemeinte metaphysische Potenz im Rückgang auf Aristoteles (nisus formativus) den Begriff des „Bildungstriebes."

---

552 Werke. Band 13, S. 55.
553 Ebd., S. 56.
554 Ebd., S. 64 f.
555 Ebd., S. 90.
556 Ebd., S. 100.

Ist nicht auch hinsichtlich der Bauform des Vorhabens „die größte Abweichung der äußern Gestalt" bei gleichzeitiger „innerer Identität" der vom Lehrkünstler nacheinander in den Anschauungs- und Fragehorizont gehobenen erdkundlichen Phänomene zu konstatieren? „Gestaltwandel im Phänomenbereich", wie wir im Seminar formulierten, „nach einem durchgehenden verkehrs- und siedlungsgeographischen Sinnprinzip?" Gibt es nicht auch im didaktischen Bereich die Verdichtung zu Knotenpunkten und – in der Diktion der Fröbelpädagogik gesagt – zu den „Aug- und Sprosspunkten" abzweigender Lernaktivitäten? Und liegt nicht dem Aufbau des Unterrichts ebenfalls eine Tendenz zur „Verfeinerung" (Vergeistigung) insofern zugrunde, als dieser letztlich zum Verständnis der geographischen Phänomene in lebenskundlicher Perspektive – auf einem gesteigerten Abstraktions- bzw. Reflexionsniveau also – führte? Abschließend sei noch einmal der Aufbau und Verlauf des Vorhabens im gedanklichen Schnittpunkt zwischen botanischer Morphologie und erdkundlicher Didaktik rekonstruiert:

1. Anfang und Ende des Vorhabens verbindet ein durchgehender thematischer Zusammenhang, in dem die inhaltliche Identität der aufeinander folgenden bzw. der voneinander abzweigenden Sequenzen des Lehrens und Lernens begründet ist.
2. Ein Teilthema geht aus dem anderen hervor, überwiegend im Sinn einer unmittelbaren „Folge"; gelegentlich auch (Vergleich der Verkehrsnetze) der kontrapunktischen Komposition.
3. Der Vergleich der Verkehrsnetze auf der Grundlage des nochmaligen Reliefbaus ermöglicht – einem Knotenpunkt entsprechend – die einübende Festigung und abzweigende Fortführung des Gelernten.
4. Der Vergleich deutscher und afrikanischer Siedlungsformen ist darauf angelegt, die geographische Sicht der Phänomene in lebenskundlicher Perspektive zu transzendieren.

Es sei am Ende des Vergleichs dahingestellt, wie weit im Einzelnen die strukturelle Symmetrie zwischen Natur und Lehrkunst, die wir am exemplarischen Fall des erdkundlichen Vorhabens herauszuarbeiten versuchten, in der Didaktik Reichweins reicht. Es steht aber außer Frage, dass der Gestaltung und der Gestalt seiner Vorhaben die „Kategorien des Lebens" zugrunde liegen, die bereits Gegenstand unserer Ausführungen im Weltbild-Kapitel waren: „Das Ganze und seine Teile", „Gestalt", „Struktur", „Form" „Organismus", „Entwicklung."

Es sind – mit Goethe gesprochen – „lebendige Bildungen".

Diese entfalten sich in einem Prozess wachstümlicher Ausdifferenzierung und Integration ihrer Teile. Lehrer und Lerner sind entweder als Kompositeur (Planer, Impulsgeber) oder als Mitspieler (Akteur der „Mitsteuerung") in die Gestaltung des Prozesses einbezogen.

Dem Ansatz der in organisch-genetischen Bauformen (Wuchsformen) und dynamischen Interaktionsstrukturen realisierten Lehrkunst-Didaktik Reichweins entspricht das Kunstverständnis, das Goethe während seiner Italienischen Reise als Ergebnis der Begegnung mit der mediterranen Pflanzenwelt sowie mit den Bauwerken und Skulpturen der Antike in die Formulierung fasste: „Diese hohen Kunstwerke sind zugleich als die höchsten Naturwerke von Menschen nach wahren und natürlichen Gesetzen hervorgebracht worden."[557]

### 3.2.2 Zur Methode des Unterrichts

Auf dem Hintergrund unserer Ausführungen zum Verlauf und zur Bauform des Unterrichts ist es möglich, die Antwort auf die Frage nach der „metamorphischen" Gestaltung des Vorhabens unter methodischem Aspekt mit Blick auf die Prinzipien der „vergleichenden Morphologie" Goethes[558] (bzw. Herders und Humboldts) noch weiter auszudifferenzieren.

Welches sind diese Prinzipien?

1. Gegenstand sind morphologische Phänomene, die der unmittelbaren sinngerichteten Anschauung zugänglich sind.
2. Die Phänomene werden hinsichtlich „Übereinstimmung und Verschiedenheit" durch „Sonderung und Vergleich der Gestalten" in oftmals genetischer Reihung geprüft.
3. Maßgeblich ist die Absicht, im Anschauen und Vergleichen des jeweils Besonderen das zugrunde liegende Allgemeine zu finden: den Typus (Blatt, Wirbel) und den Urtypus („Urpflanze", „Urtier").

Reichwein folgt diesen Prinzipien, indem er:

1. seinen Kindern ein Bild von ausgewählten Bereichen der Erdoberflächen- Morphologie in der Anschauung (Realanschauung, modellhafte Visualisierung, Veranschaulichung) vermittelt,
2. die in der Anschauung erfassten geographischen Phänomene miteinander vergleicht,
3. Anschauung und Vergleich darauf anlegt, am Besonderen das grundlegend Allgemeine in landschaftsgeographischer und lebenskundlicher Perspektive zu erfassen.

Entsprechendes gilt prinzipiell, das sei diesen Zeilen hinzugefügt, für die Phänomen-Physik Martin Wagenscheins[559] – deren Verwandschaft mit der Naturforschung Goe-

---

557 Goethe, Bd.11, S. 395.
558 Vgl. von Weizsäcker: Einige Begriffe aus Goethes Naturwissenschaft. In: Goethes Werke. Band 13, S. 537–555 überdies Wyder: Goethes Naturmodell, S. 227–288, insbesondere S. 228–240 und S. 240–255.
559 Vgl. Wagenschein: Die pädagogische Dimension der Physik. Abschnitte: Vorbereitende Elementarakte des Verstehens im situationsgebundenen Unterricht, S. 194–198; Auswachsen des „Einzelkristalls" zu einem „Großkristall", S. 198–204 f.

thes, Alexander von Humboldts und Portmanns Horst Rumpf in seiner feinsinnigen Präsentation uind Moderation von Wagenscheintexten herausgestellt hat.[560]

Meine Ausführungen zur Bauform und Methode des Vorhabens möchte ich nicht schließen, ohne die Frage nach deren Bedeutung unter didaktischem und bildungstheoretischem Aspekt zu stellen:

Der Vorhabendidaktiker ermöglichte es seinen Kindern, im Mitvollzug der Herleitung, der Verzweigung und der Verknüpfung der Lernwege den Zusammenhang des „Ganzen und seiner Teile" zu durchschauen und zu verstehen. „Das Vorhaben ist eine Arbeitsform des erziehenden Unterrichts", wie der Architekt formstrenger didaktischer Gebilde formuliert, „die Mannigfaltiges zur Ganzheit fügt, zu einem Gefüge rafft und webt, was sich sonst als einzelner Faden im Strom des Unterrichts verlöre, zu einer Gestalt, die wie jede lebendige Einheit vom Kinde ‚angeschaut' und auf seine kindliche Weise auch begriffen werden kann."[561] „Es kann auch", so der bemerkenswerte Zusatz, „als geistiges Modell begriffen werden, innerhalb dessen sich all unser Wissenswerk ordnet und aufbaut."[562]

Im Vorhaben wird überdies jene „doppelseitige Erschließung" ermöglicht, die Klafki als Leitformulierung Kategorialer Bildung in die Formulierung fasst: „Diese d o p p e l s e i t i g e   E r s c h l i e ß u n g geschieht als Sichtbarwerden von ‚allgemeinen' Inhalten auf der objektiven Seite und als Aufgehen ‚allgemeiner' Einsichten, Erlebnisse, Erfahrungen auf der Seite des Subjekts. Anders formuliert: Das Sichtbarwerden von ‚a l l g e m e i n e n'   I n h a l t e n auf der Seite der ‚Welt' ist nichts anderes als das Gewinnen von ‚K a t e g o r i e n' auf der Seite des Subjekts."[563]

Für das hier gemeinte „Allgemeine" steht, in fachdidaktischer Perspektive betrachtet, der an ausgewählten Phänomenen erschlossene Zusammenhang zwischen Natur- und Kulturlandschaft (Boden, Klima – Verkehrslinien, Siedlungsformen). Es bezeichnet darüber hinaus ein überfachliches Deutungsmuster, das Gegenstand der von Herder Goethe und Humboldt repräsentierten Epoche ist: die Auffassung der „Natur- und Menschenwelt" in der Perspektive der Lebenskategorien und von den Naturgrundlagen her.[564]

## 4. Zum Weltbild-Bezug der Gestaltungsformen

Reichwein deutet die Bauformen seiner Vorhaben, wie eingangs angesprochen, vornehmlich unter dem methodischen Aspekt ihrer „Durchsichtigkeit" für den Lernenden. Wittenbruch schließt sich ihm als Verfasser einer Studie zur Unterrichtsmethode Reichweins weitgehend an, wenn er in der Perspektive der Leitbegriffe „Didaktische Reduktion und Elementarisierung" schreibt:

---
560 Vgl. Martin Wagenschein: ..."zäh am Staunen". S. 11 und S. 40.
561 FLS, S. 3 f.
562 Ebd., S. 4.
563 Klafki , Das Pädagogische Problem …, S. 295.
564 Vgl. Schernikau: Die Lehrplanepoche ... , S. 13–15 u. S. 229 f.

„*Reichwein folgt bei Auswahl, Repräsentation und Anordnung der ‚Stoffe' im Vorhaben einem bestimmten didaktischen Verfahren, um komplizierte Aussagen und Sachverhalte dem Schüler so anzubieten, daß er sie gemäß seines angenommenen sachstrukturellen Entwicklungsstandes aufnehmen und sachgerecht weiter ausbauen kann: Er geht von Formen der didaktischen Reduktion bzw. Elementarisierung aus: Im Vorhaben wird die Komplexität der verhandelten Gegenstände durch akzentuiertes Hervorheben von ‚Gesetzmäßigkeiten' und ‚Ordnungsformen' gemindert. Dieser Rückgriff auf einen vermeintlich ursprünglichen Bezugspunkt äußert sich bei Reichwein in seiner Option für die ‚Gestalten des Lebens', für die ‚Lebensganzheit'.*"[565]

Und weiterhin:

„*Die von Reichwein ausgewählten Formen der didaktischen Vereinfachung oder Reduktion sollen dem jungen Menschen zur ‚Einsicht' verhelfen. Diese Erwartung ist sinnvoll, wenn die der Natur unterstellte ‚Tendenz zur Ordnung' auch dem menschlichen Erleben und Verhalten zugeschrieben wird. Reichwein teilt diese Annahme. Er geht davon aus, daß durch seine oben skizzierten Maßnahmen die Vorhaben ‚Mannigfaltiges' zur ‚Ganzheit' fügen und eine ‚Gestalt' gewinnen, die vom Kind ‚angeschaut' und ‚begriffen' werden kann. Er hofft, daß der Umgang mit lebendigen Formen ‚formt', daß das Vertrautwerden mit den ‚Gebilden des Lebens' auf den jungen Menschen ‚bildend' wirkt. Das heißt: die Gegenstände und Ereignisse, die eine bestimmte Einsicht in ‚Etwas' vermitteln sollen, haben nicht nur eine repräsentative Bedeutung und Funktion für den Lehrgang, sondern sie sollen auch ‚durchsichtig' für ‚jemanden' werden. ‚Jemandem sollen' in seinem personalen Bildungsgang durch das Vorhaben neue Wert-, Sach- oder Erlebnisbereiche erschlossen werden. Damit bestätigt auch dieser Gedankengang die Nähe Reichweins zur Idee von der kategorialen Bildung, von der wechselseitigen und doppelseitigen Erschließung von Mensch und Welt im Vorhaben.*"[566]

Wir stimmen mit Wittenbruch darin überein, dass die Bauformen der Vorhaben den „Gestalten des Lebens" entsprechen, dass es „Lebensganzheiten" sind. Der akribische Autor einer weitgehend werkimmanenten Interpretation trifft sich hinsichtlich dieser Feststellung mit unseren Ausführungen zu den „organisch-genetischen" Bauformen der Vorhaben. Und auch seine punktuelle historische Lokalisierung der Reichweinschen Didaktik durch Hinweis auf Friedrich Junge sowie auf die Gestalttheorie und Lebensforschung liegt, obgleich auf halber Strecke stecken bleibend, in der Bahn der vorliegenden Interpretation. Das gilt ebenfalls für die Andeutung des bildungstheoretischen Kontextes in der Bezugnahme auf die Kategoriale Bildung. Die Annahme jedoch, es handle sich lediglich um eine in didaktischer Perspektive getroffene „Option" für die „Gestalten des Lebens" bzw. „Lebensganzheiten", die auf die Reduktion von

---

565 Huber/Krebs: Adolf Reichwein, S. 155.
566 Ebd., S. 156 f.

Komplexität zum Zwecke ihrer besseren Fasslichkeit für den Lernenden zielt, verfehlt den konstitutiven Bezug zum Weltbild der Epoche. Es bedarf hinsichtlich dieser Feststellung auf dem Hintergrund des Weltbild-Kapitels des Gewährsmannes nicht. Dennoch sei hier der Hinweis eingefügt, dass Willmann die Anwendung des von ihm vertretenen „organisch-genetischen Prinzips", das den „Lebensganzheiten" und „Gestalten des Lebens" von Wittenbruch bzw. den von uns aufgewiesenen kristallinen Strukturen und Wuchsformen entspricht, nicht primär unter „didaktisch-technischem" Aspekt begründet, sondern in der übergreifenden Perspektive einer „Wissenschafts- und Kunstlehre im Sinne eines organischen Weltbildes."[567]

Wittenbruch verfehlt nicht nur diese Weltbild-Perspektive, sondern zugleich auch die Pointe im Ergebnis des vorliegenden Versuchs, diesen „organisch-genetischen" Formen im Rückgang auf einen „ursprünglichen Bezugspunkt" außerhalb der Schulschriften und der Vielzahl ihrer textimmanenten Auslegungen auf die Spur zu kommen. Diese Pointe lautet: *Die Gegenstandsstrukturen des Unterrichts entsprechen den Gestaltungsformen des Unterrichts. Die Einheit von Inhalt und Form, das Gütesiegel des Stilisten Reichwein in Leben und Werk, gilt auch für die Didaktik des Schulmodells Tiefensee.*

## 5. Abschließende Stellungnahme zur Interaktion nach dem didaktischen Parallelogramm der Kräfte

Am Ende meiner Ausführungen zur Methode möchte ich noch einmal auf das Parallelogramm der Kräfte zu sprechen kommen, speziell auf den abschließenden Satz: „Der Weg wird also vom Kind und vom Erzieher bestimmt, die beide auch gemeinsam die Arbeit tragen." Diese Formulierung zeigt ein Gleichgewicht der aufeinander einwirkenden Kräfte an: Mitbestimmung und „Mitsteuerung" der Schüler, Zusammenarbeit von Jung und Alt. Einem derartigen Bezugverhältnis könnten vor allem, wie bereits hinsichtlich der „Werkgespräche" angedeutet, die Situationen des praktischen Tuns und Lernens entsprochen haben, in denen der Erwachsene (wie ich aus eigener Erfahrung weiß) den gewohnten Vorsprung an Wissen und Können nicht immer auf seiner Seite hat. Und wird es nicht auch Kinder in der Tiefenseer Landschule gegeben haben, die Wiesel und Dachs genauer kannten als ihr Lehrer? Im Allgemei-

---

567 „Die Gliederung der Lehrstoffes entspricht ihrer Aufgabe noch nicht, wenn sie eine didaktisch-technische ist, sondern erst, wenn sie den Charakter einer organisch-genetischen Gestaltung hat. Diesen aber gewinnt sie, wenn sie im Ganzen die Macht des gestaltenden Prinzips, welches die betreffende Wissenschaft oder Kunst ins Leben gerufen hat, welches ihre Entwickelung leitet und darum auch ihre Überlieferung regeln soll, an dem mannigfaltigen Stoffe aufweist, und wenn sie im Einzelnen solche.Partien, in denen ein Ganzes als herrschend und in den Teilen reflektiert erscheint, und solche, welche ein Wachsen, Werden, Entwickeln in überschaulichem Umkreise aufweisen, zur Geltung bringt; d. h. wenn sie die organischen Einheiten und die genetischen Reihenfolgen hervorzieht und zu Mittelpunkten für das übrige macht" (Willmann: Didaktik als Bildungslehre, S. 461).

nen aber scheint mir Reichwein – in Übereinstimmung mit dem Grundkonzept der Schule der indirekten Lenkung und dynamischen Führung – als Repräsentant ihrer Lehre, als Gestalter des schulischen Erfahrungsraumes und Koordinator der Lernaufgaben und Lernwege, nicht zuletzt auch als lebendige Einheit von charismatischer Persönlichkeit und Amtsautorität die ungleich stärkere Kraft im didaktischen Interaktionsfeld seiner Landschule gewesen zu sein. Ihm kam, wie der Sache und dem Begriff nach bereits angesprochen, die Aufgabe der inhaltlichen und methodischen Führung zu. Diese bestand nicht zuletzt darin, seine aus Landarbeiter- und Handwerkerfamilien stammenden Schulkinder in die Weltbild-Perspektiven einzuführen, die den Kanon der im vorigen Kapitel behandelten bürgerlichen Wissenschaften und Schuldidaktiken konstituierten. Es war das Anliegen des Lehrkünstlers mit fachlich differenziertem und weltweitem Bildungshorizont, in souveräner Handhabung des amtlichen Lehrplans und mit Feingefühl für die Lernvoraussetzungen und -möglichkeiten seiner Landschulkinder jene Perspektiven ansatzweise zu erschließen, wenn er:

- im Zusammenhang mit der Gartenarbeit einen Film einsetzte, der die Pflanze des Gemüsebeetes in gleichnishafter Sinnperspektive als „Grundphänomen des Lebens" zeigt,
- den wissenschaftsorientierten Ansatz des „kleinen Bienenstudiums" mit dem Bau des Bienenbeobachtungsstandes begann, mit einer Form motivierender „werklicher Selbstbetätigung" also,
- den Weg der Radtour gemeinsam mit den Teilnehmern der „großen Fahrt" so auswählte, dass diese nach Maßgabe landschaftsgeographischer Methodik zu kontrastreichen Eindrücken von Landschaften unterschiedlichen Charakters führte,
- den Bezug seiner Landschulkinder zur eigenen Fliegerschau und globalen Orientierung dadurch herstellte, dass er mit dem Bau des Heimatreliefs den verkehrs- und siedlungsgeographischen Lerngegenstand in seiner „Entstehungs- und Ursprungssituation" (Roth) aufsuchte und in motivierender Handbetätigung modellhaft rekonstruierte,
- das Thema „Bauernhaus/Bauernkultur in der Spur durchgehender Werktätigkeit in Form des Relief- und Modellbaus und im Kontext eines bildungsbürgerlichen Literaturangebotes erarbeitete,
- die „Schule des Sehens" bzw. die Formenkunde mit der Herstellung und Wahrnehmung von Gegenständen verband, die für die Gestaltung der dörflichen Feste und Feiern von Bedeutung waren,
- den Lerngegenstand „Gewächshaus" nicht auf dem üblichen Wege eines Erkundungsunterrichts vermittelte, sondern ebenfalls durch dessen werktätige Erarbeitung aus der „Entstehungs- und Ursprungssituation" (H.Roth) heraus.

Es geht in jedem Fall um jene Aufgabe des Erziehers, die wir mehrfach als Transformation des Lerngegenstandes von der praktischen Perspektive in die metapraktische Sinndimension bezeichnet haben. Dem Erzieher obliegt es, mit Reichweins Worten gesagt, „dem Kind das Wesen der Dinge (zu) erschließen". Er hat ihm (in der Perspektive seines Weltbildes) „die Inhalte seiner heimatlichen Welt zu deuten". Er versteht sich als „Mittler zum Kinde und als wissender Führer".

*„Jede Wirklichkeit, heiße sie Heimatwirklichkeit oder Bild- und Sprachbericht, will unmittelbar wirken. Die vornehmste Aufgabe des Erziehers ist, das Kind zu diesen Wirklichkeiten behutsam hinzuführen, sparsam zu sein mit ordnenden und unterstreichenden Hinweisen; und dann erst, wenn das Kind selbst das Neue unmittelbar und persönlich in sich aufnehmen konnte, setzt die nachprägende Arbeit des Erziehers ein, der mit seiner Deutung hilfreich eingreift und die empfangenen Eindrücke geistig ordnet und dem Bewußtsein des Kindes verbindet."*[568]

Die hier angesprochene Lehr-Lernsituation ist weder auf katechetischen Dirigismus von Seiten des Lehrers noch auf einseitige Schülerorientierung angelegt, sondern im Sinne eines interaktiven Lehrens und Lernens in der Form dynamischer Führung bzw. indirekter Lenkung auf Polarität und Steigerung im geistigen Spannungsfeld zwischen Lehrer und Schüler.

## 6. Vergleich mit dem Lehrkunstprojekt Berg/Schulze

### 6.1 Zur „dramaturgischen" Lehrkunst-Variante

Dass der Begriff der „Lehrkunst" seit einigen Jahren wieder Eingang gefunden hat in den Diskurs um Inhalt und Methode der schulischen Bildungsarbeit, geht auf die Initiative und Pionierarbeit von Hans Christoph Berg zurück. Für den Marburger Erziehungswissenschaftler wiederum war die Begegnung mit dem Unterricht von Martin Wagenschein von entscheidender Bedeutung. Als Hospitierender in der Werkstatt des Altmeisters der Phänomenphysik und des genetisch-exemplarisch-sokratischen Lehrens wuchs der Gedanke und reifte zum konzeptionellen Entschluss, die Erfahrungen des in der Originalsituation Lernenden als Lehrender weiterzugeben: im Seminar mit seinen Studenten nicht über Wagenschein zu sprechen, sondern dessen Exempel selbst zu erproben, in den kooperierenden Schulen durch Zusammenarbeit mit Lehrern, die bereit waren, Unterricht im Geiste Wagenscheins in gemeinsamen Lehrkunstwerkstätten und dann auch in ihren Klassen zu erproben. Als Ergebnis liegt nunmehr ein ansehnliches Repertoire von Lehrstücken vor, die sich auszeichnen durch den Bezug auf ein bildungsbedeutsames Thema und auf eine anspruchsvolle methodische Gestaltung, die dem Gegenstand des kunstvollen Lehrens und des nachverstehenden Lernens im Zuge eines von Fragen und Impulsen geleiteten Interaktionsprozesses didaktisches Profil verleiht.

Im Zentrum der mehrstündigen Unterrichtseinheiten stehen „Menschheitsthemen", d.h. ein Lernereignis, „das die Menschen anhaltend und immer wieder neu beschäftigt hat als ein Gegenstand der Neugier, des Empfindens und des Nachdenkens,

---

[568] FLS, S. 6 f.

der wissenschaftlichen Untersuchung, der künstlerischen Gestaltung und des öffentlichen Interesses – beispielsweise die Bewegung der Gestirne oder die Vielfalt der Blüten, die Eigenart der Zahlen oder das Ebenmaß von Körpern, die Schwerkraft oder das Licht, die Entstehung des Lebens oder das Zusammenleben der Individuen, die Herstellung der Gerechtigkeit oder die Schrecken des Krieges"⁵⁶⁹.

Der Interaktionsprozess entspricht in seinem Ansatz und Verlauf dem Typus eines qualifizierten problemorientierten Unterrichts, der aber oftmals über die Reichweite des entdeckenden Lernens dadurch hinausführt, dass das jeweilige „Menschheitsthema" in geistesgeschichtlicher Perspektive am Beispiel (s)eines klassischen Repräsentanten aufgesucht und teilweise auch im szenischen Spiel reaktualisiert wird.

*„Ein hervorstechendes Charakteristikum der meisten bisher erarbeiteten (…) Themen ist es, dass Berg und sein engerer Schüler- und Kollegenkreis auf die Ursprünge, die ‚Entdeckung' solcher Menschheitsthemen zurückfragen, nicht um im Unterricht die Realgeschichte eines ‚Menschheitsthemas' und die faktische Weiterbearbeitung eines entdeckten Problems – also z.B. des Pythagoreischen Lehrsatzes in der Mathematik oder des chemisch-physikalischen Verbrennungsvorganges anhand der Entdeckungen Faradays am Exempel der brennenden Kerze – zu rekonstruieren, sondern um sozusagen die innere Systematik solcher Entdeckungen an prägnanten Beispielen von heutigen Schülerinnen und Schülern nachvollziehen, nachentdecken oder wiederentdecken zu lassen."⁵⁷⁰*

Dem neuen Lehrkunst-Impuls in seinem thematischen und prozessualen Anspruch entspricht die Darstellung und Auffassung des Gemeinten in dem unkonventionellen begrifflichen Design einer „dramaturgischen Didaktik" zum Beispiel als „Inszenierung" oder „Aufführung." „Sie setzt an", wie Theodor Schulze als Co-Pilot des Berg-Projektes formuliert, „bei einem kollektiven Lernereignis der menschlichen Gattung und seiner Umsetzung in eine Handlungsfigur, die es lehrbar macht, und führt über die Ausgestaltung einer didaktischen Fabel in einem Lehrstück zur Inszenierung des Lehrstücks im Unterricht. Diese Abfolge entspricht mit einigen Abweichungen (…) der Linie der Theaterproduktion, die bei einem dramatischen Stoff, einer Fabel, beginnt und über die Dichtung eines Dramas und dessen Inszenierung bis zur Aufführung vor einem Publikum gelangt"⁵⁷¹.

## 6.2 Zur reformpädagogischen Lehrkunst-Variante

Schulze unterscheidet von diesem Ansatz grundsätzlich – das ist im vorliegenden Zusammenhang bemerkenswert – einen anderen, den er der Reformpädagogik zuordnet und ausdrücklich *nicht* dem Konzept Berg/Schulze. Er identifiziert diesen reformpäd-

---
569 Schulze: Lehrstück-Dramaturgie, S. 386.
570 Klafki/Braun: Wege pädagogischen Denkens, S. 177.
571 Lehrstück-Dramaturgie, S. 368.

agogischen Ansatz mit den Vertretern des natürlichen Lernens (Berthold Otto, Johannes Kretschmann) sowie des Projektunterrichts (John Dewey, Adolf Reichwein, Peter Petersen und Celestin Freinet):

> *„Sie gehen aus von dem Wissensbedürfnis der Heranwachsenden, das im Umgang und in der Erfahrung entsteht; sie setzen an bei den Fragen und Interessen, wie sie in den alltäglichen Gesprächen am Mittagstisch einer Familie, im Gesprächskreis des freien Gesamtunterrichts oder im Verlauf eines Vorhabens artikuliert werden; sie nehmen dann die ungeklärten Punkte, die Schwierigkeiten in den Verfahren und die auf weitergehende Klärung drängenden Themen im gefächerten und systematischeren Unterricht auf, ziehen Experten hinzu oder suchen die Orte auf, an denen eine umfassendere Information zu erwarten ist – eine Sternwarte zum Beispiel, eine Werkstatt oder eine Behörde, die bereit ist Auskunft zu geben."*[572]

Ich stimme mit Theodor Schulze darin überein, dass Reichweins Didaktik der reformpädagogischen Linie des natürlichen Lernens und des Vorhabenunterrichts angehört. Ich bin aber im Unterschied zum Anwalt der dramaturgischen Lehrkunst der Auffassung, dass es mit Blick zum einen auf die Landschule, zum anderen auf die Dewey-Reichwein-Freinet-Linie sowie schließlich auf die Spezifik bestimmter Reichweinscher Gestaltungsformen von Unterricht noch andere Ansätze didaktischer Könnerschaft gibt, die mit dem Prädikat „Lehrkunst" auszuzeichnen wären. Mein Begriff der „didaktischen Könnerschaft", das möchte ich hinzufügen, steht einer Umschreibung des Begriffs „Lehrkunst" nahe, mit der Wolfgang Klafki dessen kunsttheoretische Auslegung durch Berg und Schulze relativiert:

> *„Das im Begriff ‚Lehrkunst' verwendete Begriffselement ‚Kunst' ist nicht in dem engeren Sinne gemeint, den wir heute meistens mit diesem Wort verbinden, nämlich im Bezug auf ‚künstlerische', ‚ästhetische' Tätigkeiten und Werke als einer eigenständigen Dimension kulturellen Schaffens (…). ‚Kunst' im Sinne der ‚Lehrkunstdidaktik' ist zunächst als Bezeichnung eines bestimmten Könnens gemeint, analog zur Rede von der ‚Kunstfertigkeit' eines Tischlers oder eines Kochs oder einer Schneiderin. Die ‚Lehrkunst' schließt jedoch einerseits ein erheblich höheres Maß an Reflexion, an theoretischen Überlegungen über begründbare Ziele, Themen, Methoden, Medien und über die Lernenden, andererseits die Fähigkeit ein, die Lehrintentionen – als Hilfen zum Lernen – immer wieder neu auf kurzfristige Änderungen der Lehr-Lernsituationen (zumal in der Institution Schule) hin zu konkretisieren und auf unvorhergesehene Vorfälle, auf ‚glückliche Wendungen', auf Schwierigkeiten und Störungen konstruktiv zu reagieren."*[573]

Kommen wir nunmehr zu der Frage, was denn diese Art didaktischer Könnerschaft in ihren typischen Grundzügen charakterisiert bzw. was sie von der „dramaturgischen" Lehrkunst-Variante unterscheidet.

---

572 Ebd., S. 367.
573 Klafki: Exempel ... , S. 18.

*Erstens:* Gegenstand des Unterrichts sind durchweg nicht die in bildungstheoretischer Perspektive identifizierten und vom Lehrer ausgewählten „Menschheitsthemen", sondern eher Aufgaben- und Themenstellungen, die sich aus den Fragen der Kinder und Jugendlichen ergeben oder aber – im Regelfall auch der reformpädagogischen Schule – aus dem Lehrplan der heimatkundlichen Fächer und des heimat- und lebenskundlichen Gesamtunterrichts. Der politisch engagierte Landschullehrer in Tiefensee und Schrittmacher der exemplarischen Lehre mit seiner aus dem Rahmen fallenden Lebens- und Berufsbiografie vermochte den Themen des Regelunterrichts aber wiederkehrend eigene Konturen zu verleihen und ihnen jene lebenskundliche Tiefgründigkeit in der Perspektive „Lebensgemeinschaft am Werk sehen" – „So also vollzieht sich Leben" abzugewinnen, die wir am Beispiel „Bienenbeobachtung", „Die Erde aus der Vogel- und Fliegerschau", „Bäuerliche Kultur" aufgewiesen haben.

*Zweitens:* Auch für die reformpädagogische Variante ist das Können von Bedeutung, den Lehr-Lernprozess im Stile einer dialogischen Interaktion anstoßen, lenken und abschließen zu können, wenngleich mit einem anderen Stellenwert als im „dramaturgischen" Ansatz. Das exemplarische Beispiel einer Könnerschaft dieser Art aus dem Bereich der reformpädagogischen Literatur stammt aber nicht von Adolf Reichwein, sondern von einem Autor, der mit dem Tiefenseer Reformpädagogen nicht nur die fast zeitgleiche Tätigkeit als Landschullehrer teilt, sondern auch den Bezug zur deutschen Klassik (Goethe, Schiller) – und das tragische Schicksal des zu frühen Todes am Ende des Hitlerkrieges – bei Friedrich Copei.[574] In seinem Buch „Der fruchtbare Moment im Bildungsprozess" (1930) wird als didaktisches Analogon zum kreativen intellektuellen und künstlerischen Schaffen, festgemacht in maßgeblicher Weise am Erkenntnisprozess der goethischen Metamorphosenlehre, jene klassische Episode entdeckenden Lehrens und Lernens skizziert, die mit den Sätzen beginnt:

*„Auf eine Schulwanderung hat einer der Jungen eine Büchse kondensierte Milch mitgebracht, die, den meisten Landkindern etwas Neues, schon mit Interesse betrachtet wird. Feierlich öffnet der Besitzer die Büchse, indem er an einer Stelle ein Loch in den Büchsendeckel bohrt. Er will die Milch ausgießen – aber keine Milch fließt heraus! Nur beim Schütteln spritzen einige Tropfen. Alles staunt: Wie kommt das nur? Die anderen raten ihm: ‚Du mußt das Loch größer machen'. Er tut's – ohne merklichen Erfolg. Einer vermutet: ‚Die Milch ist wohl dick geworden, vielleicht ist das Loch verstopft' – aber eine Verstopfung ist nicht zu entdecken. Die anderen wenden auch ein: ‚Wir haben ja ganz flüssige Milchtropfen herausspringen sehen!' ..."*[575]

Weitere Nachfragen und Bedenken: „Da muß aber doch etwas davorsitzen, sonst flösse die Milch doch heraus." – „Aber es sitzt doch nichts davor." – und der pointierte Leh-

---

574 Vgl. Sprenger: Erinnerungen an Friedrich Copei sowie Schwab: Adolf Reichwein und Friedrich Copei.
575 S. 103 f.

rer-Impuls: „Nichts" führen dann in Verbindung mit weiteren Proben und einer systematischen Durchklärung des Phänomens auf die Luftdruck-Spur.

Reichweins schulpädagogische Schriften aber bieten nur, wie bereits erwähnt, ansatzweise Auskünfte über die Interaktionsstruktur des Unterrichts. Das Lehrerhandeln bleibt hinsichtlich seiner Formen der verbalen oder non-verbalen Impulsgebung sowie seiner Reaktionsweisen zum Beispiel im problemorientierten Unterrichtsgespräch weitgehend außer Betracht. Anstelle einer Verlaufsbeschreibung steht wiederkehrend eine die Lehr-Lernsituation mehr andeutende als ausführende didaktische Profilskizze. Dies mag in dem Unterrichtsstil des Autodidaktikers Reichwein begründet sein, von dessen gelegentlicher Tendenz, die Kinder seiner „Einklassigen" geistig zu überfordern der hospitierende Schulrat Wolf sprach,[576] wohl auch in der Dynamik einer Führung von Lehr-Lernprozessen, die bereits dem bündischen Führer der Jungarbeiterbildung zu eigen war (S. 282). Es scheint mir vor allem aber auch in der Absicht begründet zu sein, den professionellen Lesern des Schaffenden Schulvolks nicht Musterbeispiele an die Hand zu geben, sondern ihnen „lebendige Anregungen" zu vermitteln, die „ins Bild setzen" und zugleich das Selbst-Weiterdenken herausfordern. Sie sind darauf angelegt, den gestaltenden didaktischen Grundgedanken des Dargestellten, dessen „innere Form", in der Anschauung zu stilisieren.

Worin aber ist das Spezifische der reformpädagogischen Landschullehrer-Lehrkunst Adolf Reichweins zu sehen? Antwort mag zunächst das ebenso signifikante und beziehungsreiche Bild erteilen, das Bohnenkamp in seinen „Erinnerungen" vom Leben, Lernen und Lehren in Tiefensee zeichnet:

*„Ich kenne keine Stelle, welche die Gedanken der deutschen ‚pädagogischen Bewegung' inniger befolgt und schöner bestätigt hätte als Tiefensee. Im Sommer war der Garten mit seinen selbstgezimmerten Tischen und Bänken, aber auch mit seinen Beeten und Bäumen, und waren weiter Feld, Wald und Seeufer wichtiger als die Schulstube. Wenn man aber winters in die Klasse kam, fand man sich wie in einer Familienwerkstatt: es roch nach Leim und Spänen; Materialien und entstehende Gebilde – Brauchgut und Modelle – lagen auf Tisch und Bord. Zeichnungen und Bilder bedeckten die Wände. Von kleinen und großen Händen wurde gefaltet und geklebt, geknetet und gemalt, geschnitzt und gehobelt, gehämmert und gelötet, geschnitten und gewebt mit Fröhlichkeit und Rücksicht auf den Nebenmann. In einer Ecke stand eine Gruppe in Betrachtung oder Besprechung vertieft, während eines der großen Mädchen mit den Kleinsten rechnete und schrieb. Adolf war überall zugleich, beantwortete Fragen, griff helfend zu, gab stumme Winke, sammelte hie und da die ganze Schar zu einem besinnlichen Gespräch und sorgte, daß die Stücke eines vielgliedrigen, elastischen Zeitplanes ohne Lücke ineinandergriffen. Wenn er mittags die Kinder entlassen hatte, begannen für ihn Kontrolle und Rechenschaft, Probieren und Planen. Nachmittags kamen immer Kinder, um weiter zu basteln, Stücke zu üben, den nächsten Morgen*

---

576 Vgl. den „Bericht der Schulbesichtigung Dr. Reichwein, Tiefensee, am 4. Juni 1936" vom „Kreisschulrat von Niederbarnim-Süd", Wolff (Tgb.-.Nr. 1350).

*vorzubereiten, und abends saß Adolf bis in die Nacht über Büchern und Heften, Zeichnungen und Tabellen oder Schraubstock und Feile.*"[577]

Hier gewinnt das Lernen im Medium der Werktätigkeit ein ebenso schlaglichtartiges Profil wie die begleitende oder gesonderte Übung der Fertigkeiten in der Stillarbeit der Gruppe. Vor allem aber demonstriert diese Momentaufnahme nicht den vor der Klasse stehenden Akteur und die dramaturgische Figur seines Handelns im kollektiven Lehr-Lernfeld der Klasse, sondern den in der Klasse sich bewegenden Inter-Akteur, der in scheinbar zwangloser Form Lernhilfen eingibt oder Lernkontrollen durchführt. Dies wird gewiss auch die Szene der nachmittäglichen Werk- und Vorhabenarbeit gewesen sein, die oftmals, wie Bohnenkamps Bild bestätigt, außerhalb der offiziellen Schulzeit lag und schon deshalb vermutlich in einer weitgehend entschulten Atmosphäre stattfand. Aber nicht nur deshalb: Ich weiß aus eigener Erfahrung, dass in der Szene des werktätigen Vorhabenlernens und in Projektwochen dieses Zuschnitts der Anteil schulischer Interaktionsweisen zugunsten informeller Formen des Miteinander-Sprechens- Arbeitens- und Lebens abnimmt. Die hier vorherrschende Form der Lehrkunst ist nicht szenischer oder dramaturgischer Art, sondern von struktureller Qualität, da ihr das Kunstwerk des zuvor entwickelten „elastischen Zeitplans" zugrunde liegt, der ermöglichen soll, im Rahmen eines Vorhaben-Themas in gruppenteiliger und individualisierter Form zu arbeiten und überdies die Könnerschaft, mit souveräner Sachkompetenz und Improvisationsgabe überall anregend und helfend eingreifen zu können.

Lehrkunst dieser strukturellen Form liegt vor, wenn es einem Lehrer in der Art Adolf Reichweins gelingt, die anstehende Werkarbeit sach- und materialgerecht für seine Schüler aufzubereiten und in lernergiebiges kooperatives Arbeiten umzusetzen, wenn es ihm möglich ist, aus der Einzel- und Gruppenarbeit Anregungen aufzugreifen und in organisch-genetischer Weise kreativ weiterzuführen, wenn er es vermag, „Gelegenheiten" wahrzunehmen und für einen Lernweg der Kinder fruchtbar zu machen und – nicht zuletzt – wenn er die Möglichkeit und Könnerschaft (auch noch in der heutigen Schule) besäße, das Insgesamt der Lernwege derart zu gestalten, dass ein vernetztes Ganzes mit „Kreuzwegen" und „Knotenpunkten" entsteht: ein kleiner globus didacticus – wie beim Lehrkünstler in Tiefensee.

Allerdings: Die vielzitierte Bohnenkamp-Passage stellt lediglich, wie angedeutet, eine Momentaufnahme dar. Daher wird das übergreifende didaktische Strukturgefüge nur für den Kenner der Szene und der Bauformen Reichweins ansatzweise durchschaubar. Und vor allem: Die zeitliche Dimension des Lehrens und Lernens, der eine Repräsentation in „laufenden Bildern" entspräche, konnte nicht ins „stehende" Charakterbild gefasst werden. Der zentrale und wiederholenswerte Gestaltungs-Grundsatz: „Also bauen wir zufälliges Beobachten zum planvollen Schauen aus. Wir führen den kindlichen Blick tiefer in die Gründe und Zusammenhänge. Wir wählen wenige ‚Fälle', verweilen lange und suchen sie in unseren bescheidenen Grenzen

---
577 Bohnenkamp: Gedanken an Adolf Reichwein, S16 f.

auszuschöpfen."[578] Diese Leitformel des Mannes der „existentiellen Konzentration" (E. Weniger) und der exemplarischen Lehre blieb „außen vor". Wir möchten sie daher als zusammenfassenden Abschluss des Methoden-Kapitels mit ergänzendem Blick auf das didaktische Gestaltungsmuster, das uns bereits mehrfach begegnete (S. 103, S. 115, S. 153, S. 205), in unsere Ausführungen nochmals einbeziehen:

- *Erstens*: Die Themen sind eingespannt, einem Knotenpunkt vergleichber, in ein weit gespanntes Netzwerk von Lernwegen, dessen didaktische Topographie zu folgen oftmals wohl nur dem Lehrer und den älteren Schülern möglich war. Anknüpfungspunkte boten zum Beispiel die Bienenbeobachtung im Schulgarten oder die zunächst mehr beiläufige Vermittlung wiederholter und zum Vorhaben-Thema allmählich sich verdichtender „Anstöße" und „Gelegenheiten" wie im Falle des Hausbau- und „Fliegerschau"- Projektes. Ob es in Tiefensee auch das Vorhaben-Merkbuch wie bei Johannes Kretschmann und Otte Haase gab?
- *Zweitens*: Einher mit der Anregung, schrittweisen Profilierung und endgültigen Aktualisierung der Vorhaben-Themen ging die Sammlung, Sichtung und Ordnung einschlägiger Texte und Bilder: „Wir sammelten in langen Monaten immer wieder Unterlagen und Gesichtspunkte, betrachteten und lasen, was uns in die Finger kam und verdichteten es schließlich zu einem „Vorhaben erster Ordnung" d. h. zu einer ganzen Serie von Aufgaben"[579] – so eine der für die Vorlaufphase exemplarischen Formulierungen.
- *Drittens*: Die zunehmende oder endgültige Aktualisierung des Themas, die Begegnung mit dem exemplarischen Fall und repräsentativen Phänomen, erfolgt im engen Zusammenhang mit motivierenden und zugleich inhaltlich konzentrierenden Werkaufgaben wie zum Beispiel mit dem Bau des „verglasten Bienenkastens", des Heimatreliefs, des Dorfmodells und der vorgeschichtlichen Hausformen.
- Der auf die Werkaufgabe bezogene Film wurde eingesetzt, wie der Mediendidaktiker Reichwein am Beispiel „Wir basteln einen Bauernhof" ausführt, um die Kinder „produktiv" zu machen, sie zu „eigenem Nachdenken" anzuregen: „Ob wir das wohl auch können?"
- *Viertens*: Es folgt die Begegnung mit „Fällen" analoger oder doch verwandter Struktur, daher sind jeweils Phänomenreihen Gegenstand des begleitenden oder anschließenden Unterrichts: Honigbiene, Wespe, Hornisse, Ameise als Gruppe der „staatenbildenden Insekten", die lange Reihe der „Keim- und Wachstumsversuche u.a. mit Bohnen, Linsen, Getreide und Erbsen, die Sequenz der deutschen und afrikanischen Landschaften, die Serie der auseinander entwickelten vorgeschichtlichen Hausformen bzw. der nacheinander erstellten landschaftstypischen Modelle, die sich dann – anschaubar und den Vergleich herausfordernd – nebeneinander im Klassenraum der Tiefenseer „Familienwerkstatt" zeigten.

---

578 SSV, S. 35.
579 Ebd., S. 42 f.

Dieses Gestaltungsmuster einschließlich seiner Modifikationen, die vor allem im Bau des Gewächshauses und der „großen Fahrt" vorliegen, ist für mich Inbegriff der Lehrkunst Adolf Reichweins und der ihr entsprechenden reformpädagogischen Lernkultur. Von besonderer Bedeutung sind dabei in der Perspektive der vorliegenden Themenstellung die auf Anschaung und Vergleich angelegten Phänomenreihen als typische Strukturelemente eines Unterrichts, dessen prinzipiellen Zusammenhang mit der „vergleichenden Morphologie" Goethes wir im Rahmen des vorliegenden Kapitels bereits herausgearbeitet haben. Anders formuliert: An einer der Zwischenstationen meiner hermeneutischen Reise – diese metaphorische Wendung des Gedankens auf dem Hintergrund des bereits Ausgeführten sei mir gewährt – ‚die ausging von Nohls Paradigmaskizze, in der dem „analytischen Zeitalter" (Cassirer) der Aufklärung eine geisteswissenschaftlich-phänomenologische Erkenntnisweise gegenübergestellt wird, für die „der unmittelbare ganzheitliche Bezug zu den Phänomenen des Lebens und deren Erschließung in genetischer und vergleichender Betrachtung" von konstitutiver Bedeutung ist (S. 27), und nach dem Aufenthalt an jenen Stationen, die der Erkenntnisweise Herders (S. 40 f.), Goethes (S. 57 f.), Humboldts (S. 60) und Wagenscheins (S. 269) gewidmet waren, – nach dieser Reise, so möchte ich formulieren, habe ich keine Schwierigkeiten, mich in der Tiefenseer „Familienwerkstatt" einzufinden und einzurichten.

Ich bin – mit den Worten der von Wolfgang Klafki geleiteten nordrhein-westfälischen Bildungskommission (1992–1995) gesagt, in einem „Haus des Lernens" angelangt, in dem es im Aufgaben- und Sinnhorizont der damaligen Zeit um die Ermöglichung „verstehenden Lernens"[580] in „vollständig durchgeführten nachhaltigen, fundamentalen Lernprozessen"[581] ging.

---

580 Klafki/Braun: Wege pädagogischen Denkens, S. 138.
581 Ebd., S. 141.

## VII. Einordnung des Schulmodells in die Geschichte des nationalen Sozialismus in Deutschland[582]

In den voranstehenden Kapiteln kam der Ansatz des „gelebten Sozialismus" bereits mehrfach zur Sprache: im Zusammenhang mit der „vorbereitenden Festgestaltung", mit der „großen Fahrt", mit dem Bau des Gewächshauses sowie im Goethe-Kapitel mit Blick auf die sozialistischen Interpretationsversuche des „Wilhelm Meister" bzw. der „Pädagogischen Provinz". Auch die Artikel „Volksbildung als Wirklichkeit" und „Die Gilde", die im Vorgriff auf die folgenden Ausführungen als Hinweis auf den Bildungsbegriff Goethes (und Wilhelm von Humboldts) Erwähnung fanden, sind hier zu nennen.

Der Zusammenhang zwischen der nunmehr anstehenden sozialgeschichtlichen Thematik und den vorangehenden Ausführungen geht aber über die Auflistung der sozialistischen Spuren im Weltbild-Kapitel der vorliegenden Untersuchung noch hinaus. Das „Weltbild" selbst ist vielmehr für die Denkfigur und begriffliche Symbolisierung einer politischen Aktionsrichtung von Bedeutung, deren Ziel es war, in Frontwendung zum einen gegen den Liberalismus in Gestalt der kapitalistischen Konkurrenz- und Profitwirtschaft und zum anderen gegen den Marxismus mit seiner ökonomisch fundierten Klassenkampfstrategie, dem bildungsbürgerlichen Leitbild „Volk" und „Nation" in der Arena des Weltanschauungs-Kampfes Geltung zu verschaffen. Dessen Anwälte vertraten in ihrem Selbstverständnis und in ihrer Selbstdarstellung (vermeintlich) keine Partikular- oder Klasseninteressen, sondern – mit den Lebenskategorien gesagt – das „Ganze *und* seine Teile" bzw. „das Ganze *in* seinen Teilen" oder „das (politische) Ganze *vor* seinen Teilen".

Diese Kategorien stehen allerdings im gesellschaftlichen Bereich, um dessen Darstellung es im vorliegenden Kapitel geht, nicht mehr als solche, die auf Deskription von Phänomenen der Natur und der naturbedingten Menschenwelt angelegt sind, sondern auf die Symbolisierung politischer Programmatik und Ideologie in Form organologischer Metaphern. Am Beispiel Riehls wurde die Möglichkeit angesprochen, sich der Zweideutigkeit dieser Metaphorik in ideologischer Absicht zu bedienen. Organologisch dachte und sprach vor allem die vom Aufklärungsdenken (Herders[583])

---

[582] Zur europäischen Dimension des Themas vgl. Weißmann: Der nationale Sozialismus, speziell die Kapitel: National-Sozialismus, S. 109–137 und Weltrevolutionskrieg, S. 13–167.

[583] Vgl. Barnard: Zwischen Aufklärung und Politischer Romantik. Kapitel: Wirkung: Politische Romantik, S. 186–198. Dort wird die organologische Denktradition noch einmal angesprochen, die Herder mit den führenden Vertretern der politischen Romantik verbindet, vor allem aber die weitgehend zeitbedingte (Freiheitskriege) Diskrepanz herausgestellt, die jenen von diesen trennt: „Die Diskrepanz zwischen Herders politischen Anschauungen und denen seiner Nach-

sich abwendende Politische Romantik[584] aus dem zeitlichen Umfeld der Befreiungskriege, die sich späterhin, ab der Reichsgründung und dem Reichsnationalismus, oftmals mit sozialdarwinistischen Denk- und Strategiemustern verband, bevor sie nach dem 1. Weltkrieg dem völkischen Denken der konservativen Revolutionäre eine Phase der publizistischen Hochkonjunktur verdankte. Die Volksgemeinschaftsideologie des totalen Staates stand am Ende des hier vorwegnehmend anskizzierten Zeitraumes, in dem Weltbürgertum und Pazifismus in zunehmendem Maße der öffentlichen Kritik ausgesetzt und daher letztlich zur widerständigen inneren Emigration genötigt oder zum geheimen politischen Kampf herausgefordert war.

## 1. Grundzüge der geschichtlichen Entwicklung

### 1.1 Nationaler Sozialismus im Zeichen des sozialdemokratischen Reformismus bzw. Revisionismus (Vollmar, Bernstein)

Für die vorliegende Untersuchung bildet, wie in der Einleitung angesprochen, die Wendemarke 18./19. Jahrhundert die „konzeptionelle Achse", die alle Teile des Textes miteinander verbindet. Wir sprachen in eigener Formulierung, die nicht der hermeneutischen Theorie entnommen, sondern dem eigenen Gestaltungs- und Interpretationsprozess abgegriffen war, auch von dem strukturellen „Dreh- und Angelpunkt". Im Sinne dieser Begriffe begannen unsere Ausführungen mit der Entstehung des „neuen wissenschaftlichen Weltbildes" (Nohl) im Werk Herders, Goethes und Alexander von Humboldts. Nohls Paradigmaskizze setzte den Anfangspunkt. Von diesem

---

folger ist jedoch nicht so überraschend, wenn man die veränderten historischen Umstände berücksichtigt. Die Männer, die Herders organischer Philosophie des Nationalismus folgten, wußten sehr wohl um seine ‚liberalen' und ‚demokratischen' Tendenzen, wenn sie auch seine mehr ‚anarchistischen' Gedanken nicht kannten (...). Es kann auch kein Zweifel daran bestehen, daß eine Anzahl von ihnen es vorgezogen haben würde, den liberalen und demokratischen Weg zur Erlangung ihrer nationalistischen Ziele zu gehen. So setzte sich Fichte als erster für eine Art von staatlich gelenktem Sozialismus ein, August Wilhelm und Friedrich Schlegel sprachen sich für die Republik aus und Gentz und Goerres forderten während der Freiheitskriege die Demokratie. Wenn diese Männer fühlten, daß sie ihren Kurs wechseln und ihren ursprünglichen Weg verlassen mußten, dann geschah das nicht etwa, weil sie Herders politische Ideen nicht kannten oder von Grund aus ablehnten, sondern weil sie überzeugt waren, Herders Eintreten für die Führung durch den Mittelstand, für Reform von unten, für Zusammemarbeit anstelle von Unterordnung und für Teilnahme des Volkes an der Regierung sei von geringer Bedeutung für die Lage, in der sich ihr Land zur Zeit befand" (S. 187).

584 Vgl. die damals repräsentative und auch für den heutigen Leser noch aufschlussreiche Studie von Baxa: Einführung in die romantische Staatswissenschaft (1923), in der die einschlägigen Titel namentlich von Johann Gottlieb Fichte und Adam Müller, überdies aber auch von Görres, Schlegel, Schelling, Novalis, Baader, Brentano und Eichendorff Gegenstand vergleichender Interpretation in der romantischen Rezeptionsperspektive der 20er Jahre sind. Vom Standpunkt der Gegenwart und in vorwiegend literaturwissenschaftlicher Perspektive: Matala de Mazza: Der verfaßte Körper (1999) sowie Hebekus/Matala de Mazza/Kokorschke: Das Politische (2003).

aus wurde die Wende von den „Aufklärungswissenschaften" zu den „Lebenswissenschaften" bzw. „Bildungswissenschaften" herausgearbeitet und das Netzwerk der Sinnbezüge entwickelt, das diese mit der Bildungsarbeit in den „heimatkundlichen" Fächern sowie mit dem heimat- und lebenskundlichen Unterricht der Landschule in Tiefensee verbindet. Die Wendemarke 18./19. Jahrhundert konnte zugleich als Zeitraum des strukturparallelen Übergangs von der katechetischen Unterweisung zur „Didaktik der 'pädagogischen Bewegung'" (Hausmann) ausgewiesen werden. Den mit Nohl gesetzten Anfangspunkt gilt es nunmehr aber mit Blick auf den historisch übergreifenden sozialgeschichtlichen Vorgang der englischen und der französischen Revolution zu relativieren: Die von England eingeleitete industrielle Revolution und die von Frankreich ausgehende politische Revolution, deren Interdependenz von Wehler in dem Begriff der Doppelrevolution" gefasst wurde, sind für das hier behandelte Kapitel als epochale struktur- und sozialgeschichtliche Ereignisse der „Sattelzeit" (Koselleck)[585] von vorrangiger Bedeutung. Von diesen ging die Dynamik des Umschlags- bzw. Transformationsprozesses aus, der in den Staaten Europas und der europäisierten Welt den (zeitverschiedenen) Übergang von der altständisch-vormodernen Lebensordnung zur industriekapitalistischen Klassengesellschaft und ihrem spezifischen Problemhorizont einleitete.

Das territorialstaatliche Deutschland, in dem das aufgeklärte Bildungsbürgertum seinen kosmopolitischen Nationalgedanken entwarf, stand, wie am Beispiel Herders und Goethes angedeutet, an der „Schwelle" zum neuen Zeitalter. Der Durchbruch zur „*Deutschen* Doppelrevolution" (kursiv v. Sch.) gelang aber erst, so Wehlers Argumentation in seiner Deutschen Gesellschaftgeschichte, in der Zeit des „take off" von etwa 1845 bis 1873.[586]

*„Die deutsche Geschichte des 19. Jahrhunderts hat die Industrielle Revolution, die in England zwischen 1780 und 1830 vor sich geht, mit einiger Verspätung erlebt. Sie erfolgt hier in den Jahren zwischen 1845 und 1873 und fällt in ihrem Beginn dabei zeitlich mit der politischen Revolution von 1848/1849 zusammen, in der die politischen Impulse der Französischen Revolution nachwirken. Zur Kennzeichnung dieses bemerkenswerten Zusammenfallens tiefgreifender politischer (…) und gesellschaftlich-ökonomischer Veränderungen hat die Gesellschaftsgeschichtsschreibung die Bezeichnung der ‚Deutschen Doppelrevolution' (Hans-Ulrich Wehler) geprägt. Die ‚soziale*

---

585 Diesen Begriff prägte Koselleck als Mitverfasser des „Historischen Lexikons zur politisch-sozialen Sprache in Deutschland" (1972) im Sinne eines historiographischen Kennworts. Er ging dabei von der Vermutung aus „daß sich seit der Mitte des achtzehnten Jahrhunderts ein tiefgreifender Bedeutungswandel klassischer topoi vollzogen, daß alte Worte neue Sinngehalte gewonnen haben, die mit Annäherung an unsere Gegenwart keiner Übersetzung mehr bedürftig sind" (Einleitung, S. XV). Die von uns unter geistes- und gesellschaftsgeschichtlichem Aspekt aufgezeigte „Wendezeit" bzw. „Wendemarke" wird in diesem Lexikon unter einer bedeutsamen ergänzenden Fragestellung in strukturgeschichtlicher Perspektive aufgearbeitet und markiert.

586 Vgl. Sontheimer: Antidemokratisches Denken… Kapitel: Grundbegriffe und Wesenszüge anitdemokratischen Denkens, S. 244–278.

*Frage' entsteht infolge der mit der Ausdehnung der Marktgesellschaft verbundenen tiefgreifenden soziostrukturellen Veränderungen: Die neuartige Massenarmut des ‚Pauperismus' ländlicher und städtischer Schichten wird in der historischen Forschung vor allem auf das Zusammenspiel von Agrarkapitalismus und Handelskapitalismus zurückgeführt. Die einsetzende industriekapitalistische Entwicklung verschärft freilich zunächst die ‚soziale Frage' und ermöglicht erst auf mittlere Sicht – was sich im letzten Drittel des 19. Jahrhunderts anzudeuten beginnt – deren Lösung. Als wichtige Aspekte der ‚sozialen Frage' können die wirtschaftliche Existenzunsicherheit der anwachsenden unterbürgerlichen ländlichen und städtischen Schichten, ihre soziale Entwurzelung, Erfahrungen des städtischen Wohnungselends und die Konfrontation der entstehenden Industriearbeiterschaft mit den industriellen Arbeitsbedingungen gelten. Arbeitszeiten von 12–17 Stunden, Frauen- und Kinderarbeit, Arbeitslöhne an der Schwelle des Existenzminimums, Arbeitslosigkeit und Massenarmut bei gleichzeitigem Überangebot von Waren geben den sozialkritischen Diskussionen über neue Ordnungen von Staat und Gesellschaft reichliche Nahrung. Die Lebens- und Arbeitsbedingungen der entstehenden Industriearbeiterschaft bilden den spannungsreichen Ausgangspunkt sozialer Proteste und einer entstehenden Arbeiterbewegung."*[587]

Der hier angesprochene Zeitraum deutscher Geschichte umfasst die 1. und 2. Phase der „Deutschen Doppelrevolution" 1845–1873 und die bis zum Weltkrieg reichende Zeit der Hochindustrialisierung des Kaiserreiches.[588] Es sind jene Jahrzehnte, in denen die „verspätete Nation" (Plessner) sich real- und machtpolitisch mit imperialistischen Ambitionen und im ideologischen Kontext eines radikalisierten Reichsnationalismus[589] konstituierte, in denen aber zugleich die Grundlage der erstrebten Nationalstaatsbildung und Weltmachtstellung, die innere Einheit der Nation, durch die marxistisch orientierte Arbeiterbewegung in zunehmendem Maße infrage gestellt wurde. Die Wahlerfolge der Sozialdemokratischen Partei im letzen Drittel des 19. Jahrhunderts[590] waren ein unübersehbares Warnsignal. Im Zeichen dieser explosiven innenpolitischen Situation stand die „Zähmungspolitik" Bismarcks mit dem Herrschaftsinstrument der Sozialistengesetze (1878–1890)[591] und die kompensierende Stabilisierungsstrategie in Gestalt der gegen Krankheit und Unfall, Invalidität und Alter absichernden Sozialgesetzgebung.[592] Diesem Bemühen um Integration der Arbeiterschaft

---

587 Göhler/Klein: Politische Theorien ..., S. 269 f.
588 Vgl. Wehler: Deutsche Gesellschaftsgeschichte. Band 2, Teil 4: Die „Deutsche Doppelrevolution". Erfolgreiche industrielle Revolution und gescheiterte politische Revolution, 1845–1848/49, S. 586–784, speziell S. 586–614.
589 Vgl. Ebd. Band 3, Teil 5: Die zweite Phase der „Deutschen Doppelrevolution". Die deutsche Industrielle Revolution – Die politische Revolution der Reichsgründung „von oben", 1849 -1871/73, S. 7– 486, speziell S. 449–486.
590 Vgl. Ebd. Abschnitt: Der Aufstieg der Sozialdemokratie zur Massenbewegung, S. 1045 -1050.
591 Vgl. Ebd. Abschnitt: Die Sozialistengesetze gegen die ‚roten Reichsfeinde' S. 902–907.
592 „Als das ‚Sozialistengesetz' die militante Pazifierung der Sozialdemokratie in Angriff nahm, herrschte jedoch eine Konstellation, die neue Überlegungen geradezu aufdrängte. Während

„von oben" kamen die Bestrebungen des reformistischen bzw. revisionistischen Flügels der Sozialdemokratie entgegen.[593]

Vollmar empfahl seiner Partei vom Standpunkt seiner reformistischen Position aus:

*„In dem Maße, in welchem wir einen unmittelbaren Einfluß auf den Gang der öffentlichen Angelegenheiten gewinnen, haben wir – unter voller Aufrechterhaltung unserer grundsätzlichen Bestrebungen – unsere Kraft auf die jeweils nächsten und dringendsten Dinge zu konzentrieren und zeitweise positive Aktionsprogramme aufzustellen. Als die nächsten und mit allem Nachdruck anzustrebenden Forderungen sehe ich an: 1. Die Weiterführung des Arbeisschutzes. (…) Die beschränkten Verbesserungen in Bezug auf die Sonntagsruhe usw., die bereits eingeführt sind, müssen auf immer wei-*

---

der sechsjährigen Depression nach 1873 hatten Notstand und Arbeitslosigkeit, Lohnverfall und Absinken des Lebensstandards die prekäre Existenz des Industrieproletariats demonstriert. Die neuen Agrarzölle verteuerten, daran herrschte kein Zweifel, die Lebenshaltungskosten der marktabhängigen breiten Konsumentenmassen. Der Anstieg der sozialdemokratischen Wählerstimmen hielt, wie die Reichstagswahlen 1877 bewiesen hatten, offenbar an. In einer tieferen Schicht warf die expandierende Fundamentalopposition brisante Legitimationsprobleme für die Staatsleitung auf, die ihnen nicht ausschließlich mit Unterdrückung begegnen konnte, vielmehr auch einer produktiven Stabilisierungspolitik dringend bedurfte. Versuchte der Staat, gegen die Wechselfälle des proletarischen Lebens: gegen Krankheit und Unfall, Invalidität und Alter, Sicherheitsgarantien zu schaffen, eröffnete sich die Aussicht, das Verhältnis von Unternehmer und Arbeiter im Betrieb zu verbessern, der Sozialdemokratie und den Gewerkschaften das Wasser abzugraben und letzten Endes die Kritik durch Staatsloyalität zu ersetzen" (Wehler: Band 3, S. 908 f.).

593 Zum reformistischen und revisionistischen Ansatz und dessen Bedeutung in der nach wie vor überwiegend marxistisch orientierten SPD vgl. Wehler: Band 3, S. 1046 f.: „Unleugbar war die SPD vor 1914 noch weit von den Eigenarten einer ‚Volkspartei' entfernt. Ihr Charakter als proletarische ‚Klassenpartei' entsprach durchaus dem Selbstverständnis der Mehrheit ihrer Mitglieder und Wähler. Das erwies auch ein langjähriger innerparteilicher Streit. Auf der einen Seite standen die Anhänger des ‚Reformismus' (einer systemimmanenten pragmatischen Reformpolitik) und des ‚Revisionismus' (einer entschiedenen Anpassung der Marxschen Theorie an die sozialökonomische und politische Realität des heraufziehenden 20. Jahrhunderts). Der bayrische Vollblutpolitiker Georg v. Vollmar und der Theoretiker Eduard Bernstein verkörperten, praktisch und symbolisch, diese beiden Strömungen. Auf der anderen Seite verteidigte das marxistische Parteizentrum um August Bebel im Verein mit der orthodoxen Linken um Rosa Luxemburg, Franz Mehring, Karl Liebknecht und andere den Alleingültigkeitsanspruch eines popularisierten Marxismus, wie er von ihnen in der geläufigen emotionalisierten Revolutionsrethorik verfochten wurde." Vgl. auch Vogt: Nationaler Sozialismus …, S. 32: „Die nationalen Interessen der Arbeiterschaft ergaben sich als unmittelbare Folge ihrer zunehmenden sozialen und politischen Integration. Der soziale Fortschritt war demnach nicht mehr das Ergebnis einer sozialen Revolution, sondern des evolutionären Aufstiegs der nationalen Kultur, an der die Arbeiter mehr und mehr Anteil hatten. Die Überlegungen Bernsteins zur Nation lassen sich idealtypisch als Integrationsnationalismus zusammenfassen, eine Ideologie, die während des Wilhelminismus zur maßgeblichen Haltung der Sozialdemokratie avancierte. Damit folgte die deutsche Sozialdemokratie einer Tendenz, die auch in den anderen europäischen Arbeiterparteien wirksam war und diese, zumeist unter Abstaltung ihrer jeweiligen radikalen Flügel, bis zum Ersten Weltkrieg durchweg zu nationalen Parteien werden ließ."

*tere Gewerbe ausgedehnt werden. (…) 2. Die Erringung eines wirklichen Vereinigungsrechtes.(…) 3. Auf dem Gebiete des Lohnkampfes, des Ausstandes muß die Enthaltung jeder staatlichen Einmengung zugunsten des einen Teiles gefordert werden. (…).*"⁵⁹⁴

Bernstein kommentiert das von seinem revisionistischen Standpunkt aus intendierte „Hineinwachsen der Gesellschaft in den Sozialismus" folgendermaßen:

*„Die moderne, in der Arbeiterklasse wurzelnde Demokratie erhält (…) in wachsendem Maße direkten und indirekten Einfluß auf Staat und Gemeinde. Je stärker er ist, umso mehr werden die Grundsätze der Betriebsleitung im Sinne der Demokratie modifiziert. Das Interesse der priviligierten Minderheit wird dem Gemeininteresse immer mehr untergeordnet. (…) Es (ist) meine feste Überzeugung, daß schon die gegenwärtige Generation noch die Verwirklichung von sehr viel Sozialismus erleben wird, wenn nicht in der patentierten Form, so doch in der Sache. Die stetige Erweiterung des Umkreises der gesellschaftlichen Pflichten, d.h. der Pflichten und der korrespondierenden Rechte der Einzelnen gegen die Gesellschaft, und der Verpflichtung der Gesellschaft gegen die Einzelnen, die Ausdehnung des Aufsichtsrechts der in der Nation oder im Staat organisierten Gesellschaft über das Wirtschaftsleben, die Ausbildung der demokratischen Selbstverwaltung in Gemeinde, Kreis, Provinz und die Erweiterung der Aufgaben dieser Verbände – alles das heißt für mich Entwicklung zum Sozialismus oder, wenn man will, stückweise vollzogene Verwirklichung des Sozialismus."*⁵⁹⁵

Diese „Entwicklung zum Sozialismus" innerhalb der Nation ging einher, wie Vogt mit Blick auf Deutschland und Europa⁵⁹⁶ hervorhebt, mit dem wachsenden „nationalen Interesse der Arbeiterschaft":

*„Die nationalen Interessen der Arbeiterschaft ergaben sich als unmittelbare Folge ihrer zunehmenden sozialen und politischen Integration. Der soziale Fortschritt war demnach nicht mehr das Ergebnis einer sozialen Revolution, sondern des evolutionären Aufstiegs der nationalen Kultur, an der die Arbeiter mehr und mehr Anteil hatten. Die Überlegungen Bernsteins zur Nation lassen sich idealtypisch als Integrationsnationalismus zusammenfassen, eine Ideologie, die während des Wilhelminismus zur maßgeblichen Haltung der Sozialdemokratie avancierte. Damit folgte die deutsche Sozialdemokratie einer Tendenz, die auch in den anderen europäischen Arbeiterparteien wirksam war und diese, zumeist unter Abspaltung ihrer jeweiligen radikalen Flügel, bis zum Ersten Weltkrieg durchweg zu nationalen Parteien werden ließ."*⁵⁹⁷

---

594 Vollmar, S. .145 ff.
595 zitiert nach Euchner: Ideengeschichte des Sozialismus …, S. 162 f.
596 Vgl. Weißmann: Der nationale Sozialismus. Kapitel: National-Sozialismus, S. 109 – 137. Dort werden die vergleichbaren Ansätze in Italien, Frankreich, Österreich (Böhmen) kommentiert.
597 Vogt: Nationaler Sozialismus …, S. 32.

Strategisches Ziel der reformistischen bzw. revisionistischen Bestrebungen war die Verbesserung der Lage der Arbeiterschaft im Sinne eines – mit der sozialimperialistischen Außenpolitik des Kaiserreiches sich arrangierenden bzw. identifizierenden[598] – nationalen Sozialismus parteipolitischer Provenienz.

## 1.2 Nationaler Sozialismus im Zeichen der bildungsbürgerlichen Volksgemeinschafts-Ideologie

### 1.2.1 Kulturkritik und Jugendbewegung

Im gleichen Zeitraum, in dem der nationale Sozialismus seinen Niederschlag in der Gesetzgebung des Bismarckreiches und in der Alltagswirklichkeit der Arbeiterschaft fand, wurden von den Ideologen der Kulturkritik und in den Reformbewegungen des Bildungsbürgertums die Grundlagen für den „neuen" nationalen Sozialismus der folgenden Jahrzehnte gelegt:

*„Der rapide ökonomisch-soziale Wandel im Deutschen Reich mußte bei den bildungsbürgerlichen Mittelschichten zu starken normativen Verunsicherungen und elementaren Statusproblemen führen. Anders aber als etwa der gewerbliche Mittelstand reagierten die Gruppen des Bildungsbürgertums ‚auf ihre prekäre Lage zwischen dem Mammonismus des organisierten Kapitalismus und dem Materialismus der organisierten Arbeiterschaft' (Linse) nicht primär mit der Gründung von politischen Par-*

---

598 „Sowohl Reformismus als auch Revisionismus sind in erster Linie als Versuche der Sozialdemokratie zu deuten, Anschluss an die politische Entwicklung der bürgerlichen Gesellschaft zu finden. Damit waren sie ein Projekt der Demokratisierung dieser Gesellschaft. Dementsprechend handelte es sich beim hier im Entstehen begriffenen sozialdemokratischen Nationalismus zunächst um eine Angleichung an die ebenfalls nationale Ideologie des Bürgertums. Nun entwickelte sich aber gerade im Bürgertum am Ende des 19. Jahrhunderts jener neue Nationalismus, der die traditionelle Nationskonzeption der Aufklärung bewusst zu überwinden trachtete. Dass es sich auch bei der Sozialdemokratie um eine Öffnung nicht lediglich zu einem demokratisch-aufklärerischen Nationsbegriff handelte, sondern ebenfalls zu einem neuen Nationalismus, das lässt sich nicht nur an der theoretischen Herleitung des sozialdemokratischen Nationalismus aus dem Revisionismus erkennen, sondern dies zeigen auch die politischen Grundsatzdebatten, die zwischen der Jahrhundertwende und dem Ersten Weltkrieg in der Partei geführt wurden.Besonders nach den verlorenen Reichtagswahlen von 1907 wurden in den revisionistisch orientierten ‚Sozialistischen Monatsheften' Überlegungen angestellt, inwieweit dem deutschen Imperialismus positive Seiten abgewonnen werden könnten. ‚Das Schicksal der deutschen Arbeiterschaft', so etwa Richard Calwer in Bezug auf die deutsche Kolonialexpansion, ‚ist mit der Entwicklung des deutschen Kapitalismus so eng verknüpft, daß wir in allererster Linie dessen rascheste, kräftigste und allgemeinste Entfaltung zu wünschen und zu fördern haben'. Calwers Zustimmung zum europäischen Kolonialismus und zur deutschen Kolonialpolitik wurde von Eduard Bernstein geteilt. Im Kolonialismus setze sich seiner Meinung nach die im sozialistischen Sinne notwendige Tendenz der kulturellen Höherentwicklung durch" (Vogt: Nationaler Sozialismus …, S. 35). Vgl. H. Mommsen: Arbeiterbewegung und nationale Frage. Abschnitt: Nationalismus und nationale Frage im Denken Eduard Bernsteins, S, 109 – 124, speziell S. 114 ff.

*teien oder Interessenverbänden, sondern zunächst mit tiefem Kulturpessimismus, der dann in heftige Zivilisationskritik mündete: Gnadenlos zogen Intellektuelle wie Nietzsche, Lagarde und Langbehn, um nur die bekanntesten und auch auf die Jugendbewegung einflußreichsten unter ihnen zu nennen, über das ‚Philister- und Spießertum' des geld- und machtgierigen Wirtschaftsbürgertums her, kritisierten heftig das Weltbild des Technokraten, die ‚seelenlosen' Naturwissenschaften, das Spezialistentum. Mit Vehemenz geißelten sie die geistige und politische Zerrissenheit des wilhelminischen Kaiserreiches in eine Vielzahl sich bekämpfender politischer und weltanschaulicher Richtungen und konkurrierender Gruppen- und Verbandsinteressen in Industrie, Handel und Gewerbe, heftig beklagten sie die mangelnde ‚spirituelle Fundierung' der bürgerlichen Gesellschaft (Linse) und zeichneten das apokalyptische Szenario vom ‚Untergang des Abendlandes' (Spengler)."*[599]

Die bündische Jugend des Wandervogels verkörperte in Reinkultur Protest und Reform zugleich. Sie verwirklichte in den gesellschaftlich tolerierten Freiräumen einer Subkultur der Gleichaltrigen, deren gelebte Institutionen der Heimabend im „Nest", die Wanderung am Wochenende und die „Fahrt" in den Sommerferien waren, die Lebensform eines „neuen" gemeinschaftsbezogenen, natur- und landschaftsverbundenen Menschen. „Sie verkörperten nicht", wie der Gesellschaftsgeschichtler formuliert, „die Speerspitze einer allgemeinen Jugendrevolte, vielmehr wollten sie das ‚Moratorium' einer weit verstandenen Jugendzeit durch ihre eigene ‚Jugendkultur' selber prägen und möglichst viel davon in jene Lebensphase retten, in welcher der Beruf den Kompromiß mit der abgelehnten bürgerlichen Ordnung erzwang. Denn die Anti-Haltung gegen die bürgerliche Gesellschaft der wilheminischen Zeit, gegen ihre satte Selbstzufriedenheit, ihren kränkelnden Protz, ihren starren Formenzwang – das war die verbindende Grundstimmung dieser Bürgersöhne und -töchter. Ihr Aufbegehren gegen die ‚erstarrte Bürgerlichkeit' zeigt die innere Verwandtschaft mit anderen Alternativbewegungen: mit der Bewegung für Lebensreform und für Schulreform, mit der Frauenbewegung und den Sozialreformern, mit dem ‚Werkbund' und dem ‚Dürerbund'."[600]

Aus den Reihen dieser Jugendlichen, die sich in ihrem Selbstverständnis und im Unterschied zur Arbeiterjugend nicht (partei-)politisch organisierte, sondern als eine generationsspezifische lebensunmittelbare Bewegung verstand, stammen aber bemerkenswerter Weise viele der Anwälte und Pioniere des „neuen" nationalen und sozialistischen Denkens, die in der Zeit der Weimarer Republik die Ideologie-Diskussion bestimmten. Es war eine vielstimmige und doch letztlich stereotype Diskussion, die sich im übergreifenden Horizont eines irrationalistischen Denkansatzes von der Lebens- und Kulturphilosophie des 19. Jahrhunderts über den Links- und Rechtsnationalismus (Sozialismus) der Weimarer Republik in Richtung Nationalsozialismus bewegte.[601]

---

599 Amlung: Adolf Reichwein ..., S. 42.
600 Wehler: Deutsche Gesellschaftsgeschichte. Band 3, S. 1101.
601 Vgl. Sontheimer: Antidemokratisches Denken...Kapitel: Die Politisierung des Irrationalismus, S. 54–63.

## 1.2.2 Das „August-Erlebnis" und die „Ideen von 1914"

Die Sehnsucht nach der in sich einigen Volksgemeinschaft, die den Gedanken dieses nationalen Sozialismus beflügelte, wurde in der Gemeinschaftserfahrung des Weltkrieges greifbar. Dies gilt für die Welle des Patriotismus, die vor allem die Kriegsfreiwilligen der „bündischen" Jugend einschließlich der in Wissenschaft und Kultur tätigen bildungsbürgerlichen Eliten sowie einen Teil der übrigen Bevölkerung im „Augusterlebnis" des Jahres 1914 mit sich riss. In den folgenden Jahren wurde sodann der „Schützengrabensozialismus" des Stellungskrieges zum Synonym unmittelbar erlebter oder literarisch stilisierter „Volksgemeinschaft".

*„In den ersten Augusttagen des Jahres 1914 herrschte in fast ganz Europa – mit der einzigen Ausnahme Rußlands vielleicht – eine ungeheure Kriegsbegeisterung, wie sie uns heute unverständlich ist. Der deutschen Reichsleitung war es gelungen, die Bevölkerung davon zu überzeugen, daß der Krieg dem deutschen Volk von seinen neidischen Gegnern aufgezwungen worden sei, die ihm seinen rechtmäßigen ‚Platz an der Sonne' mißgönnten. Die Parteien im deutschen Reichstag schlossen für die Dauer des Krieges einen ‚Burgfrieden'. Scheinbar geeint stand die zuvor durch Klassenkampf und Parteienhader gespaltene Nation hinter der Devise eines gerechten Verteidigungskrieges. Selbst die als ‚vaterlandslose Gesellen' diskreditierten Sozialdemokraten stimmten der Bewilligung von Kriegskrediten zu. Im Namen der SPD-Fraktion, die bei den letzten Reichstagswahlen 1912 fast ein Drittel der Wählerstimmen gewonnen hatte und zur stärksten politischen Kraft im Reichstag angewachsen war, erklärte Hugo Haase in der Reichstagssitzung vom 4. August 1914 zur Bewilligung der Kriegskredite: ‚Wir lassen in der Stunde der Gefahr das eigene Vaterland nicht im Stich.' Das reformistische Konzept, die offizielle Anerkennung der Partei als vaterlandstreue Kraft beherrschte die politische Praxis der SPD wie der Gewerkschaften. Der Kaiser sprach das später oft zitierte Wort: ‚Ich kenne keine Parteien mehr, ich kenne nur noch Deutsche!'"*[602]

Aus dem „Augusterlebnis" erwuchs in den ersten Monaten des Krieges jene Kriegs- und Burgfriedens-Euphorie, die Auslöser war und Grundlage der „Ideen von 1914."[603]

---

602 Amlung: Adolf Reichwein ..., S. 67 f.
603 Vgl. Wehler: Deutsche Gesellschaftsgeschichte. Band 4, S. 18: „Den Repräsentanten der ‚Ideen von 1914' ging es um eine uneingeschränkte Rechtfertigung der deutschen Kriegspolitik, um eine vorbehaltlose Verteidigung des ‚Sonderwegs', den Deutschland unter den entwickelten Staaten der westlichen Welt angeblich eingeschlagen hatte, und um das Vorhaben, jeder Ablehnung des Krieges durch überzeugende Sinnstiftung vorzubeugen. Deshalb müsse, hieß es tausendfach, die ‚deutsche Freiheit' gegen den schrankenlosen Liberalismus und die vulgäre Demokratie des Westens verteidigt werden. Insofern waren die ‚Ideen von 1914' unübersehbar eine Gegenideologie gegen die ‚Ideen von 1789'. Für viele ihrer Verfechter stand sogar der Sieg der deutschen ‚Kultur' über die westliche ‚Zivilisation' auf dem Spiel. Gleichzeitig verteidigten sie freilich die ‚westliche Kultur' gegen den Ansturm der Kosakenhorden der zaristischen Autokratie". Vgl.

Diesem ideologischen Syndrom von Appellen, Aufrufen, Eingaben, Veranstaltungen und Veröffentlichungen hat sich in jüngster Zeit Steffen Bruendel in seiner Untersuchung: Volksgemeinschaft oder Volksstaat. Die Ideen von 1914 und die Neuordnung Deutschlands im Ersten Weltkrieg" (2003) zugewandt.[604] Es ist das Anliegen des Autors, das vorherrschende Interpretationsmuster[605] durch den Nachweis zu revidieren, dass bereits mit Beginn des Weltkrieges – und nicht erst 1918 – im Schnittpunkt von nachwirkender wilhelminischer Vergangenheit, von einer als revolutionär empfundenen Gegenwart die Neuordnungs-Modelle „Volksstaat" und „Volksgemeinschaft" ansatzweise und in umrisshafter Form ihre akademischen Fürsprecher fanden. Jenes lief, getragen von einem konservativ-liberalen Minderheitsvotum, auf eine Demokratisie-

---

überdies Rotte: Die „Ideen von 1914". Kapitel: Die antiliberalen „Ideen von 1914", S. 52–86 und Kapitel: Weltanschauung und politische Implikationen der „Ideen von 1914", S. 87–136; von See: Die Ideen von 1789 und die Ideen von 1914, S. 110–114 sowie Beßlich: Wege in den ‚Kulturkrieg'.

604 Von den drei „innenpolitischen Ordnungsvorstellungen", die Bruendel mit Blick auf die Gesamtzeit des Krieges unterscheidet, die „Idee des Volksstaates", die „Idee der inklusiven Volksgemeinschaft" und die „Idee der exklusiven Volksgemeinschaft" wird hier mit Blick, zum einen auf die ersten Kriegsjahre, zum anderen in der Reichwein-Perspektive lediglich die „inklusive" Konzeption berücksichtigt, nicht aber das auf Ausgrenzung religiöser, konfessioneller und nationaler Minderheiten abzielende „externe" („völkische") Konzept, das Bruendel u.a. auf den Seiten 275–289 kennzeichnet. An dieses konnte die NS-Ideologie in ihrer sozialdarwinistisch-rassistischen Ausrichtung anschließen. Dazu Bruendel selbst: „Gezeigt wird, daß der kriegsbedingt verstärkte Nationalismus eine Debatte über die Legitimität der bestehenden politischen Ordnung evozierte und bereits mit der Formulierung der ‚Ideen von 1914' eine innenpolitische Reformdebatte einsetzte, die in der Forschung bisher nur als Parlamentarisierungsdebatte der Jahre 1917/18 untersucht worden ist. Keineswegs inhaltlich so diffus, wie oft unterstellt, repräsentierten die ‚Ideen von 1914' vielmehr eine innenpolitische Ordnungskonzeption, welche die Klassengesellschaft des Kaiserreiches nachhaltig delegitimierte und ihr das korporative Konzept einer ‚Volksgemeinschaft' gegenüberstellte, die trotz partizipatorischer Elemente als Frühform eines totalitären Staates gedeutet werden kann. Deshalb werden die ‚Ideen von 1914' auch nicht als Oberbegriff sämtlicher im Kriege entstandener Zukunftsvisionen aufgefaßt, sondern als Bezeichnung für eine spezifisch kommunitär ausgerichtete Ordnungsidee der ersten Kriegshälfte. Seit Mitte 1916 als Vision einer inklusiven Volksgemeinschaft von der Idee einer ethnisch definierten, exklusiven Volksgemeinschaft überlagert, finden sich bereits verschiedene Topoi und Argumente, die gemeinhin mit der ‚Konservativen Revolution' und dem Radikalnationalismus der 20er Jahre in Verbindung gebracht werden. Insofern war die Zäsur von 1918 ideenpolitisch gesehen weniger stark als die des Jahres 1914. Niederlage und Revolution sowie die Gründung der Weimarer Republik und die Versailler Nachkriegsordnung wirkten gleichwohl als Katalysator und verschärften die politische Polarisierung, die bereits in der zweiten Kriegshälfte eingesetzt hatte. Von einer direkten Kausalbeziehung zwischen den ‚Ideen von 1914' und dem Nationalsozialismus kann nicht gesprochen werden, aber die ideenpolitischen Debatten in der Weimarer Republik sind ohne die durch die ‚Ideen von 1914' ausgelöste politische Heilserwartung nicht angemessen zu deuten" (S. 27 f.).

605 Ganz im Sinne dieses ideologisch stilisierenden und pauschalisierenden Musters heißt es noch bei Wehler: „Intern handelt es sich bei diesen ‚Ideen' um eine fatale Mischung aus spezifisch bildungsbürgerlichem nationalistischem Sendungsbewußtsein, aggressiver Legitimationsideologie und missionarischer Aufbruchsbereitschaft, ein wüstes Konglomerat, das in der mentalen Disposition der kulturellen Eliten angelegt war" (Band 4, S. 18).

rung der bestehenden Verfassung im Sinne einer „parlamentarischen Monarchie" hinaus.[606] Dieses intendierte, dem vorherrschenden bildungsbürgerlichen Zeitgeist, d. h. der „deutschen Ideologie der klassenlosen Gemeinschaft" (Dahrendorf) entsprechend, die – wie immer auch imaginierte – „Volksgemeinschaft".

Welche Auskünfte der von Bruendel vorgelegten akribischen Studie sind für den weiteren Gang der Interpretation von besonderem Interesse?

*Erstens:* Im „August-Erlebnis" war der gedanklich stimulierende und prägende Untergrund für das in Wissenschaft und politischer Publizistik sich artikulierende Bemühen angelegt, den Status quo der konstitutionellen Monarchie mit Blick auf die Nachkriegszeit in Richtung auf eine „höher integrierte" Form von Staat und Gesellschaft zu verändern:

*„Das Weltbild der Gelehrten war in der ersten Kriegshälfte geprägt von zwei miteinander zusammenhängenden, aber völlig unterschiedlichen Erfahrungen: von der negativen, als existentiell empfundenen Bedrohung durch die Entente, wobei die Kriegsschuld in erster Linie Großbritannien zugeschrieben wurde, und von dem positiv gedeuteten Erlebnis des ‚Burgfriedens'. Die im August 1914 bei den Gelehrten ausgelöste Begeisterung bezog sich nicht auf den Krieg, sondern auf das durch ihn hervorgerufene innovative Verhalten: die aus ihrer Sicht erfolgte Unterordnung aller Partikularinteressen von Parteien, Klassen, Religionsgemeinschaften und Organisationen unter das Wohl der Nation. In der Mobilisierung des gesamten Volkes glaubten sie eine neue nationale Eintracht zu erkennen. Der Begriff der Mobilisierungseuphorie gibt den Grund für jene Stimmung präziser wieder als der gemeinhin gebrauchte mißverständliche Terminus der ‚Kriegsbegeisterung'. (…) Das Spannungsfeld von existentieller Bedrohung und substantieller nationaler Integration kennzeichnet das Weltbild der Gelehrten in der ersten Kriegshälfte und führte zu einer apokalyptischen Deutung des Krieges. Die ‚Erlösung' sollte in einer produktiven Auflösung der Spannung von äußerer Bedrohung und innerer Eintracht bestehen. Als historische ‚Innovation' schien der Burgfrieden geeignet, das Modell für ein neues innenpolitisches Arrangement darzustellen, das die Gelehrten vermitteln wollten. Es war ihr erklärtes Ziel, die*

---

606 Vgl. Bruendel: S. 104: „Der konstitutionelle Verfassungstyp, der sich im 19. Jahrhundert in Deutschland herausgebildet hatte, unterschied sich sowohl gegenüber dem demokratischen System des Westens als auch gegenüber dem absolutistischen System des Ostens durch das ‚monarchische Prinzip', das den Monarchen als Inhaber der Staatsgewalt definierte, ihn in seiner Ausübung aber an die Verfassung band. Auf diese Weise war zwar die Volkssouveränität ausgeschlossen, aber das grundsätzliche Mitwirkungsrecht der Volksvertretung garantiert, wenngleich die Krone dominierte. Das Ziel der hier als Konstitutionalisten bezeichneten Gelehrten bestand darin, innerhalb des Dualismus von Monarch und Parlament, der das deutsche Verfassungssystem kennzeichnete, ein Gleichgewicht zwischen beiden herzustellen, d.h. den Einfluß des Volkes zu erhöhen, ohne das monarchische Prinzip grundsätzlich in Frage zu stellen". Im Kern ging es den Konstitutionalisten um eine Wahlrechtsreform in Preußen, d.h. um die Ersetzung des Dreiklassenwahlrechts durch das Reichstagswahlrecht – das gleiche, direkte und geheime Wahlrecht für Männer.

*nationale Mobilisierung auf Dauer zu stellen. Sie sahen es daher als entscheidend an, ein verbindliches Selbstbild der deutschen Nation in Abgrenzung von den Feinden zu konstruieren. Mit Blick auf die Zukunft erfolgte in diesem Zusammenhang eine Besinnung auf das Eigene, das spezifisch Deutsche.*"[607]

*Zweitens*: Die Besinnung auf das „spezifisch Deutsche" erfolgte durch die Gegenüberstellung der symbolischen Daten 1789 – 1914 gemäß der Selbstbild-Trias: *„Deutsche Freiheit" statt „Freiheit" – „Kameradschaft" statt „Gleichheit" – „nationaler Sozialismus" statt „Brüderlichkeit".*

„Deutsche Freiheit" statt „Freiheit":

Dem mit „Willkür" und „Zügellosigkeit" gleichgesetzten westlichen Freiheitsbegriff wurde die in christlicher Lehre, kantischer Ethik und hegelscher Staatsmetaphysik begründete „Deutsche Freiheit" als Vereinigung von „Gehorsam und Selbständigkeit", von „Freiheit und Bindung" gegenübergestellt. Ernst Troeltsch, der im deutschen Idealismus beheimatete Religions- und Kulturphilosoph, der in der einschlägigen Literatur neben dem Volkswirtschaftler Johann Plenge als Protagonist der „Ideen" gilt, verlieh dieser zeittypischen Kontrastierung in seiner 1916 gehaltenen Rede zum Thema „Die Ideen von 1914" mit folgenden Worten Ausdruck:

*„Es ist die Freiheit einer selbständigen und bewußten Bejahung des überindividuellen Gemeingeistes, verbunden mit der lebendigen Anteilnahme an ihm, die Freiheit einer freiwilligen Verpflichtetheit für das Ganze und einer persönlich-lebendigen Originalität des Einzelnen innerhalb des Ganzen, die Freiheit des Gemeinsinns und der Disziplin, beide zusammen beruhend auf der Selbsthingabe an die Ideen und darum eng zusammenhängend mit unserem ganzen ethisch-religiösen Wesen, das vom englischen und französischen so tief verschieden ist."*[608]

An anderer Stelle heißt es sinngemäß zum Gedanken der pflichtmäßigen Unterordnung des Einzelnen unter das „Überindividuelle" (dessen NS-biologischer Endfassung Brohmerscher Provenienz wir im Weltbild-Teil schon begegnet sind):

*„Die freie Selbsteinordnung und Hingabe in Unterordnung und Selbsttätigkeit zugleich: das ist in dieser Hinsicht der Kern unserer Freiheitsidee."*[609]

Und:

*„Die Freiheit ist nicht Gleichheit, sondern Dienst des Einzelnen an seinem Ort in der ihm zukommenden Organstellung."*[610]

---
607 S. 57 ff.
608 Troeltsch: Deutscher Geist …, S. 48 f.
609 Ebd., S. 78.
610 Ebd., S. 94.

„Kameradschaft" statt „Gleichheit":

Der „oberflächlichen Gleichheit" des auf „Gleichmacherei" hinauslaufenden westlichen Gleichheitsgedankens wurde der Begriff „Kameradschaft" gegenübergestellt:

*„Nach Kriegsbeginn zum deutschen Pendant des westlichen Gleichheitsbegriffs avanciert, repräsentierte ‚Kameradschaft' als Synonym für die ‚Gleichheit des Dienstes' (Plenge, Seeberg) eine einträchtige Zusammenarbeit der Volksgenossen ohne Änderung der sozialen Hierarchie und wurde zum eigentlichen Verhaltensgebot an Front und Heimatfront stilisiert. Da das gemeinsame Ziel das Wohl des Vaterlandes sei, sollte ‚jeder an seinem Platz' mitarbeiten und mitbestimmen dürfen. Klang ‚Gleichheit' abstrakt und nach Vereinheitlichung, symbolisierte der Begriff Kameradschaft eine ‚Ordnung unter Ungleichen', die vorstellbar und konkret schien."*[611]

„nationaler Sozialismus" statt „Brüderlichkeit":

*„Die kosmopolitische westliche Brüderlichkeit sollte durch eine nationale Zusammengehörigkeit (...) überwunden werden". Die angestrebte soziale Ordnung bedurfte nach Plenges (Vorhaben)-Formulierung „der Brüderlichkeit ihrer Teile, damit ein einheitlicher Geist der Kameradschaft und Genossenschaft alle zum einheitlichen Zusammenwirken verbinde."*[612]

*Drittens*: Das innenpolitische Zukunftsbild der „Ideen von 1914" bestand „in einer staatssozialistischen ‚Volksgemeinschaft', in der alle ‚Volksgenossen' unabhängig von ihrer Zugehörigkeit zu einer Klasse, einer Partei oder einer religiösen, konfessionellen bzw. nationalen Minderheit auf der Grundlage eines kameradschaftlichen Miteinanders zum Wohle aller organisch zusammenarbeiten. Nicht Selbst-, sondern Mitbestimmung stand im Zentrum"[613].

Was mag diese Formulierung in ihrer konkreten staats- und gesellschaftspolitischen Umsetzung bedeuten? Der Recherche Bruendels sind noch folgende Hinweise zu entnehmen: Der „neue deutsche Staat" sollte in Anlehnung an das kriegswirtschaftliche Modell Rathenaus und Moellendorffs[614]

---

611 Bruendel: Volksgemeinschaft ..., S. 117 f.
612 Ebd., S. 118 f.
613 Ebd., S. 296.
614 Rathenau wurde 1914 Leiter der Kriegsrohstoffabteilung im preußischen Kriegsministerium. Als solcher hatte er maßgeblichen Anteil an der Umstellung der gesamten deutschen Ökonomie von der Friedenswirtschaft auf die staatlich gelenkte Kriegswirtschaft. Moellendorff wurde sein engster Mitarbeiter und ab 1915 sein Nachfolger. Er unternahm den erfolglosen Versuch, die Strukturen der Kriegswirtschaft in die zivile Friedenswirtschaft zu überführen. Zu den konzeptionellen theoretischen Grundlagen vgl. Werth: Sozialismus und Nation. Kapitel: Walther Rathenau und die zentralistisch-maschinelle Gemeinwirtschaft, S. 60–72 sowie Kapitel: Wichard von Moellendorff: Konservativer Sozialismus und Gemeinwirtschaft, S. 72–83.

"*autark, hierarchisch gegliedert, wirtschaftlich und verwaltungstechnisch zentral organisiert und mit einer starken Staatsführung ausgestattet sein.*"[615]

Daher war ein Wahlrecht, „das unterschiedlichen Interessen Rechnung trug, ... zweitrangig. Als bloße Äußerlichkeit erschien es wertlos, solange nicht der Gemeinwohlprimat verinnerlicht worden war. Das Parlament wurde daher nicht als ein Entscheidungs-, sondern als beratendes Expertengremium angesehen. Die Regierung sollte ‚über den Parteien' stehen"[616].

Statt Volkssouveränität: Eingliederung von Mitbestimmungsmöglichkeiten in das auf „Führung" angelegte „pyramidische" System.

*Viertens*: Weniger ergiebig ist das Resümee, das Bruendel unter der Überschrift „Nationale Erziehung und Wehrertüchtigung" unterbreitet.[617] Er registriert die damals von „linker" Seite wiederkehrend erhobenen Forderungen nach äußerer Schulreform in Gestalt der Einheitsschule und der Einführung einer allgemeinen Dienstpflicht sowie jene Stimmen aus dem Chor der nationalen Gelehrten mit sozialistischen Optionen, die in „Not und Gefahr" des Krieges den „besten Lehrmeister des Lebens" sahen. Wie aber der „neue kameradschaftliche Gemeingeist" zu internalisieren sei – diese Frage, die in Richtung „Reichwein" von besonderem Interesse ist – findet kaum Berücksichtigung. Für den Verfasser blieben, offensichtlich in verständlicher Konzentration auf die einschlägigen Publikationen des Wissenschaftsbereichs, die damals schon artikulierten und diskutierten Bemühungen im Bereich der inneren Schulreform außer Betracht. Daher mußte zum Beispiel Kerschensteiners Plädoyer für die Arbeitsschule mit dem zentralen bildungstheoretischen und didaktischen Gedanken der „Arbeit" und der „Arbeitsgemeinschaft", das er in seiner „Züricher Rede" (1908)[618] und in seinen „staatsbürgerlichen" Schriften (1901 bzw. 1910)[619] unterbreitet, ebenso unerwähnt bleiben wie etwa Dörpfelds Bemühungen um eine „Gesellschaftskunde" unter dem Leitgedanken „Je mehr Gemeinsinn, desto mehr Gemeinwohl", von der wir im „Weltbild"-Teil sprachen. Das Fehlen Deweys in dem hier angedachten fiktiven Kontext sozialistischer Bekundungen vonseiten der deutschen Geisteselite wäre aber – das sei hier beiläufig bemerkt – nicht dem Fokus des Verfassers geschuldet, sondern dem antiwestlichen Geist einer Zeit, deren bildungsbürgerliche Wortführer weniger eindeutig zu sagen wussten *wofür* sie waren, als *wogegen* sie votierten: gegen Demokratie (und Erziehung).[620]

---

615 Ebd., S. 139.
616 Ebd.
617 Ebd., S. 130 f.
618 Vgl. Kerschensteiner: Grundfragen der Schulorganisation, S. 104 f.
619 Vgl. Kerschensteiner: Die staatsbürgerliche Erziehung der deutschen Jugend. 1901; ders.: Begriff der staatsbürgerlichen Erziehung, 1910; ders.: Begriff der Arbeitsschule, 1912.
620 Vgl. den Titel von Deweys grundlegendem Werk „Demokratie und Erziehung".

Es bleibt allenfalls die Anfrage bei den Protagonisten des Neuordnungsmodells „Volksgemeinschaft" selbst, bei Johann Plenge[621] und Ernst Troeltsch.[622]

Plenge schrieb 1919, in der Zeit „zwischen dem ersten Taumel der siegreichen Revolution und dem Aschermittwoch des Friedens, den uns die Revolution gebracht hat":

„Ein Sozialismus, der sich zur Organisation bekennt, ist sittliche Gesinnung, Organisation ist Willensgemeinschaft, ist Pflicht, ist Eingliederung, ist bewußte Anerkennung gemeinsamer Lebenszwecke (…). Der wirkliche organisatorische Sozialismus stellt darum der Gesellschaft große Ausbildungs- und Erziehungsaufgaben. Wer irgend Durchorganisierung der Gesellschaft verlangt, tritt unabweislich für die Durchbildung ihrer Willenskräfte ein."[623]

In welcher Form diese „Durchbildung" zu verwirklichen sei, zumal, welchen Beitrag die Schule zu leisten habe, damit „der Geist des Heeres" und der „Geist der fest geschlossenen Wirtschaftsarmee" sich auszubilden vermag, bleibt in seinen (Nach) Kriegsschriften offen. Er selbst wandte sich mit der Gründung seines „Staatswissenschaftlichen Instituts" der volkswirtschaftlichen Schulung von Studierenden und Erwachsenen (Gewerkschaftskurse, Lehrgänge für Wirtschaftsangestellte und Verwaltungsbeamte) zu.

---

621 Plenge gehörte als Nationalökonom dem Verein für Sozialpolitik an. Er hat seit 1913 dem Ziel zugearbeitet, das Rathenau-Moellendorff-Modell in modifizierter Form auf die Nachkriegszeit in Form eines staatszentrierten oder straff gemeinwirtschaftlich organisierten Wirtschaftssystems mit eingegliederten Freiheitsspielräumen d.h. Partizipationsmöglichkeiten zu übertragen. Der Durchsetzung dieser Reform im Sinne seines „organisatorischen Sozialismus" gegenüber den Individual- und Gruppeninteressen des kapitalistischen Systems bedurfte es seiner Ansicht nach in Übereinstimmung mit allen sozialdemokratischen, liberalen und konservativen Parteigängern der „Ideen" des mit parlamentarischer Willensbildung nur bedingt zu vereinbarenden „starken Staates". „Plenges ‚Sozialismus' ist letztlich in seiner innovativen Relevanz keine wirtschaftstheoretische Angelegenheit, sondern eine politische: ein ‚Sozialismus der Gesinnung', der seinen Mitgliedern in stärkerem Maße als bisher unbedingten Gehorsam gegenüber der Gemeinschaft abverlangt, um so auf diesem Gesinnungssozialismus ein neues Gemeinwesen aufzubauen. Dieses Gemeinwesen eines ‚neuen deutschen Staates' im Aufbruch vom autoritären zum totalitären Staat steht gegen Parlamentarisierung und Demokratisierung, verhält sich aufgeschlossen gegenüber einer diktatorialen Führung, versteht sich aber nicht als charismatische Herrschaftsform, sondern baut mit seinem ihn tragenden Beamtenapparat auf eine rationale Herrschaft, die sich über Fachwissen und feste Kompetenzen definiert. Der Diktator wird dabei selbst noch als dienend begriffen. Im Mittelpunkt des Interesses steht kein ‚Führer', sondern der Staat als Anstalt, als anonymer bürokratischer Apparat mit einem ‚Amtsdiktator'. Das Zentrum von Plenges ‚Ideen von 1914' bildet der Staat (und sein Gesinnungssozialismus des Cogito ergo sumus), nicht die Nation" (Beßlich: Wege in den Kulturkrieg, S. 318 f.)

622 Troeltsch war 1909–1914 Professor der Theologie an der Universität Heidelberg, seit 1915 Ordinarius für Philosophie an der Universität Berlin, 1919 Abgeordneter der Deutschen Demokratischen Partei in der verfassungsgebenden preußischen Landesversammlung, 1919–1921 parlamentarischer Unterstaatssekretär im preußischen Kultusministerium. Nach dem verlorenen Krieg trat Troeltsch in Abwendung vom Tenor seiner Kriegspublizistik für eine Kultursynthese von deutschem und westeuropäischem Geist ein.

623 Zur Vertiefung des Sozialismus, S. 139 f.

Der Vergewisserung des deutschen Geistes in Abgrenzung von westeuropäischer Mentalität in der Perspektive des Kulturphilosophen entspricht es, wenn Ernst Troeltsch die von Plenge genannten Ausbildungs- und Erziehungsaufgaben dem Sinn seiner Ausführungen nach in das mit Humboldts Bildungsbegriff und -reform identifizierte Konzept einer allgemeinbildenden Schule integriert, der die wechselseitig miteinander verbundene zweifache Aufgabe gestellt ist, zum einen „die Hingabe an das übergeordnete staatliche und völkische Ganze" anzubahnen und zugleich der „freien individuellen wissenschaftlichen Bildung und geistigen Innerlichkeit" Raum zu geben. Hintergrund ist eine polare Typisierung des „deutschen Menschen" in seinem „inneren Zug" mit den Begriffen zum einen „außergewöhnlicher Ordnungssinn", „strenge Disziplin", „ernstes Pflichtgefühl", zum anderen „weiches und zartes Gemütsleben", „Familiensinn und Heimatgefühl". Es ist eine Stilisierung im Geiste des deutschen Idealismus, deren (von Troeltsch gewiss nicht vorausgeahntes) NS-ideologisches Äquivalent uns in der rassenkundlichen Rasterung des nordischen Menschen: „aktiver Tatmensch" – „Tiefe des Gefühls- und Gemütslebens" bereits begegnet ist (S. 168).

Einen entscheidenden Schritt in Richtung „Reichwein" vollzog von den übrigen Vertretern[624] des hier vorgestellten „Volksgemeinschafts"-Modells Paul Natorp mit dem Entwurf eines genossenschaftlichen Sozialismus.

### 1.2.3 Natorps genossenschaftlich-rätedemokratischer Sozialismus (1918)

Natorp zählt für Bruendel zu Recht zu den Vertretern des „internen" Modells, hatte dieser doch in seinen Kriegsaufsätzen[625] zur emphatisch-idealistischen Verklärung der „großen Stunde" im Sinne der Selbstbild-Trias beigetragen, wenngleich im Zusammenhang mit der pazifistischen Bekundung: „Der Krieg darf nur gelten – dem Krieg selbst"[626] In der Reichwein-Perspektive der vorliegenden Interpretation aber steht nicht Natorps Beitrag zu den „Ideen von 1914" im Vordergrund, sondern der revolutionäre Standpunkt des Jahres 1918: das Plädoyer für einen genossenschaftlich-rätedemokratischen Sozialismus.

Paul Natorp war von 1885 bis 1924 Professor für Philosophie und Pädagogik in Marburg. Der Neukantianer mit zunehmender Ausrichtung auf die Bereiche Praktische Philosophie, Sozialerziehung und Politik vertrat seit der Mitte der 90er Jahre einen ethisch begründeten Sozialismus. Er war ein distanzierter Parteigänger der Sozialdemokratie mit Blick über die linke Peripherie der Partei hinaus. Der Freund und

---

624 Zu den Gelehrten unterschiedlicher fachlicher und universitärer Zugehörigkeit, die Träger dieses Modells waren, zählen außer Plenge und Troeltsch u.a. die Nationalökonomen und Soziologen Sombart, Tönnies, Alfred Weber, die Philosophen Cohen, Euken, Natorp, Scheler, Simmel und der Historiker Meinecke.
625 Vgl. Der Tag des Deutschen (1915) mit den Aufsätzen: Über den gegenwärtigen Krieg; Die große Stunde, was sie der Jugend kündet; Von der Gerechtigkeit unserer Sache; Vom Beruf des Deutschen.
626 Ebd., S. 38.

kritische Begleiter der Jugendbewegung sprach auf den Kongressen der „Freideutschen Jugend" und der Jungsozialisten sein engagiertes Wort („Tretet ein in Genossenschaften!"). Der Fürsprecher für Gewaltlosigkeit und Pazifismus identifizierte sich mit den Quäkern; mit Tagore und Buber verbanden ihn freundschaftliche Beziehungen, Gandhi und Dostojewski galten ihm als Gesinnungsgenossen. Der Mann der Revolutionsjahre gehörte zu den engagierten Anwälten und Verteidigern der Weimarer Republik. Er forderte zugleich in kompromissloser Auseinandersetzung mit dem „alles verwüstenden Kapitalismus" eine radikale Erneuerung des Lebens, Arbeitens und Lernens in Familie, Schule, Wirtschaft und staatlicher Gemeinschaft im Geiste eines auf „Selbsttat und Gerechtigkeit" gegründeten genossenschaftlichen Sozialismus:[627]

Die Familienerziehung erfolgt demnach in genossenschaftlich kooperierenden „Familienverbänden", die wiederum (Reichweins gildensozialistischen Vorstellungen vergleichbar) in bestehende „Wirtschaftsgenossenschaften" integriert sind.

Die „differenzierende Einheitsschule" soll es sodann ermöglichen, dass jeder in der Weise der Pädagogischen Provinz den „wahren Mittelpunkt" seiner Begabung finden und diesen im gemeinsamen Arbeiten und Lernen zur individuellen Ausformung und sozialen Geltung bringen kann. Im Zentrum steht im Geiste Pestalozzis und Kerschensteiners die „echte Sachbildung", d.h. „die Bildung durch die Tat, am unmittelbaren Werk, in schaffender Arbeit" und die Idee der „Arbeitsgemeinschaft".

*„Das bloße Zusammensitzen auf derselben Schulbank verbrüdert nicht, nur die Unmittelbarkeit des Mit- und Füreinanderarbeitens verbrüdert. Solange der tiefe Riß durch das ganze Leben geht, wird er auch durch die Schule gehen, zwischen Schüler und Lehrer, Schüler und Eltern, Schüler und Schüler (…). Aber je mehr die Schule selbst von dem Charakter unmittelbarer Arbeitsgemeinschaft annimmt, also sich, nach der Forderung Pestalozzis, eben dem Typus der Hausgemeinschaft nähert, um so entschiedener wird sie, wenn nicht sonstige Umstände übermächtig dagegen arbeiten, auf innere Vergemeinschaftung hinwirken."*[628]

Diesen (an Reichweins „Familienwerkstatt") erinnernden Gedanken noch einmal akzentuierend, folgt der Satz:

*„Zur Arbeitsgemeinschaft aber wird sie auf keinem sicherern Wege werden können, als sofern sie die unmittelbare Arbeit, die Arbeit der Hand, nach dem Typus der Wirtschaft, in den Mittelpunkt stellt."*[629]

Der Bildung der „Hand" wird anschließend mit Bezug auf Herder, dessen Betonung des Tastsinns wir bereits erwähnten (S. 26), das Wort gesprochen.

---

627 Vgl. dazu vor allem auch Natorps Ausführungen zum Thema „Arbeitsunterricht" auf der Reichsschulkonferenz 1920 sowie Jegelka: Paul Natorp. Kapitel: Revolution, S. 143–186.
628 Natorp: Sozialidealismus, S. 145.
629 Ebd.

Auch den Bereich „Wirtschaft" gilt es auf den „genossenschaftlichen Arbeitsbetrieb" umzustellen, d.h. die „Selbsttat und Selbstverantwortung jedes Einzelnen" zu ermöglichen. Von besonderer Bedeutung ist „der volle Anteil jedes Arbeitenden an der Willensleitung der Arbeit, also an der Anordnung und Organisation des ganzen gemeinsamen Werks". In der Ausführung des Gedankens heißt es anschließend:

*„Solange über seine Mitarbeit daran von andern lediglich verfügt, er selbst nur wie ein Stück Maschine eingestellt wird, wo seine physische Kraft und allenfalls durch Gewöhnung erreichte Geübtheit am vorteilhaftesten verwendet und verbraucht wird, ungefragt, wie es ihm dient, was es aus ihm macht, ob er nicht vielleicht an anderer Stelle für ihn selbst und damit auch für das Werk Erprießlicheres leisten würde, so lange wird auch alle Einsicht in das, was er schafft und warum, ihm wenig Trost geben, vielleicht die innere Empörung gegen seine Arbeit aufs höchste steigern. Die Arbeit wird, bloß damit, noch nicht seine."*[630]

Dem Bereich „Wirtschaft" mit genossenschaftlicher Betriebs- und Arbeitsverfassung soll ein „Zentralrat der Wirtschaft" zu- und übergeordnet sein und letztlich ein „Zentralrat der geistigen Arbeit". Beide Institutionen sind als gemeinwohlorientierte „Sachverständigen-Vertretung" mit perspektivgebender und beratender Funktion und einschränkender (aber nicht ausschließender) Bedeutung für die Legislative und Exekutive gedacht.[631]

*Die Revolution erfordert nach Natorps Plan mehr „als nur die Wiederherstellung des alten Systems auf neuer Grundlage, aus ihr folgert ‚nur eins: der Aufbau von unten, in Gestalt einer doppelten Sachverständigen-Vertretung neben und gegenüber der politischen Körperschaft: eines Zentralrats der Wirtschaft und eines solchen der Geistespflege'. Beide, der Zentralrat der genossenschaftlichen Wirtschaft und der ihm noch überlegene Zentralrat der geistigen Arbeit, erwachsen Stufe um Stufe aus ihren unmittelbar arbeitenden Organen in Wirtschaft und Kultur, beide sind ‚unpolitisch' d.h.*

---

630 Ebd., S. 97.
631 Vgl. Natorp: Ebd., S. 179: „Es muß erstens ein durchaus souveräner Zentralrat das Ganze des Gemeinlebens, sowohl nach seinen wirtschaftlichen Unterlagen wie nach seiner inneren seelisch-geistigen Gestaltung, wie auch der dieses beides (...) miteinander vermittelnden und in fester Wechselbeziehung erhaltenden rechtlich-politischen Formung in sicherer Hand haben und als sein eigentlicher Schöpfer und König in der Weise nicht bloß ursprünglich, sondern immer neu und neu gestalten, daß er, selbst ohne unmittelbar gesetzgebende oder ausführende Gewalt, doch auf beide den entscheidenden Einfluß übt, indem kein auf irgend eine dieser drei wesentlichen sozialen Funktionen bezügliches Gesetz oder neue Verwaltungsmaßnahme ohne seine Vorberatung und sachkundigste Durcharbeitung ergehen darf. Es muß zweitens eine eigene politische, d.i. gesetzgebende und ausführende Behörde bestehen, welche allein über die zu erlassenden Gesetze und Verwaltungsmaßnahmen Beschluß faßt und für ihre Ein- und Durchführung die Verantwortung trägt. Es muß drittens das unmittelbare Arbeitsleben der Gemeinschaft innerhalb der so gegebenen, aber stets nur allgemeinen Anweisungen in der freiesten möglichen Einzelausführung sich in übrigens nicht beschränkter Selbständigkeit entfalten können."

> *ohne unmittelbar gesetzgebende oder verwaltende Befugnis, aber dabei in der ganzen Stärke auch politischen Einflusses, die ihnen die innere Autorität des Sachverstands und das Gewicht der hinter ihnen stehenden wirtschaftlichen und geistig schaffenden Arbeit der Nation den politischen Instanzen gegenüber geben muß und zweifellos geben würde, während den letzteren allein das bliebe, was in der Tat nur ihr Wesen ausmacht: die die Rechtskraft begründende Formgebung."*[632]

Das gesamtgesellschaftliche Ganze ist „von unten herauf und von innen her" in zellförmiger Weise aufgebaut:

> *„So verstehen wir die ‚Genossenschaft', als freies Zusammenstehen von Individuen, aus dem wiederum ein übergeordnetes Individuum entspringt, und so die ganze Kette der Gemeinschaften von Gemeinschaften und so fort sich Glied um Glied weiter knüpft.*[633]

Es kommt hier ein von „unten" nach „oben" konzipierter Aufbau der Bereiche Familie, Wirtschaft und Kultur zur Sprache, der an Herders Idee des Volksstaates (S. 47) ebenso erinnert wie an Reichweins „Kosmos der Wirtschaft" (S. 249). Es wird eine übergreifende „genossenschaftlich-rätedemokratische" Konzeption erkennbar, in der – mit den Kategorien des Lebens gesagt – das „Ganze und seine Teile" oder besser: das „Ganze in seinen Teilen" sich darstellt als wachsender bzw. gewachsener organisch-genetischer Zusammenhang bzw. als ein durch „Selbstorganisation", „wechselseitige Abhängigkeit", „Netzwerkmuster" und „geschichtete Ordnung" bestimmtes und bedingtes „Integriertes Ganze" (S. 29 f.).

In übergreifender Formulierung mit Blick auf das Politik- und Sozialismusverständnis Natorps (und weitgehend auch Reichweins) gesagt:

> *„Kritisierte Natorp vor dem Weltkrieg am Sozialismus vor allem den fatalistischen Dogmatismus im Marxismus und die einseitige, Ethik und Politik vernachlässigende Ausrichtung auf Geschichtsgesetz und Ökonomie, suchte er dem Sozialismus während der Revolution von 1918/19 den Weg zur Vertiefung der Revolution zu weisen (Sozialisierung, Räteorganisation, Befreiung und Humanisierung der Arbeit, Bedürfnisorientierung in der Ökonomie, Abbau des zukunftsbelastenden Naturraubbaus). Neben den älteren Ideen der genossenschaftlichen Arbeit und der Gemeinschaft der Bildung gewinnt die Idee der von unten nach oben rätedemokratisch organisierten Volksherrschaft mit der Revolution in Natorps politischer Philosophie den Rang eines dritten, nunmehr zentralen Elements."*[634]

---

632 Jegelka: Paul Natorp, S. 155.
633 Natorp: Sozialidealismus, S. 197 f.
634 Jegelka: Paul Natorp, S. 266.

Reichwein studierte ab dem Sommersemester 1920 in Marburg Geschichte, Volkswirtschaft und Philosophie. Er geriet dort in den entscheidenden Jahren seiner Sellbst- und Berufsfindung als Studierender und Mitglied der Akademischen Vereinigung in den geistigen Wirkungs- und Einflussbereich Paul Natorps.[635] Es verwundert daher nicht, dass Reichweins volkspädagogische Pionierarbeit dieses Zeitraums in Tat und Wort jenem oben genannten Denkansatz weitgehend entspricht. Dieser Feststellung kommt mit Blick auf die von Christine Hohmann angestoßene Reichwein-Diskussion besondere Bedeutung zu.[636]

---

635 Der aus Frankfurt kommende Student und Doktorand Adolf Reichwein hat ab dem SS 1920 bis zum WS 1921 in Marburg Geschichte, Volkswirtschaft und Philosophie studiert. Bei Natorp war er, wie dem Hessischen Staatsarchiv Marburg zu entnehmen ist ((Bestand 305a Acc. 1963/13, Nr. 23, Belegbogen SoSe 1920 und Bestand 305a Acc. 1963/13, Nr. 27 (Belegbogen WiSe 1920/21) in seinem ersten Marburger Semester eingeschrieben für „Allgemeine Logik" und für ein Philosophisches Seminar, in seinem zweiten Marburger Semester für „Praktische Philosophie" und „Übungen zur Praktischen Philosophie". Vor allem die letztgenannten Veranstaltungen waren geeignet, Reichwein in die ethisch fundierten sozialpädagogischen bzw. genossenschaftlich-sozialistischen Reflexionen Natorps einzuführen. Vor allem aber wird er als Mitglied der Akademischen Vereinigung Gelegenheit gehabt haben, seinen akademischen Lehrer auch außerhalb dieser Veranstaltungen kennenzulernen, gehörte dieser doch zu jenem Kreis von Professoren, zu denen die Vereinigung „in regem geistigen Austausch stand" (Amlung: Adolf Reichwein, S. 128). Indiz für die Intensität und Nachhaltigkeit der Verbindung scheint mir vor allem auch die gemeinsame Teilnahme der beiden pazifistisch gesinnten Sozial- bzw. Volkspädagogen an der Quäkertagung in Eisenach des Jahres 1923 zu sein, also etwa zwei Jahre nach der Beendigung des Studiums.

636 Obgleich Christine Hohmann in ihrer quasi biografischen Studie ins Detail *dort* geht, wo die Fakten ihrem kritischen Ansatz zu entsprechen scheinen, erwähnt die akribische Autorin Paul Natorp lediglich mit einem Satz und mit der auf Sekundärliteratur fußenden pauschalen Bemerkung, dass er ein „Vertreter eines starken Staatssozialismus" gewesen sei. Das ist in dieser Verallgemeinerung nicht haltbar, die 1. Natorps Position des Jahres 1914 recht einseitig kennzeichnet, dessen auch damals artikulierte pazifistisch-kosmopolitische Grundhaltung außer acht lassend, die 2. seine rätedemokratisch-genossenschaftliche Position des Jahres 1918 ebenso übersieht wie die entsprechende genossenschaftliche Orientierung Reichweins Anfang bis Mitte der 20er Jahre. Nur auf dem Hintergrund dieses defizitären Interpretationsstandpunktes konnte es möglich sein, eine bis zum Prerower Protokoll reichende „staatssozialistische" Kontinuitätslinie mit den Worten zu ziehen: „Unhaltbar wäre es, davon auszugehen, dass es ausschließlich die tiefe ökonomisch-politische Krise der Weimarer Republik war, die Reichwein und die ‚junge Generation' zu ihren korporativistischen Plänen brachte, sozusagen lediglich als Ausweg aus der Not. Nachgewiesen wurde, dass die politischen Zielsetzungen älter waren. Reichwein sah sich seit seiner AV-Zeit in der Verpflichtung, für die ‚Umgestaltung' der bestehenden Republik zu kämpfen. In der Endphase der Weimarer Republik glaubte er, der Realisierung der politischen Gestaltungspläne nahe zu sein..." (S. 86). Abgesehen davon, dass mir der Nachweis, von dem die Autorin spricht, nicht schlüssig und nur unzureichend belegt zu sein scheint, wird hier die AV-Zeit zwar zutreffend als eine solche gekennzeichnet, in der Reichwein bereits für eine „Umgestaltung" der Weimarer Republik kämpfte – aber eben nicht, wenn ich Natorp und den Reichwein dieser Zeit richtig lese, zugunsten eines zentralistischen „starken Staates", sondern eines genossenschaftlich fundierten demokratischen Gemeinwesens. Der Richtungswechsel Reichweins vom genossenschaftlichen Ansatz zum „starken Staat" erfolgte also vermutlich in Reaktion auf die mit der Weltwirtschaftskrise ihren Anfang nehmende Not- und Krisensituation der Republik.

## 2. Der bildungsbürgerliche nationale Sozialismus im Verständnis der Konservativen Revolution und der „Jungen Rechten" in der SPD

Auf dem Hintergrund der bildungsbürgerlichen Kulturkritik und der wiederkehrend beschworenen Frontkameradschaft sowie in Reaktion auf den nationalen Schock des Versailler Diktats, der vielfach in einen vehementen Protest gegen die Erfüllungspolitik der Regierung überging, positionierten sich mit zeitlichem Schwerpunkt nach dem 1. Weltkrieg die Wortführer des neuen bildungsbürgerlichen nationalen Sozialismus. Zu den „Rechtssozialisten" gehörten im Kern die „publizistischen Frontkämpfer" der „konservativen Revolution" wie namentlich Ferdinand Tönnies, Oswald Spengler, Werner Sombart, Moeller van den Bruck, der Intellektuellenzirkel des „Tatkreises", Ernst Niekisch, Ernst Jünger sowie die von Hitler liquidierte bzw. kaltgestellte „nationalsozialistische Linke" um Otto und Gregor Strasser. Diesem nationalistischen Spektrum sind die nunmehr schon als „klassisch" zu bezeichnenden Werke von Armin Mohler „Die Konservative Revolution in Deutschland" (1972) und von Kurt Sontheimer „Antidemokratisches Denken in der Weimarer Republik" (1978) gewidmet. Christoph H. Werth setzte in seiner von Sontheimer inspirierten Studie: „Sozialismus und Nation. Die Ideologiediskussion zwischen 1918 und 1945" (2001) eigene monographische Akzente. Die jüngst erschienene Untersuchung von Stefan Vogt: Nationaler Sozialismus und Soziale Demokratie. Die sozialdemokratische Junge Rechte 1918–1945" (2006) kompensiert das bisher vorhandene „linke" Defizit im Themenbereich „nationaler Sozialismus" der Weimarer Zeit.

Außerhalb des thematischen Rahmens bleiben wiederum die zeitgleichen Reformbestrebungen des Schulbereichs, von denen hier weniger die didaktisch-methodischen Ansätze (Arbeitsschule, Gesamtunterricht) oder die „Schulen neuer Gesinnung" (Landerziehungsheime, Freie Schulgemeinden, Waldorf-Schulen) zu erwähnen sind als vor allem der Vorhabenunterricht von Johannes Kretschmann und Otto Haase[637] und die Produktionsschule von Fritz Karsen und Paul Oestreich.[638]

### 2.1 Zum ideologischen Panorama der Zeit

Insgesamt eröffnen diese Publikationen den Blick auf ein ideologisches Panorama vielgestaltig-diffuser und zugleich aber auch stereotyper Struktur. Um nur einige Blickpunkte in locker illustrierender Absicht zu nennen:

---

637 Für den Vorhabenunterricht vor allem der Dorfschule war die von Johannes Kretschmann und Otto Haase vertretene didaktische Triade „Gesamtunterricht, Training, Vorhaben" von besonderer Bedeutung. Vgl. dazu u.a: Haase :Gesamtunterricht, Training, Vorhaben – drei Elementarformen des Volksschulunterrichts (1932/33) sowie Kretschmann: Natürlicher Unterricht (1933). Eine stichhaltige Kommentierung vermittelt Stöcker: Volksschuleigene Bildungsarbeit. Abschnitt: Neue Bildungsformen, S. 196–201.

638 Vgl. Karsen: Die Schule der werdenden Gesellschaft (1921); ders.: Sinn und Gestalt der Arbeitsschule (1930); Oestreich: Das deutsche Erziehungsproblem und die entschiedene Schulreform (1922); Radde: Fritz Karsen sowie Oelkers: Politische Reformpädagogik. Abschnitt: Politische Schulversuche, S. 170–185.

Die Architekten und Manager der „Kriegswirtschaft" (Rathenau, Moellendorff) warben für ihr Modell einer staatlich gesteuerten und zentral organisierten Gemeinwirtschaft, sekundiert von Plenges „organisatorischem Sozialismus".

Der Antagonismus: Gemeinschaft – Gesellschaft (Tönnies) bestimmte ebenso den Denk- und Sprachstil der Zeit wie Spenglers „Preußischer Sozialismus" mit dem antiliberalistischen Diktum: „Es wird befohlen und gehorcht!" Dieser Parole folgte auch Ernst Jünger bei der Stilisierung seines asketischen Krieger-"Arbeiters" und des totalitären „Arbeiter"-Staates der Zukunft, dessen Heraufkommen er propagierte.

Der Chefideologe der konservativen Revolution, Moeller van den Bruck, konstatierte in seinem „Dritten Reich" mit Frontwendung gegen das „Versailler Diktat", gegen die Erfüllungspolitik der Republik und gegen die besitzenden und ausbeutenden Völker des liberalistisch-kapitalistischen Westens: „Die Entvölkerten haben gesiegt. Die Überbevölkerten haben verloren. Dies ist, vorläufig, das Ergebnis des Weltkrieges."[639] Sein Fazit: eine mit dem Osten paktierende „sozialistische Außenpolitik" als Schritt zur „sozialistischen Weltrevolution" der raumbedürftigen „jungen Völker" gegen die „alten Völker" und damit die imperialistische Lösung der „sozialen Frage".

Die ideologische Kontaktadresse führte zum radikalrevisionistischen Flügel der SPD der Kriegszeit (Lensch, Kunow[640]) und zum Nationalbolschewismus der Nachkriegszeit von Niekisch.

Die Signale aus dem synkretistischen Argumentationspool des Tat-Kreises prophezeiten das „Ende des Kapitalismus" (Ferdinand Fried) und eine Zeitenwende hin zu einer „autoritären Synthese von Kapitalismus und Sozialismus mit Planwirtschaft und einem ständisch gegliederten Nationalstaat" (Werth).

Die literarischen Exponenten der „sozialdemokratischen jungen Rechten" ergänzen den Überblick zur „linken" Seite:

Hermann Heller formulierte in seiner prominenten Studie „Sozialismus und Nation" (1931): „Das entscheidende Problem des Sozialismus wird sein die Umwandlung des kapitalistischen Proletariers, der vom Verkauf seiner Ware Arbeitskraft, ohne

---

639 S. 60.
640 Lensch hatte als Reichstagsabgeordneter der Bewilligung der Kriegskredite zugestimmt. Als im Jahre 1915 und 1916 der kriegsbestätigende Konsens in der Fraktion brüchig zu werden begann, unterbreitete er in seinen Schriften unter dem Begriff des „Kriegssozialismus" eine ideologisch radikalisierte Deutung und Legitimierung des Krieges als welthistorische Auseinandersetzung zwischen englischem Liberalismus und deutschem Sozialismus. Es wurde seiner Partei damit prinzipiell möglich, ihre genuin pazifistische Politik mit der sozialimperialistischen Unterstützung des Krieges ohne Bruch zu vereinbaren und zugleich den innergesellschaftlichen Kampf um die weitere Eingliederung in die „Kulturgemeinschaft" des Staates, zumal auf dem Hintergrund des im „Burgfrieden" vollzogenen ersten Schrittes von der Klassen- zur Volkspartei, in ideologisch stimmiger Weise fortzusetzen. Neben Lensch gehörten Haenisch und Cunow zur Gruppe der „Kriegssozialisten" in der SPD. Inhaltlich korrespondierende „kriegssozialististische" Positionen vertraten im gleichen Zeitraum David und der „David-Kreis"; vgl. dazu Vogt: Nationaler Sozialismus... Abschnitte: Nationale Integration als Sozialismus, S. 35–39; ders.: Kriegssozialismus und die „Ideen von 1914", S. 39–50.

innere Beziehung zur Arbeit und ohne tiefere Verknüpfung mit einer lebendigen Gemeinschaft dahinlebt, in den sozialistischen Arbeiter, den sein Gefühl und Bewußtsein in engere und weitere konkrete Lebens- und Arbeitsordnungen bindet, dem feste Gemeinschaften Hilfe und Rückhalt bieten, dem sie Arbeitsfreude und Verantwortungsbewußtsein erwecken."[641]

Gustav Radbruch charakterisiert in seiner feinsinnigen „Kulturlehre des Sozialismus" (1922) die neue sozialistische Gemeinschaftsethik:

*„Die Gemeinschaft fordert im Verhältnis ihrer Glieder zueinander: Kameradschaft; im Verhältnis jedes ihrer Glieder zur Gemeinschaft selbst: Gemeinsinn; im Verhältnis ihrer Glieder zu dem, was die Gemeinschaft erst schafft, zu ihrem Werke: Arbeitsfreude. Kameradschaft, Gemeinsinn, Arbeitsfreude – das sind die drei Grundgedanken sozialistischer Sittlichkeit."*[642]

Deren Geltung in der „Arbeits-, ja Produktionsschule" der Pädagogischen Provinz hat der Verehrer Goethes im abschließenden Kapitel „Goethe und wir" in die – auch für Reichweins Schule zutreffende – Formel „Werkfreude und Gemeinsinn" gefasst.

Während Paul Tillich, der Religiöse Sozialist, in metaphysisch-ontologischer Reflexion die „Ursprungskräfte" des Bodens, des Blutes und der Gemeinschaft für die Verwirklichung des wahren Sozialismus einfordert, der ein „Leben aus den menschlichen Seinswurzeln" ermöglichen soll, versucht Eduard Heimann, der Volkswirt und Mitstreiter Tillichs, die ökonomischen Bedingungen für die Sozialisierung zu definieren:

*„Die Arbeit soll unter der Verantwortung der Arbeitenden selbst frei und sinnvoll gestaltet werden; sie soll andererseits dem Menschen das Mindestmaß an Gütern bringen, das zu einer sinnvollen Gestaltung des Lebens außerhalb der Arbeit erforderlich ist; und sie soll schließlich nicht nur freiheitlich, sondern auch dauerhaft organisiert, vor der periodischen Krise bewahrt werden. Die Bedingung für alles dieses heißt Sozialisierung."*[643]

Fritz Borinski ergänzt:

*„Wir erneuern die Gesellschaft, verwirklichen die Nation nicht durch geistige Durchdringung und Verjüngung allein, sondern nur, wenn der direkte Frontalangriff gegen die wirtschaftlichen und staatlichen Machtstellungen des Kapitalismus hinzukommt – gegen Finanzkapital, Schwerindustrie, Großgrundbesitz und die ihnen hörigen Verbände, Parteien und Ordnungen."*[644]

---

641 S. 12.
642 S. 22 f.
643 Neue Blätter für den Sozialismus. 1/1930, S. 13.
644 Ebd., 2/1933, S. 68.

Und Fritz Klatt verwies zur gleichen Zeit den politischen Kämpfer in Sorge um dessen „innere Reserven" auf Goethe „als den großen Gegenpol gegen den politischen Tageskampf"[645].

## 2.2 Der Katalog der ideologischen Grundkomponenten[646]

Hinter dem ideologischen Panorama und den partiellen strukturellen Verbindungslinien wird aber, wie angedeutet, das vergleichsweise Gleichartige der Argumentations- bzw. Agitationsfiguren erkennbar, das System der ideologischen Komponenten:

- *Erstens*: die grundsätzliche und durchgehende Abkehr vom Liberalismus und dessen gesellschaftlichen Konsequenzen in Form des profit- und konkurrenzorientierten kapitalistischen Systems bzw. des von Interessengruppen und Parteien beherrschten „Nachtwächterstaates" parlamentarisch-demokratischer Verfassung und letztlich von der individualistisch-eigennützigen Lebensstrategie des „privaten" Einzelnen,
- *zweitens*: die antiliberalistische Argumentation für eine sozialistische Alternative nicht (mehr) auf der Grundlage des Marxismus, d.h. in der Perspektive einer politisch-ökonomischen Theorie und materialistischen Geschichtsauffassung, sondern vom Standpunkt einer antimaterialistischen (lebensphilosophischen, ethischen, religiösen) Position aus,
- *drittens*: die Entscheidung für einen Sozialismus, in dem die innergesellschaftliche Klassenspaltung überwunden und damit die (vom Bildungsbürgertum erstrebte) Einheit der Nation verwirklicht ist,
- *viertens*: das Plädoyer für einen von der Weimarer Republik sich grundsätzlich oder graduell unterscheidenden „starken" Staat (Ständestaat, autoritärer Staat, totaler Staat[647]), d.h. angestrebt und gefordert wird ein Staat, der „Volksgemeinschaft" gegen alle gesellschaftlichen Partikularinteressen durchzusetzen vermag.[648]

---

645 Ebd., 3/1932.
646 Grundlage des Katalogs sind die vergleichende Analyse der verwendeten Primärliteratur sowie die einschlägigen Kapitel der Publikationen von Sontheimer, Werth und Vogt. Überdies Beyer: Die Ständeideologien der Systemzeit und ihre Überwindung (1941); Schürgers: Politische Philosophie in der Weimarer Republik (1989); Wehler: Deutsche Gesellschaftsgeschichte. Band 4. Abschnitte: Kriegsideologien, S. 14 – 38; Die Fundamentalkritik der „Konservativen Revolution", S. 486 – 493.
647 Vgl. Sontheimer: Antidemokratisches Denken... Kapitel: Der antiliberale Staatsgedanke, S. 192–214.
648 Sontheimer unterscheidet zwei „wesentliche Elemente", die für den hier angesprochenen „starken Staat" in Übereinstimmung mit unseren Ausführungen zu den „Ideen von 1914" von Bedeutung sind: den „nationalen Machtgedanken und die Idee der im Staat geeinten Volksgemeinschaft". Ausführend heißt es dazu: „Der Machtgedanke drückt sich aus im Verlangen nach einem ‚Staat', d.h. nach einem starken Staat. Es ist diesen Denkern unerträglich, daß der Staat nichts von der Gesellschaft Abgehobenes und sie autoritativ Bestimmendes sei" (S. 213). und „Das

- *fünftens*: das Votum für den „Dritten Weg" in prinzipieller Abgrenzung mehr gegen den liberalistischen „Westen" als gegen den bolschewistischen „Osten".

Die Frage des Privateigentums (Erhalt oder Einschränkung) und der Weimarer Republik (Liquidation oder eingrenzende Modifikation des parteipolitisch-parlamentarischen Systems) wurde gemäß der Rechts- bzw Linksorientierung von den konservativen Revolutionären und den Intellektuellen der „sozialdemokratischen Jungen Rechten" unterschiedlich beantwortet. Jene optierten in mehr oder minder radikaler Weise für das „externe" Modell der Volksgemeinschaft, das auf die „Exklusion religiöser, konfessioneller und nationaler Minderheiten" ausgerichtet war,[649] diese die von völkisch-rassistischen und antisemitischen Tendenzen nicht infizierte „interne" Variante.

Wie aber ist der nationale Sozialist Adolf Reichwein im System der ideologischen Komponenten zu verorten?

## 3. Einordnung der sozialistischen Reformarbeit Reichweins

### 3.1 Die Praxisspur des „gelebten Sozialismus" bis zum Ende der Weimarer Republik

Reichwein hat, im Unterschied zu den von uns erwähnten Autoren der „Jungen Rechten", keinen Text verfasst, in dem der von ihm vertretene Sozialismus Gegenstand einer systematischen Darlegung mit eindeutiger begrifflicher Kennzeichnung wäre. Er war kein Theoretiker des Sozialismus, wiederkehrend hingegen dessen pointierter

---

Volk soll zur Gemeinschaft geschmiedet werden. Auf diese Weise hoffte man – nicht zu Unrecht – zwei gravierende Schwächen des Weimarer Staates zu überwinden: Zum einen sollte die Labilität des Koalitionssystems einer stabilen, von gesellschaftlichen und und parteimäßigen Einflüssen unabhängigen Regierungsgewalt weichen, die in ihren Vollmachten durch keinerlei Parlamente beschränkt wird. Vielmehr soll diese Regierungsgewalt wieder absolut sein, und zwar im Sinne einer Verantwortung für das Volksganze. Zum anderen soll die Idee der Volksgemeinschaft die in der Weimarer Zeit vorherrschende Zerreißung des deutschen Volkes in Klassen und rivalisierende Gruppen wieder aufheben und einen fest in sich geschlossenen, durch gemeinsame Werte und Ziele verbundenen Volkskörper schaffen" (Ebd.).

649 Den Vertretern des „externen" Modells „fiel es schwer", wie Bruendel formuliert, „die von ihnen vertretene Ordnungsidee zu konkretisieren. Außer in ihren ständischen Vorstellungen stimmten sie noch hinsichtlich des Feindbildes überein. Die Distinktion vom ‚inneren Feind' war ein notwendiges Ingredienz der Idee des radikalnationalistischen Korporativismus. Darin unterschied sie sich von den inklusiven ‚Ideen von 1914' ebenso wie von der integrativen Volksstaats-Idee" (S. 282). Als „innere Feinde" galten die Sozialdemokratie und mit Abstrichen auch der durch seine internationalen Beziehungen diskreditierte Katholizismus. „Den gefährlichsten inneren Feind stellten nach Ansicht der Radikalnationalisten aber die Juden dar, die wegen ihrer internationalen Verbindungen per se als antinational galten. Sie wurden in der zweiten Kriegshälfte nicht mehr als religiöse Minderheit wahrgenommen, sondern im Rahmen des seit 1916 rapide ansteigenden Antisemitismus zunehmend ethnisch definiert (Bruendel: Volksgemeinschaft ..., S. 283).

Wortsprecher wie zum Beispiel in Prerow und auf der Leuchtenburg, vor allem aber der engagierte Anwalt und Praktiker eines „gelebten Sozialismus". Dieser wurde in den (folgerichtig) wechselnden Lagen seines schaffensreichen Lebens wiederkehrend unter jeweils modifizierten Bedingungen und im Zusammenhang mit variierenden Selbst-Etikettierungen („Religiöser Sozialist", „Deutscher Sozialist", „Freibeuter des Sozialismus") oder begrifflichen Zuschreibungen („Ökonomischer Sozialist", „Bündischer Sozialist") verwirklicht. An den wechselnden Formen des Gemeinschaftslebens aber, deren Gestaltung dem Wandervogel-Führer Reichwein in den Jahrzehnten des Kaiserreiches, sodann dem Volksbildner der Weimarer Republik und dem Tiefenseer Landschullehrer in der NS-Zeit aufgegeben war, einschließlich der Publikationen, mit denen der Praktiker des Sozialismus seine Basisarbeit identifizierte und theoretisierte, wird eine gestaltgebende Grundstruktur erkennbar: Es ist der durchgehende Versuch, einen „gelebten Sozialismus" als Arbeits-, Lern- und Lebensgemeinschaft im Interaktionsbereich der kleinen gemischten Gruppe zu verwirklichen. Hinzu kommt als ein weiteres konstitutives Merkmal ein Führungsstil, den wir im Methoden-Kapitel als „dynamisch" bezeichneten, der hier wohl eher einem auf Führung und Selbstbestimmung angelegten „bündischen Sozialismus" zugeordnet werden sollte als einem „korporativ-sozialistischen" Stil in der Abkunft des staatssozialistischen Modells zum Beispiel von Plenge.

Die Reformarbeit des Sozialisten Reichwein, die dieser Grundstruktur folgt, gehört, wenngleich nicht als ein repräsentatives literarisches Werk, so doch als eine Praxisspur spezifischer Signatur, in die geistes- und gesellschaftsgeschichtliche Bahn des nationalen Sozialismus in Deutschland.

### 3.1.1 Das Gemeinschaftserlebnis der Jugendbewegung (1911–1914)

In seinem Aufsatz „Vom Gemeinschaftssinn der Jugendbewegung" (1923) hat der ehemalige Wandervogel Reichwein dieses nachhaltige Erlebnis auf dem Hintergrund einer gesellschafts- und kapitalismuskritischen Zeitdiagnose folgendermaßen beschrieben:

*„Das Zeitalter vor dieser letzten Jahrhundertwende, die für uns mit einer Schicksalswende zusammenfällt, war ein individualistisches. Damit soll nicht gesagt sein, daß es heute schon gestorben wäre: im Gegenteil, es ist gerade erst dabei, seine heftigsten Triumphe zu feiern. Aber um die Jahrhundertwende wurden, nicht zuletzt durch die Jugendbewegung die Keime sichtbar, die morgen dieses Zeitalter überwinden werden. Individualismus bedeutet im Wirtschaftlichen Kapitalismus. Das bedeutet in Beruf, Gesellschaft und Staat: Herrschaft der Zweckmäßigkeit, Botmäßigkeit des Lebens der Technik, seiner zwangsweise Unterwerfung der Maschine. Damit war, damit ist der individualistische Kreislauf vollendet; er begann mit der Emanzipation des Individuums zu rücksichtslosem Auswirken des Ichs und lief aus in eine Vernichtung des Individuums – als Persönlichkeit – durch die kapitalistische Maschine. Die Jugend war im*

*ganzen in diesen Prozeß willenlos eingespannt, sie sollte sich als Durchgangsstadium zum Erwachsensein benutzen lassen, sie sollte sich zu guten Bürgern erziehen lassen, d.h. zu normierter Mittelmäßigkeit, zu ‚treuer Pflichterfüllung'. Die Alten kamen zu den Jungen und sagten: Werdet so wie wir, denkt so wie wir, dann wird euch alles weitere zufallen. Das nannte man Erziehung, das bedeutete Sterilität, geistigen Tod, für die Jugend war es Stickluft.*
*Sie nahm ihre Befreiung selbst in die Hand. Wie aus einer natürlichen Notwendigkeit wuchsen allenthalben, vor jetzt fast 25 Jahren, die ersten Gruppen der Jugendbewegung aus dem Boden. Kairos. Die Stunde der alten Welt kulturentblößter Zivilisation, bindungsloser Gesellschaft Einzelner, die nur durch staatliche Gewalt gleich einer Herde zusammengehalten wurden, rücksichtslosen Konkurrenzkampfes auf Kosten der Wahrhaftigen und Armen, die Stunde jener Welt hatte geschlagen und verkündet war durch die ersten ‚Horden' – so war der selbstgewählte Name – der neuen Jugend die neue Welt der Kameradschaft, der Arbeitsgemeinschaft der freien, starken, selbständigen Menschen. Ein neuer sozialer Gehalt kündete sich an, nicht in philosophischer Erörterung, sondern er war einfach leibhaftig da, in den aufblühenden Lebensgemeinschaften der Jugend. Die Jugend schuf – ohne Kenntnis aller sozialistischen Theorie, überhaupt ohne eine wie auch immer geartete gesellschaftliche oder politische Zwecksetzung das Bild einer neuen Menschengemeinschaft. (...) Es war eine neue Daseinsform gegenseitigen Dienstes geschaffen. Ob man sang, spielte, tanzte, turnte, wanderte – immer tat man im Grunde dasselbe, eben: gemeinsam."*[650]

Von diesem Spiel-Raum bildungsbürgerlichen Jugendlebens führten die Erfahrungen des Weltkrieges sodann dazu, dass sich die Bewegung – ganz im Geiste Natorps und seiner Wegweisungen an die Jugendbewegung – ihrer „politischen Mission" als Schrittmacher sozialistischer Vergemeinschaftung der in Klassen und Parteien gespaltenen Gesellschaft bewusst wurde. Es kam zum einen zur „Einführung einer neuen Arbeitsmethode, der „Arbeitsgemeinschaft", die als solche auf innergesellschaftliche Verständigung und Kooperationsfähigkeit ausgerichtet war, und zum anderen zur Gründung von „gemeinschaftlichen Unternehmungen" genossenschaftlicher Art:

*„Dem politischen, d.h. auf das tätige Leben gerichteten Willen der nachrevolutionären – oder im Grunde erst recht revolutionären – Jugendbewegung entspricht es durchaus, daß sie allenthalben versucht, (...) die jugendliche Selbsthilfe zu organisieren: es entstanden und entstehen Siedlungs- und Handwerksgemeinden, Gymnastik- und Volkshochschulen mit landwirtschaftlichem und Werkstattbetrieb, Jugendheime und Jugendlager mit ähnlichen wirtschaftlichen Einrichtungen, alle aufgebaut als gemeinschaftliche Unternehmungen der einzelnen Gruppen, mit einem Wort als Genossenschaft. Diese jugendlichen Genossenschaften weisen den Weg zur künftigen praktischen Arbeit der Jugendbewegung."*[651]

---
650 S. 145 f.
651 S. 149.

Von der Wandervogelgruppe, die ihr „Nest" selbst ausgestaltete, für die Fest und Fahrt Ereignisse gemeinsamen Lernens und Lebens waren, führte der Weg Reichweins sodann zur engagierten sozialistischen Volksbildungsarbeit.

### 3.1.2 Die „Arbeitsgemeinschaft im Taunus" (1921)

Die Aufgabe, die „zerrissene Volksgemeinschaft von innen wiederherzustellen" (Natorp) nahm Reichwein in Übereinstimmung mit der Entscheidung, sein Leben der Volksbildungsarbeit zu widmen, schon wenige Jahre nach der Beendigung des Krieges in Angriff. Die „Arbeitsgemeinschaft im Taunus" (1921), so der Titel seines im gleichen Jahr erschienenen Berichtes, wurde zu seinem Pionierprojekt. An diesem wird bereits die Gestalt der Arbeits-, Lern- und Lebensgemeinschaft des späteren Landschullehrers, unbeschadet aller Unterschiede des gesellschaftspolitischen Kontextes und der personellen Zusammensetzung und Motivationslage, ansatzweise erkennbar: Der Einladung zur Teilnahme an diesem Projekt folgten „acht Marburger AV-Studenten verschiedener Fakultäten und meist bürgerlicher Herkunft sowie elf Jungarbeiter aus Braunschweig, Essen, Hamburg, Hannover und Wetzlar mit den unterschiedlichsten politisch-ideologischen Anschauungen, darunter kommunistische Anarchisten, Sowjet- Kommunisten, Anhänger der USPD und SPD sowie Parteilose"[652]. Hier wie dort war also die kleine gemischte Gruppe der intime Wirkungsbereich des Volksbildners bzw. Landschullehrers. Gleichermaßen galt überdies: „Das gemeinsame Werk schafft die Gemeinschaft", oder anders formuliert: das gemeinsame Arbeiten, Lernen und Leben schafft jenen Geist und Stil der Nachbarschaft und Kameradschaft, den es als lebendige Vorwegnahme sozialistischen Lebens und als Vorbedingung eines vertrauensvollen Zueinanders zu realisieren galt. Reichwein selbst akzentuiert diese Aufgabe mit folgenden Worten:

*„Am 1. August bezog ein Teil der Studenten das neue Heim, um die Vorbereitungen zu treffen. Möbel waren nur wenige vorhanden, der Rest des Notwendigen – Bänke, Stühle, Tische, Bücherbretter – wurde selbst gezimmert. Die Räume wurden ausgeschmückt, Strohsäcke als Schlafstätten eingerichtet, Beziehungen zu den Bauern geknüpft, mit denen wir uns vom ersten Tag an sehr gut verstanden: es war eine frohe Arbeit!*
*Am 7. August kamen die Arbeiter; frische, junge Burschen – ohne Überschwang fand man sich froh und sicher zueinander. Ich habe selten unter jungen Menschen solche taktvolle Verhaltenheit des ersten Tages gespürt wie hier. Und dann die unvergeßliche Kette der verschlungenen Hände, als wir zum ersten mal zusammen auf den selbst gezimmerten Bänken zu Tische saßen!"*[653]

Die Tage verliefen nach einer „gemeinschaftlich gegebenen Ordnung", die den morgendlichen Waldlauf ebenso beinhaltete wie die Reinigung des Hauses, den „Holz-

---
652 Amlung: Adolf Reichwein ..., S. 133.
653 S. 6.

und Wasserdienst", die Freizeit nach dem Mittagessen und die abendliche Geselligkeit. Im Zentrum aber standen die Vor- und Nachmittagszeiten, die der systematischen geistigen Arbeit dienten. Diese begann aber nicht mit einer freien Aussprache, sondern – ganz im Sinne einer Schule der dynamischen Unterrichtsgestaltung – auf der Grundlage eines Planes, „der in seinem inneren Bau lange vorbedacht war" durch ein vorstrukturierendes Einstiegs-Referat:

> „Das erste Referat hatte die Aufgabe, einen entwicklungsgeschichtlichen Überblick über die letzten 1 1/2 Jahrhunderte zu geben. Es erregte sofortigen Widerspruch seitens der Marxisten und Materialisten überhaupt durch seine Betrachtungsweise. Es folgte deshalb eine fünftägige Auseinandersetzung und Klärung der verschiedenen Standpunkte über Geschichtsbetrachtung. Damit war vielleicht keine Einigung erzielt, aber doch jedenfalls eine gemeinsame Grundlage geschaffen, auf der man fruchtbar debattieren konnte. In der zweiten Woche wurde versucht, mit Unterstützung unserer Biologen, den Menschen als Naturwesen in seiner naturhaften Bedingtheit zu sehen (Determination, Abgrenzung des freien Willens usf.); Abgrenzung der instinkthaften von der geistigbewußten Sphäre (mit Hilfe der Erfahrung a l l e r Anwesenden); triebhafte und freie Handlung."[654]

In den beiden letzten Wochen standen dann der „Fragenbereich: Gesellschaft und Staat" im Mittelpunkt der Arbeit. Es wurden u.a. die Themen „Erziehung (Schule und Bildungswesen)", „Möglichkeiten einer neuen Gewerkschaftsbewegung" und „Der politische Führer" behandelt. Über die Dynamik der Begegnung zwischen Vertretern des bürgerlich-idealistischen und des proletarisch-marxistischen Sozialismus gibt der Kommentar zu den brieflichen Rückmeldungen der Teilnehmer Auskunft:

> „Wie oft sagten sie, daß dies alles sie so packe, angreife, neu auf sie einstürze, daß sie es nicht in dieser kurzen Zeit bewältigen können, daß dies alles erst in einem langen Herbst und Winter wirken könne. Die Briefe, die jetzt kommen, beweisen dies. Sie waren zu ehrlich, um im Nu leichtsinnig ihre Stellung zu wechseln. Es wäre ja auch lächerlich, von einer solchen Arbeit so etwas wie eine Bekehrung zu erwarten. Wir hatten in unserem Aufruf von ‚gemeinsamer Arbeit' gesprochen und bemühten uns nur, dem die Wege zu ebnen."[655]

### 3.1.3 „Volksbildung als Wirklichkeit" (1923) und „Die Gilde" (1924)

Ausgangspunkt beider Publikationen ist die Feststellung, dass in der modernen industriellen Produktion des kapitalistisch verfassten Betriebes bzw. Unternehmens eine strukturelle Divergenz zwischen „Arbeit" und „Bildung" besteht. „Arbeit" im System horizontaler und vertikaler Arbeitsteilung (Arbeitszerlegung) und „Bildung" als „or-

---
654 Ebd., S. 7.
655 Ebd., S. 7. f.

ganische Entwicklung einer Form nach dem ihr innewohnenden eigenen Gesetz" (Goethe) bzw. als „die eigenartige, wachstümliche Entfaltung, die in der menschlichen Person in möglichster Fülle und Ergänzung die einzelnen Anlagen zu einem Ganzen verbindet" (W. von Humboldt) schließen einander aus. Für den humanistisch orientierten Anwalt des „gelebten Sozialismus" besteht daher die Aufgabe, die „Einheit von Bildung und Arbeit" unter den Bedingungen des Industriezeitalters durch die Gründung von genossenschaftlichen Vereinigungen zu ermöglichen, die

> „das ganze Dasein ihrer Glieder in sich faßt: Arbeit (möglichst Arbeits- und Wohnstätte in unmittelbarer Nähe), Fest, Kunst, Wissenschaft ... ", also „die Gemeinde, die zugleich werktätige Arbeitsgemeinschaft, Wohngemeinschaft und Bildungsgemeinschaft ist"[656],

bzw. im Sinne des Gildenmodells gesagt:

> „Die Gilde ist nicht nur auf die Gemeinschaft der Arbeit, sondern auch von Natur auf die Gemeinschaft des Genusses, vom täglichen Verzehr des Lebensunterhalts bis zum gemeinsamen Fest als der Krönung des gemeinsamen geistigen Lebens, eingestellt."[657]

Natorp sprach von der „Gemeinschaft des ganzen Lebens".

### 3.1.4 Jungarbeiterbildung im Volkshochschulheim Am Beutenberg (1926–1928)

Das Grundmuster des „gelebten Sozialismus" als der Arbeits-, Lern- und Lebensgemeinschaft der kleinen gemischten Gruppe mit bündischem Führungsstil lag der Jenaer Jungarbeiterbildung in noch prägnanterer und differenzierterer Weise zugrunde: *Arbeitsgemeinschaft* in Form der „Neueinrichtung des Hauses", *Lerngemeinschaft* im unterrichtlichen Sinne als Auseinandersetzung mit politischen und wirtschaftlichen Problemen, „ausgehend von Erfahrungen, Problemen und Aufgaben der Arbeiterbewegung und der Arbeiterjugend" an drei Abenden der Woche unter der Leitung von Reichwein und Gastlehrern, *Lebensgemeinschaft* als Wohngemeinschaft und Stätte des geselligen Lebens in Form von Heimabenden, Fahrten und Festen. Einen besonderen Akzent setzten

- der auf „Tat- und Willensgemeinschaft" (Natorp) ausgerichtete Stil „bündischer Zucht":
  > „Es kam mir vor allem darauf an, durch diese Tatgemeinschaft mit den jungen Arbeitern, die wir übrigens in spartanischer Form ganz und gar aus eigenen Mitteln trugen, für die grosse Gemeinschaft darzutun, daß persönliche Bildung erst durch den tat- und opferbereiten Einsatz füreinander geadelt wird, daß Bildung durch Erziehung gestrafft, gerichtet und der Gemeinschaft dienstbar wird. Das Leben in unserem kleinen Staat war aufs Engste durch Führung und Gehorsam, durch selbstgesetzte

---
656 Volksbildung als Wirklichkeit, S. 120
657 Die Gilde, S. 13.

*Ordnung und freiwillige Zucht geregelt, es trug – zwar äußerlich gering und klein – die Züge eines kämpferischen soldatischen Ordens. Spötter sprachen damals von unserem ‚Zuchtideal'. Sie bestätigten mir damit nur, daß ich an meinem Teile das, was man damals ‚Arbeiterbildung' nannte, auf den rechten Weg gebracht hatte. Denn ich wußte ja, daß gerade die Menschen, die in ‚proletarischer Armut' leben mußten, notwendiger als andere Volksschichten durch eine neue Idee der ‚Bindung' und durch die selbsterzieherische Tat zu einem inhaltsvollen persönlichen Leben zurückgeführt werden mußten. Ich wußte, daß die ‚Veränderung der Verhältnisse' – wenn sie nicht ein Traum bleiben sollte – persönlichkeitsstarke und willenskräftige, anspruchslose und opferbereite Menschen, echte Pioniere voraussetzte."*[658]

- die „große Reise" (der legendäre „Hungermarsch durch Lappland") als Extremfall „bündischer Zucht" und sozialistischer Erziehung zur „Bereitschaft und Kameradschaft":

*„Die ‚Große Reise' setzte das Leben und die Arbeit des Heims unter total veränderten Bedingungen fort. Sie gab dem Heimleben ein konkretes Ziel. Die Jungen sollten auf ihr sich selbst und die Welt kennen lernen. Der ganze Kurs stand im Zeichen der Vorbereitung. Reichwein trainierte die Jungen auf harten Wanderungen durch die mitteldeutschen Gebirge. Er übte mit ihnen deutsche Volkslieder, die später im Ausland gesungen werden sollten, und begleitete sie auf der Geige. In harten Auseinandersetzungen – Reichwein kannte in Fragen der Haltung keinen Kompomiß, – setzte er sich als Führer durch, erwarb Vertrauen, fand Zustimmung und die Gefolgschaft von Freunden. Dabei kam ihm seine Vitalität und sportliche Zähigkeit, seine Kontaktfreude und Weltoffenheit, seine unverbrauchte jugendliche Schwungkraft und Dynamik zustatten. Er verstand, nach dem Erlebnis der Wandervogelgruppe und der Frontkameradschaft, die Freuden und Leiden, die Wünsche und Sorgen der jungen Arbeiter. Er lebte mit ihnen und überzeugte sie von seiner Solidarität, die nicht nur aus sozialem Mitgefühl, sondern aus der wissenden Einsicht, aus dem politischen Willen erwuchs. So erwarb er sich im täglichen Umgang mit jungen Arbeitern, im ‚Kleinstaat' des Jungarbeiterheims, demokratische Autorität; er faszinierte durch die charismatische Kraft seiner wahrhaftigen Persönlichkeit."*[659]

- die „Vollversammlung" als demokratische Institution:

*„Das Heim war finanziell autark. Jeder Heiminsasse, ob Leiter oder Zeißarbeiter, zahlte einen bestimmten Prozentsatz seines Einkommens in die gemeinsame Heimkasse (in Leipzig waren es 80%). Jede Woche fand eine Vollversammlung des Heims, die ‚Wirtschaftsbesprechung' statt, an der alle Bewohner, auch die Wirtschafterin, teilnahmen. Hier wurde über die Verwendung der eingezahlten Gelder entschieden und berichtet. Aber nicht nur die Finanzen kamen zur Sprache, – der Küchenzettel und der Verlauf des Unterrichts, der Lebensstil des Heims und geplante gemeinsame Unternehmungen wurden diskutiert. Natürlich spielte bei dieser Besprechung die ‚Heimmutter', die mehr als eine Wirtschafterin war, eine wichtige Rolle. Sie war die*

---

658 Adolf Reichwein: Pädagoge und Widerstandskämpfer, S. 257.
659 Borinski: Adolf Reichwein …, S. 70 f.

*einzige Frau in diesem ausgesprochenen Männerheim; ihre Stellung war nicht leicht, doch wichtig. In diesen Vollversammlungen kamen oft Probleme des Zusammenlebens und der Außenbeziehungen des Heimes zur Sprache; es wurden Mißstände aufgedeckt und Konflikte ausgetragen. So waren die Vollversammlungen praktische Lehr- und Übungsfelder der Demokratie, der Selbstverwaltung und Mitbestimmung."*[660]

### 3.1.5 Die „Wander- und Lagererziehung" mit den Studenten der Pädagogischen Akademie in Halle (1930–1933)

Das hier durchgezeichnete Leitmotiv einer die bildungsbürgerliche Utopie der „Volksgemeinschaft" in der Lebenspraxis vorwegnehmenden sozialistischen Erziehung hat der Professor für Geschichte und Staatsbürgerkunde an der Pädagogischen Akademie in Halle mit der Idee der „Wander- und Lagererziehung" zur Geltung gebracht.

*„Während der drei Jahre, die mir vergönnt waren, auf einer neuen Stufe meine erzieherische Tätigkeit aus- und weiterzubauen, lag es mir besonders am Herzen, die Studenten sowohl auf dem Weg der Lehre zur Verantwortlichkeit gegenüber der Nation als auch ihre Kräfte durch das eigene Beispiel zum Einsatz für das Ganze zu ermuntern. Gerade in diesen Jahren war mir immer besonders gegenwärtig, daß Wissenschaft und Leben in Einklang sein müssen, und die echte akademische Gemeinschaft zwischen Lehrer und Studenten war ja eine Selbstverständlichkeit. Da ich davon überzeugt bin, daß jede Lehre erst dann erzieherisch voll wirksam werden kann, wenn sie durch Beispiel oder praktische Anwendung gültig oder versuchsweise ausgeprägt wird, habe ich in das Leben der Akademie Halle zwei Unternehmungen eingeführt, die zu Einordnung und Disziplin, zur Entsagung und zur Freude des gemeinschaftlichen Lebens erziehen sollten: die Winter- und Sommerlager und die Landschulpraktika in Form des Zeltlagers."*[661]

Ausführend heißt es dazu an anderer Stelle:

*„In diesem Zusammenhang muß wenigstens im Vorübergehen darauf hingewiesen werden, daß einige Akademien die Idee der Lager- und Wandererziehung bereits in ihren festen Studienplan aufgenommen haben; es werden unter primitivsten Verhältnissen in Bauden des Riesengebirges unter der Führung jüngerer Dozenten und Professoren Winterlager veranstaltet und während der 2monatigen Sommerferien nach dem für alle verbindlichen Pädagogischen Ferienpraktikum, ebenfalls unter Leitung von Dozenten, zum Beispiel in Halle, freiwillige Wandergruppen gebildet, die einzelne deutsche Landschaften studieren oder sich wieder an bestimmten Stellen in Lagerform festsetzen und freie Studiengruppen bilden."*[662]

---

660 Ebd., S. 67 f.
661 Adolf Reichwein: Pädagoge und Widerstandskämpfer, S. 260.
662 Adolf Reichwein: Pädagogische Akademien ..., S. 992.

## 4. Reichweins Beitrag zur politischen Diskussion als Mitglied der „Jungen Rechten" in der SPD angesichts der Not- und Krisensituation der Weimarer Republik (1929–1933)

Adolf Reichwein trat 1930 der Sozialdemokratischen Partei mit der Absicht bei, als Sozialist nicht nur in der längerfristigen Perspektive seiner Volksbildungsarbeit zu wirken, sondern auch durch Teilnahme am aktuellen parteipolitischen Kampf gegen den Nationalsozialismus und die verbündeten Machteliten aus dem Bereich der Industrie, des Militärs und des Großbürgertums. Es war die Zeit der Not- und Krisensituation der Weimarer Republik vor deren endgültiger Liquidierung durch das totalitäre Regime, die geprägt war durch die Faktoren: Weltwirtschaftskrise, Massenarbeitslosigkeit, Radikalisierung der innenpolitischen Situation in Verbindung mit den abnormen Wahlerfolgen der NSDAP, Umschlag der parlamentarischen Demokratie in den autoritären Präsidialstaat der Kabinette Brüning, Papen und Schleicher und der „präsidialen Diktaturgewalt" (Bracher) Hindenburgs.[663]

> *„Adolf Reichwein zählte innerhalb der SPD zu einer Gruppe von Reformsozialisten, die aus dem jungsozialistischen ‚Hofgeismarkreis', aus dem ‚Leuchtenburgkreis' und aus dem Kreis der Religiösen Sozialisten kamen, und die sich seit 1929/30 um die Zeitschrift der ‚Neuen Blätter für den Sozialismus' (‚Neue Blätter') neu formierten. Ihr politisches Wirken zielte auf eine grundlegende Reformierung der Sozialdemokratie und ihrer Politik: Sie forderten ‚anstelle erstarrter ideologischer Traditionen praktische Alternativen zur Verteidigung der Republik (…) – und zwar gerade in jenen Bereichen, in denen die Nationalsozialisten mit ihren nationalen und sozialen Parolen so erfolgreich zur Macht drängten, indem sie die emotionalen Bedürfnisse einer Krisengesellschaft berücksichtigten und von dem Vakuum profitierten, das nicht zuletzt durch die Abstinenz, das gestörte Verhältnis der SPD zur Macht entstanden war' (Bracher). Sie appellierten an die SPD, ihre radikalen Sozialisierungsforderungen aufzugeben und diese nur auf die Großindustrie zu beschränken, um sich so auf dem Weg zur Volkspartei auch dem selbständigen Mittelstand und den Bauern zu öffnen. Nur wenn die SPD sich mehr politische Mobilität verschaffte, dann könnten nach ihrer Vorstellung die bürgerlichen Mittelschichten und die Bauern auch aus dem gefährlichen Sog des Nationalsozialismus befreit werden."*[664]

In diesem Kontext sind Reichweins Diskussionsbeiträge des Jahres 1932 zu sehen, deren übereinstimmende strategische Funktion darin bestand, eine Einheitsfront aller

---

663 Vgl. Bracher: Die Auflösung der Weimarer Republik. Zweiter Teil: Stufen der Auflösung, S. 257–638 in der Untergliederung: A) Phase des Machtverlusts: Die Ära Brüning, S. 257–462, B) Phase des Machtvakuums: Die Ära Papen-Schleicher, S. 465–438 sowie Winkler: Die deutsche Staatskrise 1930–1933, darin insbesondere H. Mommsen: Regierung ohne Parteien, S. 1–18 und nicht zuletzt die aspektreiche und konturierte Darstellung und Kommentierung Wehlers im Kapitel: Deutschland am Vorabend seines „Zivilisationsbruchs" (Band 4, S. 512–593).
664 Amlung: Adolf Reichwein …, S. 259 f.

sozialistischen Kräfte der Republik zu schaffen, eine KPD, SPD, konservative Revolutionäre und den Strasserflügel der NSDAP vereinigende „Querfront" gegen den drohenden Faschismus und dessen (groß)bürgerlich-reaktionären Parteigänger.

## 4.1 Zum Diskussionsbeitrag „II. Republik" (1932)

Im Volksschulheim Prerow fand vom 21.6.-3.9.1932 unter der Leitung von Fritz Klatt und Adolf Reichweins maßgeblicher inhaltlicher Regie die Tagung „Politik und Erziehung" statt. Das „Prerower Protokoll"[665] gibt Auskunft über die berufliche Zusammensetzung der Teilnehmer (überwiegend Studenten, Lehrerinnen, Lehrer und Hochschullehrer, überdies Angestellte und Handwerker) sowie über Verlauf und Ergebnis der Tagung.

Im Mittelpunkt stand den Protokoll-Abschnitten I – V zufolge die Krisen- und Notsituation der Republik in der oben angedeuteten strategischen Perspektive mit der schwerpunktsetzenden Frage nach den Herausforderungen, die sich angesichts der aktuellen Lage und mit Blick auf die intendierte „II. Republik" stellen. Das „unerhörte Phänomen einer Gruppierung von 2/3 des deutschen Volkes um antikapitalistische Ideen"[666] (Reichwein) stimulierte die Suche nach den ideologischen Schnittmengen zwischen den potentiellen Querfront-Parteien in ihrer spezifischen soziologischen Wählerbasis.

Nachdem in V und VI die „Stellung der Jugend zur Politik" (Verhälnis KPD – SPD) zur Sprache kommt, gibt VII – VIII dann weitere Auskunft über die anstehenden Fragen der Erziehung. Klatt identifizierte die „Lebenshaltung des politischen Menschen" mit der Tugend-Trias: „Mut, Gehorsam, Tatwille". Reichweins Anliegen war es, den für ihn nunmehr zentralen Begriff der „Erziehung" zu dem der „Bildung", der „Schulung" und der „Zucht" ins Verhältnis zu setzen.

Dem Abschnitt XI ist besonderer Stellenwert beizumessen, da dieser den substantiellen Ertrag der Tagung mit Blick auf die intendierte institutionelle Ordnung der II. Republik und deren „innere Form" unter der Leitformulierung zusammenfasst:

*„Der sich bauende sozialistische Staat findet seine Norm in der Vereinigung von Bindung und Freiheit."*[667]

Mit dieser Basisformulierung ist eine prinzipielle Abgrenzung gesetzt zum einen von dem *liberalistischen Ansatz*, der im Rahmen des oben skizzierten „Katalogs" dem Sinne nach mit den Begriffen „Kapitalismus", „Parlamentarismus", „Individualismus" gekennzeichnet wurde. Zum anderen impliziert diese Formulierung die Ausgliederung des *„totalen Staates"* aus der Bandbreite des gesuchten „starken Staates". Es wird daher

---
[665] Als Textgrundlage dient mit einer Ausnahme die leicht gekürzte Wiedergabe des Protokolls im Dokumentenanhang von Adolf Reichwein: Pädagoge und Widerstandskämpfer, S. 381–395.
[666] Ebd., S. 381.
[667] Ebd., S. 392.

die sozioökonomische Schneise erkennbar, in der die Vorstellungen der Veranstalter und ihrer sozialdemokratischen Parteigänger von Geist und Struktur der II. Republik zu suchen sind.

Der *liberalistische* Ansatz war auf der Tagung, wenn ich recht sehe, nicht Gegenstand allgemeiner Diskussionen, da in dessen Ablehnung eine parteiübergreifende Gemeinsamkeit bestand, die „rechts" und „links" des gesellschaftlichen Spektrums in ganz fragloser Weise verband, angefangen von der KPD über die „Junge Rechte" der SPD bis zur NSDAP.

Allerdings ist hier mit Blick auf die konkrete politische Lage anzumerken, dass die SPD in ihrer bis dahin staatstragenden Stammformation sich weiterhin zur Republik einschließlich des parlamentarischen Systems bekannte. Der von Klatt und Reichwein vertretene „Vortrupp" der SPD, der „auf prakische Alternativen zur Verteidigung der Republik drängte", hat daher immer wieder letztlich davon Abstand genommen – allen Such- und Annäherungsbewegungen in Richtung des konservativen Lagers und des Strasser-Flügels in der NSDAP zuwider – mit der Republik und ihrem parlamentarischen System zu brechen.

Diese Dauer-Ambivalenz, die für Theorie und Strategie der „Jungen Rechten" kennzeichnend ist, hat Vogt in seiner hier grundlegenden Studie wiederkehrend herausgestellt.[668]

Für den „*totalen Staat*" standen auf der Tagung nicht nur die „diktatorischen" Präsidialregime der Zeit, sondern vor allem der als „Zucht" bezeichnete Stil politischer Formierung in der KPD und diese Partei selbst.

---

668 Vgl. als Zusammenfassung zahlreicher Belegstellen vor allem aus den Kapiteln III und IV (Ideologische Leitmotive im Diskurs der Jungen Rechten/Die Junge Rechte in den politischen Auseinandersetzungen der Weimarer Republik) den Abschnitt: Zusammenfassung: Die Junge Rechte zwischen Sozialdemokratie und Konservativer Revolution, S. 255–257 und die resümierende Feststellung: „Sowohl ihrem Selbstverständnis nach als auch hinsichtlich ihrer organisatorischen Stellung war die Junge Rechte eine genuin sozialdemokratische Gruppierung. Zugleich ermöglichte der nationale Sozialismus der Gruppe den Dialog mit den Kräften der intellektuellen Rechten, also mit der Konservativen Revolution. Innerhalb dieses Spektrums waren nicht alle Positionen für die Junge Rechte gleichermaßen interessant, vielmehr suchte man in erster Linie die Verbindung zu dessen etatistischem Flügel, wie er von Hans Freyer, Hans Zehrer und Otto Strasser repräsentiert wurde. Bei diesen Autoren fand sie nicht nur einen relativ gering ausgeprägten Rassismus und Antisemitismus vor, sondern auch ein zumindest formales Bekenntnis zum Sozialismus, das sich zugleich vom Kommunismus und von der stalinistischen Sowjetunion abgrenzte. Doch auch diesen Positionen gegenüber bestanden ganz erhebliche Vorbehalte, die es trotz aller entsprechenden Bemühungen zu einem regelrechten Bündnis nicht kommen ließen. Die Differenzen, so hatte die Analyse gezeigt, lagen in erster Linie im politischen Feld, in der Frage nämlich des Verhältnisses zur Weimarer Demokratie und zur sozialdemokratischen Arbeiterbewegung. Weil die Junge Rechte zwar beides grundlegend reformieren, nicht jedoch vollständig abschaffen oder gar zerschlagen wollte, blieb sie schließlich auf Distanz zur Konservativen Revolution und Teil der Sozialdemokratie" (Nationaler Sozialismus …, S. 456 f.).

*„Auch an die KPD geht die Forderung nach politischer Erziehung. Bei ihr ist Erziehung in Zucht umgeschlagen. Vom Einzelnen wird eine totale Einordnung in partielle Aufgaben des Klassenkampfes gefordert, der Einzelne wird degradiert, er ist nur Funktionär, der seine Verantworung nicht selbst zu finden hat."*

Der anschließende Passus lautet:

*„Denn ein totaler Staat ist in Deutschland nicht möglich. Im totalen Staate gilt die Staatsform als die oberste Form der menschlichen Gesellschaft, von deren Idee alle anderen Bilder ihre Norm erhalten. Diese Normen müssen unter Umständen von den Bürgern erzwungen werden. Der totale Staat muß zur Erhaltung seiner Existenz die Gegenkräfte der Bürger unterdrücken; er braucht Untertanen. Der Deutsche braucht aber seiner Eigenart gemäß persönlichen Spielraum."*[669]

Wie aber stellt sich der zwischen diesen Grenzpositionen zu suchende Staat in der knappen Formulierungsskizze des Protokolls dar?
Hier der Wortlaut des maßgeblichen Protokollausschnitts:

*„Der Staat kann in seiner Struktur nicht den Forderungen widersprechen, die aus der Lebensordnung an ihn gestellt sind. Er ist gegliedert nach dem Sein des Volkes. Der Arbeitswille stellt sich dar in Vertretungen des Volkes, so daß dieser imstande ist, sich in staatlichen Organen zur Geltung zu bringen.*
*1.) Arbeitskammer des deutschen Volkes, die ungestört von Tagespolitik Raum und Ruhe hat zum Planen. Sie muß unbedingtes Vertrauen genießen und schreibt aus zentraler Einsicht die Produktionsverteilung vor.*
*2. Volksvertretung, ungefähr entsprechend dem heutigen Reichstag, die es möglich macht, in Diskussion abzuhören, wie der lebendige Volkskörper als Wirklichkeit auf die Maßnahmen der Arbeitskammer reagiert und den Impulsen aus dem Volke Ausdruck verleiht. (Die erste Republik hat gezeigt, daß durch die Diskussion eine Formungsaufgabe nicht gelöst werden kann, also wird dem neuen ‚Reichstag' das Recht der alleinigen, letzten Entscheidung über den zentralen Wirtschaftsplan genommen.)"*
*Mit Blick auf die „Arbeitskammer" heißt es sodann im Zusammenhang dieser Reichstagspassage: „Die Norm wird geschaffen aus dem Sachverstand der Arbeit."*[670]

Eine ergänzende Passage sei hier eingeschoben:

*„Wie soll sich der Erzieher in der gegenwärtigen Lage verhalten? Die durch die Untugenden des Parlamentarismus und den Notstand hervorgerufene Diktatur beschwört die Gefahr einer neuen Militarisierung herauf, d.h. eine Einengung des persönlichen*

---

669 Adolf Reichwein: Pädagoge und Widerstandskämpfer, S. 391.
670 Ebd., S. 392.

*Lebensraumes in öffentlicher und privater Beziehung, eine Erstickung der frei spielenden Kräfte, ohne deren Entfaltung jedoch der deutsche Mensch nicht leben kann. Die Aufgabe stellt sich für den Erzieher, in der II. Republik an einer durch die Notlage geforderten starken Zentralgewalt mitzuarbeiten, die befugt ist, planend in die Einzelexistenz einzugreifen, aber zugleich der Kontrolle durch den Volkswillen unterworfen ist.*"[671]

Die sozialistische Wirtschaft müsse „spontane Lebenskraft in den festen Plan aufsaugen", so eine der abschließenden Forderungen, „um eine nationale Erstarrung des Arbeitsplans (zu verhindern)."

Zwischen dem *liberalistischen Ansatz* und dem *„totalen Staat"* wird in den vorliegenden Formulierungen der vielfach postulierte *„Dritte Weg"* erkennbar.

Diskutiert und begrifflich positioniert wird hier ein Staat, dessen verfassungsgemäße Struktur, wie dargestellt, durch zwei einander zugeordnete Institutionen bestimmt ist: die „Arbeitskammer des deutschen Volkes", die als „starke Zentralgewalt" der Aufgabe dient, den gesamtgesellschaftlichen Wirtschaftsplan festzulegen und „vorzuschreiben" und die „Volksvertretung" als ein dem Reichstag entsprechendes Forum parlamentarischer Diskussionen mit Kontroll- und Rückkopplungsfunktionen bei gleichzeitiger Einschränkung seiner Rechte im Bereich der Ökonomie (ohne aber offensichtlich dessen gesetzgebende Kompetenz im übrigen Bereich der Innen- und Außenpolitik infrage zu stellen). Beide Institutionen gelten als „Vertretungen des Volkes" im Zusammenhang mit einem übergreifenden organologisch-korporatistischen Volksbegriff. Der normgebende „Sachverstand der Arbeit" und der „Volkswille" als Kontrollinstanz und produktive Basispotenz sollen und können miteinander ins konstruktive politische Gespräch kommen.

Intendiert wird also, wenn ich recht sehe, ein pragmatischer Kompromiss bzw. eine verfassungstheoretische Synthese: eine Lösung im Sinne des damals viel diskutierten „Zweikammer-Systems"[672] durch Institutionalisierung zum einen eines Organs übergeordneter „Zentralgewalt" auf korporatistischer (berufsständischer) Grundlage, das als am Gemeinwohl orientierte Sachverständigen-Gremium allen ge-

---

671 Ebd., S. 382.
672 Dafür ein exemplarisches Votum von Max Cohen aus den Sozialistischen Monatsheften 1932: „In Weimar übersah man, daß die parlamentarisch regierten Staaten, daß alle Demokratien ein Zweikammersystem besitzen. In Deutschland wollte man einfach alle Macht dem Parlament des allgemeinen Wahlrechts geben, das Einkammersystem wurde ein Dogma. In den Sozialistischen Monatsheften ist dieser Auffassung, als ob Demokratie und Einkammersystem identisch seien, von Anfang an entgegengetreten worden. Aber vergebens wurde hier hervorgehoben, daß die nach dem Weltkrieg zu erledigenden Aufgaben so umfassend und schwierig seien, daß sie von den politischen Parteienparlamenten allein überhaupt nicht zu lösen seien. Mit der größten Eindringlichkeit (...) wurde hier die Schaffung einer Zweiten Kammer, einer organisch gebildeten Kammer der Arbeit, verlangt. Diese sollte nicht das aufgrund der Stimmengleichheit vom Volk zu wählende politische Parlament ersetzen oder verdrängen. Sie sollte vielmehr gemeinsam mit ihm zunächst die komplizierten Fragen des Wiederaufbaus lösen und dann durch ihren Unterbau der Produktionsräte in eine wirklich sozialistische Wirtschaft hinüberleiten" (S. 746).

sellschaftlichen Partikularinteressen Einhalt gebieten sollte, zum anderen einer in seiner Zuständigkeit eingeschränkten aber weiterhin bestehenden parteipolitisch-parlamentarischen Institution in Form des „neuen" Reichstages. Hinsichtlich dieser Kombination unterschied sich die „Junge Rechte" von ihren neo-konservativen und revolutionär-nationalsozialistischen Ansprechpartnern. *Diese* waren es, die – mit den Worten Zehrers und im Sinne des Tat-Kreises gesagt – für die „Abschaffung der Parteien" eintraten[673] und *nicht* die junge Avantgarde der SPD, der Reichwein angehörte. Sie vertrat damit einen auf Verteidigung der Republik gerichteten pragmatischen Kompromiss, der zugeich einen Reformschritt intendierte von der „formalen" zur „substantiellen" Demokratie.

Die Bedeutung der Basisformulierung: „Der sich bauende sozialistische Staat findet seine Norm in der Vereinigung von Bindung und Freiheit" wird dadurch unterbaut, dass sie wiederkehrt in der Paralleldiktion: „Der arbeitende Mensch sei ein Spiegelbild der Ordnung, in der er lebt, nach der dialektischen Formel Bindung und Freiheit."

Der Bezug zu den begrifflichen Stilisierungen der „Deutschen Freiheit" in den „Ideen von 1914" ist ebenso unverkennbar wie die Übereinstimmung mit dem handlungsleitenden Gestaltungsprinzip des Mannes der Volkshochschularbeit, der Lehrerbildung und der Tiefenseer Schulpädagogik.

Im vorliegenden Fall beinhaltet diese Formel das regulative Prinzip, nach dem Reichwein und Klatt gemäß den Auskünften des Protokolls zum Bereich *Pädagogik, Wirtschaft und Produktion* sowie *außerparlamentarisch-basisdemokratische Reformarbeit* argumentierten:

Die *Pädagogik* sei, so ihre Stellungnahme, weder auf „totale Eingliederung" im Sinne der „Zucht" anzulegen noch einseitig auf „Ausgleich", „Harmonisierung" bzw. „Stabilisierung" der Person durch „Bildung" im liberalistischen Verständnis der I. Republik. Vorrangig sei vielmehr „Erziehung" gemäß dem Diktum: „Das Maß der Erziehung wird nicht an der Ausgeglichenheit des Menschen erkannt, sondern an der Kraft seiner Existenz und seines Einsatzes in der Welt."[674] Jedoch: „Erziehung ist immer ein Wagnis. Übersteigerung der Forderung kann bei Menschen, die nicht richtig gebildet worden sind, zum Aufbrauchen der Reserven führen. Davor ist zu warnen."[675]

Im Bereich *Wirtschaft/Produktion* gelte es, so die sinngemäße Auslegung des Protokolls, weder sich dem „Diktat der Maschine" zu beugen noch die Befreiung auf dem Wege eigennütziger Strategien zu suchen, sondern durch das „sich Einfügen einzelner in einen rational gefundenen Plan"[676].

---

673 Zehrers Reformpläne sahen „eine Abschaffung der direkt gewählten Parlamente vor, die durch einen „Präsidentschaftsrat" und einen berufsständischen „Reichswirtschaftsrat" ersetzt werden sollten" (Vogt: Nationaler Sozialismus …, S. 211; überdies Beyer: Die Ständeideologien…Kapitel: Das ständische Schrifttum unter dem Einfluß von Moeller van den Bruck, S. 64–101.
674 Vgl. das Prerower Protokoll in: Hohmann: Dienstbares Begleiten …, S. 266.
675 Ebd., S. 267.
676 Adolf Reichwein: Pädagoge und Widerstandskämpfer, S. 392.

> *„Ziel ist aber nicht der Mensch am laufenden Band, sondern der Mensch, der seine Stelle im funktionalen Tun begreift und darüber hinaus die Fähigkeit hat, sich freiwillig einzufügen, fraglos und anspruchslos, in der Gruppe zu arbeiten."*[677]

Leitbild für die *basisdemokratische Reformarbeit* ist weder der „Funktionär, der seine Verantwortung nicht selbst zu finden hat" noch der privatistische Einzelne, sondern der aktiv handelnde „politische Mensch". Dieser bedürfe, in der Alltagswirklichkeit auf sich selbst gestellt, der Erziehung zum „seelischen Mut" im Sinne von Zivilcourage, zum selbstverantwortlichen Gehorsam und zum schöpferischen „Tatwillen". Inbegriff seiner Aktivitäten sei nicht der „heroische Kampf", sondern das demokratische „Gespräch", eine „Form des geistigen Austauschs im ganzen Volk", aus dem heraus „ein Volkswille sich bilden kann"[678].

Vor allem aber müsse durch politische Erziehung, so wird in einem auf Herder zurückführbaren bildungsbürgerlichen Denkmuster argumentiert,[679]

> *„eine Eliteschicht von Vorbildlichen und Geladenen hergestellt werden, die das Ganze mitreißt. Diese Eliteschicht darf keine priviligierte sein, sondern muß eine dienende Schicht sein, die ein hohes Maß von Entsagung aufbringen muß. Dies wird die Aufgabe der II. Republik sein. Die I. Republik stützte sich ausschließlich auf die ratio, die nicht trug."*[680]

Der Reformschritt von der formalen zur substantiellen Demokratie, von dem wir sprachen, zielt also nicht nur darauf ab, einen korporatistischen Überbau in Form der „Arbeitskammer" zu institutionalisieren, sondern vor allem auch auf die Auslösung einer außerparlamentarisch-basisdemokratischen Bewegung und zwar – in Abgrenzung von der KPD und NSDAP bzw. mit Blick auf die „Jungen Rechten" der SPD und deren bildungsbürgerlichen Sozialismus gesagt – „aus der Mitte heraus". – „Die Parteien werden zu entscheiden haben, ob sie mitgehen wollen oder nicht"[681].

Wie aber stand der im deutschen Idealismus beheimatete Sozialist zum Marxismus und zur Eigentumsordnung jener Republik, der sein politischer Kampf und sein

---

677 Ebd.
678 Ebd., S. 389.
679 Vgl. Zaremba: Johann Gottfried Herders humanitäres Nations- und Volksverständnis, S. 181 f. Dort schließt der Autor seine Ausführungen zum Volks- bzw. Gesellschaftsverständnis Herders, das mit den Begriffen „Eigenverantwortlichkeit, Freiheit von Willkür, freie Konkurrenz, Liberalität und Pluralität" in seiner damaligen Progressivität charakterisiert wird, mit dem Hinweis: „Zweifel an der politischen Reife der Volksmassen führte ihn zu der Idee einer Elite, die das Volk erziehen soll". Herder hoffte, wie Barnard ausführt, „auf Männer des Volkes, die mit missionarischer Begeisterung das Evangelium der Bildung predigen und verbreiten sollten, um die ganze Nation einem Zustand entgegenzuführen, in dem sie keiner politischen Herrschaft mehr bedürfe". Er spricht in dieser Hinsicht von einer"Aristo-demokratie" (Zwischen Aufklärung und politischer Romantik, S. 97).
680 Adolf Reichwein: Pädagoge und Widerstandskämpfer, S. 390
681 Ebd., S. 393.

volkserzieherisches Handeln galt? Antwort auf diese Fragen erteilt vor allem das zweite Diskussionsdokument, das Protokoll zum Thema „Mit oder gegen Marx zur deutschen Nation".

## 4.2 Zum Diskussionsbeitrag „Mit oder gegen Marx zur deutschen Nation" (1932)

Die zweite Tagung, von der hier zu sprechen ist, fand Anfang Oktober 1932 auf der Leuchtenburg zum obigen Thema statt. Auch diesmal ging es um die Abklärung der Frage nach der Bündnisfähigkeit der Querfront-Gruppierungen, nunmehr aber hinsichtlich des in Prerow weniger beachteten ideologischen Aspekts. Das vorliegende Protokoll der öffentlichen Tagung, an der neben Reichwein als Vertreter der „Neuen Blätter für den Sozialismus" Wilhelm Rössle vom Tat-Kreis und Otto Strasser, Führer der „nationalsozialistischen Linken", teilnahmen, hält im Wesentlichen die Diskussionsbeiträge der Erstgenannten fest. Rössle artikulierte seinen Standpunkt bereits in seinem Einstiegs-Statement mit der Klarstellung, es gehe nicht um eine selektive Marx-Rezeption vom heutigen Standpunkt aus: „Marx ist entweder so, wie er ist, für uns heute brauchbar, dann braucht man ihn nicht ‚auf neu herrichten' oder er ist es nicht, dann muß man ihn (dem Standpunkt des Tat-Kreises entsprechend; Sch.) aufgeben". Im Gegensatz dazu lassen sich die von Reichwein vorgetragenen Thesen – in Abwandlung des Themas auf die Formel bringen: „Mit *und* gegen Marx zur Deutschen Nation".

„*Mit*" Marx bekannte er sich zur Geltung zentraler Theoreme der marxistischen Gesellschaftsanalyse: Zuspitzung der Klassengegensätze, Mehrwerttheorie, Lehre von der Konzentration und Zentralisation des Kapitals. Eine zentrale Formulierung des ökonomischen Sozialisten mit nationaler Orientierung im Zeichen der damaligen Sozialisierungspläne lautete daher:

> „*Die Welt der großen Industrie ist das Feld, auf dem die Entscheidungsschlacht geschlagen wird. Sie ist das Feld, in dem die Eigentumsfrage radikal gestellt werden kann, weil sie dort einfach zu stellen ist. Sie ist das Feld, in dem allein ausgefochten werden kann, ob das BGB mit seinem römischen Eigentumsbegriff abgeschafft wird oder nicht. Die Auseinandersetzung zwischen Industrieproletariat und Kapitalismus schafft noch nicht die neue Lebensform, aber ohne diese sind alle anderen Entscheidungen zu einer neuen Lebensform und Volksordnung nicht möglich.*"[682]

„*Gegen*" Marx stand zum einen die Distanzierung des nationalen Sozialisten vom historischen Determinismus mit der These, der Geschichtsprozess sei „nach vorne offen" und zum anderen die Absage an die Marxsche Zweiklassentheorie mit Blick auf die „gesamte Struktur des deutschen Volkes":

---

[682] S. 90.

*„Wir sehen ‚Volk' anders als Marx es getan hat. Wir sehen neben der Industriewelt die Welt des Bauern als etwas Eigenwüchsiges. Und alle Industriearbeiter, Bauern und Bürger umschließt die Nation. (...) Wenn innerhalb des Industrialismus die Entscheidungsschlacht geschlagen worden ist (Eigentumsfrage gelöst, der ‚Arbeiter' herrscht), erst dann wird die Zeit reif zur organischen Eingliederung der Industriewelt ins Ganze. Die Machtkämpfe müssen erst entschieden sein, ehe die Mächtigkeit einer neuen herrschenden Schicht die Möglichkeit schafft, die ‚Industrie' dem Rhythmus des Menschen anzupassen."*[683]

Das Gespräch endet mit einer Klarstellung des Sozialdemokraten Reichwein gegenüber dem Diskutanten aus dem konservativen Lager mit einer Bemerkung zur Strategie des sozialistischen Kampfes, an der die Argumentations-Ambivalenz, von der wir mit Blick auf die „Junge Rechte" sprachen, noch eimal deutlich wird und überdies auch die noch bestehende (Teil-)Identifikation mit der politischen Infrastruktur des überkommenen parlamentarischen Systems der I. Republik:

*„Weil wir jungen Sozialisten wissen, daß wertvolle Kampfformationen, wie die Gewerkschaften, – in Generationen aufgebaut – allzu leicht zerstört werden können und schwer wieder neu zu bauen sind, arbeiten wir in diesen Formationen. Darum sehen wir in den ‚Parteien' Lebensgemeinschaften von Menschen, Organismen, die genutzt werden für politische Machtkämpfe. Zusammenschluß aller Sozialisten ist gewiß notwendig, aber darum geben wir nicht unsere Organisation auf – obwohl wir die Nation wollen und fernerhin wollen, daß alle sozialistischen Kräfte zusammenströmen zu einer Arbeits- und Kampfgemeinschaft."*[684]

In dieser Aussage zur Strategie des aktuellen sozialistischen Kampfes kommt dem „Tat-Kreis" gegenüber die bereits angesprochene Argumentations-Ambivalenz im Dialog der Jungen Rechten mit den konservativen Revolutionären noch einmal zur Sprache und zugleich wiederum die Option im Entscheidungsfalle *für* die Republik und deren politische Infrastruktur und *gegen* eine „Querfront" um jeden Preis.

Es ging Reichwein, liest man die zitierten Passagen unabhängig von ihrem Tagungskontext in der Langzeitperspektive seiner politisch-pädagogischen Arbeit, um die Überwindung der Klassenspaltung der Gesellschaft, zum einen durch Parteinahme für eine sozialistische Strategie, die auf die Formierung von gewerkschaftlicher und parteipolitischer Gegenmacht zum Abbau der etablierten Machtstrukturen gerichtet war, zum anderen auf dem Wege seiner Volksbildungsarbeit in der Form des „gelebten Sozialismus". Beide Aktionsrichtungen zielten in der Denktradition Riehls und Mösers, insbesondere aber Goethes und Herders auf die Gestaltung von „Volk" und „Nation" als historisch gewachsene und organisch gegliederte Ganzheiten[685] un-

---

683 S. 92.
684 S. 93.
685 Dieses organologische Verständnis von „Volk" und „Nation" teilt Reichwein mit Riehl und Möser sowie mit Goethe und Herder. Im Unterschied zu den Erstgenannten, die Anwälte einer re-

ter den Bedingungen einer sozialistisch reformierten Industriegesellschaft. Die sozialistische und die nationale Komponente seines politischen Denkens und Handelns fasste Reichwein in dem programmatischen Leitbegriff der – in europäischem Horizont[686] konzipierten – „Sozialistischen Nation"[687] bzw. des „sozialistischen Volksstaates"[688] zusammen.

---

formierten altständisch konservativen Ordnung waren, gebrauchten Letztere diese Begriffe aber, wie später auch Reichwein, in weltbürgerlich-kosmopolitischer Perspektive. Vgl. unsere Ausführungen auf S. 61 – 63 und überdies W. Mommsen: Die politischen Anschauungen Goethes. Abschnitt: Volk, Nation, Menschheit, S. 225–247; Zaremba: Johann Gottfried Herders humanitäres Nations- und Volksverständnis. Abschnitt: Herders humanitärer Volksbegriff, S. 176–188; Gaier: Herders Volksbegriff und seine Rezeption. In: Borsche: Herder im Spiegel der Zeiten, S. 32–57; Koselleck: Volk, Nation, Nationalismus, Masse, S. 141–431; Vogt; Nationaler Sozialismus ... Abschnitt: Nation, S. 156–175. Zum Verhältnis Möser – Goethe vgl. Bäte: Justus Möser. Abschnitt: Goethe, S. 170–196.

686 Vgl. aus Vogts Studie über die sozialdemokratische „Junge Rechte" den Abschnitt „Neuordnung Europas" (S. 263–270).

687 Vgl. Vogt: Nationaler Sozialismus ... Abschnitt: Junge Rechte und Nation, S. 157–162.

688 Mit diesem Begriff identifiziert Ernst Keßler, ein aus sozialdemokratischem Elterhaus stammender Jungsozialist aus dem letzten Beutenburger Lehrgang, in einem Nachruf die Volksbildungsarbeit Reichweins: „Sein Denken war immer auf Handeln ausgerichtet. In diesem Sinne war er ein politischer Mensch und Erzieher, dessen politischer Realismus aus einer weltoffenen politischen Grundhaltung erwuchs. Er war kein Verächter der sogenannten vielgelästerten Masse, vielmehr wollte er aus sittlicher Verpflichtung, aus einer ursprünglichen Liebe zur breiten Masse der Menschen deren geistige Auflockerung und kulturelle Erneuerung, um sie menschlich reif zu machen, eine neue Ordnung gesellschaftlichen Lebens zu errichten. Um die werktätigen Menschen innerlich an einen lebendigen *demokratisch-sozialistischen Volksstaat* (kursiv v. Sch.) heranzuführen, scheute er keine Mühe, politisch erzieherisch zu wirken ..." (Amlung: Adolf Reichwein ..., S. 220 f.). Für die Authenzität dieser Positionierung mit dem Begriff des („freien") „Volksstaates", der schon das Eisenacher Programm (1869) der Sozialdemokratischen Arbeiterpartei Bebels und Liebknechts einleitete, sprechen die Ausführungen Vogts zur „organischen Bestimmung des Staates" vonseiten der Jungen Rechten. Diese begriffen den Staat „nicht nur politisch", sondern auch „in seinem Bezug zu ‚Volk' und ‚Nation'" bzw. „als Kategorie der Natur" (vgl. Vogt: Nationaler Sozialismus ..., S.. 189 f.).

Es zeigt sich hier in der Perspektive der vorliegenden Untersuchung eine bemerkenswerte strukturelle Affinität zum Staatsverständnis Herders (S. 46 f.) und hinsichtlich der grundlegenden Volksgeistlehre ein rezeptionsgeschichtlicher Zusammenhang, der von Herder über Fichte und Hegel bis zu Lasalle reicht. Vgl. Gaier: Herders Volksbegriff und seine Rezeption. Abschnitt: Herders nationaler Volksbegriff, S. 36–41 u. Politische Rezeption (1): Fichte, S. 42–45 sowie Zaremba: Gottfried Herders humanitäres Nations- und Volksverständnis. Kapitel: Herders humanitäres Volks- und Nationsverständnis im 19. Jahrhundert. Abschnitt: Der geisteswissenschaftliche Einfluß von Herders Volksbegriff, S. 189-205.

## 5. Die Praxisspur des „gelebten Sozialismus" während der NS-Zeit in Tiefensee (1933 – 1939)

Die Spur des „gelebten Sozialismus" der kleinen gemischten Gruppe und des dynamischen bzw. korporativ-sozialistischen Führungsstils, deren Anfang und Verlauf wir aufzeigten, führt über die Grenzlinie des Jahres 1933 hinaus. An ihrem Ende steht das Schulmodell „Tiefensee" als der in sich bündige und zugleich gewagte Versuch, Bildungs- und Erziehungsarbeit im Sinne eines humanistisch fundierten nationalen Sozialismus unter den Bedingungen des NS-Regimes zu verwirklichen.

### 5.1 Das Ensemble der Werkvorhaben und Werkaufgaben

Das Werk, auf dessen Verwirklichung das Vorhaben gerichtet ist, gilt Reichwein „als die angestrebte Form unseres Schaffens, als die wertvolle Bestätigung unseres Könnens, als die endgültige ausgereifte Lösung einer Aufgabe und als das schließlich gewonnene nützliche Ding, die Antwort auf unseren Bedarf ..."[689]

Auf welche Bedarfe die Werkvorhaben „antworteten", geht aus nachstehender Zusammenfassung hervor:

*„Vereint zur selbsttätigen und schöpferischen Arbeits-, Lern- und Lebensgemeinschaft werden von den Schülern unter Mithilfe von Experten aus dem Dorf zunächst Schulmöbel gezimmert: ein breiter Arbeitstisch für das durch einen Vorhang zweigeteilte Klassenzimmer – der hintere kleinere Raum ist Abstellkammer und Bühne zugleich, wo die Kinder Theaterstücke für die Dorffeiern einstudieren – sowie zwei Tische und vier Bänke für die ‚Sommerschule' im Freien, die sog. ‚Freiluftschule'; für den Schulgarten, gleich zu Beginn um eine Baumschule erweitert, in der die Kinder zumeist von fachkundigen Eltern in die ‚Handgriffe des Obstbaus' eingewiesen werden, wird ein Gewächshaus errichtet, später kommt noch ein durchsichtiger Bienenbeobachtungskasten für weitere naturwissenschaftliche Experimente hinzu; selbstgebastelte Nistkästen werden aufgehängt, die Jungen bauen Webrahmen, auf denen die Mädchen unter Anleitung von Frau Reichwein Webtechniken erlernen, eine Geschichtskarte zur Versinnbildlichung des Unterrichts wird angefertigt: ‚das laufende Band der Geschichte', das als Fries die Wände des Unterrichtsraumes ausschmückt, Blockflöten für den Musikunterricht und für musikalische Darbietungen werden aus den Stielen selbstgezogener Sonnenblumen geschnitzt, ein Puppentheater für die kleineren Kinder wird aufgebaut, und sogar hochwertige technische Medien wie ein Mikroskop werden unter Verwendung einfachster Mittel selbst hergestellt. Auch ein eigener ‚Gerätepark' für die Schule – von der Holzhacke bis zum Leiterwagen – wird von den Kindern nach und nach mit ihren eigenen Händen angelegt."*[690]

---

689 SSV, S. 17.
690 Amlung: Adolf Reichwein ..., S. 319.

Die selbst hergestellten Laternen, Flugmodelle und Segelwagen sind in dieses Ensemble noch einzufügen. Auch das für den Physik- oder Heimatkundeunterricht angefertigte Modell einer Drahtseilfähre gehört, wenngleich als Ergebnis einer Sondergruppenarbeit, hierher. Hinzu kommen die im Rahmen des gruppenteiligen Vorhabenunterrichts ausgeführten Werkaufgaben wie zum Beispiel die „Faltarbeiten aus Papier" als Ausgangspunkt sich verzweigender Lernwege in unterschiedliche Sinnrichtungen sowie die Herstellung der Reliefs, von der im Geographie- und Kulturgeschichtskapitel die Rede war. Und nicht zuletzt jenes Vorhaben, das Arbeit, Lernen und Leben im Geiste des „gelebten Sozialismus" in einzigartiger Weise zusammenfasste: die „große Fahrt". Diese aus dem Rahmen fallende Unternehmung, die der Tiefenseer Landschullehrer aus seiner Wandervogelzeit und Volksbildungsarbeit mitbrachte, stand unter der ethisch-sozialistischen Direktive:

> „Jeder hat, was der andere hat, nicht weniger, aber auch nicht mehr. ‚Taschengeld' gibt es nicht. Nur ein paar Groschen für Kartengrüße sind zugestanden. Der Erzieher macht keine Ausnahme. Alle umschließt das gemeinsame Band eines knapp gehaltenen Lebens."[691]

„Antwort auf unseren Bedarf" im ökonomischen Sinne dieser begrifflichen Stilisierung sind die Einrichtungs- und Gebrauchsgegenstände, auf denen man des Sommers schreiben und sitzen bzw. Ziegelsteine und die Gerätschaften des Gartens transportieren konnte. Mit den übrigen Innen- und Außenarbeiten, die Einrichtung der Klassenzimmerbühne und die Anlage der Baumschule betreffend, wurden Lernorte unterschiedlicher didaktischer Potenz geschaffen. Die übrigen Werkvorhaben und Werkaufgaben standen in unmittelbarem Zusammenhang mit den Lehr-Lernaufgaben der Schule. Es ist ein Arrangement erkennbar, das in seinen heimatkundlich-biologischen, -geographischen, -volkskundlichen und -kulturgeschichtlichen Werkarbeiten einschließlich des musischen Platzhalters der Blockflöte, die gewiss oftmals im gesamtunterrichtlichen Verbund des fachlich differenzierten Unterrichts eingesetzt wurde, den „Weltbild"-Horizont des Unterrichts widerspiegelt Diese Werkarbeiten sind didaktisch strukturiert und komponiert und nicht primär als „Antwort" auf die knappe finanzielle Ausstattung der Schule zu verstehen. Ein strikter Trennungsstrich ist hier allerdings nicht zu ziehen, da die Herstellung der fehlenden „nützlichen Dinge" ebenfalls der Könnens-Bestätigung und damit dem übergreifenden Ziel dient, die „Selbstkraft" derer zu stärken, die in der praktischen Arbeit ihre für Gegenwart und Zukunft bedeutsame Ich-Stärke und Wir-Indentität finden. Unverkennbar ist auch die Handschrift des flugbegeisterten Piloten der „kleinen Klemm" in der didaktischen Signatur des Ensembles. Es zeichnet sich insgesamt die schulpädagogische Visitenkarte eines Lehrers ab, der sich als Nationaler Sozialist darin ausweist, dass er „Sozialismus" nicht theoretisch vermittelt, sondern als Lebensform im Zusammenhang mit der Durchführung der (Werk)-Vorhaben und durch die Verbindung von Arbeit, Ler-

---

691 SSV., S. 59.

nen und Leben. Der Leitspruch Kaweraus „Das gemeinsame Werk schafft die Gemeinschaft", der uns bereits im Abschnitt über die revolutionären Geschichtsdidaktiker des Jahres 1918 begegnete, gilt auch für die kleine dörfliche Produktions- und Lebensgemeinschaftsschule in Tiefensee.

## 5.2 Die Formen der sozialistischen Gemeinschaftserziehung

In dem Leitspruch „Das gemeinsame Werk schafft die Gemeinschaft" ist die Achsen-Formulierung zu sehen, die die beiden Grund-Komponenten des Schulmodells „Tiefensee" miteinander verbindet: Kind und Gemeinschaft. Gemeint ist hier zum einen das Kind als ein aktives und soziales Wesen, das sich in handelnder und interaktiver Weise, in wechselnden Formen der dinglichen und sozialen Exploration, die Welt erschließt und zum anderen die Vorhaben-Gemeinschaft der Schule als Vorform einer kommenden sozialistischen Gesellschaft. Es ist jene Gesellschaft, die der totalitäre Staat mit seiner Volksgemeinschafts-Ideologie propagierte, die es in Wirklichkeit aber nach dem Ende der NS-Herrschaft, auf das Reichwein im Widerstand hinarbeitete, durch basissozialistische Reformarbeit und politischen Kampf dem kapitalistischen System noch abzuringen galt.

Die Schule des werktätigen gemeinschaftlichen Lernens, von der Reichwein schreibt, lässt daher die „Lebens- und Wirkformen" des Kindes nicht „außen vor", sondern integriert „Spiel, Versuch und Werk" als dessen „Eigenformen" in die Lernarbeit der Schule:

> *„In jede echte Gemeinschaft bringt jeder etwas mit. Es widerspricht ihrem Grundgesetz, ihrem Anspruch, daß einer mit einem Beine draußen stehen dürfte, um vom vorbehaltlosen Einsatz der anderen zu zehren. Also tragen Kind und Erzieher einfache Formen ihres schaffenden Lebens herbei und tun sie zusammen. Das Kind hat seine eigenwüchsigen Formen, das Leben draußen trägt sie ihm zu, es erschaut sie im Haus und auf dem Acker, in Hof und Feld, es probiert sie allerwegen täglich und stündlich. Und das Leben drinnen im Raum der Erziehung nimmt diese Formen, klärt und entwickelt sie. Es sind die eigentlichen, ursprünglich schöpferischen Formen des Kindes selbst, die es im Gespräch mit seiner Umwelt, als Echo auf ihre Fragen, gefunden hat. Diese Wirkformen des Kleinkindes und die späteren, ihm während seiner Schulzeit zuwachsenden sind die ‚Aussteuer', die es in das gemeinsame Vorhaben seiner Lehrjahre mitbringt. Es sind die Formen seiner Selbstdarstellung, Eigenformen seines Daseins, die genommen und fruchtbar gemacht werden wollen."*[692]

Der Weg „vom unverbindlichen Spiel zum verbindlich überzeugenden Werk" beginnt mit der schulischen Pflege des „spielenden Gestaltens".

---

[692] Ebd., S. 75 f.

*„Wir geben dem Kind vom ersten Tag an Raum für dieses gestaltende Spiel. Es erlebt geradezu den Einzug in die jugendliche Gemeinschaft, wie in eine neue Welt, in der es nun gestalten darf. Zum erstenmal steht es unter dem Eindruck, daß es sich nicht selbst seinen Spielraum schafft, sondern daß er ihm ausdrücklich gegeben wird: du darfst! Von nun an wird es in der jugendlichen Gemeinschaft wollen dürfen. Seine Einfälle kommen von innen, unmittelbar aus dem Anruf des Gegenstandes. In der Gemeinschaft läßt der Erzieher sie zum gemeinsamen spielenden Schaffen steigern."*[693]

Der Weg endet nach einer Zeit der werkschaffenden Gemeinschaftserziehung unter Anleitung und Aufsicht des vorplanenden und korrigierenden Erziehers, wenn die „Werkfähigkeit" des Kindes und damit auch eine gewisse Planungs- und Organisationsfähigkeit erreicht ist:

*„Nach fünf oder sechs Jahren solcher Gemeinschaftserziehung wächst sich das Kind zu einem selbsttätigen Könner aus. Nach der gemeinsamen Planung genügen die Losungen des Erziehers, um die Aufgabe Abschnitt für Abschnitt voranzutreiben. Die Werkfähigkeit des Kindes ist soweit gediehen, daß es die aus der Fülle von Anlässen mit dem Erzieher gemeinsam ausgelesenen Werkaufgaben aus eigenem Antrieb in Angriff nehmen und mit eigenem Können zur Darstellung bringen kann. Der Erzieher kann der Kameradschaft Sorge und Verantwortung für die Teilvorhaben überlassen."*[694]

Auf diesem Wege begegnen sich wiederkehrend das Kind in seinen „Eigenformen" und der Erzieher als Repräsentant und Agent der neuen sozialistischen Gesellschaft. Als solcher greift er gestaltend in die Verwirklichung und Steigerung der „Eigenformen" ein. Welche Gestaltungsformen – in sozialistischer *und* schulpädagogischer Perspektive – sind von Bedeutung?

- Das Angebot von Werkaufgaben und Werkvorhaben bzw. Formen des kooperativen Arbeitens, die der Sache nach nicht auf die Produktion eines Mehrwerts oder auf den Verkauf lohnabhängiger Arbeit angelegt sind, sondern auf Deckung des Gemeinschaftsbedarfs, auf individuelle und kollektive Könnensbestätigung und auf Arbeitsfreude,
- die arbeitstechnische und soziale Gestaltung der Binnenstruktur der Gemeinschaftsarbeit in der Weise, dass jeder gemäß seinem individuellen Könnensstande zum Gelingen des gemeinsamen Werkes beiträgt und damit auch Teilhaber („Eigentümer") desselben ist: Gemeinwohlorientierung und Gleichberechtigung aller statt Konflikt und Konkurrenz,
- der „möglichst gleichmäßige Einsatz aller", sodass einerseits dem weniger Qualifizierten der Wunsch auf Teilnahme (das „Recht auf Arbeit") nicht verweigert wird, dass andererseits der Verweigerer in die „Arbeits-Pflicht" genommen wird:

---

693 Ebd., S. 77.
694 Ebd., S. 85.

> *„Er braucht, wenn der planmäßige Aufbau nicht gestört werden soll, einen möglichst gleichmäßigen Einsatz aller, der im Gesamtbeitrag zusammenfließt. Es wird also unvermeidbar werden, daß er, durch Ansporn lieber als durch Zwang, durch Anreiz eher als durch Drohung, einzelne Abgleitende, Ausschaltende auf die gemeinsame Leistungslinie zurückbringt. Aber er soll sich klar sein, daß dieser Einsatz der Führergewalt seine Grenze im Vermögen des Kindes hat; die Gefahr seiner Überdehnung ist immer gegeben."*[695]

- die „mitsorgende Nachbarschaft" dem „Schwächeren" gegenüber:
  > *„Die einklassige Landschule mit ihren ausgeprägten familienhaften Zügen, ihrer Altersstufung unter der geistigen Vaterschaft des Erziehers, entwickelt, wenn man sie nicht künstlich in ein lebensfeindliches Schema einengt, geradezu einen Drang zur mitsorgenden Nachbarschaft. Das Schwächere wird in ihrem Treiben mit- und hochgerissen. Entscheidend bleibt, daß als Maßstab immer die Vorhut gilt, daß die Lebens- und Arbeitsgesetze der Gruppe den Starken, Tüchtigen, Begabten und Vorwärtsdrängenden nicht die leisesten Zügel anlegen. Jedes Kind soll nach seinem eigenen Rhythmus wachsen können. Das ergibt jene natürliche Wachstumssymphonie, in die auch der unbedeutende Ton sich einschmiegt – einschmiegen darf -, um in der Verbundenheit mit den anderen seinen eigenen Wert zu erleben und mit emporgerissen zu werden. Wenn der Erzieher diesem Geschehen die Bahn öffnet, dann wächst das ursprünglich lockere Gefüge der Nachbarschaft zu einem immer festeren Block zusammen, um sich fast unmerklich in Kameradschaft zu verwandeln."*[696]

- die Gestaltung der genossenschaftlichen Arbeit im Geiste sozialistischer Kameradschaft:
  > *„Dieses Werkbedürfnis des Kindes erfüllt sich in der Kameradschaft als einer geordneten, auf Ziele gerichteten Willensprägung. Wie die Nachbarschaft als Lebensform, so wird die Kameradschaft von uns als Wirkform begriffen, die auf bestimmte Werke gerichtet ist. Kamerad ist man nicht von selbst, man kann es nur werden. Dieser Stand will erworben, unter Beweis gestellt werden. Die jugendliche Kameradschaft ist die Übungsform für das spätere Werkschaffen des Volkes. Sie ist darum den gleichen Gesetzen unterworfen wie dieses. Verantwortungslos handelte, wer sie zur Spielerei verflachen ließe. Sie ist ernst, weil sie ein Werkziel hat, und sie ist verpflichtend, weil sie mit Sachen umgeht, die uns nicht geschenkt, sondern überantwortet werden, und deren Bestimmung ist, daß wir sie durch Arbeit in eine wertvolle Form verwandeln."*[697]

- die Kooperation in der Art eines noch um seine Durchsetzung ringenden kämpferischen Sozialismus preußischen Stils:
  > *„Der Erzieher soll eigentlich unerschöpflich sein in der Findung neuer Gelegenheiten, an denen die Kinder ihren Eifer nicht müde laufen, sondern stärken und steigern. Die Stählung des Eifers, seine Steigerung zum Kampfgeist, die Entfesselung der elementaren Lust am Können, an Kraft und Stärke drängt sich am sichtbarsten im körperli-*

---

695 Ebd., S. 19.
696 Ebd., S. 123 f.
697 Ebd., S. 124 f.

*chen Spiel, in der sportlichen Übung, im Kampf der sich messenden Kräfte auf. Aber diese stählende Erziehung soll tiefer dringen. Was im Wettkampf der körperlichen Tugend an Zähigkeit, geschmeidiger Schnellkraft, an Technik sportlichen und wehrhaften Könnens gewonnen wird, soll auf den Lebens- und Leistungsstil des Kindes in allen Dingen übertragen werden. Härte im Geben und Nehmen, Zähigkeit des Aushaltens, Geschmeidigkeit im Kampf haben im körperlichen Dasein zwar ihren Eigenwert, aber ihren ganzen Sinn erfüllen diese Tugenden erst, wenn sie, ins Ganze des jugendlichen Lebens wirkend, zu einer Bereicherung und höheren Spannung der gesamten Willenswelt des Kindes führen. Dann erst sind sie wirksam gemacht für die Aufgaben der sorgenden und schaffenden Arbeit und das Zusammenleben in Arbeitskameradschaft, Gemeinde und Familie, das oft, ins Seelische gewendet, mehr zähe Kraft und Härte gegen sich selbst verlangt, als Sport- und Wehrdienst."*[698]

In dieser Schule des „gelebten Sozialismus" bedarf es nicht primär der „Wortbelehrung" oder der „bloßen Ermahnung", um die Tugenden des kämpferischen Sozialismus, von denen wir sprachen, insbesondere „Kameradschaftlichkeit" („Solidaritätsfähigkeit") im Sein und Leben der Kinder anzubahnen und zu verankern, sondern der Tat-Erziehung im Geiste Pestalozzis gemäß der Grundformel einer im Lebensvollzug erfassten und gestalteten Pädagogik:

*„Keine Kraft des Lebens entwickelt sich durch Wortbelehrung, sondern immer nur durch Tathandlung, Liebe durch Liebe, Glauben durch Glauben, Denken nur durch Denken, Tun durch Tun."*[699]

Der Primat des Lebens vor dem Begriff gilt auch für die Tugenden des bürgerlichen Arbeits- und Alltagslebens, denen der Vorhabenpädagoge Reichwein keinen minderen Rangplatz einräumt: Ordnungssinn, Genauigkeit, Sauberkeit, Sorgfalt, Sparsamkeit. Deren Bedeutung erweist sich in ihrer „Brauchbarkeit" für das mehr oder minder gut gelingende Werkschaffen. Die Rückmeldung erfolgt durch die Sache selbst oder in der interaktiven Form des Einspruchs bzw. der Anerkennung vonseiten der Mit-Schaffenden:

*„Es wird zur bewährten Sitte, sich dem Gruppengeist unterzuordnen. Die wie Pech und Schwefel verschweißte Gruppe erweist sich als schlagfertig. Der ihr von den einzelnen geleistete Dienst wird diesen doppelt zurückgegeben. Wer oberflächlich hinsieht, könnte vielleicht zu der Meinung kommen, daß hier einer flachen Zweckmäßigkeit das Wort geredet werde. Wer das annähme, verwechselte die Bedeutung von Sittlichkeit und Sitte im kindlichen Dasein. Wir sind gerade der Meinung, daß es eine Verflachung kindlicher Lebensvorgänge bedeuten würde, wenn man, aus der geistigen Haltung des Erwachsenen zum Kinde redend, sittliche Einsichten erwecken wollte, die*

---

698 Ebd., S. 10.
699 Ebd., S. 4.

*nie in seine Tiefenschichten dringen könnten. Diese Tiefenschichten werden plastisch erfaßt durch das schlichte, von der Sitte bestimmte Handeln des Kindes, das sein Sein mitmodelliert. Aus dieser von der Sitte bestimmten Seinshaltung erwächst dem heranreifenden Kind die festigende sittliche Einsicht, daß solches Handeln wertvoll sei; diese Haltung wird ihm glaubhaft, weil sie sich bewährte."*[700]

### 5.2.1 Zum „Gestaltwandel des Gehorsams"

Zu den bisher erfassten Gestaltungskomponenten des Vorhabenunterrichts und der Gemeinschaftserziehung gehört, das gilt es hier nachzutragen, die Integration des Erziehers als Initiator, Vorarbeiter, Ratgeber und Vorbild in das Gemeinschaftswerk der Schulkooperative. In der kameradschaftlichen Zusammenarbeit war die Möglichkeit angelegt, ein produktives Verhältnis der „Nachbarschaft" zwischen den ungleichen Partnern „Erzieher" und „Kind" anzubahnen, das nicht auf Privilegien bzw. Unterpriveligierung beruht, sondern auf vorbildlicher Leistung und leistungsmotivierter Nachfolge. Reichwein spricht vom „Gestaltwandel des Gehorsams" und schreibt dazu:

*„Während beim Kleinkind die rechte Gewöhnung den eigentlichen Gehorsam ersetzen muß, ist das Schulkind schon imstande, aus dem Streben nach Spiel- und Werkerfüllung jene innere bindende Teilnahme und Hingabe zu gewinnen, aus der sich Gehorsam als Sitte entwickeln kann. Erwachsensein oder Reife beginnt dort, wo der Mensch diese Sitte als sittliche Grundpflicht des gemeinschaftlichen Lebens begreift. Gehorsam aus Sitte gegenüber dem Erzieher ergibt sich für das gesunde Kind ganz von selbst aus seinem Streben nach Meisterung der kindlichen Um- und Wirkwelt, zu der es die Meisterschaft des Erziehers hinführt. Um dieses überlegenen Könnens, dieser festen Führung willen – aber auch nur, wenn diese gegeben ist – vertraut, folgt, gehorcht das Kind. Ein sichtbar wirksames, überzeugendes Beispiel also, ein überlegenes Leben reizt zur Nachfolge und damit zu Folgsamkeit. Dies ist die heute allein noch mögliche Form von Autorität. Es ist zugleich ihre höchste Form, weil sie sich nicht in der Nachfolge erschöpft, sondern im Kinde neues eigenwüchsiges Schaffen anregt."*[701]

Der Schulpädagoge Reichwein konnte sich hinsichtlich dieses sozial-integrativen Erziehungsstils auf Theodor Litts „Führen und Wachsenlassen" (1926) und Kurt Zeidlers „Wiederentdeckung der Grenze" (1927) berufen. Er tat dies unter dem Aspekt der moralischen Erziehung in Auseinandersetzung mit dem Begriff der „Freiheit" und der „Gleichheit".

Zum Begriff der „Freiheit" formuliert er:

---

700 Ebd., S. 12 f.
701 Ebd., S. 115 f.

*„Es bestand für kurze Zeit eine Gefahr, daß man mit dem Drill zugleich die Berufung zu Dienst und Disziplin verwerfe. Man wollte das Fahrzeug erleichtern, flott machen, aber man ging zu weit. Plötzlich fehlte der Tiefgang, der Kielführung und Kurs erst möglich macht. Es bestand Gefahr, und nicht nur in der Schule, das Kind ganz auf sich, sein angeborenes Schöpfertum zu begründen. Vielleicht dünkte man sich manchmal hochpolitisch dabei, aber im Grunde entpolitisierte man die Schule damit, die nur als Polis, als Kameradschaft leben kann. Hatte man vordem das Kind für außer ihm liegende Zwecke geschult, so wollte man ihm nun das freie Spiel seiner Kräfte lassen. Gehorsam hob sich innerlich von selbst auf. Solche Zwischenversuche einer angeblich entfesselten Erziehung gründeten in einer falsch begriffenen Freiheit. Stießen wir vordem auf die Fragwürdigkeit eines allzu eng gefaßten Gehorsams, so stoßen wir hier auf die Brüchigkeit einer zu flach begründeten Freiheit."*[702]

Zum Begriff der „Gleichheit" heißt es:

*„Es war kein Zufall, daß in dieser Übergangserziehung neben der Freiheit auch die Gleichheit innerhalb der Erziehungsgruppe mißverstanden wurde. Wo man sich diesem Spuk hingab, stieg der Erzieher nicht nur äußerlich vom Katheder, sondern er gab sich selbst – als Erzieher nämlich – zugunsten des Kindes auf. Das Katheder als Sinnbild einer äußeren Autorität; auch wir wollen es nicht wiederholen. Aber die Gestrigen vergaßen, daß jenes Hinabsteigen zum Kinde eine unsichtbare Grenze nicht verwischen darf, die nicht als Trennendes, sondern als Anregung, als Reiz zwischen Erzieher und Jugend wirkam bleiben soll. Wir haben auch in der Erziehung den Sinn der Grenze wieder entdeckt."*[703]

Der nationale Sozialist hätte hier auch, die schulpädagogische Argumentation in übergreifender geistesgeschichtlicher Perspektive vertiefend, auf den Begriff der „Deutschen Freiheit" – „Gehorsam und Selbständigkeit" bzw. „Freiheit und Bindung" – und der deutschen „Gleichheit" – „Kameradschaft", „Gleichheit des Dienstes", „Jeder an seinem Platz"- verweisen können (S. 293 f.).

Der von Goethe und der Lebensforschung (von Driesch) kommende Reformpädagoge ist aber um eine noch tiefer greifendere Fundierung seines Standpunktes in gleichsam ontologischer Perspektive bemüht, wenn er formuliert:

*„Es ist eine freudige Überraschung für uns und eine ernste Bestätigung unserer erzieherischen Erfahrung, daß die Lebensforschung (Biologie, Morphologie) auf Grund genauer und vielfältiger Beobachtung zu gleichgearteten Ergebnissen kommt. Was wir, durch vertieftes Wissen um die Artung in Gestalt und Form geleitet, aus dem Zusammensein mit den Kindern erfahren, wird uns von den Erforschern der unsichtbaren und doch mächtigen Form, der Zelle, fast schon zum Gesetz formuliert. Sie sagen*

---
702 Ebd., S. 117 f.
703 Ebd., S. 118.

*uns, daß in jedem Lebendigen nicht ein vorgegebenes Modell angestrebt wird, sondern, obschon gewisse feste Regeln mit- und aufgegeben sind, mit diesen Regeln doch in gewissen Grenzen frei geschaltet wird. Es ist also Spielraum gegeben, die künftigen Ergebnisse nicht nach einem Modell einfach zu erfüllen, sondern frei aus einem Kanon von Regeln, die sich in jedem Sein einmalig und nicht voraussehbar in eine Ordnung fügen, zu entwickeln. So spielen überall im Lebendigen Regel und Hang zur Besonderung zusammen und schaffen von Fall zu Fall neue Formen.*"[704]

Ob der Goethe-Kenner das regulative Prinzip seines Handelns auch in jenen Formulierungen der Italienischen Reise wiederfand, mit denen der Weimarer Morphologe nach der Überquerung der Alpen und dem Besuch des botanischen Gartens in Padua dem fundamentalen Zusammenhang von „Freiheit und Form" (Cassirer), erfasst am botanischen Lebensphänomen (S. 57), Ausdruck verlieh?

*„Das Wechselhafte der Pflanzengestalten, dem ich längst auf seinem eigentümlichen Gange gefolgt, erweckte nun bei mir immer mehr die Vorstellung: die uns umgebenden Pflanzenformen seien nicht ursprünglich determiniert und festgestellt, ihnen sei vielmehr, bei einer eigensinnigen, generischen und spezifischen Hartnäckigkeit, eine glückliche Mobilität und Biegsamkeit verliehen, um in so viele Bedingungen, die über dem Erdkreis auf sie einwirken, sich zu fügen und danach bilden und umbilden zu können ..."*[705]

### 5.2.2 Zum mechanistischen und vitalistischen Lebensbegriff

Jürgen Oelkers hat im Abschnitt „Gemeinschaft, Volk und Erziehung" seiner in dogmenkritischer Absicht verfassten „Reformpädagogik" den Zusammenhang angesprochen, der das „externe" Volksgemeinschaftsmodell, festgemacht an der Zeitdiagnose Hans Freyers, mit dem mechanistischen Lebensbegriff der Evolutionstheorie, aufgezeigt am darwinistischen Monismus Haeckels, verbindet:

*„Grundlegend ist hier eine politische Instrumentierung, die die Dialektik von Individuum und Gemeinschaft aufgibt und Erziehung rein funktional versteht. Erziehung ist die Funktion einer total gedachten Politik, wie vor allem HANS FREYER dargelegt hat: Die Idee der Volksgemeinschaft hebt die persönliche Emanzipation auf und macht Freiheit abhängig von dem ‚konkreten Gemeinwillen' des Volkes (Freyer 1931, S. 65 ff.). Das Volk oder die ‚konkrete' historische Gemeinschaft wird zum ‚kategorischen Imperativ' (Ebd., S. 64) der Erziehung, die auf diese Weise nicht nur total, sondern diktatorisch wird (Ebd., S. 70). Der ‚konkrete' Mensch wird eingereiht in die ‚geschichtliche Front des Volks' (Ebd., S. 71)."*[706]

---

704 Ebd., S. 118 f.
705 Goethes Werke. Band 13, S. 163.
706 Oelkers: Reformpädagogik, S. 162.

Im weiterführenden Text heißt es sodann:

*„Dieses Konzept hat überraschende historische Wurzeln, die selten beachtet worden sind. Wer die Freiheit des Subjekts negiert zugunsten eines ‚höheren Ganzen', muß zugleich die Psychologie der Individualseele leugnen, die Basis der christlichen und der humanistischen Ethik gewesen ist. An ihre Stelle tritt eine ‚monistische' Theorie, die vor allem ERNST HAECKEL befördert hat. HAECKEL bestritt die logische und empirische Autonomie der Psyche und eröffnete den Weg für eine physikalische Seelenlehre (Haeckel 1908, S. 544 f.). Sie beschreibt inneres ‚Leben' als Verhältnis von Zellen und Organismen (Haeckel 1877, S. 13) und versteht ‚Beseelung' als mechanische Bewegung von Zellen. Die Konsequenz dieser Lehre ist ein humanitätsfreies Universum, in dem alle Erscheinungen nach den Sätzen der Thermodynamik erklärt werden können (Haeckel 1908, S. 45)."*[707]

Erziehung gemäß der „externen" Auffassung von „Volksgemeinschaft" bzw. in jenem „humanitätsfreien Universum", das ich als uniformierter Jugendlicher annäherungsweise in der Wehr- und Lagererziehung des totalitären Regimes erlebte, wird politisch instrumentalisiert:

*„Das Kind ist Glied oder Zelle im sozialen Körper, nicht mehr, im eigentlichen Sinne, Individuum, das für sich begriffen werden muß. Die Entwicklung des Teils folgt der Entwicklung des Ganzen, sofern dies eine höhere Einheit darstellt. Das kann nur biologisch verstanden werden, so daß sich für Ethik und Erziehung kein autonomes Problem mehr stellt (Haeckel 1877, S. 19 f.)."*[708]

Wir sind diesem Verständnis von Erziehung und „Leben" in den Ausführungen des Weltbild-Teils bereits begegnet. Dort galt es, den Bereich Politische Geographie/Geopolitik im Schnittpunkt des ganzheitlich-kosmologischen Paradigmas der deutschen Klassik (Herder, Humboldt, Ritter) und des evolutionstheoretischen Paradigmas (Darwin, Wagner) in seiner sozialdarwinistischen Auslegung (Haeckel) als „Kampf um Raum" („Lebensraum") historisch zu verorten (S. 124) und bis zu den entsprechenden Konzepten politisierter Geo- und Lebensraum-Didaktik der Schule durchzufluchten.

Das gleiche geistes- und gesellschaftsgeschichtliche Koordinatensystem, durchgezeichnet bis hin zur Rassenkunde und Eugenik, letztlich bis zu den Vernichtungslagern des braunen Terrorsystems, wurde im Zusammenhang mit den Ausführungen zur NS-Biologie (S. 99) skizziert. Dabei kam der Brohmersche „Ersetzbarkeit"-Topos in seiner biologistischen Ableitung aus dem „Kreislauf der Stoffe" ebenso zur Sprache wie dessen lebensgesetzliche Fassung in den Worten: „Wenn die Biologie zu einer lebensgesetzlichen Gestaltung unseres Daseins aufruft, dann muss sie auch diesen gott-

---

707 Ebd.
708 Ebd., S. 163.

gewollten Wehrwillen wieder zur Geltung bringen, und er darf sich nicht nur auf jeden einzelnen beziehen, sondern noch mehr auf die Lebensgemeinschaft, der wir eingegliedert sind und die unser höchstes Gut darstellt, unser Volk. Ist es in Gefahr, so müssen wir es aus naturgesetzlichem Triebe unter Einsatz unseres Lebens verteidigen" (S. 112). Dieser biologistisch fundierte Appell fand in dem makabren „Du bist nichts, dein Volk ist alles" seine indoktrinierende Radikalisierung.

Reichwein teilt mit den Vertretern der „externen" Volksgemeinschafts-Ideologie die „rechts" und „links" übergreifende Frontwendung gegen den Liberalismus im Verständnis einer Erziehung „vom Kinde aus". Er reklamiert wie diese die Orientierung am Dienst- und Pflichtgedanken. Er plädiert zwar auch (in der Endphase der Weimarer Republik) für einen starken Staat; er spricht aber niemals einer „total gedachten Politik" das Wort. Geistiger Hintergrund seiner politischen und pädagogischen Orientierung ist nicht der mechanistische Lebensbegriff der Evolutionstheorie, sondern das vitalistische Verständnis von „Leben" (u.a. S. 38, S. 51, S. 71, S. 81, S. 114 f., S. 245) – dem Goethe am botanischen Phänomen begegnete und Ausdruck verlieh in der Bildungs-Grundformel: „Geprägte Form, die lebend sich entwickelt", aus dem heraus die vitalistische Zelltheorie der Lebensforschung das „Lebendige" als eine schöpferische Interaktion nach Maßgabe von „Regel und Hang zur Besonderung" interpretierte, das der Reformpädagoge und nationale Sozialist Reichwein in Übereinstimmung mit der politischen Situation und bildungstheoretischen Diskussionslage seiner Zeit in die Formel „Individuum und Gemeinschaft" fasste.

# VIII. Rückblick und Ausblick

Zwischen dem Beginn meines Schreibens über das schulpädagogische Werk Adolf Reichweins und dem nunmehr erreichten Endpunkt liegen einige Jahre des periodischen Wechsels zwischen dem „Erdenleben" des Sommers und der Winterarbeit am Schreibtisch, dies in der wiederkehrenden Abfolge von Recherche, konzeptioneller Gestaltung und Ausformulierung des Textes. Der Verfasser des Schaffenden Schulvolks motivierte und inspirierte diesmal aber nicht meine praktische Schularbeit in der Hauptschule und Grundschule, von der ich in der Einleitung schrieb, sondern meine hermeneutischen Bemühungen um einen ebenso schwierigen wie faszinierenden Text, dessen Bedeutung sich oftmals nur dem Spurengänger erschließt, der die fehlenden Literaturbezüge und Anmerkungen durch seinen eigenen Bezugshintergrund zu ersetzen vermag. Meine ausgedehnten und verzweigten unterrichts- und bildungsgeschichtlichen Forschungen, von denen ebenfalls bereits die Rede war, sowie mein Studium nicht nur im Schwerpunkt Erziehungswissenschaft, sondern auch im Bereich Geschichte der Naturwissenschaft und Politische Wissenschaft haben mir maßgeblich dabei geholfen. Die einschlägigen Bibliotheken der Universität Hamburg (Geographie, Geschichte, Germanistik II, Philosophie, Institut für Universitätsgeschichte) und des Instituts für Lehrerfortbildung sind dem periodischen Dauergast zwischenzeitlich zur vertrauten Arbeitsstätte geworden.

Adolf Reichwein verdanke ich also nicht nur maßgebliche Anregungen für die unvergesslichen Jahre der schulpraktischen Versuchsarbeit, sondern auch den Anstoß und inneren Auftrag zur endgültigen Erschließung eines geistigen Horizontes, in den das Gymnasium der Nachkriegszeit mich im Schwange der damaligen Goethe-Renaissance mit nur begrenztem Erfolg einzuführen vermochte.

Ich versuchte meinen Dank vor allem dadurch zu erstatten, dass ich die Beispiele reformpädagogischer Lehrkunst und Lernkultur, die der Könnerschaft und Tatkraft des Tiefenseer Landschullehrers geschuldet sind, in den reaktualisierenden Mittelpunkt meiner historischen Aufarbeitung stellte. Dabei vermag mich das gelegentlich geäußerte Bedenken nicht zu irritieren, diese Beispiele praktischen Lernens entstammten einer vergangenen Zeit, in der Kindheit noch nicht – wie es mit verabsolutierendem Begriff heißt – „Konsum- und Medienkindheit" war. Die Erfahrungen, die ich in meinem eigenen Leben und als professioneller Gestalter und Beobachter von Lehr-Lernprozessen von Kindern und Jugendlichen unterschiedlicher Altersstufen über viele Jahrzehnte sammeln konnte, sagen mir etwas anderes: Das Kundigwerden in der dinglichen und symbolischen Welt fängt auch heute noch bei jenem „kleinen Erfahrungsmenschen" an, von dem Herder (vgl. Anm.60, S. 28) in Übereinstimmung mit allen Klassikern der Pädagogik spricht. Und es bleibt fortan, wenngleich mit unterschiedlichem Stellenwert und in variabler Kombination mit mediendidaktischen Vermittlungsformen, für Lernvorgänge in vielen Bereichen des Lebens von grundlegender Bedeutung.

In dieser Einschätzung unterstützt mich ein kleines Büchlein mit dem Titel „Bewegungsgeschichten mit Kindern" (2008), das mir sein Herausgeber Matthias Jakob, der Leiter einer Hamburger Grundschule ist, zusandte. In diesem wird dem Leser ein bunter Strauß von „Bewegungsgeschichten" unterbreitet, die von den ganz normalen oder auch aus dem Rahmen fallenden Bewegungserlebnissen -erfahrungen und -bedürfnissen heutiger Kinder und Jugendlicher erzählen. Und „mittendrin", unverjährt und eindrucksvoll, der Extremfall aller „großen Fahrten" im Freizeitbereich und in einer Schule, die heute auch ohne sozialistische Utopie darauf setzt, in der kapitalistischen Konkurrenzgesellschaft Inseln des gemeinschaftlichen Erlebens zu schaffen – ein Ausschnitt aus dem legendären „Hungermarsch durch Lappland".

Was aber wird aus einer Schule, die die kundig und kreativ machende Bildungsarbeit in der „originalen Begegnung" mit der Natur- und Menschenwelt, die wir am Beispiel des Schulmodells Tiefensee darstellten, mehr und mehr einzuschränken versucht zugunsten des Erwerbs von ökonomisch verwertbaren Kompetenzen in den schulspezifischen Formen des vorwiegend auf Vergleich und Benotung angelegten Verbal- und Buchunterrichts?

Dass ich mich mit dieser Besorgnis nicht als unzeitgemäßer Epigone ausweise, dafür scheint mir auch die jüngst erschienene Streitschrift „Ware Bildung. Schule und Universität unter dem Diktat der Ökonomie" (2007) ein Beleg zu sein. Deren Verfasser Jochen Krautz, ein junger Dozent für Kunstpädagogik an der Bergischen Universität in Wupperthal, plädiert auf dem Hintergrund seiner kritischen Auseinandersetzung mit der gegenwärtigen bildungspolitischen Lage und Realität für eine Reaktivierung schulischer Bildungsarbeit im Geiste Wilhelm von Humboldts und Goethes. Und wieder „mitten drin" der Reformpädagoge und Widerstandskämpfer Adolf Reichwein – diesmal als Gewährsmann und ermutigendes Beispiel für eine im Humanismus und im Bildungsbegriff verankerte widerständige Pädagogik heute.

An die Adresse der Eltern gerichtet heißt es: „… man kann die Lehrer unterstützen und ermutigen, sinnvolle Inhalte zu vermitteln und positive Erziehungsarbeit zu leisten; Eltern können zu einem Schulprofil jenseits von Event und Leistungsmessung beitragen"[709]. In Weiterführung und Vertiefung dieser Gedanken hätte der Autor zugleich auf jene Konzepte reformpädagogischer Schul- und Unterrichtsgestaltung hinweisen können, die in den letzten Jahren als Reaktion auf die Pisa-Studie entwickelt und zur Diskussion gestellt wurden.[710] Ich denke hier insbesondere an die Schulen des

---

709 Vgl. Krautz: Ware Bildung, S. 230.
710 Vgl. Fauser/Prenzel/Schratz (Hrsg.): Was für Schulen! Profile, Konzepte und Dynamik guter Schulen in Deutschland (2006) ; dies.: Was für Schulen! Gute Schulen in Deutschland (2007); Eichelberger/Laner (Hrsg.): Zukunft Reformpädagogik (2007); Haselbeck: Schule Bildungsinstitution und Lebensort (2007); Kahl: Treibhäuser der Zukunft (2006); Kohlberg: Europäisches Handbuch reformpädagogischer Schulentwicklung (2002); Kluge/Kluge/Reisch: Zukunft der

Schulverbundes „Blick über den Zaun",[711] die ihr pädagogisches Selbstverständnis und Profil in die – an Tiefensee erinnernden – Worte fassten:

*„Zum Kern der Entwicklungsarbeit wird die Neugestaltung des Unterrichts und der Lernangebote. Die Vorgabe ist: Lernen muss – auch bei aller unverzichtbaren Mühe und Anstrengung – Freude machen, mit Anschauung und Erfahrung verbunden sein, geschieht am besten in der Auseinandersetzung mit bedeutsamen Gegenständen und findet darum oft auch außerhalb der Schule statt. Bewährung und Ernstfall gehören ebenso dazu wie Belehrung und systematisches Üben. Die Schule stellt hohe Anforderungen an alle Beteiligten und bietet zugleich vielfältige Unterstützung."*[712]

Und:

*„Die Schule muss selbst ein Vorbild der Gemeinschaft sein, zu der und für die sie erzieht. Sie muss ein Ort sein, an dem Kinder und Jugendliche die Erfahrung machen, dass es auf sie ankommt, dass sie gebraucht werden und ‚zählen'. Die Werte, zu der die Schule erzieht, müssen mehr als ‚Unterrichtsstoff' sein; Selbstständigkeit und Verantwortung, Solidarität und Hilfsbereitschaft, Empathie, Zuwendung und Mitleid müssen im Alltag gelebt werden …"*[713]

Dem Un-geist der Zeit vom Standpunkt eines neu aktualisierten Konzepts Allgemeiner Bildung Grenzen zu setzen ist vor allem auch das Anliegen der beiden Marburger Erziehungswissenschaftler, die der gemeinsame enge Bezug zu Leben und Werk Adolf Reichweins verbindet: Wolfgang Klafki und Hans Christoph Berg.

Ersterer zieht die hier angesprochene Grenze in seinem jüngst veröffentlichten Dialog mit Karl-Heinz Braun zum Thema: Über Pisa hinaus: Welche Schule hat Zukunft?[714] Antwort gibt ein Katalog von bildungsbedeutsamen Aufgabenstellungen und Themenfeldern bzw. Sinndimensionen – in deren Perspektive auch das inhaltliche Profil des Schulmodells „Tiefensee" aus seiner Zeit heraus aufgeschlüsselt werden könnte. Klafki unterscheidet: die „pragmatische Dimension", „Schlüsselprobleme der modernen Welt", „Die ästhetische Sinndimension", „Menschheitsthemen", „Ethische Bildung" und „Bewegungsbildung".

Einer geht, wie bereits erwähnt, in kritischer Auseinandersetzung mit dem noch immer vorherrschenden Fachlehrer- und 45–Minutensystem das Plädoyer für „vollständig durchgeführte nachhaltige und fundamentale Lernprozesse."[715] „Schulisches

---

Bildung (2002).
711 Im Jahr 2007 gehörten diesem Schulverbund 54 Schulen in 6 Arbeitskreisen an. Ergebnis ihrer Arbeit ist u. a. die Broschüre: Schule ist unsere Sache. Denkschrift und Erklärung von Hofgeismar (2006).
712 Schulverbund Blick über den Zaun: Schule ist unsere Sache. Denkschrift und Erklärung von Hofgeismar, S. 23.
713 Ebd., S. 21.
714 Vgl. Klafki/Braun: Wege pädagogischen Denkens, S. 161–192.
715 Ebd., S. 141.

Lernen soll im Kern" – so wird ganz im Sinne des Reichweinschen Gestaltungsmusters formuliert – „verstehendes Lernen sein, d.h.: ein Lernen, dessen Sinn die Lernenden einzusehen vermögen, das ihnen hilft, Zusammenhänge zu erkennen, und das sie befähigt, in irgend einem Grade selbständig weiterzulernen."[716]

Von Berg als spiritus rector und Promotor der Lehrkunst-Didaktik war im Methoden-Kapitel bereits die Rede. Es ist gegenwärtig sein Anliegen, in Zusammenarbeit mit der Reichwein-Forschung und den Reichwein-Schulen der Frage nachzugehen, ob die Vorhaben der Tiefenseer Landschule, analog der bisherigen Orientierung an den didaktischen Exempeln Wagenscheins, zur Grund- und Ausgangslage für die Entwicklung und Erprobung von Unterricht nach dem „genetisch-sokratisch-exemplarischen Prinzip" sein könnten. Wir sind miteinander im Gespräch: Mein Gegenüber bringt einige Vorüberlegungen und- erprobungen zu den Themen „Bienen mit Frisch", „Gewächshaus mit Mendel" in unseren Dialog ein. Bei mir liegen einerseits noch jene grundsätzlichen Bedenken vor, die ich als Vorhabenpädagoge gegenüber der auf Inszenierung angelegten Lehrstück-Dramaturgie von Theodor Schulze habe. Andererseits lässt mich jenes Thema nicht wieder los, das unter geographischem Aspekt und als metamorphische Gestaltung bereits Gegenstand meiner Ausführungen war: „Die Erde aus der Vogel- und Fliegerschau". Ist es potentiell ein „Menschheitsthema"? Ja … doch! Der fliegende Landschullehrer selbst deutet diese metageographische Dimension und Ergiebigkeit an, wenn er in seiner inhaltlichen Skizzierung „vom fliegenden Menschen als geschichtlicher Erscheinung" spricht und die Bedeutung hervorhebt, die die „Eroberung der dritten Dimension für das Auge des Menschen" darstellt oder aus der Lektüre den Satz zitiert :

*„In der Einsamkeit des Himmels gewinnt der Flieger auch ein neues Gefühl für den Menschen, der ihm entschwunden ist, den er verloren hat in der großen Tiefe. Er sucht ihn. Und er liebt ihn, weil er ihn findet."*[717]

Aber nicht nur das Thema selbst ist Ausdruck einer mich faszinierenden Reichwein-Signatur, sondern auch dessen Realisierungsmöglichkeiten durch sinngemäße Formen praktischen Tuns (Bau von Segelflugmodellen und Reliefs) in Verbindung mit einer Vielzahl medialer Vermittlungsformen (Bildersammlung, Unterrichtsfilme, Lektüre). Ein reiches und spezifisches Anregungspotential aus der Lehrkunst-Werkstatt des Fliegers, Arbeitsschulpädagogen und Mediendidaktikers liegt vor. Was können wir übernehmen? Was können und sollten wir angesichts veränderter Lernvoraussetzungen, die unsere flugerfahrenen und fernsehkundigen Schüler mitbringen, verändern? Gilt es im Zeichen eines globalisierten Wahrnehmungs- und Verantwortungshorizontes neue inhaltliche Schwerpunkte zu setzen?

---

716 Ebd., S. 138.
717 FLS, S. 85.

Ich fange an, darüber nachzudenken. Mir kommen Abwandlungen des Themas in den Sinn: Die Erde aus der Vogel-, Flieger- und Kosmonautenschau: Unser „Heimatplanet."[718] Das Thema beginnt historische Tiefe zu gewinnen: Die Erde aus der geistigen Kosmonautenschau Herders („Unsere Erde ist ein Stern unter Sternen ... " „Hat die Erde nicht für alle Raum?"). Und es zeichnet sich ein Problemschwerpunkt ab, von dem aus es mir möglich ist, jenes Kapitel deutscher Geschichte, das immanenter Hintergrund der vorliegenden Abhandlung war und Gegenstand punktueller Erwähnung an den entscheidenden Wegmarken der „verspäteten Nation", in den Fragehorizont nachdenklicher Zeitgenossen zu heben: Was ist aus der globalen Friedensutopie Herders (und Kants) in den folgenden Jahrhunderten geworden? Und: Was können wir tun – im Geiste Reichweins – für Frieden, Gerechtigkeit und Bewahrung der Schöpfung?

---

718 Vgl. Kelley: Der Heimatplanet. Dieser faszinierende Bildband dokumentiert die von Astronauten verschiedener Nationen bekundete Wahrnehmung des Planeten, das Erlebnis seiner unvergleichlichen Schönheit, Zartheit und Lebendigkeit in der Schwärze und Stille des Weltraums. Die geistige Schau Herders wird mit der intuitiven Charakterisierung der Erde als „Haus", „Heimat", „Heimstatt" bzw. in der Selbstwahrnehmung als „Erdmensch" reformuliert.

# Danksagung

Mein Dank gilt zunächst einmal den Kolleginnen und Kollegen der von mir besuchten Bibliotheken. Sie sind mir dem Namen nach zumeist unbekannt geblieben, aber doch vertraut geworden. Wie oft haben sie mit freundlicher Blickzuwendung bereitwillig geholfen, ein entlegenes Buch aufzufinden oder auch wieder einzuordnen. Erwähnt sei auch die Großzügigkeit der mir gewährten Leihfristen.

Namentlich Martina Rode hat, einer Schutzpatronin gleich, das recht umfängliche Bücherdeputat aus der Stabi in den Grenzen des Möglichen und noch Erlaubten behütet.

Hans Georg Krüger, leitender Bibliothekar im Fachbereich Erziehungswissenschaft, wird mir als stets ansprechbarer, freundlich zuhörender und kundiger Kollege in Erinnerung bleiben.

Bettina Reimers hat meine Recherche im Reichwein-Archiv nach einem langen Berlin-Tag durch ihre sorgfältige Vorbereitung und umsichtige Beratung liebevoll unterstützt.

Mit meinem Freund Gerhard Jürs, dem letzten Assistenten Wihelm Flitners, verbinden mich periodische Flat-rate-Telefonate, den beiderseitigen Fortgang unserer literarischen Projekte betreffend.

Ullrich Amlung und Karl Lingelbach sprangen, wenn erforderlich, hilfreich ein. Für den Telefontermin am Dienstag- oder Donnerstagvormittag danke ich Dir, lieber Ullrich, noch einmal von ganzem Herzen, waren unsere Gespräche für mich doch über den Gedankenaustausch und Ratschlag hinaus ein ermutigendes Zeichen freundschaftlich-kollegialer Verbundenheit.

Mein Dank gilt insbesondere den kompetenten und akribischen Korrekturarbeiten von Matthias Jakob, Monika Lehmann und Hans Peter Thun. Eure Arbeit unter Zeitdruck, die überdies vielfachen Arbeitsbelastungen individueller Art ausgesetzt war, verdient meine besondere Anerkennung!

Sarah P. Stone möge mir die mit Geduld ertragenen Nachträge verzeihen, die ihre konzentrierte Formatierungsarbeit in der Endphase der redaktionellen Überarbeitung gewiss oftmals gestört haben.

Wolfgang Harder widmete den Leseproben, um die ich ihn bat – das bedarf hier ganz besonderer Erwähnung – einen Teil seiner sommerlichen Fahrt entlang der Oder, den Text im Reisegepäck bei sich habend.

Klaus, meinem lieben Bruder, werde ich die interessierte (und gelegentlich auch besorgte) Teilnahme an meinem literarischen Projekt nicht vergessen können.

# Literaturverzeichnis

Abendroth, W.: Das Unpolitische als Wesensmerkmal der deutschen Universität. In: Freie Universität Berlin: Nationalsozialismus und die deutsche Universität. Berlin 1966, S. 189–208.
Achenwall, G.: Abriss der neusten Staatswissenschaft. Göttingen 1749 (ab 1752 in der 2. Aufl. unter dem Titel: Staatsverfassung der europäischen Reiche im Grundriss).
Adelmann, J.: Methodik des Erdkundeunterrichts. München 1955.
Adler, E.: Herder und die deutsche Aufklärung. Wien/Frankfurt/Zürich 1968.
Amlung, U.: Adolf Reichweins Alternativschulmodell Tiefensee 1933–1939. Ein reformpädagogisches Gegenkonzept zum NS-Erziehungssystem. In: U. Amlung u. a.: „Die alte Schule überwinden". Reformpädagogische Versuchsschulen zwischen Kaiserreich und Nationalsozialismus. Frankfurt a. M. 1993, S. 268–288. (= Sozialhistorische Untersuchungen zur Reformpädagogik und Erwachsenenbildung. Band 15).
Amlung, U.: Reformpädagogische Unterrichtspraxis in der Zeit des Nationalsozialismus: Der oppositionelle Lehrer Adolf Reichwein in der einklassigen Landschule in Tiefensee/Mark Brandenburg von 1933 bis 1939. In: Adolf Reichwein: Die Tiefenseer Schulschriften. Kommentierte Neuausgabe, hrsg. von W. Klafki u. a. Weinheim/Basel 1993, S. 323–336.
Amlung, U.: Adolf Reichweins reformpädagogisches Schulmodell Tiefensee (1933–1939). In: R. Lehberger (Hrsg.): Weimarer Versuchs- und Reformschulen am Übergang zur NS-Zeit. Hamburg 1994, S. 98–111.
Amlung, U.: Adolf Reichweins klassischer Schulbericht „Schaffendes Schulvolk" (1937) und sein reformpädagogisches „Schulmodell Tiefensee". In: H. Röhrs/A. Pehnke (Hrsg.): Die Reform des Bildungswesens im Ost-West-Dialog. Geschichte, Aufgaben, Probleme. Frankfurt a. M.1998, S. 181–196. (= Greifswalder Studien zur Erziehungswissenschaft. Band 1).
Amlung, U.: Adolf Reichwein 1898–1944. Ein Lebensbild des Reformpädagogen, Volkskundlers und Widerstandskämpfers. Frankfurt a. M. 1999.
Amlung, U./Lingelbach, K. Ch.: Adolf Reichwein (1898–1944). In: H.E. Tenorth (Hrsg.): Klassiker der Pädagogik 2. Von Dewey bis Paulo Freire. München 2003. (= beck´sche reihe).
Amlung, U./Piening, A./Schittko, K.: Reichwein-Rezeption und- Forschung sowie Reichwein-Bild in der Öffentlichkeit. In: reichwein forum 10/2007, S. 2–8.
Anker, J./Dahl, S.: Werdegang der Biologie. Leipzig 1938.
Asendorf, M. (Hrsg.): Aus der Aufklärung in die permanente Restauration. Hamburg 1974.
Asmus, W. (Hrsg.): Die Ganzheit in Wissenschaft und Schule. Festschrift für Johannes Wittmann. Dortmund 1956.
Bach, A.: Deutsche Volkskunde. Leipzig 1936.
Bach, A.: Volkskunde und Schule. In: Handbuch der Erziehungswissenschaft, hrsg. von F. Eggersdorfer. Band 4/Teil 2. München 1932, S. 373–414.
Bäte, L.: Justus Möser. Advokatus patriae. Frankfurt a. M./Bonn 1961.
Bäumer, Ä.: NS-Biologie. Stuttgart 1990.
Bäumer-Schleinkofer, Ä.: NS-Biologie und Schule. Frankfurt a. M. u. a. 1992.
Ballauff, Th.: Die Wissenschaft vom Leben. 3 Bände. Freiburg/ München 1954.
Banse, E.: Ägypten: eine Landeskunde. Halle a. S. 1909.
Banse, E.: Orient. 3 Bände. Leipzig 1910.
Banse, E.: Die Türkei: eine moderne Geographie. Berlin u. a. 1915.

Banse, E.: Landschaft und Seele. Neue Wege der Untersuchung und Gestaltung. München/Berlin 1928.
Banse, E.: Die Seele der Geographie. Geschichte einer Entwicklung. Braunschweig/Hamburg 1924.
Banse, E.: Deutsche Landeskunde. Umrisse von Landschaft und Volkstum in ihrer seelischen Verbundenheit. München 1932.
Banse, E.: Geographie und Wehrwille. Gesammelte Studien zu den Problemen Landschaft und Mensch, Raum und Volk, Krieg und Wehr. Breslau 1934.
Banse, E.: Deutschland. Mensch, Landschaft, Kultur und Wirtschaft. Leipzig 1938.
Banse, E..:Alexander von Humboldt. Erschließer einer neuen Welt. Stuttgart 1953.
Bargheer, E.: Kritisches zu einer „politischen" Volkskunde. In: Die „Deutsche Volkserziehung". 3/1934, S. 99–101.
Barnard, F. M.: Zwischen Aufklärung und politischer Romantik. Eine Studie über Herders soziologisch-politisches Denken. Berlin 1964.
Baron, W.: Die Entwicklung der Biologie im 19. Jahrhundert und ihre geistesgeschichtlichen Voraussetzungen. In: Technikgeschichte. 33/1966, S. 307–328.
Bastian, A.: Der Mensch in der Geschichte. Zur Begründung einer psychologischen Weltanschauung. 3 Bände. Leipzig 1860.
Bastian, A.: Beiträge zur vergleichenden Psychologie. Die Seele und ihre Erscheinungsweisen in der Ethnographie. Berlin 1868.
Bastian, A.: Der Völkergedanke im Aufbau einer Wissenschaft vom Menschen. Berlin 1881.
Bastian, A.: Zur Lehre von den geographischen Provinzen. Berlin 1866.
Bateson, G.: Ökologie des Geistes: anthropologische, psychologische, biologische und epistemologische Perspektiven. Frankfurt a. M. 1990.
Bateson, G.: Geist und Natur: eine notwendige Einheit. Frankfurt a. M. 1990. (= suhrkamp taschenbuch wissenschaft 691).
Bauer, G.: Fahrten, Menschenerkundungen, Geschichten. Reichweins Reiseerlebnisse, heute gelesen und bedacht. In: W. Huber/A. Krebs (Hrsg.): Adolf Reichwein 1898–1944, Paderborn u. a. 1981, S. 201–208.
Bauer, L.: Der Mensch in seinem Lebensraum. München 1958.
Bausinger, H.: Volksideologie und Volksforschung. Zur nationalsozialistischen Volkskunde. In: Zeitschrift für Volkskunde 2/1965, S. 177–204.
Bausinger, H..: Volkskunde. Von der Altertumsforschung zur Kulturanalyse. Berlin/Darmstadt o. J. (1971).
Beck, H.: Gespräche Alexander von Humboldts. Berlin 1959.
Beck, H..: Alexander von Humboldt. Band 1: Von der Bildungsreise zur Forschungsreise 1769–1804. Wiesbaden 1859.
Beck, H.: Alexander von Humboldt. Band 2: Vom Reisewerk zum „Kosmos" 1804–1859. Wiesbaden 1961.
Beck, H.: Alexander von Humboldt und Mexiko. Beiträge zu einem geographischen Erlebnis. Bad Godesberg 1966.
Beck, H.: Geographie. Europäische Entwicklung in Texten und Erläuterungen. Freiburg/München 1973. (= Orbis Academicus II/16).
Beck, H..: Große Geographen. Pioniere – Außenseiter – Gelehrte. Berlin 1982.
Beck, H.: Carl Ritter als Geograph. In: Carl Ritter – Geltung und Deutung. Beiträge des Symposions anlässlich der Wiederkehr des 200. Geburtstags von Carl Ritter November 1979 in Berlin (West), hrsg. von K. Lenz. Gesellschaft für Erdkunde. Berlin 1981.
Beck, H.: Zur Geschichte der Geographie und des Erdkundeunterrichts 1799–1980. Grundlinien und Einblicke. In: W. Sperling (Hrsg.): Theorie und Geschichte des geographischen Unterrichts. Braunschweig 1981, S. 61–83.
Becker, B.: Herder-Rezeption in Deutschland. Eine ideologiekritische Untersuchung. St. Ingbert 1987. (= Saarbrücker Beiträge zur Literaturwissenschaft. Band 14).

Becker, B. E.: Zur Geschichte der Rassenhygiene. Wege ins Dritte Reich. Teil 1. Stuttgart/New York 1988.
Becker, B. E.: Sozialdarwinismus, Rassismus, Antisemitismus. Wege ins Dritte Reich. Teil 2. Stuttgart/New York 1990.
Beeck, K-H.: Friedrich Wilhelm Dörpfeld – Anpassung im Zwiespalt. Seine politisch-sozialen Auffassungen. Neuwied/Berlin 1975.
Beller, W.: Goethes Wilhelm Meister Romane. Bildung für eine Moderne. Hannover 1995. (= Schriftstücke, hrsg. von L. Kreutzer und J. Peters. Band 2).
Benn, G.: Goethe und die Naturwissenschaften. Zürich 1949. (1949).
Benner, F./Kemper, H.: Theorie und Geschichte der Reformpädagogik. Teil 2: Die Pädagogische Bewegung von der Jahrhundertwende bis zum Ende der Weimarer Republik. Weinheim/Basel 2003.
Berg, Chr. (Hrsg.): Handbuch der deutschen Bildungsgeschichte. Band IV.: 1870–1918. Von der Reichsgründung bis zum Ende des Ersten Weltkrieges. München 1991.
Berg, Chr./Ellger-Rüttgardt, S. (Hrsg.): „Du bist nichts, Dein Volk ist alles". Weinheim 1991.
Berg, H. Chr.: Reichweins neue Aktualität. In: Schaffendes Schulvolk – Film in der Schule. Die Tiefenseer Schulschriften. Kommentierte Neuausgabe, hrsg. von W. Klafki, u. a.. Weinheim/Basel 1993, S. 364–378.
Berg, H. Chr.: Suchlinien. Studien zur Lehrkunst und Schulvielfalt. Neuwied/Kriftel/Berlin 1993.
Berg, H. Chr..: Mit Wagenschein zur Lehrkunst. Ebd., S. 23–47.
Berg, H. Chr.: Genetische Methode. Ebd., S. 349–360.
Berg, H. Chr./Amlung, U.: „ … und Reichwein mittendrin". Was sagen heutige Schulreformer zu Reichwein – was sagt Reichwein zu heutigen Schulreformern? In: Die Deutsche Schule 3/1988, S. 276–289.
Berg, H. Chr./Schulze, Th.: Lehrkunst. Lehrbuch der Didaktik. Neuwied/Kriftel/Berlin 1995.
Berg, H. Chr./Schulze, Th.: Lehrkunstwerkstatt I. Didaktik in Unterrichtsexempeln. Neuwied/Kriftel/Berlin 1997.
Berg, H. Chr./Schulze, Th.: Lehrkunstwerkstatt II. Berner Lehrstücke im Didaktikdiskurs. Neuwied/Kriftel/Berlin 1998.
Berg, H. Chr./Klafki, W./Schulze, Th. (Hrsg.): Lehrkunstwerkstatt III. Unterrichtsbericht. Neuwied/Kriftel/Berlin 1999.
Bergmann K./Schneider, G. (Hrsg.): Gesellschaft, Staat, Geschichtsunterricht. Beiträge zu einer Geschichte der Geschichtsdidaktik und des Geschichtsunterrichts von 1500–1980. Düsseldorf 1982.
Berndl, R.: Die Heimat als Unterrichtsmittelpunkt. Leipzig/Wien/Prag 1917.
Bernhard, A./Eierdanz, J. (Hrsg.): Der Bund der Entschiedenen Schulreformer. Eine verdrängte Tradition demokratischer Pädagogik und Bildungspolitik. Frankfurt a. M. 1991.
Bernstein, E.: Die Voraussetzungen des Sozialismus und die Aufgaben der Sozialdemokratie. Stuttgart 1906.
Beßlich, B.: Wege in den Kulturkrieg. Zivilisationskritik in Deutschland 1890–1940. Darmstadt 2000.
Beyer, J.: Die Ständeideologien der Systemzeit und ihre Überwindung. Darmstadt 1941. (= Diss. Univ. Berlin).
Bialas, W.: Intellektuelle in der Weimarer Republik. Frankfurt a. M. u. a. 1996. (= Schriften zur politischen Kultur in der Weimarer Republik 1).
Biedermann, K.: Der Geschichtsunterricht in der Schule, seine Mängel und ein Vorschlag zu seiner Reform. Braunschweig 1860.
Biedermann, K.: Deutschland im 18. Jahrhundert. 2 Bände. Leipzig 1880.
Biedermann, K.: Der Geschichtsunterricht auf Schulen nach kulturgeschichtlicher Methode. Wiesbaden 1900.
Blau, J.: Der Heimatforscher. Leipzig 1922.

Blochmann, E.: Herman Nohl in der pädagogischen Bewegung seiner Zeit 1879–1960. Göttingen 1969.
Blochmann, E.: Vorwort. In: Herders Reisejournal. Berlin/Langensalza/Leipzig o. J., S. 3.
Blonskij, P. P.: Die Arbeitsschule. Vollständige Ausgabe und Neuübersetzung des ersten und zweiten Teils. Besorgt von H. E. Wittig. Paderborn 1973.
Blüher, H.: Wandervogel – Geschichte einer Jugendbewegung. Erster Teil: Heimat und Aufgang. Berlin-Tempelhof 1912.
Bobeck, H./Schmithüsen, J.: Die Landschaft im logischen System der Geographie. In: Erdkunde 3/1949, S. 112–120.
Bode, E.: Deutsche Lebensraumkunde. Anregungen und Handreichungen zu einem gegenwartsnahen Erdkundeunterricht. Osterwieck 1938.
Böhm, A.: Der Gesamtunterricht und seine Grenzen. Langensalza 1931.
Böhm, F.: Volkskunde und Schule. In: Deutsche Forschung. Aus der Arbeit der Notgemeinschaft der deutschen Wissenschaft. Heft 2. Berlin 1928.
Böhme, G.: Naturwissenschaft, Humanismus und Bildung. Ein Versuch über die Gegenwart klassischer Bildung. Frankfurt a. M. u. a. 1991.
Böhme, G./Tenorth, H.-E.: Einführung in die historische Pädagogik. Darmstadt 1990.
Böhme, H.: Ästhetische Wissenschaft. Aporien der Forschung im Werk Alexander von Humboldts. In: O. Ette u.a.: Alexander von Humboldt – Aufbruch in die Moderne. Berlin 2001, S. 17 – 32.
Börner, K. O.: Nationalsozialismus, Geopolitik und Volksschule. In: Geographische Wochenschrift 2/1934, S. 400–403.
Bohnenkamp, H.: Gedanken an Adolf Reichwein. Braunschweig 1949.
Bohnenkamp, H.: Jugendbewegung als Kulturkritik. In: W. Rüegg (Hrsg.): Kulturkritik und Jugendkult. Frankfurt a. M. 1974, S. 23–37.
Bohnenkamp, H.: Das Erbe der Jugendbewegung. In: W. Flitner/G. Kudritzki: Die deutsche Reformpädagogik. Band 1. Stuttgart 1984, S. 293–297.
Bollnow, O. F.: Comenius und Basedow. In: Die Sammlung. 5/1950, S. 141 ff.
Bollnow, O. F.: Die Lebensphilosophie. Berlin/Göttingen/Heidelberg 1958.
Borchmeyer, D.: Höfische Gesellschaft und französische Revolution bei Goethe: adliges und bürgerliches Wertsystem im Urteil der Weimarer Klassik. Kronberg/Ts. 1977.
Borchmeyer, D.: Zur Typologie des Klassischen und Romantischen. In: W. Hinderer (Hrsg.): Goethe und das Zeitalter der Romantik. Würzburg 2002, S. 19–29. (= Stiftung für Romantikforschung. Band XXI).
Borinski, F.: Bürgerliche Parteienkrise und bürgerliche Jugend. In: Neue Blätter für den Sozialismus. 9/1930, S. 413–424.
Borinski, F.: Wir – und der junge Nationalismus. In: Ebd. 2/1933, S. 61–70.
Borinski, F.: Nationalismus und Sozialismus. In: Ebd. 5/1933, S. 253–259.
Borinski, F.: Der Leuchtenburgkreis. In: Jahrbuch des Archivs der deutschen Jugendbewegung. 10/1978, S. 104–116.
Borinski, F.: Adolf Reichwein – sein Beitrag zur Arbeiterbildung und Erwachsenenbildung. In: W. Huber/A. Krebs (Hrsg.): Adolf Reichwein 1898–1944. Erinnerungen, Forschungen, Impulse. Paderborn u. a.1981, S. 62–86.
Borsche, T. (Hrsg.): Herder im Spiegel der Zeiten. Verwerfungen der Rezeptionsgeschichte und Chancen einer Relektüre. München 2006.
Bracher, K. D.: Die Auflösung der Weimarer Republik. Eine Studie zum Problem des Machtzerfalls in der Demokratie. Villingen 1960. (= Athenäum/Droste -Taschenbücher Geschichte).
Bracher, K. D.: Das deutsche Dilemma. Leidenswege der politischen Emanzipation. München 1971.
Bracher, K. D./Funke, M./Jacobsen, H.-A. (Hrsg.): Die Weimarer Republik 1918–1933. Bonn 1987.
Breuer, St.: Anatomie der Konservativen Revolution. Darmstadt 1993.
Brinkmann, H.: Heimatkunde und Erdkunde auf werktätiger Grundlage. Leipzig 1926.

Brohmer,P.: Erziehung zur Staatsgesinnung durch arbeitskundlichen Biologieunterricht. Osterwieck 1923.
Brohmer, P.: Biologie. Frankfurt a. M. 1932.
Brohmer, P.: Biologieunterricht und völkische Erziehung. Frankfurt a. M. 1933.
Brohmer, P.: Mensch – Natur – Staat. Grundlinien einer nationalsozialistischen Biologie. Frankfurt a. M. 1935.
Brohmer, P.: Biologieunterricht unter Berücksichtigung von Rassenkunde und Erbpflege. Osterwieck/Berlin 1935.
Brohmer, P.: Die deutschen Lebensgemeinschaften. Heft 1–6. Osterwieck 1936.
Brohmer, P.: Der Unterricht in der Lebenskunde. Osterwieck/Berlin 1943.
Bruendel, St.: Volksgemeinschaft oder Volksstaat. Die „Ideen von 1914" und die Neuordnung Deutschlands im Ersten Weltkrieg. Berlin 2003.
Bruford, W. H.: Die gesellschaftlichen Grundlagen der Goethezeit. Weimar 1936. ( = Literatur und Leben, hrsg. v. G. Keferstein (Jena). Band 9).
Brunner, K.: Deutsche Volkskunde. Leipzig 1925.
Brunner, O.: Land und Herrschaft. Grundfragen der territorialen Verfassungsgeschichte Östereichs. Wien 1939.
Brunner, O.: Neue Wege der Sozialgeschichte. Vorträge und Aufsätze. Göttingen 1956.
Brunner, O./Conze, W./Koselleck, R.: Geschichtliche Grundbegriffe. Historisches Lexikon zur politisch-sozialen Sprache in Deutschland. 8 Bände. Stuttgart 2004.
Bürger, K.: Der Landschaftsbegriff. Dresden 1935.
Büsching, A.F.: Neue Erdbeschreibung. Band 1. Hamburg 1754.
Burchard, A.: Didaktik und Methode des Erdkundeunterrichts in der deutschen Gegenwart. In: Der deutsche Volkserzieher. 1/1936, S. 49–52.
Burger, E.: Arbeitspädagogik. Geschichte, Kritik, Wegweisung. Leipzig 1923.
Burger, H. O. (Hrsg.): Begriffsbestimmung der Klassik und des Klassischen. Darmstadt 1972.
Burkhardt, F.: Lehrer und Heimatpflege. Langensalza 1924.
Calwer, R.: Weltpolitik und Sozialdemokratie. In: Sozialistische Monatshefte 11/1905, S. 741 – 749.
Capra, F.: Wendezeit. Bausteine für ein neues Weltbild. München 1988. (Titel der Originalausgabe: The Turning Point. 1982).
Capra, F.: Lebensnetz. Ein neues Verständnis der lebendigen Welt. Bern/München/Wien 1996.
Carus, C.G.: Neun Briefe über Landschaftsmalerei (1815–1824). Leipzig 1831.
Carus, C. G..: Zwölf Briefe über das Erdleben. Stuttgart 1841.
Cassirer, E.: Freiheit und Form. Berlin 1918.
Cassirer, E.: Idee und Gestalt. Berlin 1921.
Cassirer, E.: Goethe und die geschichtliche Welt. Berlin 1932
Cassirer, E.: Die Philosophie der Aufklärung. Tübingen 1932.
Cillien, U.: Johann Gottfried Herder (1744–1803). In: H. Scheuerl (Hrsg.): Klassiker der Pädagogik. Band I. München 1991, S. 187–197.
Clemenz, B.: Geschichtswissenschaft und Geschichtsunterricht in Deutschland bis zum Anfang des 20. Jahrhunderts. Donauwörth 1902.
Cohen, M.: Verfassungsreform und Aufbauarbeit. In: Sozialistische Monatshefte. 38/1932 II, S. 744–749.
Conze, W.: Strukturgeschichte des technisch-industriellen Zeitalters als Aufgabe für Forschung und Unterricht. Köln/Opladen 1957. ( = Veröffentlichung der Arbeitsgemeinschaft für Forschung des Landes Nordrhein-Westfalen. Heft 66).
Conze, W./Groh, D.: Die Arbeiterbewegung in der nationalen Bewegung. Die deutsche Sozialdemokratie vor, während und nach der Reichsgründung. Stuttgart 1966.
Conze, W. (Hrsg.): Theorie der Geschichtswissenschaft und Praxis des Geschichtsunterrichts. Stuttgart 1972.

Copei, F.: Bildungsformen der Volksschule. Ein Fragment. In: Westermanns Päd. Beiträge. 1/1949, S. 1 – 6.
Copei, F..: Der fruchtbare Moment im Bildungsprozess. Heidelberg 1963.
Cunow, H.: Die Marxsche Geschichts-, Gesellschafts- und Staatstheorie. Grundzüge der Marxschen Soziologie. 2 Bände. Berlin 1920.
Dahrendorf, R.: Demokratie und Gesellschaft in Deutschland. München 1965.
Deutsches Lesebuch für Volksschulen.: Vierter Band. Frankfurt a. M. 1939.
Dewey, J.: Democracy and education. An introduction to the philosophie of education. New York 1921 (1. Auflage 1916).
Diefenbach, C.: Anleitung zum Unterricht in der Heimatkunde. Frankfurt a. M. 1869.
Diekmann, I./Krüger, P./Schoeps, J. H. (Hrsg.): Geopolitik. Grenzgänge im Zeitgeist. Band 1.1. 1890–1945. Potsdam 2000.
Diekmann, I./Krüger, P./Schoeps, J. H. (Hrsg.): Geopolitik. Grenzgänge im Zeitgeist. Band 1.2. 1945 bis zur Gegenwart. Potsdam 2000.
Dietrich, A.: Über Wesen und Ziele der Volkskunde. In: Hessische Blätter für Volkskunde. 1/1902, S. 169–194.
Dilthey, W..: Weltanschauung und Analyse des Menschen seit der Renaissance und Reformation. Abhandlungen zur Geschichte und Religion. 3. Auflage. Leipzig/Berlin 1923. (Band II der Gesammelten Schriften.)
Dilthey, W.: Der Aufbau der geschichtlichen Welt in den Geisteswissenschaften. 2. Auflage. Leipzig/Berlin 1942. (Band III der Gesammelten Schriften.)
Dilthey, W..: Die Philosophie des Lebens. Eine Auswahl aus seinen Schriften 1867–1910, hrsg. von H. Nohl, Frankfurt a. M. o. J. (= Philosophische Texte, hrsg. von G. Gadamer).
Dithmar, R./Willer, J. (Hrsg.): Schule zwischen Kaiserreich und Faschismus. Darmstadt 1981.
Dithmar, R.: (Hrsg.): Schule und Unterricht in der Endphase der Weimarer Republik. Auf dem Weg in die Diktatur. Berlin 1993.
Dörpfeld, F. W.: Die Gesellschaftskunde, eine notwendige Ergänzung des Geschichtsunterrichts. Gütersloh 1890.
Dörpfeld, F. W.: Repetitorium der Gesellschaftskunde zur Ergänzung des Geschichtsunterrichts. Gütersloh 1890.
Durach, M.: Wandlungen des Grenzlandgedankens im Erdkundeunterricht. In: Geographischer Anzeiger 39/1938, S. 148–150.
Ebeling, H.: Didaktik und Methodik eines kind-, sach- und zeitgemäßen Geschichtsunterrichts. Hannover 1965.
Ebinger, H.: Erdkunde in der Volksschule. Lübeck/Hamburg 1966.
Eckhardt, K.: Die Landschule. Frankfurt 1931. (= Handbuch der Volksschulpädagogik, hrsg. von U. Peters und H. Weimer).
Ehlers, W.: Heimatkunde in der Arbeitsschule. Langensalza 1931.
Ehrlich, L./John, J./Ulbricht, J. H. (Hrsg.): Das Dritte Weimar. Klassik und Kultur im Nationalsozialismus. Köln/Weimar/Wien 1999.
Ehrlich, L./John, J./Ulbricht, J. H. (Hrsg.): „Das Dritte Weimar". Ausgangspunkte, Herausforderungen und Grenzen einer Kulturgeschichte Weimars in der NS-Zeit. In: Ebd., S. 7–34.
Eichelberger, H./Laner, Chr. (Hrsg.): Zukunft Reformpädagogik. Neue Kraft für eine moderne Schule. Innsbruck 2007.
Eidam, K.: Erprobte Heimatkunde. Wien 1916.
Einem von, H.: Goethe-Studien. München 1972.
Eisermann, G.: Die Grundlagen des Historismus in der deutschen Nationalökonomie. Stuttgart 1956.
Emmerich, G.: Germanistische Volkstumsideologie. Genese und Kritik der Volksforschung im Dritten Reich. Tübingen 1968. (= Volksleben. Band 20).
Emmerich, G.: Zur Kritik der Volkstumsideologie. Frankfurt a. M. 1971.

Engelmann, G.: Carl Ritter und Heinrich Pestalozzi. In: K. Lenz Hrsg.: Carl Ritter – Geltung und Deutung. Beiträge des Symposions anläßlich der Wiederkehr des 200. Geburtstages von Carl Ritter. November 1979 in Berlin (West). Berlin 1981, S. 101–114.

Ette, O.: Alexander von Humboldt, die Humboldtsche Wissenschaft und ihr Relevanz im Netzzeitalter. Teil 1: Über die Entwicklung einer Wissenschaft von der Welt, S. 1–3; Teil 2: Grundlagen der Humboldtschen Wissenschaftskonzeption, S. 1–4; Teil 3: Alexander von Humboldt: Pionier des Netzzeitalters, S. 1–2. In: HiN – Internationale Zeitschrift für Humboldt-Studien.12/2006. www.uni-potsdam.de/u/romanistik/humboldt/hin/hin12/ette.htm.

Ette, O. u.a.(Hrsg.): Alexander von Humboldt. Aufbruch in die Moderne. Textsammlung in der Folge des gleichnamigen Symposiums, das vom 31. Mai bis zum 3. Juni1999 im Haus der Kulturen der Welt in Berlin stattfand. Berlin 2001

Euchner, W.: Ideengeschichte des Sozialismus in Deutschland. Teil I. In: H. Grebing (Hrsg.): Geschichte der sozialen Ideen in Deutschland. Sozialismus – Katholische Soziallehre – Protestantische Sozialethik. Ein Handbuch. 2. Auflage. Essen 2005, S. 13 – 350.

Faber, K. G.: Theorie der Geschichtswissenschaft. München 1971.

Faulenbach, B. (Hrsg.): Geschichtswissenschaft in Deutschland. Traditionelle Positionen und gegenwärtige Aufgaben. München 1974.

Fauser, P./Prenzel, M./Schratz, M. (Hrsg.):Was für Schulen! Profile, Konzepte und Dynamik guter Schulen in Deutschland. Der deutsche Schulpreis 2007. Seelze/Velber 2008; (Im Auftrag der Robert Boschstiftung und der Heidehof Stiftung).

Fauser, P./Prenzel, M./Schratz, M. (Hrsg.).:Was für Schulen! Gute Schulen in Deutschland. Der deutsche Schulpreis 2006. Seelze/Velber 2007. (Im Auftrage der Robert Bosch Stiftung und der Heidehof Stiftung).

Fehrle, E.: Heimatkunde in der Schule. 2. Auflage. Karlsruhe 1922.

Felgner, R.: Heimatkunde. Dresden 1913.

Fikenscher, F./Rüger, K./Weigand, K.: Die weiterführende Heimatkunde. Ansbach 1951.

Filbig, J.: Fliegerbild und Heimatkunde. München/Berlin 1922.

Filipp, K.: Geographie im historisch-politischen Zusammenhang. Neuwied/Berlin 1975.

Filipp, K..: Kritische Didaktik der Geographie. Prolegomena zur Emanzipation einer Disziplin. Frankfurt a. M. 1987.

Finckh, H.J.: Der Begriff der „Deutschen Bewegung" und seine Bedeutung für die Pädagogik Herman Nohls. Frankfurt a. M. 1977.

Fischer, F.: Griff nach der Weltmacht. Die Kriegspolitik des kaiserlichen Deutschland 1914/18. Düsseldorf 1964.

Fischer, F.: Krieg der Illusionen. Die deutsche Politik von 1911 bis 1914. Düsseldorf 1969.

Fischer, K. G.: „Von der Notwendigkeit der ‚Gesellschaftskunde' in unserer Zeit. Versuch einer Erinnerung an Friedrich Wilhelm Dörpfeld". In: Gesellschaft, Staat, Erziehung. 11/1966, S. 5–19.

Flessau, K.-I.: Schule der Diktatur. Lehrpläne und Schulbücher des Nationalsozialismus. Frankfurt a. M. 1984.

Flitner, A.: (Hrsg.): Deutsches Geistesleben und Nationalsozialismus. Tübingen 1965.

Flitner, A../Giel, K. (Hrsg.): Wilhelm von Humboldt. Schriften zur Anthropologie und Geschichte. Stuttgart o. J.

Flitner, W.: Goethe im Spätwerk. Glaube – Weltsicht – Ethos. Nachwort von W. Müller-Seidel. Paderborn 1983. (Gesammelte Schriften. Band 6, hrsg. von K. Erlinghagen, A. Flitner, U. Herrmann).

Flitner, W. /Kudritzki, G.: Die deutsche Reformpädagogik. 2 Bände. Band I: Die Pioniere der pädagogischen Bewegung. Band II: Ausbau und Selbstkritik. Stuttgart 1984.

Foucault, M.: Die Ordnung der Dinge. Eine Archäologie der Humanwissenschaften. Frankfurt a. M. 1971. (= suhrkamp taschenbuch wissenschaft 96).

Frank, H. J.: Geschichte des Deutschunterrichts. Von den Anfängen bis 1945. München 1973.

Franz, J.M.: Der deutsche Staatsgeographus. Frankfurt/Leipzig 1753.

Frerk, W.: Das neue Lesebuch als volkskundliche Quelle. In: Deutsche Volkserziehung.1.2/1936, S. 37–42.
Freudenthal, H.: Volkskunde und Volkserziehung. In: Die „Deutsche Volkserziehung". 3/1934, S. 101–108.
Freudenthal, H.: Volkstümliche Erziehung auf volkskundlicher Grundlage. In: F. Hiller (Hrsg.): Deutsche Erziehung im neuen Staat. Berlin/Leipzig 1936, S. 255–267.
Freudenthal, H.: „Mein Kampf" als politische Volkskunde der Gegenwart auf rassischer Grundlage. In: Zeitschrift für Volkskunde. N.F. 6/1936, S. 122–135.
Freudenthal, H.: Die Wissenschaftstheorie der deutschen Volkskunde. Hannover 1955.
Freyer, H.: Revolution von rechts. Jena 1931.
Freyer, H.: Theorie des gegenwärtigen Zeitalters. Stuttgart 1955.
Freytag, M.: Die Möglichkeit der Verwertung der Volkskunde im Unterricht der Volksschule. Langensalza 1925.
Fricke, K.: Die Pädagogik Adolf Reichweins. Ihre systematische Grundlegung und praktische Verwirklichung als Sozialerziehung. Bern/Frankfurt a. M. 1974. (= Europäische Hochschulschriften. Reihe XI. Bd./vol.19).
Fricke-Finkelnburg, R. (Hrsg.): Nationalsozialismus und Schule. Amtliche Erlasse und Richtlinien 1933–1945. Opladen 1989.
Fried, F.: Das Ende des Kapitalismus. Jena 1931.
Fröbel, F.: Ausgewählte Schriften. 2. Band: Die Menschenerziehung, hrsg. von E. Hoffmann o. O./o. J. (= Pädagogische Texte, hrsg. von W. Flitner).
Froese, L./Krawietz, W. (Hrsg.): Deutsche Schulgesetzgebung. Band 1. Weinheim 1968.
Fuchs, A.: Heimatkunde auf allen Unterrichtsstufen, Leipzig/Prag/Wien 1920.
Fueter, E.: Geschichte der Neueren Historiographie. München/Berlin 1911.
Gärtner, F.: Neuzeitliche Heimatkunde. München 1958.
Gaier, U.: Herders Systemtheorie. In: Allgemeine Zeitschrift für Philosophie. 1/1998, S. 3–17.
Gaier, U.: Herders Volksbegriff und seine Rezeption. In: T. Borsche (Hrsg.): Herder im Spiegel der Zeiten. Verwerfungen der Rezeptionsgeschichte und Chancen einer Relektüre. München 2006, S. 32 – 57.
Gamm, H.-J.: Individuum und Gemeinschaft im Pädagogischen Werk F. W. Dörpfelds. Versuch einer Darstellung und Deutung auf dem Hintergrund der niederrheinischen Konfessionsgeschichte. Hamburg 1958. (= Diss. Univers. Hamburg).
Gamm, H.-J.: Das Pädagogische Erbe Goethes. Eine Verteidigung gegen seine Verehrer. Frankfurt a. M./New York 1980.
Gamm, H.-J.: (Hrsg.): Führung und Verführung. Pädagogik des Nationalsozialismus. Eine Quellensammlung. Darmstadt 1984.
Gansberg, F.: Streifzüge durch die Welt der Großstadtkinder. Leipzig/Berlin 1904.
Gansberg, J.: Heimatkunde in Erzählungen für das 3. und 4. Schuljahr. Leipzig/Berlin 1925.
Gatterer, J.C.: Der Abriss der Geographie. Göttingen 1775.
Gehl, W.: Geopolitik im Unterricht. In: Geographische Wochenschrift 1/1933, S. 783–784.
Geiger, K./Jeggle, U./Korff, G. (Bearb.): Abschied vom Volksleben. Tübingen 1970. (= Ludwid – Uhland – Institut, Univ. Tübingen, Untersuchungen 27).
Geiss, I./Tamchina, R. (Hrsg.): Ansichten einer künftigen Geschichtswissenschaft 1. Kritik – Theorie – Methode. München 1974. (= Reihe Hanser 153).
Geißler, E. E.: Johann Friedrich Herbart (1776–1841). In: H. Scheuerl (Hrsg.): Klassiker der Pädagogik. Band I. München 1991, S. 234–248.
Geißler, G.: Herman Nohl (1879–1960). In: H. Scheuerl (Hrsg,): Klassiker der Pädagogik. Band II. München 1991, S. 225–241.
Geißler, G.: Das Problem der Unterrichtsmethode. Weinheim o. J. (= Kleine pädagogische Texte, hrsg. von H. Nohl, E. Weniger, G. Geißler. Heft 19).

Geißler, R.: Prolegomena zu einer Theorie der Literaturdidaktik. Bestandsaufnahme, Kritik, Neuansatz. Hannover 1970.
Geistbeck, M.: Geschichte der Methodik des geographischen Unterrichts. In: C. Kehr (Hrsg.): Geschichte der Methodik des deutschen Volksschulunterrichts. Gotha 1877, S. 123–153.
Geistbeck, M.: Eine Gasse für die Anschauung im Geographie-Unterricht! Ein Beitrag zur Methodik. München 1894.
Genschel, H.: Politische Erziehung durch Geschichtsunterricht. Der Beitrag der Geschichtsdidaktik und des Geschichtsunterrichts zur politischen Erziehung im Nationalsozialismus. Frankfurt a. M. 1980.
Georgens, J. D.: Der Arbeiter auf dem praktischen Erziehungsfelde der Gegenwart. Glogau 1856 u. 1857.
Giel, K.: Friedrich Fröbel (1782–1852). In: H. Scheuerl (Hrsg.): Klassiker der Pädagogik. Band I, München 1991, S. 249–269.
Gies, H.: Geschichtsunterricht unter der Diktatur Hitlers. Köln/Weimar/Wien 1992.
Giesecke, H.: Hitlers Pädagogen. Theorie und Praxis nationalsozialistischer Erziehung. Weinheim/München 1993.
Giesen, J. M.: Die Pädagogik der Heimat. Bochum 1924.
Gille, K. F.: Goethes Wilhelm Meister. Zur Rezeptionsgeschichte der Lehr- und Wanderjahre. Königstein/Ts. 1979.
Göhler, G./Klein, A.: Politische Theorien des 19. Jahrhunderts. In: H. J. Lieber (Hrsg.): Politische Theorien von der Antike bis zur Gegenwart. Wiesbaden 2000, S. 259–656.
Göpfert, E.: Unterricht in der Heimatkunde. Annaberg 1886.
Goethe v., J. W.: Werke. Hamburger Ausgabe. 14 Bände. Hrsg. von E. Trunz. München 2005.
Band 7: Romane und Novellen II. Wilhelm Meisters Lehrjahre.
Band 8: Romane und Novellen III. Wilhelm Meisters Wanderjahre.
Band 11: Autobiographische Schriften III.: Italienische Reise.
Band 12 : Kunst und Literatur, Einfache Nachahmung der Natur, Manier, Stil, S. 30–34.
Ebd.: Maximen und Reflexionen, S. 365–547.
Band 13: Naturwissenschaftliche Schriften. 1.Teil..
Band 14: Naturwissenschaftliche Schriften. 2. Teil.
Gradmann, R.: Das harmonische Landschaftsbild. In: Zeitschrift der Gesellschaft für Erdkunde. 1924, S. 129–147.
Grebing, H. (Hrsg.): Geschichte der sozialen Ideen in Deutschland. Sozialismus – Katholische Soziallehre – Protestantische Sozialethik. Ein Handbuch. Essen 2005.
Grebing, H.: Ideengeschichte des Sozialismus in Deutschland. Teil II. In: Ebd., S. 353–595.
Gregorovius, F.: Göthe's Wilhelm Meister in seinen socialistischen Elementen. Schwäb. Hall 1849.
Gregorovius, F.: Kleine Schriften zur Geschichte und Cultur. 3 Bände. Leipzig 1887/1892.
Grimme, A.: Wege und Wesen der Schulreform. Berlin 1930.
Grisebach, A.: Die Vegetation der Erde nach ihrer klimatischen Anordnung. 2 Bände. Leipzig 1872.
Groothoff, H./Herrmann, U.: Wilhelm Dilthey: Schriften zur Pädagogik. Paderborn 1971.
Grotelüschen, W.: Eduard Spranger und die Heimatkunde. In: Westermanns Päd. Beiträge. 5/1968, S. 221–230.
Gruber, Chr.: Die Entwicklung der geographischen Lehrmethoden im 18. und im 19. Jahrhundert. Rückblicke und Ausblicke. München/Leipzig 1900.
Gruber, Chr.: Die Geographie als Bildungsfach. Leipzig 1904.
Grün, K.: Ueber Goethe vom menschlichen Standpunkte. Darmstadt 1846.
Grundmann, J.: Die geographischen und völkerkundlichen Quellen und Anschauungen in Herders „Ideen zur Geschichte der Menschheit". Berlin 1900.
Grunewald, M. (Hrsg.): Das linke Intellektuellenmilieu in Deutschland, seine Presse und seine Netzwerke (1890–1960). Bern 2002.
Grupe, H.: Unsere erste Naturgeschichte. Frankfurt a. M. 1923.

Grupe, H.: Natur und Unterricht. Frankfurt a. M. 1954.
Guenther, K.: Heimatlehre als Quelle neuer deutscher Zukunft. Freiburg i. Br.1922.
Günzler, C.: Bildung und Erziehung im Denken Goethes. Köln/Wien 1981.
Gulyga, A.: Johann Gottfried Herder. Eine Einführung in seine Philosophie. Frankfurt 1978.
Gurlitt, D.: Das Bild der Erde im Luftzeitalter. Freiburg 1950.
Haas, A.: Rügensche Volkskunde. Stettin 1920.
Haase, O.: Gesamtunterricht, Training, Vorhaben – drei Elementarformen des Volksschulunterrichts. In: Die Volksschule. 16/1932, S. 727–733.
Hackewitz von, W.: Das Gesellschaftskonzept in der Theorie der „Pädagogischen Bewegung". Ein ideologiekritischer Versuch am Werk Herman Nohls. Berlin 1966 (= Diss. Freie Universität Berlin).
Haeckel, E.: Die heutige Entwicklungslehre im Verhältnis zur Gesamtwissenschaft. Vortrag in der ersten öffentlichen Sitzung der fünfzigsten Versammlung deutscher Naturforscher und Ärzte zu München am 18. September 1877. Stuttgart 1877.
Haeckel, E.: Zellseelen und Seelenzellen. In: Deutsche Rundschau. XVI/1878, S. 40–59.
Haeckel, E.: Freie Wissenschaft und freie Lehre. Eine Entgegnung auf Rudolf Virchow's Münchener Rede über „Die Freiheit der Wissenschaft im modernen Staat". Mit einer Einleitung von Dr. H. Schmidt: Haeckel, Virchow und Reinke. Leipzig 1908.
Haenisch, K.: Die deutsche Sozialdemokratie in und nach dem Weltkriege. Berlin 1919.
Hänsch, R. u. a.: Die Praxis des heimatkundlichen Unterrichts. Leipzig 1910.
Hagener, C.: Zur Praxis und Theorie Hamburger Gemeinschaftsschulen in ihrem zeitgebundenen Selbstverständnis. In: H.Schernikau (Hrsg.): Reformpädagogik und Gesellschaftskritik – Was bleibt vom freiheitlichen Sozialismus? Hamburg 1993, S. 71–116 (= Dokumentation Erziehungswissenschaft. Schriften aus dem Fachbereich 06 der Universität Hamburg. Heft 5)
Halbach, K. H.: Zu Begriff und Wesen der Klassik (1948). In: H.O. Burger (Hrsg.): Begriffsbestimmung der Klassik und des Klassischen. Darmstadt 1972, S. 1–16.
Hansen, A.: Goethes Metamorphose der Pflanzen. Geschichte einer botanischen Hypothese. 2 Bände. Gießen 1907.
Hansen, A.: Goethes Morphologie (Metamorphose der Pflanzen und Osteologie). Ein Beitrag zum sachlichen und philosophischen Verständnis und zur Kritik der morphologischen Begriffsbildung. Gießen 1919.
Hansen, J.: Der Neubau der Heimat- und Erdkunde auf nationaler Grundlage. Frankfurt a. M. 1933.
Hansen, J.: Der volksdeutsche Gedanke in der Erdkunde. In: Deutsches Bildungswesen 3/1935, S. 287 – 290.
Hansen, J.: Zehn Thesen für einen nationalpolitischen Erdkundeunterricht. Frankfurt a. M. 1937.
Hard, G: „Kosmos" und „Landschaft". Kosmologische und landschaftsphysiologische Denkmotive bei A. von Humboldt und in der geographischen Humboldt-Auslegung des 20. Jahrhunderts. In: H. Pfeiffer (Hrsg.): Alexander von Humboldt. Werk und Weltgeltung. München 1969, S. 133–177.
Ders.: Die Geographie. Eine wissenschaftstheoretische Einführung. Berlin/New York 1973.
Harder, H.: Der Erdkundeunterricht im Dienst der Wehrerziehung. In: Zeitschrift für Erdkunde 7/1939, S. 159–168.
Harms, H.: Fünf Thesen zur Reform des geographischen Unterrichts. Leipzig 1895.
Harnisch, Chr. W.: Die Weltkkunde, Breslau 1827.
Hartmann, E.: Der heimatkundliche Anschauungsunterricht. Gießen 1891.
Hartwich, H.-H.: Sozialstaatspostulat und gesellschaftlicher status quo. Opladen 1977. (= Schriften zur politischen Wirtschafts- und Gesellschaftslehre. Band 1).
Haselbeck, F. : Schule Bildungsinstitution und Lebensort. Theorie und Alltag der Schule.Aachen 2007.

Hasubek, P.: Das Deutsche Lesebuch in der Zeit des Nationalsozialismus. Ein Beitrag zur Literaturpädagogik zwischen 1933 und 1945. Hannover 1972.
Hauptmann, F.: Heimatkunde. Leipzig 1920.
Haushofer, K.: Geopolitik des Pazifischen Ozeans. Studien über die Wechselbeziehungen zwischen Geographie und Geschichte. Berlin 1924.
Haushofer, K.: Grenzen in ihrer geographischen und politischen Bedeutung. Berlin 1927.
Haushofer, K.: Wehr-Geopolitik. Geographische Grundlagen einer Wehrkunde. Berlin 1932.
Haushofer, K.: Japan baut sein Reich. Berlin 1941.
Haushofer, K./Obst, E./Lautensach, H./Maull, O. (Hrsg.): Bausteine zur Geopolitik. Berlin 1928.
Haustein, A: Der geographische Unterricht im 18. Jahrhundert. In: Manns Pädagogisches Magazin. Heft 276. Langensalza 1906.
Hebekus, U./Matala de Mazza, E./Kokorschke, A. (Hrsg.): Das Politische. Figurenlehre des sozialen Körpers nach der Romantik. München 2003.
Heilfurth, G.: Volkskunde jenseits der Ideologie. In: Hessische Blätter für Volkskunde. 53/1962, S. 9 ff.
Heimann, E.: Mehrwert und Gemeinwirtschaft. Kritische und positive Beiträge zur Theorie des Sozialismus. Berlin 1922.
Heimann, E.: Sozialisierung. In: Neue Blätter für den Sozialismus. 1/1930, S. 12–28.
Heimann, E.: Sozialistische Wirtschafts- und Arbeitsordnung. Potsdam 1932. (Neuauflage: Offenbach 1948).
Heinrich, W.: Das Ständewesen, mit besonderer Berücksichtigung der Selbstverwaltung der Wirtschaft. Jena 1932.
Heinz, M.: Sensualistischer Idealismus. Untersuchungen zur Erkenntnistheorie des jungen Herder (1763–1778). Hamburg 1994. (= Studien zum 18. Jahrhundert, hrsg. von der Deutschen Gesellschaft für die Erforschung des 18. Jahrhunderts. Band 17).
Heinz, M.: (Hrsg.): Herder und die Philosophie des deutschen Idealismus. Amsterdam 1997. (= Fichte-Studien. Supplementa Band 8).
Heise, H.: Die entscholastisierte Schule. Stuttgart 1960.
Heise, W.: Der Entwicklungsgedanke als geschichtsphilosophische Programmatik. Zur Gemeinsamkeit von Herder und Goethe in der frühen Weimarer Zeit. In: Goethe-Jahrbuch 93/1976, S. 116–138.
Heisenberg, W.: Das Naturbild Goethes und die technisch-naturwissenschaftliche Welt. In: Goethe – Neue Folge des Jahrbuchs der Goethe-Gesellschaft. 29/1967, S. 27–42.
Heitzenberger, J.: Erarbeitete Heimatkunde. Wien/Leipzig/New York 1925.
Helbrok, A.: Was ist deutsche Volksgeschichte? Berlin/Leipzig 1935.
Helden von, P.: Der Heimatgedanke in der Volksschule. Paderborn 1925.
Heller, H.: Sozialismus und Nation. Berlin 1931.
Henderson, J. L.: Adolf Reichwein. Eine Politisch-Pädagogische Biographie. Stuttgart 1958.
Henne am Rhyn, O.: Kulturgeschichte im Lichte des Fortschritts. Einleitung zu einer Kulturgeschichte der neuern Zeit. Leipzig 1869.
Hennig, J.: Lebensbegriff und Lebenskategorie. Studien zur Geschichte und Theorie der geisteswissenschaftlichen Begriffsbildung mit besonderer Berücksichtigung Wilh. Diltheys. Aachen 1934. (= Diss. Univ. Leipzig).
Henning, H.: Sozialgeschichtliche Entwicklungen in Deutschland von 1815 bis 1860. Paderborn 1977.
Henningsen, N.: Die revolutionäre Schule und ihr Geschichtsunterricht. Hamburg 1920.
Herbst, L.: Komplexität und Chaos. Grundzüge einer Theorie der Geschichte. München 2004. (= beck´sche reihe).
Herder, J. G.: Werke. 10 Bände. Hrsg. von M. Bollacher, J. Brummack, U. Gaier, G. E. Grimm, H. D. Irmscher, R. Smend, R. Wisbert. Frankfurt a.M. 1985.
  Band 2: Schriften zur Ästhetik und Literatur 1767–1781: Von deutscher Art und Kunst, S. 443–562.

Band 4: Schriften zu Philosophie, Literatur, Kunst und Altertum 1774–1787: Auch eine Philosophie der Geschichte zur Bildung der Menschheit, S. 9–107.
Ebd. Plastik, S. 243–326
Band 6: Ideen zur Philosophie der Geschichte der Menschheit.
Band 7: Briefe zur Beförderung der Humanität.
Band 9,2: Journal meiner Reise im Jahr 1769. Pädagogische Schriften: Journal meiner Reise im Jahr 1769, S. 9–126
Ebd. Von der Annehmlichkeit, Nützlichkeit und Notwendigkeit der Geographie. Schulrede Juli 1784, S. 480–495.
Herder, J. G.. Journal meiner Reise im Jahre 1769. Historisch-kritische Ausgabe, hrsg. von K. Mommsen. Stuttgart 1976. (= Reclams U. Nr. 9793).
Herder, J. G.: Herders Reisejournal. Berlin/Langensalza/Leipzig o. J. (mit einem Vorwort von E. Blochmann).
Herder, J. G.: Schulreden, hrsg. von A. Reble. Bad Heilbrunn/Obb.1962. (= Klinkhardts pädagogische Quellentexte).
Herkner, H.: Die Arbeiterfrage. Eine Einführung. 2. Band: Soziale Theorien und Parteien. Berlin/Leipzig 1921.
Hermann, U.: Wilhelm Dilthey. In: H. Scheuerl (Hrsg.): Klassiker der Pädagogik. Band II, München 1991, S. 72–84.
Hermann, U./Oelkers, J. (Hrsg.): Pädagogik und Nationalsozialismus. Weinheim/Basel 1988. (= Zeitschrift für Pädagogik., 22. Beiheft).
Heske, H.: Erdkundeunterricht im Nationalsozialismus. Giessen 1988.
Hesse, A.: Adolf Reichwein (1898–1944). Klassiker der Pädagogik, Vorbild oder bildungshistorische Schlüsselfigur? In: Jahrbuch für Volkskunde. Tübinger Zeitschriften TZV. Würzburg 2001, S. 137 ff.
Hettner, A.: Der Frieden und die deutsche Zukunft. Stuttgart 1917.
Hettner, A.: Die Geographie. Ihre Geschichte, ihr Wesen und ihre Methoden. Breslau 1927.
Heywang, E.: Der Geschichtsunterricht in der wenigegliederten Landschule. Osterwieck 1921.
Hiller, F. (Hrsg.): Deutsche Erziehung im neuen Staat. Berlin/Leipzig 1936.
Hinderer, W. (Hrsg.): Goethe und das Zeitalter der Romantik. Würzburg 2002.
Hinrichs, E.: Nationalsozialismus, Erziehung und Geographie. In: Geographischer Anzeiger 34/1933, S. 249–260.
Hinrichs, E.: Geopolitik und Volksschule. In: Zeitschrift für Erdkunde 4/1936, S. 115–122, 160–167.
Hinrichs, E.: Nordschleswig als Grenzland. In: Ebd., S. 563–568.
Hinrichs, E.: Stoff zur Behandlung des Vierjahresplanes in der Schule. In: Ebd., S. 745–752.
Hinrichs, E./Weber, W.: Das neue Reich im Erdkundeunterricht. In: Ebd., S. 884–897.
Hofmann, R.: Volkskunde und Höhere Schule. In: Neue Jahrbücher für das klassische Altertum 1908
Hofmann, W.: Ideengeschichte der sozialen Bewegung des 19. und 20. Jahrhunderts. Unter Mitwirkung von W. Abendroth. Berlin/New York 1974. (= Sammlung Göschen. Band 505).
Hofmann-Krayer, E. H.: „Volkskunde als Wissenschaft". Zürich 1920.
Hofmann-Krayer, E. H.: „Naturgesetze des Volkslebens?" In: Hessische Blätter für Volkskunde. 2/1903.
Hohmann, Chr.: Dienstbares Begleiten und später Widerstand. Der nationale Sozialist Adolf Reichwein im Nationalsozialismus. Bad Heilbrunn 2007.
Horne, A.: Leitfaden für den Unterricht in der Heimatkunde. Frankfurt a. M. 1869.
Hossan, K.: Heimatprinzip und Heimatkunde. Leipzig 1914.
Hossan, K.: Die Heimatidee im Unterricht der Volksschule. Straßburg 1914.
Huber, E. R.: Die Gestalt des deutschen Sozialismus. Hamburg 1934.

Huber, W./Krebs, A. (Hrsg.): Adolf Reichwein: 1898–1944. Erinnerungen, Forschungen, Impulse. Paderborn u. a. 1981.

Hüppauf, B. (Hrsg.): Ansichten vom Krieg. Vergleichende Studien zum Ersten Weltkrieg in Literatur und Gesellschaft. Königstein/Ts. 1984.

Hüther, J. (Hrsg.): Vom Schauen zum Gestalten. Adolf Reichweins Medienpädagogik. München 2001.

Humboldt v., A.: Werke. Darmstedter Ausgabe. 7 Bände. Hrsg. von H. Beck. 2. durchgesehene Auflage. Jubiläumsauflage. Darmstadt 2008.
Band 1: Schriften zur Geographie der Pflanzem.
Band 4: Mexico-Werk.
Band 5: Ansichten der Natur.
Band 6: Schriften zur Physikalischen Geographie.
Band 7: Kosmos (in 2 Teilbänden).

Humboldt, v., A.: Ansichten der Natur, hrsg. von A. Meyer-Abich. Stuttgart 1969. (= Reclams U. Nr.2948).

Humboldt v., A.: Ideen zu einer Physiognomik der Gewächse. In: Ebd., S. 66–88.

Humboldt, v., A.: Ideen zu einer Geographie der Pflanzen (1807), hrsg. von M. Dittrich. Leipzig 1960.

Humboldt, v., W.: Schriften zur Anthropologie und Bildungslehre. Hrsg. von A. Flitner. Frankfurt a.M. u.a. 1984. (Ulstein-Buch Nr. 39084).

Humboldt, v., W.: Plan einer vergleichenden Anthropologie (1795). Ebd., S. 32–59.

Humboldt, v., W.: Über die Aufgabe des Geschichtsschreibers (1821). Ebd., S. 95–110..

Huschke-Rhein, B.: Das Wissenschaftsverständnis in der geisteswissenschaftlichen Pädagogik. Dilthey – Litt – Nohl – Spranger. Stuttgart 1979.

Iggers, G. G.: Deutsche Geschichtswissenschaft. Eine Kritik der traditionellen Geschichtsauffassung von Herder bis zur Gegenwart. München 1972. (2. erweiterte Auflage des 1968 in der Westleyan University Press erschienenen Buches „The German Conception of History. The National Tradition of Historical Thought from Herder to the Present") (= dtv. Wissenschaftliche Reihe).

Iggers, G. G.: Neue Geschichtswissenschaft. Vom Historismus zur Historischen Sozialwissenschaft. Ein internationaler Vergleich. München 1978. (Erweiterte Ausgabe des 1975 in der Westleyan Press erschienen Buches „New Direction in European Historiographie.") (= dtv. Wissenschaftliche Reihe)

Irmscher, H. D.: Nachwort. In: Johann Gottfried Herder: Abhandlung über den Ursprung der Sprache 1772, hrsg. von H. D. Irmscher. Stuttgart 1966, S. 137–175. (= Reclams U. Nr. 8729).

Irmscher, H. D.: Beobachtungen zur Funktion der Analogie im Denken Herders. In: Deutsche Vierteljahresschrift für Literaturwissenschaft und Geistesgeschichte 55 /1981, S. 64–97.

Irmscher, H. D.: Goethe und Herder im Wechselspiel von Attraktion und Repulsion. In: Goethe-Jahrbuch 106/1989, S. 22–52.

Irmscher, H.D.: Nachwort. In: Johann Gottfried Herder: Auch eine Philosophie der Geschichte zur Bildung der Menschheit 1774, hrsg. von H. D. Irmscher. Stuttgart 1990, S. 140–159. (= Reclams Universalbibliothek 4460).

Irmscher, H. D.: Nationalität und Humanität im Denken Herders. In: Orbis Litterarum 49/1994, S. 117–130.

Irmscher, H. D.: Johann Gottfried Herder. Stuttgart 2001. (= Reclams U. Nr. 17630).

Jäckel, E./Weymar, E. (Hrsg.): Die Funktion der Geschichte in unserer Zeit. Stuttgart 1975.

Jähnichen, T./Friedrich, N.: Geschichte der sozialen Ideen im Protestantismus. In: H. Grebing (Hrsg.): Geschichte der sozialen Ideen in Deutschland. Sozialismus – Katholische Soziallehre – Protestantische Sozialethik. Ein Handbuch. Essen 2005, S. 865–1103.

Jakob, M. (Hrsg.): Bewegungsgeschichten mit Kindern. Hohengehren/Baltmannsweiler 2008.

Jantzen, W.: Die Geographie im Dienste der nationalpolitischen Erziehung. Ein Ergänzungsheft zu den Lehrbüchern der Erdkunde. Breslau 1935.

Jantzen, W..: Rasse und Volk im erdkundlichen Lehrstoff. In: Verhandlungen und wissenschaftliche Abhandlungen des 26. Deutschen Geographentages zu Jena 1936. Breslau 1937, S. 197–208.

Jantzen, W.: Geopolitik als Unterrichtsgrundsatz in der Schulerdkunde. Heidelberg 1939. (= Schriften zur Geopolitik 15).

Jegelka, N.: Paul Natorp. Philosophie, Pädagogik, Politik. Würzburg 1992.

Jodl, F.: Die Culturgeschichtsschreibung, ihre Entwicklung und ihre Probleme. Halle 1878.

John, V.: Geschichte der Statistik. Stuttgart 1884.

Jonas, F.: Geschichte der Soziologie I. und II. Reinbek b. Hamburg 1968.

Jünger, E.: Der Arbeiter. Herrschaft und Gesellschaft. Hamburg 1932.

Jungbauer, G.: Geschichte der deutschen Volkskunde. Prag 1931.

Junge, F.: Der Dorfteich als Lebensgemeinschaft. Mit einer Einführung in den Nachdruck der Ausgabe von 1885 von H.-J. Mielke. Berlin 1985. (= 1. Sonderheft der Informationen für den Biologieunterricht. Pädagogisches Zentrum Berlin).

Kaelble, H.: Der historische Vergleich. Eine Einführung zum 19. und 20. Jahrhundert. Frankfurt a. M./New York 1999.

Kahl, R.: Treibhäuser der Zukunft. Wie in Deutschland Schulen gelingen. Eine Dokumentation. 3. Auflage. Weinheim 2006.

Kaltenbrunner, G.-K.: Vom „preußischen Stil" zum „Dritten Reich": Arthur Moeller van den Bruck. In: K. Schwedhelm (Hrsg.): Propheten des Nationalsozialismus. München 1969, S. 139–158.

Kant, I.: Idee zu einer allgemeinen Geschichte in weltbürgerlicher Absicht (1784). Göttingen 1949.

Karnick, R.: Redet um Sachen. Weinheim/Berlin 1958.

Karsen, F.: Die Schule der werdenden Gesellschaft. Stuttgart/Berlin 1921.

Karsen, F.: Deutsche Versuchsschulen der Gegenwart und ihre Probleme. Leipzig 1923.

Karsen, F.: Sinn und Gestalt der Arbeitsschule. In: A. Grimme: Wesen und Wege der Schulreform. Berlin 1930, S. 100–119.

Kawerau, S. : Soziologischer Aufbau des Geschichtsunterrichts. Berlin 1921.

Kawerau, S. .: Alter und neuer Geschichtsunterricht. Leipzig 1924.

Kehr, C. (Hrsg.): Geschichte der Methodik des deutschen Volksschulunterrichts. Gotha 1877.

Keim. W.: Erziehung unter der Nazi-Diktatur. Band 1: Antidemokratische Potentiale. Machtantritt und Machtdurchsetzung. Darmstadt 1995.

Kelley, W. K. (Hrsg.): Der Heimatplanet. Deutsche Erstausgabe 1989. (Titel der Originalausgabe: The Home Planet conceived and edited by Kevin W. Kelley for the association of Space Explorers. Published in arrangement with Addison-Publishing Company. Copyright 1988 by Kevin W. Kelley).

Kerp, H.: Führer bei dem Unterrichte in der Heimatkunde. Breslau 1890.

Kerschensteiner, G.: Betrachtungen zur Theorie des Lehrplans. München 1899.

Kerschensteiner, G.: Die Schule der Zukunft eine Arbeitsschule (1908) In: Grundfragen der Schulorganisation. München/Düsseldorf 1954, S. 104 ff.

Kerschensteiner, G.: Die staatsbürgerliche Erziehung der deutschen Jugend. Preisschrift. Erfurt 1901

Kerschensteiner, G.: Begriff der staatsbürgerlichen Erziehung. Leipzig1910.

Kerschensteiner, G.: Begriff der Arbeitsschule. Leipzig 1912.

Ketelsen, U.-W.: Die zerstörte Klassik – Die verratene Klassik – Die usurpierte Klassik „Weimar" und die ideologischen ‚Lager' in Deutschland des 20. Jahrhunderts. In: L. Ehrlich/J. John/J. H. Ulbricht (Hrsg.): Das Dritte Weimar. Klassik und Kultur im Nationalsozialismus. Köln/Weimar/Wien 1999, S. 35–52.

Kiehn, L.: Goethes Begriff der Bildung. Hamburg 1932.

Kießling, F./Pfalz, E.: Methodisches Handbuch für den Unterricht in der Naturgeschichte. Braunschweig 1890.

Killius, N./Kluge,J./Reisch, L.: Zukunft der Bildung . Frankfurt a. M. 2002.

Kindermann, H.: Das Goethebild des 20. Jahrhunderts. Darmstadt 1966.

Kjellén, R.: Die Großmächte der Gegenwart. Leipzig u. a. 1915.
Kjellén, R.: Der Staat als Lebensform. Leipzig 1917.
Klafki, W.: Das Pädagogische Problem des Elementaren und die Theorie der Kategorialen Bildung. Weinheim/Berlin 1959.
Klafki, W.: Studien zur Bildungstheorie und Didaktik. Weinheim 1963.
Klafki, W. (Hrsg.): Unterrichtsbeispiele der Hinführung zur Arbeits- und Wirtschaftswelt. Düsseldorf 1970.
Klafki, W. (Hrsg.): Beiträge zur Geschichte des Bildungsbegriffs. Weinheim 1985.
Klafki, W.: Neue Studien zur Bildungstheorie und Didaktik. Beiträge zu einer kritisch-konstruktiven Didaktik. Weinheim/Basel 1985.
Klafki, W.: Die Bedeutung der klassischen Bildungstheorien für ein zeitgemäßes Konzept allgemeiner Bildung. In: Zeitschrift für Pädagogik. 4/1986.
Klafki, W.: Geleitwort. In: Adolf Reichwein: Schaffendes Schulvolk – Film in der Schule. Die Tiefenseer Schulschriften. Kommentierte Neuausgabe, hrsg. von W. Klafki u. a. Weinheim/ Basel 1993, S. 7–13.
Klafki, W.: Exempel hochqualifizierter Unterrichtskultur. In: H. Chr. Berg/Th. Schulze: Lehrkunstwerkstatt I. Didaktik in Unterrichtsexempeln, Neuwied/Kriftel/Berlin 1997, S. 13–35.
Klafki, W.: Adolf Reichwein. Bildung und Politik. In: R. Reichwein (Hrsg.): „Wir sind die lebendige Brücke von gestern zu morgen". Pädagogik und Politik im Leben und Werk Adolf Reichweins. Weinheim/München 2000, S. 19–48.
Klafki, W./Brockmann, J.-L.: Geisteswissenschaftliche Schule und Nationalsozialismus. Herman Nohl und seine Göttinger Schule 1932–1937. Eine individual- und gruppenbiographische, mentalitäts- und theoriegeschichtliche Untersuchung. Weinheim/Basel 2002.
Klafki, W./Braun, K.-H.: Wege pädagogischen Denkens. Ein autobiografischer und erziehungswissenschaftlicher Dialog. München/Basel 2007.
Klatt, F.: Nicht mehr und doch schon wieder Goethe. In: Neue Blätter für den Sozialismus. 3/1932, S. 187–191.
Klemm, G.: Kulturkunde auf heimatlicher Grundlage. Dresden 1911.
Klingemann, C.: Symbiotische Verschmelzung: Volksgeschichte – Soziologie – Sozialgeschichte und ihre empirische Wende zum Sozialen unter nationalsozialistischem Vorzeichen. In: L. Raphael (Hrsg.): Von der Volksgeschichte zur Strukturgeschichte: Die Anfänge der westdeutschen Sozialgeschichte 1945–1968. Leipzig 2002.
Klönne, A.: „Linke Leute von rechts" und „rechte Leute von links" damals und heute. In: Blätter für deutsche und internationale Politik. 1/1983, S. 115–123.
Kluckhohn, P.: Die Idee des Volkes im Schrifttum der deutschen Bewegung von Möser und Herder bis Grimm. Berlin 1934
Klünker, W.- U.: Goethes Idee der Erziehung zur Ehrfurcht. Die Pädagogische Provinz in dem Roman „Wilhelm Meisters Wanderjahre oder die Entsagenden". Göttingen 1987. (= Diss. Univ. Göttingen).
Knieper, F.: Geopolitik für die Unterrichtspraxis. Bochum 1935.
Knieriem, F.: Geographie und nationales Deutschland. In: Unterrichtsblätter für Mathematik und Naturwissenschaften 39/1933, S. 177–181.
Knieriem, F.: Banse, Ewald, Raum und Volk im Weltkriege. Ebd., S. 269–270.
Knieriem, F.: Nationalsozialistische Erziehung in und an der deutschen Landschaft. In: Verhandlungen und wissenschaftliche Abhandlungen des 26. Deutschen Geographentages zu Jena 1936, Breslau 1937, S. 173–185.
Knieriem, F.: Das Grenzland- und Auslandsdeutschtum als Grundbestandteil einer gesamtdeutschen Heimatschau. In: Deutsche Volkserziehung 5/1938, S. 17–20.
Knübel, H. (Hrsg.): Exemplarisches Arbeiten im Erdkundeunterricht. Braunschweig 1965.
Koch, W.: Goethe und der Europäische Gedanke. In: Sozialistische Monatshefte. 38/1932 I.
Kocka, J.: Sozialgeschichte. Göttingen 1977.

König, H.: Das neue Deutschland und der borussische Sozialismus.(Paul Lensch, Johann Plenge, Oswald Spengler). Essen 1924. (= Diss. Univ. Münster).

Körber von, H.-J.: Die Wirtschaft als Aufgabe im Sinne Adolf Reichweins, In: W. Huber/A. Krebs (Hrsg.), Adolf Reichwein 1898–1944, Paderborn u. a. 1981, S. 273–296.

Kohlberg, W.D.: Europäisches Handbuch reformpädagogischer Schulentwicklung. Osnabrück 2002. (Universität Osnabrück).

Kolb, G.F.: Culturgeschichte der Menschheit mit besonderer Berücksichtigung von Regierung, Politik, Religion, Freiheits- Wohlstandsentwicklung der Völker, eine allgemeine Weltgeschichte nach den Bedürfnissen der Jetztzeit. 2 Bände. Leipzig 1869/1870.

Kopp, F.: Methodik des Heimatkundeunterrichts. München 1952.

Korff, G.: Didaktik des Alltags. Hinweise zur Geschichte der Bildungskonzeption kulturhistorischer Museen. In: A. Kuhn/G. Schneider (Hrsg.): Geschichte lernen im Museum. Düsseldorf 1978, S. 32–48.

Korff, H. A.: Das Wesen der klassischen Form (1926). In: Burger. H.O. (Hrsg.) Begriffsbestimmung der Klassik und des Klassischen. Darmstadt 1972, S. 112–127.

Korff, H. A.: Geist der Goethezeit. 4 Bände mit Registerband. Leipzig 1962–1966.

Koselleck, R.: Volk, Nation, Nationalismus, Masse. In: Geschichtliche Grundbegriffe. Historisches Lexikon zur politisch-sozialen Sprache in Deutschland, hrsg., von O. Brunner/W. Conze/ R. Koselleck. Stuttgart 1978. Band 7, S. 141–431.

Koselleck, R.: Einleitung. Ebd. Band 1, S. XV.

Kosse, W.: Peter Petersen (1884–1952) In: H. Scheuerl (Hrsg.): Klassiker der Pädagogik. Band 2. München 1979, S. 183–195.

Kossinna, G.: Die deutsche Vorgeschichte, eine hervorragend nationale Wissenschaft. Leipzig 1912.

Kost, K.: Begriffe und Macht. Die Funktion der Geopolitik als Ideologie. In: Geographische Zeitschrift 74/1986, S. 14–30.

Kost, K.: Großstadtfeindlichkeit im Rahmen deutscher Geopolitik bis 1945. In: I. Diekmann/P. Krüger /J. H. Schoeps (Hrsg.): Geopolitik. Grenzgänge im Zeitgeist. Bd. 1.1 (1890 bis 1945), Potsdam 2000, S. 169–188.

Krätz, O.: Alexander von Humboldt. Wissenschaftler – Weltbürger – Revolutionär. München 1997.

Kramp, W.: Gesamtunterricht. In: Pädagogisches Lexikon, hrsg. von H.-H. Groothoff/ M. Stallmann. Stuttgart/Berlin 1964, S. 326–327.

Kranz, W.: Kosmos. In: Archiv für Begriffsgeschichte. Band 2, S. 1168–1176. Bonn 1958.

Kraus, G.: Klima und Boden auf kleinstem Raum. Versuch einer exakten Behandlung des Standorts auf dem Wellenkalk. Jena 1911.

Krauth, G.: Leben, Arbeit und Projekt. Frankfurt a. M./Bern/New York 1985.

Kraus, G.: Das „Vorhaben" bei Adolf Reichwein. Ebd., S. 174–220.

Krautz, J.: Ware Bildung. Schule und Universität unter dem Diktat der Ökonomie. Kreuzlingen/München 2007.

Kretschmann, J.: Freier Gesamtunterricht in der Dorfschule. Berlin 1925.

Kretschmann, J.: Natürlicher Unterricht. Ein methodisches Handbuch der neuen Volksschule. Breslau 1933.

Kretschmann, J./Haase, O.: Natürlicher Unterricht. Darmstadt 1948.

Kreuzberg, J.: Die Heimat als Lebensquelle der Jugend- und Volksbildung. Heidelberg 1922.

Krichau, R.: Stadt und Land. Hannover 1895.

Krieg, H.: Schleswig-Holsteinische Volkskunde. Lübeck 1931.

Kühn, A.: Die Neugestaltung der deutschen Geographie im 18. Jahrhundert. Leipzig 1939. (= Quellen und Forschungen zur Geschichte der Geographie und Völkerkunde. Band 5).

Künkel, H.: Ährenreife, in: Zeitschrift der NS-Volkswohlfahrt „Ewiges Deutschland". Juni 1937, S. 3.

Kuhn, A./Schneider, G. (Hrsg.): Geschichte lernen im Museum. Düsseldorf 1978.

Kuhn, J.: Geschichtsdidaktik in der Weimarer Republik. In: K. Bergmann/G. Schneider (Hrsg.): Gesellschaft, Staat, Geschichtsunterricht. Beiträge zu einer Geschichte der Geschichtsdidaktik und des Geschichtsunterrichts von 1500–1980. Düsseldorf 1982, S. 218–260.

Kuhn, J.: Politische Geschichtsdidaktik. Untersuchungen über politische Implikationen der Geschichtsdidaktik in der Weimarer Republik und in der Bundesrepublik Deutschland. Kronberg/Taunus 1975.

Kuhn, Th. S. : Die Struktur wissenschaftlicher Revolutionen. Frankfurt a. M. 1967.

Kuhn, Th. S. : Die Entstehung des Neuen. Studien zur Struktur der Wissenschaftsgeschichte, hrsg. von L. Krüger. Übersetzt von H. Vetter. Frankfurt a. M. 1977 ( = suhrkamp taschenbuch wissenschaft 236).

Kunert, H.: Deutsche Reformpädagogik und Faschismus. Hannover 1973.

Kunz, L. (Hrsg.): Adolf Reichwein (1898 – 1944). Oldenburg 1997. (= Oldenburger Vordrucke 321).

Kunz, L.: Eine Wende in der Reichwein-Forschung oder Demontage des Reformpädagogen und Widerstandskämpfers Adolf Reichwein? In: reichwein forum 10/2007, S. 13–17.

Laabs, J.: Entwicklung und Vermehrung der Erbse. Stuttgart/Berlin (= Beihefte der Reichsstelle für den Unterrichtsfilm. F4/1935).

Lakebrink, B.: Klassische Metaphysik. Freiburg i. Brsg. 1967.

Lakebring, B.: Die Zärtlichkeit für die Dinge. In: Weltaspekte der Philosophie, hrsg. von W. Beierwaltes und W. Schrader. Amsterdam 1972, S. 207–232.

Landauer, G.: Goethes Politik. Eine Ankündigung. (1918/1921). In: K.R. Mandelkow: Goethe im Urteil seiner Kritiker. Dokumente seiner Wirkungsgeschichte in Deutschland. Teil III (1870–1918). München 1979, Dokument 59.

Langewiesche, D./Tenorth, T. E. (Hrsg.): Handbuch der deutschen Bildungsgeschichte. Band V: 1918–1945. München 1989.

Lauffer, O.: Land und Leute in Niederdeutschland. Berlin/Leipzig 1934.

Lautensach, H.: Geopolitik und Schule. In: Geographischer Anzeiger 28/1927, S. 341–348.

Lautensach, H.: Geopolitik und Schule. In: K. Haushofer/E. Obst/H. Lautensach/O. Maull (Hrsg.): Bausteine zur Geopolitik. Berlin 1928, S. 307–324.

Lautensach, H.: Über die Begriffe Typus und Individuum in der geographischen Forschung. Kallmünz/Regensburg 1953. (= Münchner Geographische Hefte. Heft 3).

Lazarus, M./Steinthal, H.: Zeitschrift für Völkerpsychologie und Sprachwissenschaft. Berlin 1860–1890.

Lehberger, R. (Hrsg.): Weimarer Versuchs- und Reformschulen am Übergang zur NS- Zeit. Beiträge zur schulgeschichtlichen Tagung vom 16.-17. November 1993 im Hamburger Schulmuseum. Hamburg 1994. (= Schriftenreihe zur Schul- und Unterrichtsgeschichte. Band 6).

Lehmann, E.: Heimatkundliche Volkserziehung. Reichenberg 1920.

Lensch, P.: Die deutsche Sozialdemokratie und der Weltkrieg. Berlin 1915.

Lensch, P.: Die Sozialdemokratie, ihr Ende und ihr Glück. Leipzig 1916.

Lensch, P.: Drei Jahre Weltrevolution. Berlin 1918.

Lenz, K. (Hrsg.): Carl Ritter – Geltung und Deutung. Beiträge des Symposions anlässlich der Wiederkehr des 200. Geburtstags von Carl Ritter November 1979 in Berlin (West). Gesellschaft für Erdkunde. Berlin 1981.

Lieber, H.-J.: Kulturkritik und Lebensphilosophie. Studien zur deutschen Philosophie der Jahrhundertwende. Darmstadt 1974.

Liedtke, M.: Johann Heinrich Pestalozzi (1746–1827). In: H. Scheuerl: Klassiker der Pädagogik. Band I, S. 170–186.

Linden, W.: Weltbild, Wissenschaftslehre und Lebensaufbau bei Alexander von Humboldt und Goethe. In: Goethe. Viermonatschrift der Goethe-Gesellschaft. 7/1942, S. 82–100.

Lindgren, U.: Alexander von Humboldt: Weltbild und Wirkung auf die Wissenschaft. Köln 1990. (= Bayreuther Historische Kolloquien 4).

Lingelbach, K. Chr.: Erziehung und Erziehungstheorien im nationalsozialistischen Deutschland. Weinheim 1987.
Lingelbach, K. Chr.: Adolf Reichweins Schulmodell Tiefensee. In: Demokratische Erziehung 4/1980, S. 391–397.
Lingelbach, K. Ch.: Adolf Reichweins Schulpädagogik und die Schwierigkeiten ihrer Rezeption in der Gegenwart. In: Pädagogik und Schulalltag. 2/1995, S. 189–195.
Lingelbach, K. Chr.: Vom laufenden Band der Geschichte. Zum verborgenen Lehrplan in Reichweins Schulmodell Tiefensee. In: Jahrbuch für Pädagogik 1997: Mündigkeit – zur Neufassung materialistischer Pädagogik. Redaktion: H. J. Gamm/G. Konnefke. Frankfurt a. M. 1997, S. 219–230.
Lingelbach, K. Chr.: Zum Orientierungswert des Schulmodells Tiefensee für schulinterne Reformen der Gegenwart. In: R. Reichwein (Hrsg.): „Wir sind die lebendige Brücke von gestern zu morgen". Pädagogik und Politik im Leben und Werk Adolf Reichweins. Weinheim/München 2000, S. 49–61.
Lingelbach, K. Chr.: Adolf Reichweins Konzeption des Schulmodells Tiefensee. Schulentwicklung unter Ansprüchen politisch instrumentalisierter Reformpädagogik. In: reichwein forum. 4/2004, S. 13–22.
Lingelbach, K. Chr.: Adolf Reichweins Schulpädagogik. In: J. Hüther (Hrsg.): Vom Schauen zum Gestalten. Adolf Reichweins Medienpädagogik. München 2001, S. 45–78.
Lingelbach, K. Chr.: „Was die Hand geschaffen hat, begreift der Kopf um so leichter". Adolf Reichweins reformpädagogisches Schulmodell Tiefensee (1933–1939). In: reichwein forum. 2/2003, S. 6–11.
Lingelbach, K. Chr.: Zur Ästhetik der Erziehungskunst. In: reichwein forum. 6/2005, S. 18–22.
Lingelbach, K. Chr./Amlung, U.: Adolf Reichwein (1896–1944). In: H.E. Tenorth (Hrsg.): Klassiker der Pädagogik 2. Von Dewey bis Paulo Freire. München 2003, S. 203–216. (= beck´sche reihe).
Lingelbach, K. Chr.: Wem diente und wem dient Adolf Reichweins Schulpädagogik? In: reichwein forum 11/12 (2008), S. 14–31.
Link, J.-W.: Reformpädagogische Landschulen in der NS-Zeit 1933–1939. Ein Werkstattbericht. In: R. Lehberger: Weimarer Versuchs- und Reformschulen am Übergang zur NS-Zeit. Hamburg 1994.
Link, J. W.: Reformpädagogik zwischen Weimar, Weltkrieg und Wirtschaftswunder. Pädagogische Ambivalenzen des Landschulreformers Wilhelm Kirchner (1898–1968). Hildesheim 1999.
Litt, Th.: „Führen" oder „Wachsenlassen". Eine Erörterung des pädagogischen Grundproblems. Leipzig/Berlin 1927.
Litt, Th.: Die Befreiung des geschichtlichen Bewußtseins durch Johann Gottfried Herder. Leipzig 1942.
Litt, Th. Kant und Herder als Deuter der geistigen Welt. Heidelberg 1949.
Litt, Th.: Das Bildungsideal der deutschen Klassik und die moderne Arbeitswelt. Bonn 1959 (= Schriftenreihe der Bundeszentrale für Heimatdienst. Heft 15).
Lüben, A.: Anweisung zu einem methodischen Unterricht in der Pflanzenkunde. Leipzig 1811.
Lüpkes, W.: Ostfriesische Volkskunde. Emden 1925.
Lucács, G.: Die Zerstörung der Vernunft. Der Weg des Irrationalismus von Schelling zu Hitler. Berlin 1955.
Lutz, G. (Hrsg.): Volkskunde. Ein Handbuch zur Geschichte ihrer Probleme. Berlin 1958.
Lutz, G.: Volkskunde und Ethnologie. In: Zeitschrift für Volkskunde, 65/1969, S. 65–80.
Lutz, G.: Johann Ernst Fabri und die Anfänge der Volksforschung im ausgehenden 18. Jahrhundert. In: Zeitschrift für Volkskunde. 69/1973, S. 19–42.
Mägdefrau, K.: Geschichte der Botanik. Leben und Leistung großer Forscher. Stuttgart 1973.
Mandelkow, K. R.: Goethe im Urteil seiner Kritiker. Dokumente seiner Wirkungsgeschichte in Deutschland. Teil I (1773–1832). München 1975.
Mandelkow, K. R.: Goethe im Urteil seiner Kritiker. Dokumente seiner Wirkungsgeschichte in Deutschland. Teil II (1832–1870). München 1977.

Mandelkow, K. R.: Goethe im Urteil seiner Kritiker. Dokumente seiner Wirkungsgeschichte in Deutschland. Teil III (1870–1918). München 1979.
Mandelkow, K. R.: Goethe im Urteil seiner Kritiker. Dokumente seiner Wirkungsgeschichte in Deutschland. Teil IV. (1918–1982). München 1984.
Mason, St. F.: Geschichte der Naturwissenschaft. Stuttgart 1961.
Matala de Mazza, E.: Der verfaßte Körper. Zum Projekt einer organischen Gemeinschaft in der Politischen Romantik. Freiburg i. Breisgau 1999. (= Rombach Wissenschaften. Reihe Litterae, hrsg. von G. Neumann/G. Schnitzler. Band 68).
Mattenklott, G.: Aspekte ästhetischer Erziehung im Werk Adolf Reichweins. Ein Pädagoge zwischen Avantgarde und Regression. In: L. Kunz (Hrsg.): Adolf Reichwein (1898–1944). Oldenburg 1997, S. 35–53. (= Oldenburger Vordrucke 321).
Matussek, P. (Hrsg.): Goethe und die Verzeitlichung der Natur. München 1998.
Maull, O.: Politische Geographie. Berlin 1925.
Maull, O.: Politische Grenzen. Berlin 1928.
Max-Traeger- Stiftung, Frankfurt (Hrsg.): Schafft eine lebendige Schule. Adolf Reichwein 1898–1944. Dokumentation und Materialien einer Veranstaltung der Gewerkschaft Erziehung und Wissenschaft zum 40. Todestag von Adolf Reichwein in Bodenrod (Butzbach), Taunus. Heidelberg 1985.
May, W.: Ernst Haeckel. Versuch einer Chronik seines Lebens und Wirkens. Leipzig 1909.
May, W.: Goethe – Humboldt – Darwin – Haeckel. Vier Vorträge. Berlin-Steglitz 1904.
Meffert, E.: Carl Gustav Carus: sein Leben – seine Anschauung von der Erde. Stuttgart 1986.
Meffert, E.: Carl Gustav Carus: Arzt – Künstler – Goetheanist. Eine biographische Skizze. Basel 1999.
Meier, J.: Lehrproben zur deutschen Volkskunde. Berlin/Leipzig 1928.
Meinecke, F.: Die Entstehung des Historismus. Band 1. Vorstufen und Aufklärungshistorie. München/Berlin 1936.
Meinecke, F.: Die Entstehung des Historismus. Band 2. Die Deutsche Bewegung. München/Berlin 1936.
Meinecke, F.: Weltbürgertum und Nationalstaat. Studien zur Genesis des deutschen Nationalstaats. München/Berlin 1928.
Meinecke, F.: Goethe und die Geschichte. München 1949.
Meinecke, F.: Die deutsche Katastrophe. Betrachtungen und Erinnerungen. Wiesbaden 1946.
Menze, C.: Humboldts Lehre und Bild vom Menschen. Ratingen 1965.
Menzer, P.: Goethes Ästhetik. Köln 1957. (= Kantstudien. Ergänzungsheft 72).
Messer, A.: Das Problem der staatsbürgerlichen Erziehung. Leipzig 1912.
Meyer, P.: Film in der Landschule. Reichweins medienpädagogisches Konzept zur Schulung des Sehens. In: J. Hüther (Hrsg.): Vom Schauen zum Gestalten. Adolf Reichweins Medienpädagogik. München 2001, S. 146–158.
Meyer, W.: Bündisches und soziales Wollen. In: Neue Blätter für den Sozialismus. Heft 3/1932, S. 215–217.
Meyer-Abich, A.: Biologie der Goethezeit. Stuttgart 1949.
Meyer-Abich, A.: Alexander v. Humboldt as a Biologist. In: H Pfeiffer: Alexander von Humboldt. Werk und Weltgeltung. München 1969, S. 179–196.
Meyer-Abich, A.: Nachwort. In: Alexander v. Humboldt. Ansichten der Natur, hrsg. von A. Meyer-Abich. Stuttgart 1969, S. 147–168. (= Reclams U. Nr.2948).
Meyer-Abich, A.: Die Vollendung der Morphologie Goethes durch Alexander von Humboldt. Göttingen 1970.
Meyer-Abich, A.: Herders Naturphilosophie in der Naturkrise der Industriegesellschaft. In: M. Heinz (Hrsg.): Herder und die Philosophie des deutschen Idealismus. Amsterdam/Atlanta, GA 1997, S. 328–341. ( = Fichte-Studien-Supplementa. Band 8).
Michael, B./Schepp, H.-H. (Hrsg.): Politik und Schule seit der Französischen Revolution bis zur Gegenwart. Band 1. Frankfurt a. M. 1973.

Miller, S.: Das Problem der Freiheit im Sozialismus. Freiheit, Staat und Revolution in der Programmatik der Sozialdemokratie von Lasalle bis zum Revisionismusstreit. Frankfurt a.M. 1964.

Mitzlaff, H.: Heimatkunde und Sachunterricht. Historische und systematische Studien zur Entwicklung des Sachunterrichts – zugleich eine kritische Entwicklungsgeschichte des Heimatideals im deutschen Sprachraum. 3 Bände. Dortmund 1985 (= Diss. Univ. Dortmund).

Möbius, M.: Geschichte der Botanik. Jena 1937.

Moellendorff von, W.: Deutsche Gemeinwirtschaft. Berlin 1916.

Moeller van den Bruck, A.: Das Recht der jungen Völker. München 1919.

Moeller van den Bruck, A.: Am Liberalismus gehen die Völker zugrunde. In: Ders. (Hrsg.): Die Neue Front. Berlin 1922, S. 5–34.

Moeller van den Bruck, A.: Das Dritte Reich (1923). Hamburg 1931.

Moeller van den Bruck, A.: Der politische Mensch. Breslau 1933.

Moeller van den Bruck, A.: Das ewige Reich. Breslau 1933.

Mogk, E.: Wesen und Aufgabe der Volkskunde. In: Mitteilungen des Verbandes deutscher Vereine für Volkskunde. 6/1907, S. 1–9.

Mohler, A.: Die konservative Revolution in Deutschland 1918–1932. Ein Handbuch. 2. Auflage. Darmstadt. 1973.

Mollberg, A.: Heimatbildung. Weimar 1917.

Mommsen, H.: Arbeiterbewegung und nationale Frage. Ausgewählte Aufsätze. Göttingen 1979. (= Kritische Studien zur Geschichtswissenschaft, hrsg. von H. Berding, J. Kocka, H-U. Wehler, Band 34).

Mommsen, H.: Regierung ohne Parteien. Konservative Pläne zum Verfassungsumbau am Ende der Weimarer Republik. In: H.A. Winkler (Hrsg.): Die deutsche Staatskrise 1930–1933. München 1992, S. 1–18.

Mommsen, H.: Reichweins Weg in den Widerstand. In: M. Friedenthal-Haase (Hrsg.): Adolf Reichwein – Widerstandskämpfer und Pädagoge. Erlangen/Jena 1999, S. 11–22.

Mommsen, K.: Nachwort. In: Johann Gottfried Herder. Journal meiner Reise im Jahr 1789. Historisch-kritische Ausgabe. Stuttgart 1976, S. 187–268. (= Reclams Universalbibliothek Nr. 9793).

Mommsen, W.: Die politischen Anschauungen Goethes. Stuttgart 1948.

Mommsen, W. J.: Wandlungen im Bedeutungsgehalt der Kategorie des „Verstehens". In: Chr. Meier/J. Rüsen (Hrsg.): Historische Methode. München 1988, S. 200–226. (= Studiengruppe „Theorie der Geschichte". Werner-Reimers-Stiftung. Bad Homburg. Beiträge zur Historik. Band 5).

Mommsen, W. J.: Kultur und Krieg. Die Rolle der Intellektuellen. Künstler und Schriftsteller im Ersten Weltkrieg. München 1996.

Moreau, P.: Nationalsozialismus von links. Die „Kampfgemeinschaft Revolutionärer Nationalsozialisten" und die „Schwarze Front" Otto Straßers 1930–1935. Stuttgart 1985. (=Studien für Zeitgeschichte, hrsg. vom Institut für Zeitgeschichte. Band 28).

Mühlmann, W. E.: Anthropologie. In: Handwörterbuch der Sozialwissenschaften. Band 1. Tübingen/Göttingen 1956.

Mühlmann, W. E.: Geschichte der Anthropologie. Frankfurt a. M./ Bonn 1968.

Müller, G.H.: Friedrich Ratzel (1844–1904): Naturwissenschaftler, Geograph und Gelehrter. Neue Studien zu Leben und Werk und sein Konzept der ‚Allgemeinen Biogeographie'. Stuttgart 1996.

Muris, O.: Heimatkunde und Geographie. In: Geographische Wochenschrift 1/1933, S. 17–21.

Muris, O.: Erdkunde und nationalpolitische Erziehung. Breslau 1934.

Murius, O.: Erziehung zum raumpolitischen Denken. In: Geographische Wochenschrift 3/1935, S. 46–51.

Muthesius, K.: Über die Stellung der Heimatskunde im Lehrplan. Weimar 1890.

Muthesius, K.: Goethe und Pestalozzi. Leipzig 1908.

Muthesius, K.: Goethe und das Handwerk. Leipzig 1927.

Muthmann, F.: Alexander von Humboldt und sein Naturbild im Spiegel der Goethezeit. Zürich/Stuttgart 1955.

Nadler, J.: Das stammhafte Gefüge des deutschen Volkes. München 1936.
Natorp, P.: Volkskultur und Persönlichkeitskultur. Sechs Vorträge. Leipzig 1911.
Natorp, P.: Hoffnungen und Gefahren unserer Jugendbewegung. Vortrag, gehalten auf der Hauptversammlung der Comenius-Gesellschaft zu Berlin am 6. Dezember 1913. Jena 1914.
Natorp, P.: Der Tag des Deutschen. Vier Kriegsaufsätze. Hagen i. W. 1915.
Natorp, P.: Die Wiedergeburt unseres Volkes nach dem Kriege. In: F. Thimme/C. Legien (Hrsg.): Die Arbeiterschaft im neuen Deutschland. Leipzig 1915, S. 194–206.
Natorp, P.: Sozialpädagogik. Theorie der Willenserziehung auf der Grundlage der Gemeinschaft. Stuttgart 1925.
Natorp, P.: Die Seele des Deutschen. Jena 1918.
Natorp, P.: Sozialidealismus. Neue Richtlinien sozialer Erziehung. Berlin 1920.
Natorp, P.: Genossenschaftliche Erziehung als Grundlage zum Neubau des Volkstums und des Menschentums. Thesen nebst Einleitung. Berlin 1920.
Natorp, P.: Arbeitsunterricht. Leitsätze u. Bericht. In: Deutsche Schulkonferenzen. Band 3. Die Reichsschulkonferenz 1920. Ihre Vorgeschichte und Vorbereitung und ihre Verhandlungen. Glashütten im Taunus 1972, S. 173–187.
Natorp, P.: Der Deutsche und sein Staat. Erlangen 1924.
Natorp, P.: Vorlesungen über praktische Philosophie. Erlangen 1925.
Neubauer, Th.: Die neue Erziehung der sozialistischen Gesellschaft. Aufsätze und Reden zur Schulpolitik und Pädagogik. Ausgewählt, eingeleitet und erläutert von S. Müller. Berlin 1973.
Newe, H.: Der exemplarische Unterricht als Idee und Wirklichkeit. Kiel 1960.
Niekisch, E.: Der Weg der deutschen Arbeiterschaft zum Staat. Berlin 1925.
Niekisch, E.: Gedanken über deutsche Politik. Dresden 1929.
Niekisch, E.: Entscheidung. Berlin 1930.
Niekisch, E.: Hitler – ein deutsches Verhängnis (1931). Berlin 1932.
Niekisch, E.: Die dritte imperiale Figur. Berlin 1935.
Niemann, A.: Abriss der Statistik und Staatenkunde. Altona 1807.
Nießen, J.: Die Schule im Dienste der Heimatforschung. Heidelberg 1922.
Nipkow, K. E.: Der schwere Weg zum Frieden. Geschichte und Theorie der Friedenspädagogik von Erasmus bis zur Gegenwart. Gütersloh 2007.
Nipperdey, Th.: Kulturgeschichte, Sozialgeschichte, historische Anthropologie. In: Vierteljahresschrift für Sozial- und Wirtschaftsgeschichte. 55/1968, S. 145–164.
Nitschke, O.: Goethes Pädagogische Provinz. Würzburg 1937.
Nohl, H.: Die Deutsche Bewegung. Vorlesungen und Aufsätze zur Geistesgeschichte 1770–1830, hrsg. von F. Bollnow und F. Rodi. Göttingen 1970.
Nohl, H.: Die pädagogische Bewegung in Deutschland und ihre Theorie. Frankfurt a. M. 1935.
Nohl, H./Pallat, L. (Hrsg.): Handbuch der Pädagogik. 5 Bände und Registerband. Langensalza 1928–1933.
Nordenskjöld, E.: Die Geschichte der Biologie. Jena 1926.
Nowikoff, M.: Grundzüge der Geschichte der biologischen Theorien. München 1949.
Oberkrome, W.: „Volksgeschichte". Methodische Innovation und völkische Ideologisierung in der deutschen Geschichtswissenschaft 1918–1945. Göttingen 1993. (= Kritische Studien zur Geschichtswissenschaft, hrsg. von H. Berding/J. Kocka/H.U. Wehler).
Oberländer, H.: Der geographische Unterricht nach den Grundsätzen der Ritterschen Schule. Leipzig 1900.
Obst, E.: Wir fordern unsere Kolonien zurück! In: Zeitschrift für Geopolitik 3/1926, S. 152–160.
Obst, E.: Ostbewegung und afrikanische Kolonisation als Teilaufgaben einer abendländischen Großraumpolitik. In: Zeitschrift für Erdkunde 9/1941, S. 265–278.
Ochoa, J. L.: Ein Arbeitstag Alexander von Humboldts. Seine wissenschaftliche Methode. In: O. Ette u.a. (Hrsg.): Alexander von Humboldt. Aufbruch in die Moderne. Berlin 2001, S. 161–167.
Oelkers, J. (Hrsg.): Politische Reformpädagogik. Bern u. a.1998.

Oelkers, J.: Reformpädagogik. Eine kritische Dogmengeschichte. Weinheim/München 1989.
Oelkers, J.: Pädagogischer Liberalismus und nationale Gemeinschaft. Zur politischen Ambivalenz der „Reformpädagogik" in Deutschland vor 1914. In: U. J. Hermann/J. Oelkers (Hrsg.): Pädagogik und Nationalsozialismus. Weinheim/Basel 1988, S. 195–219. (= Zeitschrift für Pädagogik, Beiheft 22).
Oelkers, J.: Erziehung und Gemeinschaft: Eine historische Analyse reformpädagogischer Optionen. In: Chr. Berg/S. Ellger-Rüttgardt (Hrsg.): „Du bist nichts, Dein Volk ist alles". Weinheim 1991, S. 22 ff.
Oerter, R./Montada, L.: Entwicklungsspsychologie. Ein Lehrbuch. München/Wien/Baltimore 1982.
Oestreich, P.: Das deutsche Erziehungsproblem und die entschiedene Schulreform. In: Leipziger Lehrerzeitung. 29/1922, S. 185–188 u. 206–209.
Oestreich, P.: Entschiedene Schulreform. Schriften eines politischen Pädagogen, hrsg. von H. König/M. Radke. Berlin (Ost) 1978. (= Pädagogische Bibliothek, hrsg. von K.-H. Günther/H. König).
Oßenbrügge, J.: Entwicklungslinien der Politischen Geographie nach 1945. Konzeptionen der internationalen und globalen Maßstabsebene. In: I. Diekmann/P. Krüger/J. H. Schoeps (Hrsg.): Geopolitik. Grenzgänge im Zeitgeist. Band 1.2. 1945 bis zur Gegenwart. Potsdam 2000, S. 383– 402.
Otto, B.: Geistiger Verkehr mit Schülern im Gesamtunterricht. Unterrichtsprotokolle. Berlin-Lichterfelde 1902.
Otto, B.: Die Reformation der Schule. Groß-Lichterfelde 1912.
Pakull, H./Pfeiffer, H.: Handbuch zur Heimatkunde. Leipzig 1932.
Partheil, G./Probst, W.: Die neuen Bahnen des naturkundlichen Unterrichts. Berlin 1904.
Partsch, J.: Der Bildungswert der politischen Geographie. Berlin 1919. (= Geographische Abende des Zentralinstituts für Erziehung und Unterricht. Heft 7).
Passarge, S. : Das Deutsche Kolonialreich. Eine Länderkunde der deutschen Schutzgebiete. Leipzig 1909.
Passarge, S. : Grundlagen der Landschaftskunde. 3 Bände. Hamburg 1919–1921.
Passarge, S. : Die Landschaftsgürtel der Erde. Breslau 1923. (= Jedermanns Bücherei, Abt. Erdkunde).
Passarge, S. : Das Judentum als landschaftskundlich-ethnologisches Problem. München 1929.
Passarge, S. : Geographie und nationale Erziehung. In: Geographische Wochenschrift. 1/1933, S. 985–1000.
Passarge, S. : Der deutsche Lebensraum. Hamburg 1938.
Pasternak, F./Stockfisch, A.: Die Natur im Unterricht. Hildesheim 1952.
Peßler, W. (Hrsg.): Handbuch der deutschen Volkskunde. Potsdam 1934–1938.
Peßler, W.: Niedersächsische Volkskunde. Hannover 1952.
Peters, E.: Nationalistisch-völkische Bildungspolitik in der Weimarer Republik. Weinheim/Basel/Wien 1972.
Petersen, J.: Geographie der Luftfahrt – eine nationalpolitische Aufgabe des Erdkundeunterrichts. In: Geographischer Anzeiger 37/1936, S. 58–64.
Petersen, J./Schrepfer, H.: Die Geographie vor neuen Aufgaben. Frankfurt a. M. 1934.
Petersen, P.: Schulleben und Unterricht einer freien allgemeinen Volksschule nach den Grundsätzen Neuer Erziehung (Der Jena-Plan). Weimar 1930.
Petersen, P./Förtsch, A.: Das gestaltende Schaffen im Schulversuch der Jenaer Universitätsschule 1925 – 1930. Eine freie allgemeine Volksschule nach den Grundsätzen Neuer Erziehung (Der Jena-Plan). Zweiter Band. Weimar 1930.
Petersen, P.: Die Praxis der Schulen nach dem Jenaplan. Eine freie allgemeine Volksschule nach den Grundsätzen Neuer Erziehung (Der Jena-Plan). Dritter Band. Weimar 1934.
Pfeiffer, A.: Religiöse Sozialisten. Olten/Freiburg i. Breisgau 1976. (= Dokumente der Weltrevolution. Band 6).
Pfeiffer, H. (Hrsg.): Alexander von Humboldt. Werk und Weltgeltung. München 1969.

Pfeiffer, H.: Die Vollendung der Morphologie Goethes durch Alexander von Humboldt. Göttingen 1970.
Picht, G.: Der Begriff der Natur und seine Geschichte. Mit einer Einführung von Carl Friedrich von Weizsäcker. Stuttgart 1990.
Pittwald, M.: Ernst Niekisch. Völkischer Sozialismus, nationale Revolution, deutsches Endimperium. Köln 2002 (= Diss. Univ. Osnabrück 2000 bzw. Papy Rossa-Hochschulschriften. Band 37).
Plenge, J.: Der Krieg und die Volkswirtschaft. Münster 1915.
Plenge, J.: 1789 und 1914. Die symbolischen Jahre in der Geschichte des politischen Geistes. Berlin 1916.
Plenge, J.: Die Revolutionierung der Revolutionäre. Leipzig 1918.
Plenge, J.: Die Geburt der Vernunft. Berlin 1918.
Plenge, J.: Die „Durchstaatlichung der Wirtschaft". In: Europäische Staats- und Wirtschaftszeitung. 3/1918, S. 5 ff.
Plenge, J.: Zur Vertiefung des Sozialismus. Leipzig 1919.
Plessner, H.: Die verspätete Nation. Über die politische Verführbarkeit des bürgerlichen Geistes. Frankfurt a. M. 1992.
Poppelreuter, W.: Hitler, der politische Psychologe. Langensalza 1934.
Portmann, A.: Goethe und der Begriff der Metamorphose. In: Goethe-Jahrbuch 90/1973.
Prüll, H.: Die Heimatkunde als Grundlage für den Unterricht in den Realien auf allen Klassenstufen. Leipzig 1890.
Pudelko, A.: Das erste Reichslesebuch und seine Gestaltung. In: Deutsche Volkserziehung. 1/2 (1936), S. 1–5.
Raabe, F.: Die Bündische Jugend. Ein Beitrag zur Geschichte der Weimarer Republik. Stuttgart 1961.
Radbruch, G.: Wilhelm Meisters sozial-politische Sendung. Eine rechtsphilosophische Goethe-Studie. In: Logos 8 (1919/20).
Radbruch, G.: Kulturlehre des Sozialismus. Ideologische Betrachtungen. Berlin 1922.
Radbruch, G./Tillich, P./de Man, H.: Der Sozialismus und die geistige Lage der Gegenwart. In: Neue Blätter für den Sozialismus. 1/1932, S. 8–18.
Rádl, E.: Geschichte der biologischen Theorien in der Neuzeit. 2 Bände. Hildesheim/New York 1970. (Reprographischer Nachdruck der Ausgabe Leipzig/Berlin 1909 u. 1913).
Ramseger, J.: Lebensnähe als Verlust gesellschaftlicher Relevanz? Kritische Anmerkungen zur Freinet-Pädagogik. In: H. Schernikau (Hrsg.): Reformpädagogik und Gesellschaftskritik – Was bleibt vom freiheitlichen Sozialismus? Hamburg 1993, S. 175–195. (= Dokumentation Erziehungswissenschaft. Schriften aus dem Fachbereich 06 der Universität Hamburg, Heft 5)
Rang, M.: Jean Jacques Rousseau (1712–1778). In: H. Scheuerl: Klassiker der Pädagogik. Band II. München 1991, S. 116–134.
Raphael, L. (Hrsg.): Von der Volksgeschichte zur Strukturgeschichte: Die Anfänge der westdeutschen Sozialgeschichte 1945–1968. Leipzig 2002. (= Leipziger Beiträge zur Universalgeschichte und vergleichenden Gesellschaftsforschung, hrsg. im Auftrage der Karl-Lamprecht-Gesellschaft. Leipzig e. V.).
Rathenau, W.: Deutschlands Rohstoffversorgung. Berlin 1916.
Ratzel, F.: Anthropogeographie oder die Grundzüge der Anwendung der Erdkunde auf die Geschichte. Stuttgart 1882.
Ratzel, F.: Politische Geographie. München/Berlin 1897.
Ratzel, F.: Politische Geographie. München/Berlin 1923. (Durchgesehen und ergänzt von E. Oberhummer).
Ratzel, F.: Das Meer als Quelle der Völkergröße. München/Leipzig 1900.
Ratzel, F.: Die Erde und das Leben. Eine vergleichende Erdkunde. 2 Bände. Leipzig/Wien 1901/02.
Reichart, W.: Der Unterricht in der Heimatkunde. Ansbach 1925.

Reichwein, A.: Arbeitsgemeinschaft im Taunus (1921). In: Adolf Reichwein. Ausgewählte Pädagogische Schriften. Besorgt von H. E. Ruppert und H. E. Wittig. Paderborn u. a. 1978, S. 5–8.

Reichwein, A.: China und Europa. Geistige und künstlerische Beziehungen im 18. Jahrhundert. Berlin 1923.

Reichwein, A.: Volksbildung als Wirklichkeit. In: Akademisch-Soziale Monatsschrift (Jena). 10/12 (1922/23), S. 117–122.

Reichwein, A.: Vom Gemeinschaftssinn der deutschen Jugendbewegung. Zugleich ein Abriß ihrer Soziologie. (1923). In: Adolf Reichwein. Ein Lebensbild aus Briefen und Dokumenten. Band 2 der 2-bändigen Sonderausgabe der Lessing- Akademie Wolfenbüttel. München 1974, S. 145–149.

Reichwein, A.: Die Rohstoffe der Erde im Bereich der Wirtschaft, hrsg. von der Werkgemeinschaft der Volkswirtschaftsschule des Landes Thüringen. Jena 1924.

Reichwein, A.: Die Gilde. Ein Weg zur Einheit von Bildung und Arbeit. (1924). In: Adolf Reichwein. Ausgewählte Pädagogische Schriften. Besorgt von H. E. Ruppert und H. E. Wittig. Paderborn u. a. 1978, S. 9–15

Reichwein, A.: Gewalt oder Gewaltlosigkeit. In: Ebd., S. 69–75.

Reichwein, A..: Probleme der Deutsch-Französischen Verständigung. In: Sozialistische Monatshefte 62/1925, S. 11–18.

Reichwein, A.: Japans Arbeiter- und Bauernbewegung. In: Sozialistische Monatshefte 65/1927, S. 533–540.

Reichwein, A.: Ursprünge, Wandlungen und Tendenzen amerikanischer Arbeiterbewegung. In: Sozialistische Monatshefte 65/1927, S. 808–815.

Reichwein, A.: Die Rohstoffwirtschaft der Erde. Jena 1928.

Reichwein, A.: Reise zum Norden (1928). In: Adolf Reichwein. Ausgewählte Pädagogische Schriften. Besorgt von H. E. Ruppert und H. E. Wittig. Paderborn u. a. 1978, S. 52–66.

Reichwein, A.: Erlebnisse mit Tieren und Menschen zwischen Fairbanks, Hongkong, Huatusco. Jena 1930.

Reichwein, A.: Mexiko erwacht. Leipzig 1930.

Reichwein, A.: Blitzlicht über Amerika, Jena 1930.

Reichwein, A.: Pädagogische Akademien – Gefahr in Verzug (1931). In: Sozialistische Monatshefte. 74/1931, S. 988–993.

Reichwein, A.: Mit oder gegen Marx zur Deutschen Nation (1932). (Diskussion zwischen Adolf Reichwein, Halle (SPD.), Wilhelm Rössle (Tatkreis), Otto Strasser, Berlin (NSDAP), und dem Leuchtenburgkreis.) In: Adolf Reichwein. Ausgewählte Pädagogische Schriften. Besorgt von H. E. Ruppert und H. E. Wittig. Paderborn u. a. 1978, S. 86–93.

Reichwein, A.: Bevölkerungsdruck in Ostasien. In: Archiv für Sozialwissenschaft und Sozialpolitik 68/1932, S. 1–37.

Reichwein, A.: Grundtvig. Aus Anlaß der 150. Wiederkehr von Grundvigs Geburtstag am 8. September 1933. In: Adolf Reichwein. Ausgewählte Pädagogische Schriften. Besorgt von H. E. Ruppert und H. E. Wittig. Paderborn u. a. 1978, S. 22–37.

Reichwein, A.: Bemerkungen zu einer Selbstdarstellung (1933). In: Adolf Reichwein. Ein Lebensbild aus Briefen und Dokumenten. Ausgewählt von R. Reichwein unter Mitwirkung von H. Bohnenkamp, hrsg. und kommentiert von U. Schulz. München 1974, S. 253–262.

Reichwein, A.: Deutsche Landschule (1934). In: Adolf Reichwein. Ausgewählte Pädagogische Schriften. Besorgt von H. E. Ruppert und H. E. Wittig. Paderborn u. a. 1978, S. 94–99.

Reichwein, A.: Handgedrucktes Bauernleinen. Stuttgart/Berlin 1935. (= Beihefte der Reichstelle für den Unterrichtsfilm F40/1935)

Reichwein, A.: Pulquezubereitung in Mexiko. Stuttgart/Berlin 1936. (= Beihefte der Reichstelle für den Unterrichtsfilm F108/1936).

Reichwein, A.: Sisalernte auf Yucatan. Stuttgart/Berlin 1936. (= Beihefte der Reichsstelle für den Unterrichtsfilm F109/1936).

Reichwein, A.: Maisernte in Mexiko. Stuttgart/Berlin 1936. (= Beihefte der Reichsstelle für den Unterichtsfilm F110/1936).
Reichwein, A.: Kokosnußernte in Columbien. Stuttgart/Berlin 1936. (= Beihefte der Reichsstelle für den Unterrichtsfilm F 11/1936).
Reichwein, A.: Rohstoffe im Kräftespiel der Zeit. In: Deutsche Rundschau. 248/1936. S. 208–219.
Reichwein, A.: Anschauung in der Geschichte (1936). Aus Anlaß des Filmes „Deutsche Westgrenze I". In: Adolf Reichwein. Ausgewählte Pädagogische Schriften. Besorgt von H. E. Ruppert und H. E. Wittig. Paderborn u. a. 1978, S. 99–104.
Reichwein, A.: Märchen und Film (1936). In: Ebd., S. 141–148.
Reichwein, A.: Rohstoffe im Kräftespiel der Zeit. In: Deutsche Rundschau. 62 /1936, Bd. 248, S. 208–219.
Reichwein, A.: Schaffendes Schulvolk. Stuttgart/Berlin 1937.
Reichwein, A.: Umschwünge der Wirtschaft. In: Deutsche Rundschau. 251/252 (1936/1937), S. 98–104.
Reichwein, A.: Warum kämpft Japan? In: Ebd., 253/1937, S. 161–165.
Reichwein, A.: Verkehrsflugzeuge im Flughafen Berlin. Stuttgart/Berlin 1937. ( = Beihefte der Reichsstelle für den Unterrichtsfilm F170/1937).
Reichwein, A.: Deutsche Kamerun-Bananen. Stuttgart/Berlin 1938. (= Beihefte der Reichsstelle für den Unterrichtsfilm F187/1938).
Reichwein, A.: Amerikanischer Horizont. In: Deutsche Rundschau. 254(1937/1938), S. 106–113.
Reichwein, A.: Film in der Landschule. Vom Schauen zum Gestalten. Stuttgart/Berlin 1938.
Reichwein, A.: Vom Schauen zum Gestalten (1939). In: Ton und Töpfern. Begleitschrift zur ersten Schulausstellung des staatlichen Museums für deutsche Volkskunde anläßlich seines 50–jährigen Bestehens. Berlin 1939, S. 35–37. (= Schule und Museum. Heft 1).
Reichwein, A.: Kinder werken in Holz(1940). In: Holz im deutschen Volkshandwerk. Begleitschrift zur zweiten Schulausstellung des staatlichen Museums für deutsche Volkskunde, Berlin. Berlin 1940. S. 70–81.(= Schule und Museum. Heft 2).
Reichwein, A.: Zeugdruck (1941) In: Weben und Wirken. Begleitschrift zur dritten Schulausstellung des staatlichen Museums für deutsche Volkskunde, Berlin. Berlin 1941. S. 69–91. (= Schule und Museum. Heft 3).
Reichwein, A.: Schule und Handarbeit (1941). Weibliche Handarbeit aus volkstümlichem Erbe. In: Ebd., S. 118–136.
Reichwein, A.: Schule und Museum (1941). In: Adolf Reichwein. Ausgewählte Pädagogische Schriften. Besorgt von H. E. Ruppert und H. E. Wittig. Paderborn u. a. 1978, S. 157–167.
Reichwein, A.: Der Werkstoff formt mit (1941). In: Ebd., S. 151–157.
Reichwein, A.: Handwerksfilme der RWU – volkskundlich gesehen (1943). In: Ebd., S. 167–178.
Reichwein, A.: Film in der Schule. Vom Schauen zum Gestalten. Neu herausgegeben mit einem Anhang über neue Filme und andere Unterrichtshilfen von H. Lenzen. Braunschweig 1967. (= Westermann Taschenbuch. Theorie und Praxis der Schule).
Reichwein, A.: Ein Lebensbild aus Briefen und Dokumenten. Ausgewählt von R. Reichwein unter Mitwirkung von H. Bohnenkamp und kommentiert von U. Schulz. München 1974.
Reichwein, A.: Ausgewählte Pädagogische Schriften. Besorgt von H. E. Ruppert/H. E. Wittig. Paderborn 1978.(= Schöninghs Sammlung Pädagogischer Schriften. Quellen zur Historischen, Empirischen und Vergleichenden Erziehungswissenschaft, hrsg. von Theodor Rutt.)
Reichwein, A: Schaffendes Schulvolk – Film in der Schule. Die Tiefenseer Schulschriften. Kommentierte Neuausgabe, hrsg. von W. Klafki u. a. Weinheim/Basel 1993.
Reichwein, A.: Pädagoge und Widerstandskämpfer. Ein Lebensbild in Briefen und Dokumenten (1914–1944), hrsg. von G. C. Pallat/R. Reichwein/L. Kunz. Paderborn u. a. 1999.

Reichwein, R. (Hrsg.): „Wir sind die lebendige Brücke von gestern zu morgen". Pädagogik und Politik im Leben und Werk Adolf Reichweins. Weinheim/München 2000. (= Veröffentlichungen der Max-Traeger-Stiftung. Dokumente und Analysen zur Zeitgeschichte, hrsg. von E.-M. Stange. Band 4).

Reichwein, R.: Zur Aktualität Adolf Reichweins. In: Ebd., S. 87–98.

Reichwein, R.: War Adolf Reichwein ein „Nationaler Sozialist"? In: reichwein forum 11/12 (2008), S. 31–44.

Reiniger, P.: Sinn, Grenzen und Möglichkeiten des Gesamtunterrichts. Langensalza 1928.

Reuschel, K.: Die Volkskunde im Unterricht der höheren Schule. Berlin 1917.

Richter, A.: Der weltgeschichtliche Unterricht in der deutschen Volksschule in seiner methodischen Entwicklung. In: C. Kehr (Hrsg.): Geschichte der Methodik des deutschen Volksschulunterrichts. Gotha 1877. S. 169–211.

Richter, W.: Der Wandel des Bildungsgedankens. Die Brüder von Humboldt und das Zeitalter der Bildung und die Gegenwart. Berlin 1971. (= Historische und Pädagogische Studien. Band 2).

Richthofen von, B.: Die Vor- und Frühgeschichtsforschung im neuen Deutschland. Berlin 1937.

Richtlinien des Preußischen Ministeriums für Wissenschaft, Kunst und Volksbildung für die Lehrpläne der Volksschule. Breslau 1931.

Richtlinien zur Aufstellung von Lehrplänen für die Grundschule (1921). In: Ebd., S. 22–34

Richtlinien zur Aufstellung von Lehrplänen für die oberen Jahrgänge der Volksschule (1922). In: Ebd., S. 34–56.

Richtlinien für die Lehrpläne der höheren Schule Preußens (1925). Beilage zum Zentralblatt für die gesamte Unterrichtsverwaltung in Preußen 67, Heft 12.

Riehl, W. H.: Die Naturgeschichte des deutschen Volkes als Grundlage einer deutschen Social-Politik. 4 Bände. Stuttgart/Berlin 1854–1869.

Band 1.: Land und Leute. Stuttgart/Berlin 1854.

Band 2: Die bürgerliche Gesellschaft. Stuttgart/Berlin 1851.

Band 3: Die Familie. Stuttgart/Berlin 1855.

Band 4: Wanderbuch. Stuttgart/Berlin 1869.

Riehl, W. H..: Die Pfälzer. Ein rheinisches Volksbild. Stuttgart/Berlin 1857.

Riehl, W. H.: Die Volkskunde als Wissenschaft. In: W. H. Riehl und A. Spamer: Die Volkskunde als Wissenschaft. Mit einem Verlagsbericht:" Zwölf Jahre Arbeit für die deutsche Volkskunde" und einem Anhang: Der Wilhelm-Heinrich-Riehl-Preis der deutschen Volkskunde. Berlin/Leipzig 1935, S. 7–22. (unveränderter Abdruck der 1. Auflage seines Werkes „Culturstudien aus drei Jahrhunderten". Stuttgart 1859, S. 205 – 229).

Ringer, F. K.: Die Gelehrten. Der Niedergang der deutschen Mandarine 1890–1933. Stuttgart 1983.

Rintelen, F. J.: J. W. von Goethe – Sinnerfahrung und Daseinsdeutung. München/Basel 1968.

Ritter, C.: Europa, ein geographisch-historisch-statistisches Gemälde, für Freunde und Lehrer der Geographie, für Jünglinge, die ihren Cursus vollenden, bey jedem Lehrbuche zu gebrauchen. Nach den neuesten und besten Quellen bearbeitet. 2 Bände. Frankfurt a. M. 1804 u. 1807.

Ritter, C.: Die Erdkunde im Verhältnis zur Natur und Geschichte des Menschen, oder allgemeine, vergleichende Geographie, als sichere Grundlage des Studiums und Unterrichts in physicalischen und historischen Wissenschaften. 19 Theile, Berlin 1822–1859.

Ritter, C.: Allgemeine Erdkunde. Vorlesungen an der Universität zu Berlin gehalten. Berlin 1862.

Ritter, C.: Europa. Vorlesungen an der Universität zu Berlin gehalten. Berlin 1863.

Ritter, G.: Europa und die deutsche Frage. Betrachtungen über die geschichtliche Eigenart des deutschen Staatsdenkens. München 1948.

Röhrs, H.: Bildungsphilosophie. 2 Bände. Frankfurt 1967/68.

Röhrs, H./Pehnke, A. (Hrsg.): Die Reform des Bildungswesens im Ost-West-Dialog. Geschichte, Aufgaben, Probleme. Frankfurt a. M. 1998. (= Greifswalder Studien zur Erziehungswissenschaft. Band 1).

Rößger, K.: Der Weg der Arbeitsschule, historisch-kritischer Versuch. Leipzig 1927.

Rößle, W.: Die politischen Grundlagen der deutschen Erneuerung. München 1934.
Rohde, D.: Was heißt lebendiger Unterricht? Faradays Kerze und Goethes Pflanzenmetamorphose in einer Freien Waldorfschule. Marburg 2003 (= Diss. Marburg bzw. Lehrkunstwerkstatt V, hrsg. von H. Chr. Berg/W. Klafki/Th. Schulze).
Rosenkranz, K.: Göthe und seine Werke. Königsberg 1856.
Roth, H.: Pädagogische Psychologie des Lehrens und Lernens. Berlin/Hannover/Darmstadt 1957.
Roth, H.: Die „originale Begegnung" als methodisches Prinzip. In: Ebd., S. 116–126.
Roth, H.: Orientierendes und exemplarisches Lehren. In: Ebd., S. 183–194.
Rothbarth, M.: Volkskunde und höhere Mädchenschule. In: Zeitschrift für Frauenbildung 1917.
Rothacker, E.: Einleitung in die Geisteswissenschaften. Tübingen 1920.
Rotte, R.: Die „Ideen von 1914". Weltanschauliche Probleme des europäischen Friedens während der „ersten Globalisierung". Hamburg 2001.
Rüegg, W. (Hrsg.): Kulturkritik und Jugendkult. Frankfurt a. M. 1974.
Rürup, H.: „Der Geist von 1914" in Deutschland. In: Hüppauf, B. (Hrsg.): Ansichten vom Krieg. Vergleichende Studien zum Ersten Weltkrieg in Literatur und Gesellschaft. Königstein/Ts. 1984, S. 1–30.
Rumpf, M.: Deutsche Volkssoziologie im Rahmen einer sozialen Lebenslehre. Nürnberg 1931. (= Nürnberger Beiträge zu den Wirtschafts- und Sozialwissenschaften, H. 28).
Salewski, M.: Geopolitik und Ideologie. In: I. Diekmann,/P. Krüger/J.H. Schoeps (Hrsg.): Geopolitik. Grenzgänge im Zeitgeist. Band 1. 2. 1945 bis zur Gegenwart. Potsdam 2000, S. 357–380.
Salzmann, Chr.: Die Sprache der Reformpädagogik als Problem ihrer Reaktualisierung – dargestellt am Beispiel von Peter Petersen und Adolf Reichwein. Zusammenfassender Bericht über das gleichnamige wissenschaftliche Symposion vom 16.-17. November an der Universität Osnabrück. Heinsberg 1987.
Sartori, P.: Westfälische Volkskunde. Leipzig 1929.
Sauter, K.: Der Heimatkunde-Unterricht. Stuttgart 1933.
Schädel, Chr. H.: Metamorphose und Erscheinungsformen des Menschseins in „Wilhelm Meisters Wanderjahren". Marburg 1969. (= Marburger Beiträge zur Germanistik, hrsg. von J. Kunz, E. Ruprecht, L. E. Schmitt. Band 20).
Schallenberger, H.: Untersuchungen zum Geschichtsbild der Wilhelminischen Ära und der Weimarer Zeit. Eine vergleichende Schulbuchanalyse deutscher Schulgeschichtsbücher aus der Zeit von 1888–1933. Ratingen 1964.
Schaller, K.: Die Pädagogik des Johann Amos Comenius und die Anfänge des pädagogischen Realismus im 17. Jahrhundert. Heidelberg 1962.
Scharrelmann, W.: Goldene Heimat. Hamburg 1908.
Scharrelmann, W.: Aus meiner Werkstatt. Braunschweig/Hamburg 1909.
Schaumkell, E.: Geschichte der deutschen Kulturgeschichtsschreibung von der Mitte des 18. Jahrhunderts bis zur Romantik im Zusammenhang mit der allgemeinen geistigen Entwicklung. Leipzig 1905.
Scheibe, W.: Die Krisis der Aufklärung. Berlin/Leipzig 1936.
Scheiblhuber, A. C.: Beiträge zur Reform des Geschichtsunterrichts. Straubing 1901.
Scheiblhuber, A. C.: Kindlicher Geschichtsunterricht. Streitfragen und Geschichten. Nürnberg 1920.
Schernikau, H.: Erfahrungsbericht über das Arbeitsvorhaben „Wir backen Brot". In: K. Stieger: Schule als Brücke zur modernen Arbeitswelt. Stuttgart 1962, S. 130–166.
Schernikau, H.: Praktisches Tun als Fundament der Bildungsarbeit auf der Volksschuloberstufe. Hamburg 1961. (= Preisschrift der GEW Hamburg. Typoskript).
Schernikau, H./Friedrich, P.: Vorbereitung auf die Welt der Arbeit. In: W. Klafki: Unterrichtsbeispiele der Hinführung zur Arbeits- und Wirtschaftswelt. Düsseldorf 1970, S. 80–93.
Schernikau, H.: Produktion und Verkauf. In: Ebd., S. 105–122.

Schernikau, H.: Die Arbeitswelt als Gegenstand des Grundschulunterrichts. In: Die Arbeitslehre 4/1980, S. 210–219.
Schernikau, H.: Die Lehrplanepoche der Deutschen Bewegung und die Wende der Curriculum-Revision. Standortbestimmung der Heimatkunde und des Sachunterrichts im Kontext der wissenschaftlichen und fachdidaktischen Entwicklung. Frankfurt a. M./Bern 1981.(= Diss. Univ. Hamburg 1978 bzw. Europäische Hochschulschriften. Reihe XI/Pädagogik. Bd./Vol. 113).
Schernikau, H.: Bei den Kakaobauern in Ghana/Ein Tag aus Quadjos Leben. In: Dritte Welt im Unterricht der Grundschule, 2/1988, S. 6–15.
Schernikau, H..: Soziales und politisches Lernen in der Grundschule. In: Calließ, J./Lob, R. E. (Hrsg.): Praxis der Umwelt- und Friedenserziehung. Band 3: Friedenserziehung. Düsseldorf 1988, S. 85–90. (= Schwann Handbuch).
Schernikau, H./Zahn, B. (Hrsg.): Frieden ist der Weg. Bausteine für das soziale und politische Lernen. Weinheim/Basel 1990.
Schernikau, H.: Puppenspiele zum Thema „Krieg und Frieden". In: Ebd., S. 140–167.
Schernikau, H.: Heimat- und Weltkunde im Horizont der Einen Welt. In: A. Scheunpflug/A. K. Treml (Hrsg.): Entwicklungspolitische Bildung. Bilanz und Perspektiven in Forschung und Lehre. Ein Handbuch. Tübingen/Hamburg 1993, S. 197–219. (= edition differenz. Band 39).
Schernikau, H.: Historische Vorläufer des Offenen Unterrichts. Teil 1. In: Die Grundschulzeitschrift 87/1995, S. 28–32.
Schernikau, H.: Historische Vorläufer des Offenen Unterichts. Teil 2. In: Die Grundschulzeitschrift 88/1995, S. 32–38.
Schernikau, H.: Historische Vorläufer des Offenen Unterrichts. Teil 3. In: Die Grundschulzeitschrift 89/1995, S. 50–57.
Schernikau, H. (Hrsg.): Reformpädagogik und Gesellschaftskritik – Was bleibt vom freiheitlichen Sozialismus? Hamburg1993. (=Dokumentation Erziehungswissenschaft. Schriften aus dem Fachbereich 06 der Universität Hamburg, Heft 5).
Schernikau, H.: Einführungsstatement. In: Ebd., S. 23–27.
Schernikau, H.: Adolf Reichwein – Der Deutsche Sozialismus und der Vorhabenunterricht. In: Ebd., S. 135–146.
Schernikau, H.: Das Täterprofil bürgerlicher Wissenschaft. Vortrag im Rahmen der Ringvorlesung: Denn sie wussten und wollten, was sie taten. Der Holocaust und seine Täter. Universität Hamburg WS 2002/3. Typoskript, verfügbar in der Hamburger Bibliothek für Universitätsgeschichte.
Schernikau, H..: Die Erde aus der Vogel- und Fliegerschau. In: reichwein forum. 4/2004, S. 22–28.
Schernikau, H.: Lehrkunst, Bildung und Erziehung bei Reichwein. In: reichwein forum 6/2005, S. 9–17.
Schernikau, H.: Der „Jahresplan" und die „einfachen Formen" der „Formenkunde". In: reichwein forum. 8/2006, S. 21–30.
Schernikau, H.: Das Protokoll „Prerow" und „Leuchtenburg" – zum nationalen Sozialismus im Kontext der deutschen Gesellschaftsgeschichte. In: reichwein forum 11/12 2008, S. 44–59.
Scherr, J.: Deutsche Kultur- und Sittengeschichte. Leipzig 1858.
Scheuerl, H. (Hrsg.): Klassiker der Pädagogik. 2 Bände. 1991.
Scheunpflug, A./Treml, A. K. (Hrsg.): Entwicklungspolitische Bildung. Bilanz und Perspektiven in Forschung und Lehre. Ein Handbuch. Tübingen/Hamburg 1993. (= edition differenz, Bd. 39).
Schieder, Th.: Strukturen und Persönlichkeiten in der Geschichte. In: Historische Zeitschrift 195/1962, S. 265–296.
Schierenberg, R.: Der politische Herder. Graz 1932.
Schildt, A.: National gestimmt, jugendbewegt und antifaschistisch – die Neuen Blätter für den Sozialismus. In: M. Grunewald (Hrsg.): Das linke Intellektuellenmilieu in Deutschland, seine Presse und seine Netzwerke (1890–1960). Bern 2002, S. 363–390.

Schilling, G.: Die preußische Schulreform von 1924/25 und die Erdkunde als deutschkundliches Kernfach. In: W. Sperling: Theorie und Geschichte des geographischen Unterrichts. Braunschweig 1981, S. 219–223.
Schilling, J.: Goethes Lebensbegriff. Konstanz 1990.
Schitko, K.: Die Ergebnisse der Pisa-Studien und die Frage nach Konsequenzen. In: reichwein forum. 3/2004, S. 5–11.
Schlechta, K.: Goethe in seinem Verhältnis zu Aristoteles. Frankfurt a. M. 1938. (= Frankfurter Studien 16).
Schleier, H.: Geschichte der deutschen Kulturgeschichtsschreibung. Band 1.Teil 1 u. Teil 2. Vom Ende des 18.Jahrhunderts bis Ende des 19. Jahrhunderts. Waltrop 2003. (= Wissen und Kritik. Texte und Beiträge zur Methodologie des historischen und theologischen Denkens seit der Aufklärung, hrsg. von H. Schleier (Leipzig) und D. Fleischer (Reken). Band 24.1).
Schleucher, K.: Alexander von Humboldt: der Mensch, der Forscher, der Schriftsteller. Darmstadt 1985. (= Biographiesammlung der Martin-Behaim-Gesellschaft Darmstadt 11).
Schlözer, A. L.: Vorbereitung zur Weltgeschichte für Kinder. Göttingen 1779.
Schlözer, A. L.: WeltGeschichte nach ihren HauptTheilen im Auszug und im Zusammenhange. 2Tle. Göttingen 1785/89.
Schmaler, M.: Das Arbeitsprinzip in der Landschaftskunde. In: Aus der Natur 10 (1913/14), S. 64–71.
Schmarda, L. K.: Die geographische Verbreitung der Thiere. Wien 1853.
Schmeil, O.: Über die Reformbestrebungen auf dem Gebiete des naturwissenschaftlichen Unterrichts. Leipzig 1896.
Schmeil, O.: Lehrbuch der Zoologie. Stuttgart 1899.
Schmeil, O.: Lehrbuch der Botanik. Stuttgart/Leipzig 1903.
Schmidt, A.: Goethes herrlich leuchtende Natur. Philosophische Studien zur deutschen Spätaufklärung. München/Wien 1984.
Schmithüsen, J.: Was ist eine Landschaft? In: Erdkundliches Wissen. Heft 9. Wiesbaden 1964.
Schmithüsen, J..: Geschichte der geographischen Wissenschaft von den ersten Anfängen bis zum Ende des 18. Jahrhunderts. Mannheim u. a. 1970.
Schmitt, C.: Naturgeschichte im Freien. Langensalza 1922.
Schnass, F.: Nationalsozialistische Heimat- und Erdkunde mit Einschluß der Geopolitik und des vaterländischen Gesamtunterrichts. Osterwieck 1934.
Schöller, P.: Wege und Irrwege der Politischen Geographie und der Geopolitik. In: Erdkunde. 11/1957, S. 1–20.
Schöne, E.: Politische Geographie. Leipzig 1911. (= Aus Natur und Geisteswelt. Sammlung wissenschaftlich-gemeinverständlicher Darstellungen. 353. Band).
Schoenischen, W. (Hrsg.): Handbuch der Heimaterziehung. Berlin 1924.
Schoenichen, W.: Heimatkunde und Naturschutz im Unterricht der Naturgeschichte. In: Ebd., S. 320–384.
Scholtz, H.: Erziehung und Unterricht unterm Hakenkreuz. Göttingen 1985.
Schonig, B.: Irrationalismus als pädagogische Tradition. Weinheim/Basel 1973.
Schramek, J.: 40 Wochen Heimatkunde. Leipzig/Prag/Wien 1916.
Schreier, H.: Die Erziehungsphilosophie des John Dewey. In: H. Schernikau (Hrsg.): Reformpädagogik und Gesellschaftskritik – Was bleibt vom freiheitlichen Sozialismus? Hamburg 1993, S. 117–133. (= Dokumentation Erziehungswissenschaft. Schriften aus dem Fachbereich 06 der Universität Hamburg. Heft 5).
Schrepfer, H.: Rassenkunde und Schulgeographie. In: Geographischer Anzeiger 35/1934, S. 558–562.
Schrepfer, H.: Was heißt Lebensraum? Eine notwendige begriffliche Klärung. In: Geographische Zeitschrift 48/1942, S. 417–424.
Schrimpf, H.-J.: Goethes Begriff der Weltliteratur. Stuttgart 1968.

Schröder, P.: Die Leitbegriffe der deutschen Jugendbewegung in der Weimarer Republik. Eine ideengeschichtliche Studie. Münster 1996.

Schürgers, N. J.: Politische Philosophie in der Weimarer Republik. Staatsverständnis zwischen Führerdemokratie und bürokratischem Sozialismus. Stuttgart 1989. (= Diss. Univ. Tübingen).

Schulin, E.: Rückblick auf die Entwicklung der Geschichtswissenschaft. In: E. Jäckel/E. Weymar (Hrsg.): Die Funktion der Geschichte in unserer Zeit. Stuttgart 1975, S. 11–25.

Schulte-Althoff, F.-J.: Studien zur politischen Wissenschaftsgeschichte der deutschen Geographie im Zeitalter des Imperialismus. Paderborn 1971. (= Bochumer Geographische Arbeiten. Heft 9).

Schultz, H.-D.: Carl Ritter – Ein Gründer ohne Gründerleistung? In: Carl Ritter – Geltung und Deutung. Beiträge des Symposions anläßlich der Wiederkehr des 200. Geburtstages von Carl Ritter November 1979 in Berlin (West), hrsg. von K. Lenz . Gesellschaft für Erdkunde. Berlin 1981, S. 55–74.

Schultz, H.-D.: Die deutsche Geographie im 19. Jahrhundert und die Lehre Friedrich Ratzels. In: I. Diekmann/P. Krüger/J.H.Schoeps (Hrsg.): Geopolitik. Grenzgänge im Zeitgeist. Band 1.1. 1890–1945. Potsdam 2000, S. 39–84.

Schultze, A.: Das exemplarische Prinzip im Rahmen der didaktischen Prinzipien des Erdkundeunterrichts. In: B. Gerner (Hrsg.): Das exemplarische Prinzip. Darmstadt 1966.

Schultze, A. (Hrsg.): Dreißig Texte zur Didaktik der Geographie. Braunschweig 1971. (= Westermann Taschenbuch 58).

Schulz, W.: Gemeinschaft und Gesellschaft in „kulturkritischen" Konzepten der deutschen Reformpädagogik. In: H. Schernikau (Hrsg.): Reformpädagogik und Gesellschaftskritik – Was bleibt vom freiheitlichen Sozialismus? Hamburg 1993, S. 35–49. (= Dokumentation Erziehungswissenschaft. Schriften aus dem Fachbereich 06 der Universität Hamburg. Heft 5).

Schulz, H.: Bodenständiger Sach- und Sprachunterricht nach den neuen Richtlinien für die Grundschule. Langensalza 1920.

Schulverbund Blick über den Zaun: Schule ist unsere Sache. Denkschrift und Erklärung von Hofgeismar. 2006.

Schulze, H.: Von der Schulstube zum Heimatort und seiner Umgebung. Langensalza 1925.

Schulze, H.: Über Heimatkreis zur Heimatprovinz. Langensalza 1927.

Schulze, Th.: Didaktik heißt Lehrkunst. In: H. Chr. Berg/Th.Schulze: Lehrkunst. Lehrbuch der Didaktik. Neuwied/Kriftel/Berlin1995, S. 49–62.

Schulze, Th.: Lehrstück-Dramaturgie. In: Ebd., S. 361–420.

Schurtz, K.: Urgeschichte der Kultur. Leipzig/Wien 1900.

Schwab, M.: Adolf Reichwein und Friedrich Copei. Schule als Lebensstätte und Lernort. In: Die Grundschule. 10/1988, S. 67–70.

Schwarz, G.: Die Entwicklung der geographischen Wissenschaft seit dem 18. Jahrhundert. Berlin 1948.

Schwedhelm, K. (Hrsg.): Propheten des Nationalsozialismus. München 1969.

Schweitzer, A.: Die Ethik der Ehrfurcht vor dem Leben. Neu-Isenburg 1978.

Schwierskott, H.-J.: Arthur Moeller Van Den Bruck und die Anfänge des Jungkonservativismus in der Weimarer Republik. Eine Studie über Geschichte und Ideologie des revolutionären Nationalismus. (= Diss. Erlangen 1960/Nr. 343).

Schwietering, J.: Wesen und Aufgabe der deutschen Volkskunde. In: Deutsche Vierteljahrsschrift für Literaturwissenschaft und Geisteswissenschaft. 5/1927.

See von, K.: Die Ideen von 1789 und die Ideen von 1914. Völkisches Denken in Deutschland zwischen Französischer Revolution und Erstem Weltkrieg. Frankfurt a. M. 1975.

Seidelmann, K.: Bund und Gruppe als Lebensformen deutscher Jugend. München 1955.

Seidelmann, K.: (Hrsg.): Die deutsche Jugendbewegung. Bad Heilbrunn/Obb. 1966.

Seiffert H.: Einführung in die Wissenschaftstheorie. 2 Bände. München 1976.

Semel, H.: Die Realienlehrprogramme im 17. und 18. Jahrhundert. Ein Beitrag zur Ideengeschichte des Sachunterrichts in der deutschen Volksschule. Hamburg 1964. (= Diss. Univ. Hamburg).

Seyfert, R.: Der gesamte Lehrstoff des naturkundlichen Unterrichts. Leipzig 1899.
Sigel, R.: Die Lensch-Cunow-Haenisch-Gruppe. Berlin 1976.
Singer, J.: Harnischs „Weltkunde", ihre wissenschaftlichen und pädagogischen Voraussetzungen. Halle a. d. S. 1914.
Smalian, K.: Methodik des biologischen Unterrichts. 3 Bände. Berlin 1926.
Sombart, W.: Händler und Helden. Patriotische Besinnungen. München/Leipzig 1915.
Sombart, W.: Deutscher Sozialismus. Berlin 1934.
Sontheimer, K.: Antidemokratisches Denken in der Weimarer Republik. Die politischen Ideen des deutschen Nationalismus. München 1978. (= dtv. Wissenschaftliche Reihe).
Sontheimer, K.: Der Tatkreis. In: Vierteljahreshefte für Zeitgeschichte. 7/1959, S. 229–260.
Spamer, A.: Wesen und Aufgabe der Volkskunde. In.: A. Spamer (Hrsg.): Die deutsche Volkskunde. Band 1. Leipzig/Berlin 1934.
Spengler, O.: Preußentum und Sozialismus. München 1920.
Spengler, O.: Der Untergang des Abendlandes. Umrisse einer Morphologie der Weltgeschichte (1923). München 1979 (= dtv. 838).
Spengler, O.: Neubau des deutschen Reiches. München 1924.
Spengler, O.: Politische Schriften. Volksausgabe. München 1933.
Sperling, W.: Theorie und Geschichte des geographischen Unterrichts. Braunschweig 1981.
Spielhagen, M.: Gesamtunterricht in der Arbeitsgemeinschaft einer einklassigen Landschule (3. bis 8. Jahrg.). Breslau 1926.
Spranger, E.: Der Bildungswert der Heimatkunde, in: W. Schoenichen (Hrsg.): Handbuch der Heimaterziehung. Berlin 1924, S. 3–26.
Spranger, E.: Pädagogische Perspektiven. Beiträge zu Erziehungsfragen der Gegenwart. Heidelberg 1950.
Spranger, E.: Der Eigengeist der Volksschule. Heidelberg 1955.
Spranger, E.: Goethe – seine geistige Welt. Tübingen 1967.
Sprengel, P.: Nachwort. In: Johann Wolfgang von Goethe. Italienische Reise, S. 518–552. (= Goldmann-Taschenbücher 7641/1997).
Sprenger, H.: Geleitwort zur zweiten Auflage. In: F. Copei: Der fruchtbare Moment im Bildungsprozess. Heidelberg 1963, S. 6–15.
Sprenger, H.: Erinnerungen an Friedrich Copei. In: Westermanns Pädagogische Beiträge 9/1962, S. 341–358.
Staiger, E.: Goethes Weg zur klassischen Kunst (1954). In: H. O. Burger (Hrsg.): Begriffsbestimmung der Klassik und des Klassischen. Darmstadt 1972, S. 327–352.
Stanglmaier, H./Schnitzer, A./Kopp, F.: Volkhafter Heimatunterricht. Ansbach 1939.
Steger, H. A.: Adolf Reichweins politische Landeskunde „Mexiko erwacht" (1930). In: W. Huber/A. Krebs (Hrsg.): Adolf Reichwein 1898–1944. Paderborn 1981, S. 209–229.
Stegmann, F. J./Langhorst, P.: Geschichte der sozialen Ideen im Deutschen Katholizismus. In: H. Grebing ( Hrsg.): Geschichte der sozialen Ideen in Deutschland. Sozialismus – Katholische Soziallehre – Protestantische Sozialethik. Ein Handbuch. Essen 2005, S. 596–862.
Steinbach, P.: Für die Selbsterneuerung der Menschheit. Zum einhundertsten Geburtstag des sozialdemokratischen Widerstandskämpfers Adolf Reichwein. Bonn 1998.
Steiner, R.: Goethes Weltanschauung (1897). Dornach1963. Gesamtausgabe 6.
Steiner, R.: Anthroposophie – ihre Erkenntniswurzeln und Lebensfrüchte. Acht Vorträge vom 29.8.1921–6.9.1921. Dornach 1962. Gesamtausgabe 78.
Steiner, R.: Goethes naturwissenschaftliche Schriften. Dornach 1926.
Stenzel, B.: „Pg. Goethe" ? Vom politischen und philologischen Umgang mit einem Weimarer Klassiker. In: L. Ehrlich/J. John/J. H. Ulbricht (Hrsg.): Das Dritte Weimar. Klassik und Kultur im Nationalsozialismus. Köln/Weimar/Wien 1999, S. 219–243.
Stieger, K.: Unterricht auf werktätiger Grundlage. Ein Beitrag zur Psychologisierung des Primarstufenunterrichts. Freiburg i. Breisgau 1951.

Stieger, K.: Schule als Brücke zur modernen Arbeitswelt. Stuttgart 1962.
Stieglitz, H.: Vom Heimatgrundsatz. München 1921.
Stippel, F.: Die Zerstörung der Person. Kritische Studie zur nationalsozialistischen Pädagogik. Donauwörth 1957.
Stöcker, K.: Volksschuleigene Bildungsarbeit. München 1957.
Stolpe, H.: Herder und die Ansätze einer naturgeschichtlichen Entwicklungslehre im 18. Jahrhundert. In: Neue Beiträge zur Literatur der Aufklärung. Berlin 1964, S. 289–316. (= Neue Beiträge zur Literaturwissenschaft. Band 21).
Stoy, C.V.: Von der Heimathskunde. Jena 1876.
Stoy, C. V..: Geschichte der Provinz Hannover. Hannover 1906.
Strasser, O.: Aufbau des Deutschen Sozialismus. Leipzig 1932.
Strasser, O..: Wohin treibt Hitler? Darstellung der Lage und Entwicklung des Hitlersystems in den Jahren 1935 und 1936. Prag 1937.
Streisand, J. (Hrsg.): Die deutsche Geschichtswissenschaft vom Beginn des 19. Jahrhunderts bis zur Reichseinigung von oben. Berlin 1969.
Strich, F.: Goethe und die Weltliteratur. Bern 1957.
Strich, F.: Grundbegriffe. In: H. O. Burger (Hrsg.): Begriffsbestimmung der Klassik und des Klassischen. Darmstadt 1972.
Supan, A.: Leitlinien der allgemeinen Politischen Geographie. Leipzig 1918.
Sywottek, A.: Geschichtswissenschaft in der Legitimationskrise. Bonn/Bad Godesberg 1974.
Tecklenburg, A.: Anweisung zur organischen Eingliederung der Heimat- und Stammesgeschichte in die Reichsgeschichte, Hannover 1908.
Tecklenburg, A.: Bildender Geschichtsunterricht I, Hannover 1921.
Tecklenburg, A.: Schule und Heimat. Der Weg zu deutscher Bildung von der Heimat aus, Hannover 1923.
Tecklenburg, A./Weigand, H.: Deutsche Geschichte für Schule und Haus. Hannover 1896.
Tenorth, H.-E.: Zur deutschen Bildungsgeschichte 1918–1945. Probleme, Analysen und politisch-pädagogische Perspektiven. Köln 1985.
Tenorth, H. E.: Deutsche Erziehungswissenschaft 1930–1945. Aspekte ihres Strukturwandels. In: Zeitschrift für Pädagogik 32/1986, S. 299–321.
Tenorth, H. E. (Hrsg.): Klassiker der Pädagogik 1. Von Erasmus bis Helene Lange. München 2003. (= beck´sche reihe).
Tenorth, H. E. (Hrsg.): Klassiker der Pädagogik 2. Von John Dewey bis Paulo Freire. München 2003. (= beck´sche Reihe).
Thiele, E. O. (Bearb.): Das germanische Erbe in der deutschen Volkskultur. Vorträge des 1. Deutschen Volkskundetages in Braunschweig. Herbst 1938. München 1939. (= Deutsche Volkskunde. Schriftenreihe der Arbeitsgemeinschaft für Deutsche Volkskunde).
Thimme, F./Legien, C. (Hrsg.): Die Arbeiterschaft im neuen Deutschland. Leipzig 1915.
Tillich, P.: Sozialismus. In: Neue Blätter für den Sozialismus. 1/1930, S. 1–12.
Tillich, P.: Die sozialistische Entscheidung. Potsdam 1933. (= Die sozialistische Aktion. Heft 2. Schriftenreihe der Neuen Blätter für den Sozialismus).
Tönnies, F.: Gemeinschaft und Gesellschaft. Grundbegriffe der reinen Soziologie. Darmstadt 1963. (Nachdruck der 8. Auflage. Leipzig 1935).
Troeltsch, E.: Gesammelte Schriften. 4 Bände. Tübingen 1922–1925.
Troeltsch, E.: Deutscher Geist und Westeuropa. Gesammelte kulturphilosophische Aufsätze und Reden, hrsg. von H. Baron. Tübingen 1925.
Troll, C.: Die geographische Wissenschaft in Deutschland in den Jahren 1933–1945. Eine Kritik und Rechtfertigung. In: Erdkunde 1/1947, S. 3–48.
Troll, C.: Die geographische Landschaft und ihre Erforschung. In: studium generale 4/5 (1950), S. 163–181.

Troll, C.: Die Lebensformen der Pflanzen. A. v. Humboldts Ideen in der ökologischen Sicht von heute. In: H. Pfeiffer (Hrsg.): Alexander von Humboldt. Werk und Weltgeltung. München 1969, S. 197–246.
Tromnau, A.: Der Unterricht in der Heimatkunde. Halle a. d. S. 1889.
Unger, R.: Klassizismus und Klassik in Deutschland (1932). In: H. O. Burger (Hrsg.): Begriffsbestimmung der Klassik und des Klassischen. Darmstadt 1972, S. 34–65.
Vaget, H. R.: Dilettantismus und Meisterschaft. Zum Problem des Dilettantismus bei Goethe: Praxis, Theorie und Zeitkritik. München 1971.
Vehse, E.: Tafeln der Geschichte. Die Hauptmomente der äußern politischen Verhältnisse und des innern geistigen Entwicklungsgangs der Völker und Staaten alter und neuer Welt in chronologischer und ethnographischer Ordnung. Abt. 1: Politische Geschichte, Abt. 2: Cultur-Geschichte, Dresden 1834.
Verhey, J.: Der Geist von 1914 und die Erfindung der Volksgemeinschaft. Hamburg 2000.
Verleger, W.: Praxis des heimatkundlichen Unterrichts. Hannover/Berlin 1912.
Vico, G.: Die neue Wissenschaft über die gemeinschaftliche Natur der Völker, Reinbek 1966 (deutsche Übersetzung von „Prinzipi di una scienza nuova" (1725) in der Fassung von 1744).
Vilsmeier, F.: Die Wandlungen des Begriffs des Gesamtunterrichts. Langensalza 1934.
Vilsmeier, F. (Bearb.): Der Gesamtunterricht. Weinheim 1960. (= Quellen zur Unterrichtslehre, hrsg. von G. Geißler. Band 8).
Vogt, F.: Schöpferische Heimatkunde, Osterwieck 1926.
Vogt, St.: Der Antifaschismus der sozialdemokratischen Jungen Rechten. Faschismusanalysen und antifaschistische Strategien im Kreis um die „Neuen Blätter für den Sozialismus" in den letzten Jahren der Weimarer Republik. In: Zeitschrift für Geschichtswissenschaft 48/2000, S. 990–1011.
Vogt, St.: Nationaler Sozialismus und Soziale Demokratie. Die sozialdemokratische Junge Rechte 1918–1945. Bonn 2006. (= Historisches Forschungszentrum der Friedrich-Ebert-Stiftung. Reihe Politik und Gesellschaftsgeschichte, hrsg. von D. Dowe und M. Schneider. Band 70).
Vollmar von, G.: Reden und Schriften zur Reformpolitik. Berlin/Bonn/Bad Godesberg 1977. (= Internationale Bibliothek, Band 92).
Volz, W.: Das Wesen der Geographie in Forschung und Darstellung. Schlesisches Jahrbuch für Geistes- und Naturwissenschaften. Breslau 1923.
Volz, W.: Die nationalen Aufgaben der Geographie. In: Mitteilungen des Vereins der Geographen an der Universität Leipzig 13/1934, S. 1–11.
Vondung, K. (Hrsg.): Das wilhelminische Bildungsbürgertum. Zur Sozialgeschichte seiner Ideen. Göttingen 1976.
Wachler, E.: Die Heimat als Quelle der Bildung. Leipzig 1926.
Wachsmuth, W.: Allgemeine Culturgeschichte. 3 Bände. Leipzig 1850/1852.
Wähler, M.: Der deutsche Volkscharakter. Eine Wesenskunde der deutschen Volksstämme und Volksschläge. Jena 1937.
Wähler, M..: Thüringische Volkskunde. Jena 1940.
Wagenschein, M.: Die Pädagogische Dimension der Physik. Braunschweig 1962.
Wagenschein, M.: Verstehen lehren: Genetisch – Sokratisch – Exemplarisch (1968). Weinheim 1992.
Wagenschein, M.: Naturphänomene sehen und verstehen. Genetische Lehrgänge, hrsg. von H. Chr. Berg. Stuttgart 1988.
Wagenschein, M.: Erinnerungen für morgen. Eine pädagogische Autobiografie. Weinheim 1989.
Wagenschein, M.: Kinder auf dem Wege zur Physik. Weinheim 1990.
Wagner, J.: Volk und Volkstum im heimatkundlichen Unterricht. In: Geographischer Anzeiger 35/1934, S. 224–229.
Wagner, J.: Einige grundsätzliche Bemerkungen zu einer auf Blut und Boden gegründeten Heimatkunde. In: Geographische Wochenschrift 2/1934, S. 297–303.
Wagner, J.: Das Luftbild im Erdkundeunterricht. In: Zeitschrift für Erdkunde 1938, S. 357 ff.

Wallrabenstein, W.: Paul Oestreichs Entschiedene Schulreform. In: H. Schernikau (Hrsg.): Reformpädagogik und Gesellschaftskritik – Was bleibt vom freiheitlichen Sozialismus? Hamburg 1993, S. 197–205. (= Dokumentation Erziehungswissenschaft. Schriften aus dem Fachbereich 06 der Universität Hamburg, Heft 5).
Weber, B.: Politik und Pädagogik vom Kaiserreich zum Faschismus. Königstein/Ts. 1979.
Weber-Kellermann, I.: Deutsche Volkskunde zwischen Germanistik und Sozialwissenschaften. Stuttgart 1969.
Weber-Kellermann, I../Bimmer, A. C.: Einführung in die Volkskunde/Europäische Ethnologie. Stuttgart 1985.
Wehler, H.-U.: Bismarck und der Imperialismus. Köln 1969.
Wehler, H. U.: Deutsche Gesellschaftsgeschichte. 5 Bände. 1966– 2008.
Band 1: Vom Feudalismus des alten Reiches bis zur defensiven Modernisierung der Reformära 1700–1815. München 1966.
Band 2: Von der Reformära bis zur industriellen und politischen „Deutschen Doppelrevolution" 1815–1845/49. München 1996.
Band 3: Von der „Deutschen Doppelrevolution" bis zum Beginn des Ersten Weltkriegs 1849–1914. München 1995.
Band 4: Vom Beginn des Ersten Weltkriegs bis zur Gründung der beiden deutschen Staaten 1914–1949. München 2003.
Band 5: Bundesrepublik und DDR. München 2008.
Weigt, E.: Die Geographie. Braunschweig 1957.
Weinhandl, F.: Die Metaphysik Goethes. Berlin 1932.
Weinhold, K.: Was soll die Volkskunde leisten? In: Zeitschrift für Völkerpsychologie und Sprachwissenschaft. 20/1890, S. 1–5.
Weise, O.: Deutsche Heimat- und Stammesart im Unterricht an höheren Schulen. Berlin 1918.
Weißmann, Kh.: Der nationale Sozialismus. Ideologie und Bewegung 1890–1933. München 1998.
Weizsäcker von, C. F.: Einige Begriffe aus Goethes Naturwissenschaft. In: Goethe, J.W. v. : Werke. Hamburger Ausgabe. Hrsg. von E. Trunz. Band 13. München 1994, S. 539–555.
Weniger, E.: Die Grundlagen des Geschichtsunterrichts. Leipzig 1926
Weniger, E.: Heimat und Geschichte. In: Die Erziehung, 1/1926, S. 56–67.
Weniger, E.: Didaktik als Bildungslehre. Teil 1. Theorie der Bildungsinhalte und des Lehrplans. Weinheim 1960.
Weniger, E.: Neue Wege des Geschichtsunterrichts. Mit Beiträgen von H. Heimpel und H. Körner. Frankfurt a. M. 1949
Wernecke, R.: Heimatkundlicher Anschauungsunterricht. Gera 1895.
Werner, P.: Himmel und Erde. Alexander von Humboldt und sein Kosmos. Berlin 2004.
Werth, Chr. H.: Sozialismus und Nation. Die deutsche Ideologiediskussion zwischen 1918 und 1945. Weimar 2001.
Weule, K.: Kulturelemente der Menschheit. Die Anfänge und Urelemente der materiellen Kultur. Stuttgart 1910.
Wichmann, O.: Eigengesetz und bildender Wert der Lehrfächer. Untersuchungen über die Beziehung von allgemeiner Pädagogik und Fachwissenschaft. Halle 1930.
Wiechmann, J.: Das Schaffende Schulvolk Adolf Reichweins. Ein vernachlässigtes Modell der Reformpädagogik. In: Die Deutsche Schule. 4/1998. S. 401–412.
Wilhelm, W.: Reichwein und der Ferne Osten. In: W. Huber./A. Krebs (Hrsg.): Adolf Reichwein 1898–1944. Paderborn u. a. 1981, S. 231–272.
Willmann, O.: Didaktik als Bildungslehre. Nach ihren Beziehungen zur Sozialforschung und zur Geschichte der Bildung. Freiburg i. Breisgau 1957.
Winkler, H. A. (Hrsg.): Die deutsche Staatskrise 1930–1933. Handlungsspielräume und Alternativen. München 1992.

Wisbert, H.: Das Bildungsdenken des jungen Herder. Interpretation der Schrift „Journal meiner Reise im Jahre 1769". Frankfurt a. M. 1987. (= Diss. Univ. Köln 1985 bzw. Europäische Hochschulschriften, Reihe XI/Pädagogik, Bd./Vol. 297).

Wisotzki, E.: Zeitströmungen in der Geographie. Leipzig 1897.

Wittenbruch, W.: Unterrichtsmethode als Weg der Erziehung. Erfahrungen und Überlegungen zur Unterrichtsmethode in den Schriften Adolf Reichweins. In: W. Huber/A. Krebs (Hrsg.): Adolf Reichwein 1898–1944. Paderborn u. a., S. 137–175.

Wocke, M. F.: Heimatkunde und Erdkunde. Hannover 1964.

Woods, R.: Konservative Revolution und Nationalsozialismus in der Weimarer Republik. In: W. Bialas: Intellektuelle in der Weimarer Republik. Frankfurt a. M. u. a. 1996, S. 121–138.

Wütschke, J.: Der Kampf um den Erdball. Politisch-geographische Betrachtungen zu den weltpolitischen Machtfragen der Gegenwart und nahen Zukunft. München/Berlin 1922.

Wunder, D.: Adolf Reichwein – Die aktuelle Bedeutung seiner Pädagogik und seiner politischen Arbeit. In: Max-Traeger-Stiftung, Frankfurt (Hrsg.): Schafft eine lebendige Schule. Adolf Reichwein 1898–1944. Heidelberg 1985, S. 32–39.

Wunder, D.: Adolf Reichwein als Bildungspolitiker. In: R. Reichwein (Hrsg.): „Wir sind die lebendige Brücke von gestern zu morgen". Pädagogik und Politik im Leben und Werk Adolf Reichweins. Weinheim/München 2000, S. 177–199.

Wundt, M.: Goethes Wilhelm Meister und die Entwicklung des modernen Lebensideals. Berlin/Leipzig 1913.

Wundt, W.: Völkerpsychologie. Eine Untersuchung der Entwicklungsgesetze von Sprache, Mythos, Sitte. 10 Bände. Stuttgart 1900–1921.

Wyder, M.: Goethes Naturmodell. Die Scala naturae und ihre Transformationen. Köln/ Wien/Weimar 1998.

Wyder, M. (Bearb.): Bis an die Sterne weit? Goethe und die Naturwissenschaften. Frankfurt a. M./ Leipzig 1999. (= Insel-taschenbuch 2575).

Zaremba, M.: Johann Gottfried Herders humanitäres Nations- und Volksverständnis. Ein Beitrag zur politischen Kultur der Bundesrepublik Deutschland. Berlin1985.

Zaunick, R. (Hrsg.): Alexander von Humboldt. Kosmische Naturbetrachtung. Sein Werk im Grundriss. Stuttgart 1958.

Zehrer, H.: Die dritte Front. In: Die Tat. 2 (1932/33), S. 97–120.

Zehrer, H.: Die Revolution von Rechts. In: Die Tat. 2 (1933/34), S. 1–16.

Zeidler, K.: Die Wiederentdeckung der Grenze. Beiträge zur Formgebung der werdenden Schule. Jena 1926.

Zeissig, E.: Goethe als Erzieher und Lehrer. Altenburg 1920.

Zeuske, M. (Hrsg.): Humboldt in Amerika. Leipzig 2001.

Ziegler, M.: Volkskunde auf rassischer Grundlage. In: Nationalsozialistische Monatshefte. 5/1934, S. 711–717.

Zimmer, H.: Von der Volksbildung zur Rassenhygiene: Herman Nohl. In: J. Oelkers/T. Rülcker. (Hrsg.): Politische Reformpädagogik. Bern 1988, S. 515–540.

Zimmermann, P.: Herders Bedeutung für den Geographieunterricht. Zu seinem 200. Geburtstag. In: Geographischer Anzeiger 45/1944, S. 270–273.

# Abbildungsverzeichnis

- Titelabbildung: Von einem Schüler Reichweins angefertigter Scherenschnitt. Aufgenommen in: Schaffendes Schulvolk.
- S. 65: Adolf Reichwein als Student und Doktorand in Marburg 1920/21. Lithographie des Marburger Graphikers K. Doerbecker 1922.
- S. 70: Vegetationsprofil des Chimborazo, nach einer Zeichnung Alexander von Humboldts. Aus: Atlas géographique et physique du Nouveau Continent. Blatt 9. Paris 1814.
- S. 75: Caspar David Friedrich: Der Watzmann (1824–1825). Nationalgalerie Berlin.
- S. 116/117: Ausgewählte Serienbilder aus dem Stummfilm „Entwicklung und Vermehrung der Erbse" (F4/1936).
- S. 179: Der Hafner. Aus: Jost Amman Eygentliche Beschreibung aller Stände ... durch Hans Sachs beschrieben. Franfurt am Main 1568. Dieses Bild fand Verwendung durch Reichwein in: Ton und Töpferei. Schulausstellung des staatlichen Museums für deutsche Volkskunde anläßlich des fünfzigjährigen Bestehens. Berlin o.J. (1933).
- S. 242: Adolf Reichwein im Kreis seiner Schüler. Foto aus dem Adolf-Reichwein-Archiv in der Bibliothek für Bildungsgeschichtliche Forschung des Deutschen Instituts für Internationale Pädagogische Forschung.